国外马克思主义政治经济学译丛

任保平 康蓉 主编

科技部、教育部"高等学校学科创新引智计划"（111计划）"国外马克思主义经济学与中国特色社会主义政治经济学学科创新引智基地"项目资助

西北大学"双一流"建设项目资助

Sponsored by First-class Universities and Academic Programs of Northwest University

化石资本

蒸汽动力的崛起与全球变暖的根源

Fossil Capital:
The Rise of Steam Power and the
Roots of Global Warming

[瑞典] 安德烈亚斯·马尔姆（Andreas Malm）/ 著

上官书仪 译

·北京·

图书在版编目（CIP）数据

化石资本：蒸汽动力的崛起与全球变暖的根源/（瑞典）安德烈亚斯·马尔姆（Andreas Malm）著；上官书仪译. ——北京：中国经济出版社，2024.6

书名原文：Fossil Capital：The Rise of Steam Power and the Roots of Global Warming

ISBN 978-7-5136-7240-5

Ⅰ.①化… Ⅱ.①安…②上… Ⅲ.①能源经济-研究-世界②全球变暖-研究 Ⅳ.①F416.2②X16

中国国家版本馆CIP数据核字（2023）第033392号

Fossil Capital：The Rise of Steam Power and the Roots of Global Warming, by Andreas Malm
Originally published by Verso
Copyright © 2016 Verso
Simplified Chinese Translation edition Copyright © 2024 China Economic Publishing House Co., Ltd.
All rights reserved.

本书中文简体版由Verso出版社授权中国经济出版社在中国大陆地区独家出版发行。该版权受法律保护，未经书面同意，任何机构与个人不得以任何形式进行复制、转载。

北京市版权局著作权合同登记号：图字01-2022-5863号

责任编辑	贺　静
责任印制	马小宾
封面设计	任燕飞工作室

出版发行	中国经济出版社
印 刷 者	北京艾普海德印刷有限公司
经 销 者	各地新华书店
开　　本	710mm×1000mm　1/16
印　　张	35
字　　数	466千字
版　　次	2024年6月第1版
印　　次	2024年6月第1次
定　　价	98.00元

广告经营许可证　京西工商广字第8179号

中国经济出版社 网址 http://epc.sinopec.com/epc/ 社址 北京市东城区安定门外大街58号 邮编 100011
本版图书如存在印装质量问题，请与本社销售中心联系调换（联系电话：010-57512564）

版权所有　盗版必究（举报电话：010-57512600）
国家版权局反盗版举报中心（举报电话：12390）　服务热线：010-57512564

献给拉蒂法

中文版序 | Fossil Capital: The Rise of Steam Power and the Roots of Global Warming

借鉴国外马克思主义政治经济学
研究中国特色社会主义政治经济学

任保平

二战以后，针对当代资本主义的新变化，国外马克思主义政治经济学者对当代资本主义进行了系统研究。20世纪60年代中期以后，随着资本主义"长期繁荣"迹象的终结，西方马克思主义政治经济学研究呈现出再度复兴的趋势。2008年全球金融危机爆发后，国外出现了一股《资本论》研究热，一些对主流经济学教条不满的经济学家重新对马克思的相对贫困、不平衡发展、产业后备军、虚拟资本、资本过剩等概念进行了研究。因此，系统梳理和评析当代国外马克思主义政治经济学的研究成果，研究马克思主义政治经济学创新发展的规律，对于中国特色社会主义政治经济学的研究具有重要意义。

一、国外马克思主义政治经济学研究的演变

二战后，西方发达资本主义国家不仅没有出现预想的危机，反而进入了"长期繁荣"，引起了国外马克思主义者对其整个政治经济学进行重新审视，开始研究当代资本主义的新变化。这一时期，如何看待劳动价值论和利润率下降规律等马克思主义政治经济学基本理论，以及当代资本主义发展趋势等问题，成为二战以后到20世纪60年代中期国外马克思主义政

治经济学研究的主题。欧内斯特·曼德尔（Ernest Mandel）于1962年出版的《马克思主义经济理论》和1964年出版的《马克思主义经济理论导论》，保罗·巴兰（Paul Alexander Baran）于1952年出版的《论落后问题的政治经济学》和1957年出版的《增长的政治经济学》，都是这一时期的研究成果。

20世纪60年代中期以后，以福特制生产方式为基础的组织化资本主义转向以弹性生产方式为基础的后组织化资本主义，资本主义"长期繁荣"出现终结迹象，西方马克思主义政治经济学研究呈现出再度复兴和更加多样化的发展态势。在这一时期，马克思主义政治经济学基本理论、资本主义发展趋势、不发达经济等前期主要论题得到了更加深入的研究，同时，马克思主义经济理论研究的各种流派不断涌现。1973年詹姆斯·奥康纳（James O'Connor）出版了《国家的财政危机》，1974年哈里·布雷弗曼（Harry Braverman）出版了《劳动与垄断资本》，曼德尔1972年出版了《晚期资本主义》、1980年出版了《资本主义的长波》，伊曼纽尔·沃勒斯坦（Immanuel Wallerstein）和萨米尔·阿明（Samir Amin）等出版的《现代世界体系》（1974）、《资本主义世界经济》（1979）以及《世界范围的积累》（1974）等，都是这一时期的研究成果。法国以米歇尔·阿格里塔（Michel Aglietta）、阿兰·利比茨（Alain Lipietz）等为代表的"调节学派"也在这一时期兴起。

20世纪90年代以后，随着冷战的结束和经济全球化的不断推进，以及社会主义国家的市场经济实践，对全球资本主义、新自由主义、新帝国主义的分析批判以及对社会主义模式的研究构成了这一时期国外马克思主义政治经济学研究的主要问题。阿明的《全球化的挑战》（1996）和《资本主义的幽灵》（1999年）、伊藤诚（Makato Itoh）和考斯达斯·拉帕维查斯（Costas Lapavitsas）的《货币金融政治经济学》、戴维·佩珀（David Pepper）的《生态社会主义——从深层生态学到社会主义》（1993）、约翰·贝拉米·福斯特（John Bellamy Foster）的《马克思的生态学：唯物主义与自然》（2000），以及大卫·哈维（David Harvy）的《新帝国主义论》（2005）与艾伦·梅克辛斯·伍德（Ellen Meiksins Wood）的《资本的帝国》（2005），都是这一期的代表性成果。

2008年世界经济危机以来，国外马克思主义政治经济学研究的热潮开始出现，这一时期的主要研究内容为马克思主义政治经济学的当代价值，推进了剥削理论、阶级理论、资本积累理论、社会再生产理论的研究，学者们围绕新自由主义批判、金融化问题、资本主义生态危机和帝国主义问题展开了研究。新冠疫情进一步加剧了当代资本主义的系统性危机，在此背景下，国外马克思主义政治经济学学者始终以现实问题为导向，回归马克思主义政治经济学经典理论，研究全球经济问题。

二、国外马克思主义政治经济学对中国特色社会主义政治经济学研究的借鉴与启示

国外马克思主义政治经济学学者坚持以现实问题为导向，坚持马克思主义政治经济学经典理论，坚持了理论研究与现实问题研究的统一，对于中国特色社会主义政治经济学研究具有借鉴意义。我国经济发展进入新阶段，2015年11月，习近平总书记在主持中共中央政治局第二十八次集体学习时强调，要立足我国国情和我国发展实践，揭示新特点新规律，提炼和总结我国经济发展实践的规律性成果，把实践经验上升为系统化的经济学说，不断开拓当代中国马克思主义政治经济学新境界。在目前我们研究中国特色社会主义政治经济学、开拓马克思主义政治经济学新境界的过程中，可以从国外马克思主义政治经济学中吸收思想借鉴。

1. 坚持问题导向，研究中国经济发展的新问题新情况

国外马克思主义政治经济学依据当代资本主义的新变化，研究了资本主义经济发展的新问题。我国经济发展进入了新阶段，也出现了许多新问

题、新情况和新矛盾。借鉴国外马克思主义政治经济学，对于中国特色社会主义政治经济学研究来说，非常重要的就是对我国经济结构转变的理解，必须在分清经济结构转变过程中出现问题的不同层次和不同性质的基础上，提出相应的对策来解决问题。

2. 借鉴国外马克思主义政治经济学研究的新进展，概括总结新材料新事实

要重视对新中国经济建设特别是改革开放以来新材料新事实的研究，进而概括总结为系统化的经济学说。2013年6月，习近平总书记在十八届中央政治局第七次集体学习时的讲话中强调："在对历史的深入思考中做好现实工作、更好走向未来，不断交出坚持和发展中国特色社会主义的合格答卷。"我国经济发展进入新常态，出现了许多新问题新情况，也出现了许多新的事实材料。中国特色社会主义政治经济学的创新发展需要系统概括总结这些新的事实材料，探索新常态下经济发展和经济运行的新规律，并把它们上升为当代中国马克思主义政治经济学理论。

3. 借鉴国外马克思主义政治经济学研究的新进展，提炼升华新理论新话语

理论是对现实生活的反映、对实践经验的升华，理论必然要随着实践发展而发展。中国特色社会主义政治经济学的创新发展要在坚持马克思主义政治经济学基本原理的基础上，依据马克思主义政治经济学与时俱进的特征，依据不断发展变化的经济实践，推动当代中国马克思主义政治经济学创新发展。依据新问题、新情况、新矛盾和新事实，不断提炼形成新的当代中国马克思主义政治经济学理论。从中国经济改革、发展和运行的事实中概括出具有中国特色、体现时代特点和世界发展趋势的马克思主义政治经济学的概念、范畴、论断和基本规律，并能形成同世界对话的政治经济学理论体系和话语体系。

三、国外马克思主义政治经济学译丛的形成

2013年，法国调节学派的创始人之一罗伯特·博耶（Robert Boyer）教授来西北大学经济管理学院讲学，做了三场报告，在此次学术交流中，我们发现了法国调节学派的理论价值。次年法国调节学派的会议在巴黎召开，国内许多政治经济学研究者和马克思主义研究者参加了大会，我和康蓉老师也投了稿，文章入选了大会，但是我由于其他事务的耽误未能成行，康蓉老师代替我参加了会议，并作了大会发言。从此，我们就和法国调节学派建立了联系。

罗伯特·博耶教授退休以后，他介绍法国里尔一大的弗洛朗丝·雅尼-卡特里斯（Florence Jany-Catrice）教授和我们联系。2016年，我们通过国家外专局聘任弗洛朗丝·雅尼-卡特里斯教授为我院的专家，在我院做了三次讲座，在讲座期间聘任她为我院的兼职教授，我和她就调节学派和中国特色社会主义政治经济学的相关问题进行了对话，其间她送了自己的三部著作给我，我读了以后深受启发，萌生了翻译的想法，于是委托康蓉老师联系翻译事宜，经过紧张的工作，完成了"法国调节学派学术译丛"的出版，首先出版了弗洛朗丝·雅尼-卡特里斯教授的《财富新指标》《总体绩效：资本主义新精神？》《经济增长值得期待吗？》三部著作，这三部著作翻译出版以后，在国内产生了比较大的影响，许多马克思主义政治经济学的学者鼓励我们继续进行翻译和介绍。与此同时，弗洛朗丝·雅尼-卡特里斯教授又给我们介绍了三部著作：罗伯特·博耶教授的《资本主义政治经济学：调节与危机理论》、贝尔纳·沙旺斯的《制度经济学》、皮埃尔·阿拉里等的《法国货币理论文选汇编》，我们发现这些书的内容非常好，于是在原来三部的基础上，把"法国调节学派学术译丛"扩大到六部。

2019年，在我牵头下，西北大学经济管理学院与教育部人文社会科学

重点研究基地成功获批了科技部、教育部"高等学校学科创新引智计划"（111 计划）"国外马克思主义与中国特色社会主义政治经济学学科创新引智基地"，这个基地就是以法国调节学派的学术译丛和 2013 年以来与法国调节学派的学术联系为基础而建立的。同时，弗洛朗丝·雅尼-卡特里斯教授又给我们介绍了四部研究 2008 年世界金融危机的政治经济学著作，围绕 111 引智基地建设，形成了"国外马克思主义政治经济学译丛"，本套丛书包括《危机中的希腊资本主义——以马克思主义视角分析》《危机理论和西班牙经济大衰退》《通胀度量的政治经济学：基于法国案例的分析》和《化石资本：蒸汽动力的崛起与全球变暖的根源》。

四、《化石资本：蒸汽动力的崛起与全球变暖的根源》译介

《化石资本：蒸汽动力的崛起与全球变暖的根源》一书的作者安德烈亚斯·马尔姆，是瑞典隆德大学人文地理系人类生态学副教授，研究领域主要集中在气候危机的多个方面，是隆德大学"文化、权力和可持续性"硕士方向带头人，《历史唯物主义》杂志编委会成员，本书的英文原版获得了马克思主义研究领域的诺贝尔奖——艾萨克和塔玛拉—多伊切尔纪念奖（Isaac and Tamara Deutscher Memorial Prize）。他还撰写出版了《这场风暴的进展：全球变暖中的自然与社会》《如何炸毁一条管道：学会在着火的世界里战斗》《白皮肤、黑燃料：论化石法西斯主义的危险》等书。

本书是一部叙事性经济史著作，从化石燃料入手，对气候变化的起源重新进行了诠释，以此挑战学界对全球变暖的传统分析。作者旨在建立马克思主义气候变化叙述体系，强调以"碳"为中心的经济发展与资本主义积累之间的联系。他提出以"资本世"的概念取代"人类世"，其基本主张是：资本主义社会关系造就了蒸汽时代和全球变暖，并将阻碍对可再生能源的大规模成功应用，重新解释蒸汽如何取代水力成为新兴机器时代的"原动力"。作者认为化石资本是一个自我维持增长的经济体，其前提是不

断增长的化石燃料消费，从而造成二氧化碳排放的持续增长，当碳排放之火开始以化石能源的物质燃料燃烧时，化石经济就诞生了。在气候变化中化石燃料的燃烧才是问题的核心，其在数量上占主导地位，在质量上起决定作用。本书的研究目的在于"研究化石能源如何进入工业生产，目的是了解采用何种机制才能使人类社会和工业生产逐渐远离化石能源，实现可持续发展的目标"。

《化石资本：蒸汽动力的崛起与全球变暖的根源》全书共分为十六章。

第一章"历史的热潮：步入化石经济史"。站在气候和历史的交汇处，追溯关于气候变化的人类活动起源，寻找化石经济的起源，探索气候变化的根源。第二章"稀缺性、进步性，抑或人类本性？论蒸汽机的兴起"。蒸汽是对稀缺性的回应，向化石能源的转换是由自然资源的稀缺性引起的。将蒸汽作为人类的"火种"，"人类世"的概念得以提出，认为人类世的原始贡献和明显特征既不是火也不是稀缺性，而恰恰是坚信人类才是蒸汽动力、化石燃料燃烧、气候变化和相关生物圈痛苦的来源。第三章"流水的漫长生命——煤炭之前的工业能源"。研究了工业革命之前的原动力——"流动能源""有生命的能源""储备能源"，研究了水力磨坊的兴起以及原始化石经济。第四章"群众的强大能量：在危机时期动员群众力量"。研究了工业资本主义的第一次结构性危机、"钢铁侠"的崛起、动力织机的兴起。第五章"过渡时期的困惑：水的持久性优势"。解释了从水力到蒸汽动力转变的原因，认为英国棉花工业从水力到蒸汽动力的转变并不是因为水的稀缺、昂贵的价格或技术上的低效。第六章"逃离流动的公地：前所未有的水能扩张"。研究了水能扩张的优势，认为流水、阳光和空气之所以是公有财产，是因为它们在物理上不能被独占，所以必然属于集体，是大自然规定的公有物。第七章"通往城镇的车票：蒸汽在空间上的优势"。从容易获得劳动力、将劳动力运至能源所在地的职工居住区、强迫劳动到蒸汽动力的转变等方面，研究了蒸汽在空间上的优势。第八章

化石资本：蒸汽动力的崛起与全球变暖的根源

"可以依靠的力量：蒸汽在时间上的优势"。从英国河流的过度利用、大旱和其他极端天气事件、平衡水流不规律的方法、水力和资本的悖论等方面，研究了蒸汽在时间上的优势。第九章"'没有政府，只有燃料'：资产阶级观念中煤炭的权力衍生"。从蒸汽崇拜、机器的魔力、蒸汽拜物主义的结构等方面，研究了资产阶级观念中煤炭的权力衍生。第十章"'行动起来制止烟尘！'：抵制蒸汽的时代"。从蒸汽妖魔论、拔掉活塞、由武力破坏的活塞、工厂的环境等方面罗列了抵制蒸汽的行动。第十一章"烟尘的漫漫长路：化石经济达到圆满"。研究了英国从水力向蒸汽动力转变的直接和间接影响。第十二章"人类企业的神话：走向不同的理论"。从李嘉图—马尔萨斯范式开始，分析了化石燃料和蒸汽机兴起的不同理论。第十三章"化石资本：资产阶级财产关系的能源要素"。研究了化石资本的一般公式、市场竞争中化石资本的无政府状态、通过化石能源产生抽象空间、利用化石能源生产抽象时间、资本的抽象时间与化石时空性、通过真正吸纳自然的方式实现劳动的实际吸纳、伊丽莎白时代的跃进与化石资本的原始积累等问题。第十四章"今日的化石资本"。从碳排放爆炸、出口爆炸、化石资本全球化、大气二氧化碳浓度的上升规律等方面研究了今天的化石资本。第十五章"重返流动能源？过渡期的阻碍"。从过渡期难以逾越的障碍、走向能源计划经济等方面，研究了向流动能源过渡的障碍。第十六章"是时候彻底消除作为能源废气的二氧化碳了"。一场全球气候运动正蓄势待发，是时候彻底消除作为能源废气的二氧化碳了。

《化石资本：蒸汽动力的崛起与全球变暖的根源》一书的特点主要有以下两个方面：第一，从马克思主义唯物史观的角度研究了蒸汽时代的起源对于理解社会经济发展进程与独特的能源使用形式之间关系的重要性，旨在建立马克思主义气候变化叙述体系，强调以"碳"为中心的经济发展与资本主义积累之间的联系，是对英国蒸汽时代诞生的原创性解释。第二，提出以"资本世"的概念取代"人类世"，认为资本主义社会关系造就了蒸汽时代和全球变暖，并将阻碍对可再生能源的大规模成功应用。全书尽管也有一些局限性，但是其提供的历史视角对于中国特色社会主义政治经济学研究和实现绿色发展是有借鉴意义的。本书是"国外马克思主义经济学与中国特色社会主义政治经济学学科创新引智基地"（111 引智基地）的阶段性成果，感谢弗洛朗丝·雅尼-卡特里斯教授与我们的合作，她在版权授权方面做了积极的努力。感谢西北大学经济管理学院副院长康蓉教授在我们与调节学派的联系方面所做的辛勤工作，特别感谢中国经济出版社贺静编辑的辛勤工作，在本书的编校中付出了辛苦的劳动。

本书是"国外马克思主义政治经济学译丛"的最后一部，近年来，在康蓉和段雨辰的协助下，我们翻译了"法国调节学派学术译丛"（6 部）、"国外马克思主义政治经济学译丛"（4 部），回顾整个翻译出版过程，艰苦备尝。但是中国特色社会主义政治经济学需要有世界眼光，需要借鉴国外马克思主义政治经济学的前沿进展，这 10 部书的翻译出版从这个意义来讲是欣慰的。书的翻译结束了，接下来需要进入研究过程，我将继续关注这些理论的新进展，借鉴法国调节学派和国外马克思主义政治经济学理论和方法，研究中国特色社会主义政治经济学。感谢贺静编辑、康蓉、段雨辰在这项工作中所付出的努力。

2024 年 3 月于南京大学苏州校区

目录 | FOSSIL CAPITAL: THE RISE OF STEAM POWER AND THE ROOTS OF GLOBAL WARMING

第 一 章　历史的热潮：步入化石经济史 // 1
第 二 章　稀缺性、进步性，抑或人类本性？论蒸汽机的兴起 // 24
第 三 章　流水的漫长生命——煤炭之前的工业能源 // 44
第 四 章　群众的强大能量：在危机时期动员群众力量 // 66
第 五 章　过渡时期的困惑：水的持久性优势 // 86
第 六 章　逃离流动的公地：前所未有的水能扩张 // 106
第 七 章　通往城镇的车票：蒸汽在空间上的优势 // 131
第 八 章　可以依靠的力量：蒸汽在时间上的优势 // 177
第 九 章　"没有政府，只有燃料"：资产阶级观念中煤炭的
　　　　　权力衍生 // 207
第 十 章　"行动起来制止烟尘！"：抵制蒸汽的时代 // 239
第十一章　烟尘的漫漫长路：化石经济达到圆满 // 267
第十二章　人类企业的神话：走向不同的理论 // 272
第十三章　化石资本：资产阶级财产关系的能源要素 // 300
第十四章　今日的化石资本 // 353

第十五章　重返流动能源？过渡期的阻碍 // 393

第十六章　是时候彻底消除作为能源废气的二氧化碳了 // 418

致　　谢 // 425

缩略语表 // 427

注　　释 // 431

译 后 记 // 541

第一章

历史的热潮：步入化石经济史

在那些宽敞的大厅里，蒸汽的仁慈力量召唤着他周围无数心甘情愿的仆人，他把规定的任务分配给每一个人，用他自己巨大的手臂的能量代替人们痛苦的肌肉力量，反过来只要求人们细心和娴熟，以便纠正工艺中偶然出现的小偏差。

安德鲁·尤尔，《制造业的哲学》（1835）

因此发生的化学变化使大气中不断涌入大量的碳酸（二氧化碳）及其他对动物有害的气体。关于大自然分解这些元素，或将它们重新转化为固体的方法，人们还不是十分了解。

查尔斯·巴贝奇，《论机器和制造业的经济》（1835）

此外，你们的蒸汽机和铸铁为我们做了什么？更不用说燃气了，它频繁的爆炸威胁总有一天会炸毁巴比伦。

匿名人员，《大都会》"债务监禁"（1834年5月）

全球变暖是意想不到的副作用。19 世纪初，兰开夏郡的一个棉花制造商决定放弃他的旧水车，转而投资蒸汽机，他竖起了烟囱，并从附近的矿井订购了煤炭，但他完全没有考虑到这种行为可能与北极海冰的范围、尼罗河三角洲土壤的盐度、马尔代夫的海拔高度、非洲之角干旱的频率、中美洲雨林中两栖动物物种的多样性、亚洲河流的水资源供应情况之间有任何联系；同样地，他也没有考虑到泰晤士河和英国海岸线的洪水风险。尽管如此，当时的文献中已显露出零星的预感。在查尔斯·巴贝奇①的经典论著——《论机器和制造业的经济》（On the Economy of Machinery and Manufactures）的第一章中，我们可以看到人们对于工厂使用蒸汽动力对大气造成后果的显著担忧。巴贝奇被认为是现代计算机之父，他的上述作品则被认为是第一本将"工厂引入经济分析领域"的书，[1] 早在约翰·丁达尔②解释温室效应的 30 年前和斯万特·奥古斯特·阿累尼乌斯③首次计算地表温度上升的 60 年前，他便发表了短评来论述二氧化碳（阿累尼乌斯称之为"碳酸"）排放量增加后的地球。[2]

巴贝奇正在接近未知的领域，但是，由于知识的匮乏，这位先驱经济学家对环境问题的调查很快便搁浅了。然而，他的书继续被作为对机械奇迹的长期赞颂——是最早的，也是最重要的"对人类操作者疏忽、懒惰或不诚实的一种检阅"。[3] 在这句话里，巴贝奇阐述了一个资产阶级思想的主题：与制造商的操作程序相对应，制造商通过安装越来越多由强大蒸汽机驱动的机器，精确地与工人那令人讨厌的特质作斗争，从而毫不畏惧任何特殊有害影

---

① 查尔斯·巴贝奇(Charles Babbage,1791.12.26—1871.10.18)：英国发明家,科学管理的先驱者。1812 年,巴贝奇协助建立了分析学会,其宗旨是向英国介绍欧洲大陆在数学方面的成就。1816 年,他被选为伦敦皇家学会会员,他在创立皇家天文学会(1820 年)和统计学会(1834 年)中也发挥了作用。

② 约翰·丁达尔(John Tyndall,1820.8.2—1893.12.4)；19 世纪爱尔兰著名物理学家。19 世纪 50 年代,他对双磁铁的研究使他在科学界名声大振。后来,他在红外辐射和空气物理特性方面也有所发现,并于 1859 年证明了大气中的二氧化碳与现在所称的温室效应之间的联系。

③ 斯万特·奥古斯特·阿累尼乌斯(Svante August Arrhenius,1859.2.19—1927.10.2)：瑞典物理化学家。他是电离理论的创立者,解释了溶液中的元素是如何被电解分离的现象；研究过温度对化学反应速度的影响,得出了著名的阿累尼乌斯公式；还提出了等氢离子现象理论、分子活化理论和盐的水解理论；对宇宙化学、天体物理学和生物化学等也有研究。1903 年因建立电离学说获得诺贝尔化学奖。

响。相反，那些遭受机器负面影响的人应该有更多理由感到害怕。

现在他们知道自己在做什么了

到目前为止，关于全球变暖这一副作用的研究已经十分清晰了。就其基本轮廓而言，只要不存在资本主义真正的对手，它就会一直如此：1990年，联合国政府间气候变化专门委员会（IPCC）提交了第一份关于全球变暖可能命运的报告。报告中的这些事实和预测奠定了1992年在里约热内卢地球峰会上签署《联合国气候变化框架公约》（UNFCCC）的基础，该公约得到了所有联合国成员国的批准。联合国成员国承诺通过减少温室气体排放来"防止对气候系统的危险的人为干扰"，其中最主要的是二氧化碳排放。然而，2012年，全球二氧化碳排放量比1990年高出58%。[4] 当时，IPCC正在编写第五份报告，每一份报告都比上一份报告更加明确了"一切照旧"的灾难性影响，这如同一场科学警告的永久性冰雹落到人类身上。以下是从2012—2014年的一些主流期刊中随机挑选的论述：由于气温升高，所有海洋盆地的飓风都变得异常强烈；北美的蝴蝶种群已启程北上，开始一段危险的旅程，以躲避温度不断攀升的热浪；北极生态系统正迅速接近一系列临界点；超过这一阈值，格陵兰冰盖将陷入不可逆转的融化中，也就是说，气温每上升1.6℃，而不是之前认为的3.1℃，海平面将上升6米；天山冰川正在加速消退，主要是在夏季最需要灌溉的地区，一些河流已经萎缩成小溪；自20世纪80年代中期以来，刚果热带雨林的植被已经变黄、干枯和锐减；到21世纪末，气候变化可能使主要产区的玉米、大豆、小麦和水稻的总产量减少；全球气温上升仅0.85℃便已经造成了十分不利的影响，将全球变暖控制在2℃以下的"旧目标"更显过时，尽管这一目标正在实现，但也正在迅速失去作用。[5] 每个人都知道这一点，无论他是选择忽视、封锁消息、否认，抑或为已发生的现实而苦恼，事实都摆在那里，温室气体就在空气中，且一年比一年严重。然而，如今统治范围已遍布全球的兰开夏郡制造商的后代每天都在做出投资决策：投资新油井、新燃煤发电厂、新机场、新高速公路、新液化天然气设施，用新机器来取代人工。因此，碳排放量不仅在继续增长，而且在以更快的速度增长。20世纪90年代，全球二氧化碳排放量的年平均增长率为1%；自2000年以来，这一数字一直为3.1%，达到了原来的三倍，已超过了IPCC对最坏情况的设想，并且这种趋势仍然没有任何逆转迹象：人们对全球变暖的后果了解得越多，燃烧的化石燃料就会越多。[6]

我们是如何陷入这样的混乱之中的？

阴霾笼罩下的历史

保罗·罗宾斯①在其广受赞誉的教科书《政治生态学》(Political Ecology)的前几页，记录了他前往黄石国家公园探索其原始荒野的外表下隐藏的真相。对于外行来说，这块土地景观的标志性特征可能看起来非常自然。事实上，它们是被强行集中制造出来的。曾经横扫这片土地的当地猎人已经被法令禁止捕猎；狼首先被消灭，然后又被重新引入。管理当局在这些动作间来回切换：捕杀麋鹿种群与使其数量爆发式增长；火火和让其穿越山谷并在生物群上留下印记。罗宾斯穿越森林、沿河而行，每走一步，他都在观察动物而非其他，他觉察出了遍及公园的权力斗争的影响：国家与当地居民之间、猎人与坏保主义者之间、酒店经营者与科学家之间。政治行动者利用附近的原材料创造了黄石公园的生态环境，往往会产生一连串意想不到的后果[7]。

今天，任何一位站在气候变化前沿的旅行者，都可能会遇到一个由人为力量塑造的更为彻底的景观，更不用说以后了。气候条件、植被类型、

---

① 保罗·罗宾斯(Paul Robbins)：威斯康星大学麦迪逊分校纳尔逊环境研究所所长。在他的指导下，该研究所成为应对全球快速环境变化的世界领导者。

整个生物群落，甚至海洋本身，都可能由于化石燃料燃烧的影响而陷入困境。但是，罗宾斯能够将黄石公园景观的某个属性追溯到是由过去所作的一个具体决策引起的，即当地人对其历史性迁移的缺席，而旅行者单从事物本质上无法看到这样的直接关系。一个被淹没的小岛承载了同质化历史的全部负重。没有一项单一的决策，也没有一吨温室气体的排放，可以与这一特定场景联系在一起：得克萨斯州一桶石油的燃烧不能被认为是黎凡特①旱灾的原因。人为气候变化的每一个影响都带有具备辐射效应的每个人行为烙印。因此，人类行为和气候变化是两个移动集合体（后果和源头）的无穷小代表，它们紧密耦合却又不可思议地彼此分离。聚焦急剧转变的生态系统的目光被迫转向人类社会，以期了解发生了什么，但这目光应望向何处？毕竟人们感兴趣的对象只有整体，我们暂时称之为"化石经济"。

从另一个角度看，全球变暖就是太阳无情地向历史投射了一束新的光线。直到现在，人们才逐渐明白1842年在曼彻斯特燃烧煤炭并从烟囱中喷出烟雾的真正含义。当自然科学家发现全球变暖时，他们将一个尚待全面研究的发现传递给了历史学家：温室气体已经存在了两个世纪，直到现在还不为人所知。现在是时候"拨开云雾见月明"——找出无数人类行为对气候的影响了。这不仅是因为1842年曼彻斯特最小的一股烟雾释放出一定量的二氧化碳，这些二氧化碳随后滞留在大气中，对当前气候的形成起到了潜移默化的作用，而且更重要的是因为化石经济是在这个过程中建立、巩固和发展起来的，就好像现代史上突然出现了一个新的维度。试想一下，就此而论，铁路网的建设、苏伊士运河的修建、电力的引进、中东石油的发现、郊区的崛起、美国中情局针对穆罕默德·摩萨台的政变、邓小平开启中国经济对外开放的大门、美国对伊拉克的入侵……无不是化石经

---

① 黎凡特：源于拉丁语 Levare（升起），是指日出之地。相当于现代所说的东地中海地区，它指的是中东托鲁斯山脉以南、地中海东岸、阿拉伯沙漠以北和上美索不达米亚以西的一大片地区。

济历史长河中的一瞬,每一瞬间都会加剧释放无数二氧化碳,这无异于引火自焚(向火中添加更多的化石燃料)。这些事件被赋予了新的意义,从而呼吁人们睁大眼睛,回归历史。

这样的历史是环保的吗?该领域的大多数传统问题,比如森林砍伐、空气污染、狩猎或过度捕捞导致的物种灭绝、贸易或入侵导致的病原体传播,都表现出某种历史的直接性:伐木就是毁林。斯蒂芬·莫斯利(Stephen Mosley)在他的《世界的烟囱:维多利亚时代和爱德华时代曼彻斯特的烟雾污染史》(*The Chimney of the World: A History of Smoke Pollution in Victorian and Edwardian Manchester*)一书中指出,"烟雾可以很容易地被五种感官中的四种所感知:一个人可以看到、闻到、触摸到、品尝到"。[8] 他显然正在从事环境史研究,即关于19世纪曼彻斯特及其周围的自然环境是如何在浓烟滚滚如"乌云"遮天的状况下转变的。然而,该镇煤炭燃烧产生的其他后果,直到多年以后,在经受了一系列生物地理化学和社会调解后,才在环境中逐渐显现。记录这段历史应该是一项中心任务,然而它必然有一种脱离环境影响的奇怪性质。只要我们对化石经济作为气候变化的"罪魁祸首"这一点感兴趣,其之于生态层面的影响便必须置于子孙后代的范围内来讨论,而这种方式几乎不适用于任何其他环境历史问题:甚至堪比全球变暖的核废料的持续性影响,都是如此构成和处理的。人为气候变化(仅是其定义的冰山一角)的根源超出了气温、降水、海龟和北极熊的范畴,而攒聚在人类实践活动内,用一个词来概括,便是"劳动力"(labour)。

站在气候和历史的交汇处,大多数学术研究已经转向了另一个方向。对过去种种事件成因的气象学根源探索,目前正经历一场波澜壮阔的复兴:据说,从玛雅文明的没落、维京人的征战到猎杀女巫和法国大革命,气候波动对一切都有影响。这些研究为未来提供了很好的参考,它利用气温和降水数据来解释危机、战争、迫害、动乱和其他社会事件,这些解释本身便很值得研究（尽管存在某些众所周知的缺陷），但并不完全适合构建全球变暖的史学研究。这里的问题在于，不是在历史中寻找气候变化的成因，而是在气候变化中寻找历史性原因。有关工厂立法或自由贸易政策的数据会造成降雨和冰霜，而不是相反；在一个逐渐变暖的世界里，至少最初是由公司使用化石燃料的"因"到天空乌云密布的"果"，正是这跨越本体论分歧的一大步，要求我们重建气候变暖的时间脉络。

时间的报复

在过去的几十年中，批判理论已经朝着空间方向发展，从而远离时间这一长期以来受人青睐的，具有结构性、因果性、断裂性、可能性经典脉络的维度。在唯物史观中，这种"空间转向"催生了批判地理学①的迅速崛起，如今其在创新性和影响力方面与由来已久的历史学科不相上下：大卫·哈维（David Harvey）在马克思主义历史学家中尤为显著。该领域的另一位专家——尼尔·史密斯（Neil Smith）在《不平衡发展：自然、资本与空间的生产》（*Uneven Development*：*Nature*，*Capital*，*and the Production of Space*）一书中提出空间战胜了时间，他满意地引用了这样的话："我们处在同时性的时代"②，"现今的时代首先可能是空间的时代"③，"预言现在涉及地理学的而不是历史学的预测"④（无论这可能意味着什么）。他甚至

---

① 批判地理学（Critical Geography）：又称为激进地理学（Radical Geography），是一种以法兰克福学派的批判理论取向作为研究和分析依据的地理学次领域。批判地理学基于对生产（再生产）人群和地方之间不公平的社会—空间过程的共同关注，将不同理论取向（如马克思主义、女性主义、后殖民主义、后结构主义）聚集到了一起。
② 尼尔·史密斯. 不平衡发展：自然、资本与空间的生产［M］. 刘怀玉，付清松，译. 北京：商务印书馆，2021：282.
③ 尼尔·史密斯. 不平衡发展：自然、资本与空间的生产［M］. 刘怀玉，付清松，译. 北京：商务印书馆，2021：282.
④ 尼尔·史密斯. 不平衡发展：自然、资本与空间的生产［M］. 刘怀玉，付清松，译. 北京：商务印书馆，2021：281. 书中引自"爱德华·苏贾. 后现代地理学——重申批判社会理论中的空间［M］. 王文斌，译. 北京：商务印书馆，2004".

| 化石资本：蒸汽动力的崛起与全球变暖的根源

支持弗朗西斯·福山（Francis Fukuyama）臭名昭著的"历史终结论"①，声称"历史的时代似乎已经结束了"。⁹对于全球变暖的研究应该打破这种幻想。

在写下这些文字的桌子下面的楼层，人们开车去上班，开车去参观和度假，带着购物清单和购物袋开车来回穿梭：这些无处不在且同时发生。首先，汽车使用的化石能源，是亿万年前光合作用的产物。交通工具并非刚刚才发明，它们早在20世纪便已普及。选择乘坐汽车，而非有轨电车、公共汽车或骑自行车，是由油港、炼油厂、沥青厂、公路网、加油站等庞大的基础设施所决定的，更不用说还有电影业、游说团体、广告牌等。这些不是在当下这一刻从天而降的，而是随着时间的推移而建立起来的，最终积微成著，汇集了巨大的力量和惯性，以致现如今将其他交通方式都排除在外，或者至少阻止其上升到主导地位。这便是一些人所谓的"碳锁定"：即一种化石燃料与技术基础的复合体，既远离了替代品，又妨碍了减缓气候变化的政策，这是历史的"毒瘤"。¹⁰此外，我们有理由怀疑困扰该国的这一地区的热浪和干旱，正迫使当地居民不得不驶离城镇以寻求救济，即将发生的未来迹象和正在形成的气候状态都与气候变化有一定的联系，如果这种怀疑至少部分正确，那么甚至连天气都不完全属于当下这一刻，它是以往碳排放的产物。与此同时，汽车来回行驶所产生尾气的最大影响将施加在尚未出生的几代人身上，这些尾气就像无数瞄准未来的隐形导弹。

无论我们在哪里观察不断变化的气候，都会发现自己处在时间流的掌控中。碳从地层中被转移到壁炉，再从壁炉转移到大气中，进入持续不断

---

① 历史终结论(The End of History)：1989年，美国政治学者弗朗西斯·福山发表了一篇名为《历史的终结》的文章，首次提出了历史终结论。冷战不仅是两个超级大国之间的竞争，也不仅是寻找最有效的经济组织方式的实验。福山认为，它是为寻找一种满足我们对自由和平等的深层精神需求生活方式而进行的长达千年斗争的最后一章。因此，冷战的结束将标志着历史本身的结束，即标志着共产主义的终结，历史的发展只有一条路，即西方的市场经济和民主政治。福山的主要著作包括《历史的终结及最后之人》等。

的碳循环，在这个循环中，碳被封存了好几个时代，碳的转移却开启了这一过程，其对环境的影响总有延迟。一定量的二氧化碳排放变为相应的升温量，以及气候变暖对生态系统造成全面破坏之前，都需要一定的时间。每有一次排放增加到过去的总量中，大气中的二氧化碳浓度就会增加，其影响会根据"气候科学的基本原理：排放是累积的"而进一步增强。[11]如果不是大气中已经存在了数十亿吨的二氧化碳，释放一吨的二氧化碳也不会如此危险；是碳排放总量推动了气温上升，排放得越多，限制温度持续增高的可能性就越小。如果人类希望避免某个特定的温度阈值（例如2℃），那么只能排放一定量（大约1万亿吨）的二氧化碳，且每年使碳排放量持平（更不用说增长），使得这一预算被逐渐消耗掉。[12]如果在这一秒内排放1吨二氧化碳，其中的1/4将在大气中停留数十万年。[13]即使很久之后，我们在一次巨大打击中摧毁了化石经济，它仍将给遥远的未来投下阴影：即便碳排放量锐减至零，海平面可能仍会持续上升数百年，随着温度的升高，海水面积也在慢慢扩大。海平面上升和升温可能会破坏冰盖，融化永久冻土，破坏甲烷水合物的稳定，或者在排放完全停止几个世纪后（一旦达到一定的历史水平）触发其他反馈机制，这符合"气候系统中的长期记忆性特征"。[14]因此，气候变化的核心是一张时间表的混乱局面。这一过程的基本变量在看似不相关的时间跨度内运行：化石燃料的性质、以化石燃料为基础的经济、强烈依赖化石燃料的社会，以及燃烧化石燃料的后果，所有这些都反映在一个不断变化、难以捉摸的变暖世界中。从更高层面上讲，现在的每一个局面都结合了遗迹、箭头、循环和延迟，它们通过一个与自身无关的现在，从最深的过去延伸到最遥远的未来。[15]如果有历时性（diachronicity）时代的话，我们现在就身处其中。

哲学家斯蒂芬·加德纳（Stephen Gardiner）写道："（事物）当时的面貌尤其引人注目。"他比任何人都更强调这一点，在《一场完美的道德风暴：论应对气候变化的伦理困境》（*A Perfect Moral Storm*: *The Ethical Trage-*

dy of Climate Change）一书中，他写道：它使我们陷入困境。鉴于全球变暖是"严重滞后"（每一刻都承载着源自过去的更高温度）和"实质延迟"（当前排放量的累积影响在未来才会释放），一种扭曲的伦理结构出现了。燃烧化石燃料伤害他人的人甚至无法潜在地遇到受害者，因为他们目前还不存在。生活在当下和此地的人，从燃烧化石燃料中获得了所有的好处，但很少因此受伤，这些伤害将带给那些尚未出世、无法表达反对意见的人。因此，加德纳的理由是：每一代人都面临一种不正当的动机，即将责任"转嫁给下一代人"，后者也从自己的化石燃料燃烧中获利，同时躲过来自它的伤害，等等，从而陷入造成伤害的恶性循环[16]。

罗伯·尼克松（Rob Nixon）称之为"慢性暴力"。在《慢暴力与穷人环境主义》（Slow Violence and the Environmentalism of the Poor）一书中，他从文学理论的角度来解决一个与加德纳的问题密切相关的问题。他写道："暴力通常被认为是一种即时的事件或行动，在空间中十分炸裂且令人惊叹，可以瞬间爆发且轰动可见。"但也存在不同的暴力、缓慢而非快速的，累计而非瞬间的；不是身体间的碰撞，而是通过生态系统的媒介在漫长的时间里发挥作用。因此，想要在书本封面或屏幕上捕捉慢性暴力，要比捕捉狙击手的子弹困难得多。当一家公司在一个贫穷的国家倾倒有毒化学物质时，人们感知暴力的过程很漫长，暴力并未与施暴行为本身同时发生，而是"由于时间的流逝与其原始原因脱钩"；尼克松将化石燃料燃烧归为此类。[17]他接着问：如何在叙述中体现出慢性暴力以引起我们的注意？在犯罪小说、战争史诗、动作电影中，它的等价物是什么？他对症下药式地找了一些关于博帕尔灾难①、波斯湾和尼日尔三角洲石油开采、印度巨型水坝、南非自然公园、伊拉克贫铀的慢性暴力的故事和文章来读，但从中却

---

① 博帕尔灾难：是指印度博帕尔毒气泄漏案。1984年12月3日凌晨，美国联合碳化公司在印度博帕尔市的农药厂发生氰化物泄漏，引发了严重后果，造成了2.5万人直接死亡，55万人间接死亡，另外，有20多万人永久残废的人间惨剧（对于此数据世界各地媒体存有不同说法）。

发现没有关于气候变化的慢性暴力。在这些文字中，人们想象慢性暴力的能力似乎已经达到了极限。

然而，这些时间性问题所蕴含的远不止道德和文字表述中的困境。"一切照旧"机制运行的时间越长，就越难摆脱困境。每一轮新的管道、油轮和深水钻探设备都会以更多更庞大的基础设施将未来几十年带入更沉重的碳锁定中：对二氧化碳的路径依赖不断增强。每一代人的碳排放量都比前一代人增加了很多，二氧化碳也随之在大气中累积更多。[18]随着全球变暖的持续和气温的飙高，地球上的生存条件将受到过去排放的更为强烈的影响。因此，昨天对今天的控制加剧了——或者，换言之，过去的因果力量无情地上升，一直上升到"为时已晚"的地步。这一可怕命运的重要性在气候变化的讨论中经常被警告，那就是当今历史的最终落幕。

历史通常并非如此。随着时间的推移，恺撒大军横渡卢比孔河①的回声、明朝的灭亡、索科托哈里发的形成②或攻占巴士底狱都会逐渐消失——或者至少没有内在的机制来放大这种影响。但在全球变暖的时代，可以说，经济学和地球物理学的铁律从背后推动了历史的发展。卡尔·马克思在《路易·波拿巴的雾月十八日》（The Eighteenth Brumaire of Louis Bonaparte）一书中有一句名言：在一个日益变暖的世界里，"一切已死的先辈们的传统，像梦魇一样纠缠着活人的头脑"③，它对人们的身体和周围环境的影响越来越大，是对过去暴政无情的巩固。[19]这绝对不仅仅是一个渐进的过程。极端天气事件将慢性暴力转变成了可视的景象：想想巴基斯坦

---

① 卢比孔河曾是罗马共和国本土和罗马山南高卢殖民地之间的分界线，罗马曾有一项法律规定，任何在外作战的军官都不能过河进入罗马本土，否则将被视为叛国。但在公元前49年，恺撒率领军队跨过了这条河，并且在此后夺取了罗马的最高权力。也是从这时起，罗马从共和制逐渐转变为帝国制，这对西方历史发展而言具有非凡的意义。在西方俗语中，"渡过卢比孔河"也被引申为"破釜沉舟"的含义。

② 索科托哈里发是19世纪非洲最大的帝国之一，该帝国的发展是19世纪头十年发生在现在的尼日利亚北部的富拉尼人战争的结果。索科托哈里发是该地区的政治和经济中心，直到它在20世纪初落入法国和英国殖民军队手中。

③ 马克思. 路易·波拿巴的雾月十八日[M]. 中共中央马克思恩格斯列宁斯大林著作编译局，编译. 北京：人民出版社，2015：9.

的洪水或科罗拉多州的山火。气候突变带来的突如其来的灾难——地球系统临界点的致命转折——将标志着化石经济日益增长的历史突然登上了现在的舞台。事实上,随着反常天气正在成为新的常态,这种情况已经发生了:当特朱·科尔(Teju Cole)的小说《开放的城市》(Open City)中的主人公朱利叶斯在11月中旬漫步纽约街头时,居然还没有机会穿外套,他不禁怀疑,有种"突然不适"的感觉,这正是全球变暖的影响。[20]与媒体普遍存在的误解(以及朱利叶斯本人的怀疑)相反,现在完全有可能将特定热浪或其他异常现象归因于平均气温的潜在上升,不然,类似事件将完全不可能发生。[21]我们可以合理地怀疑寒暑表是历史滚动入侵当下的标志。

随之,气候变化政治产生了一个非常特殊的时间性。很少有其他问题仅凭纯粹的物理定律而显得如此紧迫:"为时已晚的时刻"越临近,减排就必须越迅速、越全面。逝者的传统扼住了生者命运的咽喉,并留给生者两个选择:或者打破逝者的传统生产方式并退出"一切照旧"这一机制——生者的呼吸越沉重,减排措施就必须越极端;或者屈服于一种累积的、无法忍受的命运。在撰写本文时,这两种情况仍然可能存在。著名的"机会之窗"①——废除化石经济和将气候稳定在可容忍范围内(甚至使其恢复到更安全的状态)仍然存在;如果排放量减少到零,气温上升很快就会减弱。[22]这样一来,企业将不得不对过去遗留下来的结构性噩梦进行全面的打击,这将是一场反击历史的革命,一次大逃亡,一次在最后时刻逃离历史的逃亡,企业必须要知道自己在与什么作斗争。

所有这些都不是要否认空间是一个关键的维度,也不是要否认地理学家以渊博的学识丰富了批判理论,我们将在下文中讨论前者,并广泛借鉴后者。但现在并不是宣布时间性消亡的好时机。[23]空间之于气候变化,只有

---

① 机会之窗(Window of Opportunity):也称为"机会边际"(A Margin of Opportunity)或"关键窗口"(Critical Window),是指在一段时期内,可以采取一些行动来实现预期结果。一旦这段时间结束或"窗口关闭",预期结果就不再可能实现。

变化和变暖重合时才相关：即气候越变化，气温越变暖。正如"tempest"（风暴）这个词所表明的，它是非常"temporal"（短暂）的。①

寻找化石经济的起源

我们所说的"化石经济"是什么意思？一个简单的定义是：以化石燃料消费增长为基础的自我维持增长的经济体，从而造成二氧化碳排放的持续增长。我们认为，在气候政治词汇中，这大致等同于"一切照旧"，它是全球变暖的主要驱动力。它最早出现在工业革命时期，工业革命的伟大历史功绩开创了一个"自我维持增长"的时代，这意味着一个增长的过程，不是偶发的、转瞬即逝的、短暂释放随后又中断的，而是持续不断的、由自身内在力量推动的长期进程。[24]从生物物理学或热力学的角度来说，任何形式的增长都不能自食其力：生态经济学的一个重要教训是，它总依赖于提取和挥霍自然资源。但是，通过稍后具体说明的机制，我们看到现代碳排放增长的火花仿佛催生了一类经济助燃气体，刺激更多碳排放增长，使增长之火愈烧愈烈。这一过程的结果促使碳排放进一步增长，而这种恶性循环也在更大范围内得到巩固。从这个意义上讲，且只有在这个意义上，这种循环才是自我维持的。当碳排放之火开始以化石能源为燃料燃烧时，化石经济就诞生了。

但是，现在我们可以看到，在此番定义下，化石经济无法解释人类对气候的所有影响。化石燃料燃烧只是导致全球变暖的其中一个原因，正如太阳只是太阳系中的一个天体，而美国总统只是更大团体中的一员，相比之下，其他微小的元素，都在围绕着这些主体运转。"土地利用变化"，即滥伐森林——自1870年以来，占二氧化碳排放总量的1/4，但其所占份额

---

① 这里是一种文字游戏，"tempest"（风暴）和"temporal"（短暂）中有相同的词根"temp"，均表示时间，本书作者在2019年出版的另一本书《这场风暴的进程：一个变暖世界中的自然与社会》(*The Progress of This Storm: Nature and Society in a Warming World*)中，也用tempest/storm（风暴）指代全球变暖。——译者注

正逐渐减少，目前约占碳排放量的8%，其余排放量几乎均被化石燃料所占据。[25]然后是其他温室气体——甲烷、二氧化亚氮、臭氧、六氟化硫……必须重新阐述这些气体产生的社会历史，才能将其完整呈现出来。但可以肯定的是，化石燃料的燃烧才是问题的核心，它在数量上占主导地位，在性质上起决定作用，因此值得我们特别关注。

如果二氧化碳排放增长停止且维持在某一水平不变，大气中二氧化碳的浓度仍将持续攀升，最终，二氧化碳的绝对体积将对气候起到至关重要的作用。那么，为什么要把碳排放增长纳入化石经济的定义中呢？因为正是经济扩张和化石能源消费的结合，才将碳排放量推高至目前这一完全不可持续且仍在上升的水平：这是真正存在的过程，是经济增长和碳排放增长的混合物将我们带至更温暖的气候当中。当然，也可能存在三大偏离常态的情况：经济在碳排放趋于平稳的情况下增长，即使碳排放处于较高水平，也可以被视为脱钩的化石经济；但只要这两个组成部分中的其中一个还在运转，化石燃料就可能仍处于压倒性地位。这两方面都没有发展趋势的可以被称为稳定状态的化石经济。由于自发问题、精心制定政策或其他因素而不断减少碳排放量的国家经济，则是正在衰退的化石经济。在某种程度上，这些变体已经存在，它们是证明经济扩张和化石能源消费相关这一规则的例外情况，或是偏离"一切照旧"的反常现象（货物进口中体现的碳排放增加，使脱钩的化石经济借口不攻自破；稳态状态是危机的一个短暂特征，例如2009年；衰退——特别是20世纪90年代的东欧剧变①——然后是反弹）。没有任何事物可以破坏我们对历史研究对象的定义。[26]

化石经济具有整体性的特征，它是一个可区分的实体：在这个社会生

---

① 东欧剧变：西方社会称之为东欧1989年系列革命，是指从20世纪80年代末到90年代初,东欧各个社会主义国家的政治经济制度发生根本性的改变,是斯大林模式的社会主义制度最终演变为西方欧美资本主义制度的剧烈动荡。

态结构中,某种经济过程和某种形式的能源被紧密结合在一起,随着时间的推移,产生了某种同一性;与方法论个人主义①的公理相反,胚胎期的个体悬浮在时间的长河中,一个今天出生在英国或中国的人已进入一个存在已久的化石经济时代,久到早在假定它出现之前就已存在了,这个新生儿被时代当作客观现实来对待。它拥有真正创造因果关系的力量——最显著的是改变地球气候条件的能力,但仅限于通过指挥人类行为来实现:工厂经理不是通过建造水车来获取能源,而是被迫从最近的燃煤发电厂引入电力;公司老板用货船而不是帆船将其商品运往世界各地的市场;收银员除了开车通勤到超市外可能别无选择,她当然不会选择骑马,如果她想去度假,也会看到大量宣传乘坐飞机的广告。此外,如果人们不融入化石经济,这些碳排放行为便不可能发生:一个人单独生活在一个岛上,或者生活在一个没有受到这种经济影响的国家,便不可能实现任何一项碳排放行为。因此,化石经济是一个完全的"历史性"物质,它一定曾经诞生过。它现在呈现的因果关系力量属于涌现性②,并不是一直存在的。化石经济产生的原动力一定是通过某个事件形成的,这个事件发生在最初建立化石经济的时刻,就像一座建筑一旦建成,就会成为现今世界上一个永恒的特征;它扎根在自然环境中,却制约着建筑内部人员的活动。最终,它的产生表现出与我们生活并无二致的特征:所有都是"一切照旧"。但是,化石经济曾经被创造出来,后来又被复制和扩张,任何随时间建造起来的东西都有可能被毁坏(或遗忘)。[27]

那么这一切是如何开始的呢?寻找那个化石经济建成的瞬间会将我们引向何方?虽然有几个国家宣称自己是现代主义、资本主义、启蒙运动或自由民主的摇篮,但化石经济都有一个毋庸置疑的发源地:1825 年,英国

---

① 方法论个人主义(Methodological Individualism):又称个人主义方法论,是一种哲学的研究方法,它将社会的发展看作多个人的聚集(整体上是个人主义的一种形式),以此解读和研究许多学科。
② 涌现性(Emergent Properties):通常是指多个要素组成系统后,出现了系统组成前单个要素所不具有的性质。

占全球化石燃料燃烧二氧化碳排放量的80%，1850年占62%。[28]尽管这些数字有一定误差，但它让我们了解了英国化石燃料燃烧占比和趋势变化，表明随着化石燃料的消费向其他国家扩散，英国不再占据主导地位；但远至19世纪，英国仍产生了世界上超过一半的二氧化碳排放量。我们目前困境的根源绝对是在英国本土。

因此，人们对英国工业革命历史重新拾起了兴趣，我们想知道这一切是怎么发生的？更想知道现在应该怎么办？能源转型——简单定义为发生在那时的"从依赖于一种或一系列能源和技术的经济体系向另一种经济体系的转变"。我们正走向另一个转型。因此，这里的论点是，我们需要从过去吸取教训，以尽现在所能继续前进。[29]如果我们认为化石经济不是一座静止的建筑物，而是一列停在过去某个时刻的火车，处在当前危险的轨道上，我们需要了解变道机制，才能进入一条更为安全的轨道。此时，英国工业革命扮演了一个独特的经验教训档案的角色。经验里怎么说？"首先，这种转型是缓慢的；其次，转型受价格驱动；再次，转型需要新技术。"经济历史学家罗伯特·艾伦（Robert Allen）总结说。加上人力资本、科学发现、同等标准中的合作与狭隘的利己主义，未来向可持续能源的过渡也会具有这些特点。最重要的是，"人们会对价格激励做出反应"。[30]

在向化石燃料转变的过程中，我们常常忽略一个教训，即这种转变是长期的，经历了几个阶段跌跌撞撞的实验，技术和工业慢慢掌握了新的能源形式——因此，摆脱化石燃料应遵循同样的步伐，避免"技术和工业过早地成比例增长"，我们必须给予这种转变一些时间[31]。更为关键的是，我们将会看到设想中关于价格的教训：化石燃料赢得了最初的竞争，因为它是最便宜的，如果可再生替代品要取得胜利，现在也必须拥有同样的优势。此外，如果英国的工业革命给"第二次工业革命"树立了良好的典范，或绿色、低碳、可持续的典范，那么另一个教训似乎也无法避免：中小企业的利润动机也会推动创新，而非社区行为。"当时煽动转向化石燃料的人"是极具竞争力的资本家,他们因此变得富有,这一事实提醒我们不要认为"只有共同的倡议才能推动根本性变革"。[32]这里有指南可遵循,即资本家们逐渐以低价发展技术。

但是,在进入和退出化石经济之间任何直接的平行关系都是虚假的。它近乎一种谬误,即假定现在的情况与过去基本相同,允许我们立刻变更规则,例如,将军们吸取古代战争的教训从而制定战略,进而遭受惨败,他们忘记了赫拉克利特曾说过,"人不能两次踏进同一条河流"。正如几位学者所指出的那样,这种过渡正慢慢逼近,如果确实如此,将是出于避免或至少尽量减少灾难性气候变化的迫切需要,这是人类以前从未遇到过的危险,也是早期英国工厂主们所没有考虑到的危险。可再生能源备受青睐的特质是二氧化碳的低排放或零排放:这是为了公众利益,而非个人。时间具有短暂性,由于这些和其他原因,下一次转变不会与英国工业革命的典型特征相同;最重要的是,这次必须集体规划。[33]但它也将面临阻碍。正如 IPCC 在 2007 年《决策者概要》中简要指出,强制、快速、由政治驱动来逐步淘汰化石燃料所需的措施可能"难以实施",因为座谈小组称"来自既得利益集团的抵制"是"关键制约因素"。[34]简而言之,一丝敌意乍然显现。因此,为了人类文明的持久和繁荣,必须抛弃化石燃料,但又受到"既得利益集团"的阻挠。他们究竟是什么?

这里或许有一个更好的理由来重温工业革命。如果化石经济是一列永不停歇且总在加速的火车,在火车越来越逼近悬崖时,司机的任务就是及时刹车(或者也许是跳车),如果他试图阻止这种情况发生,他可能已经在火车头坐了很久:我们需要知道他是谁,以及他是如何工作的(或者也可能是一个自动引擎,或一个无人驾驶的结构——但对其需求是一样的),而曾经驱动火车的"利益集团"可能仍在驱使火车前进。因此,上一次转变与其说是下一次转变的模板,不如说是帮助我们理解和消除障碍的关键。我们尚不能确定这一点,目前只是一种猜测。当然,可以想象的是,最初使用化石燃料的原因与现在坚持使用它的兴趣完全无关,如今人们使用化石燃料的兴趣,可能已经在火车行进的某个时刻占据了主导地位。但是,如果我们想了解更多化石经济的推动力、运动规律及投资于它的利益,了解其源头似乎是一个好的开始。

无论我们把这一点定义为寻找寓言还是寻找敌人,基本假设是目前还可以采取有意义的行动:现在还为时不晚。但如果为时已晚呢?IPCC前主席拉津德·帕乔里(Rajendra Pachauri)① 在2007年说,如果2012年之前不采取行动,那就太晚了,我们今后两三年的行动将决定我们的未来,这是个关键时刻。[35]如果这不纯粹是华而不实的空话,而是一个很快就会得到充分证实的准确预测,那么深入研究化石经济的历史有什么意义呢?如果有任何影响海平面升高两米以下的历史事件引起人们的注意,可能也是为数不多的事件之一。或者,对于加德纳来说,这是一项"亲眼见证严重错误的任务,即使改变的希望渺茫"。[36]研究化石经济历史的激进理由以深思熟虑为支撑。简而言之,这些都可以归结为一个紧迫的问题:我们是如何陷入这种困境的?

蒸汽的时代

因此,我们回头看工业革命,希望它能揭示其与化石燃料增长紧密联系的原因。首先是煤炭,但煤炭在英国已经燃烧了几千年,从青铜器时代到罗马征服不列颠,再到中世纪,煤火因其强大的热能而备受重视,正如我们所看到的,煤火被广泛用于宗教仪式燃灯、家庭取暖、食物烹饪和一些材料的加工,尤其是在铁匠铺打铁。然而,很少有人会说化石经济是在公元前2000年,或公元前50年,或13世纪出现的。自我维持的增长和煤炭燃烧之间的结合在任何时候都不存在,因为前者还没有发展起来,后者

---

① 英文原作中为"主席拉津德·帕乔里",他于2002年起担任IPCC主席,于2015年宣布辞去该职位。——译者注。

仍局限于产生热能。英国不得不等待工业革命写出经济增长公式,从而推动煤炭消费方式质的飞跃:通过蒸汽机将热量转化为动力,或将热能转化为机械能。

在第一代蒸汽机中,燃烧煤炭是为了迫使活塞上下垂直运动以便抽水,但鲜少用于其他。因而需要另一种形式的动力:用19世纪中叶一篇论文的话来说,"在各式各样的动力中,最常需要的技术便是一种持续的旋转。工厂里的磨坊都是由机器驱动的,机器又从轮子的转动中接收动能"。詹姆斯·瓦特①做了一次惊天动地的探索,将煤火和轮子连接起来。瓦特在1784年申请了专利,正如另一篇文章所述,他终于"使活塞动力适用于产生连续的圆周运动,从而使他的发动机适用于所有制造目的"[37]。由此奠定了化石经济的基础。

旋转式蒸汽机能完成什么旧的炉缸和泵所不能完成的任务?最明显的是,它可以驱动一台机器:自持增长的首要支点就是增加人均产出,以至今都未停歇的普遍加速度来提高劳动生产率。煤作为热能的一种来源,对一系列需要这种投入的过程十分有用,但只有作为驱使机械转动的一种能源,煤才能为各种商品的生产提供燃料。李(Rees)在《百科全书》(*Cyclopædia*)中解释道:"机械是改变运动速度、周期和方向的器官,进而适合任何目的。"这本书是19世纪早期最重要的技术知识汇编。一旦煤炭被用来为机械提供动力,燃料就可以流入经济扩张的脉络中。[38]在这本书中,我们将研究煤这种化石燃料是如何通过英国工厂中静置的蒸汽动力兴起与机器耦合的?

自持增长的第二个支点是一台旋转的发动机也可以驱动一辆汽车,同样接收来自车轮的动力,穿越海洋和陆地,将原材料或成品之类的商品运

---

① 詹姆斯·瓦特(James Watt,1736.1.19—1819.8.25):英国发明家、企业家,第一次工业革命的重要人物,与著名制造商马修·博尔顿合作生产。1776年制造出第一台有实用价值的蒸汽机,以后又经过一系列重大改进,使之成为"万能的原动机",在工业上得到广泛应用。他开辟了人类利用能源的新时代,使人类进入"蒸汽时代"。后人为了纪念这位伟大的发明家,把功率的单位定为"瓦特"(简称"瓦",符号W)。

出和运进工厂。本研究的续集名为《化石帝国》（*Fossil Empire*），将分析全球范围内的移动蒸汽动力。热能可以作用于具有某些化学性质的材料；泵可以迫使液体上升。单靠机器和车辆就可以制造和销售最广泛的商品；用煤来驱动蒸汽机，首先令化石燃料成为无限增长中不可或缺的组成部分。此外，英国农舍和铁铺内的煤炭燃烧，从未刺激其他国家同样采用这种燃料。在经济竞争和军事入侵的压力下，只有机器和车辆有能力将化石经济从大不列颠群岛投射出去。一个被蒸汽动力工厂的商品淹没的国家，或是受到蒸汽船压倒性力量攻击的国家，会受到外部需求的鞭策，它们也许会寻求模仿这项技术，以拯救其工业或使一个国家存活。只要煤炭主要是在英国家庭中消费，远方的人们便没有理由要来关注这种燃料。

在英国，甚至在世界上任何一个大陆，煤层的存在显然不是向化石经济转变的充分条件，旋转式蒸汽机也是如此。人工制品作为一种无声的物质，正如岩石中的地层，它本身也无法引发类似化石经济的产生。仅凭发明家的合法专利证明了发动机的存在，我们无法得知它实际建立的范围、它在经济中的作用或是否有排放二氧化碳的倾向：大气无法感知专利的延伸行为。历史上充斥着带有达·芬奇风格的展览或幻想对象的发明，所以关于蒸汽机的问题是它为什么被采用和传播——在英国，尤其是在英国的棉花行业，蒸汽机取代了水车。在蒸汽动力应用之前，英国的棉花工业是工业革命的"快车道"，自持增长最初出现在这条"快车道"上，利用水力驱动机器运转。那么，棉花资本家的选择为什么要从水力转变为蒸汽动力呢？通过研究最初动力转型的原因，我们可能会更接近于了解启动或仍在推动现在被称为"一切照旧"的进程机制。

视能量为权力

英语中的"power"一词有双重含义：可以指自然的力量、能量的流动、工作的能力；也可指人与人之间的关系、权力、统治结构。在其他主要的欧洲语言中，这种连词没有那么紧密。"motive power"（原动力）和"absolute power"（绝对权力）在西班牙语中是"fuerza motriz"和"poder absoluto"，两者之间没有明显的联系；而在法语中，自然方面是"energie"和"courant"，社会方面则是"puissance"和"pouvoir"，大致相当于德语的"Kraft/Strom"和"Macht/Gewalt"（由此是"Atomkraft"而非"Weltmacht"）。为什么英语中的两种表达会合二为一？我们注意到一个有趣的事实，但对这种欧洲语源的比较研究超出了本研究的范围。

这种双重含义在现实中相遇了吗？尽管英语世界中存在语义融合，但热力学和社会权力几乎总被视为"不同的现象，这是学术研究的学科结构所鼓励的一种习惯"，正如最近一次试图弥合这一鸿沟的尝试所观察到的那样。[39]来自两个半球的两部权威著作举例阐释了这种区别。在《自然与社会中的能量：复杂系统的一般能量学》（*Energy in Nature and Society: General Energetics of Complex Systems*）一书中，瓦科拉夫·斯米尔（Vaclav Smil）给出了能量的精确定义，即"能量流动速率"或"$W = J/s$"，其中 J 是焦耳，s 是秒，W 是功率单位，来自詹姆斯·瓦特的名字。[40]换言之，能量在这里被理解为做功或能量转换的速率，这就是它全部的含义。显然，尽管他的作品名义上具有跨学科的特点，但斯米尔甚至没有注意到这个词还有另一个含义，更不用说两者之间的任何实际转换了。

在史蒂文·卢克斯（Steven Lukes）的社会学经典著作——《权力：一种激进的观点》（*Power: A Radical View*）中，"power"也失掉了一层含义。书中提到"马力"和"权力斗争"之间的重叠，仅仅是为了澄清社会层面"权力"相关术语的混乱：首先，分析这一区别的基础是，只有在清除与机械现象的所有联系后，社会权力的本质才能被提炼出来。[41]卢克斯的文章对这一概念有大量剖析，在他的论述中，没有任何迹象表明权力同时需要能量和人际关系，也没有通过其机械基础来挖掘社会权力深度的潜力。二者之间的口语化转换在严格的知识界限中有其对应物——自反的、不被注意的和完全现实的。英语语言可能包含了一个科学研究已经疏远的基本事实，但无论如何，它允许我们制定一个指导这项工作其余部分的一般假设：化石燃料产生的能量从一开始就具有双重含义和性质。蒸汽作为一种超级动力的形式就是如此。二者不能彼此孤立，因为它们在一个整体中相互构成，其对立面亦贯穿始终。

全球变暖不是自然原因造成的，这一点毋庸置疑。太阳辐射、火山喷发、碳循环的内生变化以及其他类似的疑点已经被果断排除在造成气温上升的责任之外，而根本原因则被牢牢地推到了社会一方。一旦我们跨过"社会"这条线，我们马上就会遇到"权力"——事实上，只要我们使用"化石燃料"这个词，就离不开"权力"二字。顾名思义，它们是社会关系的物质化。[42]没有一块煤或一滴油能把自己变成燃料，而且，也没有人为了满足生存需要而系统地大规模开采这两种能源：化石燃料需要雇用劳动力或强制人们劳动以便开采，这是一些人指挥另一些人劳动的权力。如果我们认真对待气候科学的事实材料，我们应该把注意力放在"power"的双重意义上，首先是在劳动过程中。这是人类与自然界其他部分的交汇点，在这里，生物物理资源进入社会新陈代谢的循环，煤炭、石油和天然气被开采和运输，进而被输入机器，然后燃烧。这个过程是人满为患的。环境历史学家斯特凡尼亚·巴萨写道，"作为通过劳动过程进行能源和物质转化的主要行为者，工人是社会和自然资源之间的主要接口"，他们掌握并受制于权力。[43]这就是化石经济的起源。

无论是环境史还是劳工史，由于其自身的特殊原因，都不太愿意将工人与更广泛的环境、阶级和气候联系起来。在工业革命中，能源研究对此也同样缄默。事实上，尽管最近社会科学对其研究的兴趣激增，气候变化本身仍然主要是自然科学的一个研究对象。我们有大量关于气候变化导致灾难性影响的数据，但对于驱动气候变化因素的研究仍相对较弱。[44]或者，套用马克思的话：大多数气候科学仍然栖息在无声的大气层中，一切都发生在地表，而不是在隐秘的生产场所里，即化石燃料实际的生产和消费地。迄今为止，自然科学家将全球变暖解释为自然界的一种现象；然而，关键是要追溯其人类活动起源。只有这样，我们才能假定至少还可能存在通往化石经济之外的道路。

第二章

稀缺性、进步性，抑或人类本性？论蒸汽机的兴起

蒸汽机是对稀缺性的回应

早在全球变暖悄然降临现代社会之前，纵观一眼便足以发现，能源是工业革命的核心：在历史学家的"后视镜"中，最引人注目的便是以生产为目的而利用自然力量的新方法。当代研究能源之于工业革命作用的元老是里格利①，在1962年的一篇开创性文章中，他首次提出了一些观点，这些观点后来发展成为对18—19世纪英国改革动态的宏大叙事，更广泛地说，是对经济增长的宏大叙事。¹在他后来所说的"有机经济"中，所有形式的物质生产都以土地为基础：比如原材料、热能、用人力和动物推动机械运转的动力，目前都是由光合作用所提供的。而光合作用所能提供的能量终归有限，除了土地的持续供应，没有其他办法能使能源持续增长。因此，一个不断增长的有机经济将必然陷入对稀缺资源的激烈竞争中，使自我维持增长的必要条件——"工业原材料供应的永久性、根本性扩充"，

---

① 里格利：是指爱德华·安东尼·里格利爵士（Sir Edward Anthony Wrigley,1931.8.17—2022.2.24），英国历史人口学家。他的学术作品侧重于人口历史，以及城市化和工业化的长期成因和影响。

第二章　稀缺性、进步性，抑或人类本性？论蒸汽机的兴起

变得"十分难以获得"。[2]对土地的依赖严重制约了工业生产，而化石燃料则打破了这一"瓶颈"。

工业革命以前的英国采用的是典型的有机经济模式，农民从土地里获取他们所需的一切：食物、动物的饲料、家具、建筑材料，一些动物或被剪毛，或被宰杀，或成为牲口；最初生火的燃料甚至都来自田野和森林。纺纱工和织布工、制革工和染色工、锯木工和木匠、铁匠和橱柜制造工，他们使用的都是同一片土地上的资源，如羊毛、斧头、皮革、毛发、毛皮、稻草、木炭，以及最重要的——木材本身。一个不断增长的行业只有从另一个行业中分得更大的一块蛋糕，才能持续增长。在有机经济紧张的能源预算中，所有活动都在争夺相对有限的光合生产率，增长过程不可能是普遍或自我维持的，因为早晚有一天，能源会枯竭。

当然，里格利借用了大卫·李嘉图①的这个想法，他对李嘉图给予了充分的肯定。根据李嘉图的说法，经济增长必须要求有更肥沃的土地。只要经济发展处在萌芽期，且国家人口稀少，就没有问题。但在某些时候，湿地、陡峭的山坡、迄今未被开发的山地，这些"劣质土地"将不得不被用来耕种、开发，以期获得更多可供扩张的土壤。现在人们必须用更多的劳动力投入，从日益贫瘠的土地上获取更多的产品。大自然从馈赠者变成了索取者："随着她对馈赠礼物变得吝啬起来，她会为自己的工作索取更高的价格"；从她的土壤中提取的食品价格在上升。利润下降，存量减少。由于自然的限制，经济普遍陷入瘫痪：李嘉图在里格利反复引用的论述中写道，"土地生产力有限的自然法则，使这种现象，有永续下去的趋势"②。[3]里格利应用于工业革命的论述正基于这种因果关系，它解释了历史向化石燃料转变的原因。

---

① 大卫·李嘉图(David Ricardo,1772.4.18—1823.9.11):英国古典政治经济学的主要代表之一，也是英国古典政治经济学的完成者。
② 李嘉图.政治经济学及赋税原理[M].郭大力,王亚南,译.南京:译林出版社,2014:61.

被里格利称为"无机"或"矿物"经济的新体系，最终打破了停滞的魔咒。当钢铁、陶器、砖头、玻璃、盐和其他工业转而使用煤炭时，它们通过攫取过去光合作用的存量，避开了有限的土地生产，在森林和田野中开辟了全新的扩张区域。在同一条隐蔽的道路上，汽车、轮船、火车、飞机、各种消费品和资本货物都将由化石燃料制成，因此，不断增长的经济可以超越李嘉图式的限制。在里格利的计划中，这种约束不仅解释了人们对化石燃料的偏爱，而且，也许更重要的是，解释了化石燃料自我维持增长的条件本身。英国资本家只有把堆砌在煤炭上已久的石头搬走，才能使经济永恒扩张。

里格利和他的拥护者用来说明这一逻辑的一个方法是，将煤炭转换成产生相同数量的能源所需的土地亩数。在 1750 年，英格兰①生产的所有煤炭相当于 430 万英亩②的林地，或占国家领土的 13%。1800 年，用木材代替所有的煤将需要 1120 万英亩的土地，或 35% 的英国土地面积；到 1850 年，这些数字分别上升到 4810 万英亩和 150%。那么，早在 1750 年，假设英国经济从煤到木材的全部转换将"占到土地面积的很大一部分，而这些部分还有许多其他竞争性用途"；到 1800 年，将变得"非常不切实际"；到 1850 年，跨越 100% 的转换门槛"显然是不可能的"。换句话说，"如果没有煤作为能源，李嘉图的压力会变得十分严重"：森林被砍伐，土壤被耗尽，经济停滞不前⁴。在一个类似的计算中，罗尔夫·彼德·西费勒③受里格利的启发得出结论，即到 19 世纪 20 年代，煤炭释放的能量相当于英国总领土面积；而保罗·马拉尼马④同样"站在里格利的肩膀上"，预测如

---

① 作者引用了来自里格利 Energy and the English Industrial Revolution 一书中的内容，里格利书中原文是英格兰和威尔士，此处作者仅写了英格兰——译者注。
② 1 英亩 = 0.004047 平方千米——译者注。
③ 罗尔夫·彼德·西费勒(Rolf Pieter Sieferle, 1949—2016)：德国历史学家，因将社会科学的方法论应用于生态可持续性和社会资本等当代议题而闻名，他也是德国环境史的先驱学者。
④ 保罗·马拉尼马(Paolo Malanima, 1950.12.17—)：意大利经济史学家，也是那不勒斯地中海社会研究所所长。他的主要研究兴趣是经济史的长期发展，特别是意大利经济自古典古代以来的情况，以及能源史和全球史。

果没有化石燃料，欧洲在1900年所需的土地面积将高于其整个大陆面积的2.7倍，到2000年将增加到20倍以上。[5]

但煤炭不仅消除了李嘉图的压力，还有来自生产和再生产的压力。根据里格利的说法，马尔萨斯关于人口以几何级增长和粮食供应以算术级增长的定理，催生了人均产出下降的趋势，这在有机经济中确实有效。这位老牧师的论点包括：植物在地球有限的范围内努力争取空间；所有动物都有"超出其谋生手段的增长趋势"；只要化石燃料还没有进入经济增长体系，无法找到食物的过剩人口就会被淘汰掉。[6]在此之前，人口增长必然会导致人们生活水平的下降，因为一成不变的土地供应必须被更多的人瓜分；而有了化石能源后，土地的压力得到了极大缓解：煤炭的使用将使人口飞速增长。这是使用它的另一个原因。

然而，马尔萨斯的论点在理查德·威尔金森（Richard G. Wilkinson）的研究中得到了最清晰的表达。现如今，他因在《精神层面》（The Spirit Level）等书中研究关于社会不公产生的不健康影响而更为人所知。在《贫穷与进步：经济发展的生态模式》（Poverty and Progress: An Ecological Model of Economic Development）一书中，正如书名所示，威尔金森试图构建一个最普遍的源自英国工业革命的一般发展模型。人们发明新技术并不是因为富裕，而是因为贫穷，他们也只有在贫穷的时候才会如此。贫困是资源匮乏的一种征兆，当人类种群屈服于其与生俱来的倾向，即"每个动物种群"所共有的，在超出其资源基础范围外进行繁殖时，就会出现这种情况——这几乎逐字逐句转述了马尔萨斯《人口论》中的早期推论（再加上部分达尔文的论述）。[7]通常，人类试图通过量体裁衣般的文化规范来维护不稳定的生态平衡，包括从杀婴到挥霍性交之类的禁忌等。然而，出于某种原因，这种平衡可能会被打破，正是在这种情况下，事情才出现转机。

一个社会如果因为"文化体系的某些部分受到干预"而无法抑制其生育欲望，就会陷入资源匮乏。那么这个社会别无选择，只能进行创新。在既定的生态资源范围内，不断膨胀的生育数字无法维持，资源稀缺性会"迫使社会改变其在自然环境中谋生的方式"：而这正是17世纪末工业革命前夕发生的事情。英国夫妇丧失了自我约束，致使生育率飙升；不断增长的人口起初还可诉诸资源中的富余部分，但到了18世纪，自然资源的匮乏已经达到了可怕的地步，迫使英国开始"用矿产资源取代土地资源"。煤炭解决了人口过剩的危机，像所有构成工业革命的创新方式一样，对化石燃料的开发是"社会处于生态困境下英勇斗争"的结果，是"对特定资源短缺产生的反应"，是"在胁迫下做出的决定"。[8]

李嘉图和马尔萨斯是工业革命中怀有此类能源思维方式的先驱。最具讽刺意味的是，里格利认为，二者都在经济增长障碍被消除的那一刻，发表了关于经济不可能自我维持增长的声明。然而，他们留下了适当的"工具"以帮助我们理解这种转型。正如彭慕兰①在《大分流：中国、欧洲与现代世界经济的形成》（*The Great Divergence: China, Europe, and the Making of the Modern World Economy*）中所说的那样，在这个珍贵的"工具盒"里，还可以找到亚当·斯密的真知灼见，该书为21世纪的经济史拟定了许多议程。彭慕兰认为，直到19世纪，英国和中国，甚至长江三角洲，基本沿着相同的轨迹发展。两国都表现出高人口密度、专业化、斯密式的劳动分工、逐渐增长的卡车使用趋势、买卖和交易：简而言之，就是经济增长。两者都同样实现了农业生产力的提高、土地和劳动力市场的相对自由，以及人民生活水平的改善，但两者又在朝着生态系统崩溃的方向疾速前进。当英国意识到其煤炭储量的全部潜力时，土地资源的约束正准备摧毁社会经济的发展。

彭慕兰对19世纪英国和中国长江三角洲之间巨大差异的解释涵盖两个方面：殖民地和煤炭，而只有英国获得了这些资源。西方不是因特定的社

---

① 彭慕兰（Kenneth Pomeranz，1958.11.4—）：著名历史学家、汉学家，"加州学派"代表人物，现任美国芝加哥大学历史系教授。

会关系和技术而走上了特殊的发展道路；相反，远东的风俗习惯和基本的机械操作熟练度实际上都是相同的。但是，来自中国内陆的煤炭必须跨越令人望而却步的距离才能到达海岸，而英国的制造商可以获取的煤矿，即使不在他们脚下，也能轻易通过船只运输。中国未能将化石燃料运送到其斯密式增长的沿海温床，而是驻足在有限的土地范围内发展并开始衰退；英国则一跃成为世界的"领头羊"。以英国为核心的西欧依附于附近的矿产资源（以及在遥远领地仅能够购买的少量能源），"成为一种幸运的反常"①，突破了"以前限制了所有人视野的能源利用和可用资源的根本制约"②。9 通过对差异的这种解释，彭慕兰实际上将劳动分工、贸易和人口增长的三重驱动力——斯密、李嘉图、马尔萨斯的理论——提升到全球角度来看，它们同样存在于18世纪的中国和英国，同样受到普遍土地限制的威胁，但只有幸运的岛民才能探寻出一条指数式增长的轨道。

人们对里格利所开创学派的认可，几乎已经达成了一种共识，在其2010年的代表作《能源与英国工业革命》（*Energy and the English Industrial Revolution*）中达到巅峰，现在它值得被冠以范式的称号，因为大多数关于该主题的一般研究都以其为指导。由于李嘉图的土地限制论在其中占主导地位，马尔萨斯的人口论其次，斯密是相对边缘的人物，我们姑且称其为"李嘉图—马尔萨斯范式"。阿斯特丽德·坎德（Astrid Kander）和她的同事们在《赋予人民的力量：欧洲五个世纪的能源史》（*Power to the People：Energy in Europe over the Last Five Centuries*）中总结了这一主要论点，这篇研究用更多的数据为里格利的叙述增色不少，"能源转型是在需求上升的情况下取代自然资源稀缺开始的"。10 不论是释放、突破，还是逃离，向化石能源的转变都是由自然资源的稀缺性引起的；该研究同时指出，未来是自我维持增长的开端，乍一看，这个分析似乎合乎逻辑且令人信服。

---

① 彭慕兰. 大分流:中国、欧洲与现代世界经济的形成[M]. 史建云,译. 南京:江苏人民出版社,2003:194.
② 彭慕兰. 大分流:中国、欧洲与现代世界经济的形成[M]. 史建云,译. 南京:江苏人民出版社,2003:194.

化石资本：蒸汽动力的崛起与全球变暖的根源

那么，李嘉图—马尔萨斯范式是如何解释蒸汽动力的崛起的呢？里格利认为它果断背离了有机经济的发展模式。只要煤被用来取暖，它的价值就很有限，它就很难从李嘉图和马尔萨斯的诅咒中解脱出来。但一旦燃料成为机械动力的来源，"个人生产力实现飞跃就变得轻而易举了，生产速度可能会超过人口增长速度，好比现在乌龟在冲刺而非徐行了"。不是热能，而是机械动力打破了这一"瓶颈"，在19世纪下半叶便实现了这一点，正如里格利所指出的，蒸汽机成为（一些）制造业的主要动力来源。首先大放异彩的是棉花工业。到1870年，棉花工业配备的发动机比英国任何其他经济领域都多，在此期间，同类发动机才是"煤炭最重要的单一消费者"。[11]

在热力学领域，作为李嘉图的接班人，里格利将他的模型建立在目前光合作用的局限性上：植物捕获一部分太阳辐射，并将其转化为土地上的有机物，这些是有限的，只留下微弱的能源储量供人类使用。前工业化时期，英国有机经济的特点是完全直接（木材作为燃料）或间接（牲畜的饲料等）地依赖植物，这就是李嘉图定理的应用："对能源不断增长的需求只能通过植物光合作用的产品来满足。因此，必然意味着增加对土地的压力。从长远看，会带来麻烦。"[12]现在，如果在制造业中使用蒸汽动力构成了促使经济持续增长率远离有机经济的关键一步，同时，如果煤炭的优点是将能源需求从目前的光合作用中分离出来，那么，为使里格利模型成立，被蒸汽取代的原动机必须以植物作为燃料：像燃烧木材的炉子或消耗食物的肌肉。但情况恰恰不是这样：在转向蒸汽之前，水力才是英国的工业所依赖的元素，其中最主要的是棉花产业。瓦特的蒸汽机战胜了水车，但显然不是因为当时光合作用的固有限制。水不是植物，也不需要食用植物才能流动。

为了确定从水力到蒸汽动力过渡中李嘉图式的紧迫性，里格利必须把稀缺性的概念从土壤中剥离出来，扩大到包含任何资源的短缺。例如，在以下案例中瀑布的短缺。在1962年的原作中，他注意到瓦特的发明（18世纪80年代）和棉花工业采用蒸汽机（19世纪下半叶）之间的延迟，认为"只有经过一代人的扩张，使（工业）对动力的需求超过了人力和水力之后，蒸汽机才会被投入使用"。在这种情况下，水轮被抛弃了，因为它们不能提供必要的能量，它们的"燃料"（动力源）供应不足。有足够水源且"未被开发的瀑布"变得"少之又少"，这大致符合李嘉图的收益递减法则，想必是通过相对于蒸汽的水价上涨来实现的。[13]

威尔金森的说法与此相同，"水力的使用受限于合适磨坊场地的溪流数量：在17世纪，全国许多地方的新场地变得稀缺"，而"为蒸汽机提供燃料的煤炭却很充足，尤其是在矿井入口及其周围，所以蒸汽动力的传播在生态学上是有利的"。但是，他继续断言，跨越两个世纪，"直到18世纪末，当新的棉纺厂开始增加对旋转动力的需求，而合适的磨坊场地不再可用时，博尔顿和瓦特才发明了蒸汽机，将制造商从严重的水源短缺中解救出来"。[14] 彭慕兰同样意识到了蒸汽机突破的意义，他声称"水力，无论其轮子得到了多么大的改进，但完全没有同样的潜力能提供超过未来几十年中飞速增长的人口的能源投入"①。坎德和里格利的学生们复制了他的观点，认为蒸汽机是真正的飞跃，他们肯定了水力"没能跟上人口的增长"，因此不得不被弃用。[15] 一个生态舒适区变得拥挤不堪，水源的匮乏阻碍了人口的进一步增长：这就是李嘉图—马尔萨斯式关于蒸汽动力兴起的描述。后面我们会看到它如何与历史进程相吻合。

作为人类"火种"的蒸汽机

2013年5月9日，夏威夷火山山坡上的莫纳罗亚天文台（世界上最古老的二氧化碳监测站，也是跟踪二氧化碳上升的全球基准点）测量的空气

---

① 彭慕兰. 大分流:中国、欧洲与现代世界经济的形成[M]. 史建云,译. 南京:江苏人民出版社,2003:194.

| 化石资本：蒸汽动力的崛起与全球变暖的根源

中二氧化碳日平均浓度首次超过了 400ppm①。¹⁶ 这一里程碑式的事件并没有"一石激起千层浪",但对于科学界和关注该事件的那些公众来说,却又一次重申了一个令人不安的事实,即大气中的二氧化碳含量正在以破纪录的速度超越极限。上一次二氧化碳浓度徘徊在 400ppm 左右,至少是在 250 万年前的上新世②时期。人们相信,自中新世③开始,大约在 2400 万年前,二氧化碳浓度一直保持在 500ppm 以下。在全新世④——从近 12000 年前最后一个冰川时期结束时开始,则一直在 260～285ppm 波动,就像一个球在狭窄的轨道之间轻轻滚动,这个轨道就像人类文明在此定居发展的界限范围。在过去的一千年里,二氧化碳浓度变化幅度不超过 5ppm,直到工业革命将这一气体投入另一个轨道。¹⁷ 目前,二氧化碳浓度每年增加 2ppm。

鉴于二氧化碳在调节地球温度方面起着恒温器的作用,且温度决定了地球上所有生命存在的气候条件,二氧化碳浓度上升的幅度——从 19 世纪中叶的 285 ppm 到当前超过 400ppm,将智人升级为地质营力⑤,她现在正在修补地球系统中一些最基本的变量。时代的标记发生了改变——在广阔的地质时期（上新世、中新世、全新世）,而非世俗的历史时期（萨珊帝国⑥、法蒂玛王朝⑦、维多利亚时代⑧）的意义上——历史时期赶上并湮没在地质时期里；全新世已经走到了尽头。或者说,越来越多的地质学家、化学家、环境历史学家、可持续发展科学家和其他专家都在声援这样一个

---

① ppm(parts per million):一般是指质量浓度,是用溶质质量占全部溶液质量的百万分比来表示的浓度,也称百万分比浓度。
② 上新世(Pliocene):地质时代中第三纪的最新的一个世,它从 530 万年前开始,258.8 万年前结束。
③ 中新世(Miocene):地质年代新近纪的第一个时期,开始于 2300 万年前到 533 万年前,介于渐新世(Oligocene)与上新世(Pliocene)之间。
④ 全新世(Holocene):最年轻的地质年代,从 11700 年前开始。根据传统的地质学观点,全新世一直持续,但也有人提出工业革命后应该另分为人类世。
⑤ 地质营力(geological agent):是指引起地壳物质组成、内部结构和地表形态运动和变化的自然动力。
⑥ 萨珊帝国(Sassanid,224—651):最后一个前伊斯兰时期的波斯帝国,国祚始自 224 年,651 年亡。萨珊王朝取代了被视为西亚及欧洲两大势力之一的安息帝国,与罗马帝国及后继的拜占庭帝国共存了超过 400 年。
⑦ 法蒂玛王朝(Fatimid,909—1171):北非伊斯兰王朝,中国史籍称之为绿衣大食,以伊斯兰先知穆罕默德之女法蒂玛得名。
⑧ 维多利亚时代(Victorian,1837—1901):前接乔治王时代,后启爱德华时代,维多利亚时代后期是英国工业革命和大英帝国的峰端,与爱德华时代一同被认为是大英帝国的黄金时代。

第二章　稀缺性、进步性，抑或人类本性？论蒸汽机的兴起

观点：地球上已经出现了一个新时代——"人类世"（Anthropocene）

这一术语表明地球现在已经远离了自然地质时代，即目前被称为全新世的间冰期。人类活动变得如此普遍和影响深远，以至于它们可以与大自然的强大力量相抗衡，并将地球推向行星系里未知的地域。[18]

当然，这并不是说人类在早期从未对环境留下任何印记；而是说在现代人类浮动的影响下，环境发生了质的飞跃。即使像更新世①巨型动物的灭绝或地中海山地森林砍伐这样的事件，也未能触及全球生态系统，未能深入陆地和水生生物的所有角落，未能一次性地调节整个地球的生态，但它们无法做到的，却正由二氧化碳上升并在生物圈内过度积累热量来完成。然而，正如人类世理论家们热衷于强调的那样，全球变暖只是人类造成的真正划时代的变化之一。除了碳之外，由于人类的过度开采和过度排放，一些对生命至关重要的元素的循环——特别是氮、磷和硫，现在已经紊乱不堪；水循环被河流筑坝和土地开垦所破坏；第六次物种灭绝正在进行；海洋正在酸化；臭氧正在耗尽。而这样的例子还有很多。全球范围内，人类占据上风的迹象似乎贯穿了所有生活领域。然而，"人类世"概念的支持者倾向于将全球变暖及其主要化学性元素的上升作为一个新时代的重要证据。威尔·斯特芬（Will Steffen）及其同事写道："我们建议，大气中的二氧化碳浓度可以作为跟踪人类世进程的单一、一般指标。"这一主张是合理的，[19]而生物圈的任何其他波动都无法与这一影响的破坏性潜力相提并论。

那么，引申出一个重要问题：这一切是什么时候开始的？这个新词的突破可以追溯到大气化学家、诺贝尔奖获得者保罗·克鲁岑②于 2002 年在

---

① 更新世(Pleistocene):亦称为洪积世,地质时代第四纪的早期,从 2588000 年前到 11700 年前。
② 保罗·克鲁岑(Paul Jozef Crutzen,1933.12.3—2021.1.28):荷兰大气化学家,由于证明了氮的氧化物会加速平流层中保护地球不受太阳紫外线辐射的臭氧的分解而与马里奥·莫利纳、弗兰克·舍伍德·罗兰共同获得1995 年诺贝尔化学奖。

《自然》杂志上发表的短文《人类的地质学》(*The Geology of Mankind*),他观察到,全球气候可能在"未来若干千年里"偏离自然行为,随后发出惊人声明:

> 人类世可以说始于18世纪下半叶,当时对深藏在极地冰层中的气体分析表明,全球二氧化碳和甲烷的浓度开始不断上升,而这个时间也恰好与詹姆斯·瓦特在1784年设计蒸汽机相吻合。[20]

该时间轴迅速流传开来。在不断涌现的关于人类世的文献中,瓦特发明的旋转式蒸汽机作为使人类对地球进行全面统治的一件"艺术品",常与这个时代的诞生联系在一起。亨利·柏格森(Henri Bergson)是援引这一概念的先行者之一,他在1907年的《创造进化论》(*L'Evolution Créatrice*)中便已洞悉未来:

> 蒸汽引擎的发明至今已有一个世纪了,而我们才刚刚开始感到它给我们造成的冲击的力度……在数千年时间当中,当我们只能在远距离上看到当时时代的粗略轮廓时,那些战争与革命便会显得无关紧要,哪怕它们假定被记住了,也是如此。但是,我们提到蒸汽引擎以及与之相伴的各种发明时,却也许会像提到历史上的青铜或切削石器一样:蒸汽引擎标志出了一个时代。①[21]

或者是所有时代的结束?知名生态批评家蒂莫西·莫顿(Timothy Morton)在《庞大之物:世界终结后的哲学与生态学》(*Hyperobjects: Philosophy and Ecology after the End of the World*)一书中,概述了一个契合人类世,尤其是全球变暖的大胆的新世界观,而且他比大多数人更清楚,"世界末日已经发生,我们可以准确无误地确定世界末日的日期"。他给了这

---

① 亨利·柏格森. 创造进化论[M]. 肖聿,译. 北京:华夏出版社,1999:119.

个事件一个相当奇怪的解释和一个非常准确的日期:"那是1784年4月,詹姆斯·瓦特为蒸汽机申请了专利,这一行为开始了碳在地壳中的沉积,即人类作为一股地球物理力量,开始在地球范围内产生影响。"[22] 所以,基于瓦特的专利,世界将不复存在。

抛开这些夸张的说法,将蒸汽机指认为时代的"刽子手"所引用的理由并不总是很有说服力。从18世纪末开始,在极地冰层中可以检测到的二氧化碳浓度的小幅上升,仍处在全新世的自然变化范围内;它不可能是由同时代瓦特发布的专利所引起的;那时,森林砍伐的碳排放量仍然远超化石燃料的排放量。将蒸汽机的出现与小行星撞击地球或冰川期的终结相提并论,其理由必须充分且合理,正如上文描述的那样:蒸汽机预示着经济增长和化石燃料新的结合,或者,用气候畅销书《迫在眉睫的生态问题》(*The Burning Question*)中的话说,"能源、社会反馈循环进入了超速状态"。[23] 这一切都不可能是一个发明的问题,专利无论多么具有象征意义,不过只是一张纸。不是瓦特,而是那些选择采用他的发动机的制造商们造成了"一切照旧"的现状。

那么,人类世理论家对蒸汽机兴起的实际原因有什么看法呢?其实没有多少。但他们确实提出了一个总体框架,出于逻辑上的必然性,他们从人类的本性中推导出这一点,以此解释向化石燃料过渡背后的历史因果关系。如果它们相互作用的方式具有更多的偶然性,那么整个物种(人类本身)上升到生物圈霸主地位的论述便很难得到支持:"人类地质学"必须植根于该物种的属性。因此,对一系列历史问题的回答总是围绕着一个经典元素的故事:火,而只有人类可以操控火。

在《碳与人类世》中,著名气候科学家迈克·劳帕赫(Michael R. Raupach)和约瑟夫·卡纳德尔(Josep G. Canadell)指出,地球上的生命"制造了大量的碎屑碳——碳基生物死亡后的残留物"。化石燃料属于这一基本类别,死去的植被和被杀死的动物尸体也属于这一类别。大约在50万年前，人类的祖先开始系统地燃烧这些碎屑碳，因为他们学会了使用火这一元素来随意点燃、使其蔓延并扑灭它。这种独特的能力赋予了人类血统以优势，使其能够像地球上任何其他生物一样利用外生能量。这就是"人类世的根本进化诱因"，它直接驱使人类：

> 发现能源不仅可以从碎屑生物碳中提取，还可以从碎屑化石碳中提取，最初是煤炭。这种更为集中的能源催化了技术的发展，最终导致工业时代的技术爆炸，然后是通常被定义的人类世。在人类世中，人类已经开始主宰这个星球……外生能量从过去到现在，都是这一发展过程的重要催化剂，而其存在的主要原因是，早在工业时代之前，一个特定的灵长类物种就学会了如何开发储存在碎屑碳中的能量。[24]

上述内容值得我们停下来思考一下。劳帕赫和卡纳德尔信奉克鲁岑的时间轴，并不是说人类世早在工业革命之前就开始了，相反，他们声称，在工业时代大规模燃烧化石燃料的"基本催化剂"和"主要原因"，实际上是大约 50 万年前某一特定灵长类动物对火的操控。我在一岁时学会走路，奠定了我今天能跳萨尔萨舞的基础，就像人类首先开始燃烧一棵树，然后在 50 万年后燃烧一桶石油，道理是一样的。事实上，在劳帕赫和卡纳德尔看来，这条时间轴一直从人类最初对火的操控延伸到 21 世纪初二氧化碳排放量的激增。"碎屑化石碳"的存在，再加上人类掌握了燃烧生物变体的原始知识，导致了工业时代的技术爆炸，其他的事情也就顺理成章了。无论我们如何看待这些主张的本质，重要的是要再次注意到，它们的逻辑结构对于维持人类世的叙事是不可或缺的：一定是某一物种的某些普遍特征开辟出了属于自身的地质时代道路。

对于文学理论家凯伦·平卡斯（Karen Pinkus）来说，现在与非常遥远的过去并没有区别，近一百万年来没有发生什么新鲜事。"现在"——当下被称为"人类世"——"始于 99.2 万年前直立人的出现"和使用了

第二章 稀缺性、进步性，抑或人类本性？论蒸汽机的兴起

第一把火，而这第一步直接引发了第二步，即在 16 世纪，英国木材变得稀缺，煤炭被用作燃料，随后是 1784 年的决定性发明。[25]地理学家奈杰尔·克拉克（Nigel Clark）分析得更为长远。他断言，气候变化"主要是人类燃烧能力升级的结果"，可以追溯到 160 万年前直立人在非洲大草原上对火的操控。这是标准的人类世说法。但他接着问："是一个什么样的星球，才孕育出了一个能够做这种事情的物种？"

"纵火狂"的倾向是地球本身所固有的，地球仿佛一个围绕太阳循环的烟火库，拥有富含氧气的大气层、易燃燃料和大量的点火材料。只要地球存在，其表面就一直在燃烧；只要有植被的地方，野火迟早会爆发。人类所做的只是阐明了这一地质基因，增强了"地球自身的火生倾向"，加速了"对地球本身燃烧需求的定义"，其中，"近期对沉积物和化石生物质的开发倾向是最新的"。在这里，人类世的概念被推向了它的边缘极限。现在，人类能动性是促使地球毁灭潜在的媒介，煤炭和石油的燃烧好比地球的一种"口技"或一个被委派的"纵火狂"。在克拉克看来，地球作为一个天体，是活跃的燃烧器：它投资于火，"押注于火"——它已经"变态到产生了一个纵火生物"，即人类。[26]根据这种观点，通过蒸汽机和所有其他技术实现的人类世气候变化的根本原因，在人类进化过程中并不遥远，而是起源于大约 40 亿年前地球本身，其可燃岩石中孕育出了一个"纵火犯"儿子。

但克拉克仍处于人类世理论的边缘地带，更常见的是将因果关系的界限拉回到早期人类进化，但没有追溯到更远。反思"早期火猿，纵火爱好者"的晚期化石功绩，正如前环保人士马克·林纳斯（Mark Lynas）在《上帝的物种：在人类纪拯救地球》（*The God Species: How the Planet Can Survive the Age of Humans*）中恰如其分地对人类世思想进行的普及。[27]在其他时候，熟悉的马尔萨斯式主题被调动起来，以解释向化石燃料的转变。然而，或许我们应该赋予人类世理论更卑微的叙事地位，它的原始贡献和警示性隐喻既不在于火，也不是稀缺性，而恰恰是坚信人类才是蒸汽动

力、化石燃料燃烧、气候变化和相关生物圈痛苦的源头：人们一直在谈论一种叫作"人类事业"的东西，因为这种力量现在正与自然界的其他部分发生碰撞。这项事业究竟包含什么，从来没有具体说明，但我们被引导着，了解它代表了一个行进中的物种，表现出自人类早期以来就存在的倾向。[28]

关于人类世细枝末节的争论仍在继续：一些人主张该纪元的诞生日期要早得多，但对于工业革命几乎仍能达成共识。自2008年以来，伦敦地质学会地层委员会就在考虑正式宣布人类世为当前所处纪元，但预计还要经过几年的谈判才能做出裁决。一些持不同意见的人声称，这一概念属于"流行文化"，而不是严格的地层学实践。事实上，这一概念自克鲁岑在2002年发表论文以来，已经经历了一场最为壮观的"职业生涯"，它跳出了象牙塔，受到了从《经济学人》杂志到马克思主义学者的拥护。[29]无论人类世是否被正式宣布为全新世的继承者，它已经充斥着关于全球变暖和环境变化其他方面的讨论；哪怕只是凭借这种影响，人类世也成为不可忽视的现实。仔细看来，这也可能构成了气候问题的一部分。

作为高端机械的蒸汽机

"手工磨产生的是封建主为首的社会，蒸汽磨产生的是工业资本家为首的社会"①，这无疑是卡尔·马克思关于蒸汽机的最著名的言论。这句话出现在《哲学的贫困》(*The Poverty of Philosophy*)一书中，是马克思对皮埃尔-约瑟夫·蒲鲁东②思想的抨击，他试图解释的不是蒸汽动力的崛起，而是一般的社会变革，特别是资本主义生产关系的发展。在他的箴言里，且在更广

---

① 马克思. 哲学的贫困[M]. 徐坚，译. 北京：人民出版社，1962：85.
② 皮埃尔-约瑟夫·蒲鲁东(Pierre-Joseph Proudhon, 1809.1.15—1865.1.19)：法国社会主义者、政治家、哲学家、经济学家和互助主义哲学的创始人。他是第一个宣布自己为无政府主义者的人，并使用"anarchy"这一术语，被广泛认为是无政府主义最有影响力的理论家之一。

第二章 稀缺性、进步性，抑或人类本性？论蒸汽机的兴起

泛的马克思主义传统中，马克思针对英国工业化经济中的因果关系提出了一个明晰且极具影响力的假设：蒸汽机催生了资本的产生——而非相反。

更确切地说，蒸汽动力催生了我们所认为的典型资本主义劳动分工和组织，"劳动的组成和划分视其所拥有的工具而各有不同，手工磨所决定的分工不同于蒸汽磨所决定的分工"①。封闭在蒸汽动力技术中的一些元素决定了资本家和工人、工头和助理以及其他角色在工厂中的地位，并广泛传播到整个社会。把这些术语颠倒过来——在因果顺序中把劳动关系置于机器产生之前——无异于"打历史的脸"。在《哲学的贫困》一书中，这毫无疑问是决定性事例和进展方向。"随着新生产力的获得，人们改变自己的生产方式，随着生产方式即保证自己生活的方式的改变，人们也就会改变自己的一切社会关系"②[30]。蒸汽动力被选为按照自身特质塑造社会的象征性生产力，而手工/蒸汽磨坊所阐释的正是这一历史规律。

马克思主义历史理论的这一版本（当然还有其他版本，随后再进行考察），有时被称为"生产力决定论"，这在柯亨（G. A. Cohen）的《卡尔·马克思的历史理论——一个辩护》(*Karl Marx's Theory of History: A Defence*) 一书中得到了经典的阐述。该书分析了哲学家在努力解决的两个被马克思和恩格斯悬置的问题：第一，是什么让技术自行发展？第二，这种技术发展是如何决定社会发展的？或者，用马克思主义术语来讲：历史上推动生产力前进的动力是什么？通过什么样的传输系统来支配生产关系？柯亨通过描绘一幅关于"人"的场景来回答——"人"被置于一个充满敌意的环境中，一个粗鄙的、无情的自然界，永远不会满足他的需求："人类的处境是物质匮乏。"[31] 为改变自己的命运，人类必须从事劳动，更准确地说，要激活他的智力和理性这两种独特的能力。人将拥有足够的智慧来发明一种铲子，使他能够在更短的时间内以更少的努力来挖掘地壳，他的

---

① 马克思. 哲学的贫困[M]. 徐坚，译. 北京：人民出版社，1962：104.
② 马克思. 哲学的贫困[M]. 徐坚，译. 北京：人民出版社，1962：8.

兄弟也会选择拿起新发明的铲子一起劳作，因为他的理智告诉他应该这么做。稀缺性为发明提供了持久的动力，智慧创造了精巧的解决方案，理性确保了发明的使用；人们不断寻找新的方法来战胜自然，不断提高其自身生产力，这种"人的能力的增长是历史的主要过程，这种增长的需要说明了为什么存在历史"①。32

一路走来，知识不断涌现。"生产力的发展很大程度上是控制和改造自然的知识的增长"②，柯亨写道。他继续引用马克思的话："手工磨产生的是封建主为首的社会，蒸汽磨产生的是工业资本家为首的社会"——资本家应用蒸汽动力的一代，归根结底是知识进步的结果。发动机存在的理由是它的技术优势：它赋予人们新的力量来应对资源短缺，以便更加高效和高速地从大自然中获取资源。蒸汽机之所以存在，是因为它代表着进步。事实上，对发动机的了解是应用发动机的充分条件，否则便会"违背人类的理性"。鉴于人类的智慧和理性，他们将会利用所有已知的技术来推动抗衡吝啬的大自然；生产力是知识的具象表现，因此人类终将获胜。

但是，像蒸汽机这样的东西如何左右人类的内部生产关系呢？作为一名哲学家，柯亨用一个思想实验来回答，实验重点是利用一个生产机械能的装置：跑步机。虽然他既没有选择手摇磨，也没有选择蒸汽磨，但他在构思实验时，很可能已经想到了这句格言；事实上，它可以被解读为对马克思所言的阐释。柯亨写道："想象一个生产力弱的社会，其成员生活在相同的物质水平上，而且他们希望处境更好一些。"③ 这是最初的稀缺情况。现在，"他们当中有人猜想，在河岸上使用踏车灌溉，以增加流入地里的水的流量，会提高产量，并增加他们的福利"。④ 这是人类智慧显现的时刻。"他向社会提出他的思想，社会受到影响，并立即委派一个小组设

---

① 柯亨.卡尔·马克思的历史理论——一个辩护[M].岳长龄,译.重庆:重庆出版社,1989:24.
② 柯亨.卡尔·马克思的历史理论——一个辩护[M].岳长龄,译.重庆:重庆出版社,1989:44.
③ 柯亨.卡尔·马克思的历史理论——一个辩护[M].岳长龄,译.重庆:重庆出版社,1989:175.
④ 柯亨.卡尔·马克思的历史理论——一个辩护[M].岳长龄,译.重庆:重庆出版社,1989:175.

计和制造踏车"①。这是理性的时刻——显然，也是整个社会决策的时刻，是民主商议是否引进这项发明的时刻。

然后，踏车被"安装在河岸的适当地点，并进行试验，社会的所有成员都参加试验"②。他们很聪明，也正确认识到了踏车的好处，并呼吁志愿者们来操作它。但麻烦出现了，因为没有人愿意来操作。踩踏是令人厌恶的工作，所有人都讨厌做。因而，人们一致同意通过抽签来选择不幸去做这项差事的苦工。但人们很快就发现，如果没有人监督，这项工作就无法进行下去。从这一刻起——由踏车技术要求所规定的——一个阶级结构（监督者、农民、踩踏工）在原来的平等主义社区中出现了。[33] 阶级关系的历史初见端倪。

因此，考虑到人类身体素质这一因素，生产力带来了新的生产关系，介入社会历史进程之中，并选择了所需的组织来充分发展。这一理论如何适用于蒸汽机？柯亨对此没有进行调查，他没有调查任何实际案例，但显而易见的是，我们可以解读符合他原则的基本故事线：在发动机产生之前，人们被能源的匮乏困扰着。而有一个人足够聪明，发明了发动机。作为一个理性的人，他的社区成员马上看到了技术知识的价值，迅速安装了蒸汽机，不失时机地与能源匮乏作斗争。由于设备的技术要求，工业资本家、监工和工厂操作人员开始拥有、监督和服务于发动机，进而产量得到了稳步上升。[34]

而这确实是主导工业革命，特别是蒸汽动力崛起历史学的故事线；在马克思主义之外，在资产阶级主流中，它更被称为技术决定论，或简而言之——"技术主义"。在写于20世纪60年代中期的《1750—1800年的资本与蒸汽动力》（*Capital and Steam - Power 1750 - 1800*）一书中，约翰·洛德（John Lord）将蒸汽机的发展描述为一个从原始矿场原型攀登到工厂

---

① 柯亨. 卡尔·马克思的历史理论——一个辩护[M]. 岳长龄，译. 重庆：重庆出版社，1989：175.
② 柯亨. 卡尔·马克思的历史理论——一个辩护[M]. 岳长龄，译. 重庆：重庆出版社，1989：175.

┃化石资本：蒸汽动力的崛起与全球变暖的根源

成熟设计的科学阶梯。

> 通过发明旋转式发动机，瓦特完成了雇主和雇员之间的关系中断，他们被完全分隔开。一个资本主义阶级已经发展起来，只能通过意外进入其行列。从学徒到雇主的过程是例外而非常规。自此，困扰世界的分界线已经划定。[35]

马克思主义版本有两个独特的理念，它们属于更广泛的技术决定论。[36]首先，新技术的构成本身所固有的一些优势确保了它们能够传播；其次，同样的构成产生了一系列相应的社会角色。旋转式发动机适用于蒸汽动力的兴起，它会因更好的性能、更高的效率或一些类似的技术特性而超越并替代其他原动机——就像柯亨的踏车提高了产量一样——然后召唤资本家和工人建立起他们之间的特殊关系。该理论与李嘉图—马尔萨斯范式和人类世叙事完全兼容，甚至重叠；所有这些都在推进那些关于"人类事业"的理论。蒸汽动力的问题可以作为这三者的"试金石"。那么该如何进行呢？

李嘉图—马尔萨斯范式和生产力决定论都对蒸汽机的兴起原因提出了相当直接的假设。如果有事实证明，尽管替代原动机的能源仍然丰富且便宜，但还是发生了转变——如果它既没有表现出稀缺性，也没有表现出相对价格的上升——那么李嘉图—马尔萨斯假说的根基就站不住脚了。如果与蒸汽机竞争的生产力在转型时还保留着相当大的技术潜力，或者如果蒸汽机在性能或效率方面没有明显的优势，那么生产力（和技术）决定论的假说就会陷入困境。如果生产关系——特别是资本和劳动之间的关系——强制选择蒸汽动力，而不是相反，那么它将遭受更严重的打击。另外，人类世叙事的因果关系主张具有更多的概念性、哲学性，甚至可能是形而上学的性质，我们将在后面进行探讨。但是，如果一些人在其他人的明确抵制下引入了蒸汽动力，那么就很难维持一种概念，即将蒸汽动力作为影响整个物种发展的诱因。我们将用数据来说明这个问题，如果目前掌握的数据与这三个理论框架相矛盾，我们就需要为蒸汽机的兴起构建另一种解释，更广泛地说，是构建另一种化石经济的理论。那么，如果有数据支撑的话，一个出发点可能是这样一种假设，即蒸汽机动力的出现是一些人对另一些人行使权力的一种表现形式。

第三章

流水的漫长生命——煤炭之前的工业能源

流动能源、有生命的能源、煤炭

"原动力"这一术语具有奇怪的双重含义,它在任何一本字典或百科全书中都有两个定义:首先是形而上学的原动力,即原始的、静止不动的推动力,上帝可以共同指代"万事之因的自因媒介",或者换句话说,"作为所有动力之源的自驱运动的存在"。上帝并不靠燃料来运作,这种现象正是因为不需要任何外部能量输入而显得与众不同。其次是机械原动机,根据《韦氏英语惯用法词典》(1989),它也是一个"初始媒介",但属于完全不同的类型:它是"一个机器,像水轮或蒸汽机一样,接收和调整由自然资源提供的能量"。[1]在这个更通俗的意义上,原动机绝非自我驱动。相反,它完全依赖于"某种自然资源",即燃料;没有燃料,它既不会让自己或也不会让任何其他实体运动起来。

在19世纪初的英国,这个词已经从天而降,并在英国各地的工厂和车

第三章　流水的漫长生命——煤炭之前的工业能源

间里落实了它的第二种含义。1827 年,约翰·法雷①在他的《蒸汽机论》(*Treatise on the Steam - Engine*) 一书中注意到了形而上学定义的颠倒:"这里应该指出的是,第一推动力实际上并没有产生它所运行的力量,而是适合于收集和集中从一些自然资源中产生的力量,以便从该力量中获得运动。"[2]制造商、机械师或磨坊主的首要行为是找到并利用自然界中已经存在的合适的力,原动机的任务只是收集这种力并将其传递给其他物体。

原动机的机制是一种从能源中产生机械动力并使其他机械运动。基于这个普通的定义,有一系列可供选择的原动机,主要包括:风车、水车、马拉磨坊、人类和蒸汽机。因此,我们可以根据能量来源将原动机分成几类。至于在何种规则内分类,"碳中和"(carbon - neutral)和"碳密集"(carbon - intensive)这两个术语指出了能源的特性,这些特性对于我们来说很有意义,甚至可能对后代更有意义,但对当时的制造商来说却不是。19 世纪初的作家们确实意识到了煤炭的高碳含量,但这并不能决定应该使用何种能源;"可再生"与"不可再生"的二分法也是如此。

其他相对的说法在不同方面都失败了。正如我们所看到的,里格利提出了基于光合作用产物的"有机"经济和依赖化石燃料的"无机"经济之间的区别。但这些术语是不恰当的,不论煤在地下埋了多久,它都是一种有机性质的物质(这也说明了为什么燃烧它会释放碳);而风和水则不是。因此,从应用水车转向蒸汽机的制造商也将从无机能源转向有机能源,其历史轨迹与里格利所想的正好相反。给无机经济贴上"矿物"的标签似乎并没有什么好处,因为这同样适用于铁器时代和青铜时代的经济;"有生命"和"无生命"资源之间的区别同样无效,因为水、风和煤都是无生命的。我们需要更好的概念来解开这一历史转型的谜团,并确定其媒介真正重要的属性。从研究太阳开始可能更为合适。在世纪之交,英国制造商可

---

① 约翰·法雷(John Farey Sr. ,1766.9.24—1826.1.6):英国地质学家、作家,数学上的法雷数列(Farey sequence)以他的名字命名。

获得的所有原动机的动力最终都源于太阳的能量。但是，如果所有的能量都源于太阳的热核反应，它们位于地球上不同的空间和时间点，与太阳这颗恒星的距离也各不相同。每一种能量都拥有独特的特质，有其自身的运行逻辑，或者我们称之为时空特征的东西。这里将阐述三个基本类别。

首先是"流动能源"。一些源于太阳的能量流经生物圈，未被光合作用捕获，可被出于某种目的专门设计的原动机直接收集和集中起来，我们称这一类别为"流动能源"，风和水都属于这个范畴。制造商将它们视为太阳辐射的直接转化，在它们流经的瞬间予以捕捉：风车利用了风的力量，水车则利用了水的力量。一旦这些"燃料"被收割走，它们就从原动机上溜走，继续它们在各自环境中的行程。它们不需要特别的人力劳动促进产生，因为它们已经存在于运动中。

然而，流动能源是由空间和时间的特定条件共同决定的。能源供应属于景观属性的功能：它们可以在一些地方被找到，其他地方则不行，而且它们必须在现场使用，要知道在当时，电力传输离人们还很遥远。风鲜少存在于岩石裂缝或深谷底部，而更有可能在平坦的沿海土地或山顶上出现；根据水车的定义，水必须流经溪流以被水车捕获，这是任何水车建造所在地地形的一个特定的、非普遍的特征。水流会受制于天气的时间性波动，前一天可能还风平浪静，第二天就电闪雷鸣、风雨交加；水还可能冰冻、干涸、高涨或以溪流的平均高度运行，所有这些都取决于一年中的季节，甚至当天乃至一小时内的天气。简而言之，水流在空间上受制于它在环境中的循环，在时间上受制于它与天气周期的结合。然而，它的另一个特点被巴贝奇很好地呈现了出来。

关于我们产生动力的那些机器，我们可能注意到，尽管它们对我们来说是巨大的收获，但就这种动力的两个来源——风能和水能而言，我们只是利用了自然界中处于运动状态的物体；我们改变了它们

第三章　流水的漫长生命——煤炭之前的工业能源

的运动方向，使它们服从于我们的目的，但我们既没有增加也没有减少其现有的运动量。[3]

流动能源绝不会在商品制造中被消耗或耗尽，风车或水车不会造成任何一种资源供应的减少：除非气候发生根本性的变化或地貌重组，否则无论有多少工厂依靠它们的力量，风能和水能都会全力以赴满足生产需求。

这是流动能源的概况，建立在空间和时间的基础上：它们实际上是太阳辐射的直接结果，存在于光合作用产生之前或之外，独立于人类的劳动，融入自然景观中，被天气和季节的周期所掣肘，而在其源头却不因消费而减少。除了风和水之外，其他能源显然也符合同样的标准，我想到了太阳能本身、波浪能和潮汐能。在19世纪的英国，人们对可以直接利用太阳的能量有一些了解，但它从未成为工厂中潜在应用的主要动力；潮汐发电有着悠久的历史，但并不是工业的首选项；波浪发电则需要另一个时代的技术突破。因此，在我们的历史探究中，我们将为风和水保留"流动能源"的概念，也为其概念在未来的扩展留下余地。

其次是"有生命的能源"。一些能量来源体现在生物中，如肌肉的力量能使事物运动起来，我们把这一类别称为"有生命的能源"，它包含动物和人类。作为异养生物，两者都与太阳辐射有着千丝万缕的联系，它们依靠自养动物通过光合作用产生复杂的有机化合物而存活。尽管如此，将太阳辐射从动物和人类的身上提取出来的时间跨度还是相对较短：其身体摄入的食物可能需要几个月，或者像肉牛那样需要几年才能成熟为可食用的营养品，但几乎不用更长的时间；可以说，这些辐射在它们的身体组织中还较为新鲜。[5]

有生命的能源受到新陈代谢的制约。动物和人类都需要定期摄取营养物质来增强活动能力，需要睡眠来恢复体力，最好还有一定量的休息或休闲来达到同样的目的。虽然流动的能量取决于天气的瞬时性，但有生命的力量却得屈从于新陈代谢的需要：身体可以在潮湿和干燥的天气中驾驶机器，但不能作为管理规则中一个罕见的例外，而连续几天几夜不摄入任何食物。动物和人不一定要在他们第一次出现的地方被使用，他们可以在自然景观内活动，可以从他们的居住地转移到选定的地点，但他们的潜在能量可能会随之减少：受新陈代谢的限制，他们会因任何劳动而疲惫不堪、过度劳累，甚至因埋头苦干而变得更糟。最后，动物和人类都在不同程度上被赋予了自己的意志，这种能力在风和水中是不存在的，这可能使外部劳动力成为调动其肌肉潜在能量的必要手段。马拉磨坊和跑步机都可以作为源头将运动传送给其他设备；或者，拿人类来说，直接作为原动力来部署运动，比如脚踩轮子，或用手臂将梭子送入经线。[6]

最后是"储备能源"。能源是由年深日久的太阳能遗迹组成的，我们将这一类别称为"储备能源"。[7]在19世纪早期的英国，众所周知，在一些遥远的地方，石油被用作燃料，但煤炭是制造商实际上可用的唯一库存部分。燃料的储量是在某个古老时代确定的，当英国棉花工业出现时，这种特性就完全实现了：煤长期以来一直被贴上化石燃料的标签。1835年，约翰·霍兰德（John Holland）在他的《英国化石燃料、煤矿和煤炭贸易的历史和叙述》（History and Description of Fossil Fuel, the Collieries, and Coal Trade of Great Britain）一书中对其进行了相当有见解的处理，这是一本结合了地质论文、商业史和社会报告的书。霍兰德明确指出，煤炭起源于一个过程，"在这个过程中，生物体的残骸依次堆积，其顺序不亚于包裹它们的岩石的固定顺序"。[8]今天，我们知道植物曾经沉入沼泽，变成泥炭，然后在热量和压力的作用下，逐渐失去水分并固化成煤。世界上90%的煤炭储量来自石炭纪，大约在360亿年前到2.86亿年前，当时煤炭埋藏率达到了地球历史上剩余98%的平均水平的600倍，这要归功于一些对煤炭生成和存储极其有利的条件，比如潮湿的气候、广阔的洪泛平原、大型木本植物在高地、沼泽和海岸安家，它们为煤的炭化留下了丰富的物质。[9]

第三章 流水的漫长生命——煤炭之前的工业能源

18世纪末至19世纪初，英国的企业家们正是挖掘到了这些埋藏在自然景观之外的宝藏，而将它们作为一种能源来源。煤炭矿藏位于人迹罕至的地方，沉积在地下世界里，除非为了挖掘燃料，否则很少有人会冒险进入。[10] 矿藏入口会出现在地平线上，如浅矿的钟形坑、山坡上的坑道，或带有泵、马车、铲子和其他设备的坑口，但能源本身仍然与景观相脱节。煤炭作为被动和分离的只鳞片甲被带入自然景观当中，可以自由运输和储存，但这种方式既不适用于水或风，也不适用于动物或人类：煤炭从自然景观中分离出来，就意味着它具有独特的流动性和可储存性。但是，大量的人力劳动是先决条件。风和水会自动出现，但煤必须被剥离、拖曳并运送至地面。

至于时间维度，煤炭储备似乎游离在时间之外，无论是天气更迭还是新陈代谢的需要，都不会影响煤炭储备的时间性，它的沉积与英国居民可感知到的时间尺度上发生的任何事情无关，它与昼夜、季节、历史甚至文明的时间相隔绝。相反，煤炭是过去的气候、新陈代谢及地形综合留下的遗产，而所有这些都已经消失殆尽了。另外，借用巴贝奇的话说，煤永远不会"处于自然运动状态"：没有人曾被一块自行运动的煤碰过、压过、吹过或带走过。冻结在空间和时间内高度集中的能量潜力必须经过化学和技术上的复杂过程才能转化为机械能：这就是蒸汽机存在的理由。任何流动的原动力或有生命的原动力都只是将运动传送给机器，而蒸汽机则必须从一开始就创造出原动力。而且，这意味着煤炭通过消耗而被彻底摧毁，这是煤炭使用的固有方面，所有的替代品中都没有这一点。人类通过点燃煤炭，显露了这种黑色石头的短暂力量，将其变成了烟和灰，也在释放它使物体运动的能力的同时浪费了它。将煤炭转化为动力的唯一方法就是消耗它，实际上也确实如此。

水力磨坊的兴起

早期的纺纱机完全以有生命和流动的能量为基础。哈格里夫斯的珍妮纺纱机、阿克莱特的水力纺纱机、克伦普顿的走锭纺纱机（"骡机"），最初都是根据依靠人力或马力工作而设计的；除珍妮纺纱机外，它们很快就与规模更大的水车连接起来。[11] 棉纺领域的创新大爆发，标志着18世纪下半叶的到来，并为工业革命奠定了重要的基础，主要靠如太阳辐射般的能源支持，这一能源不受时间和空间所累，没有化石燃料，且处在运动中。与此同时，在纺织领域，自古以来在家中手织机上的劳作仍在继续进行，人体才是唯一的原动力。

在纺纱过程中，马匹是使机械发明和磨坊运转的关键。不需要河床、风场或任何其他不变的地貌特征，马匹可以驻扎在任何地方，它们的数量根据制造商的需要而变化，从一只到十几只并排工作；马拉磨坊的安装成本很低。移动性、灵活性、廉价性这些优点，使它们成为棉花工业初创者的有用工具。[12] 但它们的成果也有限。马匹很快就会筋疲力尽，它们的速度会随着机器负担的增加而减慢；一般来讲，马匹不能以极高的效率工作超过8小时，虽然这听起来像是现代工作日的长度，但新生的棉花工业却渴望更多。第二次接力将不得不取代第一次：新陈代谢的需要在时间上限制了能量的应用。在空间上，马匹是可以聚拢的，但很笨重；像所有驮畜（以及人类）一样，只有一定数量的马匹可以被用于轧机或被有意义地组合在任何其他需要拉动或转动的物体周围。这些牲畜有自己的想法，将其作为忠实仆人并不总是可靠的，它们被驱赶得越厉害，就越需要更换，饲料的成本也越高。随着英国在18世纪90年代陷入拿破仑战争，饲料价格开始攀升，饲料供给严重抑制了以马为动力的企业。[13] 字面上的马力只是昙花一现。那时，动物的时间性和空间性开始束缚着蓬勃发展的棉花工业的漫长工作日和新机器：必须有一个不同的原动力脱颖而出。

第三章　流水的漫长生命——煤炭之前的工业能源

至少从理论上讲，风力发电是一个可信的选择。1800 年前后，在英格兰刮风的日子里，约有 5000 台风车在运转，被用来磨玉米、排水和锯木头，其中大部分位于南部和东部各郡，"无数的风车张开叶片，迎接着微风"。[14] 风车安装成本很低，它不像水车那样被严格地束缚在地理景观中的某个地方：风吹过大地，而不是吹在河床或犁沟里。但风力发电有一个突出缺点，使其几乎被排除在棉花工业的认真考量之外。查尔斯·帕廷顿（Charles F. Partington）在其 1826 年的蒸汽机手册中写道："这种机械力的使用，主要囿于研磨玉米、压榨种子和其他简单的操作；这种能量的不规则性使其无法应用于那些需要持续运动的过程。"[15] 风力在棉纺厂中从未发挥过显著的作用；[16] 相反，是另一种古老的能源，令工业学会了站在水的翅膀上飞行。

人们在公元前就已经知道，水车的原理本身很简单：带有浮子或水桶的圆形结构，其排列方式是为了拦截从高处流向低处的水，从而捕获在此过程中自然产生的一些能量。[17] 英国拥有丰富的水源。从北大西洋滚滚而来的降雨经常浸泡着两个地区——苏格兰和英格兰北部，这两个地区恰好也有更新世遗留下来的丰沛河流，这些河流由冰川湖的融水分割而成，大多全年流淌，很少淤塞，在穿越丘陵地带时也保持适度的规模。这种情况与世界其他地区形成鲜明对比，特别是印度和中国，而这些地方的大河会随季节变化而剧烈波动，也会突然穿越平原并携带大量淤泥。[18] 兰开夏郡在英格兰各郡中尤其受到青睐：奔宁山脉迫使来袭的云层释放出大量降水，在山丘上的集水盆地中收集，通过众多小溪、小河和主要河流将水分配到整个地区。苏格兰受到有关水的恩惠甚至更多。

正是有水作为支柱，理查德·阿克莱特①从克罗姆福德开始建立了他的工厂帝国。这个位于德比郡农村水域旁的小村庄有一种突出的吸引力，

---

① 理查德·阿克莱特（Richard Arkwright，1732.12.23—1792.8.3）：英国第一家棉纺厂创办者，改进发明了新型的水力纺纱机，被誉为"近代工厂之父"。

用阿克莱特自己的话说，有"一条非凡的细长溪流"。[19]这条溪流是德温特河的一条支流，据说冬天也不会结冰。克罗姆福德工厂的雏形在1772年开业时，雇用了大约300人；五年后，隔壁的工厂建立起来，产量翻了一番；到18世纪80年代末，工厂的劳动力总数达到了约1150人，而且在继续扩大。到19世纪初，克罗姆福德被认为是一个新时代的开端，这种看法至今仍然存在。工厂系统的建立引爆了一种新的资本积累形式，它的传播在很大程度上要归功于阿克莱特自己的迅猛投资：1780年，他在曼彻斯特建立了第一个纺纱厂，然后在德比郡建了两个，斯塔福德郡一个，苏格兰两个，克罗姆福德一个，所有这些都以水为动力。用爱德华·贝恩斯（Edward Baines）1835年《大不列颠棉花产业史》（*History of the Cotton Manufacture in Great Britain*）一书中的话说，"财富从他娴熟的管理中源源不断地流入他的手中"。这位现代工厂创始人实现了50%以上的利润率，在他1792年去世时，一份讣告称"他去世时非常富有"，留下的工厂"收入比大多数德国公国都要多……我们得知，理查德爵士具有积累财富所需的品质，并在很大程度上拥有保持财富的技艺"。[20]

棉纺业作为可积累和存有如此巨额财富的领域，自然引起了其他资本拥有者的兴趣。历史学家克里斯·阿斯平（Chris Aspin）在《水纺纱机》（*The Water-Spinners*）一书中详细介绍了阿克莱特追随者的庞大数量，以及他们如何追逐并经常获得理查德爵士在他们面前晃动的财富，他引用了约克郡制造商在1789年创作的一首诗中的两句："哦！钱！金钱！金钱！我太清楚地看到/我是真心实意地爱上了你。"贝恩斯写道："在棉纺织业所产生惊人利润的吸引下，资本蜂拥而至。"[21]这股热潮蔓延到了整个英国，狂热的企业家们侵入了德比郡、诺丁汉郡、威尔士，尤其是兰开夏郡的潮湿山谷，当地报纸上充斥着关于棉纺厂理想选址的广告。1792年，一位途经该郡东南部的游客在他的日记中指出，"每个山谷都有棉纺厂，有的甚至比平房还大——因为任何一条小溪都可以通过水库为它们提供源源不断的水力"。²² 1788 年，估计有 200 家根据阿克莱特原则建造的水磨坊，8 年内增加了十倍，其中近 1/4 在兰开夏郡；到世纪之交，至少有 1 000 家散布在英国的几个郡里。苏格兰一跃成为第二个棉花中心地带，仅次于兰开夏郡。1793 年，《苏格兰统计报告》（*The Statistical Account of Scotland*）在格拉斯哥发布，称"附近几乎所有的溪流上都建有棉纺厂、漂白厂和印刷厂，这些地方有足够的水流来驱动机器，此外还有许多建在非常远的地方"。²³ 人们在高地的边界发现了特别有利的地点，那里的河流以陡峭的坡度进入低地，溪流往往蜿蜒在半岛周围，可以建造不寻常的大型工厂，将激烈的竞争推向南方。

在同时代的人看来，水磨坊的兴起是对过去常规操作的惊人突破。在安德鲁·尤尔①夸张的表达中，克罗姆福德及其衍生品标志着一个时代的结束，当时"制造业的发展尽是萎靡和动荡，在一个季节里茂盛地生长，然后又像一年生植物一样几乎枯萎到根部。它们的常年增长开始于英格兰，并吸引了大量的资本来灌溉丰富的工业领域"。²⁴ 这种英雄叙事受到了近期修正主义研究中渐进主义倾向的严重打击，至少看起来如此。经济史学家尼古拉斯·克拉夫茨（Nicholas Crafts）的著作颠覆了将 18 世纪 80 年代视为革命十年的传统观点，认为工厂系统像晴天霹雳一样击中了英国，并激活了现代经济增长，其特点是年复一年地保持高水平发展。直到 19 世纪 20 年代初，商品实际产量的总增长才达到 2%，它的出现比以前认为的要"渐进"得多，这也是克拉夫茨论述中的一个关键词。但这一数字是一个"合计"。如果说英国经济直到 19 世纪中期仍然是一块缓慢增长、近乎平坦的草坪，那么在更早的时候，一根旗杆已经从地面上竖起。克拉夫茨指出："这一领域的增长率有很大的分散性，特别是在 1770—1811 年。"他还观察到，"棉纺业被视为一个增长异常迅速的行业"。纵观这一行业，

---

① 安德鲁·尤尔（Andrew Ure,1778.5.18—1857.1.8）：苏格兰医生、化学家、圣经地质学家和早期商业理论家。

克拉夫茨不难发现其17世纪80年代的井喷式增长，当时实际产量平均每年跃升12.76%，比17世纪70年代翻了一番，而皮革产量为0.95%，羊毛产量为0.54%，铁产量为3.79%，煤产量为2.36%，均比前十年的高水平有所下降。[25] 从这个角度看，克拉夫茨修正的结果是对工业革命这棵大树的破坏，它撕掉了其他领域的树叶，而把作为树干的棉纺业暴露出来。[26]

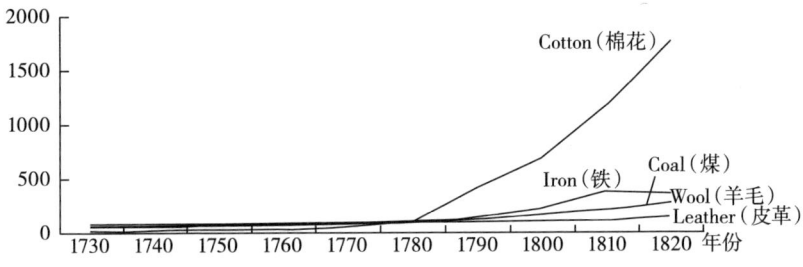

图3.1 棉纺业的爆炸式增长，1730—1820年英国五个制造业领域实际生产指数增长情况（1780年=100）[27]

1780年前后，棉纺业的急剧增长源于理查德·阿克莱特首先开发的那种纺织厂对现有市场的占领——棉纺厂生产的服装是人类最基本的需求之一（见图3.1）。有了水力机械，用纺车、珍妮纺纱机、水力纺纱机、走锭纺纱机所需时间的一小部分就能纺出棉花，使生产力提高了几个数量级。安装了最先进技术的前卫企业家可以通过将价格安全地定在低于老式竞争者和高于自己的生产成本的水平上，从而占领整个市场。价格的下降确保了对产品需求的扩大，从而实现了典型的超级利润，这就是阿克莱特开辟的道路。这在任何其他行业都是不可能的。出了棉纺厂的大门，传统技术仍然占主导地位，1830年以前制造业所有生产力的提高有一半是由这个单一领域完成的。李的《百科全书》说："棉花贸易的迅速增长，很大程度上是由于，它在各个环节都比其他主流制造业更开放地引入了机器。"更广泛地说，"我们必须从这个源头来寻找财产各式各样的增长方法"。[28]

财产肯定会增加。在克罗姆福德之后的头二三十年里，30%～50%的利润率并不罕见，吸引新事物加入的同时，也为进一步的扩展提供了关键的媒介：利润被重新投入磨坊中，重新投资于拥有更大生产能力的、新的和改进的机器以及更强大的水车。一种新的自我驱动的扩张逻辑被植入了英国经济，或者，用克拉夫茨的同事——尼克·哈雷（Nick Harley）的话说，"棉花以其新的技术和组织形式引发了一个'发展'过程，其性质变化是周围环境所没有的"，即生产力的不断提高、高利润率、利润的再投资导致产出倍增和工业资本的持续积累。[29]自我维持的增长已经到来。又过了半个多世纪，它才在整个英国经济中占有一席之地——这是修正主义研究结果的要点。但在一个行业中，从17世纪80年代起，一种以前不为人知的动力在不断涌现。它从水流中获得脉动的能量，工厂系统在水的基础上建立起来，并生产着前所未有的数量的商品。[30]煤炭游离在这个体系之外，而化石经济的两个伙伴——自持增长和能源储备，还没有结合起来。

原始化石经济

考古记录似乎表明了一点，在煤炭被用于房屋取暖或食物烹饪之前，它曾被用于火葬仪式。在不列颠群岛最早被证实的燃料使用中，煤在青铜时代的南威尔士可能被赋予某种神秘特质而用于火化；但只有在罗马人到来后，煤炭消费才有了一定的规律性。正如霍兰德在《化石燃料的历史和叙述》（*History and Description of Fossil Fuel*）一书中所说的那样，黑石的可燃性和发热特性在古希腊—罗马文明中是众所周知的，他在其中引用了亚里士多德的学生和继承者提奥夫拉斯图斯①的话："这些被称为煤的化石物质来自地下，它们以碎块的形态被人们使用；它们可以被点燃，像木炭一样燃烧。"提奥夫拉斯图斯还认为，在某些地方，它们也"被铁匠使用"。[31]罗马人在占领不列颠群岛后，为达到一系列目的，开始有组织地挖掘、搬运和燃烧煤炭，来为军队和家庭供暖，在铁匠铺里打铁，用于加工盐和麦

---

① 提奥夫拉斯图斯(Theophrastus,公元前约372—公元前约287年)：古希腊生物学家、逻辑学家。

芽，使密涅瓦神庙里灯火长明。[32]早在公元前几个世纪，煤炭消费就已经达到了蒸汽时代前的所有基础形式。

随着罗马人的离开，这些矿床沉寂了7个世纪。13世纪，煤炭在铁匠和农民的使用中首次卷土重来，尽管在约翰·奈夫（John Neff）（研究英国早期煤炭工业的杰出学者）的评价中，煤炭"对其国民生活的影响并不比其对古代中国的影响大"；相反，我们稍后将看到它的重要性。[33]煤炭的兴起明确发生在16世纪晚期。1560年前后几年，实际意义上的"煤炭热"开启了，煤在所有主要领域都得到了快速广泛的发展；在接下来的一个半世纪，全国煤炭产量几乎飙升了十倍，我们称之为"伊丽莎白跃进时代"。这与煤炭作为家庭取暖燃料的发展不谋而合：威廉·哈里森（William Harrison）在其1577年的《英格兰印象》（*Description of England*）一书中注意到，"最大的煤炭贸易开始从锻造厂发展到厨房和前厅，这可能已经出现在大多数沿海城市和城镇中"。[34]然而，只有一个城市吸收了煤炭用于厨房和前厅的普遍性：伦敦。世界上没有任何市场可以与之相提并论，亦没有任何一个当代城市能像伦敦那般化石燃料泛滥。

在伊丽莎白跃进时代，英国的煤炭燃烧转移到屋内的炉膛，燃料被注入一种原始的经济活动中：纯粹为了产生热量和准备食物。工业消费也在同步发展。自中世纪以来就习惯于使用黑石的工匠行业经历了扩张，并果断地转向了使用煤炭；铁匠的工作范围从制造和修理马蹄铁、镰刀和铲子，扩大到修理锁、武器和钉子，他们逐渐放弃了使用木炭。早在1552年，一位商人就评论说，从东北地区购买煤炭的铁匠"没有（它）就像没有水的鱼一样活不下去"。[35]啤酒酿造商渴望使用大量燃料来加热大锅，他们成为贪婪的消费者；硝石、肥皂、淀粉、瓷砖和烟斗制造商都依赖于稳定的煤炭供应；陶器厂和面包店、玻璃厂和石灰窑、盐田和糖厂在燃料燃烧的火中蓬勃发展。由于对热能的需求，主要是对"沸腾液体"的需求，煤炭的消耗量长期增长，所有人都用煤炭代替了木头。他们使用燃料的基本方式与当时妇女做饭、取暖或给孩子洗澡的基本方式相同：用于立即消耗热能，并没有人用它来发电。

我们如何评估煤炭的这些巨大进步？据约翰·哈彻（John Hatcher）说，"到 17 世纪头几十年，英国的大部分地区在依赖煤炭的道路上已经取得了很大进展"，他是唯一一位对奈夫的《英国煤炭工业的兴起》（*Rise of the British Coal Industry*）进行全面研究的学者；到 18 世纪初，整个国家"都在走向以煤炭为基础的经济体"。这种判定的基础源自哈彻的估计，要么在 1700 年之前，也可能在 1650 年之前，"化石燃料会超过植物燃料，成为国家热能的主要供应源"。奈夫将类似的分析建立在 16 世纪末的分水岭上，他引用了许多当代关于煤炭在 17 世纪不可或缺的证词，认为那时的煤炭燃料已成为英国生活的自然组成部分：莎士比亚不止一次地将他的人物角色聚集到"煤火"的话题上。[36]那么，化石经济在那时已经出现了吗？

我们在回答这个问题之前，有必要进一步考虑一些问题。首先，最明显的是，由于煤只以发热的形式提供能源，它还没有进入任何与水力、风力、马力或人力为制造业动力的竞争中。在使用煤炭取得进展的行业中，其消费模式与密涅瓦①的崇拜者、提奥夫拉斯图斯时期的铁匠以及青铜时代②的焚尸炉在性质上完全一致。但在厨房和门厅里，煤炭的使用最为广泛：在 1700 年之前，英国生产的所有煤炭中，有一半以上是在房间里燃烧的。正如哈彻所说的那样，伊丽莎白跃进时代主要是通过在家取暖和做饭时用煤代替木材来实现的；黑石的市场扩大了，因为它成了"基本的自给商品"。这个长达一个世纪的替代过程——当然是不完整的，仍然将煤炭消费大规模地提升到了前所未有的高度，然而，随后又停滞不前。厨房和门厅的增长潜力自然受到限制，到 16 世纪末，这种限制已经显现出来：

---

① 密涅瓦（Minerva）：罗马神话中的智慧、战争、月亮和记忆女神，也是手工业者、学生、艺术家的保护神。罗马十二主神之一。

② 青铜时代（Bronze Age）：处于铜石并用时代之后、铁器时代之前，在世界范围内的编年范围大约从公元前 4000 年至公元初年。世界各地进入这一时代的年代有早有晚。

"在大量煤炭没有新用途的情况下,进一步的快速增长只能来自人口。"[37]而这种增长是缓慢的。

但是,当时国内还有一个推动煤炭需求增长的进程:城市化。住进城镇的人越多,就越需要一种可以在现场集中使用的燃料。由于村庄和城镇一般与森林比邻而建,木材决定了人们相对分散的定居模式;到了一定时间,村庄和城镇的进一步发展将破坏周围的环境,并使木材燃料供应消失。有了煤,大都市可以为一排又一排的家庭提供热量,其中最重要的便是伦敦,因为煤炭可以被装载拖运到市中心,然后堆积在那里。随着十六七世纪城市化的快速发展,首都急剧膨胀,对煤炭的需求也在上升;反之,向煤炭的转变也使城市化进程成为可能。[38]城市化和煤炭消费的这种辩证关系将在后期产生严重后果。

然而,17世纪的英国并不完全符合我们所定义的化石经济的标准。当时并没有与化石燃料结合的动力来进行自我维持的增长;这种动力的主要支点——机器——还没有成规模地出现;已经广泛运转的制造活动仍然依赖于有生命的和流动的能源作为机械能来源。家庭取暖和烹饪从未推动化石燃料的无限增长,也没有迫使其他人转向对它们的使用;它们安静地在家中被点燃,并由居住在那里的人数来决定其用量。可以画一条粗略的算术线:只要一半以上的煤炭消费发生在家庭领域,化石经济就还没有诞生。

但这并不影响伊丽莎白跃进时代的惊人成就,正如哈彻所坚持的那样,"早在18世纪之前,(煤)就已经成为主要的工业燃料",除了炼铁之外,"所有主要行业都在烧煤,在这些行业中,提供热量是生产过程的重要组成部分",热量在工业中的重要性不应该被低估。[39]因此,最适合伊丽莎白跃进时代的经济类型标签似乎是"原始化石经济"。借用哈彻的说法,原始化石经济是一条通往化石经济的道路,甚至可能已经在这条路上走了很远,但还没有到达终点。向化石经济本身的过渡仍在未来,而顺利跨越

第三章　流水的漫长生命——煤炭之前的工业能源

到化石经济也绝非注定。如果我们想一想，有一条路（原始化石经济）通向其他目的地，路上的桥（过渡）又通向另一个领域（化石经济），那么旅行者会遇到这几种可能的结果：他们可能在到达桥另一端之前掉头、停下脚步、坠入深渊、掉下桥去，或者干脆转入其他路径。

这类事情似乎也发生在中国的北宋时期。在中国，至少从4世纪起就开始使用煤炭作为燃料，但直到11世纪中叶，在位于中原王朝东北部的宋朝的支持下，煤炭的消费才真正开始。冶铁工业引领了这一潮流：犁、锹、镰刀和其他农具；剑、弓、箭和其他武器；硬币、钉子、盐罐和其他大量产品，从工坊流向繁荣的市场和强大的国家。堪称早期经济奇迹的是，该行业依靠的是煤炭。在11世纪的进程中，毛皮厂、锻造厂和铁匠铺从木炭转向煤炭，从矿石冶炼到最终定型，煤炭作为热能来源全面取代了木材。宋朝让后期的英国黯然失色。到10世纪70年代，中国两个最活跃的工业地区的炼铁厂每年燃烧的煤炭数量相当于18世纪初英国所有金属工业总用量的70%。[40]

宋朝的其他几个行业——砖、瓦、盐，都需要煤炭，关键是首都开封的家庭也需要煤炭。11世纪末，开封拥有100万居民，到17世纪末是伦敦的两倍；为了不让人民在寒冷的冬天里挣扎，政府运营着煤炭市场，并鼓励开封的家庭放弃传统的木材燃料，煤从他们新挖的煤坑可以通过船运输到首都，而距离只有不足纽卡斯尔到伦敦的1/3。到了20世纪初，开封"没有一户人家烧柴火了"。在此研究领域较为权威的专家罗伯特·哈韦尔（Robert Harwell）认为，"北宋王朝的最后70年"，即大约1050—1127年，是"华北地区成为燃料来源重大变化的中心时期，煤炭成为工业和家庭使用的最重要热源，这也许是革命性的变化"，这在伊丽莎白跃进时代之前的世界是绝无仅有的。[41]然后，一切都崩溃了。北宋"让位于"南宋，钢铁铺沉寂下来，煤矿关闭，彻底扭转了昙花一现的辉煌。在随后的几个世纪里，煤炭消费慢慢蔓延到中国其他地区，在明清时期甚至可能超过了北宋的消费水平,但它并没有进入新的消费领域,也没有走出原始化石时代的困境。[42]

与北宋相比,伊丽莎白跃进时代似乎略显早熟。事实上,它只是重复了一个遥远土地上的旧式经验:从世界历史的角度来看,它没有任何实质的新意,也没有比宋朝造成全球变暖的影响大。两者的不同之处在于,英国的原始化石经济之后有一个关键的过渡期,中国则没有(直到与彻底化石燃料化的英国开始商业和地缘政治互动之后很久)。尽管 proto(原始)这个前缀具有难以消除的目的论内涵,但我们在使用 proto-fossil(原始化石)这个术语时,可以将不确定的发展作为其定义的一部分。更确切地说,原始化石经济是指:①煤炭工业已经发展起来,且有了地下矿井和定期贸易;②煤炭已经成为家庭领域的主要热能来源;③煤炭作为热能已经渗透到工业中;④国内消费占据主导地位;⑤在替代阶段,煤炭消费实现了惊人的增长速度,但没有任何自我维持的经济增长是以化石燃料为基础的。这五个标准在现代早期的英国都得到了满足;在北宋,由于数据的缺乏,只有第四个标准仍然存疑。由此应该足以把这两个国家定为原始化石经济体,也鲜有其他例子出现在人们的脑海中。事实上,在 18 世纪来临之际,"英国的煤炭产量比世界其他地方要高出许多倍"。[43]其他先进的工业经济体,如美国和德国,只有在英国完成了向化石经济的过渡,并引进了蒸汽机使工厂运转之后,其主要家用热能才从木材转向煤炭。很少有经济体,包括英国在内,在这些先进工业经济体向化石经济转变之前成为原始化石经济体,但原始化石经济的种种现象却一直存在。

因此,任何关于化石经济历史的严格叙述都不能回避原始化石经济形态的英国,因为它架起了一条通往化石经济的桥梁。在 16 世纪和 17 世纪,向以煤炭作为主要热源的转变,在能源和工业革命的叙述中占据了重要地位——特别是在李嘉图—马尔萨斯范式中,并且构成了我们分析当前困境根源的标准。因此,我们将在后面的章节中再次讨论这个问题。我们将重新审视奈夫作品中一些被忽视的方面，而首先是要了解导致伊丽莎白跃进时代产生的真正原因，以及英国遵循这一独特轨迹发展的原因。

拒绝蒸汽

就像水车和煤炭的常规使用一样，蒸汽动力的原理似乎起源于古希腊罗马时期。其基本原理并不难理解：沸腾的水会释放出一种无形的气体，即蒸汽，它拥有一种力量，可以冲开挡在它前面的物体，蒸汽随着热量的增加而膨胀，并在冷凝时产生真空。人们从蒸汽的这些特性中看到了构建原动机的可能性。关于蒸汽的许多实验，从亚历山大里亚的希罗、伽利略和伍斯特侯爵的玩物，到萨维里和纽科门的泵，再到瓦特的各种专利——独立的冷凝器、双动式发动机、太阳和行星齿轮，形成了一个无休止复述的成长小说，他们是西方科学史上对蒸汽最迷恋且研究最密切的一帮人，这里没有必要再重述了。1784年，随着旋转式蒸汽机的所有部件到位，瓦特获得了他的第四项决定性专利，后面只剩下投入使用和广泛传播了。为了给他的发明找到商业机会，瓦特当然要依靠他的商业伙伴马修·博尔顿。他是伯明翰金属工业领域里一位精力充沛的企业家，在18世纪60年代末开始对瓦特的发明深为关注，并嗅到了其巨大的利润潜力。

对于蒸汽机来说，唯一在技术上可行的燃料选择是煤，这是一种密集的能量来源，木材在这方面则无计可施。纽科门的发动机在燃料消耗方面极为浪费，它需要被拴在矿井口，因为那里有大量的煤可以供它挥霍且毫无损失，但瓦特在1769年获得专利的独立冷凝器将这一消耗量减少到1/3，并允许发动机——仍然只是一个往复泵——在煤炭匮乏的地方使用，特别是在康沃尔郡的锡矿。然而，在18世纪80年代初，博尔顿和瓦特的采矿市场正在枯竭。在敦促他的合伙人完成工作时，博尔顿指出了另一个新兴市场："找不到其他像康沃尔郡一样的地方，我们的发动机最可能的消费路线是将其应用于磨坊，这肯定是一个广阔的领域。"棉花和旋转（的机器）是未来的趋势。作为"革命性资本主义制造商"的代表，博尔顿有先见之明，将克罗姆福德出现的工厂系统作为主要目标：在迄今为止由水驱动的磨坊中，蕴藏着真正的前景。"现在，曼彻斯特的人们将建立足够多的棉纺厂，但希望使用发动机来使它们运转。"他在1781年6月发出了一个更著名的表述："伦敦、曼彻斯特和伯明翰的人们都是蒸汽磨坊狂人，因此让我们明智地利用了这一优势。"1782年他又说道："我认为这些磨坊代表了一个无尽的领域，它将比这些短暂的矿场更为持久。"[44]一旦旋转式发动机被制造完成，只需向磨坊主证明它的优越性，他们的钱包就会打开。所以，应该建造一个模型，让磨坊主们和其他人都能看到旋转式发动机的优点。

当瓦特对其第四项专利进行收尾工作时，博尔顿产生了在伦敦建造玉米研磨磨坊的想法，以将其作为一个在现实生活中了解这一过程的广告和窗口。在消除了一些习惯于水磨的磨坊主的疑虑后，博尔顿、瓦特和他们的合伙人在布莱克弗里尔桥附近的泰晤士河岸边建造了第一个为蒸汽机设计的工厂。1786年，阿尔比恩磨坊作为首都伦敦最先进的工业设施举行了落成典礼，展示了发动机可以使不少于10块磨石转动的技术能力。自此，伦敦市场上的玉米价格下跌，好奇的制造商纷纷涌向了磨坊。[45]大约在同一时间，新的原动机纺出了第一条棉线。

在第四项专利产生的那一年——据说标志着人类世的诞生，罗宾逊兄弟，也就是诺丁汉郡巨大的帕珀威克工厂和其他四个横跨利恩河的棉花工厂的所有者，向博尔顿和瓦特的公司订购了一台旋转式发动机，它于1786年交付并安装完毕，功率为10马力，可以补充水流的动力，这是有史以来第一台为棉纺厂提供动力的旋转式蒸汽机；当他们在做这件事的时候，罗宾逊兄弟又为另一家在建工厂订购了第二台发动机。细数阿克莱特的第一批追随者，他们在利恩河畔建造的工厂群，在18世纪80年代中期已经达到了非凡的规模和先进的技术水平，他们对新发明的品位促使他们有足够的勇气去尝试博尔顿和瓦特的产品。但罗宾逊兄弟也累积了不少失望。他们发现自己的发动机运行成本太高，只能在河水变浅时偶尔使用。在18世纪90年代初的某个时候，他们卖掉了第二台设备。罗宾逊兄弟指责发动机的燃料成本过高，这一困扰蒸汽动力的控诉充斥着整个过渡时期——事实上远超出了过渡时期。在他们所在的地区，煤炭的价格为每吨11～12先令，与免费流动的利恩河水相比，其价格要高得多。随着蒸汽机尝试的落败，罗宾逊兄弟转而继续完善他们强大的水力资源系统：广阔的水库、巨大的车轮、离心式调速器、铁制而非木制的齿轮。这是他们赖以生存的基础——他们使用着古老却现代化的设备，而非蒸汽动力。蒸汽机在棉花行业的首次试验以失败告终。[46]

截至1790年年底，博尔顿和瓦特已经成功地向英国棉花制造商出售了十几台蒸汽发动机，其中五台原先是水力，三台是畜力（马匹）。然而，推广的时间远远超出了他们的预期。理查德·阿克莱特就曾有过在克罗姆福德安装蒸汽机的想法，但由于燃料成本过高，他最终决定放弃。[47]1791年，惠灵顿的一个制造商在回答博尔顿和瓦特的提议时说："我们工作上所需小型发动机的费用以及煤和水的消耗量比我预计的大得多，把机器放在离我们家一英里的水流上似乎更明智。""蒸汽磨坊狂热"的制造商终究没有那么疯狂。这两位合伙人承认，"曼彻斯特在采用我们的发动机方面已经落后了"。瓦特提供了一个更加冷静的评估："我听说在英格兰北部湍急的河流上有许多磨坊，这个行业很快就会被淘汰。"[48]

不过，还是取得了一些进展。1797年，麦康奈尔和肯尼迪两个合伙人在曼彻斯特购买了一块土地，用于建造一个新的大型工厂，他们舍弃了此前一直使用的马匹，而投资购买了一台博尔顿和瓦特发动机，在短短几年内，他们的公司取得了棉都①主要纺纱公司的地位。在兰开夏郡一些棉花

---

① 棉都：英国曼彻斯特的别名——译者注。

产业集中的城镇——特别是奥尔德姆和普雷斯顿——制造商非常渴望拥有新的原动机,他们中的少数人在蒸汽驱动的走锭纺纱机基础上争夺市场领导地位。[49] 随着18世纪的结束,马修·博尔顿的直觉至少得到了部分证实:棉花业取代采矿业成为他最大的市场。1775—1800年,博尔顿和瓦特在英格兰共安装了289台发动机,其中84台用于棉纺厂,占总数的29%;煤矿业以30台的销量位居第二。然而,水力在该行业至高无上的地位未曾动摇。1800年,约有1000家水力棉纺厂;而在苏格兰,约100家棉纺厂才安装了7台蒸汽机。[50]

博尔顿所预见的工业快速发展甚至在他和他的伙伴有生之年都没有完成。从水到蒸汽的过渡不是线性的或自动的,而是经历了一场旷日持久的较量,水力有时似乎占据了上风。阿克莱特和罗宾逊兄弟并不是仅有的在18世纪最后几十年里尝试过蒸汽后又重新使用水力的棉花制造商;另一个引人注目的案例是罗伯特·欧文,他在1797年放弃了曼彻斯特最大的蒸汽动力磨坊之一,转而利用新拉纳克的水流。具有讽刺意味的是,直到19世纪博尔顿和瓦特也发现在他们自己的索和工厂中使用水车是有利可图的,就像他们在中部地区金属行业、钢铁行业的大多数同行一样。[51]

作为一种广泛传播、长期应用、熟悉、可靠和廉价的原动力,水车进行了强有力的抵抗。1807年,约翰·罗比森(John Robison)——一位英国哲学教授,同时也是瓦特的旧交——他曾经激发了这位年轻发明家对蒸汽的兴趣,将蒸汽发动机的未来描绘得十分黯淡:

> 在所有的磨坊中,为了达到预期的目的,有必要使用相当大的动力。水是最常见的动力,实际上也是最好的动力,因为它是最平稳且固定的;而风有时来得更猛烈,有时则完全消失。磨坊的运转也可以使用蒸汽动力,就像伦敦的阿尔比恩磨坊那样。但燃料的费用无疑会阻止此类磨坊的建造成为普遍现象。[52]

此时，自我维持的增长和化石燃料的燃烧之间命运联姻的舞台似乎已经确定——而每一种都有其独立的血统。从18世纪90年代初开始，蒸汽机被广泛认为是棉纺业的功能性原动机，从纯技术角度讲，它满足了工厂的需要；到世纪之交，25台博尔顿和瓦特的典范产品也被出口到其他国家——荷兰、法国、西班牙，甚至俄罗斯——主要用于研磨谷物和铸造钱币。[53]技术知识的缺乏显然没有阻碍英国棉花工业向蒸汽的快速转变。相反，在1784年取得专利之后不久，它就成为众所周知的对水车的严重挑战，这两种原动力就像在平行的轨道上运行，制造商可以在两者之间切换。19世纪初的情况确立了经济史上最持久的难题之一：用罗伯特·艾伦（Robert Allen）的话来说，"解释蒸汽动力在棉花工业中的缓慢应用是技术史学家的一个重要问题"。[54]但问题也可以反过来表述：不仅需要解释为什么这个过程发生得这么晚，而且还需要解释到底为什么会采用蒸汽动力。

第四章

群众的强大能量：在危机时期动员群众力量

工业资本主义的第一次结构性危机

19世纪20年代初，蓬勃、持久发展的棉花工业进入了一个非凡的活跃时期。从苏格兰到德比郡，工厂的建设和扩张速度是前所未有的，工厂主们为追求一切可能的扩张途径，配备了新的发动机或巨大的轮子。他们的投资得益于便利的信贷条件，由于利率处于极低的水平，且现金可以通过乡村银行自由流动，所有信誉良好的有钱人都被邀请参与到这场贷款狂潮中，健全的商业界限被肆意践踏。到1825年夏天，英国棉花产品在国外市场上的销售量逐渐减少；到了秋天，乡村银行开始在提供或多或少无力偿还的客户贷款的重压下崩溃，恐慌蔓延开来。1825年12月8日，第一家主要的伦敦银行倒闭了，引发了连锁反应，首先是其相应的乡村银行，然后是更远的地方：一家又一家的银行暂停付款。一周后，《曼彻斯特卫报》(*Manchester Guardian*)对英国金融系统的颓势进行了调查："在最年长商人的经历中，从来没有一个星期像现在这样给商界带来如此大的灾难。"[1]事实上，19世纪最大的金融危机已经开始，历史学家博伊德·希尔顿（Boyd Hilton）在2008年前写道，"1825年12月的金融崩溃，其凶

第四章 群众的强大能量：在危机时期动员群众力量

猛程度是（也许仍然是）前所未有的"，同时代的人都不寒而栗地称之为"大恐慌"。[2]

然而，这一事件不仅仅是一个泡沫。在金融过度和崩溃的泡沫之下，严重的失衡暴露无遗：到1825年12月，工业资本主义在其诞生国的第一次结构性危机已经开始。危机的核心是棉花，由于出口下降到十年来的最低水平，前些年的大丰收辉煌戛然而止。在棉花大热的最后几个月里积累了大量原棉、纱线和布匹的雇主和商人突然找不到客户；即使在曼彻斯特，在一些最牢固产业的所在地，也有几十家公司破产；制造地区的失业率急剧上升。[3]《泰晤士报》（The Times）的定期专题"贸易状况"一栏，于1826年2月底报道，由于市场仍然被过剩困扰，曼彻斯特成排的工厂正减少一半生产，甚至减少到更少："库存没有减少，需求也没有增加"。三年后，同样的停滞仍在产生影响，导致新推出的《银行家通告》（Circular to Bankers；可能是第一份商业报纸，比《经济学人》更早）指出，这种情况"与以前所有的萧条案例不同，从某种意义上讲，主要是邪恶正在逐渐和持久地蔓延"，"资本的萎靡正以更规律和更无望的方式进行，比以往任何时期都要剧烈"。五年过后，情况依然没有好转，《银行家通告》因此得出结论：制造业和商业的辉煌时代正在接近尾声。[4]

棉花产业的利润几乎消失殆尽，一位曼彻斯特的制造商向1833年调查危机的议会委员会解释说："我认为在1826年之前，棉纺业的利润可观；但在那之后，就没有什么回报了。"对于个别公司和棉纺业，或事实上对于整个工业资本来说，类似的说法在当时的报告和调查中比比皆是。[5]曼彻斯特和格拉斯哥的主要棉花制造商亨利·霍德斯沃斯感叹道，一切"对于任何资本的积累都是徒劳的"，他的"诊断"得到了亚麻窗帘制造商和花布印刷商、毛织品制造商和钢铁制造商、票据经纪人、银行家、建筑商、黄铜铸造商的证实，《银行家通告》忠告大家，"所有以大量资本进行交易的人"预计"一定会有损失"。[6]1825年后，利润下降的趋势涵盖了大部分甚至全部的英国资本主义。就棉花而言,阿克莱特时代50%的超级利润在恐慌之后的十年里已下降到平均5%或更低,从超高利润到超低利润的道路并不难描绘。1833年的委员会问科克曼·芬利(Kirkman Finlay):"你把棉花贸易的低利润状况归因于什么?"(他是英国某些地区最大的水磨坊主人,后面会再讲到。)他回答说,"与需求相比,生产是极其广泛的",这是由"以前的高利润率引起的,它吸引了大量的资本进入这个行业,必然导致我们现在看到的低利润状况"。[7]

19世纪20年代初的泡沫加剧了资本主义萎靡不振的局面。正如一位曼彻斯特的银行家所证实的那样,在那些疯狂投机的日子里建造了过剩的工厂,"不是因为对产品的需求增加,而是因为(工厂)各方表现良好,有机会借到钱"。[8]根据制造商和经济学家、工厂检查员和专家的一致看法,结果是生产过剩。最简单的定义是生产能力持续超过需求,生产过剩是结构性危机的一种形式——不是短暂的、容易跨越的经济衰退,而是植根于棉花产业成功的长期困境。正是因为经历了生产力爆炸,也就是超级利润的根源,投资者才全身心地投入被称为"资本过度积累"的进程中,这种积累在1825年浮出水面并在18世纪后期建立。换句话说,有太多的公司活跃在这个行业;淘金热促使太多的财富追寻者建造了太多的工厂,导致市场饱和、价格和利润下降。一旦危机爆发,竞争就变得一发不可收拾了。1831年,麦康奈尔和肯尼迪公司向他们的一个代理商透露,"我们对这些严重的损失感到非常震惊"。他们继续说:"如果目前的困难时期继续下去,至少所有的大公司都会相继倒闭,在目前的危机开始之前,它们没有充足的资金可以使用。"[9]只有最合格的工厂才能在这种考验中生存下来。

1833年年末,经济复苏终于开始了,包括棉花产品在内的大多数主要商品的价格,在外国市场日益增长的需求推动下,开始从惨淡的低点回升。自1825年以来,第一次出现了建造新工厂的高潮;1834—1836年,兰开夏郡和柴郡主要棉花城镇的工厂数量增加了32.5%。在这两年的短暂繁荣中，结构性危机的压力被压缩成一些关于能源的重大决定，因为工厂主转向使用某些机器和原动机，而放弃了其他机器。然后，在 1836 年年底，另一个投机泡沫破灭了，这次是由铁路兴起引发的，棉花出口急剧下降。1837 年，危机卷土重来，几乎完美地复演了一遍 1825 年开始的循环。多年的饥荒接踵而来，直到 1841—1842 年，19 世纪最具灾难性的经济大萧条席卷英国，"据说整个制造业地区都濒临全面破产"，[10] 全国性的大罢工和革命席卷了整个王国。

从一开始，结构性危机既是社会问题，也是经济问题。1824 年夏天，议会废除了《联合法案》①，因为经过 25 年的运作，该法案被证明是无效的，而且在许多人看来，其完全是适得其反的。资产阶级批评家辩称，对所有工会活动的禁令非但没有消灭威胁，反而使"看不见的手"变得激进，并通过阻止工人们提出最卑微的需求使他们陷入地下阴谋。19 世纪 10 年代末和 20 年代初，工人们开始一同自发行动起来，反对令人厌恶的法律；当棉纺工人在 1818 年、1821 年、1823 年罢工时，他们立即转向争取成立工会的权利，而织工、鞋匠、机械师和其他或多或少有组织的集体也纷纷请愿要求废止《联合法案》。统治阶级直接镇压反抗者这一战略的信心被磨灭了。1824 年 6 月初，一项使工会合法化的法案未经表决就通过了下议院，甚至也没有进行辩论。[11]

结果是立马引起了一连串的罢工。棉花行业的工人们就像是从地牢里被释放出来一样，在格拉斯哥、曼彻斯特和其他兰开夏郡的城镇蜂拥而上，他们在街上游行、成立地方工会、向邻近地区派遣代表团，他们的行动再也不需要隐藏。到 1824 年年底，纺纱工人的工资跃升了 1/5 ~ 1/3。[12]《联合法案》刚被废除，制造业的利益集团就发起了一场恢复它的运动。《曼彻斯特卫报》在 1825 年 10 月指出，"全国大部分媒体都在大肆鼓噪，

---

① 《联合法案》：1799 年的《联合法案》，又称《反结社法》，旨在禁止英国工人成立工会和进行集体谈判，于 1799 年 7 月 12 日获得皇家批准；1800 年英国又颁布了《防止工人非法组合条例》。

反对工人的联合",同时,金融体系也初步出现了崩溃迹象。[13]但是事情已经有了新的进展,工会看到了合法性的曙光,并迅速行动起来保护他们的生存权利。工会通过抗议、请愿和组建委员会,向首都致以暴风式的问候,议会听取了意见,并在1825年以妥协告终。一项新的法案规定,任何试图强制一个人停止工作或登记参加联合会的行为都将被视为刑事重罪,但罢工和组建工会的权利仍然被奉为圭臬,废除的本质没有改变。基于此,这种半胜利的状态支撑着罢工浪潮:1825年,诸如矿工、木匠、雕刻家、陶工、制绳者、女鞋制造商和羊毛梳理工等都放下了手中的工具。当议会的争吵平息后,新一代的联合体出现了,其中一些来自地下,另一些则是首次组建起来的。[14]因此,恰好在工业资本崩溃时,劳工力量发起了激进的攻势。

民众暴动的爆发给结构性危机带来了一个接一个的冲击,它们似乎把英国推到了全面革命的边缘:首先是1826年的兰开夏郡起义,然后是1830年的斯威暴动、1831年的南威尔士叛乱、1831—1832年的改革危机、1832—1834年的总工会主义,所有这些都在1838年被宪章运动发起的最高挑战所取代,最后是1842年的大罢工——即便不是在整个英国现代史里,也是在19世纪里最关键的接近于革命的时刻。[15]阶级斗争在制造业地区肆虐,19世纪30年代初兴起的劳工报刊采用了好战的口吻,"革命不一定是坏事",《"破坏性"和穷人的保守主义》(The "Destructive" and Poor Man's Conservative)一文认为,"如果暴君不允许社会通过道德与和平的手段进行改革,他们就只能期待物理和暴力的手段",因此该报宣布,"战争!战争!!战争!!!"——一场已经开始的战争,"一场劳工反对资本的战争",在这场战争中,"工会是初步措施——是民众权利的枪炮在贵族腐败的腐烂结构上发挥作用的堡垒"。[16]这种言论并没有被高层忽视。

博伊德·希尔顿(Boyd Hilton)关于英格兰1783—1846年的巨著标题为《一个疯狂、坏的和危险的人?》(A Mad, Bad and Dangerous People?):

这是对统治阶级的一种情绪，也是这一时期的色彩，那就是"恐惧——对革命、对群众、对犯罪、对饥荒和贫困，还有对混乱和不稳定的恐惧"。这种恐慌早在1789年就开始了，但在1825年之后，疯狂的、坏的和危险的人变得像食人魔般更加可怕，原因有两点：暴动现在也在一个因经济萧条的震荡而摇摇欲坠的地面上行进，而且它聚集了工会中好斗工人组建的特殊"枪支"。"1825年12月带来的心理冲击"，希尔顿写道，"甚至比实际情况更加糟糕"；此后，有关下一次恐慌及其可能受害者的流言，伴随着对危机中影响最大的野蛮人的愤怒四散而起。在19世纪上半叶后期，工业地区人们的预期寿命下降到了自黑死病以来闻所未闻的水平；死亡率激增，平均身高急剧下降。[17]穷人由于身体发育迟缓和畸形，其本身就是恐惧的来源，这种对资产阶级恐惧的危机反映为肮脏、生病和受感染的群众，他们的革命性倾向似乎与天花和霍乱一样具有传染性。1842年，记者兼历史学家的威廉·库克·泰勒（William Cooke Taylor）前往制造地区进行个人实况调查时，他惊呆了：

> 当一个陌生人经过曼彻斯特和邻近城镇的工厂、印刷厂周围集聚的大量人群时，他无法不对这些"拥挤的蜂箱"感到近乎惊愕的焦虑和忧虑。人口，就像它所属的系统一样，是全新的；但其广度和强度每小时都在增加……（形成）一个缓慢上升和逐渐膨胀的"海洋"，在未来某个不远的时间里，它必须将社会的所有元素高举在它的怀里，并使它们漂浮起来——天知道是哪里。在这些人群中蕴藏着巨大的能量。[18]

资本主义秩序的存活似乎岌岌可危。这种担心有一种歇斯底里的成分——毕竟，实际上并没有发生英国革命——但叛乱是真实的，困扰经济的根本矛盾也是如此。到1842年年底，另一场复苏开始了：棉花行业恢复到了上个十年中期一样的繁荣——直到所有的利润曲线再次向下，萧条的程度再次接近 1842 年的强度。[19]直到 1848 年，英国资本主义才设法打破僵局，使英国进入一个持续复兴的时代。同年，宪章运动崩塌了。我们把 1825—1848 年这一时期称为"结构性危机"，或简称"危机"。就在那时，向蒸汽机转变的决定性时刻来临了。

"钢铁侠"的崛起

18 世纪 30 年代的发明家们在首次尝试机械化纺纱时，曾梦想有一台"可以循环往复工作的机器"，能够"在没有人为干预下"生产纱线。[20]近一个世纪后，这一梦想仍未实现。在 1825 年的恐慌时期，克伦普顿发明的骡机在英国棉纺厂中占主导地位，生产了可能多达 90% 的纱锭，但工人的手指必须不断干预以保持它们滚动。纱锭被固定在一个小车上，这是一种在铁轨上运行的长盒子，与固定在横梁上的辊子相通。在原动力的作用下，小车向纺纱工滑去，然后工人用肌肉力量将小车从横梁上赶回来，他的手指则同时控制着旋转主轴的速度，确保线不会断裂、松开或卡住。如果没有强壮的臂膀和灵巧的双手，就不可能制成纱线。换句话说，在骡机的工作过程中，有大量的"人工力量残留"：虽然外部原动机发起了最初的运动，但人的身体也必须发挥能量来促使机器完成运动。这是机械化尚未完成的确定性标志。这种劳动不可能由街上的任意一个男人或女人来完成，纺纱工应该体格健壮、肌肉发达、触觉灵敏，能够协调各种动作，且能在下一秒重新协调这些动作。这个职业是为男性保留的——他——仍然是不可或缺的，当他拉动生产的弦时，一种工艺的气息围绕着他。如果他愿意，他完全可以让工厂全面停工。[21]

贝弗里·西尔弗（Beverly Silver）在她的《劳工的力量——1870 年以来的工人运动与全球化》（*Forces of Labor：Worker's Movements and Globalization since 1870*）一书中，描述了一些工人如何获得一种特别强大的"工作场所的谈判力量"——"某一个关键节点的""紧密嵌入生产过程中的"

"工人的停工，能够造成远比这一局部停工本身更为广泛且深远的破坏性影响"。①[22]正是这种形式的力量支撑着19世纪初骡机纺织厂的战斗力。1833年，工厂大调查专员爱德华·塔夫内尔哀叹称，在一个典型的工厂里，这些技术工人只占劳动力的1/10——梳理工、包装工、拼接工和其他助手要多得多——但"他们的劳动对于工厂的工作是绝对必要的"，因此，停止他们的工作会"迫使所有其他同伴同时失业"。在废除《联合法案》之后，纺纱厂工会运动已经"将世界上最广泛的制造业置于其掌控之下"，连续数月关闭工厂，将整个经济作为"人质"——"而且还保持了工资率"。事实上，尽管发生了危机，但在接下来的几年里，纺纱工人的工资被提升到了1825年的水平之上，在1831年达到了巅峰，在曼彻斯特地区是每周30先令，在博尔顿、奥尔德姆、普雷斯顿、布莱克本是26先令；工程师的收入甚至更低。对于雇主来说，这种情况是无法忍受的：只要工会阻挠减薪，甚至强行加薪，恢复利润的前景就还暗淡无光。[23]

然而，这场竞赛并不限于工资多少。就其核心而言，这是一场关于权力的斗争，这时，雇主只需坐在驾驶位上不被挑战，以引导他们的企业走向安全的道路。教授兼私人顾问安德鲁·尤尔写道：各种组合"使生产力陷入困境，且在资本家之间散布不信任感"并使他们"沦为奴役状态"。尤尔的言论经常被引用为与工业有关的所有问题的权威，同时，他专门为兰开夏郡和中部地区主要的磨坊主提供实际帮助，其中许多人曾经是他的学生。[24]为了阻止这种反乌托邦成为现实，尤尔提出了关于自动化的设想。他在《技艺、制造业和矿业词典》（*Dictionary of Arts, Manufactures and Mines*）中指出，"自动"是一个用于描述那些由自动机械操纵的有利可图技艺的术语。这个词被生理学家用来表达非自愿的运动——由此建立起自主运动和缺乏自由意志之间的关联。在工厂的生理学中，所有的运动都应

---

① 贝弗里·西尔弗．劳工的力量——1870年以来的工人运动与全球化[M]．张璐，译．北京：社会科学文献出版社，2016：13．

该来自人体之外:"自动一词现在适用于自动机械,或者说,虽然机械动力来自外部,但它本身具有调节自身运动的能力。"[25]这一方案可以解决纺纱厂的问题。

在尤尔将这一设想写下来之前,雇主们已经发现了它。一个古老的想法变成了一个强烈的愿望:如果骡机能做到"自行运动",比如使走车①往复运动、控制纱锭的速度、形成整齐的纱卷,更重要的是,通过它的自有机制协调所有运动,那就再也不需要人力了。1825年1月22日,《曼彻斯特卫报》向其读者通报了另一次新的罢工,这一次发生在海德的骡机纺纱工。"已经辞职的工人在该地游行,人们认为游行的人数很快便会大大增加",估计会达到一万人。[26]《联合法案》被废除之后,再也无法指望国家逮捕罢工者或工会领导者。经过三个月的僵持,通常相互竞争的海德棉花领主们,现在却绞尽脑汁,决定拉拢一个可能能够挽救他们的人:理查德·罗伯茨(Richard Roberts)。他与伙伴托马斯·夏普(Thomas Sharp)一起经营着曼彻斯特一家机器制造厂,且绝对是个天才。来自海德的一个代表团恳求罗伯茨发明一种自动骡机,于是他照做了。

代表团恳求的结果在1825年被封为第5138号专利,其中,罗伯茨声称已经实现了纺纱的完全自动化,他发明的机器的新颖之处在于"运动产生的情况,而不是运动本身",这只是在复制纺纱工的手。[27]五年后,第一台可操作的自动骡机(走锭纺纱机)走出夏普、罗伯茨公司的车间——在工业革命技术历史学家克里斯汀·布鲁兰(Kristine Bruland)看来,"实际上,这是世界上第一台真正的自动机器"。当人们通过《伦敦艺术与科学杂志》(The London Journal of Arts and Sciences)里的内容了解到这一设备时,对其原动力的"身份"并没有存疑。"由蒸汽动力驱动的机器,本身必须拥有调节工具,以实现通常由熟练纺纱工的双手进行的不同操作"。

---

① 走车:走锭纺纱机的一个不固定部分,主要在机器的一段区域内前后移动。

安德鲁·尤尔阐述了"自动运转"的优越性：今后的纺纱参与者"什么都不用做，只需要看着机器运动"，然后把断裂的末端拼接起来，把纺好的纱卷拿走，并清洗机器，纺纱工作则完全由"蒸汽或其他动力"驱动。[28] 走锭纺纱机不仅是第一台真正的自动化机器，而且是棉花工业的第一项发明，从一开始就以蒸汽机为原动力，它是由储备能源（煤炭）孕育而生的产物。更重要的是，它在棉花工业中的推广将与能源使用的全面革命相接轨：走锭纺纱机的"胜利游行"也是蒸汽机的"胜利游行"，它在工人中也被戏称为"钢铁侠"。但是，这两者之间的联系比《伦敦艺术与科学杂志》所暗示的更为复杂。事实上，走锭纺纱机完全可以由水车驱动：没有任何技术路线将其与蒸汽联系起来。这种联系具有完全不同的内涵。

与博尔顿和瓦特不同，夏普和罗伯茨的公司不需要说服客户购买他们的机器。"铁打的营盘，流水的兵"，制造商们再也等不及了。从1830年起，自动化模型主导了用于纺制粗纱和中纱的骡机制造。在19世纪30年代中期的繁荣时期，制造商们自恐慌以来第一次进行了大规模的产能投资，贸易状况的好转使人们有理由报废正在运行的机器，并在全新的"钢铁侠"上投入大量资金，"钢铁侠"的附加优势是在每单位时间内比使用普通骡机的人工纺纱师多纺出 1/5～1/4 的纱。越来越多的制造商利用这个机会来保护自己免受未来工会斗争爆发的影响，而在另一些地方，这个决定是在激烈的抗争中做出的。[29]

在经济繁荣接近尾声时，普雷斯顿的工人要求将工资提高18%，作为他们在近期繁荣中应得的合法份额。雇主的回应是增加10%的工资，条件为所有纺纱工人需签署不属于任何工会的协议：关于工资的谈判变成了关于工厂权力的公开争端。普雷斯顿的650名纺纱工人拒绝了雇主们的提议，并在1836年11月初发起了罢工，他们自发投入战斗，比其他工种的工人数量多十倍以上，所有30家工厂都陷入了停滞。在这一点上，棉花资本家抓住了主动权。"钢铁侠"首次被带入普雷斯顿，有组织的纺纱工人被走锭纺纱机和新招募的工人这一组合所取代。到了初春，不仅是罢工，普雷斯顿的整个纺纱厂工会都瓦解了。这次失败的声音响彻整个兰开夏郡。[30]

在苏格兰，长期以来，走锭纺纱机一直因其在车间内颠覆资本家权威的能力而"臭名昭著"，资本家可以决定雇用谁和使用什么机器。但在1837年年初，格拉斯哥的工厂主决心彻底恢复他们的控制权：公布削减工资的消息，抹掉20年来的工会成果。结果是，约有36000名工人参加罢工，用拉纳克郡治安官的话说，使该镇"几乎处于叛乱状态"。然而，三个月后，资金已经用尽，生产线摇摇欲坠。雇主们通过解雇数百名男工并雇用年轻妇女代替他们照看"钢铁侠"取得了胜利：凭借力量和速度，走锭纺纱机的影响力在格拉斯哥地区四散开来。[31]苏格兰纺纱工人的工会无法像昔日那般崛起了。

1838年4月，受人尊敬的辉格党杂志《爱丁堡评论》（*Edinburgh Review*）对前线各行业工会的撤退欣喜若狂。"由此，曼彻斯特和格拉斯哥几家新建的纺纱厂完全不需要纺纱工，安排的工人在数量上减少到以前的一半"；由于最近的罢工，夏普和罗伯茨的公司据说"订单不堪重负"。十年后，工厂主和他们的盟友庆祝自己取得了压倒性的胜利：罗伯茨在1851年夸耀他的发明时说："结果是纺纱部门的工人几乎完全停止了上工。即使纺纱工人现在出现在工厂，也不允许他们恢复工作。"[32]他们的工作场所议价能力从根源上已经被削弱。工厂还需要一类纺纱工，以便时不时地调整一下走锭纺纱机，给它装上原棉、油，并负责机器清洁，但工人的劳动已经被严重弱化了；事实上，纺纱工被重新命名为"管理员"，因为他们的任务不再是纺棉花，而是管理纺棉花的机器。在19世纪40年代，纺纱工的工资下降到"钢铁侠"来临之前的一半，这在当时的英国劳动力市场上是史无前例的。雪上加霜的是，由于普遍的经济过度萧条，这种降薪简直是灾难性的。"我们知道，曾经每周收入25~30先令的纺纱工，现在以每天1先令的工资提供筛沙砾的服务，还要乞求雇主给予他们这份工作"，

1841 年年末曼彻斯特的一份报告中写道。[33]在工业革命中，很少有一个主要群体的命运转变得如此之快。

然而，众所周知，"钢铁侠"的工作并不是真正意义上的"自力更生"。当爱德华·贝恩斯惊叹于它的力量时，他并没有怀疑其运动的真正来源，尽管他误认为发明者是燃料，"瓦特用更微妙、更有力的蒸汽机构，移动着一个永不松懈或疲惫的铁臂，在一台机器中围绕着两千根轴旋转"。如果走锭纺纱机是瞄准工会堡垒的枪，那么可以说，蒸汽就是弹药。1842 年，工厂检查员伦纳德·霍纳（Leonard Horner）在调查斯托克波特机器的兴起时问制造商："在过去几年中，人工占每马力的比例是否发生了变化？"制造商回答道："在纺纱部门，由于机械的改进，工人明显减少了"——意味着更少的人力、更多的机械能。[34]事实上，由于现在走车的所有运动都依赖于机器，"钢铁侠"需要比它的前辈多 60% 的马力，才能纺出相同数量的棉花。[35]

换句话说，在英国经济的重点产业中，资本在"power"这个词的双重意义①上战胜了劳工——粉碎了工会，重新建立了"正当"的等级制度，以更低的成本从更少的工人身上获取了更多的产出。自动化从一个不相干的能量来源中汲取力量。只有调动这种能源，棉花资本家才可能开始以牺牲劳动力为代价来挽回利润。这差不多是一个事后的想法——的确也符合此类考虑的传统地位，但资本通过棉花工业技术重组所维护的权力，是直接从人类以外的自然界力量中召唤出来的。然而，在此过程中，织造部门的发展与纺纱部门的发展同样重要。

动力织机的兴起

棉纱只是半成品，它必须被织成用来覆盖和保暖的物品。即使纺纱业

---

① 这里的双重意义是指"能量"和"权力"——译者注。

早已被机械覆盖,古老技术和织造中的能源使用也几乎没有任何改变:织工从纺织厂收到织布卷后,将它插入他的木制织机,将梭子连同经线送入纬线,如此循环往复,直到布匹变得紧实而均匀。正如外科医生彼得·盖斯凯尔(Peter Gaskell)所观察到的那样,对于运动的力量,"他主要依靠背部的肌肉,这些肌肉一直保持着恒定而有力的运动,而在移动梭子和横梁时,这种肌肉的力量变化很小","一段时间后,所要施加的力量就会变得十分费力"[36]。工人们紧张的身体与克罗姆福德半个世纪后的顶级现代纺纱厂形成了鲜明对比。织工们继续在家里工作,没有受到直接的监督,但陷入了对雇主的依赖网中,雇主"放出"纱线,检查成品布,支付工作费用,并将商品带入市场,获得利润。具有讽刺意味的是,水磨坊的兴起——工厂内永久性技术革命的飞跃——触动了英国历史上一种传统手工业的最大繁荣。[37]肌肉的能量与流水的能量共生,棉花工业则首先通过利用流动的能源和有生命的能源发展起来。

人们并不是不知道利用蒸汽来进行纺织。"动力织机"发明于1784年,经过几十年的改进,其被证明与手摇织布机旗鼓相当,甚至优于手摇织布机,但一直受到制造商的冷落。1833年,当时的主要经济学家约翰·雷姆赛·麦克库洛赫①总结了该设备的基本原理:"在这种织机中,梭子被弃置,所有工作都由机器完成;而断线后的连接是唯一剩下需要手工完成的工作。"[38]但是,手摇织机把握住了增长大势,在世纪之交的几十年里,在小屋和地窖中大量涌现。据《最后的转变:19世纪兰开夏郡手工机织业的衰落》(The Last Shift: The Decline of Handloom Weaving in Nineteenth-Century Lancashire)一书的作者杰弗里·蒂明斯(Geoffrey Timmins)说,"在19世纪20年代末,单是棉纺织业的手摇织机数量就可能超过动力织机,达到4∶1的比率"。事实上,在1829年,大约有24万名手织机织工(每个

---

① 约翰·雷姆赛·麦克库洛赫(John Ramsay McCulloch,1789.3.1—1864.11.11):英国经济学家和统计学家,李嘉图学派主要代表人物之一,生于苏格兰,毕业于爱丁堡大学,先学习法律,后改而研究政治经济学。

人可能至少配备一台织机），而动力织机只有5.5万台，说明4∶1的比率略有低估。³⁹ 100万的1/4——加上可能两倍于此的家庭成员或多或少地从事此项劳动——手工织布工是与所有英国工业关联的最庞大的工人群体，他们的生活方式和工作经验远比骡机纺工更典型。

这是工业革命经济史上的另一个经典之谜：为什么一种原始技术不仅能存活，而且能蓬勃发展这么久？一部分答案是劳动力的异常廉价：18世纪末，当工厂开始生产闻所未闻的纱线时，对能够将纱线变成布匹的织工需求激增，他们的收入已是如此；作为回应，数以万计的劳工——被工厂裁员的前手纺工人、纺过被棉花取代的织物的织工、无法再靠土地谋生的农民、来自关闭的铅矿的工人、爱尔兰移民、拿破仑战争后复员的士兵和水手——都涌入了这个职业中。手摇织布机及其辅助工具很便宜，也很容易掌握；与走锭纺纱相比，织布也不需要特殊技能。到19世纪初，过剩的织工供应已成为该行业的一个持久状态。由于没有准入门槛，织布业成为贫民和其他无产者的默认选择，他们一旦进入其中，便很难找到其他工作。除此之外，还必须加上一项特权：免受持续的监督、强制的劳动节奏、噪声以及机械化工厂的所有其他弊病。作为工厂的隐蔽之所，手工织业在比严格经济计算还要长的一段时间里，一直在吸引着两手空空的人。⁴⁰

无数手工织布工忍不住削弱了自己的地位。面对日益恶化的力量平衡，他们眼看自己的计件工资在1805年前后开始了漫长而痛苦的下跌。平均周工资从那一年的23先令，在1820年暴跌至8先令，到1830年又跌至6先令。他们自然想通过集体行动来捍卫自己的生计，但无论在18世纪拥有什么样的罢工力量，现在都迅速消散了；他们留住劳动的力量被家庭包工们在过剩市场中的求职潜力所掩盖，任何劳动者都是完全可支配的。此外，与集中的纺纱厂相比，织工在空间上广泛分散——每个人都有自己的住所，他们分散在山谷和山丘上——妨碍了协同行动；在关于计件工资的谈判中，雇主可以在对二人一无所知的情况下，让一个织工与另一个织工进行竞争。农村地区缺乏其他就业机会,大部分劳动力是临时工——许多织工都要兼顾农活以及织工家庭中存在的大量的妇女、儿童和老人,这进一步拉低了他们的收入。[41]所有这些加起来,使得手工织布工的劳动极其廉价。

劳动力越是便宜,就越没有理由用机器来代替它。即使在18世纪90年代初期,当织工工资仍然相对不错时,由于蒸汽价格高昂,动力织机的实验导致了其在商业上的失败。1793年,一家织布公司的老板要求博尔顿和瓦特帮助他处理安装用于驱动织机的发动机,并感叹"我们附近的煤炭成本阻碍了所有关于利益的想法",恢复到家庭包工制会更有利可图。[42]手工织布工的廉价不仅与煤炭有关,而且与织布厂所需的固定资本有关。一个家庭包工需要将他的资金投入仓库,除此之外别无他法,而如果他建造了一家织布厂,他将不得不用自己的机器以及他自己的原动机来填满工厂。1818年,麦康奈尔和肯尼迪公司的约翰·肯尼迪(John Kennedy)发现,虽然后一种选择提高了生产力,但"这种劳动力的节省能否抵消电力和机器的费用,以及被迫保持动力织机不断工作的缺点,仍然是个问题"。[43]只要织布工稀疏地分散在这片广阔的土地上,成为与其身体新陈代谢密不可分的原动力角色,制造商就会随着市场波动在他们之间穿梭,招募一个、解雇另一个,而不会因在机器上的大量投资而负担沉重。因此,即使蒸汽动力织造已在19世纪初期证明了其技术水平,从资本的角度来看,保持原动力与工人的不可分性仍是理性的。不是不存在蒸汽动力的织造技术,也不是其相对低效,更不是对其缺乏了解,而正是丰富的有生命的能源(人力)推迟了向煤炭的过渡。

然而,这种过剩不能用有生命的能源的任何固有特性来解释,反而是由当时阶级关系的具体环境所决定的——无产阶级人口的存在、对工厂纪律的厌恶、在农村环境中成立工会的困难,以及工作本身的低技术性。但这又提出了另一个问题:为什么最终会转向蒸汽?难道织布工突然变得稀缺和珍贵了吗？这是李嘉图—马尔萨斯范式所期望的，但事实上，实际情况恰恰相反。正如贝恩斯所说，1825 年的经济崩溃是手织机织工的"最后灾难"。为削减成本，雇主们发起了新一轮无情削减计件工资的行动，他们的竞争对手也不约而同地效仿，以免被压价。织工们的反应是生产更多的商品以谋求生计，其结果只是延长了工作时间——据说延长到 14 小时、16 小时甚至 18 小时，并加剧了供大于求。织工们的工资继续下降，直到 19 世纪 30 年代中期，调查织工困境的特别委员会见证人们宣布了织工平均每周惨淡的收入：4～5 先令，工资最高的花式织工也不过 7 先令。毫不夸张地说，成千上万的工人工资被压缩到生存的最低限度。[44]有生命的劳动力变得比以往任何时候都更加冗余和廉价。

当《联合法案》被废除时，织工的工会已然破裂，但随着贫困化的继续，无组织的劳动者只好诉诸他们仍然拥有的唯一武器。"不要以为织工没有报复行为"，博尔顿市的一个织布工和纺织工委员会在给议会的请愿书中说，"这是其他任何行业都无法比拟的贪污行为，而且众所周知，制造工厂的经营完全是出于贪污的材料"。[45]一个经验丰富的织工可能会取得操控委托制作布块的"诀窍"，他把布拉长，用所需更少的线，进而少用一些棉花。他可以不把囤积的纱线归还合法的雇主，而是转卖第三方。很少有厂家愿意购买这种比合法产品价格低的赃物：在棉花工业的体面外表之下，出现了黑市。不用说，这对"诚实"的制造商产生了相当大的困扰，他们的一些财产被欺诈的黑洞吞噬，在购买的线和实际产量之间的差异中损失了已经很低的利润。织工们可能缺乏对工作场所的议价能力，但他们有自己的方式来破坏资本积累。

贪污的作用是一种非法的收入再分配，虽然这需要"不诚实的"制造商参与，但它源于织工渴望赚取更多收入的需求和机会，以在最好的情况下维持生计。在贝恩斯看来，祸根源于这一工人群体非常特殊的自我管理。

> 他们比工厂工人更独立；他们是自己的主人；他们收到原料，有时几个星期都不退还纤维；而且——这是一种可悲的却又十分普遍的情况——他们有能力，在紧急需要或强烈的诱惑下，盗用雇主的几条纬线来购买面包或啤酒。

几乎同样令人恼火的还有在规定的日期和时间内无法交货的不安全感。"他们的时间基本上由自己支配，"贝恩斯讲道，"他们可以随心所欲地开始和结束工作：他们没有义务按时听从工厂铃声的召唤。"织工们只在自身动力驱动下工作，还养成了最"懒惰、不规律和散漫的习惯"。[46]家庭包工制和工厂制度之间存在着明显的矛盾，非机械化织造和机械化纺纱之间通过经济崩溃前仅有的充足利润才得以遏制。事实上，贪污或多或少是在家庭包工制下产生的，自16世纪以来，对这种罪行的投诉就很普遍。1825年后，这种做法似乎随着织工的贫困而升级，人们普遍认为贫困是主要诱因：当织工"口袋里没有一毛钱，橱柜里没有一口面包，他什么事情都会做以止住孩子的啼哭"，薄纱制造商约翰·马金如此说道。"迫使许多人去做这件事绝对是痛苦的"，在1835年成立的特别委员会面前，一位阿伯丁织工做证说，"盗用经纱和纬纱的交易已经成为一种超过所有计算范围的贸易"[47]。就在它达到泛滥的程度时，这种现象对于整个处境艰难的雇主阶级来说，变得雪上加霜。但是，一个类似于"钢铁侠"的补救措施正整装待发。

19世纪20年代中期，棉纺区的报纸开始呼吁改用动力织机，认为这是杜绝贪污腐败的唯一途径。十年后，马金指出了这类机器崛起背后的一些直接动机：

> 我不认为动力织机会使布匹更便宜；动力织机的优势是能够在一定时间内生产一定数量的布匹，这是一个极大的优势，这样你就可以放心地完成你的合同，而且还可以控制制造原料。这就是使用动力织

机的两个重要考虑因素。[48]

博尔顿委员会同样相信，如果考虑到"建筑、动力、机械、齿轮、管理和准备的费用"，动力织造仍然比手工织造的成本高，但前者的好处是可以确保"在更直接的控制和管理下完成大量的工作，并防止贪污"。同样，在1840年，一个皇家委员会得出的结论是："制造商的生产成本大大增加，因此对手织机劳动力的需求也因织品被盗用而大大减少。"[49]事实上，在从肌肉到机器的转变中，对偷窃工人的高声抱怨逐渐消失了。

这一切都指向了一个显著的结论：并非任何有生命的动力的稀缺或高价促使制造商转向以资本为动力的机械方向，反而是由于其过度廉价。由于手织机织工在1825年之后的收入非常之低，以至于经常低于生存水平，他们被迫更深地陷入贪污的生存策略，这反过来又造成了制造商不断增加的损失和制造商之间的破坏性竞争。提高计件工资——为织机上的有生命的动力支付更多的费用——当然，这在结构性危机和织工与家庭包工之间的力量平衡极度扭曲的情况下，是不可能的。对于个体资本家来说，转向动力织机是最安全的防盗保险；对于整个棉花资本而言，它似乎在根除黑市和巩固对劳动力的控制方面发挥了很大作用。

但是，如果防止贪污是唯一的目标，那么雇主也可以将手摇织机聚集在棚子里，然后把织工带到那里，使其再像以前一样工作，但要接受检查员的监视。然而，正如曼彻斯特的一名家庭包工向委员塔夫内尔解释的那样，只有"在那些由蒸汽机驱动的工厂里"，织工才能以稳定的速度工作：只有让织工从属于中央原动机时，才能消除他们的个人习性，使他们的速度和规律性调整到工厂系统的要求。[50]仅靠双手是无法调动类似的能量的。此外，动力织机每单位时间至少多生产三倍的布料，这在多年利润微薄时期是最宝贵的进步。自世纪之交以来，生产力的优势可能就已经存在，但在19世纪20年代和30年代进一步增加；与此同时，贪污情况的蔓延将曾超越这一优势的廉价手织机织工变成了一场"瘟疫"。1835年的特别委员会在消化这些成果时声称:"由蒸汽驱动的机器在生产产品时,甚至比最聪明的工匠麻烦更少、成本更低,因此,可以从最灵巧的工人的角度来看待这些机器。"[51]

在19世纪20年代中期的蓬勃发展中,出现了第一次安装动力织机的热潮。在这十年快要结束的时候,资产阶级就这一趋势的未来达成了共识,麦克库洛赫在1827年宣称:"我们丝毫没有怀疑,机器织造注定要在不远的将来完全取代手工织造。"19世纪30年代中期,在普遍使用动力织机的热潮下,出现了第二次大规模狂欢。1835年,曼彻斯特的一位家庭包工报告说,"几乎每个星期,动力织机都在蚕食手工织机,并在巨大的程度上,在一种接一种的织物织造中取代手工织机"。19世纪40年代中期,随着商业周期的发展,出现了第三次从手工织机到动力织机的进程;到1850年,这一转变实际上已经完成,25万台动力织机超过了4万名手工织机织工的数量。12年后,仅有3000人还在从事这个即将消失的职业。[52]

因此,当织造业最终被纳入工厂体系时,走锭纺纱机和动力织机便在传播的过程中齐头并进:"织工,主要是女孩,在与工厂其他部分相同的规定下受雇。"[53]动力织机是"钢铁侠"的孪生兄弟,同样具有"只要"年轻女工参与操作的优点;绝大多数动力织机织工是十几岁和二十岁的妇女。(机械)简直是一箭双雕,或者用利兹附近一家棉纺厂监督员的话说:

> 最近许多机器的改进,几乎都是由工人们令人恼火的行为催生的,他们以前受雇于更具有手工劳动性质的劳动,希望以更便宜的价格将商品引入市场。我想以花布贸易中的机器印刷(后面会有更多例子)、动力织布机和走锭纺纱机为例。[54]

工人"令人恼火的行为"可以是四个月的罢工,也可以是挪用一吨的材料、闲置的机器和消失的斜线。这两种策略都阻碍了制造商对其财产的充分利用，并凸显了非正规劳工的危险性，这是英国早期棉花资本的典型代表。两者都在工厂中被打回原形，而工厂的核心推动力是纺纱和织布。[55]

于是出现了"联合工厂"，它是新生代工厂中的巨人，将整个生产链整合在一个庞大的综合体中，尤其是将走锭纺纱机和动力织机合并在一起，成为主要依靠蒸汽运行的技术先锋。早在1841年，联合工厂的工人就占到了兰开夏郡棉纺工业所有工人的58%，动力以前所未有的庞大量级强劲地穿过其中：棉纺生产的自动化生产马力与工人的比率全面提高，从1835年的1∶4.54提高到1850年的1∶3.1。[56]在这里，动力织机比走锭纺纱机更具质的变化，因为它首次将织造与非人力原动机联系起来，对机械能提出了新的要求，而这些能源大部分来自煤炭。一位议员在19世纪40年代初可以脱口而出："动力织机的整体运动都是由蒸汽驱动的。"[57]正如在纺纱业一样，资本主义的胜利是通过调用动力来实现的：防止贪污、调节工作节奏、提高生产力、剥削女工和童工、更高的利润或更少的损失、将棉纺生产的两个主要部门凝聚在同一资本的支持下——所有这些都取决于对机械能源无限的获取。这对于手工织工来说，无疑是灭顶之灾。在这些部门中，蒸汽作为弹药的作用甚至比纺纱更为深远。

但为什么是蒸汽？为什么不是水力？起初最大的几个联合工厂由河流提供动力。纺纱和织布从人工转移到水力——这条路没有任何技术障碍——那么，为什么自动化进程会停留在煤炭的道路上？棉纺工业的动力是否已经枯竭到了水流无法满足的地步？走锭纺纱机和动力织机结合在一起所需的动力，是否比英国河流所能提供的还要多？我们现在正要讨论这些问题。

第五章

过渡时期的困惑：水的持久性优势

过渡时期的时间轴

在我们进行下一步讨论之前，需要暂停一下，以明确棉花行业向蒸汽动力过渡的确切时间。如何才算完成了过渡？在《1700—1870年的技术变革和英国钢铁工业》（Technological Change and the British Iron Industry, 1700-1870）一书中，查尔斯·海德（Charles K. Hyde）声称："当新工艺能完成大约90%的产出时，创新便会取代旧技术。"[1]转换到棉花行业，这意味着当蒸汽动力能完成产出的约90%，或者说提供占总马力的90%的动力时，这一转变就会实现。这个上限很高，标准也很严苛，要求新动力几乎绝对取代旧动力。一个较宽松的标准可能是50%：当蒸汽动力超过了总马力一半这第一个门槛时，它就会成为主导。但人们也可以想到两个更为定性且不那么具算术性的精确定义：如果一个旧的原动机在 X 点仍然是一个可行的、有吸引力的新投资选择，到了 Y 点却不是了，这时几乎所有的投资都被引向了正在崛起的竞争者身上，那么可以证明转型确实发生了。或者说，推动制造商从一种能源转向另一种能源应用的关键政治决策推动了这一跨越。当谈到蒸汽动力在英国棉纺织工业中的兴起时，所有这些标准的实现在时间上都重叠得相当紧密,但我们将专注于50%这一常识性的界限,即当逐渐占据优势地位的原动机产生最多动力时。

20世纪70年代棉花行业的主要历史学家斯坦利·查普曼(Stanley Chapman)说:"毫无疑问,直到1820年之后,水车为棉花行业提供了大部分动力。"然后,发生了一个快速的转变。直到19世纪20年代初,曼彻斯特的大多数工厂仍然以水为动力,"到1825年前后,工厂建筑的模式几乎没有什么变化";但十年后,蒸汽已经"成为英格兰北部每个棉纺织城镇的主要动力形式",水磨只在乡下被保留下来。[2] 在迅速转变发生后的十年间,向蒸汽动力的集中转变将席卷核心棉纺区域。查普曼根据对该行业的广泛了解(非具体数据上的了解)得出了一个论点,尽管其结构轮廓较为模糊,但他表明英格兰棉纺织工业是在19世纪20年代初至30年代末突然由水转向了蒸汽。

然而,正如我们所看到的,蒸汽的兴起不仅是以水为代价的。在织造领域,人才是竞争的主要推手。任何关于转型的时间轴都应该考虑到机械化棉花生产中的水力和非机械化棉花生产中的人力,以及有生命的和流动的能量。冯·通策尔曼(G. N. von Tunzelmann)所写的关于蒸汽方面的文章是所有后续该类研究的基础,他在1978年的经典著作《蒸汽动力和1860年的英国工业化》(*Steam Power and British Industrialization to* 1860)中对这一点进行了猜测。他写道:"即使是棉纺织工业,在19世纪20年代之前,人力提供的动力可能比蒸汽机更多。"[3] 如果此时水车和人力各自产生的动力都比蒸汽多,那么蒸汽机的增长仍然不会超过总量的一小部分(比如30%)。

无论如何定义,将手摇织机织工包含在这一计量中,推迟了向蒸汽的过渡,这也是一个必要的步骤。它还使统计程序复杂化:对织工产生马力的估算相较于水车,定然全凭猜测。冯·通策尔曼没有透露他这一陈述的支撑证据,但正如我们所看到的,在1829年,一台动力织机之外仍有四台以上的手摇织机。这是否意味着，手摇织机织工产生的机械能也是动力织机消耗的四倍？我们很难知道。对它们总马力的粗略估算，必须将在单位时间内施加人力的平均马力与实际劳动时间相乘——对于所有人类工作来说，这是一个众所周知的模糊变量，手摇织机织工的实际劳动时间是臭名昭著的参差不齐。然而，一个健康的成年人在持续的体力劳动中通常会产生约 0.1 马力的能量，从当时的记载来看，手摇织机织工正在努力工作以抗争贫困。[4]因此，根据经验，我们可以假设他们每个人在织布机上产生了 0.1 马力。

在 19 世纪 30 年代中期，人们认为在一个普通的工厂里，10 台动力织机需要 1 马力的蒸汽动力才能正常运转，因此，一台动力织机与 0.1 马力的比例恰好与平房和地窖相一致。就能量输出和需求而言，10 台手摇织机与 10 台蒸汽动力织机相当。[5]如果不考虑这两种织机平均工作时间的潜在差异，我们可以假设，手摇织机与动力织机相当于人力与非人力的比率，其中非人力的大部分（并非全部）来自蒸汽机。如果确实如此，人力可能在 1829 年年末就已经为棉纺领域提供了四倍于蒸汽的动力。

那么，整个棉花行业的情况如何呢？根据每个手摇织机织工产生 0.1 马力的假设，在 19 世纪 20 年代手摇织机的高峰期，人力产生了约 24000 马力的动力，不包括纺纱中产自动物动力的残余（因此是保守的估计）。当时工厂检查员给出了第一个可信的估计，可以与 1838 年棉花工业中蒸汽机的总功率 46309 马力相比较。这两个数字的产生间隔了很多年，但只有当我们假设蒸汽动力容量极速扩张时，我们才能认为冯·通策尔曼的猜想是可信的，即直到 19 世纪 20 年代，人力产生的动力比蒸汽要多。尽管这种扩张可能较为极端，但我们仍有理由相信，这就是事实。

在冯·通策尔曼的经典著作出版后不久，约翰·卡内夫斯基（John Kanefsky）提交了一篇论文，比以前都更为广泛深入地挖掘了 1760—1870 年英国工业动力技术传播的历史记录。尽管卡内夫斯基对棉花工业论述得较为详尽,但他的主要数据还是关于所有英国工业论述的动力能力。1800年,在非人力原动机产生的约17万马力中,水磨产生了略高于70%的动力,蒸汽机略高于20%,风车占剩余的9%。卡内夫斯基选择用始于1830年的数据继续他的估算:那时蒸汽产生的动力已经赶上了水力,两者都占了大约16.5万马力,各占总数的47.1%,风力产生的动力绝对值达到了20000马力的峰值,但它的份额已经下降到了5.7%。[6]如果我们坚持50%这一常识性的标准,19世纪30年代或许标志着全国范围内所有工业部门都在向蒸汽动力转变。"根据我最好的估计,"卡内夫斯基总结道,"1835—1840年,蒸汽动力已经发展到占据总产能的一半。"[7]棉花行业肯定在早前就已超越了这个界限,而其他制造业分支在采用蒸汽方面要慢得多,其中包括纺织业。

然而,卡内夫斯基没有努力对人力的贡献进行量化,也没有对1838年工厂复工之前的棉花工业的动力能力进行任何估计。如果我们从这个时间以严谨的态度开始倒推,可能会得到一个更为坚实的统计事实基础。可以确定的是,在19世纪30年代中期,蒸汽以前所未有的速度发展:在兰开夏郡和柴郡这两个重要的双子县,1835—1838年,棉纺厂的发动机功率惊人地增加了62%,相当于在三年间,疯狂地增加了15377马力。[8]从1838年棉花工业的总数中减去这个数字,我们可以得出,1835年的潜在蒸汽动力容量最大为30932马力,这是个近乎不真实的庞大数字,因为蒸汽动力也在其他郡县自然增加着。在1835年,流动的和有生命的动力通过建立什么能与产自煤炭的约30000马力对抗?如果我们对该年手摇织机织工数量作一个较低的估计,再加上1838年的水力——假设它已经停止增长——人力和水车在1835年的总动力约为30405马力,几乎相当于蒸汽机的功率(基于大多数对蒸汽机有利的假设)。[9]换句话说,储备能源一定是在1834年、1835年至1838年之间,在十年中期繁荣之后越过了50%的大关。当然,这样的时间轴是建立在受控的猜想之上的,但它与其他佐证和评估也非常吻合。由此我们推断，蒸汽机的兴起是在19世纪30年代中期确立的。

之后蒸汽机的又一次繁荣引发了第二轮动力冲刺。经过19世纪40年代中期的新一轮投资，即使考虑到人力，新的原动机也接近了海德所说的上限：1850年，英国棉花工业总动力的82%来自蒸汽，13%来自水力，5%来自人力。[10]蒸汽动力虽然还没有达到90%，但自19世纪20年代以来，储备能源显然占据上风，压住了流动能源和有生命的能源的风头，而且无须多年就可以跨越最后这道门槛。

然而，尽管人力对于转向蒸汽有重要意义，但作为机械化生产的能量来源，水力才是唯一真正的竞争对手。因此，对于从水力到蒸汽的双重转变来说，满足我们这两个定性定义可能更具意义：一是当水车被认为是过时的，已无法进一步推动资本积累时，与它仍然肩负扩张任务的时刻完全不同，将标志着水力时代的结束；二是很多政治性决定可能切断了制造商与水的联系，使其无法继续使用水力。正如我们即将看到的，这两个转折点，就像跨越50%的门槛一样，都发生在1825—1850年。尽管海德所述的上限在几年后才会完全达到，但我们可以得出结论：向蒸汽动力的过渡确实发生在结构性危机期间，而且与棉花生产自动化的时间相吻合。然后，我们可以继续测试几个假设，以了解出现这种情况的原因。

水稀缺吗？

李嘉图—马尔萨斯范式相信稀缺性是化石经济之母，正如我们所看到的，这一核心延伸到了我们所关注的转型期：英国制造商被缺水的"墙"困住，使他们别无选择，只能转向蒸汽的轨道。1983年，罗伯特·戈登（Robert B. Gordon）在《经济史评论》（*The Economic History Review*）上发表了一篇文章，题为《关于新英格兰和英国工业化时期水力成本和使用的地质学解释》，首次对这一假设进行了适当检验。戈登写道，如果可以证明：

工业地区几乎所有可用的水力在蒸汽动力被大量使用之前都已被开发利用,能源危机假说将得到证实。但如果整个时期都存在未被使用的水力资源,就需要借助社会因素来支持这一假说。[11]

确切地说,后一种结果将完全推翻这一假设,它将要求对转向使用蒸汽动力的情况做出完全不同的社会性解释。

戈登开始对有关工业区的气象、地质和地形条件重新进行细致排查,排除掉那些建立工厂成本过高的地方,确定了英国制造业地区 11 条河流沿岸可用流域。然后,他计算了排水面积、下降坡度和水量,以评估总的动力潜力,并得出了以下结果(见表 5.1)。这不是 18 世纪 80 年代或 90 年代的结果,而是 1838 年的情况,当时尚不成熟的棉花工业还在河边发展。

表 5.1 英格兰水动力潜力使用情况

流域	总动力潜力/兆瓦	1838 年使用的部分/%
德文特河(Derwent)	44	1.7
都乌河(Dove)	30	0.8
艾尔韦尔河(Irwell)	4	3.4
里布尔河(Ribble)	52	3.0
斯伯顿河(Spodden)	6	7.2
默西河(Mersey)	56	6.5
艾尔河(Aire)	38	4.1
特伦托河(Trent)	111	1.4
塔姆河(Tame)	15	1.0
埃里沃什河(Erewash)	2	1.9
利恩河(Leen)	1	3.4

戈登指出,这些估算建立在保守的假设之上。为了计算总的动力潜力,他假设水车的能源效率仅为 40%,但到 19 世纪 30 年代,一个高质量的水车模型可以轻松地将这一数字翻倍。即便如此,11 条河流中的大多数在 1838 年也只有 5% 或更少的潜力得到利用,而这一年英国纺织业的水力

绝对值达到了顶峰。戈登进一步认为，如果假设只有15%的潜力可以被低成本开发，仍然会留下巨大的未开发的水供应空间，使结论毫不含糊："没有发生能源危机。"更通俗来讲——也适用于新英格兰地区——戈登说：

> 通过继续扩大工业区的地理范围，可以获得更多的水力，而不会遭遇高昂的初始成本或过多的可变成本、运输成本或其他成本。随之而来的是，以低成本获得水力的物理限制并不是对工业发展的桎梏。[12]

在戈登的文章发表一年后，约翰·肖（John Shaw）在他的《1550—1870年苏格兰的水力》（*Water Power in Scotland*：1550–1870）一文中，对王国内的水力情况做出了类似的评价，"苏格兰水力的潜力从未被完全发掘，除了在少数几个因其他属性而被青睐的地方"。[13]因此，这两项研究似乎指向了与李嘉图—马尔萨斯假说完全相反的方向：没有即将发生的迫近的缺水现象，没有出现普遍的水资源短缺——甚至在中部的棉花工业区也没有。相反，尽管未开发的流域全面减少，但还是发生了向蒸汽的转变。我们将找寻支持这一结论的更多证据。然而，应该指出的是，英国河流的总动力潜力很可能在晚些时候（例如在20世纪初）低于英国工业的总动力需求，但这与转型的原因没有关系，任何发生在它之后的事情都不能解释它所发生的原因。

水昂贵吗？

如果水是稀缺的，它的价格应该很高，而且应持续攀升。"检验一种商品是否短缺的必要方法，是其价格在自由市场上相对于一般物价水平的上升。"热衷于李嘉图—马尔萨斯主义的布林利·托马斯（Brinley Thomas）宣称。[14]只有当水的需求超过了供应，从而推高了它的成本时，我们才有理由谈论能源危机；如果蒸汽动力是解决这一危机的方法，它应该绝对便

第五章　过渡时期的困惑：水的持久性优势

宜。然而，这里所涉及的不仅仅是李嘉图—马尔萨斯主义。该范式的追随者并不是唯一认为相对价格的变化会推动技术变革的人。根据标准的新古典经济学，资源属性的改变会导致一些要素价格上升，促使企业以廉价的投入通过新技术来替代原先昂贵的投入。这个公理模型已经以无数的变体被应用于英国工业革命。大卫·兰德斯（David Landes）在他最重要的研究成果《解除束缚的普罗米修斯：1750年迄今西欧的技术变革和工业发展》（*The Unbound Prometheus*：*Technological Change and Industrial Development in Western Europe from* 1750 *to the Present*）中断言，从高价商品转向低价商品的准备，即使意味着痛苦地放弃根深蒂固的习俗和保障，也正是区别英国与其他国家不同的"更具理性"的标志。一般来说，技术变革只有在"由于生产要素成本自动增加而引发的需求"[①]时才会发生；英国工业家根据需要，迅速采取行动，将昂贵的东西换成经济的东西，展现了他们开明的"成本意识"。[15]资产阶级逻辑要求他们必须采取这样的措施。

在21世纪初的环境中，可能还有一个理由相信化石燃料的低成本是其优势的原始原因。今天，人们认为可再生能源的主要阻力是其相对昂贵的价格：化石燃料继续统治世界，因为它们是如此不可抗拒地便宜。在探寻向碳过渡和远离碳过渡之间的平行关系时，这个主题迫在眉睫：艾伦将标准的新古典主义工具用于煤炭的崛起，"转向煤炭的时间，以及扩大其使用的技术发明，反映了煤炭、劳动力和资本的价格"。煤炭的需求量很大，因为它是如此诱人地廉价。威廉·罗森（William Rosen）在《世界上最强大的思想：蒸汽机、产业革命和创新的故事》（*The Most Powerful Idea in the World*：*A Story of Steam*，*Industry*，*and Invention*）中对蒸汽机的描述充满了技术上的乐观主义，他为一个变暖的世界提供了一个类似的警示故事，在地球上，煤炭的成本只有风能、水能和太阳能的1/10："如果说蒸汽动力

---

① 大卫·兰德斯. 解除束缚的普罗米修斯——1750年迄今西欧的技术变革和工业发展[M]. 谢怀筑，译. 北京：华夏出版社，2007：42.

的历史教会了我们什么的话,那就是选择低成本燃料的办法总能赢得胜利。"①[16]但这是正确的一课吗?

一个水车可能需要大量的投资,包含几项固定成本:水车本身、它的基建、轮机房,储存和调节水流的水坝。在一个新的场地上,制造商必须支付一个管道系统的建设费用——水渠、水闸、尾道,从而将水从大坝引到水车,再让它流回河里。威廉·费尔贝恩(William Fairbairn)——19世纪英国最杰出的工程师之一,也是棉纺厂的主要建筑师,写道:"这些管道,往往和堰塞湖一样难建,一样贵。在我参与的几项大型工程中,管道的成本已达到数千英镑。"[17]有些地区的地貌比其他地方更适合建水车,它们的固定成本差异很大。在岩石上开凿水渠和水坝比在黏土上开凿水渠和水坝的费用要高;拥有天然陡峭坡度和湍急溪流的地方需要的改造相对较少。不用说,水力设施建得越大,成本就越高。

一台蒸汽机首先包括发动机本身:它的费用包括铁、黄铜、铜、飞轮、锅炉和蒸汽管道。此外,磨坊主必须向用于铸造和提供所有部件的手工艺工人支付报酬,且发动机必须被放置在一个坚固的框架内,以保持其直立并减少振动,并置于一个附属于工厂的特殊机房内——似乎这还不够,18世纪末和19世纪初的发动机时有故障,常常需要大量的持续一个月的维修,蒸汽机的折旧率远远超过了水车。新的木制轮寿命为20年,而最好的铁制轮可以运行一个多世纪,这是蒸汽机无法企及的。[18]蒸汽机的固定成本确实比水车要高:旧的发动机往往只能报废,而不是更新换代,但发动机系统不拘泥于地形地貌的变化。

但最能决定总体平衡的是成本性质不同,它们与燃料有关。煤的价格随矿区距离和连接矿区的交通而变化;水本身是免费的,但使用水的权利往往以租赁为前提。正如我们所看到的,在世纪之交,水力的燃料成本如

---

① 威廉·罗森. 世界上最强大的思想:蒸汽机、产业革命和创新的故事[M]. 王兵,译. 北京:中信出版社,2016:323.

此之低,以致在许多棉花制造商的眼中,水力是非常便宜的。"众所周知,蒸汽机动力是以很大的代价获得的。"约翰·萨特克利夫,一位在棉纺厂有丰富经验的哈利法克斯装配工,在1816年肯定地说。[19]在过渡时期,动力的天平是否已经向蒸汽倾斜了?为探索这种可能性,我们可以先看看所谓的第二代水磨坊的几个案例。在19世纪20年代初,有些是在19世纪10年代末开始的,许多已经拥有大型磨坊的经营者,以轻松的信贷和其他所有方式,投入磨坊的进一步扩张和改造中。然而,不幸的是,这第二代工厂是在棉花工业脱离水力之前诞生的:19世纪20年代初建造的工厂在向蒸汽过渡的几十年中受到挤压、陷入困境或失败,他们是测试相对价格变化假说的理想人选。

科克曼·芬利,苏格兰富商詹姆斯·芬利的儿子,在19世纪初投资了三家水力工厂——恩德里克河上的巴林德洛克、艾尔河上的卡特里内和蒂斯河上的丁斯顿,后两者是詹姆斯·芬利公司的掌中瑰宝。1824年,卡特里内的经理拜访了威廉·费尔贝恩,请他对工厂进行改造。当然,蒸汽机是当时比较流行的一种选择,但双方同意安装两个后来被称为"卡特里内之狮"的巨大轮子,总功率为240马力。"通过适当的水桶样式和对水的合理应用,它们被认为足以在没有蒸汽的帮助下转动当时整个机器。"费尔贝恩在回忆录中写道。此外,管道和齿轮被扩大,以便为两个额外的轮子腾出空间,"以备机器的增加"。[20]然而,被誉为工程壮举的"卡特里内之狮"却被丁斯顿的另一个更强大的结构掩盖。这个磨坊的所在地——泰斯河,据说"水流湍急",其波浪"翻滚着美丽的银色波纹";在19世纪20年代初,在费尔贝恩的监督下,丁斯顿制订了将河流改道至新运河的计划,建造了另一座大坝,提高了落差,并安装了不少于八个轮子。1832年,三个轮子已经安装完毕,第四个轮子也被送到了现场,等待着动力需求的增长。大约在这个时候，丁斯顿的水轮被统称为"赫拉克勒斯"①，并被《钱伯斯的爱丁堡杂志》（*Chambers's Edinburgh Journal*）以敬畏之心加以描述，"它们是我们所见过的最庞大的东西，通过无数的轴，将巨大的集中动力全部分配给不同的部分"，总容量达到 320 马力或略低，费尔贝恩称它们"可能是现存最大的液压机"。[21]

据统计，"卡特里内之狮"和"丁斯顿的赫拉克勒斯"为芬利事业的崛起提供了动力，使之建成了英国最大的棉纺公司。19 世纪 30 年代，该公司在其三家工厂雇用了 2300 多名工人，远远超过了麦康奈尔和他的同伴——前身是麦康奈尔和肯尼迪公司，他们在曼彻斯特的蒸汽动力工厂有 1500 名工人。卡特里内在 1806 年就引进了动力织机，使其成为英国第一家联合工厂；丁斯顿在 1807 年如法炮制。在罗伯茨之后不久，两家工厂的经理就发明了他们自己的走锭纺纱机，由"卡特里内之狮"和"丁斯顿的赫拉克勒斯"推动并远销海外，在 19 世纪 30 年代初，科克曼·芬利仍然对未来充满信心。在这个行业的巅峰时期，他仍然将他的工厂似典范般推至持久的但仍未被充分开发的水力使用。在 1833 年的危机调查中，他透露了他的期望，即较小的竞争者将被淘汰，而最先进的公司，如他自己的公司，将保持等待"合理的利润"回归。他解释道：

> 正是基于这种信念，我现在花钱建造机器，拥有丰富的、免费的动力来源；正是基于这种信念，我开始花钱建造我所描述的那种机器。
> 你的机器是靠水力驱动的，而你拥有大量尚未使用的水力？
> ——是的。
> 假设你必须花钱安装一台蒸汽机来使这些新工厂的机器转动，这种交易会鼓励你这么做吗？

---

① 赫拉克勒斯（Hercules）：古希腊神话中的大力神，天生力大无穷——译者注。

第五章 过渡时期的困惑：水的持久性优势

——我不会去必须用发动机的地方；这种情况与我对那种工厂（棉纺厂）应如何建立的看法不一致。[22]

"卡特里内之狮"和"丁斯顿的赫拉克勒斯"是王国中最昂贵的水车结构之一，其围堰和隧道、运河和水闸、轮机房和尾流道的建造费用高达数万英镑。然而，水车一旦建造完成，其维护和维修费用便变得微不足道了，更重要的是，正如芬利所说，燃料是"免费"的[23]。在 19 世纪 30 年代末和 40 年代初，煤炭可以从附近的矿坑运到丁斯顿，价格为每吨 6 先令 2 便士，与爱丁堡的价格相近，甚至低于伯明翰。丁斯顿有"大量的煤"可供购买；"整个通行的道路都很好，很平坦"，可以降低将煤运到工厂的费用——但工厂经理断言，"燃料的费用使我们无法使用蒸汽"。[24] 即使在需投入这种巨大的固定资本的情况下，水车从燃料价格方面而言，也被视为唯一合理的原动力。

1844 年年初，芬利对他们的三个水磨坊委托进行独立评估。估价师提交了一份来自苏格兰棉花工业之都的报告，称已经"对其能力、机器质量及其效率进行了详尽调查，并与位于格拉斯哥的工厂进行了比较"，以确定"它们的真正价值"，其中一个关键项目就是动力的成本。对于卡特里内来说，"在格拉斯哥使用同样动力，包括所需场地的全部税费、煤、损耗、运输和所有相关杂物"，每年将额外花费 242 英镑 13 先令 10 便士。通过节省与蒸汽有关的费用，"卡特里内之狮"会给芬利的工厂带来巨大收益。"以与卡特里内相同的方式看待动力，丁斯顿每年明显节省约 700 英镑。"估价师继续说道。[25] 即便如此，他们认为同等规模的棉纺厂在格拉斯哥更有利可图；事实上，正如我们将在后面看到的，他们的评估证明了卡特里内和丁斯顿的工厂相对于格拉斯哥蒸汽动力工厂的劣势——但这与能源供应的论点完全不同。就每马力产生的成本而言，卡特里内和丁斯顿早在 19 世纪 40 年代中期就为其所有者节省了宝贵的成本。

化石资本：蒸汽动力的崛起与全球变暖的根源

在具有里程碑意义的 1784 年，距离曼彻斯特不远处，塞缪尔·格雷格（Samuel Greg）创立了阔里班克纺纱厂①，根据该公司的备忘录，"当时除了风力和水力，人们还不知道其他可以驱动磨坊的动力；格雷格曾描述过他是如何骑着马在全国各地寻找水源的"。在 19 世纪 20 年代初的繁荣里，当另一种形式的动力非常出名时，格雷格和他的儿子们决定再次订购一个轮子——并非像卡特里内和丁斯顿那样的一双或三组，而是一个大约 100 马力的单体铁轮。[26] 大坝被扩建和增高，而轮子被放置在磨坊地下的一个硐室中，极大地提高了水的落差，然后通过一条近一英里长的隧道引回河流。新轮子的功率比以前增加了一倍多，这是当时的另一个水力奇迹。一位参观者写道："就规模和效率而言，它在国内几乎没有对手。"他同时注意到，"缓慢而庄重的旋转似乎是力量和尊严的体现"，它"是其所有者展示的骄傲，也是观众可见的奇迹"。[27]

阔里班克纺纱厂是一个非同寻常的大工厂，由一家处于行业尖端的公司拥有。安德鲁·尤尔称塞缪尔·格雷格及其同伴创立的公司是"王国中最大的企业"，而杰出的国会议员艾希利勋爵称其为"欧洲最大的企业"。[28] 19 世纪 30 年代中期，公司购买了走锭纺纱机，并将两个动力织机棚连接在工厂里。格雷格及其同伴一直热衷于关注水和蒸汽的相关成本，他们会定期对它们进行对比：1828 年，"水轮、急流、水坝的成本与同等功率的蒸汽机一样多"，但一个"发动机每马力所需煤的成本为 12 英镑"，这就是区别所在。1849 年，阔里班克纺纱厂的经理计算得出，要从蒸汽中获得 100 马力的动力，那么每年要多花 274 英镑。七年后，当水车的功率增加到 172 马力时，使用蒸汽机依然要多花钱：要用蒸汽取代同样多的马力，"我们每周应该需要 23 吨煤，或者每年 1196 吨，每吨 9 先令 5 便士，相当于每年 563 英镑 2 先令 4 便士的煤"。[29] 在这 40 年里——一直到 19 世纪下半

---

① 阔里班克纺纱厂（Quarry Bank Mill）：位于英国曼彻斯特南面 16 千米处，是世界上最早采用非生物动力的纺纱厂，也是工业革命的先驱之一，现在是著名景点——译者注。

叶——阔里班克纺纱厂的水力始终占据价格上的优势，受到格雷格及其同伴的高度重视，尽管进一步获得相对收益的潜力仍未发挥出来。

亨利（Henry）和埃德蒙·阿什沃斯（Edmund Ashworth）兄弟在博尔顿附近的伊格利溪（艾尔韦尔河的一条支流）河岸经营着两家磨坊。按照现在我们熟悉的顺序，他们在19世纪20年代扩张了资产并建立了新的巨型水车：在埃格顿磨坊，费尔贝恩（短暂担任过该公司合伙人）的杰作是每分钟旋转三次，产生功率高达140马力；库克·泰勒（Cooke Taylor）报告说，"巨大的水车是兰开夏郡的奇迹之一，吸引了大量的游客"。阿什沃斯兄弟的工厂总规模在1818—1834年增加了15~16倍，使该公司成为细纱纺织领域的佼佼者。在亨利（一个参与了无数政治论战的好斗而急躁的人物）的领导下，该公司也将成为抵制蒸汽动力所带来压力的一个支点。亨利声称自己与水结下了不解之缘。他曾告诉一位访客，埃格顿的水车每周为他节省了20英镑的煤炭支出，如果这是真的，那将超过"赫拉克勒斯"的功绩。1843年，费尔贝恩认为每年的收益少说也有560英镑。[30]

芬利家族、格雷格家族及阿什沃斯兄弟并不能代表1825—1850年的棉花工业：他们是该行业的重量级人物，是水力磨坊的巨头，在众多中小型磨坊中脱颖而出。然而，大量的其他声明证实了他们在燃料领域的经验。约翰·奇塔姆在1833年工厂调查中接受了采访，他在斯托克波特的三家纺纱厂都是以蒸汽为动力的，他宣称，使用水力的制造商拥有"比他的竞争对手更多的优势"。在这个问题上，委员塔夫内尔想知道：

为什么你认为，他迄今为止在贸易方面比他的竞争对手享有优势？

——因为使用水力比蒸汽动力便宜是公认的事实。

那么，如果一个磨坊主想要建立一个工厂，他总是可以通过占据瀑布而非购买蒸汽机来寻求更便宜的动力吗？

> ——是的。前提是他不会为水支付太高的费用。
>
> 假设他没有为蒸汽机支付太高的费用，他还会这么做吗？
>
> ——会。因为燃料的价格比蒸汽机的价格更重要。
>
> 为什么购买瀑布比购买蒸汽机便宜？
>
> ——在这方面——用持续供应的水源来转动一个机器要比煤炭便宜得多。[31]

这个"公认的事实"在调查中确实也被其他人重申了。托马斯·沃斯利（Thomas Worsley），一位斯托克波特的店主，以前被工会雇用为他们自己的业余检查员，在该地区巡回检查各种法案和法规的遵守情况，他将水力棉纺厂的经营者与其蒸汽竞争对手进行了比较。

> 他们的工作成本更低：尽管可能很难证明为什么会这样，但人们普遍承认，无论如何，事情就是这样的。如果我明天想租用动力能源，或者像这里所说的那样，采取轮流的方式，我可以在曼彻斯特周围的乡村地区购买，比我在曼彻斯特或任何一个制造业城镇购买的价格低1/3。因此，不知何故，水力能源的所有者比蒸汽动力能源的所有者工作成本更低。[32]

十年后，即1842年，《普雷斯顿纪事报》（Preston Chronicle）发布了一项正式建议，即选择水车而不是同等功率的蒸汽机，理由是这将为投资者"每年至少节省500英镑"。[33]值得注意的是，这一估计的年收益正好在卡特里内和丁斯顿、阔里班克纺纱厂和埃格顿的估计范围之内；对于个体公司来说，这不一定是一笔巨款，但它代表了经营者对水力的明显支持。

那么，在过渡时期，燃料的成本是如何演变的？尽管水还是比较便宜，那也许是煤的价格下降了？用严格的经济学术语来说，这至少会缩小水力和蒸汽动力的差距，同时增加对后者的吸引力（就像更高的燃料效率一样，我们后面将说到这个变量）。拿破仑战争结束后，煤炭价格确实下降了，但在战后的通货紧缩时期，综合物价水平下降得更快：直到1830年，煤炭价格的下降幅度比指标的平均值减少了1/3——意味着煤炭成本的相对上升。在随后的20年里，煤炭价格因其稳定性而脱颖而出。是什么决定了煤炭价格的稳定性？首先，当然是劳动力成本。在1830—1860年，英国煤矿总成本的51%是工资，相比之下，9.6%是供应物资，7.8%是地租，显然工资占据了最大的份额。[34]当蒸汽机厂的经营者们购买煤炭以供他们的发动机使用时，他们主要支付的是将煤炭从地下运出所需的劳工费用。在转型期的几十年里，没有迹象表明煤炭价格有任何实质性的下降，也没有迹象表明采煤业有任何技术革命，更没有迹象表明水和蒸汽在纯燃料成本方面的差距有任何缩减，所以是劳动力成本使煤炭相较于水力更具有价值。

水也不是完全免费的，除非在一种常见的情况下，即磨坊主同时拥有其工厂周围的土地，否则必须保证可以签订租约并向房东支付租金。关于此类情况下的成本信息比煤价的数据更少，但所有可用的数据表明，这些成本相对较低。据估计，在19世纪40年代，水磨坊平均每年每马力需要5英镑，而从一台25马力蒸汽机中获得1马力需要15英镑，获得100马力的则需要12英镑。换句话说，从蒸汽中获得一定量的机械能成本在过渡期内至少是到目前为止的两倍。[35]用卡内夫斯基的话说，"即使在1870年，如果仅考虑成本因素，水也比蒸汽更可取"——事实上，直到1873年，《布拉德福德观察家》（*Bradford Observer*）还刊登了一篇关于这两种能源的相对成本的文章，并宣称"靠水力驱动的工厂比那些完全依赖蒸汽动力的工厂具有明显优势"。[36]但是截至此时，转型当然早就完成了。在关键的几十年里，在此举出的证据均与所有现代动力成本重构相吻合，包括设备、安装、燃料以及所有其他组成部分。[37]这一初步结论对于化石经济的历史意义重大，且有待被更多证据证实。尽管水力资源的成本一直十分低廉，但英国的棉花工业还是向蒸汽机时代过渡了。

归根结底，这似乎是流动能源和储备能源随时空分布而变。嵌入自然景观中的水流无须人类劳动就能使能量勃发；对土地的租赁或所有权保证其合法使用，随着水流源源涌入，似乎免费一般。储备能源隐匿在景观之外，只有通过投入大量人力，从矿井深处延伸出一条长链，将煤炭从矿井深处，通过坑口，经过运输，到达蒸汽机的一侧，才能将储备能源转化为实际的蒸汽动力，使机器转动。与水不同的是，煤炭作为一种商品在市场上自由流通，必须通过反复购买以满足原动机的需要。燃料的价格因地点和交通的变化而异，如果靠近矿坑，或与运河、公路或铁路相连，棉花制造商会发现它相对便宜，但人们永远无法免费获取它。

水车过小、不均、低效吗？

剩下的一种可能性是，水车根本无法产生与蒸汽机一样多的动力。为表达这样的印象，康德和她的同事将中世纪水车的平均功率（仅3~5马力），与1900年最大的发动机（达到12000马力）相提并论。[38]人们可能会反驳这是学术欺骗。将2014年高速列车的最大速度与古埃及马车的平均速度相比较，并不能告诉我们为什么交通系统会在19世纪初发生革命性变化。要想对分析过渡时期的动力有所帮助，当然必须在实际发生的年份进行比较：1838年的英国棉花工业，水车平均产生的功率是16.6马力，蒸汽机产生28.5马力；另外，在苏格兰的工厂中，水车产生37.4马力，而蒸汽机产生29马力。[39]这些都是平均数，其中包含了许多纺织工厂在其最近的小溪里安装的无数个小规模水车，但最大的动力装置仍然倾向于在河上运转：在19世纪20年代初，一个60马力的磨坊蒸汽机被认为是巨大的，而此时费尔贝恩和其他工程师已经设计出了两倍于其功率的水车。1844年，曼彻斯特最大的蒸汽机恰好达到300马力，这样的数字是罕见的。那时，水利工程师的设计已经接近每台机器的最大功率。在转型的关键几十年里——19世纪20—40年代——最大的棉纺厂依然以水为动力，在这些工厂里，水车通常以一对、三组或更大规模的形式排列布置。[40]

抛开变化无常的天气不谈，水车产生的功率是否比蒸汽机更为不均？威廉姆·斯坦利·杰文斯（William Stanley Jevons）在《煤炭问题》（The Coal Question）中写道：

> 水车具有运动统一性的自然倾向，甚至比瓦特赋予蒸汽机的"调速器"更加完美。就这方面而言，水力是最好的动力，有时也会因此而使用水力，因为一个非常精细的机器需要以完全恒定的速率来驱动。

这一评估是在1866年做出的；40年前，法雷承认，无论规模有多大，"蒸汽机永远不可能产生完全均匀的运动"。"如果对其进行严格的检查，就会发现任何由蒸汽机驱动的磨坊或机器的运动在某种程度上都是不均衡的"，这给水车带来了另一个优势——不是在中世纪，而是在转型的前夕[41]。

在整个19世纪30年代，卡内夫斯基认为，"水磨生产的棉花仍然被认为普遍优于蒸汽动力生产的棉花"，这是因为前者运动的均匀性无与伦比。[42]进入21世纪下半叶，只要保护水车免受漂浮物和其他破坏性物体的影响，它们就不易出现机械故障和损毁。它们也没有突然爆炸或起火的倾向——而这些都是广为人知的蒸汽机事故——而且它们也不难被理解或操作。水车的效率很低吗？也许蒸汽动力为英国人民提供了一种解脱，使他们拥有了更高的能源提取效率？在这一点上，即使是康德和她的同事们，也没有注意到其中真正的差别：在转型时期，现代水车将从高处往下流的水中机械能的85%传送给了机器，而蒸汽机通常只将煤炭中不到2%的能量转化为动力，在最好的样本中也不过才4%。[43]表面上看，无论是绝对功率、均匀性抑或能源效率，蒸汽机都不优于水车，然而事实却更接近与此相反的情况。

超越数据的一团迷雾

对于化石经济的历史来说，似乎无法避免一个具有相当惊人意义的推论。英国棉花工业从水力到蒸汽动力的转变并不是因为水的稀缺、昂贵的价格或技术上的低效——相反，尽管水无比丰富且更加便宜，且至少同样强大、均匀和高效，但蒸汽还是取得了主导地位。就目前而言，我们将接受这个暂定的结论，但仍然需要更多佐证使这一结论的可靠性和重要性变得清晰，现在它只是起到了加剧神秘感的作用。如果不是因为这些预期的原因，那么为什么棉花资本家会转向蒸汽机？特别是，他们究竟为什么会转向使用一个普遍被认为更加昂贵的原动机？

令人惊讶的是，人们在提供解决方案方面所做的工作很少：戈登没有跟进他的论证，即物理界限从来无法限制水力供应。肖在结束关于苏格兰的工作时说"水力时代的结束与其说是由于任何固有的弱点，不如说是由于工业单位的规模、工作方式、人口分布和经济目标的变化而造成的"，但他从未试图说明这些模糊变化的性质，或者它们究竟是如何带来这一划时代的大结局。[44]查普曼、冯·通策尔曼和卡内夫斯基在推翻了对蒸汽兴起的标准解释之后，同样使这一问题悬而未决。围绕这些原因的遮蔽物没有被驱散，而是被加厚了。

无力解释这种转变，在一定程度上源于当今经济史领域对数字计算的痴迷这必须被视为一次科学上的失败。通过与数字打交道，冯·通策尔曼、卡内夫斯基和戈登进行了一些艰难的计算，消除了对于所发生事情的草率说法，并勾勒出这一时期的轮廓，但他们并没有补充制造商从一个点转到另一个点的原因。为此，我们需要除计算器之外的其他工具。一般均衡模型只能带我们了解这么多，其中，使用这种能源而放弃使用另一种能

第五章 过渡时期的困惑：水的持久性优势

源的原因则被隐藏在深处，尚有待发掘。经理和车间工人之间的斗争、对机器的狂热推广和顽强抵制、对一些技术取得成功的冷漠和从另一些技术中获利的渴望，以及工业革命中发生的许多其他事情，都是无法用算数方法来描述的。[45]

冯·通策尔曼以狄更斯的《艰难时世》（*Hard Times*）中的一句话开始了他的论文——也是他经典研究的基础：

> 在这个纺织厂中，有成千累万的"人手"；也有整百成千匹的蒸汽马力。机器凭每一磅重的力量能够干多少活儿，这是大家都知道的；但是所有的"国家债务"计算家都不能告诉我们，在那些面色沉着、工作有规律、一声不响地变成了机器的任何一个奴仆的心灵中，一刹那间能有多少善或恶，爱或恨，爱国热忱或不满情绪，有多少善化为恶，或者恶化为善。机器没有什么神秘，但在这班人中最卑贱者的心里，也永远有着深不可测的神秘。①[46]

仿佛是为了验证狄更斯对工业心态的诊断，用葛擂硬先生②的话说，冯·通策尔曼的研究停留在机器的磅重和马力领域内。在他的论文结尾处，他承认"从一开始引用查尔斯·狄更斯的话后，对社会问题就无话可说了"。卡内夫斯基在后期也有类似的忏悔："毫无疑问，最大的不完善之处，在于对影响能量传播因素的处理"；更具体地说，"最好能够讨论非经济的"——在非算术的意义上——"对原动力选择的影响"。[47]只有立足这一领域才能解答转型的困惑。我们需要一种不同的方法：一种更加定性的方法，不如拿着笔记本深入焦煤镇③中一探究竟。

---

① 狄更斯. 艰难时世[M]. 全增嘏,胡文淑,译. 上海：上海译文出版社,1985:79.
② 葛擂硬先生(Mr. Gradgrind)：《艰难时世》中的主人公——译者注。
③ 焦煤镇(Coketown)：《艰难时世》中的地点——译者注。

第六章

逃离流动的公地:前所未有的水能扩张

水力界的瓦特

18世纪70年代末的某段时间,一批制造商正在苏格兰的乡村为建棉纺厂寻找合适的场地,他们把目光锁定在了比尤特岛。比尤特岛坐落于克莱德湾,位于陡峭、终年下雪的山峦脚下,这里地势相当平缓,只有少数的农民、渔民和织布工人聚居在罗斯西村——这是一个值得一提的村庄。但这里也确实让制造商印象深刻,因为罗斯西村有他们正在寻找的关键资源:充足的水源。受阿克莱特的启发,他们选择在这个村庄建造一座五层楼高的棉纺厂,这是苏格兰最早兴建的棉纺厂之一,然而,没过多久,问题就出现了。"我绝望地看到,即使是在雨季,也不见得有足以让棉纺厂日夜运转的稳定持续的水源"。1785年,棉纺厂的经理抱怨道。同年后期,罗斯西棉纺厂被出售了。新的厂长们努力使它扭亏为盈。在1800年前后,他们在加建了第二座楼房并增用更大的纺纱机之后,决定使用两台蒸汽机来提升动力,结果却发现情况越来越糟。因为水资源原本被认为是比尤特岛的一种自然优势,但从格拉斯哥运来的煤的要价却异常之高,使公司不堪重负。于是在1813年,罗斯西的棉纺厂又以极低的价格被转售出去。[1]此

第六章　逃离流动的公地：前所未有的水能扩张

时却迎来了这些棉纺厂的黄金时代。

作为一名年轻的机械力学专业学生，罗伯特·汤姆（Robert Thom）将他的热情投入"液压水力学的整套理论中，特别是，将他的业余爱好转变为研究水作为一种运动动力的特性"。在做了一段时间的棉纺厂经理后，他看到了一个可以让自己获得财富、实现宏伟愿景的机会。罗斯西厂的低价转售广告上写道：只要用智慧解决动力问题，工厂的潜力就有望爆发。汤姆决定摆脱对蒸汽机的需求，把整个比尤特岛转变成前卫的水资源管理方案的试验场。岛上的全部降水都不流向罗斯西，为了收集更多的雨水，汤姆开始在田野和山丘上纵横交错地铺设沟渠，拦截径流，将其引入中央大坝中。由于罗斯西地形平坦，他不得不运用较低的梯度，修建相当宽的水渠来引水，他不遗余力地让这套系统不受干扰并顺畅运行。在其他工程师认为需要修建桥梁和隧道的地方，汤姆却运用"与这一切完全相反"的工作原理："遵循大自然所指引的路线。"[2]这位自豪的发明家后来解释说，他设计的水渠，"从来不靠桥梁来穿越山谷，也没有通过深挖沟渠来穿过高地，但它们总是沿着倾斜的地面蜿蜒而行，不管路径可能多么地曲折"。沟渠沿下降的地势缓缓而下，流经多个配套的蓄水池，在不破坏自然环境的前提下收集雨水："（水渠铺设）格外小心，绝不肆意分割和破坏土地。"[3]对于汤姆而言，与顺着地形流淌的流水共舞似乎是一门艺术。

下一步是确保供水量完全稳定，使工厂免受季节和天气的影响。为此，信奉工业时代理念的罗伯特·汤姆完成了他最为惊人的发明——"自动水闸"。像许多其他机械发明一样，自动水闸基于一个看似简单的想法。当通向棉纺厂的水渠水量过大，超出转轮能承受的最大水量时，就需要减小水流。汤姆在水渠中放置了一个与杠杆相连的浮子，并将杠杆固定到一个水闸上：当水位上升，浮子也随之上升；杠杆被压下，闸门随之关闭，这样穿过水渠到达棉纺厂的水量就会减少。反之，当水位降低，转轮减速，浮子会随之下落；杠杆会上升，闸门随之打开。自动水闸专为感应水位波动而设，并根据工厂的需要做出相应反应，它"将一直主动打开，放出生产工作所需的水量，并在水量充足后自动关停"。大雨带来的所有多余水量会留在配套的蓄水池里，避免淹没邻近土地，蓄水池会在干旱天气下通过类似的自动水闸放水——事实上，汤姆同样把这些蓄水池称为是"自动"的。他声称，这是一个最理想的输水系统，旨在"以完美的规律"运作，始终让供水量与现有需求相匹配。[4]

罗斯西村供水系统于1824年竣工，震惊了同时代的旁观者。《机械杂志》（Mechanics' Magazine）上的一篇报道更是向广大读者传播了该系统的成功之处："通过这种装置，罗斯西棉纺厂的水力增加了一倍多，厂长们可以将蒸汽机完全搁置在一旁，大大节省了燃料费，从而节省了迄今为止使他们生产亏损的那部分开支。"[5]有了更为充足的水力，花在煤炭上的成本大大减少，罗斯西棉纺厂终于扭亏为盈。汤姆所拥有的棉纺厂雇用了约700名工人纺纱，这些棉纱被供应给散布在比尤特岛的200名手摇织布工，制成一流的印花布，然后运往四面八方的市场。

1821年，英国皇家艺术学会授予汤姆大银质奖章，以表彰他的"自动水压装置"。与此同时，他接待了一位来自沉寂的格里诺克海港的访客——商人乔治·罗伯逊。格里诺克当时正处于严重的水危机中：夏季得靠马车运水来供应居民生活所需。格里诺克镇坐落于狭窄的平原上，面朝大海，背临高山，夹在山海之间，似乎阻绝了附近水域的通路；连绵的山丘对其上游诸多溪流"显然形成了不可逾越的屏障"。罗伯逊长期以来一直在寻求这个问题的解决办法，有一次他找到詹姆斯·瓦特（1736年出生在格里诺克，是该镇最杰出的人才），但当他们两人实地考察后，瓦特表示这个难题无解，因为他永远无法利用山间溪流的水资源。[6]

当罗伯逊参观了比尤特岛上的水渠和蓄水池，看到了汤姆取得的成就后，他找到汤姆来讨论这个问题。他能解决格里诺克的难题吗？汤姆询问了格里诺克的地形，听到高山和溪流如此近在咫尺却又触不可及，他答复

第六章 逃离流动的公地：前所未有的水能扩张

道，以更大规模复制比尤特岛的水系统，将水运到格里诺克镇，应该是完全可行的。对格里诺克周围环境的初步查探使得汤姆更加乐观："大量的优质泉水从山坡上流淌下来"——事实上，"我从未在任何地方见过如此多优质、纯净、美味的泉水"[7]。但这些泉水承载着更大的希望。在格里诺克的商业人士和公众人士看来，格里诺克正遭受着另一场同样严重的危机：缺乏工厂，尤其是棉纺厂。

由于继续在罗斯西工作，汤姆又推迟了几年，直到1824年才提交了关于格里诺克的完整报告。他把这个报告送到庄园主迈克尔·肖的手上，山上一条大溪流"肖氏溪"正是他的财产。肖对该项目非常感兴趣。汤姆自信地表示："为格里诺克镇及镇上的公共建设工程提供充足供水是比较容易实现的，因为目前本来就存在充足的水源。"他认为，首先要建造一个大型水库，用于储存供多年使用的水量，这个水库最好建在山丘另一边的草地上。然后铺设一条六英里半长的水渠，"引水绕过它无法穿过的障碍物"——也就是瓦特认为不可能穿过的那些障碍——并配备自动水闸，将水输送到格里诺克镇上方的第二个"调节水库"。[8]到时候水绕过山丘通向格里诺克，那里的居民和"公共作业"就可以立即用上水。

"然而，在我看来，我们还不应就此止步。"汤姆继续说道。格里诺克镇居民最基本的用水需求很容易实现，但小镇还为建立棉纺厂提供了得天独厚的条件。汤姆提议以调节水库为起点挖两条微型人工河：一条向东，一条向西，沿山坡向下流向大海，可一次性为潜在投资者提供约1666马力的水力。用这个数字除以33（33家工厂），每家工厂都可得到50马力动力，为当地建立繁荣的棉纺织工业奠定了坚实基础（请注意，1838年苏格兰棉纺业的蒸汽机平均功率才29马力）。汤姆预计，该系统将为新工厂吸引总计"超过一百万英镑"的资本；格里诺克将面貌一新；房地产将增值；"到处都将别墅林立"，地主和农民将共享这"随处可见的繁荣"，并且所有的这一切都将蒸汽机那令人讨厌的属性排除在外。

> 这里将不会有吐着浓烟的蒸汽机、污染方圆数英里的土地和空气;恰恰相反,纯净的"山溪"源源不断地流淌,带来清新、健康与活力;同时,当溪流穿镇而过,奔向那个健康水库和一切物质的净化器——大海时,一切污浊将被一扫而净。总而言之,只要选择合适的位置精心构筑,这些水渠将成为迄今为止克莱德岸上最宏伟的艺术品。[9]

汤姆承认,这个设想对外行来说可能难以置信——也许瓦特也该算作这方面的外行——但在山丘后面还蕴藏着更多的可能性。现在方案中勾画出的是"格里诺克资源蕴含的水力取之不竭":汤姆认为可将水力翻倍,提升到至少3000马力。若达到3000马力,该系统将为格里诺克提供"几乎与现在蒸汽为格拉斯哥及其周边所有公共建设工程提供动力一样多的水力"。一个新的棉都即将随着溪流应运而生。当这份报告在有声望的人士中散布开来时,"每个人都大吃一惊;有些人对这个提议惊喜交加;但大多数人倾向于视其为一场美梦"[10]。然而,这种惊叹并没有持续多久,汤姆、罗伯逊和肖——这一计划背后的发明家、商人和地主三人组,成功说服了市政和国家政府当局。一家股份公司于1824年年末根据议会法案成立,并获得了充足的资金,在汤姆的指导下执行这项计划:毕竟,这是工业狂想曲的时代。[11]

1825年11月26日,一则广告出现在《曼彻斯特卫报》中,肖氏水力公司的董事们——涉足棉花资本的中心——宣布"出租水力"。在建的水库蓄水量将大到:

> 即使在最干燥的季节,无论发生何种状况都能保证四个月的充足供水;由于肖氏溪的流量大且稳定,工厂不会有因缺水而停工的风险。任意一个人工瀑布都可以产生30~120马力动力;如果需要,可将两个或多个此类人工瀑布连接起来,以便应用于同一工厂。[12]

12 天后，伦敦的第一家银行倒闭了。

如果可以，请采用水力，而非这些浓烟滚滚且价格昂贵的蒸汽机

1827 年 4 月，肖氏溪水力工程大张旗鼓地开始运行。格里诺克广告商兴高采烈地描述着水闸是如何打开的：水流首先流至调节水库，然后向东奔流，"并且每一次连续下降，都会随交错的高度奔流而下，一往无前"。数千名惊喜不已的观众看着他们缺水的煎熬瞬间消失。"水渠的外观现在已经发生了彻底的变化：几分钟前还是一条干涸无用的渠道，现在涌现出一股汹涌的激流"，冲进一个新建成的磨坊，水轮开始转动起来，"令人眼花缭乱"。这具有历史意义的一天为汤姆的报告画上了句号，广告商注意到了这一壮观场面隐含的讽刺意味：

> 我们不禁要说，瓦特的出生地有得天独厚的条件，本应成为一个舞台，可以最早大规模展示与瓦特的蒸汽机功用相媲美的强大机械动力；并且本应成为一个途径，把另一个名字（罗伯特·汤姆）添加到为国家和人类做出贡献的天才人物的光辉记录中。[13]

但筹备好的 33 个磨坊场地，开业时只有 4 个已启用，且其中没有一个生产棉纱。[14]

对租用厂地的兴趣寥寥被归咎于恐慌。1829 年的《伦敦百科全书》（*London Encyclopaedia*）写道："但对于 1826 年的商界骚动，肖氏水力公司通过出租获得动力方式的成本大约只有蒸汽动力的 1/8，按理说这应该会诱使许多工厂来此落地。"不论怎样，希望并没有破灭：《伦敦百科全书》乐观地认为，投资者会在"几年"内遵循理性并蜂拥而至。水力公司在等待租户到来期间，将继续建设水力系统，开挖和扩建顺利进展，主水库很快也蓄满了水，足以应付几年的干旱。1845 年，《苏格兰新统计资料》

（*New Statistical Account*）通过第一手观测资料证实了"稳定丰沛的供水"货真价实；据说自动水闸可以完美发挥作用。开业后的近20年里，水力的实际情况超出了汤姆最乐观的设想。在这近20年间，没有一天水力不足。水力非常规律稳定，远胜于驱动机械的任何其他动力。[15]

人工瀑布之间设置了成排的棉纺厂场地，转轮转动时每个场地生成约54马力的动力。总水力超出了汤姆最初的估计，且随着水力系统的发展不断攀升。约两千或两千出头的马力是肖氏水力工程投入使用以来的最高纪录，但这还从未发挥水力系统的全部潜力：在19世纪30年代，汤姆和公司坚称在需要时可以再产生至少5000马力动力。为对这一数据有所概念，我们可以将这些数据与1838年以格拉斯哥为主的兰开夏郡棉纺织业的蒸汽机功率（总共3696马力）进行比较。[16]但凡投资者有兴趣，另一个动力更大却完全由水力驱动的格拉斯哥可能已出现在克莱德。

另一关键点也是大家一致认同的：水力厂在盈利方面非常成功，与蒸汽相比具有巨大的经济优势。"不可否认"，1845年的《苏格兰新统计资料》宣称，"肖氏水力公司提供的水力比蒸汽动力便宜得多"：后者动力的费用，"即使是位于产煤地附近的格拉斯哥，也不低于每年每马力30英镑"，而肖氏水力公司以惊人的2～4英镑出租水力——"水力还有额外优势，蒸汽机会有磨损，而水力不会，水力也没有出现故障或供应不足的风险"。[17]当然，水力公司需要用租金来支付水力系统的建设和维护费用。这在当时是一个庞大的基础设施项目，是英国水道上同类项目中规模最大的，但它提供机械能的成本仅为蒸汽的一小部分。

汤姆相信他已为英国棉纺织工业的复兴指明了道路。事实上，他表示已经克服了水力的两个潜在问题：空间的固定和季节性波动。水渠蜿蜒穿过地表，盘旋在山丘上，悄无声息地沿着平原下降。棉纺厂可以从远处水源获得动力，水库和自动水闸不存在任何谬误。"我们能够从最偏远、最难以通过的地方输送水资源"，《机械杂志》1829年关于汤姆的首次报道称，水力设施"更适合工厂、庄园等场所"，现在将"以钟表般的精确度工作"。《伦敦百科全书》称赞汤姆为"人工水力的发明者"，并预测全国各地的制造商将为"摒弃更加昂贵的蒸汽动力"而争先恐后地复制他的计划。[18]

在结构性危机的第一阶段，罗伯特·汤姆作为英国杰出的水力倡导者而声名远扬。人们对他成就的描述中充满期待：水力现在处于全国复兴的风口浪尖，正在扭转蒸汽和煤炭之间的竞争局面，为行业奠定了更具利润、更加合理的基础。汤姆提出了大胆的战斗口号，"确实如此"，他写道：

> 迄今为止一直是蒸汽机的辉煌天下，每当一家工厂因扩建或旱季而缺水时，就能听到普遍的呼声——"安装蒸汽机，摆脱对水的依赖"，在格拉斯哥方圆50英里内，可以指出许多引人注目的例子，即使水力的成本低于蒸汽机，且动力更充沛持久，人们还是采纳了这样的建议。但这种状况不会延续很久。因此，我们可能很快就会听到一些其他取代曾经普遍呼声的声音："如果可以，请采用水力，而非这些浓烟滚滚且价格昂贵的蒸汽机。"[19]

只有事后来看，这一宣言才有一些不切实际。片刻间，瓦特和汤姆之间的竞赛开始了。

艾尔韦尔河上的纷争

兰开夏郡棉纺织业资本的目光早早落在了汤姆身上。在棉都及其周围地区，这一阶层的人士主要通过《曼彻斯特卫报》（以下简称《卫报》）来了解时事，《卫报》由一位棉纺织品经销商于1821年创立，目标读者是棉纺厂厂主，用该报传记作者的话来说，"《卫报》亦敌亦友，是棉纺厂厂主们的圣经"。[20] 1827年2月，《卫报》发表了一篇关于"苏格兰水力大改进"的调查报告,讲述了罗斯西村和格里诺克的故事,对汤姆赞不绝口。他变魔术般创造出的水力之大,超出"我们的许多读者的想象"。他摒弃蒸汽让棉纺厂重新盈利,经受住了1826年的干旱——我们稍后再详述——他的比尤特水库到秋天仍蓄满了水,他的服务还扩展到了干涸的格里诺克,那里的水力系统正于群山中成形。"现在,苏格兰的水力计划硕果累累,我们看不出有什么站得住脚的理由来解释同样的成功无法在英格兰复制"。《卫报》接着提议将汤姆的概念引入兰开夏郡棉纺织区的中心地带——曼彻斯特及其周边地区,艾尔韦尔河将是完美的选择。

> 如果艾尔韦尔河的所有水量可以在一年中平均分配,那么它用于驱动机械的可用功率将大大增加,随之产生对国家的价值也会成比例增加……如果可以建一两个水库,储存两三百万立方英尺的水……将是资金的极好投入;并且,鉴于水力能够带来的好处,磨坊主们可以轻而易举地为他们即将获得的利益支付可观比例的资本金。[21]

这吹响了兰开夏郡及邻近地区一系列效仿汤姆水库计划的号角,他们做出大规模扩大当地工业动力供应的承诺。但最有潜力的计划被中止了。19世纪30年代不是水力复兴,而是急转朝向蒸汽动力的复兴:两条路摆在眼前,而英国资本选择了蒸汽。为什么不选汤姆那更便宜的水力呢?复盘这一历史的动态转变,我们需要探索这条未被选择的路——水力。正如经济历史学家马克辛·伯格(Maxine Berg)指出的那样,在工业化早期阶段,人们明显对"出于某种原因被阻碍的替代道路"缺乏兴趣。[22]水力就是典型例子。

水库可能和棉纺厂一样古老。水库通常也被称为"水坝"或"水车用贮水池",该术语表示,水库是连接水车的人工水池,主要在白天运行,闸门将在夜间关闭,以便为下一个日间蓄水。早期的英国棉纺织工业中,厂主修建或维护水库通常仅供自用(有时称为"私人水库")。[23]受汤姆启发并计划在兰开夏郡修建的水库属于完全不同的类型。它也有日间运转的功能，但这种水库是季节性的，需要储存大量的水以供在恶劣天气时使用。更重要的是，它们是集体事业，不是出自想要改善其工厂供水的单个资本家之手，而是一群资本家、财团、合股公司和其他一些伞状组织的共同事业，为沿河全线及周边制造商的需求负责。此外，在19世纪初的英国法律体系下，此类项目必然具有政治特征：只有在"当地"或"私人"议会法案授权的情况下才能实施，就像铁路、收费公路或圈地一样。这种规模的工程，磨坊主自己做不仅不可能，而且也是违法的。

正如我们所见，在格里诺克，众多当地资本合并为一家合股公司。议会法案详细规定了水车运行的水量（每分钟1200立方英尺，每天12小时）、自动水闸的位置、水渠的大小、磨坊主自建土方工程的有限权利及承租人的全部责任和义务。必须选择两名仲裁员：一名由公司选择，一名由承租人选择。仲裁员会日复一日地监督水闸与水轮的运行情况；如有争议，他们会指定一名调解人来解决。公司有权惩罚破坏水闸或有其他违规行为的磨坊主，这一规定还体现了地方民主：磨坊所有者中至少3/4表示同意才可以修改规定。[24]由此，在公司—承租人—议会的三角关系中，水力使用变成一个由公众控制、集体决策的事务。在肖氏溪的水渠上，没有任何一个资本家能完全自主决策。

至于艾尔韦尔河，则必须安装更复杂的设备。贝恩斯统计出河边利用最充分的地段有300台水车，而库克·泰勒认为"这条小河能带来的财富胜过欧洲最大的河流"，并补充说："如果河流可以感知，艾尔韦尔河完全有理由抱怨，因为它是全世界最勤劳、任务最繁重的河流。"[25]艾尔韦尔盆地是工业摇篮，就像幼发拉底河和底格里斯河之于农业一样，土地肥沃，物产丰饶。从北边的贝克普到曼彻斯特中心，坐落着成百上千座或新或旧的繁忙工厂——不仅加工棉花，还加工羊毛、精纺毛料、纸张、木材、铁件，并进行精纺、漂白和染印。所有的这些参与者能够团结在一起吗？

这一尝试始于 1831 年夏季，最初的目标是在博尔顿附近建立一个集体水库。据《卫报》报道，作为兰开夏郡对汤姆水库计划的首次效仿，该水库将使一部分选定的磨坊主"摆脱蒸汽机的辅助"，从而获得巨额利润。[26] 所选的磨坊主齐聚曼彻斯特的一家酒店，众人一致认为，建水库确实可以一举两得，可防止水量过大或水量不足时转轮减缓。每日排放量将增加河流的总流量。人们在特尔顿和恩特威斯尔的小镇上确定了一个合适的水库选址，决定申请议会法案并选举一个委员会来筹备此事，由托马斯·阿什沃斯（Thomas Ashworth）提供技术支持。阿什沃斯是亨利和埃德蒙的弟弟，是一位刚刚崭露头角的工程师，由于家族利益与水力制造业有关，他便专注于水利基础设施领域。受他热血哥哥们的影响，他将参与兰开夏郡的所有主要计划，如汤姆一般挑起大梁。议会通过了此事，水库于 1832 年开始动工建设。[27]

特尔顿和恩特威斯尔水库位于一条小溪的源头附近，这条小溪先流入伊格利河，随后汇入艾尔韦尔河，因而对干流艾尔韦尔河流量和规律的影响很有限。制造商们对这个水力计划非常着迷，并受到第一场胜利的鼓舞，因此与托马斯·阿什沃斯合作制订了一个更加雄心勃勃的计划：在几乎所有支流旁都建造水库。在另一次磨坊主大会的授权下，阿什沃斯与合作伙伴彼得·尤尔特确定了共计 15 个"海拔相当高的"有利地点，每个都可能产生"巨大落差"。[28] 彼得·尤尔特曾是博尔顿和瓦特公司的销售代理，现在自己在曼彻斯特拥有蒸汽动力棉纺织工厂。他们的部分地图、水彩稿等留存至今（见图 6.1）。

总的来说，艾尔韦尔河计划的 15 个水库预计容纳 2.413 亿立方英尺的水，并产生至少 6600 马力动力，使 745 家运营中的磨坊受益。目前未投入使用的瀑布不知未来还能让多少磨坊受益。艾尔韦尔河计划的总成本为 59016 英镑。这是一个庞大的项目，产生的总动力与 19 世纪 30 年代中期曼彻斯特所有蒸汽机的总功率 9925 马力相比小了 1/3，但仍意味着该地区

第六章　逃离流动的公地：前所未有的水能扩张

图6.1　托马斯·阿什沃斯和彼得·尤尔特的
艾尔韦尔河计划中15个规划水库地图封面[29]

机械动力的飞跃式提升。托马斯·阿什沃斯估计，某些水库可将现有蓄水量翻倍，甚至提升3~4倍，并且"除了所获动力将大幅增加以外，供水将始终保持均匀稳定，从而消除了对水力的主要反对声音，即它的不稳定性"。[30]

《卫报》对该计划光明的前景格外兴奋。一篇篇报道读起来更像是广告，报道中反复强调兰开夏郡汤姆式计划的特殊优势：在整个王国的其他地方，没有"哪一地区有这么多的可用水力"。"众多依赖溪流的磨坊"再也不必遭受水量剧烈波动带来的不便，且无须依赖蒸汽，利润将滚滚而来。《卫报》将该计划与特尔顿和恩特威斯尔的单个水库进行了比较，计算得出该计划将生成约1500马力，如果是靠蒸汽，那么一年得消耗60000吨煤，每吨煤的价格仅按5先令算，那么就是15000英镑。计划中众多水库蕴含的更大价值"可以很容易从历史数据中计算得出"。《卫报》反复强调其经济回报——预期的租金能收回建设成本，最后得出结论："很难找到前景更加公正乐观的资本投资项目了。"[31]

一个准民主实体将被建立以管理公共事务。根据1832年11月末提交给议会的艾尔韦尔水库议案,任何一个由 15 个水库供水的磨坊主都有权出席大会,但特许经营权将有所区别。磨坊主必须支付"费用"用于集资建设和维护水库,支付费用将"按照使用水量占总量的比例"划定。一定水量的使用构成了大会投票的基础:如果磨坊主使用更多水量并支付双倍费用,他将获得两票;如果他的费用是基本水量单位的三倍,他将享有三票,以此类推;如果他未支付费用,他的特许经营权将被自动没收。

在所有磨坊主成员中抽调一组专员(通过大会选举产生),负责评估和征收费用,购置土地并转售不再使用的土地,调查溪流和瀑布,建设闸门和溢水口、水渠和水堰、水坝和水堤,以及"确保稳定供水"所必需的其他结构。专员组织被赋予了相当大的权力。如果某人疏于支付用水费用,专员可以自行"扣押和出售此人的货物和财产"来抵扣这笔款项。对于故意破坏任何附属水库财产的人,专员们可以在没有逮捕令的情况下逮捕,并给予其严厉处罚,而且专员们有权向协助逮捕的举报人支付报酬。[32] 所提议的与其说是一家合股公司,不如说是一种介于市政当局和企业官僚机构之间的河岸政府,它有权向磨坊主征税,满足他们的水力需求,规范供水,甚至追捕违规者。一个磨坊主将获得稳定廉价的动力,但"并非从他的自有资本中获得"。

艾尔韦尔水库议案首次在 1833 年 3 月 25 日议会中被宣读——但在这时,艾尔韦尔水库计划突然不见了踪迹。[33]众人一片沉默。显而易见,15 个水库都没有建成。该议案未能通过议会,但艾尔韦尔水库计划的命运仍然笼罩在历史的迷雾中,因为没有直接记录表明它为何化为泡影。通常,这种量级的地方议案将成为调查对象,会成立一个特别委员会,听取各方支持和反对该议案的论点,并在会议记录中手写证词,还可能会提交一份建议。其他后来的水库议案中可见到这样的程序。但 1834 年 10 月 16 日,发生了一场历史领域特有的科技型灾难:议会着火了——造成的记载缺失无法通过实验室或模拟模型来修复。这是伦敦自 1666 年以来最严重的火灾,火焰吞噬了下议院,包括其中的无数报告、请愿书以及办公台和书架上的大量书籍。[34]艾尔韦尔计划的所有材料可能就此化为灰烬。

那么,我们唯一的希望就是仔细查找少数反对派留下的证据。反对派在资本家中似乎也比较多,很少有人乐意接受关于水库和费用的计划。1833年的头几个月,阿什沃斯和尤尔特在沿溪磨坊的调查中注意到:在博尔顿附近接受采访的第一个磨坊主明确表示反对。"不仅是拟建的水库",他宣称,"而且恩特威斯尔水库对他在法恩沃斯的纸厂和普雷斯托利的棉花厂都没有好处"。其他人则辩说他们的磨坊离水库太远,无法获得任何益处,即使在清晨开闸,水流仍需数小时才能到达远处下游的瀑布。"塞登先生坚决反对拟建的水库",最大规划的湖泊所在地位于霍尔顿,"他认为水库距这里8英里远,需要8小时才能到达他的磨坊"。染印磨坊主已有生产所需的水,因此无法从该计划中"受益"。一位磨坊主认为"拟建的水库对于他来说是一种伤害,犹如给他烂泥而非清水";另一位磨坊主则预估会失去所有收益,因为多余的水会"被上游磨坊拦住";还有一位磨坊主则认为附近的蓄水"如果在晚上才流到他那儿,那么将对他毫无用处"。显然,磨坊主们不仅无法团结一致地支持该提议,甚至连反对的原因都不一样。

其他人则满腔热忱:伍兹路棉纺厂的罗斯维尔先生解释说,他这里经常缺水,缺水时长"一小时或两三个小时",因此"稳定供水对于他来说非常有益"。一些人表示,如果确实能证明收益可观,他们愿意支付费用。罗伯特·皮尔爵士家族拥有的备受尊敬的拉德克利夫工业园是始于阿克莱特那一带最古老的企业之一,这里集中了关于水库的各类观点:纺纱厂"安装了新转轮后永远不会缺水",因此不需要水库;染印厂和漂白厂认为自己无法获益,如果水库计划成真,自己可能还要支付费用;毗邻的漂白厂"认为他们会获益匪浅"。[35]即使在邻近磨坊之间,用水需求也可能有很大差异。根据计划,一个水库将把所有磨坊都囊括进一个全局供水系统。

单个磨坊的需求与全局供应之间的分歧使计划开始破裂。

1832年1月,当艾尔韦尔水库议案即将提交议会时,《卫报》发现了这个议案将面临的问题:"我们敢说,制定一个分级体系会有些困难,分级体系需准确根据每个磨坊主的可能收益收取费用,因为在许多情况下,没有适用于目前情况的普遍规则。"尽管如此,该报——该计划的主要支持者——对建立一个"差不多公平的体系"持乐观态度(只要能遏制住大家的一点私心)。"因此,希望不会因为嫉妒他人获利更多,而导致任何一方拒绝这一项对他们自己及其邻近地区都充满好处的举措。"[36]但这似乎正是当时的状况。尽管水库计划对集体有利,但却勾起了个人阻挠其实施的野心。

负责该计划的工程师看到了不祥之兆。在1833年2月,尤尔特在给磨坊主的一封印刷函中承认,"新增的供水系统没有切实可行的分配方法,因此需安排河边所有磨坊都按完全相同的比例获得供水"。无法合理分配供水已然播下了分歧产生的种子:一些供水充足的磨坊主"不同意采取的必要举措"——支付其他人使用的水费。上游磨坊的动力需求不匹配,那里的水流往往更不稳定;下游磨坊的水会延迟到达,这将尝试制订所有人都能接受的方案进一步复杂化。尤尔特发现自己不得不提出一个更细致、更复杂的费用评估体系。[37]反对派中,有些人将获得所需的供水,有些人担心水库给自己造成损失,还有人认为水库的建造不会给自己带来什么变化。这让水库计划变得令人担忧:无数争吵似乎已扼杀了它。但我们不能肯定,因为艾尔韦尔水库计划的最终资料已消失在议会火灾的灰烬以及(最有可能)经年累月的风化作用中。

显而易见的是,艾尔韦尔的水资源管理计划面临重大的利益冲突。扩大艾尔韦尔河等河流的动力是必要的,该计划提出了协调和资源分配的问题。与之相比,增加一个蒸汽机、一个更大的锅炉、每天多消耗一吨煤,这些问题完全被遗忘了。事实上,这种规模的水力,在那时那地,似乎遭受了一些特殊的社会生态矛盾——而蒸汽动力却不存在这些矛盾。为增加了解，我们可以看看 19 世纪 30 年代提出的一些其他水库计划。

塔姆河上的分歧

萨德尔沃思位于约克郡西区，横跨西部棉区和东部羊毛区的边界，这附近的磨坊主没有被艾尔韦尔计划的失败吓到，他们在 19 世纪 30 年代中期的一片繁荣中发起了自己的水力计划。1836 年年末，托马斯·阿什沃斯展开了在塔姆河建造三个大型水库的计划：两个将建于河流源头附近，一个建于支流上。三个水库的水流至几个城镇，为这些城镇供水，然后在斯托克波特与另一条溪流合流汇入默西河，再蜿蜒穿过兰开夏郡南部奔向大海。[38]这一次，阿什沃斯的目标是新增 3400 马力，直接服务 40~50 家磨坊。萨德尔沃思计划的规模尽管没有艾尔韦尔计划那么大，但其目标是为加工棉花和羊毛的中央纺织区都带来丰沛稳定的供水。阿什沃斯声称，塔姆河"沿河从头到尾都布满了磨坊，磨坊离水很近，供水便利"。[39]这里是第二次尝试加强英格兰工业化地形中的一些最具战略意义的河道。

针对萨德尔沃思水库的一项议案于 1837 年 2 月提交议会，却立即遭到一些请愿团体的抵制，所以该议案被正式提交给一个小型特别委员会。相关的调查记录在火灾后幸存。托马斯·阿什沃斯指出该计划能带来丰厚利润。他提供了详细的计算，试图证明如果制造商不需要烧煤，就可以增加大量利润，于是委员会主席问道：

考虑到水力计划在这个地方的特点，您是否确信它们（水库）能提供最廉价的机械动力？

——我相信提议的计划是提供最廉价机械动力的途径……毫无疑问，这能为沿河所有需水磨坊带来巨大利益……

你知道很多（磨坊）是靠蒸汽运作的吗？

——是的，很多磨坊，但并非全部。

　　如果他们使用蒸汽，他们会如何受益——他们会亏损资金的利息吗？

　　——水力节省的成本会比利息更多。

　　他们会放弃靠蒸汽运作吗？

　　——是的，我毫不怀疑他们会。[40]

　　几位磨坊主相继来到委员会面前，确认阿什沃斯做出的评估。作为萨德尔沃思水库的一个假设替代方案，委员会询问了塔姆河主要支流上一位磨坊主："如果我们中有人同意给你一台蒸汽机，你会如我所料那样很高兴吗？""前提是给我蒸汽机的同时也给我煤"，他犀利地答道。斯托克波特附近的雷迪什棉纺厂一名记账员抱怨说，季节性缺水有时会迫使公司拒接大订单，而水库可以让磨坊有能力接下任意订单，"如果我们有更多水力，我们当然就可以少烧煤"[41]。在这些见证者们看来，水库议案的好处显而易见。

　　但后来出现了反对的声音。各种各样的土地所有者、制造商、运河公司和"居民"都在散布反对水库计划的请愿书并举行公开会议，而在与委员会的访谈中，几位磨坊主也出现了支持不再坚定的趋势。反对者关注上游、中游和下游磨坊动力需求的巨大差异：位于斯托克波特（塔姆河从这里流入默西河）下方的磨坊说自己获益最少。水库计划的拥护者发现很难解释水力对这类磨坊主的益处。因为从早上水库放水，可能需要12小时甚至更久，才能在工作日结束时到达长河下游。然而，阿什沃斯曾反驳说，所有此类问题都可以通过"中间水库"解决，通过这种水库，水将被蓄积起来，在早晨开闸时依次及时放水。但这需要磨坊主间协调得更紧密，计划更集中，成本和费用也会更高。[42]

　　现存水库反对声明中最有说服力的是由该地区著名资本家埃利斯·弗

莱彻（Ellis Fletcher）的受托人撰写的，他在塔姆河下游有三座磨坊。他们指出，反对水库计划的第一个原因就是上游磨坊主（最靠近水库的选址）的利己主义："这一举措是为了山上的那些磨坊主的利益，他们靠该法案迫使没有获得同等优势的其他磨坊承担工程费用。"至于弗莱彻的受托人，他们已有足够的水"用于各种用途"，没兴趣为他人买单。提议的费用是流水落差每英尺55先令，但费用不可能一直不变，无疑还会有额外支出和大幅涨价，所以弗莱彻的受托人预计，每年因支付"违背他们意愿强加给他们"的费用，会造成3000英镑的经济损失。也许最强有力的构想是，他们声称，该议案的上游支持者们：

> 鉴于他们的人数及坐拥的瀑布高度，他们能够在投票中胜出并控制下游磨坊主；鉴于他们的人数和所交费用的比例，他们会把向他人征税的权力握在自己手中，用于为自身谋利。[43]

确实，水力供应的掌控权基本集中在上游。

阿什沃斯在证词中承认水库的预期管辖权是一种民主的中央集权："被选为专员的磨坊主将有权做出自己的安排"以调节水流。显然许多人都难以接受，所以这个设想被打破了。塔姆河和默西河南部制造商"非常强烈地反对"，迫使该法案的发起者放弃了对所有磨坊征收费用的打算，而是将全部费用推给上游磨坊主。[44]这将增加其余付款人的费用。缴费人数减少是否会导致该计划被推翻？又一次，我们无法确切得知，因为萨德尔沃思计划的结局与前面的艾尔韦尔计划一样模糊：计划中的水库一个也没有建成，这一水力扩张计划也暗中流产。

但我们确实开始觉察出一种规律。事实证明，大规模集体水库的计划存在各种分歧，使磨坊主之间相互对立。一部分磨坊主渴望更多、更安全的水力，并乐意支付租金来支持所有公共利益；其他人则满足于现状，怀疑他们的供水将来会受到破坏，他们认为其他公司试图通过水库计划操纵他们，所以感到不满，或对一切持保留意见，就像政府对他们征收的其他税费一样，他们极不愿意支付任何费用。总而言之，竞争的分裂力量与水库计划固有的紧密协调需求相冲突：所有人必须共享水流，但磨坊主们更心系私人利益。

19世纪30年代，在英国制造业地区，阿什沃斯领导的水力支持者们发起了短暂的攻势，但很快溃不成军。19世纪40年代，在这一关键地区大规模扩大水力的斗争基本上已经失败，只有少数象征性的胜利——特尔顿和恩特威斯尔、格洛索普和霍姆的小型水库，这些水库原本应该有更大的成就。[45]另外，托马斯·阿什沃斯出于某些原因从未采用罗伯特·汤姆的水道、渡槽和自动水闸，他的计划仅由水库构成，对河流水系的操控相对较少。如果汤姆更具干预性的创造在当时被证实并广为人知，且在兰开夏郡得到应用，总水力将超过设想的阿什沃斯艾尔韦尔计划和萨德尔沃思计划。但用于商品生产的水力工程被扼杀在萌芽状态；丰富而廉价的水资源潜力未被开发出来。

不想让他人从中获利

与此同时，在苏格兰，汤姆继续为几乎所有主要制造业中心制订计划。1829年，他完成了一份水库系统可行性分析报告，该系统配有水渠和自动水闸，可为格拉斯哥及周边地区的磨坊提供服务。他一如既往地乐观，表示可以"以适量费用"消除水量不稳定的烦恼，却遇到一个障碍：如何确定"将水从水库输送到磨坊的最佳方法"。这在任何时候都是一个难题，并且在许多情况下，都会带来大量敌意和诉讼，以及通常不愉快且无益的后果，这一计划也是如此。如果安排好供水，让每个磨坊都按照严格的每日时间表准时获得水力，就可以避免争吵。每家磨坊应配备固定的测量仪器，"这样即使小孩都能看出"他们是否收到了应有份额的水。如果采用这些安排，所有引起争议的因素——非常普通却又非常具有破坏

第六章　逃离流动的公地：前所未有的水能扩张

性——都将消失。⁴⁶事实却是格拉斯哥计划也未能实现，又在历史的记录中销声匿迹了。

在格里诺克，投资的匮乏仍然引人注目。19世纪30年代中期，肖氏纺棉公司成立，成为格里诺克第一家棉纺厂，配备单个200马力的巨轮。然而，到19世纪40年代中期，只有11家其他磨坊在东线运营，生产面粉、玉米、羊毛、亚麻、纸张和其他商品，而不是预期的棉纺织品。东线还有8个厂址仍然空置，而规划有13个厂址的西线甚至都没有开放，此后也从未开放。⁴⁷汤姆的美好愿景——"三四十个精美庞大的公共建设工程，像新月一样从格林诺克升起，并作为英国其他地区的榜样而闪耀"没有实现。到19世纪末，它仍是英国该类水力系统中最庞大的。汤姆声称已经"建造了很多"水库——"可能和生活的人数一样多"，但这些并未公开，也逐渐被世人忽视。汤姆最终在痛苦中老去。⁴⁸1847年，汤姆去世，之后这个名字也会被世人遗忘，就像曾经他在格里诺克声名卓著的同行詹姆斯·瓦特一样（尽管镇子上方的水库仍被命名为"汤姆湖"）。

汤姆并非个例，其他几位发明家和工程师也想出了如何利用流动能源摆脱蒸汽。在《苏格兰机械杂志》（*The Scots Mechanics' Magazine*）上，一位匿名的"埃尔郡绅士"提议将水力与风力相结合。在水力磨坊苦于供水不稳定时，或可能因地形平坦"无法应用罗斯西棉纺厂汤姆先生的巧妙设计"时，解决办法就在空中。风本身并不比水更稳定，但风力可以很好地驱动水泵并将水抽回磨坊上方的水库：风一吹，水坝就能补水；当风量和水量都不足时则放出蓄水，作为应对天气变化的缓冲。这位绅士认为，借用风力几乎没有成本，可以在远离山丘的地方建造大型水库，结果这一解决方案将让水力重获新生。⁴⁹这个方案仍然没有成功。

一位曼彻斯特发明家专注于研究潮汐能：一系列水库在高位上蓄水，然后在海水退潮时将一部分水分配给水车。他建议"在利物浦和赫尔等海港，建造长河或海堤用作水库来蓄积其后的潮水，并且这些城镇的公司可将水力用于磨坊"。⁵⁰这个方案也没有成功。一位来自邓迪的工程师想出了新的方法储存"天空的丰厚馈赠",他建议在利文河上建一个有2000马力潜力的水库,认为这应该会诱使"最吝啬的磨坊主"掏钱——结果却白费口舌,令人绝望:

> 虽然所有磨坊主都知道并体会到(季节性不稳定)的苦果,他们中的许多人也相信足够大的水库可以解决这一问题,但很难让所有感兴趣的人协作起来,以改善磨坊与河流的关系……这样的例子不胜枚举,因为难以协作,人们甚至放弃了尝试,哪怕这个点子不仅有利于个人,也有利于公共利益。

"代代磨坊主都责怪"苏格兰完美的丘陵和山谷。⁵¹

1843年,谈到水库计划的经历时,汤姆给出了类似的暗示:

> 磨坊主是否愿意自己花钱修堤?
> ——毫无疑问,很多时候他们愿意,但却从未付诸行动。
> 不愿意是因为不想让他人从中获利?
> ——当然不想让他人获利。⁵²

在危机的紧要关头,在磨坊主间达成合作的困难成了所有利用自然动力(主要是水力)创想的致命弱点。为摆脱这些忧虑,一个简单粗暴的选择似乎更有吸引力。"蒸汽机世纪"致力于水力研究的路易斯·亨特(Louis C. Hunter)在《1780—1930年美国工业动力史》(*A History of Industrial Power in the United States, 1780 - 1930*)的第一卷中描述了新英格兰(我们将再提起)集体水库的扩张:一段时间后,同样的困难出现了。一方面,从中央供应商租用水力的磨坊主"发现他们的行动独立性受到他们所属水力系统不同程度的限制";另一方面,"蒸汽动力提供了一条逃离控制且独立的途径……有了发动机和锅炉,磨坊主可以随心所欲,几乎没有任何阻碍"[53]。而集体水库的水像是给人套上了紧箍咒，无论多么强力又廉价，都比不过蒸汽机带来的独立自由。

来自流动公地的化石异想

能量的流动不会停止于私人领地的围栏前。它不管你有什么样的丰功伟绩或头衔，都不会向任何金钱交易俯首称臣。它按自己的方式一路前行，对私有财产的概念无动于衷，因为它永远都在流动。这早在英国法律中得到了认可。1835 年，从成千上万案例中选取一系列实例的《法律词典：解读英国法律的兴起、进步和现状》中，关于"水及水道"这个词条的解释是这样开始的：

> 英格兰法律明确规定，溪（河）中流水本属于公用财产（公共权益）。根据罗马法律，流水、阳光和空气被认定属于公有财产。公有财产的定义为"不属于任何人但可为所有人使用的财产"。[54]

换句话说，流水、阳光和空气之所以是公有财产，是因为它们在物理上不能被独占，所以必然属于集体，它们是大自然规定的公有物。威廉·布莱克斯通（William Blackstone）在 1770 年极富影响力的《英国法释义》（*Commentaries on the Laws of England*）中宣称："统治或财产的对象是物，有别于人。"而水却不寻常地落在了这两者的中间：

> 因为水不停地流动、四下蜿蜒，依照大自然法则必然是公共的，所以我对它的使用权短暂、易逝：我家池塘里的水一旦流入他人的池塘，我便无权要求他人归还。[55]

那么，流水、阳光和空气确有一种本质，使它们产生的能量无法归为私有财产吗？似乎的确如此，因为其物理决定性因素——其在时空中的特征，它们在地表随着气候周期不断循环往复，对人类的生产活动毫不关心。正如巴贝奇所说：它们是一种由大自然本身创造、消耗、重新获得的力量。任何声称自己有所有权的人都不能将其切割、运走、留待使用，人们既不能委托也不能处置它；只在使用它时才能独占，然而这也是暂时的，因为总会轮到别人。19世纪初英国扩充水力的一切努力，都必须在这些生态限制中进行。

这里研究的水库计划并不是仅有的在酝酿中的计划，极有可能还存在其他有待发掘的被搁置或已实现的水力计划。然而，所有迹象都表明，磨坊主因为不愿意或没有能力接受这种规模的水力扩张所需的规划、协调和集体融资，而与这些项目发生冲突。有些人预测水库计划无法为自己带来好处，于是不愿支付费用；有些人受上下游磨坊之间的持续对抗影响，以为水流会被其他磨坊截断；有些人则是反对集权。在所有的案例中，反对的根源都在于河流的管理——为了磨坊主集体的利益考虑——要求他们换位思考。河流作为流动的公用财产无法私自扩展，相反，磨坊主们会发现，用亨特的话说，自己"陷入了一个复杂的制度关系网，使其在动力供应相关事宜上毫无自由可言"。[56]机器的开关都必须与其他磨坊相匹配，还要遵守时间表、法规，并随时迎接专员视察，接受仲裁和参加会议；用于提升动力的个人计划也需要与公共事业相协调。支付相关费用所取得的确切利益可能和设想有偏差。事实上，水库系统代表了一种集体化原动力，存在于水中的公共财产性质，危险地将其运行逻辑强加于警惕的磨坊主们身上。

罗伯特·汤姆在格里诺克水库的报告中告诫相关各方"必须摒弃所有狭隘和自私的观念"，[57]但这断然不是当时的时代思潮。私有财产的逻辑在结构性危机中被强烈强调，在更大范围的劳工战争中，磨坊是一场全民对抗战争中需要捍卫的地盘。水库计划提供的大量新证据表明，在转型过渡时期，水力资源丰富，比蒸汽更廉价，且技术上可行，但在此基础上的进一步大规模水力扩张却因英国资本主义财产关系失败了（正如以上危机所

第六章　逃离流动的公地：前所未有的水能扩张

展示的）。私有财产和作为公共财产的水资源如油与水般难以相融。

人力和畜力没有这些麻烦的物理属性。个人可以私下购买更多的马匹或雇用更多的工人，而无须与陌生人和竞争对手协作，但我们也看到了，马力和人力因为其他原因也被排除在外。蒸汽动力在这方面拥有巨大优势，在引领被河流阻挡的工业扩张方面具有无限的社会潜能，最强有力的证明就是大家对这个问题完全保持沉默：没人听到蒸汽磨坊主对更高处磨坊主安装新蒸汽发动机的抗议；没有人认为邻居早上烧了更多的煤会直接造成自己的能源供应减少。自己的扩建计划也不必与其他人同步，无论个体采购煤炭的价格如何，即使价格远高于格里诺克或特尔顿和恩特威斯尔的水力价格，也可以根据自己的消耗量完美调整，而且煤炭燃起的火完全属于他自己。

具有讽刺意味的是，煤炭的时空特征不仅让其比水更珍贵，也使其更适合资本化。一块块的煤炭通过人力开采进入市场后可自由流通，可完全从其他燃烧器中分离出来进行燃烧。磨坊主的私有财产就此找到与其逻辑相符的能量来源：可独立使用、可分离出来、易于集中和累积、可分割。"简而言之，水力、风力等原动力在许多方面确实是大自然馈赠的受欢迎的礼物，但往往无法独立使用和管理"，更糟的是，用亨特精辟的话来说："水力会耗费使用者的情绪能量，而蒸汽使用者完全没有这样的困扰。"[58] 就此而言，磨坊主们与戴维·兰德斯（David Landes）和无数其他学者所认为的英国工业家的完美理性相距甚远。将减少情绪能量的消耗作为选择蒸汽动力的一个因素，明显是更加昂贵的选择，这不是开明的企业家应该期望的。

事实上，要回避的不仅是复杂的公共关系。正如戈登所指出的（是在美国的背景下指出的，但适用于英国），水库项目需要大量工程和管理技能（汤姆和阿什沃斯等人身上体现了这点）。这对磨坊主的智力和受教育水平提出了要求。蒸汽是更简单粗暴的选择，更容易理解和操作，且不需要太多技能，它为"非专业化管理"提供了可能。[59]水库使投资者陷入过多的科学——因此也是需要协作的——努力；有了蒸汽，他们就不需要积极参与这门科学，只需要采购蒸汽机然后在私人领地内启动即可。从这个意义上说，蒸汽动力战胜了水力，因为它是更落后的生产力。

  水库计划暗示了真正替代蒸汽的方法。用冯·通策尔曼的话来说，"如果蒸汽机实际上没有被发明出来，几乎不需要太多想象就能知道，需要更有序的措施来调节供水"[60]。但这里所说的"发明"应当解读为"选择"，完全是在现有技术间进行选择的问题。毋庸置疑，水库的进一步扩建本身会造成一定生态后果，但我们关注的不是建设巨型水力设施的环境可行性或破坏性，而是由水力向蒸汽转变的这一过程。到出现结构性危机时，尤其是19世纪30年代中期的繁荣时期，大量水库计划顺理成章地聚集在一起，最中心地区棉纺业资本的动力需求已经增加到一定程度，继续使用水力对个人的社会品质有一定要求，而显然当时磨坊主们不具备这样的条件。然而，仅靠水力的集体主义缺点，蒸汽动力几乎不可能战胜水力，蒸汽动力本身还需要有其他明显的优势。

第七章

通往城镇的车票：蒸汽在空间上的优势

容易获得劳动力的地方

1791年，约翰·法雷出生于伦敦，与他作为一名土地测量员、管理人和专注于农业事务的作家的父亲同名。小法雷继承了老法雷的兴趣爱好，但为顺应时代潮流，他的工作领域从农业转向了机器生产。他是一位才华横溢的作家和绘图员，19世纪初便开始在英国的工厂和车间里巡游，对最新的机械设备进行详细了解，并细致绘制了它们的操作模式。纺织业对他产生了特殊的影响。他在两个工厂工作过，对一些机器进行了微小的专利改良，与詹姆斯·瓦特和其他主要人员建立了友谊，并在整个制造区进行了广泛的实地考察，积累了相当多的英国工业运作知识，很快就获得了丰厚的经济效益。[1]

用今天的话来说，约翰·法雷与他的父亲和兄弟姐妹们一起经营着一家涉及研究及开发领域的咨询公司。与同时代的尤尔一样，法雷帮助发明家们实现他们的想法，并建议制造商安装何种机器；作为为资本家服务的"技术缪斯"，他热衷于学习获取利润的最佳途径；他从不缺少工作机会，且总是能够收取可观的费用。他的传记作者称，法雷是"他人思想的助产士",正是在这个位置上,他在技术的传播上发挥了特殊的作用:他的工作"对传播新机器和新工艺的知识产生了巨大影响,同时对英国的工业和经济发展也有一定影响"。[2]就像那些瓦特的专利一样,青年约翰·法雷充当了正式专利与工厂实际用户之间的连接枢纽,让用户能够了解一种设备相较于另一种设备的实际优势。

法里的经验总结和他与磨坊主交谈的内容被收录在《关于蒸汽机历史性、实用性和描述性的论文》(*A Treatise on the Steam-Engine: Historical Practical and Descriptive*)(以下简称《论文》)中。《论文》发表于1827年,内容源自法里为李的《百科全书》所撰写的关于蒸汽备受好评的文章,以及他在诸如"棉花制造"和"水"等引人注目的问题上所写的文章;作为一本技术手册,其中穿插了一些支持新原动机颇具说服力的论据。当时,世界上关于蒸汽的手册和指南迅速泛滥开来,较短和更易阅读的文本才能获得更大的发行量,法雷的文章并不是最畅销的样本,但其他作家仍把法雷的论文称为蒸汽动力方面"有史以来出版的最令人满意的作品"。而今天,用冯·通策尔曼的话来说,《论文》的两卷本被放在"工业革命期间最优秀的技术专著"的书架上。[3]如果我们可以在某个地方找到准确陈述蒸汽可感知的优点的话,那么,一定是在这本书里。

跟随父亲的脚步,小法雷提出了一个观点,认为技术显然有利于文明发展。老法雷认为,绝大多数人被迫"为了他人的利益和安居乐业"进行不间断的劳作,这与文明社会密不可分,就像影子与产生它的物质一样。作为进步的指标,财富的增加总是以辛勤劳动为前提,正如父亲十分坦率地解释道:"可以指挥——通常被称为穷人——劳动的人只能说是有钱,或者拥有财产。"[4]对于儿子来说,蒸汽机无非是通过加剧其阴影部分的力量来扩张资产。他在《论文》的开篇写下了同样直截了当的声明:

除非工人阶级的勤奋得到系统化的应用,并借助于机器的使用,否则社会上只有很少的剩余财富能够维持一个高知阶层的发展，并达到有利于文明进步和智力发展的普遍富裕状态。

正是在这个意义上，蒸汽机推动了最高的"财富和文明状态"：它促进了剩余财富的产生。[5]

更具体地说，在《论文》导言中，法雷将水和蒸汽并列为动力来源，他并没有暗示前者绝对稀缺。蒸汽的优势不在于其独特的丰富性，也不在于其价格较低，在他的评估中，没有这类东西。相反，法雷认为，蒸汽"通常是首选的，因为使用蒸汽动力的制造厂可以在任何适宜的情况下建立"，而"水力只能在特定的情况下获得，这个情况在其他方面往往不利"。具有特别重要意义的是：

> 自然瀑布的水大多出现在开阔地区的河流上；但蒸汽机可以安置在人口稠密的城镇中心，那里很容易找到劳动力。对于那些由许多小型机器组成的磨坊来说，蒸汽动力通常是首选，每台机器都要执行一些精细操作；这类机器需要工人的大量协助来指导其运作，并为其提供运作所需的材料。由于所有这类性质的工厂需要许多工人，对于人口稠密的城镇生产来说，蒸汽动力比水动力更为有利：伦敦、曼彻斯特、利兹和格拉斯哥的大量大型工厂充分证明了这一点。

在《论文》的后面部分，法雷再次回到这一点。蒸汽机可以"供应基于水力、风力或马拉磨坊的场所，这样，原动机就可以放置在对制造商最为便利的地方，而不是将制造工具带到动力产生的地方"。[6]有了蒸汽机，动力便可以实现这一项工作。

1833年，麦克库洛赫在《爱丁堡评论》（*Edinburgh Review*）的专栏发表了相似观点：

> 人们在评判许多动力织机机械运动中所含蒸汽动力的真正优势上

似乎有误解。这与其说是直接节省劳动力,不如说是允许在最适宜的情况下进行劳动。借助水力完成的工作通常与借助蒸汽完成的工作一样成本较低,有时甚至更低。但是蒸汽机的发明使我们不再仅仅为了利用瀑布而在不方便的位置建造工厂,而可以将工厂建在接受过勤劳工作训练的人群中央。[7]

麦克库洛赫曾多次强调这一点:"水是一种更为便宜的机器(原文如此),但流动的水流不是总能得到的。"蒸汽机"适用于任何情况;从居民数量或其他设施的数量来看,它可以建立在最适合建立制造业的任何地方"。但在某些地方,不仅居民数量更多,正如麦克库洛赫反复强调的那样,他们还具有"勤劳"的特征和品质——换句话说,即在工厂内部服从雇主规定的纪律。[8]

在这些有关交易的论据中——正如我们将看到的那样,在转型时期极其常见——蒸汽的主要优势在于克服了采购障碍,此障碍不是采购能源,而是采购劳动力。发动机是从工人阶级中提取剩余财富的一种绝佳工具,因为与水车不同,它几乎可以被安装在任何地方。存在这种差异的最终根源是两种能源的性能不同。受地形条件的制约,人们只能在某些地方找到流动的水源;由于水流不可能从地表分离出来,它们的能量也就无法传输到遥远的地方,而且我们应该补充一句,因为无法获取动力,汤姆的想象也就无法起作用。水作为动能而言并不是便携式的,正如费尔贝恩在《关于磨坊和水车机械的论文》(*Treatise on Mills and Millwork*)中指出的那样:

> 水车获取的能量源于下落或流动的水,其动能或动力效应显然取决于供水量和落差高度,或其安装点的水流速度。因此,水车通常被安置在附近蕴含丰富水源的河岸上,靠近河床中的自然或人工瀑布。[9]

费尔贝恩建议投资者寻找一个建造水磨的地方,以计算现场的降水量和径流,调研现场的集水区(沼泽地和湖泊)确保水流更为规律,检查土壤含量,考察湿度和温度;投资者必须了解该地点所有相关的气象、地质和地形条件。如果幸运的话,投资者会找到一个最佳组合:拥有大量降雨、河床为陡坡以及河床正上方是自然蓄水的缓坡的位置。总动能潜力是关于水流体积和河床坡度的函数,最佳的磨坊选址需是山脉和低地交界处,因为那里有大瀑布和充沛的水量,比如兰卡斯特和苏格兰的山谷。

即使英国拥有丰富且合适的自然地形,人们仍觉得水力受制于自然的变化。工程师罗伯逊·布坎南在《关于水车机械和其他机械的实用性论文》(*Practical Essays on Mill Work and Other Machinery*)中阐述道:"最好的水车是由小河供水,在河流提供一定量的水和一定的落差时产生最大效用。"[10]工业生产必须与这些大自然的馈赠联系在一起,在法雷、费尔贝恩和他们的同行看来,这给生产带来了不便。虽然河流既没有被占用,也没有枯竭,开发成本也不高,但其地理位置永远都是固定的:河流提供给制造商的任何东西,都无法运到易于获得且接受工业习惯培训的工人手中。另外,蒸汽基于煤炭的特性展现出相反的一面。

到目前为止,蒸汽动力的案例似乎十分直截了当,但水磨坊主们在购买劳动力时到底遇到了哪些困难?在远离城镇的动荡不安和工会时,他们难道没有享受到一些好处吗?与英国车水马龙的城市中心相比,僻静山谷中的工人不是更容易控制吗?究竟是什么构成了城镇在这一方面的优势?用于锅炉和冷凝器的蒸汽动力对煤和水的需求,是否真正切断了与特定空间位置的联系?还有重要的一点:为什么这一因素在1825年之后比1825年之前更有力地发挥作用?要接受法雷和麦克库洛赫的论点作为转型时期的真相,我们必须更精确地识别空间流动性因素是如何通过结构性危机展现出来的。

化石资本：蒸汽动力的崛起与全球变暖的根源

将劳动力运至能源所在地的职工居住区

早期的棉纺厂建在创业者们开采水资源的地方。机械化纺纱的所有其他先决条件（原棉、机器、人工、砖头、资金）在空间中都是可移动的，因此，水资源的获取决定了棉纺厂的位置，就像塞缪尔·格雷格骑马从曼彻斯特的家中出发，在农村腹地寻找合适的河岸。克罗姆福德、帕珀威克、新拉纳克、罗斯西、丁斯顿、卡特里内、埃格顿和拉德克利夫，这些地方棉纺厂的建立都采用了相同的程序，它们被我们称为水文景观特征的选择。从阿克莱特时代起，棉花掘金者就开始向兰开夏郡的奔宁山谷、德比郡的德温特及其姊妹山谷、苏格兰的克莱德和泰斯山谷蔓延——仅举几例以寻找未被开发的、喷薄不息的水源供应：这是一场远离看似原本就有燃料的城镇的行动。部分水流、河流不能垂直堆放，而是散布在支流中水平延伸。水的空间坐标决定了工厂在广阔区域的分布——或者换言之，对水力的依赖在工业中产生了反作用。[11]

山谷和丘陵包含大瀑布和其他广受欢迎的水文景观特征，而城镇内的河岸可能会变得过于拥挤。尽管英国拥有普遍的丰富的水资源，但局部的水资源短缺是工业发展中的一个事实。一旦商业中心周围最好的位置被占，邻近的制造商会争先恐后地争夺其水资源份额，进而导致磨坊场地间变得拥挤：水资源供应在总体上泛滥，特定地点的所有水力供应可以得到充分利用。此类磨坊拥堵现象出现在艾尔韦尔河的某些区域、诺丁汉、珀斯附近、约克郡的亚耳河以及其他几个备受青睐的地点，在这些地方，磨坊主很早就对空间不足表示不满。当达到饱和点时，只有通过在更远的地方投资新磨坊，甚至彻底搬离现有磨坊，才能在持续供水的基础上进行扩张，对水力依赖的反作用随着业务的增长而扩大。[12]

现在，独立和主导的本地化水文景观特征本身并不构成麻烦。数百年来，磨坊一直建在有水流淌的地方。它本质上并不比在海岸上的渔村、在

第七章 通往城镇的车票：蒸汽在空间上的优势

荒野牧场上吃草的羊群、在平坦肥沃的平原上沐浴着阳光的玉米田，或在景观中嵌入任何其他经济活动的习惯令人厌烦，水力的反作用只有在处理人类关系的历史关头才会变成一个问题。水力的效用越好，往往得到的劳动力资源越少。制造商越是远离既定的人口中心，他们找到待业工人的可能性就越低：村庄里挤满了渴望进入工厂的居民，他们却很少在最湍急的河流沿岸排队。动力与某类"劳动者"之间出现了不匹配，而资本家的首要任务就是纠正这种资源不匹配。

当阿克莱特将他的机器移到克罗姆福德的死水区时，其工厂的一项基本任务就是必须将劳动力聚集到现场。他很快用尽了附近的员工，于是他在较远地区的报纸上刊登广告，呼吁铁匠、木匠、织布工和纺纱工长途跋涉前往克罗姆福德，在那里他们将获得"优渥的报酬"。[13]大多数劳动力来自曼彻斯特、诺丁汉和德比郡；与"充沛的江河流水"不同的是，远道而来的劳动力必须被安置在某个地方。在18世纪的最后30年里，阿克莱特资助建造了数百个住宅区，其中许多住宅区带有花园甚至一个市场、一个公共房屋，以及工人愿意在那里停留和生活的定居点的其他重要组成部分。因此，克罗姆福德不仅作为水力磨坊的原型，同时也作为工厂职工居住区的蓝图而出现。可以将其简单定义为一个由磨坊主建造并管理，为职工提供住宅和便利设施的工厂聚集地。用法雷的话说，"将劳动力运至能源所在地"是克罗姆福德存在的理由：在没有城镇的地方，必须设计一个职工居住区来吸引劳动力，同时安置他们，为他们配备工具并提供最基本的服务。在阿克莱特繁荣时期，一旦工厂的规模超过了当地的劳动力供应，职工居住区通常会发展为囊括一所学校、一座主日学校①、一个教堂、一家贩卖杂货的商铺或市场，也许还有道路和桥梁，或许还有一个旅馆，当然也有经理的豪宅。所有的建设费用没有任何当局或公共预算的帮助，

---

① 主日学校：又名星期日学校，英、美诸国在星期日为在工厂做工的青少年进行宗教教育和识字教育的免费学校。兴起于18世纪末，盛行于19世纪上半期。

必须由制造商自己支付。[14]

然而，在克罗姆福德建立的水力系统被证明是一场自身的挫败。阿克莱特的重大发明不是任何特定的机器，而是一种许多机器围绕一个中央原动机运转的分布方式：在工厂中，他将用于棉花的梳理、并条、粗纺的设备和其他纺纱设备排成一列，并通过水车为它们提供动力。一个原动机为许多机器提供动力，与在农村小屋和作坊内不同，它必须是非人力的："动力对于工厂系统来说至关重要。"斯坦利·查普曼强调，因为"一系列高度专业化机器的同时运行无法通过人力来实现"。[15]非人力原动机具有机械中心性，它对生产集成过程的推动让工厂变得与众不同：这种组织集体劳动模式的新兴属性，自阿克莱特以来一直伴随着我们。

法雷说，工厂也需要"许多工人"接受相当特殊的培训。在自己家里工作的织工、在自己铺子里打铁的铁匠或自己在田间劳作的农民，可以按照自己选择的节奏和自身技能的引导进行生产。但在工厂里，工人不得不顺应中心原动机的运作。工人有义务跟上它的步伐，执行一系列关于机器的操作，与整个操作团队按照信号进行开始、暂停、重新启动和停止的动作保持一致。工人必须服从制造商及其监督员的指挥，他们迫使工人遵守制定的规则；正如众所周知的那样，这些工人应该知道如何始终如一地努力工作、尊重作为他人财产的工具、向陌生人鞠躬、在密密麻麻的人群中工作。[16]水力磨坊的诞生催生出工厂纪律制度，刚开始大多数人都表示非常反感。有谁能被说服加入这样的工作中？经济历史学家亚瑟·雷德福（Arthur Redford）在1926年写道："对于一个出生在一个成熟工业区、居住在能忍耐且纪律严明的工厂工人群体中的人来说，很难意识到刻意组建工厂社区所涉及的困难。"人们怀念相对自由的传统工作文化，并非将其视为未知遥远的乌托邦，而是把它作为唯一已知的生活方式。这一点甚至使得一贫如洗的人都不愿进入工厂，因为工厂的建筑和制度类似于济贫院。即使今天有人出现在工厂门口，也不能保证他们第二天会继续出现，更别说保持工作节奏并执行命令:事实证明,如何招募遵守纪律的工人这一问题,一直令第一批工业资本家们头疼不已。[17]

1806年,当芬利的工厂纷纷购买丁斯顿的机器时,之前的所有者已经努力了20年,以手边光滑的机器打造出一支稳固的劳动力队伍。"有几个精通棉纺知识技术的人"归于詹姆斯·史密斯(James Smith)麾下,他是芬利在丁斯顿的工厂经理。

> 这些人有些来自格拉斯哥,有些来自英格兰;但那些人一般都有自由散漫的习惯,很少能在工厂中长存。周围居民中更受人尊敬的部分人起初不愿意在满是机器的工厂中寻找工作,因为他们认为受雇于所谓"公共工程"是不光彩的。[18]

劳动力的替代来源是高地人和被驱逐的爱尔兰农民,他们在苏格兰四处游荡以谋求生计。然而,尽管比定居于此的苏格兰人更加绝望,他们也对工厂制度不屑一顾。用丁斯顿一部编年史的话来说,"没有经验的人对这些机器持怀疑态度,尤其是高地人,他们将工厂视为一种监狱,工厂内的声音和机器工作的景象,在某种程度上对于他们来说是令人恐惧的东西"。根据钱伯斯的著述,他们"羞于进入这座有着未知声音和景象的巴别塔:他们认为这是一种监狱"。[19]

18—19世纪之交,丁斯顿因缺乏劳动力而长期停止运营。新所有者们最紧迫的任务是必须找到长期工人,因此泰斯河畔出现了一批新的巨型职工居住区,特别是与"赫拉克勒斯计划"相关的。"1820—1840年,这一庞大的建设工程时期将令人难忘。在这短短的20年里,丁斯顿出现了新的住宅和村庄",还有一个新的水道、水坝、巨大的堤岸,还有"新的道路、新的煤气厂、新的磨坊"和编织棚。正如一份内部备忘录所记录的,"所有这些都是在史密斯先生的监督下,花费了大额成本建设完成的,丁斯顿随即在各地声名鹊起"。[20]通过为工人们提供花园、教堂、学校、"流动图书馆"和"百货商店",芬利的几个工厂终于实现了稳定的劳动力供给。用史密斯自夸的话来说,"这样从各个地方吸纳而来的社会下层阶级,逐渐被塑造成一个受人尊敬的社区;勤劳的工作、舒适和幸福的生活开始在他们中间稳步占据主导地位"。[21]但事实证明,这一成就的代价很高。

卡特里内也经历了类似的过程,芬利的几个工厂通过建设职工居住区,将工厂变成了有利可图的企业。1833年,工厂专员詹姆斯·斯图尔特表示,卡特里内有800~900名操作工,"所有正在使用的房屋都是由公司最初建造的,与在这个国家生活状况相当的人所居住的房屋有所不同且条件更加优越。这里有一个小教堂,以及他们住宿所需的一切设施"。[22]但是,卡特里内的成功给予了芬利的几个工厂很大的压力。再往南看,一旦当地的人手储备和房屋被用尽,阔里班克纺纱厂就必须发展成为一个自给自足的农村社区。新建筑的砖块是在工厂内用当地黏土制成的。1815年之前,住房建设花费了1300英镑;1819—1831年,建造了42座新村舍和一座豪宅,花费不少于6000英镑。由于此处住宅比城镇更宽敞,一些家庭被吸引到职工居住区,每个住宅都有一个用于种植蔬菜的大花园。19世纪20年代,格雷格增加了一所学校、一个小教堂和一家商店,还为各类高雅的社团提供场所。[23]这是招募劳动力的良方,但不是使经济持久成功之策。

近半个世纪后,第二代人以克罗姆福德为榜样,将职工居住区概念推向了极致:将水力据为己用通常需要一个劳动力聚集的过程,把来自各个地方的工人集中在现场。这是职工居住区的决定性特征,它们的结构本身就是为了吸引和留住劳动力。[24]起初,工厂主可以依靠当地的劳动力储备,但随着业务的扩大,他们不得不从一个范围更大的区域凑齐工人,并将他们安置在自掏腰包建成的住所中。由于水力供应超过了劳动力供应,动力分布与人口分布之间不匹配的劣势可能逐步显现;相对丰富的能源为业务持续扩张提供了可能,而相对稀缺的人力资源迫使雇主建造出整个村庄。

然后,每个工人都代表着一笔活生生的生活投资。工人不仅是雇主用工资购买来的商品,这种投资方式的存在也取决于房屋、花园、商店和教堂的固定资本,以及为工人培养技能和维持纪律所付出的巨大努力。即使这样,工人也可能会离开。早在1777年,《德比郡水星报》(Derby Mercury)就宣布理查德·阿克莱特已将一名铁匠送往惩教院,因为他"未履行请假手续便擅自缺席雇主安排的工作岗位";工人潜逃事件在克罗姆福德和其他早期职工居住区司空见惯,工人擅离职守的定期告示表明,"不安分的心理和迁徙精神的表现是制造业群体的特征之一"。[25]这一次,曼彻斯特和其他城市中心的劳动力流动可能会上升到令人难以接受的水平:工厂制度在各地都是一种新鲜事物,新生的工人阶级在"这座巴别塔"面前畏缩不前。当工人从一个职工居住区消失时,损失是巨大的,因为这个缺口必须通过新一轮的招聘、更多的报纸广告、从遥远的地方安排移民,甚至对住宅的装饰升级来填补。一个普遍的矛盾再次浮出水面:水资源已经就位,但劳动者无法轻易获得,且他们不易养成勤奋的习惯。在这种危机降临之前,农村水力磨坊主们可以广泛应用一种解决方案,即试图获取"没有自由"的工人。

从强迫劳动到蒸汽动力的转变

第一任罗伯特·皮尔爵士(Sir Robert Peel)在1816年回忆道,在使用蒸汽动力之前,磨坊"是在拥有大量水力的情况下建造的,但通常建在远离居民区的乡村",他阐述了自己处理此类困境的个人经验:"为了使用这些机器,工厂不断寻求大城镇里的过剩人口,包括来自伦敦、伯明翰和其他人口稠密地区成千上万的教区儿童。"[26]18世纪80年代,当水力磨坊急需操作工时,城镇教区已做好准备随时援助。就在此时,济贫院被孩子们挤得水泄不通;监工们急于抛弃他们的顽童和私生子,把他们作为契约"学徒"送到棉花制造商那里,制造商会按照自认为合适的方式给儿童提供衣食住行。当然,孩子们在协议中没有发言权。一旦孩子们被交托给教区，如果监工愿意，小孩可以被派遣出去，一旦转移完成，这将成为新雇主的一笔实际财产。[27]

对于18世纪后期沿河岸建造的磨坊来说，自愿的雇佣劳动力是不够的；学徒有很大的优势，可以随叫随到，他们被剥夺了自由意志，从孩提时代起就习惯于济贫院的严格等级制度，也没有任何法律地位来反对技术或组织试验。与雇佣劳动者的家庭不同，学徒不需要私人小屋，而是住在数百间建造成本低廉的宿舍或"学徒房"中。他们可能会被命令在夜间工作，自由劳工只有在获得报酬后才会同意夜间工作，而不受约束的儿童经常在磨坊之间窜来窜去以寻找更好的条件，济贫院的大批非法童工就这样被"利用"了多年。17世纪60年代至19世纪30年代，一名从伦敦教区签约到棉花制造厂的普通学徒从12岁开始工作，21岁结束，这意味着她工作了9年——可能是她工作生涯的一半，却没有得到任何报酬。[28]卡特里娜·霍尼曼（Katrina Honeyman）在她的重要研究成果《1780—1820年的英国童工：教区学徒和早期工业劳动力的形成》（*Child Workers in England, 1780 – 1820: Parish Apprentice and the Making of the Early Industrial Labour Force*）中指出，该系统为公司提供了"要么迅速启动，要么无法建立，要么其随后的发展受到限制"的选择局面；作为一种不可或缺的无产阶级力量，学徒被用于"无论规模大小，经营成功或失败的所有类型的公司里"，尤其是在水力棉纺厂。[29]厂房地点越是与世隔绝，对童工的依赖性就越强。

在阔里班克纺纱厂，第一个学徒于1785年抵达，也就是工厂开工一年后。根据合同，来自纽卡斯尔教区的11岁"穷孩子"托马斯·罗伊利将与塞缪尔·格雷格一起工作到21岁。在这10年中，他"应依据自身的才智和能力，从事一切合法业务；踏实做事、诚实顺从，对他的雇主有礼有节"，因为雇主会为他提供"衣食住行"。该公司的备忘簿后来说明了这种劳动的合理性——"在人口很少且使用水力的地方，几乎所有早期的制造商都必须使用学徒"。记录指出，"毫无疑问地说，契约儿童的技能和低成本成功解决了雇主的忧虑"。[30]这样的经营模式同样适用于皮尔斯,在世纪之交,他们的伯里工厂雇用了大约1000名学徒;在新拉纳克有500人;对于卡特里内、威尔士的霍利韦尔等地,塞缪尔·欧德诺在斯托克波特的数百家工厂都使用学徒来弥补动力的反作用与人口分布和对工厂纪律态度之间的矛盾。[31]简单地说,水力磨坊的存在和扩张依赖于强制劳动,但学徒制不是一个没有矛盾的完美解决方案。

猖獗的虐待行为引发了外界对学徒制度的法律干预,这一趋势正缓慢上升。学徒们不仅每天要工作14~15小时,还可能营养不良,而且,他们是被监禁的,可能会在夜间工作时被棍子打以使其保持清醒,或表现不佳时被皮带抽以示惩罚,甚至会被施以酷刑试验。农村水力磨坊作为无辜儿童的监禁地而恶名远扬。议会声称要从事慈善事业,并以1802年和1816年的法案针对童工问题做出回应,在这些法案中首先明确了一些限制:对工作时间的限制、对学徒被派遣距离的限制,以及磨坊主对于维护童工健康责任的规定。但这些法案执行起来仍是断断续续的,雇主们大多可以随心所欲地处置他们的资产。[32]霍尼曼在进行全面研究后,推翻了以前关于学徒制度持续时间较短的看法,并证明其在1800年后继续恶化,在1820年前后达到顶峰,此后才开始下降。直到19世纪30年代和40年代,在当时劳资纠纷的影响下,结束这一非法交易的政治干预才开始显露。在备忘簿中,格雷格家族对学徒制度的终止记忆犹新:"作为一个慈善机构,没有人能够超越它,但它最终因《工厂法案》、'十小时工作制委员会'和'病态的慈善事业''官方'对贸易,特别是棉花贸易的厌恶或嫉妒",以及多次提到缩短工作日的运动而解体。这将是下一章的主题。[33]

然而,在法律镇压开始之前,磨坊主们正在进行一个可能更为重要的自发重新评估过程。学徒制并没有为他们殚精竭虑想要解决的矛盾提供令人真正满意的解决方案。它的缺点之一是存在维护成本:虽然没有支付工资,但被雇用的孩童由他们的主人永久监护,要求主人支付费用、进行耗时的医疗援助、维持宿舍秩序，还需至少提供一些基础教育——这些责任本该由孩童的父母和社会机构承担。[34] 1833 年，亨利·阿什沃斯表示，他偏爱未被工厂捆绑的孩子，因为"我应该不会喜欢监护和抚养他们"；《威斯敏斯特评论》(*Westminster Review*) 宣称，制造商会"自然而然地从他周围的人群中选择年轻工人，获得他所需的足够多的数量，当工人离开工厂时，他也无须支付任何费用"。制造商做出该选择的最佳保证是蒸汽动力。1819 年，一位观察家指出，通过使用蒸汽动力和搬迁到城镇，雇主"不再需要照顾和负责"他们的童工，再生产的所有成本都转移给了第三方。[35]

一个更为一致的突出主题是工人的动机不足，其中包含逃跑动机。一旦学徒们成为有经验的纺纱工，他们就面临特殊的诱惑，即逃到某家可以得到报酬的磨坊，这种逃跑最有可能发生在他们被雇用期间的后期——而这正是他们对雇主最有价值的时期，雇主在维护和培训方面投入了大量资金。因此，经营者将竭尽全力防止和惩罚逃跑的学徒。萨缪尔之子、阔里班克纺纱厂经理罗伯特·海德·格雷格（Robert Hyde Greg）威胁说，要剪掉每个潜逃儿童的头发，并为被捕的儿童开设了一个单独的囚室；雇主通过广告、警方搜查以及与教区长官的合作来追捕逃跑的学徒，这表明了青少年财产的价值极高。即使总营业额低于使用免费童工的收益，学徒的逃离成本也可能更高。[36]

19 世纪 10—20 年代，学徒被广泛认为是所有工人中最不专心、最无精打采和最喧闹的。[37] 在肉体胁迫下，他们没有劳动的意愿。虽然学徒对许多试验来说是合适的对象，但一些关键的惩戒手段对他们却没有任何效果：不能对他们罚款，不能警告他们的父母，而且到目前为止，最重要的是，他们没有受到解雇的威胁。唯一可以使用的有效的约束工具是物理上的棍子。至于酬劳，摆在学徒面前的积极诱惑很少，甚至没有：他们没有工资、计件工资、奖金或加班费。自相矛盾的是，绝对奴役最小化了提取最大劳动量的可用手段，正如《新济贫法》(*New Poor Law*) 委员们的代理人理查德·穆格里奇所解释的那样。他在 1836 年的报告里称,"在年轻人感到自己处于被束缚的状态下,对勤奋和良好行为的激励方式已然消失";如果没有"进步的动机或出人头地的雄心壮志,他可能会努力做得越少越好;而他的雇主的利益正好与此相反,因为雇主想用最少的钱得到尽可能多的东西",这场冲突将被证明是无法平息的。[38] 在日趋成熟的工厂制度中,激发工人的内驱力是工业管理的一项关键目标。

强迫式劳动的根源来自蒸汽。在 19 世纪初的棉花工业中,自由劳动和强迫劳动之间的选择与对原动机的使用分不开。曼彻斯特著名的纺纱商詹姆斯·麦康奈尔对这两种选择给出了一个引人注目的例证。他的公司一直被称为麦康奈尔和肯尼迪公司,1835 年,在经济繁荣中期,他通过在德比郡的贝克威尔附近购买一套新的纺纱厂扩大了业务。200 名年龄在 4~21 岁的学徒女工成为这些机器的操作工。她们中的 50 人一度跑出去从事有报酬的工作,因为"她们认为自己是在白白为雇主打工",留下的同事抒发着不满,正如麦康奈尔所说,她们明显感到沮丧:

> 例如,当她们从工作中归来时,尤其是在天黑的时候,她们唱着我可以称之为革命性的歌曲,提到了她们作为学徒的情况,并对她们的雇主发出了蔑视……不满的感觉不断以千方百计的方式表现出来。

麦康奈尔声称,频繁的体罚在贝克威尔工厂是"必要的",但它并没有成功地改变自由和强迫劳动的相对产出。工厂中普遍存在着一种"支持雇佣劳动的显著差异",因为"在她们的头脑中,劳动与报酬和舒适的家庭联系在一起。学徒们做的工作比其他工人少,做的事情也更糟",因此"在建筑和机器上投入的资金,比投资在勤劳和娴熟工人的地方要更为低效"。那么,麦康奈尔究竟为什么选择学徒?因为:

> 如果不找学徒来磨坊里工作,磨坊就根本无法运转,因为它们建

在如此隐蔽的地方，即使离磨坊两英里范围内的所有适龄人口都能被征用，也不足以使其运转。

为什么磨坊要选在如此隐蔽的地方？

——为了水能的优势。

麦康奈尔选择在贝克威尔扩张——这和繁荣年间人们的普遍选择大相径庭。麦康奈尔拥有全曼彻斯特最大的蒸汽工厂，他为了便宜的水源买下了一座乡村工厂，不料却遭到工厂里女学徒的激烈反抗。有了麦康奈尔的前车之鉴，大多数棉纺织业的资本家认为，（学徒制度）是违背常理的，因此做出了完全相反的决策。不过，麦康奈尔本人也承认，除水力和自由劳动以外，他也可以选择以华丽的居住环境来吸引劳动力。尽管如此，在贝克威尔，买下工厂后当即建造家庭村舍会造成"严重损失"。[39]19世纪20年代之后，阔里班克纺纱厂的劳动力逐渐流失，工厂为争取那些尚未找到工作的替代工人的青睐，花了大价钱对工厂设施进行升级[40]。对免费劳动力的需求逐日增加（这一点在后面会有更详细的介绍），提高了维系职工居住区的成本，同时利润率在不断降低，这一切更加凸显出蒸汽作为动力的优势。

马格里奇在行业发展到顶峰时一针见血地指出：

学徒制度的消亡是由工厂最近采用的蒸汽动力导致的。最早的那批工厂都建立在能源产地的附近，通过吸引劳动力来运行。而使用蒸汽作为动力的工厂则与此不同，无论是建在高山还是峡谷、江边抑或河岸，对于工厂而言都没有影响。蒸汽机的架设并不受地形影响，而它的生产力仅受燃料（兰开夏郡有比较丰富的燃料资源）和人口这两个要素的影响。[41]

煤炭使工厂从地形的限制中解脱，资本家们通过支付薪水来吸引雇用劳动力,而非原先的强迫劳动力,这给他们带来了可观的利润。蒸汽动力的推广是学徒制度衰落的主要原因,不过当然也有其他原因——这对于我们来说更加重要。在19世纪30年代中期,如果一个棉花制造商想要通过压榨学徒劳力来扩大生产,他首先会受到1833年《工厂法案》的严格法律限制,该法案是缩短工作日运动和减少教区儿童遭受的负面经历的第一次部分胜利。从他的立场出发,为了剥削劳动力,蒸汽能源确实更加行之有效。

职工居住区的成本和管控

本质上,在结构性危机中爆发的阶级斗争主要以城市为主。那么,假如把工厂建在乡村,是否就不会有这些矛盾了呢?罗伯特·汤姆是这样认为的。在认为应该用水力代替蒸汽的诸多理论中,有一种提到了"乡村工人在性格特征上的优势"。他在1829年提出,想要证明这一点,读者只需看看"近期激烈动乱中人口稠密城市里工人的行为举止,例如在曼彻斯特、格拉斯哥、利兹等"就能明白。按照推测,在职工居住区,工人和雇主的关系是比较和睦的。在这里,"过去自然形成的这种主仆之间的关系没有受到影响"。然而在城镇,"工人不停地更迭"解除了这种关系,导致了阶级之间陌生和敌视的状态。于是,汤姆"关于实现水力更普遍应用的计划"——利用水库、水道、自动水闸,这些"设计是为了将工厂设施从拥挤的城镇中转移出来",以此平息1825年后汹涌的阶级斗争。[42]

水力拥护者所持的基本观点与蒸汽拥护者相同,这无疑具有重要意义:这个原动机的优势在于它能使工人更加勤劳和有序。这是结构性危机的决定性战场,彼此竞争的原动力必须证明它们各自的本事。此外,汤姆的案例具有一种直观的吸引力:尤尔担心工厂把"大量的人口集中在同一个循环中",提供了"工人们私下结党或者联合起来的所需设施",而罗伯特·海德·格雷格和汤姆一样,也强调了乡村职工居住区里雇主和工人之间的"相互信任"是十分重要的,这种情感在城镇里已不复存在。[43]那么,水这一动力源泉可以消除阶级对立吗?

如果想要从棉花资本家的角度来探寻建立职工居住区的优缺点,我们必须更仔细地考虑这么做的成本。乡村工人一周的工资比城镇工人少了三、四先令,导致这一差额的原因老套却简单:农村家庭除在工厂做工之外,往往还要兼顾农业生产,从而满足部分的需求,降低整体的再生产成本;而且城镇的房租也更高。为了吸引法律意义上的自由操作工,职工居住区必须开出比附近工人收入水平更高的薪水,比如阿什沃斯招募的成年男性纺织工的收入要高于该地区的平均收入。不过按照规矩,职工居住区的货币收入确实比在城市工厂的要低,像在曼彻斯特那样,距离市中心越远,货币收入越低。[44]

然而货币收入本身并不是衡量工人生活水平的最好办法,因为工资单上缺少诸如一些食物来源和职工居住区带来的好处,例如一头属于自己的牛、一块种满蔬菜的田地,同样,也不会写明资本家的成本开销。一份可观的工资并不足以吸引农民摆脱旧的生产方式,或是将城镇住户吸引过来;因此,工厂主往往要在其他地方下功夫,比如工作保障、奖金、低价甚至免费出租的房舍,以及在这种工厂与家宅的结合体中提供众多优待。从本质上说,这些津贴代表了在固定资本中的投资。开辟村庄是一项缓慢而复杂的事业,当然绝非易事;在阿克莱特的时代,有许多磨坊主因在工人住房方面花费过多资金而破产;在19世纪20年代早期的繁荣中,我们甚至可以看到更加大额的投资。[45]随着免费雇佣劳动力的增多、宽松信贷以及国内工厂扩大产量的趋势,一些生产商便着手翻新并扩大居民点,一些人因此陷入巨额债务中。丹尼斯托恩和布坎南公司便是如此,他们于1823年接手了苏格兰泰伊河的斯坦利工厂后,立即着手大量招募工人。工厂督察詹姆斯·斯图尔特说:

第七章 通往城镇的车票：蒸汽在空间上的优势

丹尼斯托恩和布坎南公司与其他的合伙人最近在某一环境清幽、村民强壮的乡村地区招募了两三千工人。很显然之前这一地区并没有任何制造商来过。这些工厂主便在当地自费建起漂亮、整洁、舒适的小屋子，一座超过3000英镑的教堂……他们会对神职人员进行永久的资助，还建造了学校和校舍并给教师支付薪水，

建造了200马力的水车、三间厂房，以及一条贯穿乡村的街道，这一切总共花费了16万英镑，[46]这是建造特尔顿—恩特维斯特尔水库价格的8倍多，或是整个艾尔韦尔河方案预期造价的近3倍。与此同时，亨利和埃德蒙·阿什沃斯在建造新伊格利的精美住宅上花了一大笔钱，两个工厂中最大的，据称它们"由石料建造，每个住宅都配备了4~6个房间、后院和一系列便利设施"[47]。除了图书馆、小教堂和学校，兄弟俩还建造了种葡萄的暖房、喷泉、鱼塘、桃园、果园以及一个有着茅草屋顶的凉亭。总之，他们斥巨资将一切打造得与村民们的喜好相贴合，努力把工厂打造成一个村民们愿意在此生活的地方。为招募教师来到学校，使为新伊格利和埃格顿配备的医生留下，他们给教师和医生开出了高于平均工资的薪水。此后，在乡村的水力磨坊里逐渐出现了两种矛盾的情形：谷仓里拥挤的宿舍和有着露台的整洁小屋、被强迫劳动的未成年人与被溺爱的自由劳力、农奴制的土牢与繁茂的花园、惩罚与享乐，这两幅景象随着建在瀑布上的工厂获取和留住劳动力这一根本挑战的具体情况而交相出现。这些工厂既是消暑的夏宫也是单独监禁的牢狱。在学徒制的后期，如我们所见，芬利的工厂、格雷格的工厂和许多其他的制造商选择转化到另一种模式。用一位苏格兰工厂经理的话来说："当时，由于农民不喜欢制造业，工厂所有者们为了让他们在工厂附近集结家庭，花费了巨额费用。"[48]

这些代价打破了水力和蒸汽动力之间的平衡。1826年，一个笔名为"客观的纺织工"的人在《格拉斯哥机械杂志》（*The Glasgow Mechanics'*

Magazine）上发表了水力和蒸汽作为主要原动力的成本计算过程，所计算的内容包含了租给地主的水源、水闸和大坝的开支，原材料的运输费用以及在磨坊与市场间运输原材料和管理者的费用。即便如此，蒸汽机消耗煤炭的成本还是比水力高出1.10英镑每马力：

> 不过如果考虑到在全国推广这种生产方式所需要的预支资本，包括要建立一座村庄、集结一群长期工作的劳动力队伍所花费的时间成本，以及其他数不清的不便之处（许多甚至需要花几年的时间解决），蒸汽确实是比水力更好的能源。[49]

在城镇，这些都不需要提前准备。房屋、街道、学校、医院、礼拜堂、教堂——如果不需要鱼塘和桃园的话设施已经很完备了，因为从根本上讲，工人就生活在这儿。[50]因此，城镇的工厂主不用单独为公共设施出资。1825年后，这一点肯定产生了重大的变化：在绿地上建造整个村庄将是危机期间最令人畏惧的投资形式，它面临所有不确定性和努力活下去的资金短缺的竞争对手。尽管汤姆认为应该将工厂从暴动的城市中心撤退至乡间，那些工厂主却不为所动，甚至反其道而行之。我们推测，部分原因是此次危机将职工居住区计划，或许还有汤姆的水库——置于险地。出于这一点，19世纪20年代中期的繁荣景象再也没出现过。

不过即使职工居住区足以消弭阶级矛盾，建立它们也绝非易事。所以，它们能成为汤姆展望中为资本提供的避风港吗？可以确定的是，房舍的确可以被改造成有效的纪律性工具：一个自由的成年劳力如果得罪了他的雇主，那么除了失去工作，还可能使得一家人被扫地出门。被驱逐的可能性是一股抑制工人间骚动与联合的强大威慑力——大多数城镇制造商只能嫉妒。在工人生活的方方面面，工厂主都要把自己考虑进去——要及时遏制工人逃走的想法，在工作时间之外监督工人的行为问题，相应地，他会有更多权力来规训手下的人。某一座城镇并非制造商所独有，而职工居住区却可以。在这里，资本家和他手下的管理者可以规划生活区、建立规则、巡逻街道、视察工人家庭、记录工人表现、监督学校里的礼仪教学，通过其他手段将经济和社会权力合并起来并呈现出极权主义制度的特点。亨利承认自己和弟弟"有时确实比较专横地行使了职权"。[51]

职工居住区可以被描绘成一个像大庄园或者领地一样的地方。盖斯凯尔这样形容职工居住区里工人们的房子，它们"由工厂所有者们搭建在离工厂近在咫尺的地方，这样工人的一举一动都在他们眼皮底下了"，在这儿，"常住人口增加了，这是雇主财产的一部分，就像他的大型机器一样重要"。[52]当然在这些工厂中有封建制度的残留物——工厂本身也非常依赖强迫劳力，这是原动机的本质。这些工厂的所有者拥有投资人、收租者、地主、教会执事、督察长和工厂主诸多身份，工人会自发聚在工厂所有者的水力中心附近，正如"古时候的农民受封建城堡的庇护一样"，法国记者莱昂·福谢（Léon Faucher）在《1844年的曼彻斯特：它的现况和未来前景》（*Manchester in 1844: Its Present Condition and Future Prospects*）一书中这样写道。[53]尽管有人因为家长制统治的瓦解和阶级战争的爆发而恐慌，但这些职工居住区似乎证明了对利益的追求仍可以建立在旧日秩序的框架之上。

换句话说，后期的资产阶级里，如此痴迷于职工居住区的并不只有汤姆一人，他为了能更有效地驯服工人阶级，提出应该把工厂从有蒸汽机的城市迁移到乡镇的水源边时，也并非在做白日梦。其他人在19世纪20年代仔细考虑过类似的方案。一个棉纺织厂主做证表示，他之前把他在格拉斯哥工厂的股份卖掉了——这一工厂全是男性纺织工，并搬去了"一座主要是女性工人的乡下工厂"，借此成功"消除工人们联合的可能性"。据说，在1829年的罢工中，纺织上好棉料的纺织工在考虑集体迁移去乡下。[54]在一小段时间里，这似乎是一个可行的方法，但是不久，阶级斗争在职工居住区也爆发了。

职工居住区的罢工行动

亨利·阿什沃斯对于工会的反抗情绪勃然大怒。他认为这项允许工人联合的法规是"过分纵容的法案";不久,他们兄弟俩工厂中的纺织工全部加入了这些联合会。职工居住区的和平遭到了威胁。1830 年 3 月,积蓄已久的矛盾终于爆发了。导火索是阿什沃斯兄弟延长了工人的工作时间,并分别减少了埃格顿工厂和新伊格利工人工资的 25% 和 9%;许多织工拒绝在新条款下工作。不久后,整体工作人数的减少造成了新伊格利的劳力短缺局面。在解雇了工会闹事的先头部队后,阿什沃斯兄弟不得不在斯托克波特、莱恩河畔的阿什顿、博尔顿和曼彻斯特,通过登报、发传单来招募破坏罢工的织工。他们知道在产棉的城市之外有失业的工人,但即使他们分发免费的毛毯、床单和被子,也只吸引到 12 个工人。[55]

这次罢工的核心人物完全来自内部:被推举为领袖的小伙子是从毗邻新伊格利的济贫院里招来的,接受职工居住区学校的教育——简直是阿什沃斯"从小开始孕育的一条毒蛇"。1830 年 4 月 10 日,他指挥由 60 个织工组成的暴徒将他们的不满发泄在职工居住区的基础设施上。他们身着女人的服装(不排除一些乔装打扮的男性),侵入了新招收的曼彻斯特织工的宿舍,砸坏一切家具,殴打工人至失去意识并把人丢到街上,继续前进至新伊格利经理的住所处,那位经理在这性命攸关的时刻逃到了烟囱上。这场暴乱还席卷了职工居住区的学校。《曼彻斯特卫报》用愤慨的语言对这一事件进行了报道:

> 他们首先拆掉了多所小屋的窗户,接着是两位阿什沃斯先生修建的学校的窗户。他们自己也付出了沉重的代价,比如破坏了自己孩子们上课的场所和周围的生存家园。这场暴乱的损失是惨重的,小屋和学校有大约 300 片玻璃被打碎。[56]

在暴乱者到达其主要目的地,也就是村庄下面的新伊格利工厂之前,有人拉响了工厂的警铃,叫来了警员。四男一女被捕,他们的同伙迅速逃窜了。这之后,新伊格利被由内至外地武装起来,"一批特警宣誓就职,他们担任保护(原文如此)两位阿什沃斯先生手下所有雇员的职务,工厂每晚都有全副武装的男性把守",《卫报》告知读者。[57]保护的范围包括宿舍和埃格顿工厂,另有600名士兵在博尔顿随时待命以防进攻。

就其本身而言,这种暴乱在当时并非反常现象,甚至都没能引起伦敦报社的注意。这场争端以阿什沃斯兄弟的胜利告终,他们要求自己的工人正式声明放弃工会的会员身份。不过胜利的代价是沉重的,新伊格利工厂的收益受到重创,收益率从1829年的5.7%下降到1830年的0.7%;这种困难局面甚至在恢复秩序后仍在持续,收益率在1831年降为零。尽管这种利润的崩盘在当时是符合发展趋势的,但阿什沃斯兄弟的境况主要还是由因薪水降低导致人手流失造成的。在为1833年的工厂调查做证时,兄弟俩愤怒地表示:

> 这些人是工人阶级虚伪的朋友,用不太合适的话说,这些鼓动者们持续几年都不停挑拨工人们(他们的支持者)和我们之间的关系;这对我们的生意造成了很大的损失;有时是对薪水不满,有时是干涉我们权力的实施或我们的交易规则,最近更是开始编造时间表了(一种减少工作时长的合法证明)。因此我们希望当前的调查可以推动法律措施的制定和落实。[58]

虽然阿什沃斯兄弟和许多城市资本家一样好斗,但他们因最早进行了反劳工团体运动而在全国获得先锋的美誉。为了给他的同盟传授经验,亨利调研了许多罢工的场所(包括1837年的普雷斯顿)。每当新伊格利和埃格顿出现冲突,兄弟俩都只接受工人无条件的投降,并要求他们退出一切工会组织。[59]这便是工厂生存的关键所在。

不过效果依然微乎其微，因为整个劳动力队伍在1830—1840年都处于焦虑不安的状态。1836年，在自己的资产被通货膨胀的经济削减后，亨利以个人名义给埃德温·查德威克写信——他是工厂调查的前负责人，现在是乡镇警方的警长。在信中他说道："尽管我们和工人约定了他们不得加入任何一个工会，但证据表明，他们中的一些人仍在向基金捐款，且通过一些隐蔽的方式改变了工厂的名字。"在平安夜，兄弟俩给了查德威克一份喜欢寻衅滋事的织工黑名单并要求警方介入。[60]在19世纪30年代晚期，工人们欣然接受了宪章运动。1842年，罢工的浪潮扫荡了阿什沃斯职工居住区以及兰开夏郡的其他地区。根据库克·泰勒失之偏颇的总结，工厂被"大批罢工者围攻，机器停止运作，迫使（原文如此）工人回家"。罢工的工人也来到了阔里班克纺纱厂所在的小山谷，烧毁了女性学徒的宿舍和供给商店，"工厂停工，并于三周后被拆除"。[61]

在苏格兰，芬利的几个工厂手下的200个工人据说在19世纪30年代早期就加入了工会，为的是"强迫雇主为他们加薪"，在雇主拒绝后，他们在1834年12月发起罢工。当破坏罢工的工人被带到卡特里内后，人们不满的情绪爆发了。工厂主在递交给爱丁堡高等法院的请愿里写道，罢工者"为了妨碍上述在罢工期间上工的工人，把他们层层围住，朝他们丢土块，殴打他们并用威胁性和难听的语言辱骂他们"。[62]丹尼斯托恩和布坎南公司还没来得及将他们成千上万的英镑输送到斯坦利职工居住区，它已摇身变成纺织工联盟的一座坚实堡垒。尼尔斯顿地区7个棉纺厂经理之一（他的工厂建在拉弗恩河边上）在1837年抱怨："最近两三年以来，对工人的管理比之前困难了太多；同时，一种反抗和不愉快的情绪似乎在工人阶级内部传播得飞快。"[63]

这些年中的某一刻，罗伯特·汤姆"将工厂搬到河边"的方案瓦解了。显然，职工居住区并不是阶级斗争的避难所。恰恰相反，19世纪30年代早期和中期的一些运动把它们推到了斗争的最前线，这是因为它们比城市工厂更易侵略,而且它们还得抵挡罢工、工会和工人怒火中烧的各种焦躁情绪下的冲动行为。虽然自罢工在乡村水力磨坊爆发已经过去了几十年,但是19世纪30年代初期的罢工呈现出一种特殊的局面:《联合法案》的废除带来了大量的可乘之机,给职工居住区带来了冲击,而之前投入的巨额固定资本已然化为泡沫。正如《卫报》强调的那样,新伊格利那些被恶意破坏的学校全由阿什沃斯"自费建造",当然也包括被打碎的300块窗户玻璃。城市的暴乱或许破坏性更强,但是一旦出了工厂大门,可以当作目标的工厂主财产大量减少,远不如职工居住区,因为后者的一切都是工厂主的自有财产。正是因为它们完全归工厂主所有,而且造价昂贵,所以职工居住区才抵挡不住工人们打砸抢的怒火。

这些围绕着"封建城堡"建立的理想化和平其实不堪一击。这不仅是因为建造职工居住区本身就耗费了巨额资本,更是因为雇主在解雇任性工人的同时也损害了自己的利益。大幅的裁员在城镇是资本家的惯用武器,但在职工居住区却行不通,它会阻碍工业的发展,让工厂主不得不重新招募工人。雇主十分矛盾,尽管解雇一个不守规矩的工人能起到杀鸡儆猴之效,但在职工居住区,想要大批裁员可比在城市里困难得多;相比之下,在城市里,重新招募工人来填补劳动力的空缺轻而易举。在招聘代替罢工者的工人时,雇主们也受到同样的限制。在结构性危机的前期,罢工的浪潮席卷了职工居住区,破坏了当地脆弱的和平,并使管理变成了一场工厂主与工会之间紧张的可能招致毁灭的拉锯赛。在19世纪20年代末之后,将棉纺织工厂转移到乡村的计划再也不见了踪影。

雇佣劳动的空间固化

当后恐慌的萧条最终在1833年年末被经济复苏所取代时,以水力资源为生的工厂主面临一个严峻的考验:他们能够在维持当前产量的前提下扩大生产规模吗?他们在扩张的竞争中能够胜过使用蒸汽动力的对手吗?归根结底，问题的关键还是劳动力。1834年6月，埃德蒙·阿什沃斯曾因"劳力的稀缺"和高昂的薪水而哀叹"在当地这样的情景十分常见：在人手不足的时候，工厂主会向穷人的监督机构和教会资助的济贫院申请分配更多人口，然而这种尝试并不总是成功"。这是许多像他一样的纺织厂主面临的困境。罗伯特·海德·格雷格更是倍感委屈："现在，工厂劳动力不足已经导致机器闲置了12个月，我们无法使用新的设备，因为没有足够的人手。"行业的繁荣很可能会给工厂施加过重的压力："明年，不出意外的话，我们的工业品、厂房等数量都会增加，这是否也恰好证明了，对劳动力的进一步需求会导致更多的工会、酗酒问题和高薪要求的出现？"[64]水力磨坊无法借助公共组织渠道来获取额外的劳动力，这在棉纺织业的繁荣年间还是头一次。

此外，城镇的变化同样不容小觑。在英国19世纪早期，城镇翻天覆地的变化格外引人注目，人们热议纷纷："数量众多的非熟练工人大量聚集在人口密集的城镇，一种新的社会就此诞生了。"一位议员在1844年评论道。[65]1750年的伦敦是有着5万多人口的英格兰唯一中心；50年后，像这样的中心城市多了7个；又过了50年，中心城市的数量达到了29个，其中9个中心城市的人口超过了10万。1801年，英格兰总人口的66.2%仍在乡村，但在接下来的几年里，这一比例陡然下降。到了19世纪40年代，城市人口超过了农村，这种平衡发生了永久性逆转，1851年的人口普查首次记录到大多数人口居住在城市地区。随着格拉斯哥的崛起，苏格兰也经历了类似的转变，其人口在1800年前后超过爱丁堡，佩斯利紧随其后。[66]

英国的城市化是一个自成一体的过程：1851年，英国之外的国家城市化程度出奇地低，大概只有全部人口的1/10住在城市里。这种情况一直持续到19世纪。1890年，英格兰和威尔士61.9%的居民搬到了城镇居住，此前这些城镇的常住人口是1万人左右。排在第二位的是比利时的34.5%，法国达到了25%，中国是4.4%。到1900年，曼彻斯特城区（包括如博尔顿、奥尔德姆和斯托克波特这样的卫星城）的人口密度比世界上任何其他地方都高。1811—1825 年，英国的城市化进程比 19 世纪任何时候都要迅猛。1820 年上半年，英格兰城市人口的年增速达到了破纪录的 2.6%。其他某些城镇人口的增长速度更是吓人，比如曼彻斯特在 1820 年的城市人口增加了 3.9%，这和其他北部的工业城市是一致的。不过格拉斯哥城市人口的增速比它更快。英国在恐慌到来前的城市化速度是当时其他国家无法比拟的，即使是最先进的资本主义国家也是在 1900 年前后才达到这一增速。[67]换句话说，从水力到蒸汽动力的重要转变，是在英国（可能还有世界上其他地方）有史以来最大的城市化浪潮中率先实现的。

英国乡村人口从 17 世纪开始就出现外流现象了，这一趋势在 19 世纪早期达到了顶峰。外流人口主要由之前的农民组成，他们离开自己的村庄，前往兰开夏郡的新兴城市。在 1776—1816 年这 40 年间，城市人口的增加可以用这股持续的"迁徙潮"进行量化。这些新的移民对工厂劳动适应得很快，他们熟练得仿佛在瀑布附近的家里干活儿一样，不过，他们很快诞下了孩子。制造业城镇很快便充斥着年轻人，这一代人是最喜欢背包就走、四处游历的。人口中最具生育能力的便是这些青年男女，在城市中，推迟结婚的理由往往会消失，他们随即开始繁育后代。移民是城市人口自然增长的最大来源，这一转变在 19 世纪 10—20 年代发生。[68]此后，城市的人口队伍主要随着第二代人而膨胀：男孩和女孩从小生长在城市里，对于其他存在的社会形式没有丝毫了解。这为制造商输送了源源不断的劳动力，在数量和质量方面都无与伦比。

如果这些青年男女仅仅是为了找工作而进城，为什么不变通一下，去那些水力工厂呢？即使这些水力工厂位于偏僻的农村。或者换种说法，面对英国 19 世纪早期的移民潮，水力磨坊是如何保证劳力数量相对稳定的呢？要解答这个问题，我们首先要明白，进城找工作的人里，只有非常少的一部分人会专门应聘像纺纱工、接线工、看守工和织布工这类棉纺织业的岗位，大部分人会应聘那些没有特殊技能要求的岗位。正如理查德·丹尼斯（Richard Dennis）在《19世纪的英国工业城市：社会地理学》（*English Industrial Cities of the Nineteenth Century: A Social Geography*）一书中提到的：

> 这些移民往往不具备特定的技能，他们会搬到离家较近的城镇，或者去一些有大量普通工需求的大城市谋生，例如在建筑行业、码头、市场这种出力的粗活儿，或者是个体经营的洗衣妇和小商小贩。[69]

比方说，有一个15岁的女生去城市里谋生，把父母留在奔宁山的小村庄里。可以说，她最后是成为家庭佣工还是棉纺织技工都没有太大的区别：她一定会进入当地需求最旺盛的招聘市场。这些都无法避免地体现出一种城市性。棉纺织尽管是一种特殊的行业，并且就特性来说对于资本原始积累十分有利，但确实很难吸引大批的雇佣劳动力。1821年，工厂里的工人只占英国总劳动人口的2%；就算是在兰开夏郡，也只占总人口的不到1/5——这些城镇的数据还算比较高的了。[70]

职工居住区就如沧海一粟那样毫不起眼。经济历史学家悉尼·波拉德（Sidney Pollard）认为，城镇是农民们的首选目的地，"一旦他们安定下来，再次迁移所花费的成本和农民本身对于外界环境的短视，也扼杀了他们重新搬家的可能"。一般来说，在相对偏僻的工厂里，关于外界环境的信息是十分闭塞的。[71]这种不均衡的定居方式有一种强烈的自主增强的趋势：随着越来越多的移民涌进城镇，当地的人口基数变大，工商业生活竞争更加激烈，又吸引更多移民背井离乡、来此谋生。这些城市中心对工人们有着无穷的吸引力。19世纪初，一位早期棉花制造商查尔斯·赫尔伯特，在什罗普郡的赛文河畔建起了一座棉纺织工厂。他也遭遇了劳动力短缺，并发现农业劳动者比住在制造业地区的年轻人在学习工业生产上要慢。尽管如此，他希望：

第七章 通往城镇的车票：蒸汽在空间上的优势

（乡下）地区的工资更低，我们应该从劳动力价格的唯一差异中获利；到目前为止，这个方法是有效的。但是，尽管我们给许多工人按时定量地发了三年工资，很多人还是投奔了曼彻斯特、斯托克波特等地。我们很快发现，如果产业发展到了一定程度，在最易获取（原文如此）大量劳力的地方，则必须把工厂建在相似类型的产业附近，在这儿只要预支薪水便能快速招来足够数量的劳动力。[72]

工人们会离开约克郡的水力磨坊来到兰开夏郡的都市迷宫中，也可能从附近的职工居住区来到格拉斯哥试试运气。根本上，城镇的魔力在于它有种类最多最全的无须特定技能的工种可选。不过，这也和许多其他城市生活吸引人的地方（如肉类市场）有关系。城镇像滚雪球一样越变越大、坚不可摧，生出一种黏性，降低了乡间水力磨坊劳动力供应的弹性：这种雇佣关系在空间上是不易变动的，恰恰和光秃秃的河岸相反。雇佣劳动力在兰开夏郡和苏格兰等大城市人口中占了绝大部分，在19世纪40年代早期，估计在阿什顿有81%，利布里奇有90%，斯托克波特有85%，奥尔德姆有84%。[73]不过这一局面早在1825年之前就初见端倪。那么在危机发生之后，是什么吸引了工厂主们纷纷转向蒸汽动力呢？

1825年前后的城镇诱惑

蒸汽机是通往城镇的"车票"，制造商会在城镇遇到大量可管理的劳动力，这些劳动力很早就被出售和购买。1818年，约翰·肯尼迪描述了蒸汽机如何将制造商从不断与劳动力纷争的诅咒中拯救出来："瀑布的价值降低了；和以前把劳动力带到动力源附近的情况不同，现在工厂主们更倾向于把工厂建在人口密集、需求旺盛的地方。"麦康奈尔和肯尼迪公司是棉纺织业的早期巨头，因此我们可以推测肯尼迪这话是有感而发的：这是大多数水力制造商最终转向煤炭的主要原因。1823年，同样是在转型的关键时期之前,罗伯逊·布坎南评论了瓦特蒸汽机特殊的价值所在:"动力和人力可以轻松地集中分配在最合适的地方。"在城镇,"保险的劳动力供应和稳定的人手支配"将使工厂运营更加有利可图。[74]

肯尼迪和布坎南用过去式的口吻写道,蒸汽机的这种"随遇而安的"工作特性解释了它为什么在危机爆发很久之前就能得到普遍运用。确实,同一原因也可以解释世纪之交时,为何水力资源无论在存量、价格还是技术方面都占据优势,纺织工厂还是采用了蒸汽动力。在1825年之前采用蒸汽动力的工厂或多或少都手握王牌(比如蒸汽动力的空间移动能力),来与水力显著的优点相抗衡。19世纪10年代,在曼彻斯特和格拉斯哥建立大型工厂已被视为成功的象征。[75]

1825年后,城市蒸汽动力的相对吸引力成倍增加。18世纪八九十年代,一个资本家在给棉纺织厂选址时很可能会坐享水资源的便利,因为此时工厂纪律是一个新型概念,就算是城市的劳动力也没有遵守它的意识。到了19世纪30年代,"城镇里的移民工人子女长大了,父母迫切地想为他们在工厂里找份工作",波拉德说。对土生土长的工人的培养,使他们习惯了一个由机器运转的声音、各种铃声和监工组成的世界,工二代和下一代人也对工厂生活无比顺从,但农民——无论是南方的贫民、北方的手摇织布工、苏格兰高地人还是任何地方的农民,都不会习惯工厂生活(也许永远不会)。[76]这时,在农村地区建造棉纺织厂就得从头开始招聘劳动力,这可能相当于倒退到18世纪八九十年代。制造商错过了进行文化适应的过渡过程。

到了1846年,亨利·阿什沃斯终于意识到城市的蒸汽动力工厂具有开创性的历史意义。"如果你被吸引到一个有水力作为诱因的农村地区,与城镇居民相比,需要一两代才能使工人有足够的能力从事有利可图的工作"。极少数制造商有足够的耐心来等待工人适应工作,而且蒸汽动力在城市的发展已经一骑绝尘了,嗅到生机的企业家不得不跟上发展进程。

1834 年，曼彻斯特一家蒸汽工厂的主人詹姆斯·弗恩利发表了他的看法："市场里总是有很多劳动力的冗余，我总能招到足够的、习惯于这种工作并在其中长大的人，我猜，这些人肯定总是首选。"[77]

詹姆斯的兄弟和搭档亨利·麦康奈尔时常缺少童工，但"18 岁以上的劳动力十分充足"。他所雇用的人"普遍对工厂里的工作有些许了解，除非在无法避免的情况下，否则我们极少雇用生手"。[78]换句话说，他们公司在曼彻斯特的蒸汽动力工厂里，成年劳力可以自给自足；事实上，其他的棉纺织工厂似乎也没有劳动力不足的烦恼——只要他们的工厂建在城镇内且使用蒸汽。

第一，"过剩"是一种特别的恩惠，这种现象在经济繁荣时期则表现得更为明显。然而，亨利·阿什沃斯在 1835 年 2 月却向查德威克抱怨道："这一带劳动力的稀缺程度是我前所未见的。"三个月后，当曼彻斯特的制造商罗伯特·加德纳被问及是否遇到这种劳动力短缺的情况时，他回答说："没有，真的从来没有；这里的纺纱工人一直供大于求。"正当格雷格的工厂到处寻找机器生产的人手时，彼得·尤尔特在棉都（曼彻斯特）证实了："在我们公司，职位有空缺时会有五六个人前来应聘。"[79]水动力的推广此时遭遇了巨大的瓶颈。在此关键时期，芬利、麦康奈尔、加德纳、尤尔特和其他蒸汽动力的支持者们进入了一个和斯蒂亚尔和埃格顿建设截然不同的经济繁荣期。因此，首次强化的城镇吸引力反映出水力的反作用和城镇发展间日趋严峻的矛盾，新劳动力无法再依靠移民产生，而是依靠城镇居民的再生产。

第二，城市资本家们提到的劳动力过剩现象在 1825 年后爆发。工厂工人长期的不充分就业，成为这一危机的症结之一。除了经济停滞外，这一问题的产生还有技术发展的原因，"钢铁侠"及其辅助设备不再需要纺织工人了，他们被迫流入城市，在街头闲晃并上门骚扰——没有任何人比他们更熟悉工厂工作了。1825 年后期的经济萧条和自动化生产的综合作用造成了持续性的劳动力过剩,这一现象很自然地集中在了城镇地区,并从根本上增强了蒸汽的空间优势。[80]

第三,或许也是最重要的一点,从手摇织机到动力织机的生产方式转变,实际上也刺激了对工业技术人员的需求。直到1813年,在英国棉纺织厂里的手工织机织工仍是工厂操作工的两倍。19世纪20年代早期,动力织机的传播使手工纺织者的数量增长第一次遭遇停滞,一个清晰可见的分叉点与19世纪30年代中期的经济繁荣开始重合(见图7.1)。在此之后,需要家庭生产的工作门类遭遇了最大限度的缩水。

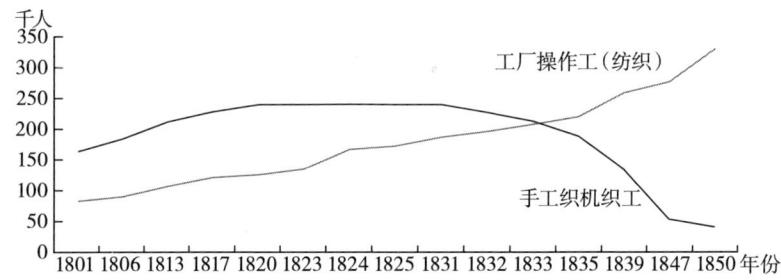

图7.1　1801—1850年英国棉纺织行业的手工织机织工和工厂操作工[81]

很快这些工作就会全部消失。1825—1848年,20万手工织机织工几乎都从原来的岗位转至工厂的操作工——除工厂扩张外,更多是因为机器自动化的发展。[82]动力织机的兴起摧毁了传统家庭式个体劳动制度,并相应地催生了工厂工人的附属队伍。自动化并没有终结对劳动力的需求,而是实现了劳动力的转移。这种新的劳动形式在城镇最为常见。

不像传统的手工纺织,机器纺织生产从一开始就是一种城市经济活动。它打破了本土化的规划,只要传统的手工织机建在动力织机的两侧,那么在郊区水流的死水处建造一个磨坊就是可行甚至是便利的,这样周围的劳动力就可以在外围参与工厂的生产。从另一角度来看,这种混合工厂增加了对工人的需求,并切断了农民和土地的联系。在北方乡村兴起的半家庭式手工业者让人们看到了劳动力在空间上集中化生产的优势,并减少

第七章 通往城镇的车票：蒸汽在空间上的优势

了外出工作的需求。正如走锭纺纱机一样，动力织机要求它的使用者完全服从于机器的命令。这又更大强度地将工厂推进了城市。

第四，在发生严峻的阶级冲突时，城市劳工的可替代性更具有战略意义。一个无可救药的浪漫主义者——沃尔特·斯科特（Walter Scott），研究了职工居住区的衰落和城市蒸汽工厂的兴起，并且找到了其吸引普罗大众的商业魅力：

> 当机器依靠水为动力时，生产者们需要寻找一些隐蔽的、可获得落差的地方，然后他的工人组成了他周围村庄的居民。当然，身为雇主或多或少需要给予工人们一定的关照，了解他们精神和生活层面的需求，了解他们的人品和性格。然后，在长期的工作中对他们产生潜移默化的影响，从而让工人对雇主和未来愿景产生密切的认同感。现在一切都改变了：制造商们都转移到大城镇，在这些地方，一个人可以一周召集500名劳工，然后在第二周解雇他们，他们除了需要接受（原文如此）一周的工作以获得一周的工资以外，无须后续有任何其他的联系，更不需要像对老员工一样关心他们的未来命运。[83]

介于空间上的固定性，水动力生产方式要求制造商必须与他的手下建立密切的关系，无论是与他们捆绑在一起且必须满足各种需求的学徒，还是在生活各方面（从宗教信仰的引导到基础医疗）都需保护起来的自由劳动力，皆是如此。相反，蒸汽动力的生产方式与水动力迥然不同，它可以让资本家把他的工人们当"旧梭子"一样使唤。雇主可以随意解雇或者自由替换自己的员工，让他们回家另谋生计。临时雇佣关系使他们可以免除任何隐秘的负罪感。如果说乡村水动力作坊的管理方式是在奴役和激励制度之间摇摆不定的话，现在的蒸汽动力工厂则免去了所有麻烦。这里的工人更接近于一种非私人且物化的"商品"。

《联合法案》的废除限制了对工会和罢工者进行人身攻击的措施，毫不费力地替换工人就变得更加重要了。1837年发生在普雷斯顿的罢工运动就是一个很好的例子。打败工会的不仅是自动化的引入，更是在暴乱前的650名工人被解雇后，只有367位被劳动市场再接受（其中很多是看守者）。在整个罢工期间，磨坊主们统一战线，不断招募新的工人并对其进行专业化纺纱培训，这项任务在安装了走锭纺纱机后大大简化了。随着一批又一批新的、未加入工会的劳动力进入市场，工会解体了。在格拉斯哥，那一年的最后一次冲突以同样的方式结束：男织工被年轻女性替代，机械化大生产粉碎了工会的势力。[84]

在奥尔德姆，雇主们对于自己的劳动资源有着足够的把握，即使是在1896年年末罢工中投降的工人们，他们也拒绝在短时间内接纳，这是"为了按照自己的意愿来选择员工"。"我们认为，解雇是让手下的工人们保持相对的顺从和服从最行之有效的手段之一"，一家位于达金菲尔德的蒸汽机磨坊的经营者们在1834年声称。[85]在兰开斯特的棉花小镇，雇主们养成了一种习惯，即向所有工人展示《提前两周通知》的规则——这在雇主努力追求长期雇佣合同的职工居住区里简直是奢侈品。在整个棉花行业的劳资战争中，挑选工人的能力被证明是一种决定性的武器。不同于在职工居住区中脆弱不堪的资本家，城市工厂雇主在解决工人动乱问题时更加游刃有余，他们以农村制造商无法企及的方式将工人们瓦解成一个个"旧梭子"。

"雇佣500名一周临时工"的资格在1825年后被严格规范，这也恰好可以被看作第五点吸引力——将制造商从不断为职工居住区砸钱的苦海中解放出来。大量的固定资本使工厂所有者被套牢在一个地方，无法自由地迁移到另一个劳动力更加灵活的地方。"那样本质的工作没有任何灵活性"，巴贝奇写道，"雇主在工人联合运动中更容易受到伤害"，经营良好的制造商们会保留逃往没有蛮横工会之地的可能性，但也有可能被一些原动机束缚在原地。机械化大生产解放了他们，"工厂里的大型机械都是由

第七章 通往城镇的车票：蒸汽在空间上的优势

小的零件组成，它们可以各自作业，互不干扰，都由一个动力源（如蒸汽动力源）驱动，机器的移动变得便利很多"[86]。危机当中的阶级矛盾也只有在蒸汽基础上才能得以解决——或者以另一种方式被替代。至少有五个诱因增强了1825年后城市的诱惑力：第二代劳工的出现、过剩的未就业劳动力、采用动力织机后对操作人员的双倍需求、工人的可替代性增强的战略意义、从昂贵且束手束脚的职工居住区中解放的自由。这些构成了棉花生产自动化青睐煤炭而非流水的众多令人信服的理由。也只有如此，动能才能被人们集中应用。

为什么这种偏好是被赋予的？

早在1829年，阔里班克纺纱厂就已经表现出衰败的迹象。这样的局面导致人心惶惶，年老的塞缪尔·格雷格并没有为此做出过多努力，但是他最有事业心的儿子——罗伯特·海德，却开始思考解决之道。在给他父亲的一封信中，他预测到在"资本横流，竞争惨烈"的未来，不可能一家独大，这样的未来对于家族非常不利，"如果在市场上人人都可生存，我们更应变得富有"。现在问题的核心是，"老旧的磨坊"成为公司的绊脚石。机械日趋老化，难以移动改造的建筑物成为沉重的负担，产生了"一个严重的问题，我们或许可以考虑放弃这个工厂"，[87]但他们并没有采取这样极端的行动。1834年，老格雷格去世，紧跟着是老旧工厂的技术型翻新，水力磨坊迎来了自动纺棉机和动力织机，但这样的形式在扩张上却有障碍：新的织工、看护工、接头工和其他工人都需要集中到一个新的地点。但职工居住区两侧都是陡坡，还有些地方易受水涝影响，在这样的地形条件下扩建会花费更高的成本。[88]

但是格雷格的工厂很幸运，他们还有其他选择。自19世纪20年代中期始，他们在兰卡斯特和伯里采用蒸汽动力，使两个工厂联合运营。19世纪30年代，罗伯特·海德为此斥巨资兴建了新的运河。实际上早在1832

年，兰卡斯特新工厂的规模就远超原先的旧工厂。该工厂与它的姐妹工厂伯里、阔里班克纺纱厂和另外两座小型的水动力工厂相比，都有一个显著的优势：劳动力可以就近获得。这两个工厂摆脱了职工居住区的负担，创造了持续可观的收益额，在一定程度上也弥补了水动力厂产生的损失。阔里班克纺纱厂以落伍者而非领头人的身份继续存活了几十年；未来的工厂扩张将针对城市蒸汽。[89]阿什沃斯的工厂则没有相似的资产，逐渐在自动化生产的浪潮中掉队，最终因为19世纪30年代的冲击而失去其原本在纺织领域的领先地位。工人们逃到了博尔顿和兰开夏郡的其他城镇，频繁地因为工作质量受到处罚，加上被过量的机械工作所折磨，他们只有在相对高的工资条件下才愿意继续留在这些地方工作。如此，工厂的净利润进一步降低，扩张规模的计划受到阻碍。许多生产者主要选择蒸汽动力的生产方式并大获成功，在这样的背景下，即使阿什沃斯的工厂可以在行业中继续苟活数十年，也没有办法重现往日辉煌。[90]

　　1844年，在遥远的北方，我们可以看到，芬利分别对其三个水力工厂进行了独立估值：将卡特里内与格拉斯哥其他具有代表性的工厂相比后，估价员得出结论，水力生产为公司每年节省了243英镑13先令10便士——"但这个估值并没有去除额外的管理成本"。同样在丁斯顿，煤炭成本节省了约700英镑，但"与格拉斯哥的工厂相比，额外的管理成本"抵消了节省的成本。如果不是因为其巨额的财产，体量更小的巴林达洛克或许应该感到更为恐慌。[91]在收到对他们职工居住区的书面意见两星期后——从能源成本上来说，水力工厂比蒸汽工厂更省钱；但由于农村劳动力住宿的这些麻烦事，总体上更昂贵——芬利家族宣布对其三个水力工厂进行出售。他们放弃了"赫拉克勒斯"，将这个功率至少600马力的蒸汽机（是曼彻斯特最大蒸汽机功率的两倍）公开出售，但令人遗憾的是，丁斯顿和卡特里内都没能找到一个买家，只有巴林达洛克被卖掉了。两个规模宏大的工厂变成了公司沉重的负担，被视为一种耻辱而非荣誉的存在。

因为这两家工厂近 20 年都持续亏损,更在 19 世纪 40 年代后期严重贬值,工厂生产最终被视为过时的"老古董"所拖垮。[92]

罗伯特·汤姆也有同样悲惨的经历。1834 年,他回顾了肖氏水力计划惊人的成功实施,该计划向投资者提供了非常规律和廉价的水源:

> 尽管有这些优势,那里的瀑布还是流动极缓,其中还有 30 个未被租出。与此同时,格拉斯哥已经陆续建成了许多蒸汽动力工厂,那里的蒸汽动力成本约为每马力 20 英镑,几乎是格林诺克水力成本的 7 倍。为什么工厂选址的偏好还是被赋予了格拉斯哥?因为这里是苏格兰的商业集聚地,有着大量专业受训、整装待发的人口。[93]

法雷和麦克库洛赫的观点得到了棉纺织业中制造商们的普遍认同。他们的观点在其他蒸汽机手册中得到了回应,其中一些手册引用了蒸汽机创造者本人的话,瓦特有一次强调说:"不是要把制造商带往动力产生的地方,是把原动力放在对于制造商来说最便利的地方。"1781 年的公告提出了更加震撼人心的未来构想:"我们的旋转式发动机现在已经非常完备,在任何情况下都可以适用于驱动棉纺厂;在这种情况下,将棉纺厂放在城镇或现成工厂中的便利性将抵销燃煤的费用。"[94]瓦特的预言仅在半个世纪后就变为了现实。

这种言论的显著性及其频率,从瓦特通过手册的论断到失掉市场的水力生产者们,暗示了一个在资本家和评论家、工程师和经济学家、工坊生产者和所有者之间达成的共识——尽管蒸汽生产有诸多弊端,但因其在空间上的可移动性而被时代所采纳。它能辐射到最广的劳动力范围,这在生产者眼中是一种压倒性的优势。这一观点被不断重申,即使过渡期内的反对一方也如此强调;直到 1866 年,杰文斯坚持认为:"没有什么比用之不尽的水力资源更加优质和低廉,没有什么能比水力更便宜或更好,但一切都取决于当地的情况。"有些情况不利于这种水力能源,"再次说明,由资源来支配劳动力,而非劳动力支配资源,这是水力生产的一大缺点",成为一个永久的定论。[95]

因此,这些围绕能源发生的转变都具有双重意义。渴望像机器一样服从的人类劳动力的愿望把棉纺织行业的资本引向了蒸汽动力。汤姆半封建的观点和其他对职工居住区抱有幻想的观点普遍与时代演变的逻辑相脱节,反之兴起的是自由独立的自动棉纺机和林立的动力织机,它们在一定程度上创造了自己的历史舞台——在工厂内部。当历史退一步来看,会出现一个讽刺性的现象:水力磨坊最初对工厂纪律的渴望最终导致了自我灭亡。但劳动力丰富并不是城镇的唯一吸引力。

蒸汽和集聚经济

一套靠水力生产的职工居住区体系除了人力、生产原材料以外,还有很多其他组成部分。一旦商品被生产好可用于出售,必须送回市场。这种离心力同时朝两个方向延展开来,所以约翰·法雷认为蒸汽动力的第二个优点是:"它使工厂可以建在便于购买原料和出售商品的市场附近,而不用把生产材料都搬到水边。"[96]曼彻斯特就像它的别称"棉都"一样,是棉花原材料和成品分配运输的中心枢纽,从长远看,这里市场的集中程度有利于专门生产特定数量的纱线和各类布料,同时也能提供所有生产所需的服务和设施:银行、仓库、煤气照明、证券交易所。越来越多不同门类的工厂被吸引到它周围。1825年以后,工厂一般选址在兰开夏郡和外围更偏远的山谷地区,如约克郡和德比郡,但还是抵挡不住来自反方向的压力:曼彻斯特的向心力过于强大。纱线和布料市场挤满了商贩;在极力追求过量生产的大风潮下,占据一块城市外围领地显得尤为迫切。在福谢看来,非常遗憾,这才是原本有利可图的职工居住区被抛弃的原因。

现在制造商不用去寻找最好的工人,就有优质的劳动力自动找上门来。而且，燃煤生产充斥着整个英格兰，制造商确定的工厂位置，只是为了利用大型商业城镇提供的机会购买原材料和销售产品。[97]

但这并不是"唯一"的优势。在《关于在生产中应用蒸汽而导致的纺织品制造商的地点和工艺的变化》一文中，库克·泰勒强调了兰开夏郡中心地区的优越性，"这里由受专业化训练的劳动人口和稳定的市场组成"——但这些还不是它的全部优势。[98]

机械化的稳定进步在城市的聚集地带而非外围的职工居住区发生。在工厂集聚区，工厂主们激励彼此发明和采用新的设备，而空间的集中本身就促进了对最具生产力的机器的竞争：这里孕育了创新的温室，大型城镇往往充斥着最新的机械模型消息、关于新机器的构想和熟练操控它们的技工，比如夏普、罗伯茨公司。[99]虽然这个因素与劳动力供应和靠近市场一样，不受时间限制，使其成为1825年之前引入蒸汽的部分原因，但其紧迫性在危机中再次得到加强。随着技术细节的改进，自动棉纺机和动力织机的各种版本纷至沓来，任何在采用它们时犹豫不决者都面临可能被市场淘汰的风险。

总体来说，这些因素都在现代化的语境下被归为"集聚经济"或者"集群发展"。库克·泰勒等同时代的人对这种逻辑的基本理解是"工业化占领"："可以感知到，人们明显倾向于在可以集中化生产的城市地带聚集，而不是在那些有得天独厚的自然优势的新地带选址。"[100]一旦这个过程被启动，劳动力资源、市场、核心知识、共享设备和其他特征的协同作用便开始自发地累积发展，进一步吸引新的工厂，区域生产的扩张遂呈螺旋式增长。蒸汽动力是这种集聚效应发生的必然条件。水力的离心力与之形成鲜明的对比，麦克库洛赫详尽地阐述了这种分裂：

任何数量的蒸汽机都可以在彼此附近建造，这样一来，机械化工厂所需的所有生产部门都可以集中在同一个城镇，甚至是同一个工厂。不同的工人之间相互融合发展，由此显著地减少了对工人数量的需求。这种高效的生产方式依靠水力绝对无法实现，因为它通常需要靠近瀑布而把工厂建在全国不同的地方，地理位置极不便利。[101]

因此，在城镇与煤炭往来间形成了一个闭合的循环，来往不断。很显然市镇中心的形成早于蒸汽动力：曼彻斯特作为棉纺织工厂的中心枢纽而存在，兰开夏郡则是机械生产的聚集地，格拉斯哥早在詹姆斯·瓦特之前便成为北方的一颗明星。它们辖区内的第一批工厂促进了当地的发展，也吸引来了更多工人、商人、工程师和机械师，这些群体反过来也促进了工厂的聚集，使蒸汽动力与传统水动力相比更加具有绝对优势。在工厂规则案例中，则是水力磨坊促进了它的产生。绝大多数的棉纺织中心一开始都是由水力驱动的，但在某个历史节点，水力的核心地位促成了向煤炭的转变。例如，斯托克波特利用戈伊特河、塔姆河和默西河的水流，从早期的丝绸生产聚集地转变为机械化棉纺织生产区。资本、技能、劳动力和车间都集中到了该地，但是随着其热度越来越高，聚集的生产厂越来越多，河边的生产区不断扩张——在缺乏对水资源管理方案的情况下，最后结果只能是一些制造商的退出。唯一可以在斯托克波特留有一席之地并保持其地理优势的方法，就是转而使用蒸汽动力生产。[102]更普遍的情况是，水力磨坊的所有者们将利润再投资到邻近的商业门店，无论是机械商铺还是银行，都播下了当地转型的种子——或者说，以水力为基础的棉化商品生产被证实更像一场自我毁灭的事业。

如果只是出于一种假想，这里的动力还包含了除水以外的其他能源。19世纪60年代末的一天，威廉姆·斯坦利·杰文斯在准备一个关于煤炭经济的讲座时，无意间看到了一篇与瑞典裔美国投资家约翰·埃里克森有关的新闻报道，他"承诺提供一种新的燃料来代替煤炭，用一种新的动力来代替蒸汽。在很多年里，他一直在进行试验，目的是收集和集中太阳的辐射热能",他称之为"太阳发动机"。杰文斯抓住这个好点子,匆匆忙忙记录下自己的激动心情。对于他认为即将到来的煤炭短缺而言,这是所有建议解决方案中"最合理"的一个:

> 在我眼里,这并不是一个不可能实现的想法。但我们必须考虑它付诸实践的后果——简单来说,我们可能会被替代,工业基地将被移到地球上的阳光充足的地方。在曼彻斯特,我们需要把唯一的一点阳光留给照明使用……事情的发展趋势是,我们可能会发现煤炭是阳光的来源,(而非)阳光是煤炭的竞争者。[103]

因此,杰文斯暗示,这种"事物的趋势"并不存在于太阳或地球,而仅仅只是因为商品生产的高度集中化需求,才使人们把眼光投向了曼彻斯特周围的广阔天地。19世纪60年代,如果英国资本拒绝参与"太阳能发动机"的研发使用过程的话,它对水力使用会产生更为具体的影响。"事物的趋势"和太阳能本身所蕴含的潜力之间的冲突在未来可能显得更为突出。

第一次在空间中的相对解放

到目前为止,蒸汽机仍然被视为解放生产空间限制的最佳方法。在矿坑周围的煤价最为便宜;而在遥远的地方,它的成本可能是很高的。蒸汽与水动力相比真的有那么大的区别吗?答案是肯定的:蒸汽生产最大限度地减轻了工厂对自然地理位置的依赖性;而水力则必须在空间上接近水源。蒸汽生产接近煤矿是在燃料市场的相对优势——一种价格优势。尽管蒸汽与水力的差异是定性的,煤炭价格的地理变化幅度仍可能对制造商产生约束性影响。

早在19世纪40年代初,仅仅离矿口10英里处的煤价就会成倍增长。定价为每吨10先令或更少的廉价煤炭的区域面积仍然局限于英格兰和威尔士约15%～20%的地区。[104]即便有了运河和铁路,也没有消除邻近矿坑的相对优势,考虑到煤的开销已经达到总劳动力成本的1/5,地理因素中的细微差异也足以对棉产业的资本家们产生巨大影响。因此那些本身拥有煤矿的市镇——像奥尔德姆、维甘、阿什顿,极受资本家偏爱,所以在转型的过程中,它们自然而然地和工厂以及煤矿建立起了地理上更为紧密的联系。同时代的人并没有忘记这一点,"只要你打开地图,勾画出那些煤矿资源的所在地,就可以立刻指出英国工业的集聚地",麦克库洛赫提到。在冯·通策尔曼的计算里,在1838年,96%的纺织品工厂都分布在以10先令(煤价)为单位的半径范围内。[105]

如果煤价的差异驱使所有制造商都涌向了煤矿附近,蒸汽动力生产带来的所谓空间解放还有价值吗?很幸运的是,一种地理空间上的巧妙联结促成了这种解放实践:经过训练的专业化工人群体的分布与煤矿所在地在空间上有着奇妙的联合。实际上劳动力最集中的地区往往是矿井附近的地带。格拉斯哥、曼彻斯特、佩斯利和伯恩利都同时拥有劳动力资源和燃料。在能源价格的自发引导下(相对较为温和的),早已摒弃水力的制造商们可以去到他们最理想的生产地。尤尔说道:"充足的劳动力、生产所需的燃料和水资源,都是工厂选址的首要考虑因素。"很幸运的是,在以煤为燃料的生产条件下,这些条件都能在同一个地方得到满足。[106]

难道这只是一个令人愉悦的巧合吗?恐怕不是。我们都知道,在城镇,煤有着比蒸汽动力更早的使用历史,从伊丽莎白跃进时代开始,煤就在英国城市的厨房和公寓里作为供暖能源被广泛使用。在原始化石经济时代,煤在"促进人口密度增长"方面发挥着历史性的主导作用。伦敦与东北地区靠航运联系,兰开夏郡和拉纳克郡这样的制造业城镇与煤矿之间靠马拉车往来运输联系。[107]煤的最初用途是为平民供暖,随之走入大众视野,并成功把商家的注意力从水能转移到这一史无前例的新生产能源上。炉子中的煤炭通常被用于给中央设备供暖,而水力则与此模式相反;蒸汽动力

第七章 通往城镇的车票：蒸汽在空间上的优势

做到了劳动力和资本的结合，很好地弥补了水力的缺陷。雇佣劳动在空间上的集聚在向蒸汽过渡过程中发挥着重要作用，这依赖于原煤的消费，当然也包括在生产中作为热能的原料被使用。在这种辩证的观点看来，近半个世纪里，英国北方矿井的丰富煤炭储存都是必要的，但并非充分的应对不同时期发展需要的条件（我们必须仔细考虑伊丽莎白跃进时代的极大经济活力）。所以，在1925年后出现的劳动力和煤炭资源在地理上的重合，既不能简单从地理角度考虑，也不能单从历史层面考虑，相反，它是两个领域在漫长过程中相互交融的产物。

当然，蒸汽机并非单靠煤来驱动，它也需要水，最明显的就是锅炉，且对于冷凝器来说也同样重要，这套装置可以用冷水把蒸汽变为真空。那么将机器安置在水道旁可以达到与水车相同的稳定程度吗？严格意义上说是可以的。1850年，曼彻斯特和索尔福德的107座棉纺织工厂中，有54%的工厂直接建在水边，同时有77%建在水域周围20公里内，94%建在175公里内。其流程像一座工业化的威尼斯，横穿艾尔韦尔河、麦诺克河和艾瑞克河几条主干河流，另外五条主要的运河和不可胜数的"私人"河流从主干道上分流出来。私人磨坊所有者们可以随意拦截河流来驱动他们的生产机器，在普雷斯顿、奥尔德姆、博尔顿和其他曼彻斯特的棉纺织小镇，制造商们也采用了同样的方法，他们可以在自己的小木屋下挖掘出通道，再引河流甚至下水道的水穿过其间。[108]

这样的做法显示出不需要蒸汽机对水的依赖是如此的与众不同。它不需要势能很大的瀑布，甚至不需要流动的水或者独特的水文景观，只要是水，无论高低、静止甚至是腐臭的，都可以用于生产。这样的水随处可得，尤其是在18世纪70年代的"运河热潮"后，一套完备的运河网络在英格兰北方逐步建立起来，之后的地下水道又进一步覆盖到更多的地区。[109]绝大多数情况下，小镇都是建在河边或者有水流的地方，原来那些遗留下来的工厂旧址又被重新利用，通过运河和管道供给机器消耗，这种方式比水车要便利得多，尤其是在机器总量很大的时候。在锅炉和冷凝器的作用下，机器不会产生向心力。水的运输变得和煤炭运输一样便利。这两种资源都确保了棉纺织商品的生产活动在陆地上进行：蒸汽动力并没有提供绝对的空间意义上的解放，不管怎样，蒸汽相对而言都更实际且更珍贵。考虑到劳动力的供给一方面可以与集聚经济相融合，另一方面可以与煤和河道的供给相融合，蒸汽动力所带来的空间解放只是相对资本市场而言，且在历史上昙花一现。紧接着，又一轮的相对空间解放蓄势待发。

空间中流水和资本的悖论

直接以水为驱动力的生产带来的不可移动性成为又一个新的历史性难题。近两千年来，它一直都是人们生活中一个不可否认的事实和自然界存在的方式，但在 19 世纪下半叶的英国，这一事实让绝大多数棉花制造商变得无法忍受。一个旅行者在涉足另一块使用其他语言的领地前，不会发觉语言不通的诸多不便。我们已经看到，人们渴望更多的空间移动性（主要是为了寻找最廉价的劳动力群体）是促进转型的一个主要原因；另一个更为成熟的观点是，城市工业化在使用蒸汽动力的过程中发展。1860 年，工厂巡检员亚历山大·雷德格雷夫斯宣称："蒸汽机孵化了工厂型城镇。"[110]虽然这一断言并非毫无道理，但或许说成工厂型城镇孵化了蒸汽机更加合适。在这里，蒸汽机不是一个发明，而是英国棉纺织工厂最主要的动力来源。这两者之间明显是一种循环且辩证的因果关系，但有强大的证据表明，大量被训练为专业化工厂劳动力的人口，以及其他相应的市场、商铺和城镇所有的其他吸引力，促使资本家们选择了蒸汽动力。

这种水动力充足的说法到 19 世纪中后期依然非常盛行，我们都对其潜力信心十足。但是，使生产远离水力的现象从水力的局部空间限制开始向外延展，声称水流提供了无限的扩张空间是一件很荒谬的事，事实恰恰相反。但我们也不能妄下断言，只能将其作为理解水力空间限制的本质以及

第七章 通往城镇的车票：蒸汽在空间上的优势

驱使突破该限制的一个切入口。资源的局部稀缺性决定了蒸汽动力在空间中的优势，但很有可能从另一个层面看，水也是一种稀缺的资源——一个磨坊主可能有一天会发现，他所需的能量要比现有瀑布能提供的能量多得多。面临这样的限制，他通常有四个选择：第一，他可以通过技术改进，更高效、全面地利用现有水资源；第二，他可以使用蒸汽作为生产能源；第三，他可以拆除现有的工厂转而到水能更充足的地方生产；第四，他可以在保持现有作坊生产的情况下，再去未开发的地区利用蒸汽或者水能进一步拓展生产。只有后面两个选择对水能进行了最大限度的利用，这种资源利用不充分的情况也刺激了生产者做出新的选择和尝试。在前面两种选择中，水资源的"单一"局限性成为事实。没有什么可以成为储备能源的替代品。法雷写道："蒸汽机应该得到广泛的使用，可以靠增加机器的方式来得到更多的能量，但水力工厂却有其固有的局限性。"[111] 只要转而使用蒸汽动力，资本家们就可以保证一直生产，并防止被踢出生产的中心地带——他们只需添加机器即可。

对动力的追求离不开自动化的发展。随着英国自动纺织机和蒸汽机的推广，不断涌现的纺织作坊把对动力的需求推到了极致。[112]这个时期制造商们都被水能的局限性所困扰，这种地域上的"资源差异"促使制造商扩大产品生产规模——这种扩张更具体的形式是利用机器生产代替手工劳动力。此外，走锭纺纱机和动力织机都被调整到与蒸汽机相匹配的地步，因为任何其他动力模式都会剥夺它们的"社会"影响力：廉价的水力通常都在离中心较远的地区，这样一来，资本家就远离了劳动力、市场和核心技术，削弱了他们对劳动人口的控制力，降低了他们在市场竞争中的地位，排除了他们参与最新机械开发的机会。机器自动化发展和向蒸汽机的转型是一个单一历史进程中的两个维度，得益于储备能源特殊的空间分布，此进程在1825年后加速发展。

坐落于陆地景观的外部，或者说，在偏远的内部环境中，只有通过在陆地上打井才能到达煤层。就在这里——矿井口，地底储藏的煤被拉起来，煤矿的井筒和通道都在地下延展，但是要把地下的煤运输到人类世界（除通过矿工以外）只能通过这些狭小的缝隙。所有进入煤矿口的地区往往成为生产最集中的地带，而把商品传输到市场和储存商品的交接地带，通常并没有受到青睐，只能被动等待机会。历史上第一次出现转变生产方式的物品和能量源——机器和煤，在空间上分离了。水流在江河中疾驰而过，作坊必须呈链状而非中心环绕式排布才能利用水能，导致生产分散而非中心化集聚。

这里存在一个非常鲜明的悖论。水流是"一种自然的流动状态"，就像巴贝奇说的那样，储备能源却是完全静止的。但在棉纺织业的资本家看来，能源在空间上汇集时，水流是静止的，储备能源则可以移动，此时，静止和流动的概念发生了转换。这大概暗示了19世纪初资本主义的财产关系。英国产生了特有的空间化概念，这种空间概念在进入一个尖锐的矛盾期后，将需要对自然界进行重新排布。无论劳动力的聚集、工厂治理原则、操作需要和市场、机械等，都产生于自然——只是以另一种新的方式：他们需要在现有资源的基础上重新构建和管理自然。紧接着，我们可能会在这个悖论的引导下接受他们政治化、理论化的结论。我们现在面临的一个艰巨任务是如何超越空间通往另一个维度，这个维度也许和我们适应从水动力到蒸汽动力的转变一样重要，那就是时间。

第八章

可以依靠的力量：蒸汽在时间上的优势

英国河流的过度利用

托马斯·阿什沃斯曾断言："反对水力的主要理由是：它具有不规律性。"于是，他、汤姆和其他水库计划的拥护者开始着手解决这个问题，但他们夭折的计划进一步证实了水流受天气的奴役。一位毛纺织业制造商简要描述了其能源供应情况，"这取决于天气"，用路易斯·亨特的话说，河流系统"可以被比作一个能大量输出动力的巨大引擎，正是天气提供了动力，并使引擎运转"。[1]但凡天气不乐意，一声令下，引擎就得停止运转。在冬季，尤其是在苏格兰东北部，冰雪会使磨坊连续几周处于关闭状态。更令人担忧的是，干旱使河流水位降低，而洪涝则使河流水位上升到足以淹没水车的程度。这两种现象都会降低机器运转效率甚至造成停产。有些磨坊倒是全年都有稳定的水资源供应，但水位波动仍属常态："水流不规律，洪水常常会造成一日或一日半无法工作。""在旱季，有几个星期，每天只能完成3/4的工作"，塞缪尔·格雷格向工厂咨询委员会概述了阔里班克纺纱厂的工作情况。参与问卷调查的89家水力棉纺厂的厂长和经理中，69%的人说河流水位的变化影响了他们的生产。[2]河流的季节性变化犹如过山车般疯狂,使得制造商连续数周得不到能源供应。但同样,这种折磨人的境况只有在特定的历史环境下才会出现,是具有时间性的新奇事件。

自古以来,天气便决定了水力系统的游戏规则。以前,炎炎夏季的干旱和在隆冬时节无法收割谷物、由于暴风雨不能耕地一样异常,一样令人发狂。用约翰·肖的话来说,只要是为邻近的顾客服务,包括碾磨玉米、填充羊毛布料、造纸或进行任何其他水力发电的活动,停工"就会造成不便,但不会产生多么严重的后果,人们总有其他工作要做。每个工厂的雇员都不多,大多数工厂也都有足够的剩余产能,一旦水位恢复正常,他们就能完成停工前的工作"。即使在18世纪的英国,人们依旧放任这种由水力不稳定而造成的停工,但出口商品的生产很快不再允许这种现象的发生:制造商们不再迎合当地需求,而是通过寻求海外市场销售来追求利润最大化。他们再也承受不起生产放缓或停工带来的后果,[3]于是只得尽可能多地从河流中榨取产出。

相比其他产业,棉纺业更以出口为导向,它是一种对水流涨落变化独具敏感性的产业,但这只是提高生产门槛的原因之一。他们的基准线是至少12小时不间断地生产,格雷格抱怨"两三个星期里每天都损失几个小时",河流水量的下降迫使他们暂时将生产时间缩减到10小时左右。对于正常的工作日,这显然不成问题,更不用说假设每天工作8小时或6小时了。事实上,从人们普遍谈论的水能短缺情况来看,不间断使用6～10小时的水力是比较容易满足的,而且一年四季都能得到满足,但工作日预计不会以这个时间结束。在工厂调查时发现,中部棉纺区的标准工作时间是工作日12小时、周六9小时,不包括吃饭时间。也就是一周工作69小时,甚至更长的工作日依然很普遍。在罗斯西,汤姆的工厂生产工作从早上五点半开始,一直持续13个半小时。[4]从这简单的算术便可看出,与较短的工作时间相比,连续生产如此长时间的咒语被强加到了每一条既定的河道上。

延长工作时间的长期趋势压迫着18世纪晚期和19世纪早期的英国工人和河流。1200年，一名成年男性农民每年大约工作1620小时；1300年，一个散工一年大约工作1440小时；1600年，一个农民或矿工一年大约工作1980小时。1840年，按照每年工作45周计算，所有英国工人的劳动时间为3105小时；按照每年工作50周计算，劳动时间为3588小时。这大约是500年前的两倍，比1750年增加了1000小时。劳作强度的增加归咎于工作时间的延长和节假日的减少，节假日在17世纪中叶之前原本是非常多的。在这些大趋势以及出口导向的作用下，工厂迫使工人完成比其他大多数产业经济更加艰苦的日常工作，这无疑也给河流施加了压力。正是这种工作日的延长构成了流水的不规则性，正如其空间的固定性一样。[5]这时出现了另一个问题：迫使工厂主延长工作时间的驱动力是什么？

工厂调查委员会的委员们也想一探究竟，他们听到的答案有"利润""更高的利润率""对利润增长的强烈欲望"——阿什沃斯的总结很到位，两个字："爱钱"，总之就是和钱有关。另一个与之密切相关的原因更是被多次提及：棉花生产机器的安装成本很高，休息一小时就等于浪费一小时的钱。固定资本在这一行业中占有极其重要的地位，它提供了一种强有力的激励措施，使成本尽可能多地分摊到产品上。工厂多运转一小时，就意味着同样的机器、场地、水轮和引擎能够生产更多的商品。[6]经济学家纳索·西尼尔①引用了他朋友亨利的话来说明这一点，"阿什沃斯先生对我说，'当一个劳动者放下他的铁锹，他就会将那一时间段内价值18便士的资本变得一文不值；当工厂中的工人有一个离开，他就会使一笔花费了100英镑的资本变得一文不值'"[7]。因此，亨利·阿什沃斯有充分的理由让

---

① 纳索·西尼尔(Nassau Senior, 1790.9.26—1864.6.4)：英国著名古典经济学家，受教于伊顿公学和牛津大学，1812年毕业。他认为应把经济学改造成为纯经济学，只以财富为研究对象。西尼尔反对劳动价值论，指出价值由效用、供给有限性和可转移性三个因素构成。

他的员工尽可能长时间地待在磨坊里,并让水车不停地转动。

棉花制造商通过采用独特的先进机器来争取利润最大化,而河流被迫响应机械对生产不停的呼声,随之而来的是自动化程度的提高。工厂检查员伦纳德·霍纳在1841年推断说:"随着体力劳动比例的减少,保持固定资本运转所需时间的每一次减少都伴随着生产成本的提高。"无论棉纺资本家们使用哪种原动力,他们都分担了这些刺激,这却对水磨坊产生了特殊的刺激作用。就这些庞大的固定资本而言(就像在职工居住区经常发生的情况一样),它们不如蒸汽磨坊灵活。蒸汽磨坊的所有者不会因为每天减少几个小时而遭受如此多的损失。[8]事实上,这两种原动力的成本报告截然相反:水车将大量资金投入河流上,河流提供的燃料是免费的;而蒸汽机的最大成本是流动的资本——煤,只有在蒸汽机运转时,磨坊主们才需要买单。"工人放下他的铁锹"这种场景,在蒸汽为动力的生产中所造成的损失就比在以水为动力的生产中要小。

这是英国河流必须达到的标准。如果不是因为市场的遥远、利润的驱动、机器和其他形式固定资本这些因素,叠加在古老的、相对温和的英国北部气候上,水位波动便不会成为人们如此严重的担忧。结构性危机并没有减轻这种压力,相反,它迫使制造商进一步争取客户,奋力获取每一分钱的利润,并在适当的地方安装更多的机器。更糟糕的是,它将伴随着一些毁灭性的、不可预见的事件。

1826年的大旱和其他极端天气事件

要么旱魃为虐,要么大雨倾盆,要么焦金流石。1826年,正当英国遭受前所未有的经济危机时,一场可怕的干旱悄然降临。苏格兰历史学家阿奇博尔德·艾利森(Archibald Alison)在《欧洲史》第四卷中记载了这一年:

第八章 可以依靠的力量：蒸汽在时间上的优势

英国人民对 1826 年记忆深刻，那一年，伴随着异常的炎热天气，全国陷入了极度的干旱中。大旱从 6 月初开始，几乎毫无间断地持续到 10 月底。在这段时间里，阴凉处的温度都在 80 度①以上。这便是那时西印度群岛的气候，没有水汽，也没有海风。这样的极端天气带来了令人意想不到的结果。其后果是惊人的，也异常奇怪；这样极端天气的持续竟然表现为英国人性格的改变，进而改变了其命运。[9]

在南方，烈日的炙烤使草原变得一片荒芜，庄稼遍地枯萎；在北方，大火肆虐森林和泥炭藓，河水表面满是死去的鲑鱼。罗伯特·汤姆在比尤特岛的记录显示，那里降水极少。1826 年这一年，丁斯顿在长达 100 天时间里，"从四月中旬到八月初没下过一场雨，河水短缺以致无法驱动机器"。曼彻斯特上半年的降水量仅为年平均降水量的 1/6，在七月初，"当前一周这一带的气温达到了前所未有的高度"，《卫报》如是报道。约翰·贝特曼（John F. Bateman）是汤姆的合伙人，也是维多利亚鼎盛时期的首席水利工程师，他认为 1826 年是"我们有记录以来英国最为干旱的一年"。[10]

恐慌和干旱使许多制造商深感不安，他们担心：当下一次灾难来袭时，水力还能守护这片阵地多久？在 18—19 世纪之交，约克郡的水磨坊数量是兰开夏郡的两倍多，金融体系的崩塌与极端天气的共同作用导致企业纷纷破产，债务危机严重，财产损失巨大，就连那些幸存下来的磨坊也不得不放弃对变幻无常的河流的依赖。这一场双重灾难翻开了当地历史崭新的一页，预示着从水力到蒸汽的转变以及整个棉纺产业的衰落。棉纺产业转移到了兰开夏郡的城镇，约克郡则专门从事羊毛生产。[11]这种原动力的转变也在格拉斯哥南部的基尔马诺克得到了记录：

---

① 此处应为华氏度，约等于 26.7℃——译者注。

极度干旱和缺水给本季的制造商带来了很大的麻烦,他们无法按要求高效地进行纺纱和染色。不过,为了补救这一状况,一位高瞻远瞩的制造商……采用了一台蒸汽机来推进纺纱进程,目前它正在昼夜不停地运转。[12]

降水无法从地下攫取,它在持续变化着。在1842年的炎炎夏季,阿什沃斯的水位极低,恰逢大罢工,两股不可控的力量就此相遇。一名工厂检查员在1844年9月指出:"我在上一份报告中提到的那场史无前例的干旱贯穿了整个夏季,它还将继续对那些机器完全依赖水力的制造商的运营造成极大损害。"[13]

其他极端天气事件加剧了人们对河流的不信任。由于水车需要依靠流动和下落的水来运作,他们的磨坊就必须选址于危险的地方。早在1310年,就有磨坊被洪水冲走的案例记录。新兴的棉纺产业别无选择,只能找寻危险点来安置磨坊。1805年,什罗普郡的制造商赫伯特发现他的磨坊片区被洪水淹没,因为塞文河"水位上升到从未有过的高度",洪水漫过宅邸、工厂、仓库和工人的小屋,高达两英尺。[14]在回应工厂调查时,阿伯丁郡一家大型联合磨坊的老板詹姆斯·基尔戈回忆了1826年的干旱造成的损失,又在1829年,一场洪水"严重破坏"了他的磨坊,后来他只能"斥巨资"修复。猛烈的洪水和干旱一样,不仅会导致生产停滞,还可能摧毁磨坊主一些最有价值的资产。1849年10月7日,在伊特罗河沿岸,连续十天的暴雨和暴雪引发洪水,洪水没过堰顶冲入下方的山谷,冲断围栏和桥梁,冲过工厂,淹没电力织机,冲走了成堆价值不菲的管纱和布片。《曼彻斯特时报》(*Manchester Times*)报道:"据描述,洪水发生在晚上六、七点之间,就像一堵水墙。"水墙袭来时,"好些磨坊不得不停止运转"。[15]

蒸汽机则保证了磨坊在时间和空间上免受极端天气事件的影响。煤炭完全不受季节影响;工厂也可以建在远离容易被洪水淹没的河岸之处。简而言之，免受变化莫测天气影响的愿望为这种过渡提供了动机，也偶然为气候的普遍变化打开了闸门，使干旱和洪涝总是突然降临。

平衡水流不规律的方法

不起眼的异常很容易解决。私人水库是调节水流短缺或过剩的主要护盾。当它无法平衡水量时还有其他选择：可以引进蒸汽机留作水力无法满足运作时的备用。阿什沃斯在埃格顿就有一台这样的机器，格雷格在阔里班克纺纱厂也有一台。在参与调查的89家水力磨坊代表中，有38家使用了这种辅助蒸汽机，53家没有使用（这两个数字加起来是91，不是89，可能原文本身有误，译者注）。这种做法在兰开夏郡比在苏格兰更普遍，一些证据表明兰开夏郡使用辅助蒸汽机的磨坊数量还在上升。根据定义，这些发动机作为副原动力，是第二选择，人们会尽可能少地使用它。购买和维修蒸汽机来补充水力之所以有意义，是因为燃料成本有着巨大差距：同时拥有两个原动机仍然比完全依赖煤炭消耗要便宜，也恰好自相矛盾地证明了水在经济方面的优势。[16]

最后，有一种缓冲办法可以随时供所有水磨坊主使用，无论他们的水库和辅助蒸汽机的规模有多大，这种办法比这两种动力都便宜，且可以轻松地根据季节和日常波动进行调整。当机器故障无法进行生产时，工人们只好停工回家；当水流恢复时，他们又不得不通过加班来弥补。他们只有在这些机器上工作更长的时间，才能确保所有损失的生产都得到弥补且积压的订单都得到处理。彬格莱附近一家棉纺厂的一名簿记员描述说，在恶劣天气下，"我们有时一次最多要停工三个小时"。"大家被解散了，又被铃声召回来。工厂有自己的计时方式，全天工作才能获得报酬，所以工人们希望可以弥补那些被耽误的时间"[17]。在被调查的受访者中，72%的人表示他们通过加班来弥补水流不规律造成的误工，只有19%的人没有这样做（其中包括罗伯特·汤姆）。这是抵消因河流水位自然变化所欠工时最流行、最普遍的方法：操作工总是被要求做更多的工作。

更多到底是多少呢？在阿什沃斯，工人们通常每天需要加班一小时，直到赶上进度。当丁斯顿的"赫拉克勒斯"在休息一段时间后重整旗鼓，经理史密斯可能会（他自己也承认）命令纺织工们"整夜"工作。[18]有一个雇主说："许多以水作为动力的磨坊都没有确定的开工时间。"随着天气的变化，工人们的工作时长由变化的天气所掌控，有时他们一天要工作6小时，接下来3天可能只工作14小时。当然，工人们自己对这样的安排也并不总是满意的。据记载，邓迪一位20岁的纺纱工伊莎贝拉·基说，"工作时间不规律，夏天机器主要依赖水来运转，但水往往不够用"，"当磨坊主们要求补回工时时，她知道她们又得从早上五点一直工作到晚上九点半"。那将是连续十六个半小时的劳动。哈利法克斯地区一位经验丰富的棉纺工人心怀难掩的怨恨，让"孩子们被迫从早上四五点一直工作到晚上九点或十点"，以此适应水流的变化。[19]

因此，从本质上讲，关于日常过度工作的程度并没有确切的数字。工厂调查委员们将其概括为拉长线，"有时半个小时，有时一个小时，有时甚至每天两个小时，直到损失的时间全部弥补回来"，但即使是这种上限也似乎太低了。[20]对于一个细读过这份长达数千页的调查报告的人来说，其中的要点想必非常清楚。由于长时间工作、暴露在恶劣天气环境中以及应对气候变化的策略等特殊诱因，对于成人和小孩而言，水磨坊成了最令人筋疲力尽的劳动场所。磨坊主们笼统地把流水的不规律转化为工作时间的不规律，甚至说成灵活性。如果一个人愿意，他有时可以一天工作6小时或4小时，甚至更少的时间；有时却要工作十二个半小时、14小时，甚至更多。换言之，水磨坊主们通过对劳动力的无限制掌控来应对天气的波动。罗伯特·海德·格雷格拒绝透露细节，只是说在连续数周的干旱或洪水时期，他们"拿到了全额工资，因为我们知道自己有能力把失去的时间补回来"，[21]但我们不能将这种现象看作是理所当然的。

第八章 可以依靠的力量：蒸汽在时间上的优势

工厂运动——水力磨坊的复仇

19世纪10年代，兰开夏郡的纺纱工组建了第一个"十小时工作制委员会"，并向议会提交了一份请愿书，要求将工作日限制在十个半小时，其中包括一个半小时的休息时间。该请愿书被置若罔闻。在接下来的几年里，这项运动没有进展。但随着《联合法案》的废除，这项运动开始初现生机，被释放出的各类工会建立起一个不断发展壮大的委员会网络，将大规模的请愿书再次提交给议会。从1825年开始，恰如其名的工厂运动——其计划完全聚焦于磨坊内部的条件，直到1850年，一直处于不间断的活跃状态：这是资本和劳工关系危机中的另一个基本特征。到19世纪30年代初，这样的要求已经变成每天10小时，一分钟都不能多。[22]

十小时工作制委员会像那个时代许多其他颠覆性运动的成员一样在客栈和酒馆举行会议，他们团结各类纺织工人，使用各种手段来推进他们的事业——请愿和暴动、集会和罢工、给报社写信和做出对革命的灾难性预测。其领导者理查德·欧斯勒和约瑟芬·斯蒂芬的鼓动性演说深受劳苦大众的欢迎，似乎每年都能达到新的热度。在1836年的一次巡回演讲中，欧斯勒声称："磨坊主的固执和邪恶将以下问题置于不合时宜的境地——应该摧毁法律还是磨坊？"两年后，斯蒂芬等在格拉斯哥对纺纱工的演讲中发誓，如果国家的统治者不改革工厂系统，"是的，必须连根拔起这一切，否则他们将经受令其本身恐惧的革命"；对于萨德尔沃思的工人来说，"除非他们诉诸武力，不然他们没有任何希望，唯一的问题是他们应该什么时候开始焚烧和摧毁磨坊"。[23]

但首先，他们必须尝试走议会路线。在1832年改革前后，该运动的工人阶级选民都被排除在选举权之外，他们不得不与富有同情心的议员建立联系，如约克郡的迈克尔·萨德勒。在改革危机的激烈时期，肩负着组织迄今为止规模最大的游行和请愿书的使命，萨德勒在下议院提出了一项

《十小时工作日法案》,将这一需求列为近 20 年政治议程的首位。更确切地说,他建议法律规定 18 岁以下的工人每日最多工作 10 小时;然而,如果没有此类工人干活,磨坊就无法正常运营,因此这样的法规届时将实际使生产停止,所以适用于所有工人,并否决了工人加班以补救不规律水供给的权利。[24]

当工厂调查专员在 1833 年分发问卷并进行访谈时,公开的法案仍然是萨德勒提出的。他们发现水力磨坊主正为他们的未来而苦恼。用约克郡伯利一家联合磨坊老板的话来说:

> 如果该项法案成为法律,后果是该国农村地区多数水力磨坊的完全毁灭,以及贸易向大型人口稠密城镇的推进……蒸汽动力主要在大城镇,因为在那里可以随时投入使用;水力磨坊的运行会因缺水而多次中断,并经常会被洪水阻碍而停止运转。

他继续说,如果颁布了该项法案,"许多磨坊在夏季每天运行的时间无法超过 6~8 小时",这种重获失去时间的一贯方法突然被定罪。辅助发动机不是一个可行的替代方案,因为它们会给磨坊主带来"巨大的煤炭消耗"。[25]

格雷格的磨坊是在工作时间不受限制的前提下建造的,水道租用"基于我们将能够使用溪流产生的全部水资源,而且是在不受限制的条件下"。他们不会签署任何合同,也不会安装"被限制使用 10 小时"的机器。在如此短暂的一个法定工作日里,"财产的全部价值将被牺牲"。用遭受极端干旱和洪水的受害者詹姆斯·基尔古尔的话来说,关于棉花资本水力部分中唯一很难容许的解决方案应该是一个慷慨的法定例外:"应该允许以水力驱动的磨坊有较大自由度来弥补失去的时间。"[26] 但在提出的法案中没有包含这样的条款,因此可以从调查中积累大量关于它对水力磨坊构成生存威胁的证词;在 89 名受访者中,没有一个可以欣然接受每天 10 小时的工作时间。

这些末日场景会被认真对待吗？各种反对该法案的制造商习惯性地预测：会有外国竞争对手的入侵、资本外逃、行业普遍崩溃以及罕见的贫困。这不是第一次，也不会是最后一次有产阶级批评家对干预经济的议案预见的毁灭性打击，也许他们将从10小时的一天中失去一些东西，并用捏造的指控和想象的糟糕情况来美化失去的利益——如果是这样，人们希望该法案的倡导者可以揭穿制造商们的言外之意。但在水力磨房的特殊案例中，他们并没有。塔夫内尔委员采访了一名支持该运动的曼彻斯特纺纱工：

> 您是否考虑过该法案对使用水力磨坊的影响？
> ——我不明白为什么他们以及那些使用蒸汽动力的人不应该被包括在内，因为他们使用的水力成本为零，而且他们可以以比那些要支付燃料的人更低的成本纺纱。
> 你知道吗？在一些由水力驱动的工厂里，有时在一天的深夜之前也无法获得必要的水源供应？
> ——是的。
> 那么，这些场所的工人每天工作可能不会超过5~6个小时吗？
> ——我不能断定。我认为，如果是这样的话，他们不应该在这种情况下建造磨坊。
> 假设多年前，他们在《十小时工作日法案》永远不会通过的条件基础上建造了工厂呢？
> ——一个人应该有足够的远见知晓让人们工作不合理的时长是不正常的，因此他更不应该在那里建造磨坊。在磨坊一律缺水的情况下，他应该让蒸汽机来提供帮助。[27]

工厂运动的目标是普遍缩短工作日，并完全结束对水资源的过度开发，它并不关心水力磨坊。反对该法案的蒸汽磨坊主同样承认了其水力竞争对手的专有脆弱性。[28] 塔夫内尔得出结论，"该法案将证明该国 9/10 的水力磨坊会完全消失"；如果缺乏灵活性，他们将无法"每天工作超过八个半或九个小时"，根据这种经济活动的定律，这将意味着生机全无。[29] 很难反对塔夫内尔在这里不成比例地夸大了威胁；然而，同样难以否认，每天 10 小时的工作要求确实危及水力磨坊的生存：河流水位的确有波动，磨坊也确实会让工人弥补损失的工时，禁止他们这样做将带来经济损失。事实上，与蒸汽磨坊相比，不仅是禁止补偿性加班，任何对工作日的缩减对于水力磨坊来说都更难承受，因为只有煤炭才能完全适应既定工作时长下的生产。

因此，工厂运动和水力磨坊巨头们剑拔弩张，在 19 世纪 30 年代，他们之间产生了异常的敌意。1833 年之前，亨利·阿什沃斯几乎没有理由对拟议的法律感到恼火，但在那年春天，他亲笔向议会写了一份请愿书，要求通过《十小时工作日法案》。受到这一事件的严重伤害，他坐下来写了一本"关于棉纺厂问题"的小册子，概述了像他这样的雇主对所有法规都很厌恶的两个最紧迫原因：鉴于水磨房的性质，任何时间限制都会阻碍生产；鉴于当地人口稀少，任何禁止童工的行为——无论童工的定义如何，都会加剧员工招募问题。然而，他没有把重点放在这些具体的水资源问题上，而是继续全面谴责缩短工作日的这个想法，其结果将是机器的闲置，从而导致利润降低，甚至产生饥饿、移民、国家经济崩溃等问题。随着这种谩骂，阿什沃斯兄弟在全国声名鹊起。在他们周遭，像往常一样，格雷格家族和罗伯特·海德也写了一本类似"关于工厂问题"的小册子。从 19 世纪 30 年代初开始，这两个家族就是兰开夏郡最顽固阻挠主义的代名词。他们作为公共发言人、议会代表团领袖和多次全国性游说活动的组织者，领导着主要制造商协会的斗争——该协会成立于 1828 年，是总部位于棉都的工会反对势力，他们首先搁置"工作日法案"，然后再撤销它们。再往北,科克曼·芬利担任了苏格兰棉花巨头们公认的领袖,即工厂法案的主要批判者,他创作的关于这个问题的《快报》被广泛传播,他在文字中重申了对即将到来的工业厄运的大众恐慌。[30]这在漫长的战斗中形成了一条战线。

在另一条战线上,兰开夏郡纺织工人们最重要的领导人约翰·多尔蒂将阿什沃斯兄弟和格雷格家族视为所有雇主中最道德败坏的,"我相信,亨利赞成每周工作72小时的法案,其中有一项条款规定他的磨坊运营不受其限制",而罗伯特·海德继续迫使他最后一批学徒长时间工作,据说比西印度奴隶种植园的工作时间还长几个小时。[31]来自曼彻斯特的激进分子抓住阔里班克纺纱厂不放,记录下这些有害的做法,并迫使罗伯特·海德移除"钉在窗户上遮蔽光线的木板";十多年来,他一直在努力保护他的领地免受这些不速之客的访问。有一次,多尔蒂带领从博尔顿到新伊格利的激进分子代表团,抗议阿什沃斯兄弟反对十小时工作日。[32]至此,著名的水力磨坊被重重围困。

但是,水力大亨们在抵抗工厂运动方面绝非孤军奋战,他们身后有整个阶级的支撑。在193名蒸汽磨坊主和经理在工厂调查陈述的意见中,有185人毫无保留地反对《十小时工作日法案》;有一人以所谓人道主义原因表示支持;有一人说,他准备接受十一个半小时的工作日限制;有3人可以接受11个小时;有一人认为"减少一些劳动时长不会对贸易造成太大伤害"。[33]尽管有古怪的人对此给予同情,但这些意见只能被解释为一堵反对墙,不亚于水力磨坊阵营的坚固。麦康奈尔公司给出了一个典型的答案——"生产成本通过减少劳动时长而提高",这是一项注定要"毁掉棉花贸易和我们的财产"的措施,并为由磨坊主们组成的具有凝聚力的联盟协会做出了财政贡献,该协会在能源选择上具有普世性,并在抗拒此法案的倾向上团结一致。或,用工厂调查的话来说:"制造商的普遍意见主旨是反对任何的变化。"[34]

因此，这里产生了一种关于普遍阶级利益的明朗局面和对水力的特殊顾虑。在所有棉花资本家中，那些依赖河流的人会因为该法案损失最多，因此，他们孜孜不倦地捍卫共同事业，并被他们愤怒的同僚分配了发言人的角色。在水力磨坊的另一边，工厂运动则继续推进。

第一部工厂法的诞生

1833 年之前，未尝试设立工厂法案产生了诸多后果。1802 年和 1816 年的学徒劳动监管条例几乎没有对磨坊主产生任何影响，同样的命运也降临在 1819 年和 1831 年颁布的两部草率的法案上。根据这两部法案的规定，年龄低于 18 周岁的工人每日工作时间不得超过 12 小时，两年后的调查报告称，1831 年的法案"几乎完全没有得到实施"。[35]因为缺乏可实际执行机制，或至少是可靠的工厂监管，换而言之，除非当地治安官监督，否则这些法规是完全无法实施的。但当地治安官往往与磨坊主相勾结，或治安官本身就是磨坊主。不过，对于这种现象，水力磨坊主可能是幸运的，他们认为任何限制工作时间的征兆都对他们构成了特殊威胁：水力磨坊主的紧张不安在 1816 年法案的辩论中已经十分明显了。[36]可以想象，每当一项议会干预工厂工作时间的提案以无效告终时，水力磨坊资本家们都会长舒一口气。

1833 年比较特殊，不同于 1802 年、1816 年，甚至 1831 年，工厂运动已经达到了全行业的规模，以一种不容忽视的实质力量推动缩短工作日。塔夫内尔不安地表示，棉纺厂工人作为《十小时工作日法案》"始终如一且最坚定"的支持者，在岗位上设置障碍，但十小时工作制委员会的最大贡献是其广泛的号召力，用一位历史学家的话说，这正是第一次"将劳动者的普遍利益统一到特定政治目标背后"的运动。[37]1832 年的改革将一些人排除在选举权之外，参选率从之前的 96.8% 下降到 95.3%，激起了工人阶级的不满。从 1833 年整个春季到初夏，这场改革使工人阶级的期望幻灭，并展开了一场狂热且极具威胁的政治罢工。7月1日，布拉德福德郊外集结了多达15万人，这是19世纪英国最大的示威活动之一。磨坊主们对此束手无措。曼彻斯特一家蒸汽磨坊主在调查中承认："劳工对这个问题一直情绪激动，如果不减少工作时间，他们将不会满意。"由于"暴力诉诸激愤"，一位利兹人士认为"提案体现出了巨大的恶意"。政府忧虑着事态发展，从布拉德福德郊外的告密者那里得知，无视这些要求是不明智的，因为它"肯定会制造一场风暴"；"周一会议的与会者身强力壮，很容易成为反抗力量"。[38]人们普遍认识到，必须对工厂采取措施，以免北方的"火药桶"爆炸。

《1833年工厂法案》（Factory Act of 1833）正是基于这一认识而产生的，虽然与《十小时工作日法案》相去甚远，却设法消除了这场激烈的骚乱。调查负责人埃德温·查德威克（Edwin Chadwick）巧妙地指出了要害：童工在长时间的工作中筋疲力尽，保护儿童是重中之重。他向议会建议，9岁以下的儿童不得从事任何工作，而9~13岁童工每天的工作时间应被严格控制在8小时以内。查德威克的委员会写道："在我们看来，目前制造业体系最大的罪恶在于，它将童工的劳动时长延到成人劳动的最长时长。"[39]委员会声称他们比萨德勒更同情并保护弱小的童工——将他们的工作时间减少到8小时而不是10小时。该委员会试图剥夺劳工运动最有力的宣传途径，并将行业从普遍的每天10小时工作制中拯救出来：通过去芜存菁来捍卫工厂体系的基本健康状态。政府接受了这个想法。然而，1833年8月9日，当最终法案提交下议院时，又增加了一条至关重要的条款来缓和民众的情绪："年轻人"——14~18岁的劳动者，不应被允许每天工作超过12小时或从事夜间工作。这样，劳工每天的工作时间就会有一个实际限制。法案通过了，工厂运动在第一次主要交战中败下阵来，在秋天陷入了士气低落的境地。[40]

1834年，伦纳德·霍纳（Leonard Horner）很快成为和《1833年工厂

法案》有关的最知名的公众人物。他编写了一本手册来教育人们,其中最重要的一条规则是:

> 任何儿童在9岁之前都不能就业;13岁以下的儿童每天工作时间不得超过8小时;18岁以下的年轻人每天工作时间不得超过12小时,也不能在晚上八点半之后到早上五点半之前从事劳动。

这些条例适用于所有生产棉花、羊毛、亚麻、绳子或丝绸的磨坊,其产品是"由蒸汽机,或水车驱动的机器制成,有的甚至是风车。这些规则不适用于由动物驱动的机器"。《1833年工厂法案》明确地与原动机的本质联系在一起,成为水和蒸汽之间竞争的新赛道,这是由其阶级之间的冲突形成的——或者,正如霍纳后来不得已采用的辩护那样:这是"必要的,为了使广大工人阶级群体能够以理性的方式被统治"。[41]

那么,国家将如何确保这一行为不会再次引起骚动呢?他们决定设立公共工厂巡视员。联合王国将分为四个区,每个区指派一名由中央任命的总督察,其薪水由政府支付,最多有四名督察居住在该地区作为其副手。督察可集体或独自一人在工厂里走动检查,并为巡视员撰写每周报告。巡视员被赋予的权力最大。他们有权随时进入工厂,检查工人的年龄,查看童工是否接受了当前规定的义务教育,并要求任何人宣誓做证;如果发现违法行为,可以当场进行处罚。此外,巡视员可以发布他们认为必要的其他规则和条例而无须寻求议会批准,以确保法案的全面执行。该机制结合了准立法权与准行政权,巡视员可以命令地方法官对磨坊主提起诉讼,如果罪名成立,他们可能需要支付巨额罚款。[42]这一次,英国政府是认真的。《1833年工厂法案》不会再次成为纸上谈兵,这关系到太多人的利益。事实上,特别巡视机制的设立标志着该法案与以往所有法律有着本质上的不同:《1833年工厂法案》被后人称为第一部真正意义上的工厂法案,而且是"我们今天所知的经济监管的开始"。[43]这一事件立即影响了工厂对能源的选择。

然而，无论是政府还是巡视员，都并没有决心摧毁水力磨坊。他们始终关注水力磨坊主的需求，看到了他们的困境，听到了他们的抗议，并得出结论，必须给予其某种形式的豁免。该法案第三节规定，如果时间"由于缺乏适当的供水或供水过多而浪费"，工厂所有人有权每周将所有工人的劳动时间延长 3 小时，"直到这些损失的时间得到补偿"，但工人的工作时间不能早于 5 点或晚于 9 点。[44]在 1833 年后发展起来的一种法律实践中，巡视员、督察和地方法官将该规则解释为每天允许加班半小时。半小时是否足够？半个小时是否构成了许多磨坊主认为必要的"相当大的自由度"，以避免他们的水力磨坊被蒸汽磨坊取代？倒不如说，该实践似乎只是弥补了时间差的最小限额：每天半小时已经是法案出台前的最低水平了。因此，一个初步的结论是：虽然《1833 年工厂法案》给予了水力磨坊一定的自由度，但远低于它们以前所享有的，这对水力磨坊的生产造成了不可忽视的负担。

重创水力磨坊

1835 年，依据《1833 年工厂法案》被定罪的磨坊主有 200 多人。第二年年初，由阿什沃斯兄弟和格雷格家族召集起棉纺资本组成的协会齐心协力废除了这项法律。这一行为激起了工厂运动新一轮的大规模集会、群众请愿、抗议及对磨坊主得逞将煽动叛乱的传言。就连亨利也明白，他和他的合作伙伴们正使国家处在一触即发的危险状态。"我发现大家很兴奋，也很愤慨"，他在 1836 年 6 月写给查德威克的信中说，现在正处在一种不利的力量平衡下，"那些假装工人阶级朋友的人比我们更有信心"；他们声称"事态是无法平息的"和"在陈述这一点时，我给出的意见与我的立场不符"。游说活动适得其反。它不仅促使政府放弃了对该法案的修改，而且还提醒其注意北部的危机局势，从而促使执法力度加大。1836 年夏天，内政部指示工厂巡视员通过严厉打击违法者的方式使局势稳定下来。[45]

1836年，共有800多人被定罪，这一数字在1837年维持不变，之后随着商业周期的到来而下降（在大萧条时期，人们没有以往的动力过度劳动）。在经济繁荣期的最后两年，统计数据显示，一年内，在最严厉的法律打击下，磨坊主被诉诸法庭的数量仅为之前的1/4；从那以后，起诉数量越来越少，直到1870年差不多降为之前的1/40。法院里的有罪判决书堆积如山。1834—1835年对兰开夏郡和约克郡西莱丁的一项分析显示，大多数年份里的定罪率都达到了70%以上；换句话说，大多数被起诉的磨坊主实际上都受到了惩罚。仅1~2英镑的罚款依然常见，但对违法者可以收取多项费用和数十笔罚款，最终相当于不服从管理的惩罚性罚金。[46]

大多数违法行为发生在哪里？早在1833年年末，兰开夏郡和约克郡的首任巡视员罗伯特·里卡兹就描述了犯罪率最高的地方：

> 这个国家有很多磨坊，位于小山村及其周边，或更为偏远地区的溪流上游，在这些地方，所有可获得的工人……几乎都在这些磨坊里工作，无论是年轻人还是老年人，甚至没有多余的人手。他们说，在这种情况下，工厂要么完全关闭，要么极有可能在公开违反法律的情况下工作，即每天工作时长超过12小时。[47]

当检查员和监督员在纺织地区四处巡视时，他们发现管理赔偿工作的法规特别难以坚持。霍纳现任兰开夏郡和约克郡大部分地区的负责人，他在1840年总结了自己的经验，"我认为不可能检查到弥补损失的时间之类逃避法律的行为"。两年后，中部和东部的督察仍报告称，未能杜绝非法加班："我毫不怀疑，许多水力磨坊总是在加班弥补时间，我甚至非常怀疑这些时间从未丢失过。"为了便于探查，霍纳发现"有必要制定一些额外的规定"；1837年，他行使了准立法权，以一项新的法规迎头对准了水力磨坊。如果磨坊所有者希望通过加班补偿不同时期的河流水位，他们今

第八章 可以依靠的力量：蒸汽在时间上的优势

后必须"在工厂的显眼部分摆放一个公告，说明开始还有停工的日期、星期和时长，还有停工的原因和损失时间的多少，使所有工人都可以看到"；18 岁以下工人的所有加班时长都必须详细记录在特殊的"计时簿"中。[48] 当某个检查员或监督员参观工厂时，他可以对照公共公告和操作人员的证词对条目进行交叉检查。

在《1833 年工厂法案》实施的早期，夜班几乎消失了，9 岁以下的童工变得罕见，正常工作日更接近 12 小时，鲜有工厂工作时长为 14 小时或 15 小时。[49]无论是公告还是计时簿都无法根除非法加班，但随着监督的加强，检查员们步步紧逼工厂："无论哪里萌发了弥补损失时间的现象，都应该通过每一种可能的检查加以监视。"霍纳在 1840 年强调，他指出这项努力与该法案的核心执行工作没有什么区别：儿童工作不超过 8 小时，年轻人不超过 12 小时。来自工厂运动的压力不断迫使检查员们满怀热情地捍卫这些原则，工厂运动的积极分子对加班许可证的存在感到不满。在 1840 年的一次后续调查中，来自曼彻斯特一个十小时工作制委员会的纺织工解释了工人们的想法：

> 这是广大儿童和成年人不满的根源。我经常听到他们说，当损失的时间可以弥补时，他们宁愿为损失的时间损失工资，也不愿弥补工作时长；因为在工作了 12 小时后，如果他们不得不工作十二个半或 13 小时，这会耗尽他们的体力。他们在这一点上表达了强烈的意见；他们宁愿失去工资也不愿加班。[50]

那种加班很容易越过犯罪的门槛。违法者为此付出了代价吗？是否正如人们所料，水力资本家受到的惩罚比那些依赖蒸汽的资本家更频繁、更严厉？经济学家霍华德·马维尔（Howard P. Marvel）在 1977 年的一篇文章中收集了 1834—1836 年兰开夏郡和约克郡西莱丁两个教区的数据，确定了这两种主要动力在其棉纺厂中的份额，并将其与根据该法案提起的所有案件进行对比。他发现,水力磨坊"面临法庭起诉的可能性要大得多"——更准确地说,当能源来自水时,这种可能性增加了1/3,以及更多的单独指控和更严厉的处罚。[51] 后来,一项对 1833—1855 年整个时期的类似研究支持了他的结果:在霍纳的监督下,在相对依赖水力的教区,每 100 名操作工的法庭案件数量往往要高得多。在完全依赖蒸汽动力的曼彻斯特和普雷斯顿,1838 年分别有 0.5 例和 0.6 例案件。在萨德尔沃斯,水供应了 21% 的马力,有 2.8 例案件;在威利,水力供应了 25% 的马力,有 1.8 例案件。[52] 《1833 年工厂法案》对于棉花资本来说是一个祸根,蒸汽动力工厂却几乎毫发无伤。

阿什沃斯兄弟于 1836 年 8 月首次被判有罪,罪名有三项:没有强制性的工人名册;没有计时簿;更糟糕的是,"每天雇用童工工作超过 9 小时"。[53] 1837 年夏天,第二起案件的发生更引起了公众的关注。当当地监管人参观新伊格利的职工居住区时,他再次发现受雇的儿童没有年龄证明,没有姓名登记,也没有任何可核实的上课考勤;事实证明,他们中有 4 人不到 13 岁,每天工作 12 小时。在长达 6 小时的庭审中,博尔顿的法庭挤满了磨坊主、管理人员和其他重要人物。亨利既愤怒又傲慢,他装模作样地捍卫自己企业的声誉,攻击工厂立法,在其面前堆放了如山的法规副本,并煞有介事地问道"是否有人可以处理所有这些事情"和"同时管好自己的事"。他总共被判十项罪名成立。[54]

但亨利·阿什沃斯拒绝支付罚款。法院签发了扣押令。一个星期六下午,当他坐在那里写字时,警察走进了他的账房,开始搬走家具。警察总长"把椅子和桌子从我身边拿走,我步行回家,把它们留在那儿;他拿了其他的椅子和桌子就走了"。根据多尔蒂对事件的描述,阿什沃斯"拒绝支付对他的罚款;他希望被视为工厂的殉道者,并允许扣押他的货物"。[55] 这是反对《1833 年工厂法案》最著名的领导者与政府行政部门之间持久仇恨的开始。霍纳和他的副手继续指控阿什沃斯的工厂犯有各种罪行,而阿什沃斯兄弟俩则颇有分寸地确定了工厂殉道者的身份：企业如果继续经营，是不可能遵守法律的。[56]为了阻挠检查，他们让所有员工按自己规定的时间工作，拒绝让任何监督员进入工厂，这一蓄意谋划在1840年的调查中引起了人们的注意，调查委员会问亨利：

> 在被罚款之前，你是否曾拒绝进入警局？
> ——从来没有的事。
> 那么，事实上你是拒绝进入警局以免再次被罚款？
> ——是的，为了省钱。
> 以免被发现违法？
> ——是的……我们不喜欢在公众面前被当作违法者。

阿什沃斯对于检查人员行使的权力——"非凡的调查权力""道德警察"怒不可遏。[57]他的愤怒并非独一份。罗伯特·海德·格雷格在1837年出版的《关于工厂的问题》（*The Factory Question*）一书中抱怨说，检查员的权力"比这个国家任何一个人的权力都要大"，确实，"除非是未经审判就绞死一名工厂老板，把他的尸体留给外科医生解剖，否则还有什么更大的权力有待授予"。在回顾20世纪关于极权主义的论述时，他描述了一个成熟的监视社会体系下无法忍受的痛苦：

> 雇主们已经在反对法案的过程中遭到了彻底的失败，在他们试图争取部分废除法案的过程中，他们的人格受到了玷污，他们的资本使用受到了限制，"十小时工作制委员会"在所有的工厂里都有间谍，政府在检查员中安插了间谍，这些间谍又在副检查员中安插了下级间谍，不，是雇主们被迫成为自己的间谍，并违反英国法律的一项著名原则，即记录下自己的罪行。

格雷格在此引用了霍纳关于计时簿的法令。[58]

诉讼似乎在各地都受到极大的厌恶，因为被告不仅会因罚款损失金钱，名誉还会受损，尤其对工厂管理造成了干预。总体来说，切实的诉讼是工厂主们遵守法律并相应调整生产的强大诱因。水力工厂的合规成本更高。[59]阿什沃斯兄弟和格雷格家族的积怨反映了该法案真正的阻碍，1847年，下议院在关于工作时间的另一场辩论中重述了这一点："立法机构已经干预了特定阶级操作工人的劳动时间，这些工人在水力工厂被雇用。"一位议员指出，他声称知道"干预这些工厂工作时间的结果是其中一些工厂已经完全停止运转。他们至此为止严重损害了这个国家的能量"。[60]所有这些都指向一个普遍结论：《1833年工厂法案》的实施对水力棉纺厂造成了实质性损害，却使蒸汽的地位相应提升。

除此之外，还必须加上对即将出台的法律的担忧。资本家的投资决策一切照旧地基于其预测：如果他们预计在不久的将来会出台一项《十小时工作日法案》或类似立法，并认为这是对水力工厂的致命威胁，那么他们会运用理性的企业家精神，匆忙地转向蒸汽机的使用。萨德勒的法案可能在1833年被否决，但由于工厂运动的复兴，它继续作为一个合理的现实场景令人担忧，其中包括全面禁止加班以弥补损失的时间。这件事显然仍未解决。直到结构性危机结束，议会提出了新的法案，新一轮运动发起，修正案准备就绪，要求10小时甚至8小时的工作时间仍不罢休，创造出一个不稳定和不可预测的法律环境，使许多雇主神经紧绷。关于下一部法案内容的谣言在各个办公室之间传播。1842年，霍纳引用曼彻斯特附近一家大型磨坊的匿名老板的话："如果我没记错的话，（拟议中的）新法案禁止夜间，或在晚上和早上的某个特定时间段工作，还取消了加班以弥补损失时间的权力。"[61]1833年，亨利·阿什沃斯宣布，笼罩在他和他同行身上的达摩克利斯之剑①抑制了他对职工居住区进一步投资的热情，在读来像一个

---

① 达摩克利斯之剑(the sword of Damocles)：通常象征拥有强大的力量非常不安全，很容易被夺走，或者简单来说，就是感到末日的降临。

关于他资本部分所面临的挑战的概要中写道:

> 在过去的三年里,利润率大大降低,工人的满足感和良好秩序受到严重干扰,主要是受到恶意煽动者的干扰;在这一时期的大部分时间里,关于工作时长法案的发起人提出了工作时间的限制,威胁要进一步侵蚀我们的利润;他们以非凡的智慧和胆识,试图在公众眼中把最不公正的贪婪和残忍的指责附加到我们这个团体身上。因此,我们不愿意进一步扩展我们的工作。[62]

不出所料,格雷格家族声称自己陷入了同样的绝境,而斯坦利职工居住区的所有者则声称,严格执行该法案将使他们放弃巨额投资,"从金钱角度来看,这是两种罪恶中最小的一种"。[63]但更独立的团体也可以观察到工作时间的变化,例如曼彻斯特的一家丝绸制造商,他主要从事的是棉花行业,在1833年年初解释了一个令人困惑的趋势:

> 曼彻斯特的建筑是否在大量增加?
> ——确实非常多。目前,城镇及其附近地区的工厂也在大量增加;但这可能是出于另一个原因,并非商品需求的增加:他们担心现在摆在众议院面前的法案会削减劳动时间。

或者换言之:即使对其产品的需求仍然疲软,资本家们仍急于在曼彻斯特都市区建造蒸汽磨坊,以防止立法对水力磨坊的损害。[64]当他们进入19世纪30年代中期的繁荣时期时,商业环境中充斥着对工厂运动目标的觉察、对新法案的不安全感以及对其执行的担忧。工厂立法的整个过程不断地改变着激励结构,而不仅仅是侵占补偿性加班。缩短工作日也会给原动机带来额外的好处,因为原动机能够用最大的工作量填补剩余的时间。随着工厂运动向每天工作10小时的目标最后冲刺,这也成了资本最为关注的能力。

十个半小时，全力以赴

在1836年废除运动取得胜利之后，十小时工作制委员会保持势头并继续进攻，大批群众再次高举支持十小时工作日的旗帜。但要想让事情发展到一定游刃有余的地步，他们可能首先必须超越整个僵化的国家机构。在随后的几年里，工厂运动成为人民宪章运动的一个分支。人民宪章运动是贯穿制造地区的无产阶级抗议活动，其统一计划承诺通过（男性）普选实现阶级最紧迫的要求。1842年的大罢工使革命一触即发，为了扼杀这一补给分支，恐慌的议会重新打开了工厂立法的档案。[65]在1844年3月的一场辩论中，一位保守党议员提醒众议院"1842年秋天发生的事"。在那难忘的几周里：

> 制造业地区的工人阶级离开了他们的雇主，成群结队地穿过约克郡和兰开夏郡；事实上，几天来，他们占有了所有这些城镇，直到军队被征召，流血事件的发生才彰显了法律的威严……我准备从工人阶级的角度通告众议院，如果这次拒绝批准这项措施（《十小时工作日法案》），他们的暴乱将不会停止；此外，全国范围内那些忠于他们的政党也将不会停止与他们一道再次发起暴乱。[66]

《十小时工作日法案》在1844年即将通过，直到1847年5月才成为国家法律。无论是蒸汽磨坊还是水力磨坊，磨坊主们还是负隅顽抗，但就在法案投票前几周，埃德蒙·阿什沃斯才意识到负隅顽抗终究会失败："公众对《十小时工作日法案》的呼声十分强烈，事实和论点对反驳它似乎毫无用处，很明显，它对公众思想的控制太强，无法避免。"[67]1847年《工厂法案》规定，所有年龄段的年轻人和女性的工作日——当然还包括任何剩余的劳动力，从1847年7月1日开始减少到11小时，从1848年5月1日开始减少到10小时。然而，由于该法案漏洞满满，它不得不在1850年用另一部法案进行澄清和修订：不允许工厂在早上六点前开门或晚于晚上六点关门。在这两个时间之内，操作人员可以工作十个半小时，并且必须被给予一个半小时的用餐时间。在周六，生产必须在下午两点停止。因此，这么多人要求的 10 小时变成了十个半小时，且不包括餐休息时间。然而，英国纺织业仍就此永远改变了：从今以后，将有固定时长的正常工作日，加班补时是违法的，每个操作员都完全有权在时钟敲响时走出厂门。棉纺厂工作时间的首次斗争告一段落。尽管一些强硬派人士抗议妥协，但工厂运动还是逐渐消失了。自阿克莱特时代以来，工厂日就在不停地缩短或延长，终于稳定在一个限度之内。[68] 水力磨坊则受到了致命一击。

如果 12 小时的连续生产是以前的标准，那么，1847 年和 1850 年的法案剥夺了 1/8 的生产时间，并将该时间交由工人自行决定如何使用。人们可以预计，这种工作日工作时间的削减将改善水力磨坊的困境，因为它们不再需要 12 小时、14 小时甚至更长时间的不间断水流。在另一种情况下，它对水力磨坊可能确实提供了一些缓解，但资本主义商品生产的逻辑——利润追逐、固定资本负担、在激烈竞争市场中的生存斗争，以某种神秘的方式运作。剩余的工作时间必须用最大量的劳动力来填补。用最简单的术语来说，如果制造商的生产数量也缩水 1/8，他将赔钱。制造商希望保持生产数量不变，一种方法是提升生产速率：可以让自动纺棉机的纺锤每分钟进行更多次的旋转，以更快的速度生产更多的线；动力织机可以在给定的时间内织出更多的布料。但这种提速的前提是拥有现成的可以被雇主使用的原动机动力，以便以更高的速度驱动机器。

并非所有原动机都默默顺从。伦纳德·霍纳在 1845 年推断，如果工作时间减少，磨坊主可能会通过提高生产率轻松挽回损失，因为存在及时获取各种收益的空间。"工作是由蒸汽机和工人共同努力完成的，在不同的工厂，每种力量的贡献差异很大"；自然，更短的工作日将刺激磨坊主"以最高速度"驱使工人，也就是驱使机器、驱使发动机。河流周围的情况也没有那么好。"就水磨坊而言",检查员观察到,"某些季节的水力强度在白天不断变化,工人无法提高警惕或注意力"。[69]一条河流可能会自行放缓流速,人们无法按下按钮,也无法操纵机械使其流得更快。水流有其自身的时间性,不像煤炭那样适合用来提升生产效率。

在十个半小时工作日制生效的倒计时期间,关于以提升生产速率作为改革条件反射的预测比比皆是,从某种意义而言,这可能本身也自然会实现。在19世纪40年代中期的繁荣时期,一位消息灵通的棉花资本家正在考虑他的下一次投资,他会押注在一个能够接受他命令的原动机上。工作时间受到的限制越多,关于此类限制的预计越多,不受天气节奏干扰的能源溢价就越高,或者反过来说,工作日越短,每小时所需的动力越大,轮子减速或停止不转所付出的成本就越惨痛。当法案最终生效时,雇主们会知道该怎么做。1848年秋天,伦纳德·霍纳自发组织了民意调查,以探索近期法案生效的影响。"工人们现在必须更加努力工作;但工作时长越短,他们就更好接受。织工现在生产的布料和以前在12小时内生产的一样多。发动机已经提速了",一家棉纺厂的经理说。两名纺织工告诉一名副督察:"现在,他们在工作日内工作更加努力,完成的工作量几乎和12小时内一样多,发动机确实已经在提速。"另一位经理说:"在编织和走锭纺纱机方面,他们的进步不太多,大部分是通过那些人更高强度和更全身心地投入工作,提高机器速度只占了一小部分。"[70]

如果劳工在1847年和1850年的法案中获益,资本则通过提高蒸汽机的速度来进行报复。雇主们对这种情况担忧了近20年,随时准备通过提高工人干活速度来重新夺回因他们放松而失去的时间,霍纳继续观察到"织机的运转速度非常快",他在1850年年底写道:"是在过去几年里大大加快了,以至于现在织机在给定时间里编织相同布料的码数远超过了1835年的水平。"1856年,伦纳德作为4名工厂检查员中工作时间最长的一员,报告说,"蒸汽机能够通过节省动力来驱动更重的机器";"通过改进机器"

和"提高速度，可以完成更多的工作量"。[71] 这里的一个关键概念正是"力的经济性"，这是蒸汽动力的标志。《十小时工作日法案》不单单削弱了传统水车与瓦特之间的竞争，而且促使制造商将一种发动机更换为另一种发动机，以从同样的燃料中获取更多动力。

瓦特使用的蒸汽保持在低压状态下，而不是高压。约翰·斯考特·拉塞尔①在《关于蒸汽发动机的论文》中给出了教学解释："当水在水壶或大锅中剧烈沸腾时"，蒸汽"以相当快的速度从任何与外界空气相通的缝隙或管道中冲出"，这就是低压蒸汽。"但是，如果我们把缝隙堵住，并精确地关上盖子，将蒸汽局限在水壶或锅炉内，水会变得越来越热，蒸汽也会越来越强"，便会获得高于大气压力的高压。[72] 早期，这个原理被提出来作为瓦特原理的替代方案：蒸汽的压力可以压住金属，就像斗牛犬被戏弄会拉紧皮带一样。当蒸汽从锅炉中被释放出来并进入汽缸时，只有突然被中断它才会猛烈地撞击活塞，其余的向上推力通过其自然膨胀完成。瓦特发动机的动力来自低压蒸汽交替充满汽缸并被冷凝成真空，而这种变体从高压和蒸汽膨胀中获得动力，因此被称为高压蒸汽机，或膨胀式蒸汽机。

瓦特出于几个原因拒绝了这个概念：高压产生了冲击运动，使其单独的冷凝器变得多余，增加了锅炉爆炸的风险。但其他发明家则继续追随这条道路，特别是在康沃尔郡的矿山，那里的高压发动机的性能在19世纪20—30年代逐渐提高，直到它能够用瓦特发动机消耗1/5的煤炭产生相同的动力。转移到气缸的蒸汽越少，膨胀产生的效果越大，燃烧的煤炭就越少；同时，通过注入更多的蒸汽，可以轻松提高活塞运动的速度，从而可以微调燃料消耗和机器速度。就"力的经济性"而言，它是一台卓越的机器，很少有人质疑这一事实。但在制造业地区，高压蒸汽机模型仍然很

---

① 约翰·斯考特·拉塞尔(John Scott Russell,1808.5.8—1882.6.8):英国土木工程师,以船舶设计研究而闻名,包括和伊萨姆巴德·金德姆·布鲁内尔联合设计的著名大东方号(1856年)和世界上第一艘铁甲舰,英国皇家海军"勇士"号(1860年)。

少。报废瓦特发动机的成本、挥之不去的恶名、对锅炉爆炸的恐惧，以及它们在拥挤的工厂内的潜在破坏性影响，还有纯粹的惰性，都抑制了高压蒸汽机的推广。[73]

雇主们需要震撼的力量加持才能真正做出改变。1847年的《十小时工作日法案》或多或少在一夜间引发了一场变革：在十个半小时的工作时长内，磨坊对高速动力的需求激增，磨坊主愿意冒着财产和技术工人的生命危险做出改变了。同样，社会需要决定了机器是否被采纳。这很快便被证实：19世纪50年代末，基于经典瓦特原理工作的蒸汽机在曼彻斯特地区只占了一小部分，提高效率和速度的转变几乎就要完成："在相同重量的蒸汽机上，我们现在的工作量至少增加了50%"，煤炭消耗量减少到1/4左右，蒸汽锤的发明者詹姆斯·内史密斯①在1852年表示。[74]机器造型完美、动力十足，简直是完美的设计。

根据一项统计，1845—1849年，英国棉纺厂的机器速率提升了1/24；根据冯·通策尔曼的判断，该法案引发了该行业有史以来最大的一次提速。[75]虽然该过程的量化维度是模糊的，但一些定性后果十分清晰：对于水力磨坊来说，高压蒸汽机的到来是工厂立法为其建造棺材中的最后一颗钉子。水车技术没有与此突破相匹配的广泛进步，随着蒸汽机步调的加快，水车仍在以之前的速度稳定旋转。

一个自然的，也是必然的结果是蒸汽价格的下跌：在19世纪40年代末，曼彻斯特一家棉纺厂的每马力成本暴跌。水能的纯经济性优势首次受到打击，尽管蒸汽还需要几十年才能消除这些优势。[76]然而，每台发动机中更少的煤炭消耗并没有转化为总燃料的更少燃烧量——恰恰相反，这正是杰文斯悖论②的根据所在："正是煤炭使用的经济性导致其被广泛消费。"

---

① 詹姆斯·内史密斯(James Nasmyth,1808.8.19—1890.5.7)：英国工程师，他设计的蒸汽锤能锻造大型锻件，因而为全世界所采用，并迅速得到改进。1843年他又制成蒸汽打桩机，此后又发明了铣槽机、水力冲床、磨床，以及通风机的空气泵。

② 杰文斯悖论(Jevons's Paradox)：其主旨是"技术进步并非减少而是增加了资源消费量"。

浪费的、昂贵的煤炭消费以前阻碍了蒸汽机，但"使用高压和过热蒸汽的经济性"使其能够从棉花业辐射到所有制造领域。每台发动机使用的煤炭减少反而加速了蒸汽机的最终胜利。用煤炭历史学家尼尔·巴克斯顿的话来说，1850年后高压蒸汽的普及"意味着经济越来越依赖煤炭供应的稳步增长"，这是化石经济出现的另一个时刻。[77]

阶级冲突的另一个结果：根据冯·通策尔曼的说法，《十小时工作日法案》可能是高压蒸汽机崛起的"最重要决定因素"，推而广之，促成了蒸汽发动机在棉花行业（及其他行业）的最终胜利。对于艾伦来说，该法案使企业家从低压蒸汽机中惊醒，结果是，从19世纪40年代末开始，新旧原动机"迅速取代了水力"，正是这时"发生了向蒸汽的决定性转变"。[78]但如果说，1847年和1850年的法案是由水到蒸汽机、由流动能源到煤炭的过渡，那就太夸张了，这是个未雨绸缪的过程。艾伦将19世纪40年代确定为关键的10年已经太晚了。相反，我们可以觉察到在整个结构危机期间动力的不断动态升级。曼彻斯特一家棉花制造商在1833年的评论中概述道："很明显，工作日减少的小时数越多，和蒸汽机相比，水车减少的价值就会越多。"[79]随着以往自由支配劳动力的做法逐渐减少，棉花制造商转向了能够在剩余时间内最大限度地增加劳动力的原动力。

《工厂法案》始于1833年，诞生于一种恐怖的氛围中，缓慢但绝对，扼杀了水力磨坊。首先，它没收了雇主用来管理河流波动的工具，然后敦促他们不断提速。蒸汽资本家更能有效吸收工人阶级的进步力量，甚至可能将其转变为自身优势，因为在19世纪中叶改革后，每个时间单位生产的商品更多了。工作时间被削减到只有煤炭才能填补的规模。

水力和资本的时间悖论

经济学家理查德·琼斯（Richard Jones）在19世纪30年代写道，"水"是"便宜但不确定的"。蒸汽机成本高昂，但功率强大，其运转是确定和持续的。在《论文》中,约翰·法雷不仅突出了水力的空间限制,还强调了水力的时间变化:"水供应在干燥的天气里会减少,或在霜冻时完全停止,在雨季会过度积聚,从而使工程暂停。"此外,"风和水在运动速度方面受到限制,且在某些特定速度的机器上作用最有效"。[80]这些都属于流动能源的自然属性。受季节和日常天气的主导,随着水文逻辑周期的起伏,水力遵循自己的时间安排,而不是工厂的时钟。

在极其特殊的情况下,工厂时钟占据了领先地位。当查德威克的一名专员观察到,"水力磨坊的生产速度永远不可能像蒸汽机那样被精确地调节",他是在即将颁布的立法所包含的普遍自然法则背景下这么说的。[81]水流的时间性只有在两种社会力量冲突时才构成问题:资本的利益来源于将生产时间延长至每天可工作的最长时间,作为其对立面,劳动者则需确保每天有一部分时间可以满足自身需求。因此,就像在空间中一样,在时间维度上有一个惊人的悖论。正如巴贝奇所说,水流"本质上处于运动状态",煤炭是完全静态的。但从棉花资本的角度来看,随着时间的积累,水流随时都可能停止,而煤炭随时可燃,两者一方慵懒、停滞不前,一方可被及时调换。这只能说明,19世纪初英国的资本主义财产关系产生了自己的时间形式,在产生严重矛盾后,不得不重新排列自然秩序。既不是向遥远市场的出口,也不是利润的动机、固定资本的紧迫性、调节机器的速度,或每小时用于填补源于大自然能源动力的劳动力最大化——相反,它们必须从手头的材料中构筑和重新安排自然能源。与空间一样,我们将关注这一悖论的影响,直到得出理论结论。但首先我们需要仔细研究如何将蒸汽作为一种动力形式。

第九章

"没有政府，只有燃料"：
资产阶级观念中煤炭的权力衍生

蒸汽崇拜

在乔治王朝晚期和维多利亚时代早期的英国，围绕"蒸汽"兴起了一种意识形态。狭义来说，它是一个特定群体（英国资产阶级）所持有的一系列思想、价值观和信仰，以增进其利益、指导其行动、表达其经验和意志，并赋予其使命。以上这些行为通常都是从蒸汽机产品中抽象得出的。根据迈克尔·弗里登（Michael Freeden）提出的"形态学"理论，意识形态是以特定形式或秩序构成的政治概念的组合，就如同在一个房间内，不同家具以某种形式陈列着。在这种观点下，自由主义的房间内就是一系列概念化的桌椅围绕着"自由"这一核心。[1]按照弗里登的观点，在"蒸汽"意识形态中，英国资产阶级以"蒸汽机"为中心，聚集他们所崇尚的思想——进步、科学、机械创造、财富积累、私有财产权、自由。

但在这里我们注意到一点不同。蒸汽机不是自由、平等或无政府的这类概念，它是一件实物。尽管19世纪40年代随机发行的《机械杂志》的某一读者或1851年世界博览会的某一参观者可能对这个词很熟悉，但是像对自由主义、社会主义这样去讨论"蒸汽主义"（steamism）几乎是毫无意义的。那么，将蒸汽机视为自由主义短暂的"物质崇拜"、思想体系一度的"皮囊"或者某种资产阶级意识形态的时尚，而非一种特殊意识形态的起源，是否更为准确呢？蒸汽机是一种瞬时技术，也是具备持续生命力的化石燃料经济的第一个伟大化身。这个以"蒸汽"为核心的"房间"可能是化石燃料经济下的第一种意识形态，在随后的阶段内经历了几次重组和创新，或许一直持续到今天。此外，意识形态领域的学生长期以来都非常熟悉以事物而非概念为中心的符号空间——被称为"拜物主义"的一类特殊意识形态。在结构性危机的几十年中，英国资产阶级发展了"蒸汽拜物主义"（steam fetishism）。

发动机的工作时间长，它们无须饮酒，且永不疲倦

旋转发动机以其驱动自动机器的能力著称，从此便无须难以控制的人力。走锭纺纱机和动力织机就是工人解放双手的标志性产物，当然，不仅仅只有这两样。当作家热衷于讲述用蒸汽机代替人力的景象时，他们的脑海中浮现出了一系列机器；实际上，在19世纪下半叶，除了棉花纺织之外，很多行业都迎来了自动化。下面的四个案例便能说明这一趋势的影响范围。

第一，在将棉花纺织成棉布并进行漂白之后，需要印上颜色和图案，通常是引领时尚潮流的鲜艳、精美图案——这便是棉布印染工人的工作。在18世纪80年代棉花产业兴盛之时，这项工艺只能通过刻有图案的木块来完成；印染工人从背面抓着木块，将其浸泡在颜料中，再牢牢地压在棉布上，然后用铁锤敲打，这项工作仅依靠人力完成。一样的程序在每块棉布上都要重复上百次。整个过程受限于人力和技术，缓慢而耗时，完全由印染工人的双手完成。印染工人和纺织机一样占据了主导地位，以至于在18世纪的前20年，他们的非法联合控制了印染厂生产的大多数领域，包括产量、图案种类、工具选择、学徒雇佣、生产时间等，使雇主沦为微弱

第九章 "没有政府，只有燃料"：资产阶级观念中煤炭的权力衍生

的资本交付者。[2]

与此同时，印染工人的替代者正在伺机而动。1785年发生大罢工之际，普雷斯顿周边的一位雇主取得了一项棉布印染机的专利，利用刻有图案并染上颜料的铜制圆筒，在外置原动机的作用下在布料上滚动。这项并不完美的设备慢慢被投入使用，但正如一位制造商向《商人》(The Tradesmen)杂志解释的那样，为了解决印染工人给雇主带来的麻烦，让更多制造商投身改进机器，使其摆脱需有熟练工人才能制造出大批商品的情形，在19世纪初期，出现了新的工具。直至1835年，仍有人抱怨印染工人的强大工会和高额薪酬，但在这关键的几年里，他们之间的对立反而加速了自动化进程。与手摇纺织机的命运一样，印染工人被无情地淘汰出局，被自动印染机取代，又一批固执的工人被载入史册。对于尤尔来说，这一机器是能与"钢铁侠"相提并论的对工人压迫的救赎先驱，自动印染业的创立是与联合工厂齐名的一大奇迹。[3]机器在历史舞台上静静地操纵着它的"提线木偶"。

第二，跳出棉纺织业，混乱的工人、新的机器、蒸汽和宁静，同样也发生在精纺业，羊毛梳理工人的主要工作就是理清打结的羊毛。在生产初期，工人们双手各持一把梳子，将羊毛梳到可以用于纺织的程度。我们在约翰·詹姆斯（John James）1857年的长篇著作《英格兰毛丝织造史》(History of the Worsted Manufacture in England)中读道，"自本世纪以来，羊毛梳理工成为一个强大且有组织的团体，他们经常通过骚动、罢工和反抗行动给雇主制造很多困难"，他们"更像是雇主的领导者"。《联合法案》被废除两个月后，他们在约克郡西部的梳理业地区联合起来，用汤普森（E. P. Thompson）的话来说，他们引发了"布拉德福德历史上最严重的罢工"，约有2万名羊毛梳理工罢工半年。[4]而后人们的注意力转向精梳机。1827年，发明家普拉特（Platt）和科利尔（Collier）正式获得第一个实用模型的专利，精纺之都布拉德福德的雇主立刻将其铭记于心：

为了将工人们从精纺业的枯燥行为中解放出来，精纺机和动力织机迅速服务于各行各业。普拉特和科利尔新发明的精纺机能够加工长且粗糙的羊毛，这项专利在织造领域与动力织机并驾齐驱。[5]

第三，19世纪30年代初期和中期的动荡与繁荣进一步加速了自动化进程，在精减式变革的年代，詹姆斯说："在1833—1838年这一小段时期，蒸汽动力得到了最快速、最显著的发展。"尤其是在布拉德福德，1841年的蒸汽马力与水力马力达到了23∶1的程度。西莱丁的煤田提供了必要燃料。当詹姆斯的蒸汽机问世时，精纺业似乎一切安好：罢工已经平息，自动化机器也已就位，蒸汽在喷射，煤炭在燃烧；而效率低下的羊毛梳理工的"重要性正在迅速下降，并将面临绝迹的危险"。[6]

但是谁来制造这些机器呢？当机械化在棉纺织业之外的领域扩张时，对机器制造工作的需求通常会增加。骄傲的工匠们通常相信自己的眼睛和双手来镗缸、建造滑动托架，或操作自己手头的车床、钻头和螺丝钉等工具。随之而来的通常是工作质量等级的不稳定。费尔贝恩在回应后者情绪的时候写道："这些制造工匠才是主人。"整个国家都依靠这些深藏不露的工匠来提供机器；基于这种情况，他们的工会也就推高了薪酬和物价水平。[7]詹姆斯·内史密斯写道，"由此产生的巨额支出"被证明是机器交付的"巨大障碍"，"对更多值得信赖且高产代理人的需要使得这一体制得到改变"。当然，这些代理人只能是其他机器或者"机床"，其基本原理就是一件用于切割或塑造物体的自动工具，具备非人工的原动力和机器自身的精度。内史密斯以其蒸汽锤而闻名——这是一个由蒸汽压力举起并伴随精准打击而下落的巨大锤子，他回忆起兰开夏郡的机械工在19世纪30年代中期的繁荣时代是如何赢得卖方市场的：对他们的技能需求越大，他们干得越多、喝得越多，虚度几周时光，并且来去自如。

无纪律又粗心的工人自然使雇主非常恼火。但这进一步增加了对

第九章 "没有政府，只有燃料"：资产阶级观念中煤炭的权力衍生

自动化机床的需求，因为它们能够避免人工劳动的不确定性。机器不会喝酒；它们的手不会因过度劳累而颤抖；它们从不缺勤，也不会为工资而罢工；它们的准确性和规律性始终如一，并且能够生产出机械结构中最精细或最笨重的部分。[8]

机器生产的转型从19世纪30年代中期开始，直到1850年完成。在这15年间，英国工业经历了该世纪的机器需求高峰，最后，车间里几乎没有留下任何旧器物。机器不再由工匠制造，而是由机床代劳——滑动台架、刨床、钻孔机；用于开槽、插削、削皮、钻孔、抛光的机器——低薪水的小伙子们很容易操作这些，因为它们"不太需要肌肉力量，只需要集中注意力。工具以这种方式完成了所有工作（因为之前已经将工序植入其中了），并且以最正确的方式形成了各种几何形式"。像内史密斯这样的大师将从永动的原动机中获取财富和权力："工厂机器提供劳动力或力量的要素。"[9]

因此，蒸汽动力机器造就了一个新的时代。事实上，机器生产的机械化对于结束结构性危机至关重要：没有它，资本家就不可能在机器的基础上扩大资本积累。只有具备了机床成倍的生产力和确定性，自动化的走锭纺纱机、动力织布机、滚筒印刷机、精梳机以及蒸汽机等机器才能在英国经济中得到普及。在恐慌之后的几年里，人们首次"普遍推行"用机器代替人工，尤其是熟练的成年男性。那为什么不以水力为基础呢？一切都表明，在这里提到的行业中，资本家选择蒸汽的原因与选择棉花纺织的原因大致相同，只是各自有所侧重。《工厂法案》未涵盖机械车间；相反，它们比任何组织都更依赖于技术知识的空间集中。他们中的大多数人直接从有生命的能源转向煤炭，跳过流动能源的中间站。19世纪10年代中期，费尔贝恩聘请了一个"肌肉发达的爱尔兰人"在他的曼彻斯特车间操作车床；1823年，这名爱尔兰人被机器取代。[10]

211

第四，塔夫内尔（Tufnell）强调了这一捷径的另一个案例，来自建筑行业。19世纪30年代初期，兰开夏郡的土工、瓦工和建筑工人的罢工使得雇主将他们的部分工作交给蒸汽机，这些机器可以混合石灰和沙子、制造砂浆并将材料吊到高层，无须人力。这样安排的最大好处是什么呢？塔夫内尔提到了一位建筑大师的信："我们可以不加选择地送来砖、石、铁和木材；机器比工人更易驾驭，文明程度更高，更容易管理，工作时间长，不喝酒，并且永不疲倦。"[11]这将成为维多利亚时代意识形态中真正被崇尚的"蒸汽品质"。

一旦资本主义财产关系在商品生产中建立起来，资本和劳动力就陷入了斗争，导致前者释放出一波又一波的机器来制服后者，而且从未像第一次结构性危机那样有力。这就是资产阶级渴望能源，特别是渴望发展蒸汽思想的背景。工人们强烈而持久的经历深刻塑造了这些思想，他们抗拒管理、逃避辛劳、酗酒并变得疲倦——然而机器不会这样。

机器的魔力

对自动机械的迷恋在西方文化中源远流长。正如姜敏烁①在《生命机器的崇高梦想：欧洲想象中的机器人》（*Sublime Dreams of Living Machines: The Automaton in the European Imagination*）中所记录的那样，亚历山大的英雄——蒸汽玩具的古代建筑师，开创了用奇妙的自动装置进行试验的传统。10世纪末，拜占庭皇帝用狮子和鸟类模型装饰王座，当人们靠近时，它们会自动咆哮和啁啾；在16世纪和17世纪，法国和意大利的皇室和贵族喜欢在他们的花园里摆满移动的喷水雕像，这些雕像通常是古希腊罗马众神或怪兽的形状，用各种特技让游客惊叹不已。18世纪30年代后期，

---

① 姜敏烁（Minsoo Kang）：1967年出生于韩国首尔，是一位历史学家和作家，目前是密苏里大学圣路易斯分校历史系的欧洲思想史副教授。

第九章 "没有政府，只有燃料"：资产阶级观念中煤炭的权力衍生

雅卡尔·德·沃康桑（Jacques de Vaucanson）凭借"排便鸭"成为欧洲最著名的自动机械制造商，这是一种可以拍打翅膀、喝水、吞咽谷物，甚至自己排出小颗粒的机械仿真鸭。人们蜂拥而至一睹奇物，奇幻之言远近闻名。

根据姜敏烁的基本定义，以上这些设备都是自动机械：具有显著先天运动能力的模拟生命体的机器。在前工业化的欧洲，它们的主要功能是令人敬畏、惊奇、害怕和娱乐——简而言之，给人留下深刻印象。它们几乎是极其富裕的人才能拥有的专属资产，被用于显示权贵。人们经常认为这些物品被赋予了魔法和巫术。19世纪早期英国的自动机械——这些机器或多或少完全模拟了真实的纺纱工、织布工、印刷工、梳理工、车工等，是同类想象的产物，但实现了一个完全不同的功能：积极参与商品生产。如果说前工业化时代欧洲自动机械的主要目的是炫耀财富，那么工业化时代英国的自动机械则是为了进一步积累财富。[12]在这一转变之后，我们才能正确地谈论政治生态学家阿尔夫·霍恩堡所说的"机器崇拜"。

"fetish"（恋物癖）一词来源于拉丁语动词"make"或"manufacture"。众所周知，它目前的使用起源于十五六世纪葡萄牙商人与西非信仰体系的碰撞：当地土著被认为是在最原始的妄想中崇拜人造物品。当然，从那时起，"fetish"和"fetishism"（拜物主义）已经流向一系列不同的指向含义中，从宗教领域到艺术、性、经济和意识形态，都可找到它们的踪影，但一些共同特征将它们（大部分）联系在一起。恋物癖被认为具有自主力，它被视为神圣、美好、兴奋、美德、成长，或其他一些内在的生命力，被当作物体本身的一种属性；它是无生命的、客观存在的，通常由人们制造，但通常被认为能够体现一个有生命的主体的品质；它是一种信号的具体表现，且具有某种力量。[13]

在对资本主义社会的批判性研究中，某些物品——尤其是货币和商品，长期以来被视为现代人迷恋的对象，它们的运作像自身有代理人一

样,被普通人盲目崇拜和尊重;就像"原始"恋物癖一样,它们深深隐藏着自己的真实起源。社会权力被赋予这些物品,因此人与人之间的关系假借这些物品的名义出现,通过损害某些人的利益来增加其他人的利益。现在,霍恩堡对这一理论体系做出了重要贡献,他声称,致力于使用机器不亚于"工业资本主义最核心的崇拜"。因此,"机器崇拜"将生产能力和独立生产力吸引到机器上,表面上看,机器是社会进步的最大推动者,是聚宝盆和现代偶像,但其真正的基本原理被掩盖了。[14]它占据了一个边缘地带,充满了幻想和现实,这两个方面相互反映且不断加强。

19世纪初英国对自动化机械的狂热被视为典型的恋物癖。尤尔写道:"正是在一家棉纺厂里,自动化工业的完美性才可见一斑;正是在那里,强劲有力的能量被制造出来,使数百万复杂的机械元件充满活力,并注入木材、铁和黄铜中,形成一个智能机构。"走锭纺纱机和动力织机被视为"准人"(quasi-person),人造物的行为仿佛活着一般——我们已经在"钢铁侠"这个绰号中遇到过这种感觉。在精纺领域,尤尔将羊毛梳理机视为"在机器中体现手工艺的灵巧性和智能性"的另一个奇妙例子,因此,这也是该设备的基本原理——"用廉价、温顺的劳动力代替昂贵、难驾驭的劳动力"。[15]这是他愿景的核心:通过自动作用的机器将工业从不听命令的人力中解放出来,将其所有技能都转移到机器上。

如果说工厂里的自动化构成了一种实际的拜物主义,那么资产阶级的语言则为其提供了一面放大镜。1861年,费尔贝恩在接受英国科学促进协会(British Association for Advanced of Science)的采访时,称赞这台机床"内部便带有创造力;事实上,它的适应能力是如此之强,以至于人力的任何操作它都可以模仿"。内史密斯展示了一个神奇的变形:从这些工具中,他和他的同事可以以"一定程度的准确度"切割、钻孔和使金属件成形,"就好比我们有能力将自己转变为侏儒工人"。[16]对于机器而言,一个更常见、更生动的比喻是奴隶。保守党议员兼多产作家本杰明·迪斯雷利

第九章 "没有政府,只有燃料":资产阶级观念中煤炭的权力衍生

(Benjamin Disraeli)在其1844年的小说《科宁斯比》(*Coningsby*)中有一段引人注目的话,他在描述主人公参观曼彻斯特工厂时引用了东方神话:

> 他进入的房间比阿拉伯寓言中所说的要大得多,居住的人比Afrite(阿拉伯民间传说中的地下精灵)或Peri(波斯传说中堕落天使的后裔)更神奇。因为在那里,他看到,在漫长的队伍中,那些充满了没有生命的存在的神秘形式,它们刹那间表现得很灵活,而人类只能在几天内艰难地完成。"机器"是一个既不会带来也不会忍受堕落的奴隶:它是一个被赋予最大能量并在最大限度兴奋下行动的存在,但同时又不受所有激情和情感的影响。因此,它不仅是奴隶,更是超自然的奴隶。[17]

这种神秘主义在对机器的赞誉中几乎是罕见的:织布大师威廉·拉德克利夫(William Radcliffe)在其关于动力织机的论文中谈到了"机器的神奇力量,它能使羊毛、亚麻、丝绸和棉花由不消耗食物的机械作用进行无限生产"。霍恩堡说,技术和魔法之间的界限一直很难划清。[18]在乔治王朝晚期和维多利亚早期的英国,机械习语被不可抗拒地拉回到了前工业时代的信仰和观念,参观棉纺厂与在佛罗伦萨贵族花园或德·沃康松展览漫步产生共鸣。即使在一个以其完美的理性而自豪的时代,即使是在对科学观众的演讲中,神奇的比喻从未远离,我们将明显看到倒退了有多远。

然而,位于另一个经济长河里的资产阶级对这台机器的惊讶更冷静、更务实、更贪婪——弥漫着即将战胜工人的气氛,因其能够征服人类劳动力而被资产阶级所崇拜。虽然早期的自动机是空壳,只隐藏了投机噱头的机制,但19世纪英国的自动装置则充满了从人力转移到机器身上的商品生产的实际能力。机器拜物主义产生于与"难缠"工人的斗争中,就像从工厂和车间战场上升起的梦幻迷雾;机器被赋予了"自动运动和超人的力量",现在它代表着权力的物理体现,偷走了操作工们的一项资产——他

们不可或缺的劳动，并将其移植到自己沉默的身体上。[19]机械梦想的古老崇高性在此触及实质。

然而，与所有形式的恋物癖一样，对机器的迷恋也有许多不为人知的时刻，我们将在这里说说其中两个。

第一，在尤尔或巴贝奇的著作中，自动化生产设备本身就成为一个本体论范畴，车间里只有无生命的物体居住，而工人的主观性消失了。虽然这与实际的努力相对应，但完美自动化的幻影总是比发明家和资本家领先一步，无论走多远，它总会需要一些人力。这一点是模糊的，它时不时以一种明显而有问题的矛盾形式出现：

> 事实上，机器的每一项改进都有一个不变的目标和趋势，即通过使用妇女和儿童的生产制造代替男人，或用普通劳力取代训练有素的工人，以此来整体取代人类的劳动，或减少劳动力成本。

用尤尔的话来说。[20]即使是尤尔的自动化乌托邦也居住着劳动力，他们仍然是维持生产的必要条件，但很容易被忽视——当然，主要是因为性别和年龄。事实上，机器的目的是从新旧劳动力中提取更多劳动力，这与使劳动力完全过剩正好相反。[21]

第二，为了支持机器自动化的愿景，资产阶级理论家不得不掩盖一代又一代新的、艰苦努力的工人的存在，但这种做法鲜有一致性。以下是英国机器拜物主义内部的一种紧张关系：据说，机器可以完全取代人类劳动，并使其更好地从属于自身。在某种程度上，这种模糊性表达了现实的自动化过程，在自动化进程中，一种形式的人类劳动——男性、成年人、倔强的人，将被另一种据说更加温顺的机器所取代。这是一个持续性进程，永不稳定，也永无停歇。即使是年轻女性也可能反抗。自相矛盾的是，机器拜物主义同时遭到破坏和刺激，每一个剩余操作工集体，至少在表现出一些不守规矩的倾向时都与机器拜物主义的属性相矛盾，并更加刺

第九章 "没有政府，只有燃料"：资产阶级观念中煤炭的权力衍生

激了另一种推力的产生。

但机器从未真正成为自给自足的生产力来源。事实上，英国资产阶级的自动操作装置并不具有自主性，因为它们需要不断地依附原动机，没有原动机的能量，它们就会立即停止运转。这种矛盾被人们以一种更富有成效的方式来处理：他们将恋物癖的对象——机器，从工厂建筑的负一层移到机器房。

我是如何统治整个世界的？

1824年6月18日，《联合法案》废除一周后，英国资产阶级的精英们齐聚首都，在位于霍尔本和考文特花园之间广场上的共济会大厅中举行了一次会议。此举是为了达到一个非常特殊的目的——他们要求为詹姆斯·瓦特修建一座纪念碑，他们认为瓦特在国家权力所在地拥有自己的雕像当之无愧。本次会议选举产生了一个委员会，其成员包括利物浦伯爵（首相兼本次会议主席）小詹姆斯·瓦特、查尔斯·巴贝奇、二十多名国会议员、几名牧师以及英国能够召集到的几位最著名的制造商：羊毛业巨头本杰明·戈特，陶器大亨约西亚·韦奇伍德、彼得·埃沃特、约翰·肯尼迪，还有最值得一提的是一些最成功的水力棉纺厂老板：科克曼·芬利、罗伯特·皮尔、威廉·斯特鲁特、小理查德·阿克莱特等。看到如此场景，一位发言人高兴地看到"许多开明、聪明、独立且正直的英格兰制造商们"，以及皮尔先生都选择加入了我们的行列，"我感到我所在的社会阶层因拥有瓦特这样的人物而变得崇高和光荣"[22]。一个社会阶层纷纷前来向他们最大的恩人之一致敬。在共济会大厅里，蒸汽动力被奉为神圣的阶级工程。

意识形态的众多功能之一就是可以统一一个阶级，使其紧密团结，成为一种适用于社会斗争的力量，使这个阶级对他们崇高的使命和潜在的胜利胸有成竹。[23]在共济会大厅举行的会议透露出了一种非同寻常的共识，这

种共识的达成者甚至包括那些依旧相信水力在他们自己的工厂中具有实际优势的资本家们：表明蒸汽已经支配了资产阶级的思想。皮尔、芬利、肯尼迪以及尤尔特之间没有任何分歧，他们都意识到了瓦特在他们人生道路上的积极影响，也确实如此，皮尔自己也利用这个机会赞扬了蒸汽在把工厂吸引到人口中心方面不可估量的价值。结构性危机带来的不仅仅是负面影响，在1849年，亨利·阿什沃斯同样赞扬了"蒸汽机使用推动了社会改革"。[24]然而，为瓦特设立纪念碑的活动之所以特别有趣，是因为它发生在由水力向蒸汽动力转变完成之前。

会议结束后，瓦特的半身像和雕像在全英横空出世。当有人提议修建一座具有传奇色彩的纪念碑时，城镇精英们就会为此而聚集在一起，为瓦特的荣誉发表演讲，强调建造这样一座宏伟建筑的不可或缺性，并鼓励富人们定期捐助。在曼彻斯特，会议是在警察局的一个房间里举行的，这也从侧面反映了人们对此事的重视。索尔福德的一位国会议员兼棉纺厂老板在介绍瓦特雕像的具体情况时首次承认，城市中的每条街道上都已经有了纪念瓦特这位天才的纪念碑；曼彻斯特得益于蒸汽取代水力而成为棉都，若非如此，英国的制造商们就不得不分散在各地。所以，如果瓦特是这座城市的守护天使，他就应该被刻成雕像。在爱丁堡，伦纳德·霍纳是建造雕塑的发起人之一；在格拉斯哥，安德鲁·尤尔在纪念碑揭幕时发表了公开演讲；在伯明翰，一位发起人在皇家酒店提醒尊贵的观众——蒸汽"是国家的福祉，并且事实上，它给全球带来了无尽的财富"。[25]

为旋转式引擎的创造者建造纪念碑为何如此重要？爱丁堡的一位活动家认为，这"将会使人们对瓦特先生的回忆与赞赏经久不衰"；更准确地说，应该在城市的中心位置修建一座纪念碑，如此一来，"即便是最清贫的机械师，穿着普通的衣服拿着他的工具走在街上时，也能看到这座雕塑"。[26]当地的资产阶级聚在一起，建造了一个俯视工人们的巨型瓦特雕像，考虑到民众对蒸汽动力机器的强烈反对，这无疑是一个难以理解的计划

第九章 "没有政府，只有燃料"：资产阶级观念中煤炭的权力衍生

（这是下一章的主题）。但是瓦特雕像和人工制品的消费者似乎主要是资产阶级的其他成员。最重要的是，这是一个阶级在演讲，在自我炫耀，在雕刻一个影响未来几十年的信条，并在大理石上镌刻其价值观和抱负。在伦敦，这座异常昂贵的雕像直到1834年才出现在辉煌的威斯敏斯特教堂中，但人们对瓦特纪念碑的狂热爆发在1824—1826年，正值结构性危机的开端：也就是蒸汽拜物主义的正式开始。无独有偶，《牛津词典》1826年首次将"蒸汽"比喻性地解释为"前进""能量""速度"，就像现在仍在使用的英文习语一样，如"全速前进"（full steam ahead）、"加速"（picking up steam）、"宣泄压力"（blowing off steam）、"靠自己的力量"（under your own steam）。[27]蒸汽的概念最早出现在19世纪20年代中期，其对意识形态的强大塑造力足以让"蒸汽"一词在英语中如同化石般存在。

在蒸汽拜物主义中，可以明确认识到自动机器的根本依赖性，实际上是本体论的非自主性。拉塞尔在《蒸汽机论》（*Treatise on the Steam-Engine*）中指出，实际上没有任何自我行为的能力是通过自我产生的。他强调"机器没有动力，既不能消耗动力，也不能创造动力"，"它只能传送动力"，只能"修改它以适应特定的用途"。就动力而言，机器不过是一种被动的媒介，仅仅是原动力传递力量的管道。虽然资产阶级的某种思潮对这种关系感到费解，但它却被蒸汽拜物主义欣然接受，在这种拜物主义中，发动机是一切机器之母。发动机说明书的作者们习惯称它为有史以来最重要的设备。在费尔贝恩看来，"自然科学出现在人类文明中以来，人们所取得的所有胜利和征服，对社会变革的影响都不及发动机"：这是一种极端的，但却司空见惯的夸张说法，与如今人们对于发动机的"爱"与"恨"相呼应。

作为一个阶级工程，发动机同时被想象为人类的福祉。爱丁堡的一位纪念碑冠军奖获得者说："可以这么说，它带给了人类一种新的力量。"基督教知识促进会宣称："在促进人类的舒适、便利和福祉方面，它比任何

其他机器所做的都要多。"它不仅仅是一个机械部件,"它可以说是一种伟大的道德力量,将引发社会道德结构的重要变化",说明书作者雨果·里德(Hugo Reid)如此认为,它是文明的典范。[29]在这些激动人心的白话中,共济会成员(蒸汽动力的实际持有者)的兴趣和努力,显然是同整个人类结合在一起的。

发动机的主要任务是驱动机器运转,但它受到推崇的原因并非仅限于此。除此之外,蒸汽机还因其惊人的多功能性而受到赞扬。当然,它延伸到海洋航行和陆地移动领域,再到抽矿井和排沼泽,以及在人类曾经辛勤劳作的广袤田野里运转:可以说这是一种普遍的机械迷恋。在发动机中,"铁和黄铜变成了运动的本能,被赋予了能动的力量",能够"工作、锻造、纺纱、编织、飞行、举起物品和挖掘"。[30]将人类力量转移到旋转式发动机上是没有限制的,正是因为它可以把机械能传递给几乎任何运动的物体。1834年1月,《曼彻斯特卫报》刊登了一篇关于新发明的蒸汽式咖啡壶的文章,开篇就用一段话准确地指出了新时代的本质:

> 生活中有什么事情是不需要蒸汽的呢?除了维持棉纺厂的运作(显然这是最重要的职责)、驱动的船和马车,印刷书籍也离不开蒸汽动力,除此之外,蒸汽还在以成千上万种方式为人类提供动力。看看现在我们的早餐桌上,煮咖啡也伴有蒸汽的身影!对于其强大而又微妙的力量来说,没有什么能被看作伟大或渺小的了。[31]

从对全能发动机的赞赏到认为它无所不能,仅是一个短暂的飞跃。蒸汽动力可以做任何事情,因此,它很快就会统治世界,或者可以说它已经统治了世界。奥尔德森(M. A. Alderson)在1834年发表了《浅谈蒸汽的性质及应用》(*An Essay on the Nature and Application of Steam*)一文,其被伦敦机械学会评为获奖论文,他在文中以一种近乎礼拜式的祷文写道:"蒸汽!多么强大的存在!"然而对蒸汽这一主题最好的修饰仍然是通过诗

第九章 "没有政府，只有燃料"：资产阶级观念中煤炭的权力衍生

歌完成的。在结构性危机爆发的几十年里，关于蒸汽的诗歌出现了一种亚体裁，这种衍生的文体常常超越普通文学的界限，力求最极端的夸夸其谈，比如贝克（T. Baker）的《蒸汽机；或火焰的力量：长篇原创诗歌十章》（*The Steam-Engine; Or, the Powers of Flame: An Original Poem in Ten Cantons*（原文拼写错误，正确的应为 *Cantos*，译者注）），其中，蒸汽以一个叙述者的形象出现："我是空中火焰的天才/以上天的命令，我乃全能的存在！"[32] 1829年12月刊登在《泰晤士报》上的《蒸汽的幻象》出现了类似的描述，随后在《曼彻斯特卫报》上再次出现：故事的主人公在废墟和泥土中沉睡了一个世纪，突然被某种灵魂触摸：

> 沉默被打破，陌生人开口了
> ——我在睡梦中听到他说：
> "别害怕，"他说，"过来看看我
> 是如何统治世界的
> 强大的蒸汽之灵啊"。

1830年，蒸汽之灵带着刚刚觉醒的人乘马车穿越英国。在那里，街道借助蒸汽动力被清扫，书籍借助蒸汽动力被印刷，甚至罪犯都借助蒸汽动力被处以绞刑。[33]

尽管这是一种幻想，但重要的是，我们要注意到，蒸汽全能论的主题源自并融入了新兴的化石经济，而化石经济正是由旋转式发动机千变万化的特性构成的。无论是炉子里燃烧的煤，还是纽科门的蒸汽泵，都没有唤起人们对每一项渗透这种特殊能量形式的"生活事务"的想象。在他们的时代，火焰的力量实质上是有限的，只有当瓦特的发动机证明了它在机械推进方面的效用时，人们对蒸汽的意识才会迸发出无拘无束的幻想。一次又一次地，蒸汽机被描述为一个有生命的、能够通过自身能量行动并处理各种事情的主体，甚至是一个具有新陈代谢和活力特征的有机体，用狄斯

化石资本：蒸汽动力的崛起与全球变暖的根源

累利的话来说：

> 为什么要说机器没有生命呢？它呼吸，因为它的呼吸城镇才有了空气。它的运动比人更有规律，并且它没有声音。纺锤不正像一个快乐的姑娘在工作吗？蒸汽机不正像一个强壮的工匠在操作他的工具吗？[34]

黛娜·马洛克·克雷克①的《模范绅士约翰·哈利法克斯》（*John Halifax, Gentleman*）是一本非常受欢迎的小说，讲述了约翰·哈利法克斯白手起家的故事。小说的高潮发生在磨坊主把水车换成发动机的时候。组装现场散发着秘密的力量和庄严以及中央集权的权威：工人们"只是站在那里，呆呆地望着那堆铁和形状奇特的砖墙，他们想知道这位'大师'究竟在做什么"。"普通的磨坊工人们"看着发动机开始旋转，完全无动于衷；"突然之间，一个灵魂被注入了这一奇妙的人造生物中，与这个由木头和金属组成的无行动力的物质神秘地结合在一起，怪物活了过来"。对拜物主义的梗概恐怕没有比这更好、更准确的了。下一刻，哈利法克斯宣布他的任务完成了："一旦获得蒸汽动力，我就可以用它做任何我想做的事。"[35]

《我们的煤和煤坑：里面的人与周遭的场景》（*Our Coal and Our Coal-Pits: The People in them and the Scenes Around them*）——这是一部我们稍后会提到的重要作品，里面写道蒸汽机被认为不同于其他任何机器，它具有一种令人着迷的魅力，这种魅力是织布机和铁锤所没有的：它"站在那里，仿佛有生命和呼吸一样，认真、沉稳和勇敢地工作"。[36]难道这就是英国人对发动机的真实看法：像一个有生命的生物靠近他们，在他们前面操纵机器，对他们做手势并进行交谈？我们无法对此进行半结构化访谈，但现存的文献相当清楚地表明，资产阶级拜物主义在闪闪发光的发动机面前

---

① 黛娜·马洛克·克雷克（Dinah Mulock Craik,1826.4.20—1887.10.12）：英国小说家和诗人。她最广为人知的著作是《模范绅士约翰·哈利法克斯》，该书展现了维多利亚时代中期英国中产阶级理想的生活。

第九章 "没有政府,只有燃料":资产阶级观念中煤炭的权力衍生

确实达到了一个新的水平,让人想起了狮子和鸟的意象,以及古希腊罗马众神和远古怪物。

蒸汽在神秘的寓言和类比中层出不穷,以至于它(或它的发明者)几乎被神化了。"瓦特!还有用金钱培养的工程师/半神蒸汽奇迹!",赞颂自由贸易的诗人埃比尼泽·埃利奥特(Ebenezer Elliot)惊呼道。而贝克在他的长篇颂歌中一再称发动机"像上帝一样",它起源于神秘存在的原始领域——地下世界:

生长于超自然力量中的存在:

他仿佛通过魔法,从地球最深的洞穴;

用沉重的三叉戟①带来了翻腾的波浪,

他的任务多种多样,以证明他的神奇力量;

横扫他能够命令战车移动的平原,等等。[37]

迪斯雷利将曼彻斯特的蒸汽动力机器比作恶魔的地下精灵,这也许不是巧合。从某种意义上说,化石燃料的燃烧是一种物质巫术:它可以召唤死亡的有机体,重新唤醒它们的生命力来控制生物的行为。再者,蒸汽机通过将彻底惰性的物质转化为最有活力的运动这一决定性技巧,为这种神秘主义提供了契机,这是其他原动机从未做过的事情。煤炭的时空特征决定了蒸汽的实际优势和它在资产阶级社会中的超自然光环,对工厂雇主和吟游诗人也无外乎如是。

发动机是"奇迹般的、赫拉克勒斯式的","就像以色列先知的权杖",或者仅仅是基督教上帝的作品,但一个更为常见的说法是阿拉伯神话。[38]法雷据说是技术上最精确、头脑最清醒的说明书作者,宣扬蒸汽机"是为了具体表现东方寓言里那些善良且勤劳的精灵,他们在一些享有特权的凡人

---

① 三叉戟:这里指代海神波塞冬的三叉戟——译者注。

的请求下，会在沙漠中建造人口稠密的城市，挖掘地下宫殿"，以及所有其他资源。在《南方与北方》（North and South）一书中，伊丽莎白·盖斯凯尔将内史密斯的蒸汽锤（一种内置发动机的机床）比作"天方夜谭中恭顺的精灵"，而沃尔特·司各特（Walter Scott）则称瓦特为"元素的有力指挥官——时间和空间的缩短者——魔术师"。迈克尔·安杰洛·加维（Michael Angelo Garvey）在维多利亚时代最夸张的讽刺作品《无声革命：或者，蒸汽和电力对人类状况的未来影响》（The Silent Revolution：Or, the Future Effects of Steam and Electricity upon the Condition of Mankind）中，将基督教与阿拉伯意象融合在一起：蒸汽"已降临地球，它与人类交融……它反抗暴风雨……阿拉伯寓言中的护身符从未赋予其拥有者像科学赋予人类这样的力量"。[39]

我们应该如何评估这些先验比喻的流行程度？可能有两种解释。描述蒸汽的作家要么用神话来衬托理性，只是为了强调真正的奇迹属于现代工程领域，而不是愚蠢的传奇故事；要么给发动机赋予了神话般的力量，因为他们在某种程度上真的相信它的奇迹。在第一种解释中，关于灵魂、精灵和以色列先知的权杖的陈述是毫无意义的文体手法；在第二种解释中，他们在一个至少残余的非理性主义的文化语域里运作，是在实践中不应被忽视的重要思想。也许这些陈述在这两种用法之间徘徊。然而，形而上学语言的频繁出现表明，除了琐碎的文字游戏，还发生了更多的事情：蒸汽意识形态的基本拜物主义结构、欧洲历史上对新式自动装置的准神话般的广泛接受；以及从另一个角度来看，事实上，这个时代几乎没有因其强烈的讽刺意味而脱颖而出。即使法雷并非真诚地表示东方寓言现在已经成为现实，但他和他的资产阶级同僚似乎已经对蒸汽机产生了一种崇拜，这种崇拜与神话原型产生了深刻的共鸣。这个时代杰出的历史学家阿萨·勃里格斯（Asa Briggs），在《工程帝国：19世纪英国技术文化史》（Engineering Empires: A Cultural History of Technology in Nineteenth-Century Britain）一

第九章 "没有政府,只有燃料":资产阶级观念中煤炭的权力衍生

书中,将这种意识形态写成了"蒸汽的福音";本·马斯登和克罗斯比·史密斯将其称为"能量崇拜";还有一个提议是"瓦特崇拜"。[40] 它很难被视为一种成熟的宗教——尽管被人们所崇拜的瓦特接近于先知的角色,他的职业生涯对国家顿悟产生了影响,寺庙里还建造了纪念碑,但这可能只是一种半世俗半宗教的信条;当然,也是"拜物主义"概念的经典内涵之一。

事实上,前科学时期的妄想似乎在19世纪初期和中期的英国再次显现。在《生命机器的崇高梦想》(*Sublime Dreams of Living Machines*)一书中,康追溯了欧洲关于自动装置思想的曲折进程,包括从中世纪对自动化的深深迷恋,到17世纪机械物件突然被淡化和不再令人着迷的科学革命。在笛卡尔时代,西方知识分子坚持对自动运动装置的纯粹自然主义解释:它们都是根据自然规律运行的,就像时钟一样,是这个时代典型的人工制品。[41] 机器的魔力不复存在。然而,到了结构性危机的时候,英国资产阶级早已摆脱了封建宗教的束缚。它可以让自己的灵魂复活,达到一种矛盾的效果,就是在一个以科学理性作为其最优秀荣誉徽章的时代,不断倒退到浪漫主义,甚至机械蒙昧主义。

这可能会产生实际后果。水力没有引起相应的意识形态。水车的基本技术自古以来就为人所知,它代表了对过去的继承,而不是通向未来的窗口。当然,最庞大的装置吸引并打动了游客,但它们绝不能与蒸汽的光环相提并论,它们没有任何神秘之处。与煤炭不同,流动的能量在运动中是可感知的、完全透明的,亲身经历的人都熟悉;水车只是传递着河水的流动,没有发动机那样的幽灵般的神态,发动机的手臂与遥远的幽冥之地相连,这种联系随后又被切断了。而水车不会在有生命和无生命的领域之间来回穿行。

走锭纺纱机、动力织机、羊毛精梳机可以很容易地安装在水磨中,但机器拜物主义从未真正与水力挂钩,也没有纪念著名水车发明家的活动

(如果有,汤姆可能会认为自己是候选人),没有引入英语语言体系的水文学习语,没有谈论水是"伟大的道德力量",或代谢有机体,或寓言成真,没有蒸汽资本家会来到共济会大厅的另一侧向水力致敬。在罗伯特·汤姆看来,当他为人们对水力不合理的疏忽寻求一个广泛解释时,也正是其探索的方向:

> 也许蒸汽机的辉煌成功与此有着不小的关系。环绕着瓦特额头的光环似乎吸引了这个时代几乎所有有抱负的机械天才投身蒸汽机事业;而更贴近自然但不那么吸引人的水力也因此被抛到了阴影中。[42]

这个因素可能有多重要?如果蒸汽没有给资本家带来特别的利润而仅有损失,只是因为资本家想与如天方夜谭中幻影般的机械共度时光,那么他们不可能选择它而非水力。然而,不能排除蒸汽拜物主义对制造商和机械师的思想产生了真正的影响,使他们对水力技术的巨大潜力视而不见。水车不会激发出任何类似的热情或魅力,没有为其主人营造类似"文明使命"的氛围,也没有激发出资产阶级文化的热情。就像任何其他人一样,资本家或多或少都不是纯粹的理性生物,意识形态可以激发激情、引导行动,也可以在实际生活中,包括在商品生产领域,鞭策其追随者。不排除可能有些雇主被施了魔法。它的相对功效几乎无法衡量,但值得注意的是,在19世纪30年代中期的关键年份之前,瓦特受到了赞扬,蒸汽动力受到了崇拜;蒸汽机在过渡时期的理想形象,可能在激励棉花资本家和令其他人坚持到底的方面发挥了作用。另外,将拜物主义思想孤立为其本身的一个因果因素是危险的,在某种程度上超出了经济底层日常斗争的背景。事实上,无论意识形态多么高尚,都永远不会成为决定利益的主要因素——相反,蒸汽在利益的争斗中获得了胜利。

第九章 "没有政府，只有燃料"：资产阶级观念中煤炭的权力衍生

像你自己的手臂，服从于你的意志

彼得·盖斯凯尔生动地描述了那场战斗的经过。作为一名职业外科医生和一名自由主义者，他写了一部伟大的作品《工匠与机器》（*Artisans and Machinery*），在几十页的篇幅中，他称赞蒸汽是英国的救世主：

> 人的力量很难超越某一特定的点；更糟糕的是，当大量的个人独占某个特定的职业时，人力是一种难以管理的力量，更难以依赖……（雇主们）确实没有什么选择，并且可以确定的是，一场危机正在迅速逼近，它将检验制造业所取得的成就，当蒸汽及其应用加诸机械上时，它立刻掀起了一股反对人力的思潮，并且从那时起就不遗余力而沉着地将它的对手清除干净。[43]

这场浪潮运动的中心是在棉花产业。如果不是应用了蒸汽机，棉花产业会发育迟缓，因为其背负着"昂贵的琐事"（指的是职工居住区），最终会被日益增长的工人联合摧毁。事实上，工人服从性差是制造商引入蒸汽动力的首要原因，而蒸汽动力将能够把他们从"完全无法管理"的工人的束缚中解放出来；盖斯凯尔鼓动资本家继续向前，让他们看到无产阶级的负面影响会通过"温顺又巨大的仆人蒸汽机"在工厂里完全消失。[44]盖斯凯尔在这里承担了危机战略管理发言人的角色：通过发动机的运转来逐渐减少工人。自动机器在阶级斗争中是有实用价值的，而人们据此产生了对自动机械装置的迷恋情绪，这些拜物特性被直接转移到发动机上，这种转移也是有征兆的。在蒸汽拜物主义中，机器拜物主义的主题被总结和放大为具有原动机的功能，他们是普遍的自我行动者，是所有小型"钢铁侠"之父，或者，正如贝恩斯所说，它是工厂的心脏，驱策着无数的"手臂、双手和手指"。[45]

那么，是什么样的意识形态方法让机器拜物主义弃水而去、奔向蒸

汽？（这只是提出过渡问题的另一种方式）自动化机器中所包含的资产阶级价值观在发动机中能找到，但在水车中却找不到。1822年，当瓦特在讨论机械哲学体系中的"河流运动理论"时，他的好友约翰·罗宾逊却声称工程师们仍然没有学会掌握水的力量。水拒绝屈从于他们的意志。他争辩道："自然显示了她相对于我们观念的独立性，并总是忠诚于我们所禁用的一些规律，而我们对这些规律一无所知，她总是反对我们的观念，扰乱我们的计划，使我们的一切努力付诸东流。"[46]这个观点令人震惊地审视自然，特别是水，其中的性别化语言很有说服力，十分清楚地说明了为什么英国资产阶级最终无法忍受流动能源：水拥有自主的机械力量，这种力量遵从她自己主体本性所制定的规律，人类不能对其进行稳定的控制。水力与人力有着惊人的相似性。

工人可能会罢工，水可能会结冰；工人们可能会带着不安和迁徙的精神离开，远山上的水可能流得更快；工人们可能会拒绝订单，水可能会干涸；工人们可能会盗用原材料，水可能会淹没厂房。人力的所有麻烦都反映在流水中，相反，自动机器的所有优点都反映在煤炭上，总而言之，自动机器绝对没有任何的自主权。1848年，纳索·西尼尔在牛津大学发表了有关蒸汽主要优势的演讲：

> 蒸汽与众不同的地方在于它的可管理性。风能是大自然赐予的，必须好好利用。但它既不能减少，也不能扩大。水力史是受到限制，它往往会减少，偶尔人们可能通过某些措施来丰富它。而蒸汽动力是我们主动创造的力量。

更糟糕的是，人类和马被赋予了他们自身的意志。西尼尔从后一种动物中举了一个例子，但显然是为了扩展到前一种动物："牲畜受本能和激情的支配，我们不能总是预见或控制它们，因为它们之间可能永远不会完全相同——我十分怀疑，是否有两匹马具有完全相同的道德和智力品质。"

第九章 "没有政府，只有燃料"：资产阶级观念中煤炭的权力衍生

相比之下，"同一型号下制造出的两台蒸汽机的行动是完全一样的。因此，它们根据法则行事，这些法则都是已知的，也都可以被实施"——这些法则掌握在雇主和机械师手中，使发动机永远稳定，并一劳永逸地被驯化。[47] 发动机同时具备独特的效能和可管理性。贝克引导读者在蒸汽机的统治下看世界，在贝克的诗中，这个空气火焰天才这样描述它自己：

像你自己的手臂，服从你的意志。
在这个重要的时刻，我已经向你展示了许多关于这种不可抗拒的力量。[48]

蒸汽动力的这种形象无处不在：巴贝奇赞扬蒸汽动力"服从于那只召唤出它不可抗拒的力量的手"，尤尔赞扬"这股运动能量的温和与驯服"，费尔贝恩认为"它的力量如此之大，如此之有活力，以至于让我们惊讶于它们的能量无边，而同时它们又是完全易控的"。在曼彻斯特警察局内，雇主菲利普斯崇敬蒸汽动力"可控制、可管理和可调节"的特质，而1824年《蒸汽机叙事史》（*Descriptive History of the Steam Engine*）的作者罗伯特·斯图尔特（Robert Stuart），不仅称赞它的"惊人的力量"，而且赞扬"它们在变化、分配和应用方面的便捷性、精确性和延展性"。[49]

我们可以称这种无力的力量为蒸汽拜物主义的基本学说。它之所以具有吸引力是由于工人和水力缺乏服从性，工人是社会性的，而水力则与蒸汽形成自然的对比。通常，发动机会被认为与吵闹的人类形成一种对照。在第一本用英文出版的瓦特传记中，法国科学家、伦敦皇家学会会员弗朗索瓦·阿拉果（François Arago）称瓦特是"六百万至八百万勤勤恳恳、不知疲倦的劳动力的创造者，在这些劳动力中，法律将永远不必镇压任何联合或暴动；这些劳动力每日仅需5生丁①的工资来工作"，大概就是煤炭成

---

① 生丁（centime）：是指法国辅币，100生丁＝1法郎——译者注。

本。因为显而易见的原因,文献中很少计算发动机取代了多少英亩林地,反而是它取代了多少工人更为常见。一项研究表明,1826 年英国固定式发动机的总功率,正好相当于 6400000 人(相比之下,法国为 480000 人)。[50] 巴贝奇说,蒸汽的扩散"已经使这个小岛上的人口增加了数百万人"。盖斯凯尔估计这些常备劳动力"相当于英国的全部成年劳动力",而詹姆斯·瓦特 1859 年在《泰晤士报》上发表的一本传记将这一数字大幅上调,报道称英国的蒸汽动力总量现在"相当于 4 亿男性的体力劳动,或相当于全球男性劳动力的两倍多。瓦特赋予了这个国家这样的力量"。[51] 不管准确与否,这些数字传达了对蒸汽的某种认知:它不是作为一片幽灵般的地域,而是更具有拜物主义的性质——作为一种幽灵人口,首先取代了人类劳动者,然后超越了他们,蒸汽动力在工厂里高歌猛进,其数量不断增加。

机器拜物主义的奴隶比喻在这里再次出现。发动机是一个巨大的奴隶,品性顺从且充满活力,或者用法雷的话说:瓦特和他的发明家伙伴们"使它能够快速移动,并将其力量完全置于控制之下,因此它现在是我们可以雇用的最易驾驭、最活跃的劳动者"。法莱认为,原则上,所有由蒸汽进行的劳动都可以由人工完成,但这往往会伴随着一些困难。例如,假设将一个煤矿的排水发动机换成 3500 个人,首先必须为他们树立纪律——这不是一件容易的事;其次,他们会因劳累而筋疲力尽,需要多次倒班。法雷总结道:"而我们在蒸汽动力中,有一个勤劳且不知疲倦的仆人,它可以做 3500 个人能做的工作,而且如此顺从,以至于它不需要任何管理或援助,只需要两个人偶尔给它加一些燃料。"[52] 它是一个非常听话且可塑的劳动者——无须管理,只需燃料,这正是危机缠身的资本家的崇高梦想。

蒸汽动力被视为人工的最终替代品,因为它拥有人力所不具备的一切。它的所有优点都是工人阶级恶习的对立面:它是一个超级机械工人和工人的反对者;同时,也弥补了其他能源(主要是水力)的缺点。蒸汽动

第九章 "没有政府，只有燃料"：资产阶级观念中煤炭的权力衍生

力的价值在于它没有自己的想法，无须外部的法则约束，除了它的所有者给它的信息外，没有任何来自外部的东西；本质上它绝对服从它的主人。雨果·里德写道："它是由人类意志的召唤而存在的。"[53]自动机械的目的是重新巩固针对劳动力的权力，这就需要一个原动力，资本可以在这个原动力上行使绝对权力，同时这个原动力还能提供资本所需的所有劳动。在这个理想的能量公式中，英国资产阶级找到了自动化的理想基础，并总结出一个关于蒸汽动力具体优势的意识形态学说：它在本体存在的所有方面，包括个人资本家的可分性、空间上的流动性、时间上的可靠性，都有其优势。在一个流动能源所带来的不服从性与汹涌人潮的不服从性惊人相似的时期，对于一个被困的资本家，蒸汽精灵的回应一定是不可抗拒的：主人，我将服从于您，您还有其他命令吗？

如果存在"正常"拜物主义的话，蒸汽拜物主义则有些偏离常规的拜物主义。拜物主义以物质为对象，这种物质对象被认为有自己的生命，但蒸汽则被视为完全没有生命。它由于完全没有意志而受到崇拜。它不需要被安抚、讨好或取悦；蒸汽并没有独立的行为能力，它只传递其主人的意愿；它不需要被服从，因此它可以被高效地部署以服从其他人。在某种程度上，它被神化了，它是一个奇异的神，一个没有能力影响其追随者的神——或者，像里德所说，蒸汽"完全在我们的掌控之中，它拥有如此非凡的自我调节属性，以至于它几乎实现了普罗米修斯的寓言，它可以被恰当地比作一个致力于为我们服务的智能生物"。[54]如果蒸汽有生命，那就是一种没有生命的生命，一个由资本按照自己的形象创造的可怕的群体，它打破了拜物主义现象的界限，并朝更险恶的方向走去。

当马修·博尔顿与詹姆斯·瓦特合伙时，他放弃了以前经营的金属艺术品公司，他以前经常向乔治三世（1760—1820年英国国王）提供这个工厂生产的商品，但当他开始他的新事业后，他就不再等待国

王的订单。过了一段时间,当他出现在皇家码头上,他立刻被国王认出来了。"哈!博尔顿,"国王说,"我们好久没在皇宫里见到你了。请问你现在在做什么生意?""陛下,我正在生产一种商品,这种商品是所有国王们都渴望拥有的。""那是什么?那是什么?"国王问道。"POWER①,陛下。"博尔顿回答道,他接着描述了蒸汽机的巨大用途。55

这个故事有好几个版本,其中许多版本都有博尔顿对一位来访者充满自豪地说:"先生,我在这里出售全世界都渴望拥有的东西——POWER。"这是今天流传在英国 50 英镑钞票上的话。② 但是,这个故事暗示着权力集中在少数人手中,即使故事中的国王被换成世界。《泰晤士报》的一则吹捧性传记再次证明了这一点,它将其解读为"一个新时代已经到来,权力或能源可以被大规模地出售,它的创造者和销售者可能会认为自己是无权势之人的王子和国王"。56

无所不能的行为者、幽灵群体、随时可用的能量:在各种各样的拜物主义伪装下,蒸汽机被视为一种机械及社会力量。而且根据定义,它占据了中心地位,而不是均匀地分散在所有人类手中:这种力量只存在于一部分人手中,被用来对付其他人。只有从全世界的视角才能了解这些思想的背景。随着大英帝国的版图在海洋中不断扩张——自海至光辉之海,蒸汽动力才在扩张浪潮中展现出它最具价值的贡献。但在磨坊/工厂中,发动机当然是被置于雇主和劳工的权力关系之间。我们已经看到尤尔描述发动机如何"召唤无数心甘情愿的仆人聚集在他周围",将他的意志强行作为工厂的"中心权力"——这一概念隐含着现象的双重性,除去这两方面中的任何一个都会令人无法理解。在另一个精彩的表述中,尤尔说:"事实

---

① POWER:一语双关,既指权力也指能源——译者注。
② 这里指的是 2011 年发行的 50 英镑纸币,新版 50 英镑纸币已于 2021 年 6 月发行——译者注。

第九章 "没有政府，只有燃料"：资产阶级观念中煤炭的权力衍生

上，蒸汽机是英国工业的总控制器和主要推动力，它促使英国工业以稳定的速度向前发展，在完成指定任务之前，蒸汽机绝不会被允许落后或闲置。"它体现了权力，作为制造商的替身，他的统帅或他具有主观能动性的金属载体，决定了工人的工作节奏和时长。内史密斯选择了另一个军事隐喻："我们都知道由横笛和鼓演奏的快速而欢快的曲子对一个团士兵的步伐和行进所产生的影响，蒸汽机的快速运动对工人劳动的影响也是如此。"[57]这样的交谈抛开了所有试图超越人类劳动需要的矫饰，并大肆传播希望获取更多劳动力的意图。

在这里，蒸汽机类似于一种特殊形式的崇拜物，它存在于今天西方人的想象中，而不是在加勒比黑人群体的任何实际宗教实践中，但它曾在古地中海文化中很常见，似乎在中世纪的法国也很常见：巫毒娃娃。意大利对此类人工制品的考古发现表明，它们被钉子刺穿，目的是"钉住"对手，使他们无法移动，"将他们拉入轨道，并服从仪式执行者的意志"。[58]尤尔和内史密斯之类的人认为发动机也是类似的东西，可以通过它远程控制对手。在这方面，它或许与其他现代拜物主义——特别是金钱，没有太大的不同，但它似乎在意识形态和现实中都缺乏反对其创造者的能力，建立起对其制造者的新式控制，约束他们的行动或要求他们做出牺牲。蒸汽是作为资产阶级的物质力量被提出来的，这个阶级对生产的统治不再需要像以前的《联合法案》，或类似法律的、额外的经济干预，因为现在政府居于原动力的地位。它所需要的，只是越来越多的燃料。

煤炭是万能的

蒸汽拜物主义复制了机器拜物主义的幻想，那就是认为发动机真的可以自动运转。"它养活自己"，奥尔德逊不诚实地写道，"能从自己的劳动中获取其维持生存所需的一切"，好像它实际上是一个封闭的系统。加维认为蒸汽的真正"原动力和指挥者"是"头脑本身"——英国工程师的纯

粹智慧，而其他人则只记得那个微不足道的细节：这里是"一个自动机器；/注定来自人的智慧，而不造成任何麻烦，/此时储存能量，彼时用火为他的心脏注入活力"。[59]一些人仍然试图使蒸汽拜物主义完全切合实际，但约翰·莱夫希尔德（John R. Leifchild）抗议道：

> 人们常常描述蒸汽机带来的好处，说它能纺织、旋转、用泵输送、印刷、卷绕、牵引、冲压；事实上，它做了蒸汽驱动机械所能做的所有事。但，是什么使蒸汽机能够做到这一切呢？——是煤炭。如果没有矿物燃料的供应，瓦特的所有技术都将是徒劳的。[60]

19世纪40年代初，莱夫希尔德是调查煤矿工人状况的政府专员，是煤矿区的考察者，也是维多利亚时代关于石炭纪问题的主要作家，在撰写《我们的煤和煤坑：里面的人与周遭的场景》时，他以"地下旅行者"为笔名。他这部作品的要点是揭示所有蒸汽奇迹的地下基础。当然，并非只有莱夫希尔德一个人有这种见解。例如，法雷写道："如果没有充足的煤炭供应，蒸汽机的使用和现代制造系统的实践将会非常有限。"但是莱夫希尔德再进一步，深入矿井，把矿井里的东西展示在资产阶级读者面前，邀请读者去发现支撑其生存的地下世界。[61]

莱夫希尔德自告奋勇地当起了这片煤田的向导。除非是要参与挖掘，否则几乎没有人去过那里，但莱夫希尔德声称自己从英国北部的煤矿中获得了独特的丰富经验。走近它们，参观者首先会注意到它们黑黝黝的表面："你开始看到高大的发动机室，高耸的烟囱向天空喷出长长的黑色烟雾。"接下来会听到不可思议的声音——低沉的发动机声、呼啸的滑轮声、号啕的铁轨声。然后，走近一点，会经过向空中喷出"倾斜的浑浊烟雾柱"的烟囱，这里总是有无处不在的烟雾。这是一个人工建造的景观，用来铲出地球的"肠子"，或者对地下和地表进行换位。莱夫希尔德描述的煤田越来越像矿井深处——黝黑的、煤烟的、含气的、拥挤的，这是对地

第九章 "没有政府,只有燃料":资产阶级观念中煤炭的权力衍生

下世界进行换位的结果;沿着他的路线,"每一样东西都是为了煤而牺牲的"。[62]

对化石经济的敏锐意识影响了勘探行动。莱夫希尔德在《我们的煤和煤坑:里面的人与周遭的场景》的开篇就对黄金和煤进行了比较,这是世界上最有价值的两种矿物:一种"明亮耀眼,另一种漆黑恐怖";一个储存在银行,另一个深藏在矿层中;一个是"国家财富的外在代表,另一个则是国家财富的真正代表"——真正的钻石开采不是在遥远的海岸,而是在英国人的脚下。如果他们所有的存款瞬间变成纯金,那么他们的损失将是灾难性的。没有煤,"因为缺乏合适的燃料,我们的蒸汽机会因生锈而无法用;我们的工厂将会关闭;我们的铁路将无法通行;我们的蒸汽船将被拆除,在码头腐烂;我们所有的生产过程都会衰退"——或者,简而言之,经济增长会戛然而止。[63]

在结构性危机期间及其后的几十年里,其他一些关于燃料的论文表达了同样的、稍令人震惊的观点:英国现在的经济发展完全依赖于煤炭。它已经成为"资本和劳动力的使用、普通商业的发展、土地的改良、蒸汽机惊人动力专属燃料"的基础,成为"我们国家财富的主要来源"。它已经成为"现代文明的主要动力",杰文斯说道,英国迎来了"煤炭时代。煤实际上并非与其他商品是平等的,而是'完全高于所有其他商品的'。它是国家的物质能量、普遍的助手、我们所做一切事务中的要素"。杰文斯的话成为通往疯狂使用化石燃料之路的铭文;尽管他的话雄辩有力,也只是表达了一个更广泛的时代精神。在当时的文学作品中,煤炭被视为经济的基石,英国制造业的霸主地位也被归因于丰富的煤炭储量,这些成了又一个不断重复的、无休止的话题。再举一个例子,用《银行家通告》(Circular to Bankers)中的话说:"煤,作为生产活动的巨大动力源泉,是原始的、奇特的,相对来说也是唯一的财富源泉。"[64]

因此,无所不能的原材料被藏在发动机房的下面。杰文斯对"藏在地

下"的"几乎不可思议"的能量感到惊讶,并纠正了博尔顿的一则著名轶事:"关于煤炭,我们大量地拥有",正如瓦特的合伙人所说,"全世界都想要的——POWER"。他把蒸汽拜物主义的比喻带到他们充满私心的故土,宣称"作为特别是蒸汽和铁的来源,煤是非常强大的"。[65]莱夫希尔德诉之于诗节:

> 让敌人偷走我们的钱,然后
> 给我们留下了——勇敢的人。
> 但是如果他们偷走我们的煤矿,
> 他们会偷走我们的身体、自我和灵魂。
> 正是煤炭使我们的英国变得强大,
> 支撑着我们的商业和我们的国家。[66]

煤是炼金术中"真正的贤者之石"①,超越了圣人们的所有奇迹,是"上天赐予人类的礼物"——或者说,只是"永不停歇的能量"。[67]

从这个意义上来说,蒸汽拜物主义似乎已转变成为煤炭拜物主义,其衍生产品的特性变成了燃料本身的特性,就好像煤炭能凭借自身的力量来产生能量,维持运转或造就奇迹。当资产阶级意识形态到了更高层面的物质基础时,也就产生了很多其他隐瞒行为。其中的一种隐瞒行为就与煤矿工人有关;煤不会从黢黑的洞穴里自己蹦出来。然而,对于这一点,莱夫希尔德是很清楚的。带着焦虑的愤怒(尤其是对他们的工会和罢工)和怜悯,他将煤矿工人描绘成居住在化石经济阶梯中最底层的生物。他们是无人羡慕的"可怜的碳化外观的人","黑色的、奇怪的、贫穷的人",而他们每年的挖掘对象也越来越多地出现在更深的地下。同时,采煤工人相当于"埃及神庙中的鳄鱼、朱鹭或公牛"。[68]没有人能够到达地下比他们所到

---

① 贤者之石(Philosopher's Stone):是一种神话般的物质,西方炼金术师长期以来的圣杯,被认为能拿来将一般贱金属变成贵重金属(如黄金),或者制造长生不老的灵药。

第九章 "没有政府，只有燃料"：资产阶级观念中煤炭的权力衍生

之地更深、更远的地方。

蒸汽拜物主义的结构

现代社会拜物主义理论的核心有一个模棱两可的地方：金钱、商品、机器，人们对这些物品的先天力量有着虚幻的信念，同时它们也对人行使物质权力。一件宗教艺术品对信徒的影响完全是出自虚构的想象。金钱同样受到崇拜，但它对交换领域的资源拥有真正的控制权，因为人与人之间的关系已经被具体化、固体化，体现在硬币或纸币中；商品和服务的流动是以货币为媒介的，因此货币至上的信念并不完全是错觉，而是反映了一种特殊的社会秩序。商品和机器也是如此。霍恩堡认为："拜物主义的对象在很大程度上是财富积累和权力的组成部分，而不仅仅是虚妄之言。"因此，神学家罗兰·博尔认为，"在某些方面，首先制造偶像的人是正确的，因为这个物品确实有力量，但却是一种有害的毁灭性的力量"——这一主张本可以用来描述蒸汽机。[69]然而，这种说法也很荒谬，体现了对拜物主义的臣服——认为发动机本身就能产生力量，作为一种人工制品可以自主运作，在磨坊中它安装它的机体、连接竖井、订购煤炭、召集工人等。像金钱一样，蒸汽机的功能只能通过运作它的人来实现，人们将其控制权转移到蒸汽机身上，将它作为一种媒介来使用：发动机中储存着"权力"，但它仅仅是被一些人用来对抗另一些人。

在我们称之为蒸汽拜物主义的意识形态中，蒸汽确实处于中心位置。形象地说，机器位于意识形态的顶端，煤在底部；拜物主义的每一个层次都反映在其相应的物质现实中，反之亦然。但是这种特殊的能量流动——从矿井中提取，由发动机传输，以工厂中的劳动力为目标，并没有耗尽其基本效用。在蒸汽之上，除了自动机器之外，一系列物件横贯整个经济活动；原动力多方面的价值并非来自阶级斗争这个因素。这里概述的只是从煤炭发展到蒸汽机统治的一条路线，但却是一条战略路线。反对劳工的斗

争需要机器，机器需要蒸汽动力，蒸汽动力需要煤，因此煤伴随着制造业的增长而增长。蒸汽作为依照资本命令调动地下资源的器械，恰如其分地盘踞在中央地带，就在底层与顶层之间。

　　这种经过深思熟虑的、有持续重大影响的意识形态代表了一个阶级的战斗。没有人会称自己持"蒸汽拜物主义"，就像其挥舞着"自由主义"或"社会主义"的旗帜一样，这是一种与金钱、商品和机器拜物主义共享的特殊意识形态的反常现象。然而，与之不同的是，蒸汽拜物主义不仅仅是从社会的物质（和符号）结构中自发产生的：它就像资产阶级知识分子向其他人公开表达自由主义或社会主义一样，但却作为新兴现实的一个组成部分，即蒸汽动力的兴起和化石经济的诞生而出现的。蒸汽拜物主义是一个好战的乌托邦工程，也是一种正在形成的物化结构，是一个阶级主体的世界观，是它所统治、想象和影响的有形社会的反映。同样地，将无所不能和精神影响归于蒸汽只是部分错误。霍恩堡用一个独到公式总结了拜物主义意识形态的矛盾："魔法和权力在骗局和功效之间具有相同的混合地位。"[70] 是什么样的魔法？在许多蒸汽主体的眼中，是"黑色魔法"①。

---

　　① "黑色魔法"：一语双关，既指蒸汽的动力之源是煤炭，是黑石，又指燃烧煤炭可能会带来一系列的负面影响——译者注。

第十章

"行动起来制止烟尘!":抵制蒸汽的时代

蒸汽妖魔论

在工业革命时期,几乎每台新机器的推出都会伴随着人们抵抗的阴影,蒸汽机也不例外。1791年3月的一个早晨,阿尔比恩磨坊——英国有史以来第一个完全由蒸汽驱动的磨坊,在几处被纵火后冒起了浓烟。法雷记录道:"伦敦街头的歌声表达了民众的满意。"在伯明翰,博尔顿和瓦特公司通过武装索和工厂①的员工来应对袭击者。这一事件为防火建筑的发展提供了关键诱因,以确保可以抵御平民的愤怒。[1]在勒德分子②反抗之后,特别是在1826年兰开夏郡手织机织工兴起后,一千多台动力织机被砸毁,因此,英国政府颁布了一项新的法律来保护机器。在1827年法案的第五段中,我们读道:"任何非法和恶意纵火烧毁煤矿或运煤河道的人都犯有重罪,一旦被定罪,将处以死刑";任何试图"拆毁或破坏,或意图破坏或使任何蒸汽机失效"的人,也将受到同样的惩罚。[2]在1831年3月的兰卡斯

---

① 索和工厂:由马修·博尔顿和约翰·佛吉尔合伙,于1762年在伯明翰北部二英里处成立。这个工厂主要制作金属艺术品,像金属纽扣、白铁矿钻石模仿物等。

② 勒德分子(Luddite):是指19世纪英国工业革命时期,因为机器代替了人力而失业的技术工人。

特巡回审判中,法官就该法案的核心内容向听众做出提醒,并明确阐述了国家的当务之急:

> 特此声明,如果任何人在任何工厂或矿井,或任何桥梁或车行道内,为了摧毁任何蒸汽机或可固定和可移动的机器,而暴乱或喧杂地聚集在一起,他们将被判处死刑。³

换言之,过渡到蒸汽的关键几年里有一项法律加持,明确了故意损害煤矿或发动机的人可被判处死刑。

这不仅仅是纸上谈兵。1831年11月,考文垂爆发了骚乱,一伙暴徒冲进一家装有织布机的工厂,摧毁了织布机,纵火烧毁了大楼,并用大锤砸碎了蒸汽机。3名男子因犯罪被绞死。维护1827年法案的另一种方式是,如果可以确定暴徒破坏机器的意图,工厂的保卫者可以用他们的子弹杀死围攻的暴徒,而可以被宣布无罪,这是1834年4月在奥尔德姆发生的。然而,尽管法律严苛,工人们仍将蒸汽机作为攻击目标。在1831年普雷斯顿的一次罢工中,纺纱工熄灭了几家工厂锅炉下的火,从而阻碍了生产;其中一次,纺纱工故意提高了发动机的速度,导致发动机最终解体。⁴

工人们如何看待蒸汽机?我们无法从公投或民意调查中获取答案,但是,从丝丝缕缕的证据中,我们可以看到人们潜藏的不满。弗雷德里克·马里亚特(Frederick Marryat)是一位航海家,同时也是皇家海军的官员和《大都会杂志》的作家和编辑。他写了一段文章,描述了在比利时和英国工人及他自己眼中的蒸汽机。在机器的面前,马里亚特感到了紧张:

> 我禁不住想象这台机器是有生命的,是个能够移动的活物。这个活物蕴含的能量之巨大,使我在脑海中浮现出一个轰隆作响、不绝如缕的可怕怪物,时刻准备并乐于将成千上万人拖入毁灭的深渊。这一强大的发明对于人类来说究竟是福是祸?如同普罗米修斯自神界偷来

第十章 "行动起来制止烟尘!": 抵制蒸汽的时代

火种,让他所造出的人类生生不息,但随之而来的会不会是潘多拉魔盒中栖息的邪恶之物?[5]

他的文字中体现出了与拜物主义相反的蒸汽妖魔论:机器自身存在一种邪恶力量。它灵活地运动自己的四肢,体内蕴藏着不可估计的能量,似乎拥有一种不可思议的、近乎恶魔般的力量。

马里亚特认为,机器已经开始将英国拖向毁灭。担心"它会夺走他们的面包"的工人们,对蒸汽动力达成了一个"本能的、预言性的真理"。马里亚特与一位不知名的英国绅士分享了乘蒸汽船航行的不愉快经历,那位英国人毫不掩饰地说道:"先生,蒸汽机真是个给人带来痛苦的发明。"不仅是对于海员来说,"对于那些岸上的人来说更是如此。人们旁观和挨饿时,机器也在不停地工作。这样下去,人们找不到工作,生活变得悲惨,国家就要完了"。所有那些表面的美好都在掩饰一个赤裸裸的诅咒,"除非我们点燃煤矿,否则不可能恢复往日的繁荣"。这位先生认为英国被掀了个底朝天,人们的信念破灭,就连天气都被搅得不得安宁:

我问你,在这忧伤的国度,四季是否还和以往一样?在夏天,我们是不是经历了前所未有的反常高温?在冬天,我们是不是体会不到寒冷?究竟什么时候,我们能再见到温度计低于60度[①]?先生,这是不可能的。现在的夏天不过是个令人警醒和畏惧的季节罢了。[6]

在这些意味深长的话语中,马里亚特串联起了蒸汽妖魔论的三个主要分论点:机器是专制的(人们旁观和挨饿时,机器也在不停地工作),具有破坏性的(国家就要完了),最后是具有末日性的(伪装成"前所未有的反常高温")。当然,在工人们的写作中,也出现了这个三件套。在这场危机持续的几十年里,出现了一家独立的无产阶级报纸。19世纪30年代

---

① 这里应指华氏度,60℉≈15.5℃——译者注。

中期，欧文的《新世界道德书》（New Moral World）等著作受到了工会积极分子的广泛欢迎。道格拉斯·杰罗德的短篇小说《工厂的孩子》首次发表其上，它描绘了主人公在蒸汽机这个恶魔影响下的悲惨生活："这个机器像是有生命一样，这可怕的东西能够从想象中唤醒亚当降世前威武和庞大的生物；仿佛怀有一种充满活力的本能，无休止地、无误地运作，就像一个有着蒸汽脉动的钢铁怪物。"杰罗德用悲伤的语言，形容一个年轻女工，就像"跟一个巨大的机器闪婚了"，那机器迫使她献出"自己年轻的身板和精力给摩洛神"，她"瘦弱的四肢被金属阀门抵住——活塞压迫了人的心脏"。[7]暴君在行动，给人们戴上镣铐，肆意施加威力：从另一阵营的角度来看，一些人证实了资产阶级视蒸汽为权力的想法。

蒸汽妖魔论的观点常在《新世界道德书》中出现，所以，大部分工人阶级看起来都同意这一看法。贝恩斯谴责蒸汽机"是个权力强大的暴君，还有对于那些配合它工作的人来说是个诅咒这一错误的共识"。同时，《伦敦和威斯敏斯特评论报》（The London and Westminster Review）引用了另一个处于崩溃边缘的群体的观点，机械工人们说道："但是，蒸汽是我们的敌人，是富人的奴仆。它们从不为我们服务，相反，它以更便宜的价格提供劳动，使我们失业。"该报还写道，"我们认为这是群众未经正确指引就得出的结论"，工人们被恶意煽动后产生了这样错误的想法，对蒸汽所带来的利益视而不见。[8]在危机的关键时刻，这些信念被转化为直接行动。

迎接"不满之夏"的到来

不论是从涉及人数之多、面积之广、持续时间之久、叛乱热情和近乎革命的状态之纯粹哪一点来看，1842年大罢工都称得上19世纪英国工人阶级最大的一次罢工，也是资本主义国家历史上第一次大罢工。兰开夏郡、柴郡、约克郡和拉纳克郡是大罢工的中心，在制造区有大约50万工人集体罢工，影响波及范围超过32个郡：这些地方的大部分生产暂停了一周

第十章 "行动起来制止烟尘!":抵制蒸汽的时代

到两个月,从七月中旬持续到九月中旬。⁹

对于维多利亚时期的人们来说,这场大罢工还有更为耳熟能详的名字:"活塞阴谋""活塞暴动""拉拔活塞人的崛起"和一些相似的别称。这里的"活塞"是连接在蒸汽机锅炉上的。当罢工者们行进在制造区时,他们有序地拔下这些活塞,或是把它们推进锅炉里,让水漫到地面上,蒸汽跑到空气中,使得发动机的转动瞬间停止。在当代人的认知中,这就是罢工的模式,是起义的实际行动,是暴民们将其意志强加给这个不幸国家的武器——然而,现代历史学家忽略了这一点。在《1842年大罢工》(*The General Strike of 1842*)这本唯一的长篇研究中,米克·詹金斯(Mick Jenkins)抨击拉拔活塞为一种"偶然出现的罢工特征",除了把它描绘成一个在其他英勇叛乱中略显尴尬的细节之外,后续也不再继续关注它了。¹⁰

至1842年夏天,人民宪章运动已进行了4年之久,这场运动要求英国政治制度按照"人民宪章"的六点要求进行彻底改革:成年男子拥有普选权(不包括女性)、秘密投票、国会议员每年改选一次、按照各地区选民的人数平均分配选区、废除议员候选人的财产资格限制、议员应领取薪金以使穷人能够参选。普选权是这场运动的底线。但是,这场运动却被视为一个装满社会实体的容器,严格来说,它是一种为达到某种目的所采用的手段:全面修正毒害英国工人的一切弊病。如果绝大多数工人被允许投票,他们的代表将掌握议会,罢免资本家,为改善工作环境、时长、工资、税收和一系列其他问题做出正确决定——包括我们即将看到的关于机器的决定。整个工人阶级思潮被这一简单直白的策略所迷惑——激进的改革协会、工会、工厂运动、反新济贫法运动,集结在宪章主义的旗帜下。最后,对于他们来说,这是无产阶级的灵丹妙药。¹¹

宪章运动的主阵地为纺织工业。工厂操作工的队伍逐渐扩大,其中最普遍的是纺织工人,他们将敌意投射到自动机器上,将对失去工作的痛苦和对工会衰落的绝望带到运动中来。条纹纺织工人占绝大多数。在无数次请愿被拒绝后,对国家完全厌倦的棉布手织机织工们纷纷奔赴这场运动,将这场罢工视作反抗动力织机的最后机会。布拉德福德地区的手织机织工也是如此,在他们身边,新一代的动力织机织工是他们极其坚定的支持者。木刻板印刷工、毛绒梳理工和机械工都有加入这场运动的必要理由。在19世纪30年代末的萧条日子里,人们开始相信,只有解除资本主义对国家权力的垄断,工人的困境才能得到改善。所以,用汤普森(E. P. Thompson)的话说,一切矛盾都"汇聚到了一点,那就是投票权"。[12]然而,在1842年夏天,这个汇聚点的性质变得完全不同,它变得不那么难理解,而且更加具体和物化了。

斯塔福德郡北部的煤矿工人是第一批奋起反抗的。在7月初被通知降薪后,他们通过罢工来要求涨薪和每日工作9小时,很明显,《人民宪章》是唯一能满足这两点的途径。成群的煤矿工人在矿井里巡视,耙出锅炉下面的火源或拔掉活塞,以确保矿井不能运转。在接下来的两周内,这群人来到西部和北部的相邻郡县,目的是关停所有生产。在什罗普郡,他们"带领饥饿的、被误导的人们走进一个又一个矿坑,鼓动他们毁坏机器,阻止他们以当前的低薪工作"。通往矿坑的绳子被剪断,机器也被毁坏。[13]不久之后,就像煤矿工人所预期的那样,斯塔福德郡陶器厂——国家陶瓷生产的中心,因为燃料短缺而受损。大罢工的样板就这样发展起来了:大批工人从一个工地游行到另一个工地,通过捣毁蒸汽机来暂停生产,在一些边境地区,他们故意在市场上停止提供煤炭。

英国其他煤矿区,参与反抗的人数也在飙升。8月上旬,兰开夏郡的煤矿工人为反抗降薪,毁掉了200个矿坑,劫掠了土豆田。类似的争端在苏格兰和威尔士其他地区以及"黑乡"①中爆发,伯明翰的车间和工厂从"黑乡"中获取燃料。罢工的煤矿工人们在全国范围内建立联系后,开始

---

① 黑乡(Black Country):位于英国第二大城市伯明翰西部,因为一天到晚弥漫着烟尘而得名。这一地区没有准确的边界,一般认为包括四个市镇,分别是达德利、沃尔夫汉普顿、森德维尔和威尔希尔。

盘算成立一个全国性的联盟，来抵制降薪，并为更广泛的人民宪章事业组建一支突击部队。在8月的第一周，来自不同区域的800名代表在哈利法克斯聚集。根据《利兹时报》（Leeds Times）报道，"这只是个预备性质的集会，是为了在大罢工前建立一个稳固的群体组织"。并且，"很多人坚持认为，矿工手中所掌握的毁坏所有磨坊、工厂、铁路等的权力，使得他们成为一个非常重要的政治群体"。[14]罢工者们感受到了自身的影响力，在英国发展出的新型经济中，煤炭是生产制造业的命脉：只要切断命脉，其实体就无法运作。但是，直到棉纺织工加入这场斗争后，1842年的罢工才上升到了全民高度。

拔掉活塞

斯泰利布里奇和阿什顿一直都是抵制纺纱工的"温床"，就在小麦价格升至季节性峰值的几天后，当地一些生产商便以利润暴跌为借口，降低了工人25%的工资。8月7日星期日上午，城镇间的荒地上聚集了上千名作业工人，带头者发誓要让所有的工厂关停，"我们会一直罢工下去，直到《人民宪章》成为这片国土的法律，成为对我们工资的唯一保护"。煤田上也同样上演着工资纠纷，与个别雇主产生工资纠纷的工人自发地融入全国性的宪章运动中，虽然大规模罢工并未发生，但工人阶层群情激昂，誓要改变当下的政策：1842年夏天，从要求更高的工资到要求实现宪章的这一步十分之短，短到几乎没有任何间隔。[15]

据《观察家报》（The Observer）报道，在荒野大集会后的次日早上，又有上千名民众按照约定再次聚集，"纺织工、织布工、煤矿工、普通劳工，还有阿什顿及周边地区各行各业的工人们，他们不再工作，而是进军斯泰利布里奇，立志要关掉所有的蒸汽机"。队伍持续壮大，当日下午达到了15000人，他们兵分两路，一路前往海德，另一路前往奥尔德姆，一路走，一路拔掉了沿途工厂里的所有活塞。工人们在露天罢工会议上反复强调"做一天的工作,得一天应得的工资"(a fair day's wage for a fair day's work)的原则——通常指要求回到 1840 年的工资水平和 10 小时工作日,加上,或通过《人民宪章》。第一支队伍在前方手举黑旗、头戴红帽,在抵达奥尔德姆后,一瞬间关停了所有的生产作业。[16]曼彻斯特将是他们的下一站。而 8 月 9 日星期二的另一场大集会上,仍有超过 3 万人到场,即便有士兵挡道,一位带头人依旧提议向棉都挺进:

> 对于他们来说,死在公路上、阳光下,或纯净的空气中,要比死在工厂囚禁和机器革命中好得多;死在大街上总比死在资本家机器的轰鸣嘈杂声中要好。

但是队伍其实并未受到任何阻挠,在他们前往曼彻斯特的路上,"一些工厂遭受了相当大的损失"。[17]到了郊区,他们还积极鼓动当地工人加入,其中,不少工人欣然答应了这一请求。

随之,大规模袭击突降工厂。次日,数百名罢工者"乘船穿过运河,抵达贝克顿工厂",在这家市中心的大型棉纺厂里,"一台 300 马力的新蒸汽机和其他一些机器未能幸免"。木材场里的锯床也已被"完全摧毁"。在安科斯地区,一支主要由动力织机纺织女工组成的队伍穿梭于工厂之间,勒令他们关闭机器,否则便暴力入侵工厂。有一家工厂的经理起初拒绝了这一要求,但在几扇窗户被砸碎之后,他很快便妥协了,"在暴民的欢呼声中,发动机停了下来"。曼彻斯特和索尔福德的工厂尽是如此:在工人们内外夹击下,或是工厂的经理们"迫于恐惧"自己关停了机器。[18]

曼彻斯特陷入一片混乱,暴动的工人们冲进警察局,把家具扔出窗外,有几家面包店和商场也遭到了抢劫。

周三凌晨,一位名叫蒙西的木匠兼建筑师的房屋被付之一炬,因其最近建了几家蒸汽锯木厂,也可能正是这个原因招来了这帮人的憎恶。人们在大火旁欢呼和嘲笑,尽管消防员竭尽全力,却无济于事。[19]

到 8 月 11 日星期四为止,除了零星几家工厂,曼彻斯特的工厂里静悄悄的,几大重要工厂的工人都罢工了。早在暴乱刚开始的那几天,武装部队便已被在街道和工厂里流窜开枪的群众打垮了。溃败于工人阶级组成的队伍后,曼彻斯特的少将呜咽道:"我在这个镇上的兵力实在是力不从心。"市长眼睁睁地看着棉都脱离他的控制,落入另一势力之手,"罢工无论是程度上还是速度上都超乎了所有人的想象,一天比一天可怖"。[20]

这样的景象迅速蔓延到了兰开夏郡所有的棉花工业城镇,阿什顿和斯泰利布里奇仍然是反抗运动的指挥中心,不断派遣代表团,组织游行大军。到了曼彻斯特,游行队伍便四散开来,进一步鼓动罢工,往往一句话便足以煽动工人的不满情绪。8 月 11 日星期四这天,有 6000 名到 8000 名罢工者抵达斯托克波特,他们挥舞着大棒,八个或十个人一行并排走着,与当地的"增援部队"会合:

> 每到一家工厂,只要主事人对关停厂子稍有犹豫,便有一部分暴民冲进屋内,灭掉锅炉下的火,很快使机器停止运转。镇上所有的蒸汽机都被关停了:无论是制帽商、铸模商,还是印染商、裁缝,所有其他行业也很快停业了。[21]

随后几天的一次罢工会议上,宪章派的讲演者指责"机械的进步,才是造成失业的一大罪魁",尤其是纺织机。在接下来的几周里,当地"宪章委员会"的势力不断壮大,甚至斯托克波特的地方长官也要听令于他们。再也没有发机器可以运转了。[22]

8 月 12 日星期五清晨,动力织机纺织工们在普雷斯顿的一家工厂里开会,讨论内部工资纠纷。这场集会的参与者很快便演变成了典型的游行队伍,要求涨薪和推行《人民宪章》。一旦工厂没有马上停工,组织围攻的群众便威胁要拆掉屋子、砸烂大门、打碎玻璃，直到所有机器停止工作。但是次日早上，有些工厂又恢复了生产。据《普雷斯顿纪事报》（*Preston Chronicle*）报道："暴民们大声叫喊，扬言要'冲进去扑灭烟尘'，即耙灭炉火、关掉工厂的意思。"罢工者们穿过工业区，冲进锅炉房，有节奏地呼喊着"扫灭烟尘"的口号，有时还殴打挡住他们去路的人。面对如此民愤，普雷斯顿的地方长官惶恐不已，召集了军队伏击暴民，就在主运河旁的那条路上，用真枪实弹对准了他们。[23]这是大罢工中最血腥的一次，5人死于此次冲突事件，其中一名死者名为乔治·索沃布茨，是一名动力织机织工，年仅19岁，据审理时监工的证词，当时乔治熄灭了工厂锅炉下的火，往煤上浇水，还对他进行了殴打。发射子弹的目的是结束激进分子的暴乱、守卫普雷斯顿的蒸汽机[24]。

在伯里，叛乱分子拔掉了所有工厂的活塞，据一名为政府提供每日现场最新消息的记者透露，城镇郊区的一群暴徒也"加入了捣毁机器的队伍，并且已经快要拆除掉一座工厂"。在伯恩利，情况变成了"几乎城镇里所有使用蒸汽的工厂和车间在几个小时内都迅速被关闭了"。[25]在贝克普也发生过类似的事情。当地工人们加入游行的队伍，不到一小时就把所有工厂和车间的"火焰和蒸汽"都浇灭了。"他们挥舞着手中的致命武器，公然叫嚣着对法律和权威的蔑视"。在维甘，10万多罢工者一路前进，扑灭沿线所有的矿井——在一个矿坑，活塞和工程师都被带走了，入口的管理长官吓坏了，便把所有罢工者放进去拔掉活塞。然后他们继续前行，畅通无阻地进入了各式工厂和铸造厂。在博尔顿，锅炉内空无一物，市长称，"一些机器也被毁坏了"。[26]在8月15日的一场大型集会上，镇上和周边地区的棉纺织工作者声明，"制造区所面临的困境很大程度上是由机器的进步造成的"，他们要求发布限令，使得机器每天不能连续工作超过10小时。受辱的市长称，在麦克尔斯菲尔德，"大批激进分子"成功通过"把机器中的火扑灭"关停了工厂；在阿克宁顿，他们"释放出蒸汽，使

第十章 "行动起来制止烟尘！"：抵制蒸汽的时代

所有机器"停滞，甚至在一个地方放空了水库。在彬格莱、乔利、科隆恩、克利瑟罗和哈斯陵登，工厂也完全关闭了。有时候，为了表明运动将会继续，即使工厂关闭，他们也会拔掉活塞。[27]

在8月的第二周结束时，接近25万工人离岗，兰开夏郡基本上所有的生产都已停滞。直到8月16号的星期二，暴乱已成为既定事实的时候，全国宪章协会的60名代表才齐聚曼彻斯特，赞扬了大罢工，并号召将其发扬至全国。在一张分发至棉纺织城镇的公告上，人们赞扬了这样一个事实："在曼彻斯特方圆50英里内，除了磨坊的水轮和田里的镰刀，一切都停止了工作。"[28]宪章运动的领袖与工会主义者联合起来，当场进行了投票，如同多米诺骨牌倒塌一般，拉拔活塞行为的热潮也席卷了东部。

在协会集合的前一个周末，几千名工人途经萨德尔沃思的绿谷，向约克郡西区的羊毛纺织和精纺业工业区走去。他们将目之所及的每个工厂锅炉的活塞全部拔掉了，因此，他们在《布拉德福德观察家报》上获得了"活塞龙骑士"的称号。同时，当地宪章派发起一场运动，号召人们抓住时机，并在布拉德福德的大街小巷贴满告示，呼吁大家在8月14日星期日这天在城外荒原召开一次集体大会。在近一万名参会者中，《观察家报》注意到，"机器问题似乎是一个突出的话题：在聚集的群众口中，没有什么比这句话更常听见的了。机器使男人无所事事，使妇女和孩子手里的活永远停不下来"。从荒野散会后，工人们向哈利法克斯前进，在那里他们遇见了从兰开夏郡来的"龙骑士"们，他们因为关于蒸汽工厂的问题起了冲突，一些人被杀害，具体数字并不明晰。甚至《观察家报》都强烈谴责这支队伍的"不必要的残暴行为"。[29]在布拉德福德和哈德斯菲尔德，相似的暴乱也有发生，如在利兹市，工人们摧毁发动机后摘下帽子，尽情欢呼。在西莱丁的乡村，多达两万的工人踏进工厂，毁坏发动机，再继续前进，暴乱覆盖范围少说也大于兰开夏郡。8月15日，一位演讲者煽动了托德摩登附近数千名群众的情绪："现在，我问你们，你们会去把活塞拔出

249

来吗?"在集会的群情激昂中,各处传来喊声:"会,我们会为他们这么做。"《利兹时报》称这一公告为"活塞信条"。[30]

在这个时刻,"拉拔活塞"(也就是一系列蓄意破坏蒸汽机的简称)绝不是意外,而是大罢工的基本组成部分。具体有多少案例?我们无从确切得知。新闻报纸和政府公告都没有列举所有的个人行为,而是将它们归为一类,叙述着在各地"活塞被拔掉"或类似的事情。他们经常只是报道"工厂被关停了",而没有任何细节信息。但显然,蒸汽机也被破坏了。然而,一小部分数据暗示了涉及数量的相关信息。在迪斯伯里一个相对较小、以羊毛业为主的镇子里,38家工厂的活塞被拔掉了。利兹市的一个暴民吹嘘自己在一个上午就拔掉了13个活塞。[31]根据报告,斯托克波特、伯里、伯恩利、贝卡普、彬格莱、乔利、麦克尔斯菲尔德的"所有"或"大多"蒸汽动力工厂的发动机都被摧毁了,这仅仅是列举了少数——由于这次在制造区的暴乱活动目的是如此地统一,由此推断,活塞被拔掉的案例就算没有上千,肯定也有数百。

由武力破坏的活塞

同时,在矿井这一反叛的源头,则是一片寂静。伯明翰的许多钢铁厂都瘫痪了,上涨的煤炭价格成了"对中产阶级沉重的税收"。煤矿工人们(结果证明只有城市中的小部分人)尝试抵制生产。"两艘运煤船在运河中沉没,应该还会有更多的煤矿被毁",《纪事晨报》(The Morning Chronicle)于西布罗姆维奇报道。[32]向西几英里远的地方,在玻璃厂和高炉集聚的斯陶尔布里奇,更多火源被扑灭了——"白天几乎看不到烟,晚上也看不到火焰"。9月1日,伯明翰商会向政府发送了一份决议,声称"煤炭供应迅速减少,制造业的前景令人警醒和沮丧"。在苏格兰,煤田同样是最主要的罢工场所,它的影响自然而然地波及了其他领域,特别是制铁业。相反的是,纺织业的流动罢工者们袭击了煤矿,那里的煤矿工人还没有响应反

第十章 "行动起来制止烟尘！"：抵制蒸汽的时代

抗：在曼彻斯特、博尔顿和利兹，罢工者们拔掉活塞，用水填满矿坑，煤矿工人被迫近的抢劫声所淹没。[33]

这些试图推行哈利法克斯集会策略的尝试，即通过破坏煤矿经济所需的燃料来迫使统治阶级投降，并不是集中策划的，而是分散的、冲动的。这个想法如同拉拔活塞策略一样，自发地渗透进了工人阶级的各个部分，并赢得了广泛支持。但这只是众多尝试的一个开端。在矿坑和工厂，1842年大罢工发明了划时代的罢工模式：工人阶级可以通过扼住化石经济的咽喉来强制资本倾听自己的声音。8月的前两个星期里，闲置的发动机和矿井成为无产阶级力量的标志，罢工运动达到了原始革命的程度：经济冻结、地方当局崩溃、平行政府的萌芽出现，人们开始谈论向伦敦的最后进军。8月17日，《曼彻斯特卫报》的社论哀叹道："在过去的几天里，工人阶级已经得到了他们所希望的一切。"从《伦敦新闻画报》的视角看来，他们的所作所为成为"一场疯狂的运动"、一场"流行病"、一种"恶疾"，"一股巨大的洪流，沿着错误的方向愤怒前行，拆毁了北方的商业仓库，冲垮了公民权益和秩序的护栏，将工人转化为无政府主义者，具有系统性叛乱的令人警惕的特征"。[34]

但到最后，这场暴动是不能与它的终极对手，即军事力量相抗衡的。北方的制造商在最初事态疯狂的几周里袖手旁观，静候它的到来。自8月14日起，政府才终于开始行动，在制造区部署了大量军队，一些是从首都召集来的，一些是从其他地区调过来的。在曼彻斯特，数千军人坐火车抵达后，携带着重型火炮招摇地穿街过巷。他们身边是新入职的纠察——仅棉都就有九千人，由看守人、义勇骑兵和紧急集结的市民志愿巡逻骑兵组成。[35]在利兹，士兵们被派出去巡逻，来"展示他们的数量，使居民们对强大的军事力量感到畏惧"，就像"时刻准备着应对强大外敌的入侵"，坚定站在企业家这边的《利兹时报》报道。[36]公共集会被禁止了，当地罢工领导者和宪章运动狂热分子被分批逮捕。

除了以军事力量加强防备，一些工厂主也能够重新装回活塞，恢复机器正常运转。由"罢工时上工的工人"组成的储备军被动员起来，饥饿打退了罢工队伍，导致一些人屈服，全国性领袖意识到内部分裂、一些人身陷囹圄，终于，在9月初，大罢工崩溃了。然后出现预料之中的后果：更多的兵营，工厂主们向军队和巡警拼命表达感谢，暴民嫌疑人受到大规模审判。至1842年10月，已有1500人被逮捕；一年后，这个数字增长了十倍。陪审团似乎对惩罚拉拔活塞的罪行格外偏爱，认为任何可能与该行为有牵连的人都应被立即判刑——从监禁两个月到流放（驱逐到殖民地）10年不等。大罢工总共的罪犯数量不得而知，但毫无疑问，这次镇压是宪章运动历史上最严重、范围最大的一次。仅仅流放就达到了200人左右。[37]它限制了制造区的人口流动。事实上，1842年的失败以及随后的军事化确实有效地结束了工人阶级的革命骚动，进而结束了反抗蒸汽发动机的集体运动。在英国或世界其他任何地方，蒸汽机再也不会被这样大规模毁坏了——哪怕仅有几周。

霍布斯鲍姆①在他的经典文章《破坏机器的人》（*The Machine Breakers*）中介绍了"借由暴动来集体协商"的概念：早期工人们为了使雇主让步，而做出的损伤或毁坏机器的行为。[38]这种破坏行为代表了一种原始但有效的工会主义形式。1842年的拉活塞运动明显属于这一类型：它阻止了制造商让他们的操作工继续工作，它能够在几小时内关停整个镇子。罢工运动飞速进展，罢工者火速前行，他们跨越辽阔的土地，即使被长矛和大锤打击，也很难平息。然而，1842年的罢工者将"借由暴动来集体协商"带入一个新纪元，他们没有毁坏任何机器，而是把矛头对准了引擎室和矿坑口：这是一场借由暴动对抗化石经济的集体协商。随着大罢工愈演愈烈，

---

① 艾瑞克·霍布斯鲍姆（Eric Hobsbawm，1917.6.9—2012.10.1）：英国著名左派史家，1936年加入共产党，1947年成为伦敦大学伯贝克学院讲师，1978年成为该校经济史和社会史荣誉教授，1982年退休后任纽约社会研究学院政治及社会史荣誉教授。

第十章 "行动起来制止烟尘!":抵制蒸汽的时代

一个事实变得显而易见:资产阶级的利益只能通过重新燃起大火来实现,而工人阶级的利益则只能通过延长停止燃煤时间来实现,这最终取决于额外的经济力量。虽然蒸汽不再成为抗议的中心,在各种各样的环境下,抗议的基本模式总会再次出现:底层工人通过阻止他们的雇主使用煤炭能源来崛起。[39]这种首次出现于英国工业区和煤矿区的反抗模式,证实了化石经济的权力关系,且一直延续至今。

在那个夏天还有什么事情发生吗?拉活塞者们是只想打击对手的要害,还是对某个特定的原动机怀有敌意?我们该如何解读拔活塞暴动(不论怀着怎样的意图和目的,这样命名都是合理的)呢?显然,过度解读是有危险的。不用多想就知道,他们被视作对蒸汽动力的反抗者,这只是一场为了提高生活质量和获得政治权利——"做一天的工作,得一天应得的工资",再加上宪章派的暴乱,化石经济将其视为一场物质领域的斗争,一方派出衣衫褴褛的民兵来占领和销毁它,一方派出穿戴整齐的军队来夺回和运转它。然而,迄今为止,历史学家已经屈服于这种相反的险境,即使有迹象可以看到,他们也不再解读拔活塞暴动的任何内容。

至少,拔活塞的大流行证明了对蒸汽的盲目崇拜没有渗透到工人阶级:拔掉活塞或熄灭火焰可不是对蒸汽表示尊敬的行为。这场运动还传递了什么信息呢?我们想要知道这些拔活塞者究竟是怎么看待蒸汽动力的。幸运的是,除了现存的狂热时期的演讲行动文件记录,还有一条通往他们内心想法的捷径:即成果丰硕的人民宪章运动本身。根据现在该领域领军学者马尔科姆·蔡司(Malcolm Chase)描述,在1842年前后,"宪章主义者的论点和对工党形势的看法影响了1842年前后工会主义者、罢工者和暴徒的行为",并为他们提供了"'思考的'工具"。[40]所以我们应该更多去了解宪章派对于蒸汽的看法。

在充满烟尘和火焰的高温环境中

1842 年 10 月 22 日,运动失败的一个月后,《北极星报》发表了一篇名为"人类 VS 机器"的长篇文章,作者化名"饥饿的无手人",写下了这篇饱含怒气的文章。英国自诩为文明和科学的国家,却充满了食不果腹的工人们:

> 这本是一片富饶的发明创造之壤,工人们却在与财富制造的机器的强制比赛中被剥夺了权利;伴随着永不停歇的锤击声,穷人们被机器的活塞碾成了粉末,就像我们在童话故事里读到的巨人那样,他们呐喊着:
> "Foe, fau, fum——①
> 我闻到了工人的血腥味,
> 不论他是死是活,
> 我都要磨碎他的骨头做成我的面包。"

伴随着这样一个恶魔论的开端,这篇文章持续书写回忆——这个作者一定年纪不小了。19 世纪 10 年代,他遇到了一位兰开夏郡棉纺织工业被称为"先知"和"预言家"的机械批评家。听到勒德派的消息,这个真理讲述者称他们真是"正中要害",因为"机器能让穷人更穷,富人更富"。"饥饿的无手人"认为这条预言已经彻底应验了。"工厂主们傲慢地对工人们说,要么向蒸汽神俯首称臣,要么挨饿"。但事实上,工人既要臣服于机器也要挨饿。他们被象征工厂主势力的"万能蒸汽机"所支配,其拥有"铁臂但有蒸汽气息",工人们工资微薄、声望低微、流离失所,被迫在不断改进的机器比赛中扮演失败者的角色。[41]

---

① Foe, fau, fum:指某种声音——译者注。

第十章 "行动起来制止烟尘!":抵制蒸汽的时代

《北极星报》是宪章运动的生命线。它报道地方宪章主义者和工会主义者的最新活动和当日新闻,鼓动这一事业,并阐述了更广泛的世界观。该报证实了,该运动的关键便是联合,空间上、职业上、政治上,各个不同的部分都要联合。该报覆盖了英国全境,在1839年达到每周5万册销量的峰值;在之后的几年里,销量逐渐下降至每周1万册左右。但是,这个数据反映了读者间的分裂:人们会在车间和家中、在午休和会议期间大声朗读《北极星报》的文章;报纸会在朋友之间进行传递,在招人喜爱的小酒馆和咖啡店里售卖,每周更会被整个社区热切期待。一份报纸可能被10~80人阅读,几乎都是无产阶级,他们积极影响了《北极星报》的内容和语言,编辑们常常被诗歌、宣言和信件淹没,工人阶级的命脉仿佛在这些纸页间跳动。[42]

在大罢工时期的几年里,机器特别是蒸汽机成了人们热议的话题。1841年年初,一个笔名为纽马的人在给女王的一系列公开信中严厉控诉了英国社会状况,其中一条抱怨是:在水力转向蒸汽动力的过程中,工人们纷纷陷入了贫穷和痛苦。起初,工厂劳动"在约克郡和兰开夏郡各式溪流的岸边,以水车动力推进。这些溪流多年来一直静静流淌,现在充斥着水磨的搅拌声和噪声",这是一种"实现了巨大利润"的新系统。然而,"无情"的资本并不满意:他们渴望得到更多,所以,蒸汽机广泛取代了无法永久运动的水车。蒸汽机的应用实现了三个转变:第一,工人被大量解雇;第二,"这贪得无厌的怪物"无情践踏了劳动力的价值,成年人被童工所取代;第三,由于煤矿的大量需求,煤矿工人变多了,多数为年轻人和女人,"他们被迫在地下数百英尺的地方,以一种必定会破坏身体的姿势工作"。[43]

蒸汽是宪章派分析阶级统治的中心:在一篇题为《蒸汽贵族》的文章中,《北极星报》声称,机械的进步将新的暴君阶级推上了国家的顶峰。心中充满嫉妒的权势者:宪章派试图推翻的人们,不过是蒸汽机的持有者。"我们已经找到了敌人,我们的海军,我们的神职人员,我们的官员,我们的参议院都充满了蒸汽贵族的子孙"。对于工人们,"蒸汽统治"(steamocracy)政权——这个词由"蒸汽"和"贵族"两个词融合而来,常被用于贬低资产阶级——意味着欢乐和幸福的结束。"什么都没有,除了工作,工作,工作!奴隶们,只有工作,为了雇主的金钱,金钱,金钱!"在一段虚构的对白中,工人罗宾否认维多利亚女王统治了这个国家,这激怒了他的雇主奎尔:"主人奎尔,国王依旧是……我是说,蒸汽机现在称王了!"[44]

有时,该报会与蒸汽拜物派展开直接的辩论。《光明杂志》(The Illuminated Magazine)印刷了写给詹姆斯·瓦特的赞歌节选后,该报指出了作者的一些盲点:"瓦特的发现一直以来被认为全是优点,但对于数百万人来说,它是纯粹的恶魔。"蒸汽崇拜仅对小部分阶级的人来说是真理。《北极星报》特地强调了"小部分人"。蒸汽机"是个比任何东方寓言能够召唤的力量都更为强大的法宝;但对于很多人来说,这是地球上降临的最大的诅咒"。[45]大罢工开始前的几个月里,该报反复将制造区穷人的叛乱归因于纺纱、织造、拉丝、镗孔、印刷、雕刻(锯木)行业里自动化机器的发展。[46]

宪章派创办了一系列小型报刊,在发行量上没有一家能与核心的《北极星报》相比,其中一些也宣扬了反蒸汽机信仰。[47]特别是,《怪人报》(The Odd Fellow)上转载了一个小作家威廉·考克斯所著的名为《蒸汽》的虚构小说。这则小说融合了田园牧歌式的写作风格、斯威夫特式的讽刺和科幻反乌托邦的体裁,对蒸汽动力世界进行了强烈谴责。显然,作为对中产阶级报刊上常常发表的拜物迷信言论的反驳之声,这则小说获得了宪章派读者的关注和赞誉。考克斯首先回忆了自己童年时在村庄里质朴闲适的田园生活,河流蜿蜒流过一片荒野,"每棵树都是鲜活的生命","温暖的空气中充满了看不见的昆虫的嗡嗡声"。然后,破坏来临了:

第十章 "行动起来制止烟尘!":抵制蒸汽的时代

我看向周遭那些绿意不再的村子,它们甚至很难还称得上是村子。那里房子、工厂、公路、铁路遍布;在公路和铁路旁,骇人的机器像是被地狱之火驱动着,十分敏捷地运行。一切生机仿佛灭绝了,大自然成为过去时。然而,没有了自然的庇护,世界似乎运转得相当不错。

考克斯来到蒸汽的世界里,这个世界由我们今天称之为机器人的种族构成,这一种族与老年人的手十分相似,他们能够承担各类任务。现在,工厂所有者和"移动的"工人们构成了两个主要阶级。作者担惊受怕,寻找着老村子里熟悉的酒馆——这个混乱新世界的避难所,然而,他只在它的原址发现一栋铁路旅馆。"这里也只有蒸汽,到处都是蒸汽,全都是蒸汽!"房间通过蒸汽供暖,床铺由蒸汽打造,肉被蒸汽烤熟,就连桌上的书也"充斥着奇怪的新造词,多多少少和蒸汽有点联系"。考克斯"开始阅读一卷诗集,却发现里面的明喻和隐喻全都关于蒸汽,它们把力量、能量和敏捷,只与蒸汽联系在了一起"。百科全书中罗列的事物,骏马、绿树、宁静,早已成为残存在记忆中的过去。作者不情愿地回到镇子上,偶然看到舞台上正演着哈姆雷特。只是,演员们都是由蒸汽驱动的机器人,一开始他们演得棒极了,像真人一样,直到其中一个"人"当场爆炸。最后,在这趟旅途的尾声,他绘声绘色地描写着城里的街道,将情景推向了高潮:

> 当几节车厢停停走走时,这里的气氛没法用任何语言形容。蒸汽机开始启动,向四面八方散开——明亮的太阳被遮住了,人们像被烤了个半熟,附近渔民打捞的龙虾瞬间变了色。即使是那些蒸汽居民(如机器人)都被这蒸汽热得极不自在。我几乎喘不过气来,四周弥漫着沸腾的、嘶嘶嗖嗖的、咆哮的声音——火焰在燃烧,开水冒着泡,锅炉在爆裂——这时啊!我突然醒了,原来是一场梦![48]

专栏上紧随其后的是伦敦工人联盟关于争取《人民宪章》斗争进展的演讲。

但是，最能引起宪章派阶层共鸣的大概是诗歌。正如迈克·桑德斯（Mike Sanders）在《宪章派诗歌：美学、政治与历史》（*The Poetry of Chartism: Aesthetics, Politics, History*）中指出的，一切关于读、写、出版和背诵诗歌的活动在宪章运动文化中发挥出了惊人的核心作用。人们用诗歌表达集体身份、讨论战术、阐述无产阶级道德、灌输自信、扩大眼界。在《北极星报》诗歌专栏——或同一期几个专栏的影响下，宪章运动者学会欣赏精雕细琢的诗作之美，并创作了数千首属于自己的诗歌。1838—1852年，《北极星报》共发表了1500首诗，并拒绝了数百份稿件。该报编辑有时也需要费力地阅读吟游诗人们不请自来的稿件。[49]

蒸汽的阴影也投射到了诗歌里。大罢工半年后，《北极星报》刊登了一首诗，名为"蒸汽王"，由伯明翰的宪章运动活跃分子爱德华·米德（Edward P. Mead）所作。

> 世界上有这么一个国王，
> 不像诗歌里的那样和善，
> 白人奴隶最是知道此王，
> 都叫他无比凶残蒸汽王。
> …………
> 陛下如同其祖先摩洛克，
> 他的神庙筑于希嫩山谷（亦即，地狱），
> 他的五脏六腑全是火焰，
> 他的食物就是孩童血肉。
>
> 他的司祭团都饥肠辘辘，

第十章 "行动起来制止烟尘!":抵制蒸汽的时代

嗜血、傲慢、鲁莽不堪,
用铁腕操纵着他的巨手,
用人们的鲜血铸造金钱。

…………

快打倒国王,摩洛克国王,
千百万工人们,起来,前进,
我们要禁锢他巨大双手,
趁他还未摧毁故土家园。[50]

这是一首蒸汽妖魔论的雄辩之作,它将蒸汽比作专制、环境退化和末日的信使,完整展示出了一个机器恶魔的形象。

公认的第一宪章诗人欧内斯特·琼斯(Ernest Jones)曾详细阐述了环境的退化。蕾切尔·卡逊(Rachel Carson)的《寂静的春天》(Silent Spring)被广泛认为是现代环保主义的开端,预示了"明日寓言"。欧内斯特·琼斯的一首诗里,开篇便吟诵了"快乐的老英格兰"的景象,那里微风徐缓,人们步履缓慢,"夏日的田野中荡漾着金色的长波"。然后,一个邪恶的咒语降临在这里。到处都是死亡的阴影,瘟疫的云翳遮天蔽日,席卷陆地:

说!改变从何而来?诅咒从何而来?
…………
黑暗炽热的地牢里滚动着怎样的转轮,
现代的暴君使用现代的齿条!
非自然的摇篮里孕育出了怎样的恐怖?
工厂和织机的恶魔之神!
…………
太阳苍白地照耀着漆黑大地,

> 颤抖的机器发出可怕的欢笑，
>
> 污浊的黑烟、罪恶和诅咒，
>
> 从化身地狱的熔炉祭坛涌现！[51]

同样，一位曼彻斯特的撰稿人写了首诗，哀叹电动织机织工的命运："与机械力量奋力抗争，/从清晨时分到午夜钟声，/在烟尘和大火的酷热中，/以奴隶生涯换取微薄工资。"[52]

为了理解宪章派的这首诗，桑德斯引用了雷蒙·威廉斯（Raymond Williams）的"情感结构"的概念。宪章运动的诗人们表达了一种深深扎根于工人阶级生活中的情感结构，他们的诗篇被印刷成精华般的作品，或者用威廉斯的话说，被视作"变动不居的社会经验"（social experiences in solution）。如果这是一个合理的特征——起码看起来是这样，再如果，又像另一个宪章派学者说的那样，《北极星报》"永远都能准确反映劳工运动的趋势"，这样，我们便能得出结论：在19世纪40年代，不论在大罢工之前还是之后，工人们都视蒸汽为恶魔。[53]

那么他们的领导人又怎么想呢？相比于其他所有人，费格斯·奥康纳（Feargus O'Connor）对制造业地区的广大民众有着无可比拟的影响力，在他身上，"英国人看到了自己的模样，他是众多人化身成的一个人"。一个19世纪40年代住在布拉德福德的德国记者观察到。[54]在拉拔活塞运动热火朝天的几个月里，刚刚出狱的奥康纳用他反蒸汽动力机的宣传将暴动推至高潮，"你抱怨的是机器，补救办法是宪章；蒸汽、《新济贫法》和乡村警察，构成了邪恶、完整和不可分割的三位一体"。他在《北极星报》的讲坛上发表了雷霆演说。同时，他开始将敌人称为"烟尘贵族"（smokeocracy），这是另一个具有启示性的转喻。"你们是蒸汽老爷们的侍从"，他对工人们说，"麻木下去，时间将会孕育成熟一整个蒸汽毒蛇的时代，到时候谁还能阻挡它们的进程，摧毁它们的影响力呢？"[55]

第十章　"行动起来制止烟尘！"：抵制蒸汽的时代

但是，也许最激动人心的关于蒸汽妖魔论的陈述和关于化石经济的尖锐评述，出现在拉拔活塞运动的一张匿名海报上：

> 致英格兰和威尔士的煤矿工人们，
> 罢工！工人们！为了宪章罢工！
>
> 在你的手中有这样一种力量，这是那些压迫、欺压穷人的少数暴君所不能承受的。没有煤，贵族们就不能享用他的豪华大餐。蒸汽机的铁臂让你们那么多可怜的、心甘情愿工作的同胞穷困潦倒，每年在棉纺织厂杀害成千上万的无辜儿童，让成千上万温柔的母亲落入野兽还不如的境地，并用肮脏的破布吊住她们苍白的肢体——没有煤，这个巨大的怪物就不能工作。我诚实的朋友们，你们用劳动为它提供了力量，因为没有煤它就没有能量。停止获取煤炭，因为正是煤炭支撑着那些放债的资本家。[56]

所有这些证据都指向一个结论，如果得到如此充分的支持，当代观察家几乎不会错过。而事实并非如此。西莱丁的编年史家约翰·詹姆斯写道，1842 年发生了"惊人的宪章派暴动、拉活塞运动和暴行，是自勒德运动以来从未见过的"。他慎重地选择类比："普遍存在的困境在 8 月达到了顶峰，工人们被诱导欺骗，相信他们的贫穷是由于使用机器造成的，于是，他们决定拔掉蒸汽机的活塞，从而关停所有工厂。"[57]那些反对蒸汽动力的宪章派的指责让工人心中充满了对发动机的愤怒，并将其愤怒付诸实践。拉拔活塞运动者认为，他们就是苦难的化身，因此很容易受到攻击。在 1842 年炎热的夏季几周内爆发的所有累积的愤怒中，有一些是针对蒸汽机的。此外，与其说拔活塞暴动是勒德运动的微弱回声——对该事件的标准解释甚至不被允许，不如说它是这一传统的普遍备受赞扬且转瞬即逝的高潮，它瞄准了新的原动机，这个目标在过渡末期比在 1812 年或 1826 年更有意义。

蒸汽动力的兴起与抵抗其最激烈的时刻相吻合，大量对蒸汽机不满的人通过辱骂、毁坏机器来发起斗争。1842年大罢工是最引人注目的事件，但远不是唯一的事件；像水库一样，从阿尔比恩磨坊事件到19世纪末，一直都有一股反抗蒸汽动力的潮流等待着人们发现，但屡受挫败。[58]也许最吸引人的是，在对蒸汽的批判中，似乎有一种我们可以称之为原始环境主义（proto-environmentalist）的成分：喷涌的浓烟和熊熊的烈火、有毒的大气和消退的自然、灭绝的植被和难耐的高温这些持久意象——"人们看起来像被煮个半熟"。但是，这种想象也许仅仅只是巧合呢？

工厂的环境

产生热量是蒸汽机的一个决定性属性。轮子的机械能来自水的重力或下降的冲击力，或两者兼有，而发动机的机械能则来自燃烧的火焰。因此，也难怪工人们将蒸汽的兴起与温度上升联系起来。随着工厂童工成为一个全国性话题，蒸汽驱动的棉纺厂温度过热也引起了人们的注意。1819年，一位负责博尔顿地区的治安官说："这是一个不容置疑的事实。"

> 在棉纺厂工作的儿童一般都很瘦弱，特别是那些在使用蒸汽机工厂工作的儿童；但在用水车驱动机器的工厂里，房间的环境更健康，儿童看起来气色也不错。[59]

忍受闷热成了工厂调查中另一个常见的抱怨。据说，格拉斯哥一家工厂内，温度甚至超过了100℉，或38℃，其他工人抱怨普遍温度都为84℉~94℉。[60]麦康奈尔和肯尼迪公司的一名前接线工向塔夫内尔长官磕磕绊绊地描述工厂里的气温。长官接着问道："和前天一样热？""是的，这比我在伦敦的工厂工作时最热的时候还热。"[61]人们普遍认为，禁锢在这些"桑拿房"里，特别是在英国北部冬季十分寒冷的天气里，工人在工作12

第十章 "行动起来制止烟尘!":抵制蒸汽的时代

小时或更长时间后,从"桑拿房"进入寒冬,身体会变得无精打采,肌肉会被刺激,精神会萎靡,呼吸系统和神经系统也会受到损害。[62]

这种热量出现在对人体有害的环境中。外科医生盖斯凯尔写道:"当大量的人聚集在一起时,大气中对生命至关重要的成分就会迅速被消耗",取而代之的是另一种,即"碳酸气体——一种对生命有害的气体"。工人们吸入这种"慢性毒药",会耗尽他们的能量,吸干他们的气血。在过渡时期,这种因当地二氧化碳浓度增加而造成的伤害众所周知——"在一定体积的空气中,碳酸气体的含量越高,空气对健康的危害就越大",这是帕廷顿在他的手册中明确的常规事项。从基本原理上讲,煤的燃烧和二氧化碳产生之间的化学关系也是如此。[63]如果工厂户外空气中的二氧化碳浓度约为280ppm,那么在最拥挤的工厂房间中,这个数字很可能会高出一个数量级;而且,现代研究证实,这种室内二氧化碳峰值对健康是有害的。但并不是每个人都会暴露在伤害中。爱丁堡工程师罗伯特·里奇(Robert Ritchie)在慷慨激昂的《工厂卫生安排观察》宣传册中痛斥这种不公正的做法:"有人会认为,在人类居住的公寓里提供热量而不提供新鲜空气,是所有荒谬的事情中最不可理喻的。"但这就是数十万工人的日常现实情况。[64]

这样的环境不是由他们自己造成的。里奇指出:"在工厂里,温度和环境都由监督者控制,而不是工人。"那么,面对这些弊病,人们可以做些什么呢?也许是受到他的苏格兰血统的影响,这位工程师提出,除其他补救措施外,还要恢复水力,"然而,在今时今日,肯定没有什么能阻止任何类型的工厂建立在开放和通风的地方",如果可以保持一定距离,大量的自由空气就可以流通,风也能从四面八方吹来,使从业人员感到舒适。但我们知道这种改革会威胁到谁的利益。盖斯凯尔也意识到了这一逻辑:碳酸气体中毒和其他相关疾病的产生,归根结底是由蒸汽动力造成的,"蒸汽动力必须让工人们挤在有限的空间里,这种情况对健康一直十分不利"。[65]是化石经济的向心力和煤炭的燃烧共同创造了高温、高二氧化碳的当地气候。

在蒸汽工业城镇中,居民饱受无处不在的烟尘困扰。在《世界的烟囱》(Chimney of the World)中,斯蒂芬·莫斯利(Stephen Mosley)记录了曼彻斯特和兰开夏郡其他棉花城镇由于转向蒸汽动力而导致的空气污染:在18世纪80年代的棉都,工厂的烟囱数量为1个;到19世纪40年代初,这一数量涨到了500个。这促使在动荡北部地区的政府军队指挥官查尔斯·纳佩尔创造出"世界的烟囱"这一短语,作为工厂车间的双关语。[66]烟囱林立的空中轮廓和一层污垢映入眼帘,烟尘、酸雨和硫黄雾几乎消灭了动植物、树木和鸟类,那些被迫住在镇上的人甚至连太阳也看不到。但是,"商人和制造商们却拥有远离污染的乡间庄园,它们位于乡村花园和公园之中",福谢在1844年观察到,"富人在周围乡村的美景当中铺设他的床铺,舍弃城市并将其留给工人"。工人们生活在大自然的对立面,被烟尘所笼罩——在狄更斯看来,"大自然被结实的砖砌墙拦在外面,正如有害的空气和煤气被拦在里面一样"①的地区被丢给了工人们。[67]

资产阶级对这个问题采取了辩解的态度。从19世纪40年代起,当曼彻斯特的烟雾浓度达到剧毒水平时,工厂主和他们的政治代表坚持不懈地阻拦了政府任何形式的干预,下议院在1846年得出结论:"管制(烟尘)可能会对我国工业的重要分支造成极大损害。"制造商们辩称,烟尘的浓度实则是繁荣程度的晴雨表——而且没有任何证据证明其对人体健康有副作用。[68]另一个对工人伤害越发严重的事物——蒸汽锅炉,也出现了类似的情况。蒸汽锅炉容易爆炸,特别是那些按照高压原理操作的蒸汽锅炉。在期刊《工程师与机械师》(The Engineer and Mechanist)中,费尔贝恩描述了1845年发生的一场意外。当博尔顿棉纺厂一个锅炉"朝着倾斜的方向

---

① 狄更斯. 艰难时世[M]. 全增嘏,胡文淑,译. 上海:上海译文出版社,1985:72–73.

爆炸时，把挡住它的地板、墙壁和所有其他物体都掀了起来，最终停在了离建筑有一段距离的轨道上"。锅炉穿过工厂的一路上，造成了16~18人死亡。[69]

这样的险象在19世纪前30年里微不足道，却在30年代开始变多，在《十小时工作日法案》出台后更是出现了爆炸式的增长。根据政府在1870年公布的数据，死于锅炉爆炸的人数呈10倍递增，19世纪10年代仅有52人，40年代有209人，50年代则有486人，其他信息源暗示了更糟糕的情况。[70]《工程师与机械师》在1851年费尔贝恩讲述博尔顿事件的同一刊中宣称，在"在过去三年中，不少于1600人因为锅炉爆炸丧生，单是这一原因就造成了平均每天一人以上的生命损失"。不论哪个数据更接近事实，显然，资本家们应对《十小时工作日法案》的策略——通过高压来加快发动机运转速度，对工人们造成了致命的打击，自然地构成了死伤人数的绝大部分。到19世纪60年代，因为锅炉爆炸而丧生的人数已经远多于在铁路事故中丧生的人数，使其成为维多利亚时代最普遍、最致命的灾难之一。然而，英国没有出台任何法律保护措施。[71]

所有这些不便与危险都在它们的潜在源头中被放大——煤矿。在100多华氏度的环境下，工人们的肺部被煤尘无情地破坏，他们吸入令人窒息的被称为"碳酸气"（主要是二氧化碳）的浓缩气体以及能被突然点燃的"碳化氢"（主要是甲烷），还要承受不时坍塌的顶板，火灾，当然还有规模巨大的爆炸，单次就有数百人遇难，这些使煤矿成为异常危险的工作场所。煤矿工人们常年生活在地下，可谓完全与自然隔绝，而与危险紧密相连："碳酸气天使屠杀一切——不放过任何活的灵魂，／给人们打上含硫印记——将他们变得如黑炭一般。"诗歌选自《矿工的末日》，由泰恩塞德当地的吟游诗人在19世纪40年代早期所作。[72]

之后，随着当时环境的明显恶化，相当一部分英国工人阶级感受到了化石经济的到来，它的特征有过度的高温、二氧化碳浓度升高、烟尘造成的空气污染和突发性爆炸的危险等。这些都是化石经济的社会和生物物理决定因素之间协同作用的产物——简单来说，就是雇佣劳动者在烧煤或采煤地方的集中。有些痛苦可以计入死亡率和发病率，但另一部分则不是那么明显：关于大自然正从劳动人民的生活中腐朽和消失的感知。在关于工业革命期间生活质量提高的辩论中，这一因素被证明是最难衡量的，不像收入、预期寿命、结婚率和生理机能那样，没有一个量化的标准来衡量它。然而，定性的资源暗示，这种感知是真实存在的。[73]它为工人阶级蒸汽妖魔论的启示录幻想提供了一些背景，更不用说（易燃易爆的）气体了，总有一天，它们频繁的爆炸会把罪恶之都本身炸毁。

第十一章

烟尘的漫漫长路：化石经济达到圆满

到1800年，英国煤炭燃烧产生的大部分烟尘仍然在民众家庭极小的烟囱里。最准确的估计是，家庭消费的份额是全国燃煤总量的1/2到2/3。一些快速发展的行业已经将煤炭视为一项关键投入，但即使是其中最重要的行业——铁，仍不超过总需求的10%～15%；而经济增长的动力——首先是棉纺业，使用了其他能源。[1]因为煤炭燃烧尚未与人口数量脱钩，所以英国不能说构成了一个真正的化石燃料经济体。到1850年，一切都发生了改变。转折点发生在1830年前后。衡量它的一个方法是看英国煤炭生产的平均年增长率，在1800—1815年，这一比率有所上升；但有趣的是，随后的15年里，这一比率有所下降，在恐慌之后出现了巨大的增速，峰值出现在1847—1854年。1830—1854年，煤炭产量的增长率达到了1700—1900年的最高水平（见图11.1）。[2]无论是从数字还是从文字描述中，我们可以得知，英国资本通过史无前例地从煤炭中调取能源，摆脱了自身危机。

更重要的是，对于我们对化石经济的定义来说，到1830年，家庭供暖已经失去了主导地位。1816年，它吞噬了全国53%的煤炭产量；1830年，这一比例低于临界值45%，1840年降至34%，1855年降至23.5%，1903年降至14%。

图11.1 1700—1900年英国煤炭产量年复合增长率[3]

在18世纪的最后20年，长期用于家庭取暖的部分已经开始减少——当然不是绝对量，但在1816—1830年的某个时期，取暖部分使用了英国开采煤炭总量的一半以上；到了后期，它仍是最大的煤炭需求来源，直到1840年之后才失去该地位。1844—1855年，另一个需求来源登上王位："综合制造业"。1855年，该行业用煤占煤炭总产量的28%，而家庭取暖和钢铁业分别占23.5%和24.5%（如果不包括煤炭出口，这一数字分别占31%、25%和26%）。制造业因此占据了最大的煤炭燃烧份额，其次是钢铁厂所有者，英国化石经济结构已经完善。结构性危机留下了一个新的形态。到1870年，制造业、钢铁业的煤炭燃烧量是家庭壁炉取暖使用量的三倍。终于，燃煤的火焰与人口数量脱钩，并与经济的可持续增长挂钩。[4]

从煤到蒸汽，我们发现了纺织品，尤其是棉纺织品的持久优势。1870年，纺织厂消耗的蒸汽占英国工业中总马力的52%，仅棉纺厂就占31%——超过了高炉和炼铁厂，超过化学、皮革、建筑、食品和造纸工业总和的三倍。棉花业的蒸汽动力增长速度在19世纪30—40年代达到了最快，在19世纪50年代逐渐放缓，1870年之后又放缓了一个层级。显然，这场危机的几十年标志着"成败在此一举的"时刻：在更为人熟知的职工居住区的阴影下，小型水力工厂在19世纪30年代中期繁荣和随后萧条的综合压力下成批倒闭。现存的水力磨坊是昔日的残余；大多数都在19世纪60年代消失了，19世纪中叶之后，资本家投资于水力的动机也几乎消失了。[5]费尔贝恩在1864年的评估并非不准确："直到最近几年，蒸汽机几乎才取代了空气和水，并被作为原动力使用。直到最近，蒸汽还是水的辅助物；现在，它成了主要的动力来源，除了在某些特定地区外，瀑布的价值普遍相对较小。"[6]

于是，一个问题自然而然地出现了：英国出产的所有煤炭中，有多少直接被蒸汽机吞噬了？1800 年的估计是 1/10；1830 年是 1/6；1870 年是 1/3。[7]英国蒸汽机对于煤炭的相对消耗量不断增加，确保了一般制造业的崛起，尽管这一类别还包括啤酒厂、面包坊、砖厂和许多各类其他企业。换言之，当制造业在 19 世纪中叶超越所有其他行业时，其主要原因是，在过去几十年里，蒸汽快速地以棉花为中心扩散。然而，棉花与蒸汽的关系从来不像煤炭消费量那样直接占到绝大部分。它可能是新兴化石经济的战略、跳动的心脏，但在它身边，有对于蒸汽全新的应用——铁路和船舶以及煤炭在天然气生产中的应用，尽管这些都是相对较弱的催化剂；更重要的是制铁业的快速发展。[8]显然，对于整个化石经济诞生的历史，也需要思考这些问题。

棉花工业从水力向蒸汽动力转变的直接和间接影响，不只体现在行业层面上，在区域层面上更为明显。在英国所有的煤田中，兰开夏郡的煤田在 19 世纪上半叶产量增长最快。在 18 世纪的最后 10 年，英国约 8% 的煤炭来自兰开夏郡和柴郡的煤矿，这使得它们落后于苏格兰和约克郡，而与南威尔士的煤矿持平；1854 年，兰开夏郡和柴郡的煤炭占比达到 15.3%，超过了其他地区，仅次于传统的东北地区。其他产煤地区如中东部地区之所以落后，正是因为它们缺乏一个由蒸汽推动的、永不满足的纺织业。兰开夏郡是煤炭开采不断升级的最强发动机，而兰开夏郡经济的发动机当然是棉花工业，因为矿场开采是为了给工厂提供原料。如果不考虑任何乘数效应，到 1870 年，这个单一地区的棉纺厂直接燃烧的煤炭比南欧和东欧的全部产量还要多。[9]

在兰开夏郡和整个国家，煤炭工业本身是相当被动的，对更广泛的经济信号做出反应。1830年前后的转折点并非来自矿坑内部发生的任何事情、挖掘方法的科技突破或矿主积极的营销活动；相反，产量增长是由日益增长的需求决定的。由于消费者渴望更多的燃料，煤矿所要做的就是提高产量，而在此过程中不能提高价格——这的确是18世纪和19世纪煤炭行业的最大成就。用一项研究的话来说："几乎没有煤矿技术革命的迹象。英国的煤炭储备，自罗马时代起就被人们所熟知并得到开发，只是在英国工业革命中找到了一个更大的市场。"[11]采煤工作仍然是一种极端的苦工，由只配备简单工具如镐、楔子和锤子的人力进行，并辅以火药。1890年以前没有出现过重要的新技术。正如我们所看到的，煤炭价格在关键的几十年里也是稳定的。[12]化石经济则是在地表上方成形的。

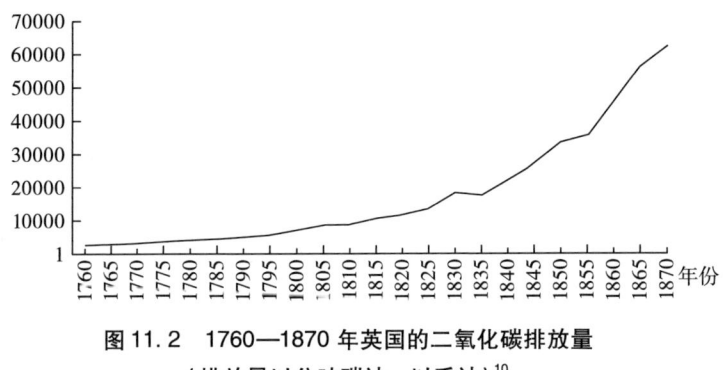

图11.2　1760—1870年英国的二氧化碳排放量
（排放量以公吨碳计，以千计）[10]

自然地，它在大气中留下了直接的印记。英国的年二氧化碳排放量水平遵循一条曲线，与上述历史动态曲线完全一致（见图11.2）。我们可以看到四个阶段：在原始化石阶段，碳排放量以缓慢的增速持续了很长时间，人们几乎察觉不到；在18—19世纪之交，也就是18世纪末期，碳排放量上升到略高的水平；1825—1840年的一次显著上升，导致了碳排放量在一个完全不同的轨迹上运行；而在结构性危机之后，碳排放出现新的增长和外延。因此，我们今天所知道的"一切照旧"成为一种物质现实。这是英国的独特创造。虽然经济史研究最近倾向于淡化这个国家的特殊性，但在这一点上是毋庸置疑的,未来几代人越是被迫提升与碳排放事务的相关性,英国的特殊性就越突出,其历史也就越引起人们的兴趣——不是为了纪念这个王国的名字,而是为了将它的污点留在给人类带来的烟尘里。选择1850年作为比较日期,并使用少数几个有数据的国家,我们发现了一个相当惊人的反常现象(见图11.3)。1850年英国的二氧化碳排放量几乎是美国、法国、德国和比利时总和的两倍,是俄罗斯的一千倍、加拿大的两千倍。如果全球变暖在历史上有一个故乡,那么这个地方无疑是显而易见的。

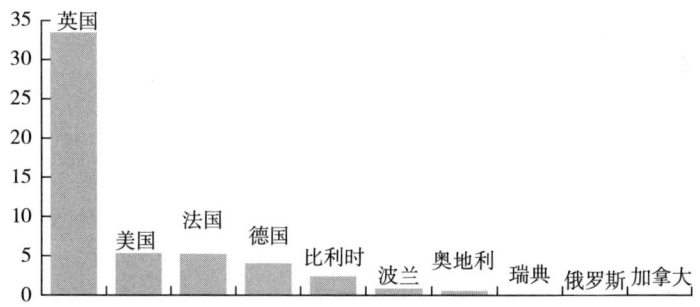

图 11.3　1850 年选定国家的二氧化碳排放量
(排放量以公吨碳计,以千计)[13]

第十二章

人类企业的神话：走向不同的理论

消失的蒸汽

现在我们应该清楚，蒸汽动力在英国棉花工业中兴起，其所展现出来的既定理论框架是严重反常的。从李嘉图—马尔萨斯范式开始说起。与人们对其预期相反，在这一过渡时期，各个方面都在鼓吹水资源的长期过剩及其低廉的成本：这一范式的典型论点与历史进程中一些最引人注目的特征相悖。优良的水力设施建设位置变得"很少"或"不再可用"，蒸汽动力的发展"对生态有利"，这些纯粹都是能被事实戳穿的典型偏见。李嘉图—马尔萨斯主义者还有可以依靠的防线吗？

里格利试图将收益递减规律应用于我们所说的水力离心力：这是一种"受供应边际成本升高影响的能源，因为较好的位置自然会先得到发展，较小或不太方便的地方会被留下来，以后再开发"。[1]虽然这听起来与李嘉图模型十分相符，但实际上它在一些关键方面确实与李嘉图模型背道而驰，"不太方便"这四个字就说明了这一点。李嘉图谈到了"质量低劣的土地"，它们不够肥沃，被"自然法则限制了生产力"——沙土和陡坡就是例子。但没有任何绝对的证据表明深山老林里的瀑布水流更"小"或更

第十二章 人类企业的神话：走向不同的理论

差；相反，它们在山上往往比在城镇中心更有力量。远距离水道的缺陷并不在于它们缺乏产生机械能的能力，而是其以"不便"的形式存在——正如李嘉图和里格利的理论所说，这与土地的物理性质无关，这个问题是由土地所有权与特定社会关系间的不一致导致的，特别是需要有将劳动力进行集中存储的途径。制造商们并不是被土地的自然极限推向充满蒸汽的城镇，而是被比廉价的能源更具吸引力的东西吸引了过去。

如果棉花制造商放弃一些从光合作用中获取的能源：木材、动物和人，那么李嘉图—马尔萨斯范式可能会更加有效。若想产生同样多的能量，所有的这些与水车相比都需要更多的土地。河流中的水在空间上是分散的，但又是压缩的，它只能在被两岸约束的水道中流动；它不像森林、三叶草田或麦田那样可以占领广阔的土地。从这些资源中的任何一种转向煤炭的使用，都可以缓解土地紧张的压力——这使我们可能认为李嘉图模型掌握了化石或原化石经济史上其他时刻的关键。特别是以煤代木的伊丽莎白跃进时代，此事稍后再论。在蒸汽出现之前，动物和人类很少充当原动力，但人力为家庭手织机提供了动力，直到发动机和机器取代了他们的劳动。手织机织工大军的壮大是否促使人们耕种劣质土地，从而导致粮食价格和工资上涨，使得制造商转而使用蒸汽织机？这里绝对没有丝毫因果联系。主要原因是工人的工资暴跌。

至于马尔萨斯理论的组成部分，磨坊的蒸汽机打破了先前所有的生态系统，因为它将燃煤与人口增长分离开来：只要家庭供暖占据了大部分煤炭消费，煤炭消费量的增加就会被缓慢的生育节奏所限。"英国人口花费了 110 年，才在 1700 年的基础上翻了一番，因此这一来源的需求增长不太可能（对煤炭消费）提供太多刺激"，历史统计学专家米切尔（B. R. Mitchell）认为，只有结构性脱离了生育夫妇[①]，才能刺激化石经济的发

[①] 这里是指对煤炭的需求必须脱离家庭使用这一层面——译者注。

展。[2] 1800—1870 年，英国人口只稍稍增长了不到 150%，煤炭产量增长了 720%。历史现实完全颠覆了威尔金森（Wilkinson）的模型，当生育的桎梏被打破，即人口不再决定煤耗的模式之时，螺旋式的上升就开始了。将 18 世纪晚期的棉花奇迹归因于这种古老的种植方式似乎也不太合理，毕竟当时整个北欧的棉花种植水平都差不多，英国在这方面也不例外。[3] 阿克莱特、格雷格、芬利这些人的工厂并不是为了满足居民们日益增长的需求铤而走险——他们的动机完全不同，麦康奈尔家族和其他蒸汽资本主义家族工厂也是如此。当彭慕兰、坎德和他们的同事说水车被抛弃是因为它们无法跟上英国人口增长的节奏，这纯属是在说瞎话。

那么，这种异常现象应该受到多少重视呢？蒸汽的兴起将会对李嘉图—马尔萨斯范式的持久性产生多大威胁？我们自始至终都在争论这些——讽刺的是，里格利本人也在争论，将煤炭中储存的能量视作商品生产的机械能来源这一转变是否代表了化石经济开始的关键一刻？当涉及这一分水岭时，这个只有微弱解释力的范式就要被质疑了。然而，这种失败本身可能预示着对问题进行更深层次的分析，这种异常现象是延伸到蒸汽、煤炭、棉花和英国之外的一种窥探。

普遍的"一切照旧"

我们想知道，为什么自我持续的增长首先要与化石燃料的燃烧结合在一起；为什么经济扩张的动因转向了煤炭中的能量，并使其成为未来几轮发展中不可或缺的基础力量。在成熟的化石经济中，资本家们不再在水能与煤炭之间作选择，因为他们已经做出了选择。英国棉花产业中水力磨坊的消亡，意味着那些想要留在这个行业的制造商必须使用蒸汽；发动机不再是可选的原动机，它已成为商业生存的必需品。随后，一个运动定律推动了化石经济的发展：通过（化石燃料）燃烧和（水力磨坊）消亡来实现经济增长——当然，不仅仅是在棉花领域，在所有主要的工业分支领域和所有发达经济中都是如此,这一定律呈螺旋式上升,贯穿各个劳动环节。这一过渡时刻标志着煤炭从经济众多发展中的一种可能变成经济的主宰。

李嘉图—马尔萨斯模型对此的解释是什么?将任何特定的行业抽离出来,都能够假定出一个一般逻辑:全体人类社会都渴望消耗更多的能源。在18世纪和19世纪,英国最终设法满足了这一需求,呈现出了一个叫作化石经济的东西——用里格利不太精确的术语来说叫作"无机"经济或"矿物"经济,这需要用到超越历史的因素,需要一些历史上各种形式的共同刺激,这些都是工业革命时期想要达到的目标。用里格利的话来说,它只是增长的动力。"摆脱纯粹的有机经济是实现指数增长的必要条件",他写道,"地球地表是一个定量,这阻碍了无限的增长"。或者说:"随着化石燃料取代有机(原文如此)燃料,限制有机经济增长的能源障碍日益增多。"他的作品中不断重复着类似的论述。有时,神话故事也被用来传递这样的信息:"如果想单凭人类的肌肉力量进行飞翔,那么无论伊卡洛斯①多么勤勉努力,人类也不可能飞行。"当然,若假设工业化前的社会像伊卡洛斯一样想要振翅高飞,渴望掌握经济增长的这片天空,那在锻造出一双化石翅膀前,他只能一次次跌倒在地。[4]

威尔金森是一个更加狂热的马尔萨斯主义者,对于他来说,这一超历史因素是生物对繁殖的渴望,这不仅是所有社会共有的,而且是所有动物种群共有的。由于反复出现的人口锐减,单线演化的生长需要迫使人类在很长一段时间"参与到越来越复杂的加工和生产技术中去";当其他道路都已走到尽头时,人类便不得不选择化石燃料。[5]我们可以看到,彭慕兰已经提炼出了这些论点的精髓:英国之所以脱离了其他所有的国家,不是因为它创造出了什么新奇的制度或独特的战略,而是因为它突破了"先前限制所有人视野"的约束——做了所有人类都只曾梦想过的事情,就像伊卡

---

① 伊卡洛斯(Icarus):希腊神话中代达罗斯的儿子,与代达罗斯使用蜡和羽毛造的翼逃离克里特岛时,他因飞得太高双翼上的蜡遭太阳融化跌落水中丧生。

化石资本：蒸汽动力的崛起与全球变暖的根源

洛斯那样。

当然，这种分析并不是从理论空白中产生的。受古典资产阶级经济学的影响，它简单地将李嘉图—马尔萨斯—史密斯三人的理论合为一体，运用到能源上——这一范式的支持者毫不掩饰这一普遍特性。因此，它很容易受到同李嘉图、马尔萨斯、史斯密和相关经济发展理论一样的批评，最典型的批判是由艾伦·梅克辛·伍德（Ellen Meiksins Wood）和罗伯特·布伦纳（Robert Brenner）在资本主义起源的辩论中提出的。[6]在化石能源中，正如在资本中一样，资产阶级理论家看到了人类的倾向——伊卡洛斯和罗宾逊最终实现了的理想；在这两个问题上，他们可以用神话代替人类生活中令人烦恼、不安的向量：对化石燃料的需求随时间的变化而变化。

李嘉图—马尔萨斯主义者认为，产生化石经济的动力早在其真正出现之前就潜伏在世界上了，只是受到了限制。前化石经济时期就一直存在扩张的趋势，不过它在整个历史中都被抑制着，等待合适的机会挣脱枷锁：原始的饿狼终于发现了食物。化石经济解开了镣铐，摆脱了困境，崭露头角，人类自此能够按照自己的意愿行事——从扬子江流域到泰晤士河都是如此。在这里，化石经济中的扩张主体动机被归因于化石经济产生前的参与者，其经济结构并无不同，而是包含了其内部所有后来被给予自由支配权利的要素。就像资产阶级思想家认为资本主义是人类自古以来本性的满足和外延——是货运、交易和交换的倾向；是便宜买来高价卖出的古老习俗；是市场行为者的合理行动；是纯粹的占有欲——里格利和他的历史学家伙伴们预先假定出了一种人类对化石能源的渴望。他们犯了"循环论证"①（拉丁语：petitio principii）的逻辑错误，回避了化石经济有何特殊之处的问题。

然后，过渡时期就处于一个稀缺性的时刻。人类事业像一根长线，在

---

① 循环论证：是指论证的前提就是论证的结论。此处提出"化石经济有何特殊之处的问题"，又要借助于"化石经济具有特殊性"来证明，属于循环论证。

接近针眼处被化石燃料所拉动,穿了过去,延伸到了另外一头。既然这里需要解释的问题被假设为等待一个时机,那么过渡时期本身就变成了一种由能源需求和供应之间的总量差距所引发的形式。化石革命并不是使两种截然不同的秩序决裂,一种类型的经济如何演变成另一种这一问题被假定和重申为一个渐进的、递增的过程——一旦克服了资源稀缺性,这个过程就会呈指数级增长。在里格利看来,化石经济的运作方式被视为"有机经济"的前身,并且具有其局限性;威尔金森则透过永恒的、物种繁殖增多的镜头来看待此事。由于没有明确的运动规律,这里的"一切照旧"被渲染得如此寻常,成为永恒。

让我们进一步仔细观察,李嘉图—马尔萨斯的解释是一种循环论证:向化石燃料的转变可以解释为,没有化石燃料就不可能实现自我维持的增长,而自我维持的增长是通过向化石燃料的转变而开始的。在这个圆圈的中间,存在一种观点,这种观点拒绝将新的能源关系作为其中任何一部分的主要推动力。"资本主义",据里格利所言,"是一个难以捉摸的概念",不值得应用;资本主义时代只是一个"合理"和"渐进式现代化"的时代。彭慕兰在反对欧洲中心论的热忱中,同样舍弃了资本主义这一范畴,支持所谓的"发展主义项目"(the developmentalist project),"'驯服'或'征服'自然"是所有大洲的共同追求,而最成功的实践者恰巧在西方。[7]李嘉图—马尔萨斯主义者将增长视作永恒的、普遍的追求,却无法避免对这种转变的重复性解释:这种转变之所以发生,是因为人类如此行事。

如果李嘉图—马尔萨斯范式不能解释化石经济的诞生,那么它似乎同样不能解释化石经济为何会持续发展。化石燃料的使用将生产从土地约束中解放出来——这是整个范式所围绕的诱因,最多只能算一次性驱动力,与后来燃料的大量燃烧毫无关联。如果我们重新审视从化石能源到林地面积的数学换算,就会明白这一点,因为里格利和他的追随者非常重视这种解释性练习。[8]当里格利计算出 1800 年的煤炭总量相当于英国陆地表面的

35%，到 1850 年上升到 150% 时，这显然是一个假设的、反事实的思维试验。它能告诉我们为什么这段时间耗煤量上升吗？为了表明情况属实，里格利必须拿出证据，证明土地的稀缺抬高了传统燃料的价格，这些燃料成本的上升推动英国消费者转向煤炭的使用，并且这种以成本为导向的消费是 19 世纪上半叶大部分燃煤的罪魁祸首。他没有提供任何诸如此类的证据，这也确实很难提供。那么，这个试验能否告诉我们，在化石经济历史的后期，有哪些因果联系呢？

想想马拉尼马的结论，即一个没有化石燃料的欧洲，在 1900 年需要 2.7 倍之于其现在的大陆面积才能维持能源使用，一个世纪后则需要 20 倍以上。它能解释煤炭燃烧后巨大火焰的背后驱动因素吗？从逻辑上讲是不可能的，因为如果欧洲取消了土地限制——甚至在 20 世纪开始之前取消，土地面积的局限就不再是燃煤的起因了。一旦假定打破李嘉图的魔咒，土地稀缺这一紧迫问题就会立即消失，随之就必须使用其他相应的动力作为替代。打个比方，一个婴儿在子宫内不能进一步发育，就会导致流产，但同时，解除对子宫的限制也无法决定婴儿是否继续发育。当这个女孩长到 5 岁或 10 岁时，每个用生物动力学来解释她身体成长的人都会说，她不能继续待在她母亲的肚子里了，因为现在可能需要 20 个子宫才能装下她——这有点偏题了。因此，一旦土地限制的瓶颈被打破，这个起因也会随之消失。

可以从另一个角度来看这个问题，进行一个纯想象的转化。假设，从 2000 年起世界上产生的所有塑料袋都要被棉布袋取代，假定这需要 X 吨棉花，要求 Z 英亩的土地来种植，等于一个任意数——世界上总陆地表面的 40%，我们无法留出这么多土地来达到这个目标。那么，我们是否能得到塑料袋需求如此庞大的原因？显然不能。同样的道理也适用于将电子阅读器转化为生物质，将所有机器转化为人体，或者更确切地说，将当前世界范围内的资源转移到不止一个地球上。这样的活动可以达到教学目的，阐明困境，巩固正确的路线，但它们不能证明因果关系形成的过程。如果地球大气层中所有的氧气都被换成了二氧化碳，那么所有的生命都会窒息而死，就像在金星上一样，但这个事实并不能说明氧气是如何一下就充满大气层并源源不断地在补充。

在马尔萨斯的理论下，威尔金森探讨了更深层次的问题。如果技术是在而且只是在有限的资源基础上，人们因为过度繁殖而陷入贫困的时候发展起来的，如果工业革命是对这种危机的回应，而煤炭是解决方案，那么技术的发展应该在那之后逐渐止步，化石燃料的使用应该在新的"生态平衡"中停滞不前。现如今，我们不得不承认，"只要是为了满足生存需要，工业发展就不会停止"，威尔金森显然大胆尝试用这一观点挽救他的模型，事实上，后来的技术在肮脏和拥挤的环境中产生：看看"现代工业的废弃物和污水处理系统"就知道了。[9]太多的人在痛苦中挣扎——这就是技术创新传播的原因。我们不必拘囿于探究这个模型能否解释资本主义制度下两个世纪以来接连不断的技术变革，瞥一眼最新的笔记本电脑或汽车就够了。只是要注意，如果污水处理代表了这种变化，如果生态失衡和贫困代表了这一变化的动因，那么，正如威尔金森所断言的那样，我们无法解释为何要将破坏生态系统、耗尽资源和造成贫困的技术发明出来并进行传播。该模型将技术视为治疗此类疾病的方法，而非病因。

如果这就是马尔萨斯二分体理论试图与化石经济史的其余部分保持相关的方式，那么它的伙伴李嘉图模型只是回到"增长是一种永恒的普遍追求"这一公理。来自几千年前的能量将推动化石经济的进一步扩张，这与一种过渡时期非历史的观点相一致：没有新事物出现，只不过是将老物件发扬光大。这时，李嘉图—马尔萨斯主义者可能会反对说，如果没有化石燃料，那过去两个世纪全球经济和人口的惊人增长是不可能实现的——在这一点上，他们当然是正确的。里格利认为以下观点难以反驳，前化石经济：

必须在能源预算的范围内运作,这使得在后来几个世纪中,许多成为经济生活基础的活动和进程在那时是根本不可能出现的。例如,在有机经济的限制下,不可能生产出足以建造现代铁路网或油轮的钢铁,更不用说每年生产出成千上万辆汽车了。[10]

的确如此,但这是一个关于化石经济成因还是关于其影响的说明呢?它关注的似乎不是破译燃料燃烧螺旋式增长的动力,而是要指出化石燃料燃烧能实现什么。

也许里格利和他的同行们终究还是对"一切照旧"的机制不那么感兴趣,也许他们的目的是"寻求一个社区财富变化或缺乏变化的充分解释",是实现经济增长的承诺,是每年数以千万计的汽车生产:这是另一些待解释的事情。[11]那么功能主义者的解释如何呢?有人也许会想象:诉诸化石燃料的提议是因为其可用储量是欧洲大陆的20倍,或者是因为它们让英国登上了世界的王座,又或者是因为它们允许GDP和人口的无限增长。这种形式的解释或许是合理的:一种制度(化石经济)可能会带来一些(对增长)有益的影响,这些影响扩大并巩固了这种制度,因此反复确认选择和使用(这种燃料)。但是,任何功能主义都无法解释为什么一开始会出现这种制度,因为这将违反"极少数简单而不言自明的因果关系规则之一:如果事件E发生在事件C之前,那么事件E就不可能因事件C而发生"。[12]最开始向化石燃料的转变就不可能是由后来开辟了一个比欧洲大20倍的地下大陆所引起的。这么说就等于沉溺于目的论了。

但是,我们确认不列颠群岛上的河道无法在1979年为其所有的工业提供动力吗?这是当然,但后来任何关于资源匮乏的假设都无法解释向蒸汽的转变,就像无法在1945年后找到第二次世界大战的原因一样。此外,在这种情况下,水资源短缺不仅晚于蒸汽过渡时期发生,而且实际上从未导致这一转变。李嘉图—马尔萨斯主义的文学作品中援引的其他几个反事实的资源稀缺危机,也具有同样的神秘性。"没有煤炭作为能源,李嘉图的理论会有更大的压力",里格利写道。但如果这种压力没有物质化,他们不可能强迫任何人做任何事。环境历史学家埃德蒙·伯克三世（Edmund Burke III）对蒸汽动力提出了同样的观点：

> 如果英国的工厂依赖木材（或者更有可能是木炭）作为燃料,那么全英国不会有足够的木材来为"黑暗的撒旦磨坊"（dark Satanic Mills）的锅炉提供燃料。因此,瓦茨拉夫·斯米尔（Vaclav Smil）所说的从木材到煤炭"大转变"的影响是极其重要的。[13]

但英国的工厂从来不以木材或木炭作为燃料。如果确以木材为燃料,李嘉图所说的世界也许就存在过,但与现实相异的幻想并不能被用来证明历史学理论。

除了蒸汽在经验主义上说不通之外,李嘉图—马尔萨斯范式的核心似乎也确实存在缺陷。它无法解释化石经济的起源,只能从最宽泛的解读中,通过从增长公理推导出的功能主义来解释化石经济的进一步发展。因此,一些用来理解我们特有的"一切照旧"的替代架构轮廓——关于其诞生、生存和可能的消逝,就变得显而易见了。首先,它会将自我维持的增长视为资本主义财产关系的一种新兴属性,而不是人类物种在发展初期就展现出的特质。由于这种增长在全面转向化石燃料之前就已经开始了,需要解释为什么它会在某些场景中依赖化石燃料。这种转变通过一套与人类和其他自然环境建立联系的具体规则被认真对待,它是从一种秩序到另一种秩序的重要改观,在后一种秩序中,化石燃料燃烧变成了一件必要的事,而不是人们渴望已久的时机。如果与艾伦·梅克辛·伍德对话,我们就会发现,这一必要事件起源于"历史上特定的社会关系,由人类的主观能动构成,并受实际变化的影响",在碳化的天空下,后者是一个特别受欢迎的必然结果。[14]

但是，有人可能会问，任何关于转型的解释都不能只谈一个一次性事件吗？我们已经强调了蒸汽动力机器是人类劳动的替代品，而不是木材的替代品，这种替代品在第一次交换之后还能继续进行交换吗？好斗的劳动力比土地限制更能持久地刺激化石经济的发展吗？机械化的最大悖论之一是它总对人力产生新的依赖，事实确实如此。必须有人生产机器，提取驱动机器所需的燃料，运送机器产出的货物等：资本每替换一种劳动单位，另一（不一定等量）劳动单位就成为必需品。从木材到煤炭的转变没有类似的逻辑。煤炭本身并不会重新建立起对木材的依赖，木材已经被另一种材料所取代。但劳动力是资本主义生产的普遍投入。如果劳动力和资本之间出现新的矛盾，并需要这样的解决方案，那么使用化石燃料的机器才能够继续替代人力：这可能是随后化石经济发展浪潮中的一部分。但这些只是一个理论的轮廓，有待进一步完善。

错把资本家当人看

能够操控火，是化石燃料开始在英国大规模使用的必要条件，这是否也是其原因呢？1889年，阿道夫·希特勒（Adolf Hitler）出生，这是他在1933年掌权的一个必要条件，但没有人会认为他的出生是他掌权的原因——或是"触发器""催化剂"；然而，与"人类世"叙事更接近的说法是，纳粹主义（Nazism）的起源是日耳曼民族（Germanic），或许能追溯到公元前一世纪的部落迁移。但并不是所有的日耳曼民族都发展出了纳粹主义。同样，不是所有能够操控火的人类都创造出了化石经济——即使他们能够很快找到煤层并了解如何使用它们也不行。

以中国北宋王朝为例，足以打破上文假定的因果关系。中国人和英国人一样熟悉火的使用，也和英国一样拥有丰富的煤炭资源，但中国人并没有把自我维持的增长与化石燃料联系起来。对于那些希望把中国的经济规律描绘成与英国相同的人来说，造成这种情况出现的唯一原因是偶然的：

彭慕兰认为中国的煤炭资源离长江三角洲太远，不利于开发利用。[15]但这一说法与事实相悖，大量证据表明，长江下游地区和华南地区都有煤矿资源，甚至在广东以南也有已知的矿藏。即使我们同意彭慕兰的说法，认为长江三角洲是中国工业唯一可能发展化石燃料的地方，事实也是煤矿在这里触手可及，从20世纪初需求飙升引发的煤炭产量大规模增长中就可见一斑。但"换句话说，中国工业化的滞后不能用彭慕兰所言的煤炭匮乏来解释；相反，中国煤炭工业没能发展起来的原因是工业需求的匮乏"——显然不能归因于对火的不了解。[16]毕竟所有人都知道火药是谁发明的。

中国人和英国人都知道如何燃烧东西，并分别在北宋和伊丽莎白时期将此推广到了煤炭上面，但正如史蒂芬·克鲁岑和他的同事所指出的那样，这两段时期都没有产生任何"对大气中二氧化碳浓度的显著影响"。[17]即使拥有操纵煤炭之火的能力也不能促进化石经济的形成，更不用说"早期火猿，纵火爱好者"的存在了。如果说人类在160万年前就学会了控制火，那么在其后99%的历史中，他们到处生火，以采集、狩猎和捕鱼为生，最后，学会种地、放牧、在水磨里磨面粉——火总是近在咫尺，然而化石经济仅在最后这两个世纪才开始发展起来。在这个阶段，对燃烧过程的调节控制的确是一种必要的能力，同样必要的还有工具的使用、语言、合作劳动、如何制作铁锹和挖掘土地等知识，但这些都不能导致"一切照旧"。

史学教科书中充分论述了这里的失误。"无论它们多么必要，最为恒定普遍的前因都只是隐而不显的"，马克·布洛赫（March Bloch）在《历史学家的技艺》（*The Historian's Craft*）一书中写道："地心引力对形成炮弹的抛物线的作用，人体的生理构造与子弹如何击中要害的关系等，在分析战争胜利的因素时，军事史家会考虑这些因素吗？"① 这些因素实在是太普

---

① 马克·布洛赫. 历史学家的技艺[M]. 张和声，程郁，译. 上海：上海社会科学院出版社，2019：109.

遍了，不值得特别关注。[18]操纵火源一直作为前化石和原化石以及化石经济出现的必要条件存在于人类历史中，因此不应将其放在化石经济谱系的特殊壁龛中。火的使用是一个微不足道的因素，它缺少与重要结果的相关性。

也许那些狂热理论家只是做了一件值得尊敬的工作，或许他们只是追踪了问题最深层的根源？比如，约翰·刘易斯·加迪斯（John Lewis Gaddis）在《历史的景域：史家如何测绘过去》（*The Landscape of History: How Historians Map the Past*）一书中指出，这种活动遵循一个"相关性递减原则"：一个原因与其所造成的结果相隔时间越长，这个原因与结果的关系就越不紧密。[19]将化石经济的产生归结于掌控火源，就像用双目视觉和与其他手指相对的大拇指的进化来解释无人机战争的兴起，就像用新石器时代革命中城镇的出现来解释2011年解放广场（Tahrir Square）的大规模示威活动①，就像用砖头和砂浆以及其他无意义活动的发明来解释巴沙尔·阿萨德监狱里惯用的酷刑。我们希望这些要点能更直接地联系起来。此外，提出这种距近期事件十万八千里的诱因，是在混淆其起源，而将元凶无罪释放。这是一种无限还原的归谬法，会让一些真正的诱因成功脱身。

企图将气候变化归因于人类本性，似乎注定会导致这种思想的贫乏。精神分析学家约翰·基恩（John Keene）在他的文章《关爱地球的潜意识障碍：面对人性》（*Unconscious Obstacles to Caring for the Planet: Facing Up to Human Nature*）中，试图解释人类对大气的肆意污染以及人类拒绝面对它的原因，他提到"人类倾向于即刻的满足而不是长期需求"。更具体地说，婴儿来到世界上知道的第一件事就是毫无限制地排泄，他们知道照顾他们的母亲必然会收拾屎尿，并将其裤裆清理干净。结果，人类习惯了对

---

① 自2011年1月25日开始，埃及多个城市发生民众大规模集会，要求总统穆巴拉克下台。2月11日穆巴拉克宣布辞职，将权力移交给军方。为要求军方尽快交权给民选世俗政府，并撤回副总理塞勒米提出的赋予军方更多权力的"宪法原则"文件，2011年11月19日，首都开罗市中心解放广场的示威者与军警之间爆发冲突。

环境的破坏:"我相信,这些反复的遭遇助长了一种互补性的信念,即地球是一个无限的'厕所妈妈',能够无穷无尽地吸收我们的有毒产品。"[20]

现如今,嘲笑某些形式的精神分析很容易,但基恩与人类世叙事提出了一个共同的问题:认定化石燃料燃烧和婴儿排便或操纵火焰之间的因果关系有何证据?那些掌握了这两种技术,但直到19世纪都从未清除过地球上的碳沉积物并将它们释放到大气中的一代代智人(Homo sapiens)又该作何解释?他们是只等着充分发挥自己潜力去排便的人和烧东西的人吗?那些始终存在、无处不在的东西,并不能解释为什么一个社会与其他社会背道而驰,为什么他们会发展出新的东西。在转型期,英国的社会形态并没有在产后排便或摆弄火柴方面脱颖而出,也没有在呼吸或行走方面表现突出。这种初级的活动与特殊的结果毫不相干。历史的解释——这是我们需要的,更愿意专注于新制度的机制,专注于这种结构的构成和再现:这是天底下全新的东西。

至于蒸汽机,说出来也太老套了,不过,有些天生擅长使用它的人却没有权利使用。按道理,事物本身的社会秩序只能由生产资料的所有者来安置。不过,这类人即使在英国也十分少——全是男性、白人,只占19世纪早期智人人口的极小部分。有什么理由认为他们比勒德分子、拉拨活塞的人或蒸汽妖魔论的布道者更能真正代表"人类事业"呢?蒸汽机以其优越的物理力量取胜,能算是适者生存吗?人类世叙事要么是一种心照不宣的社会达尔文主义,要么是建立在一种范畴错误的基础上,将其行为归因于一个不可能执行它们的实体。对商品生产原动力的选择不是人类的特权,因为它首先以雇佣劳动制度为前提。在西方世界的一个小角落里,资本家对蒸汽进行了投资,奠定了化石经济形成的基础;人类从未投票赞成过它的产生,或进入人与机器的协调统一,或对其命运和地球系统运用任何一种共同的管理机构。它并没有作为一个行为者登上历史舞台。[21]

蒸汽机之所以脱颖而出,是因为它增强了一些人的力量。人们认为它

| 化石资本：蒸汽动力的崛起与全球变暖的根源

为人类种群之间的斗争提供的巨大帮助是无价的，种内矛盾使它得以全面发展。然而，我们仍未触及蒸汽是如何传播到地球上其他地区的。在《化石帝国》（Fossil Empire）中，我们可以看到一群英国白人如何使用蒸汽动力，将其作为所谓武器对抗大部分的人类，他们将其进行传播，从尼日尔三角洲到长江三角洲，从黎凡特到拉丁美洲。然而从发生在不列颠群岛上的事件中足以得出结论：静止不动的蒸汽是强加给其他社会的，蒸汽机是需要枪杆子的力量作为支持的一种动力设备，若没有这些支持，它可能早已被烧成灰烬了（操纵火的能力是抵抗火不良影响的关键资源，为此，磨坊必须要做"防火措施"）。

那么化石经济的后期阶段呢？人类站在资本主义先驱者的身后，利用煤炭的好处，像伊卡洛斯的许多孩子一样，迈步向前，展翅翱翔，还是说化石能源只能如此？这些都是许多其他研究的课题。我们将在接下来的章节中进行一些观测，这些基础的章节是有序排列的。继蒸汽之后的一系列化石燃料技术——电力、内燃机、石油综合体（汽车、油轮、炼油厂、石化、航空）……都是通过投资决策引入的，有时是由某些政府提供关键投入，但很少通过民主审议。乍看起来，煽动新一轮化石燃料燃烧的特权，似乎只属于掌管商品生产的阶层。

这在另一个层面上反映了物种内部的聚集，截至2000年年底，先进资本主义国家，或所谓"北方"世界的人口占世界总人口的16.6%，但自1850年以来，其二氧化碳的排放量却占世界总量的77.1%，这没有把地区间的不均计算在内。单单美国就占了27.6%，相比之下，尼日利亚只占0.2%，土耳其占0.5%，印度尼西亚占0.6%，巴西占0.9%——而这些国家的历史责任足以让其跻身碳排放量前二十。大多数国家所占比例甚至更少。用不同的计算方法来看，1850—2006年，在每百万分之107的二氧化碳浓度上升中，经合组织国家（OECD countries）落后于86个国家。[22]英国如何呢？在一份截至2005年年底燃烧化石燃料导致全球变暖的国家名单中，英国排名第五，其导致的气温上升是印度的3倍，是泰国和阿根廷的15倍，是尼日利亚和哥伦比亚的30倍……在21世纪早期，人类中最贫穷的那45%人口排放的二氧化碳只占7%，而最富裕的那7%人口排放了50%的二氧化碳；一个普通的美国公民——阶级暂且不论——释放的二氧化碳甚至超过埃塞俄比亚、乍得、阿富汗、马里、柬埔寨和布隆迪的500个公民。几乎没有迹象表明化石燃料的燃烧在人种内得到了平衡。相反，数据表明，两极分化正在扩大。[23]这些基本事实是否与人类是新地质时代气候遭到破坏的罪魁祸首这一观点相一致呢？

就这一点而言，人类世叙事的最佳解释依旧是人口增长：如果可以证明是人类数量的倍增导致化石燃料的燃烧增加，那么这个物种可能与此有因果联系。因此，主要的人类世理论家喜欢强调，过度繁殖是扰乱生物圈的主要因素。[24]不可否认，人类的数量和二氧化碳的含量具有某种联系——20个人燃烧煤炭的能力比两千万人要小，但是，1820—2010年，全球碳排放量增加了654.8倍，而人口"仅"增加了6.6倍，这表明存在另一种推动力。[25]近几十年来，在不同层面上，都有数据显示它们之间完全呈负相关。国际环境与发展研究所（IIED）学者大卫·萨特斯维特（David Satterthwaite）比较了1980—2005年的人口和碳排放增长：当人口增长最快时，碳排放增长最慢；反之亦然。中国的年人口增长率分别为1.1%，而碳排放增长率为5.6%；韩国则分别为0.9%和5.3%；相反，吉布提的人口增长率和碳排放增长率分别为3.5%和0.8%，乍得为3.2%和-1.6%——他们国家的人口增长迅速，碳排放量却在下降。撒哈拉以南非洲地区在全球排放增长量中占比不到3%，但其人口却占全球的18.5%。北美的情况正好相反：他们的人口只占世界的4%，排放量却占世界的14%。简而言之，人口的增长和碳排放的增长是彼此分离的，经常出现其中一个增长而另一个并没增长的情况——如果它们呈负相关，那它们之间根本不可能存在因果关系。[26]

化石资本:蒸汽动力的崛起与全球变暖的根源

地球上超过 1/3 的人类甚至没有发展出原始化石经济:截至 2012 年年底,仍有 26 亿人靠生物质能来做饭。[27] 考虑到每天只吃一顿饭的营养不良人群没什么能力排放温室气体,并且低收入家庭主要使用碳中和的交通方式出行——步行、骑自行车,最多坐坐拥挤的公共汽车和火车,以及那些靠在垃圾场回收废品为生和在自家地里种树的人产生的都是负排放,萨特斯维特的结论是,世界 1/6 的人口"不必为温室气体的排放负责"。他们对全球温室气体排放的贡献徘徊在零左右。能源系统领域著作颇丰的权威人士瓦茨拉夫·斯米尔说,"在现代能源消费方面,萨赫勒地区①一个自给自足的牧民和一个普通的加拿大人之间的差距可能很容易就超过了一千倍"——这还只是跟一个普通的加拿大人相比,不是跟一个拥有五栋房子、三辆越野车和一架私人飞机的加拿大人相比。[28] 一个智人在大气中留下的印记可能会有几个数量级的不同,这取决于其出生的环境。地球上没有其他生物,例如河狸、倭黑猩猩、浮游动物或蓝藻,对环境的影响像人类这样有明显的差异。当然了,谁让人类如此独特呢?

考虑到这些巨大的变化——空间和时间、现在和过去,人类这个概念似乎太过抽象,无法承担因果责任。现在,人类世的支持者可能会反对说,从其他所有生物的角度来看,实际上站在整个生物圈上来看,真正重要的是,即使不是所有的人都是罪魁祸首,但人类中的一部分人破坏了气候,因此用一个基于物种的术语来代表新地质时代的人类也是可以的。按照定义,无论是图阿雷格族②的畜牧工还是多伦多的股票经纪人,每一个燃烧化石燃料的都是人类。这看起来像是支持人类世这一观点的有力论据。表明这个术语起源于自然科学,地质学家、气象学家、生物学家和其

---

① 萨赫勒(Sahel):是非洲北部撒哈拉沙漠和中部苏丹草原地区之间的一条长度超过 3800 千米的地带,从西部大西洋伸延到东部非洲之角,横跨塞内加尔、毛里塔尼亚、马里、布基纳法索、尼日尔、尼日利亚、乍得、苏丹共和国、南苏丹共和国和厄立特里亚 10 个国家。

② 图阿雷格族(Tuareg):是一支主要分布于非洲撒哈拉沙漠周边地带的游牧民族,是散布在非洲北部广大地区的柏柏尔部族中的一支。

第十二章 人类企业的神话：走向不同的理论

他发现人类极大地影响了生态系统的人，现在都与自然选择、太阳辐射和火山活动并肩而行。"人类世"记录了这一顿悟时刻：塑造地球气候的力量已经从大自然转移到了人类身上。

然而，一旦认识到这一点，如果不是概念本身的主要矛盾，人类世叙事的主要矛盾就出现了。气候变化在这一刻脱离了自然属性——从自然因素转移到了人类活动的领域，下一刻又复原了，因为它源于人类的固有特质。不是自然，而是人类的本性——这就是人类世的更替。它超越了我们这个时代或许可称为最具突破性的科学发现的惊人范畴，这个发现告诉我们，人类在其发展的历史进程中造成了全球变暖。这种历史不会出现在其他物种的档案中，比如河狸和倭黑猩猩所做的一切都是为了继续构建它们自己的微环境，它们是在上一代的基础上繁衍下一代，而某些人类群体可能会先燃烧一万年木头，然后在下个世纪燃烧煤炭。当我们认识到气候变化是"人为的"，就等于认识到它是由社会引起的。气候变化的出现是由于社会关系在时间上具有流动性，正如它们是通过自然界的其他部分物化出来的一样。一旦这种隐含在气候变化科学中的本体论见解被真正接受，就不能再把人类当作一个视其生物进化程度而决定的物种，也不能将人类隔离开来，仿佛其在历史发展大局中无关紧要一样，因为这种对人类的界定可能是化石燃料燃烧发展的一个首要组成部分。

在超乎自然的气候科学中，我们应敢于探索更为久远的社会历史，而不是重蹈覆辙，相信自然的颠覆是不可避免的这一悖论。此处，人类世叙事可以被看作自然科学界对人类事务领域不合逻辑的、最终会自食其果行为的研续——自然科学界对人类事务的最初出现负有责任。地质学家、气象学家和其同行并不一定有能力研究人类之间（以及人类与自然界其他部分之间）发生的事情，岩石的组成和急流的产生与财产和权力迥然不同。既然后者改变了前者，那么就有可能出现一些混乱。"人类世"代表了一种尝试，它试图通过只从一侧建造一座桥梁，引导方向，来从概念上跨越

❘ 化石资本：蒸汽动力的崛起与全球变暖的根源

自然和社会之间的鸿沟，然而它们早已融为一体，似乎与实际的发展进程背道而驰。在气候变化中，社会关系决定自然条件；在人类世的这种理论中，自然科学家将他们的世界观扩展到了社会层面。

最极端的归化方式是认为气候变化是由地球上的火引起的，人类世是智人对"地球自燃趋势"的控制。在《生态学的基本过程：地球系统方法》（*Fundamental Processes in Ecology：An Earth Systems Approach*）一书中，环境科学家大卫·威尔金森（David M. Wilkinson）将这个论点扩展到任一能想到的、以碳元素为基础的并且拥有生命的星球。生物免不了会吸收一些碳，因为生物死后的尸体会形成沉积物；学会控制并利用碳，将其作为能源的物种将受到自然选择的青睐；任何有智慧的物种都会从燃烧生物燃料发展到燃烧化石燃料，从而"对地球的碳循环产生深远影响"，全球变暖是不可避免的基于碳基生命＋自然选择＋智慧的总和。[29]历史就是从原始汤①里发展出来的。

所有这些不同的归化方式都有一个容易辨认的形式。"某些社会关系是以事物的自然属性出现的"，卡尔·马克思说，生产"被禁锢在独立于历史的那些永恒的自然法则之中，随后，资产阶级关系悄悄产生，成为不可侵犯的自然法则，抽象的社会就建立在这些自然法则之上"——或者说抽象的人类物种，甚至是智慧生命。在资产阶级政治经济学中，资本仿佛被描绘成在人类面前闪现着的"从亚当时代起就被人类当作自己生存的最终的和唯一的目的"②；它"不论采取了什么样的历史形式，都是人类劳动过程本身的一个必要特征；因此，它是由人类劳动本身的性质所决定的一种永恒事物"。[30]将特定时间特定地点的生产方式去历史化、普遍化、永恒

---

① 原始汤（Primordial Soup）：20世纪20年代，科学家提出一种理论，认为在45亿年前，地球的海洋中就产生了存在有机分子的"原始汤"，这些有机分子是闪电等能源与原始大气中的甲烷、氨和氢等发生化学作用而形成的。有机小分子在地球上原始海洋的原始汤中产生后，经过长期积累和互相作用，在条件适合的情况下形成有机高分子物质——原始蛋白质分子和核酸分子。它们是构成生物体最重要的物质。

② 马克思. 资本论：第一卷[M]. 中共中央马克思恩格斯列宁斯大林著作编译局，译. 北京：人民出版社，2004：879.

化和自然化，这些就是最常见的，更不用说也是陈腐的意识形态合法性策略。

这些策略阻止了任何对于变革的展望。如果化石经济是生火、哺育婴儿、发掘可燃固体物质、人类智慧与游离的碳相结合的知识产物，我们怎么能想象甚至要舍弃它呢？如果事情注定要如此发展，那么在展望未来或回顾过去的时候，还能有什么别的可能呢？在克拉克看来，这些确实是"具有本体论性质的问题——并且就其本身而论，它们超出了谈判和决策的范畴"；在平卡斯看来，当前的"碳经济"是"在本质上与人类能源、生产和生活本身联系在一起"的，[31]我们注定如此，而且会一直如此。竞争企业协会（Competitive Enterprise Institute）中臭名昭著的全球变暖拒绝者（denialist）所鼓吹的"二氧化碳：他们称之为污染，我们称之为生命"的观点，与这种观点相近，这实在令人不安。

但是资产阶级政治经济与人类世叙事是有显著差别的。即使它们最终相差无几，不过学者们几乎从未代表"一切照旧"的既得利益将气候变化进行归化，大多数人可能希望看到气候变化的消失。由于"人类世"掩盖了全球变暖的历史根源，化石经济陷入了不可改变的境地，它是一种默认的而非蓄意出现的意识形态，更多的是在气候变化领域占主导地位的自然科学的产物。或许在1989年后的世界里，"人类世"批判的锋芒普遍削弱，政治视野变窄，而不是任何恶意的辩解。它的危害也不见得会因此减少。这是几种理论框架之一，而这些框架恰巧不仅存在严重缺陷，而且不利于人们采取行动。对于北极熊、两栖动物和鸟类来说，"人类世"可能是一个有用的概念和叙述，因为它们想知道是什么物种对它们的栖息地造成了如此严重的破坏，但可惜，它们缺乏审视和抵制人类行为的能力；对于那些可以这么做的人——其他人类来说，可以思考是谁造成了气候变化，因而导致人类行为能力的完全丧失。人们未能理解蒸汽动力是如何兴起的，再次表明了这些框架更为普遍的缺陷，因此，我们需要从头开始。

┃化石资本：蒸汽动力的崛起与全球变暖的根源

因果倒置

蒸汽的异常现象对生产力决定论的威胁同样巨大。事实上，蒸汽工厂并没有给我们带来工业资本主义社会，而是恰恰相反。几乎可以确认因果关系的箭头指向，只要我们认识到：①资本主义生产关系早于蒸汽机出现；②这种关系是在以水力为基础的工厂系统中产生的；③它们和流动能源之间最终的不相容诱发了这种转变，这完全违背了马克思在《哲学的贫困》中提出的法则。此外，在转型期，蒸汽并不具备任何固有的技术优势；制造商令最光明的水力资源使用承诺化为乌有。柯亨的技术历史变革模型在各个方面都与数据不符：稀缺的资源并没有威胁到人类；对发动机的了解并不是使用它的充分条件；公众对其利弊的讨论被明显压制，令人厌倦的工作的准民主性（quasi-democracy）与决策过程的实际情况相去甚远。

在技术决定论中，机器被假定为本身存在于一个领域，并从这个领域突然闯入人类的生产关系中。熊彼特[①]技术主义的主要倡导者卡萝塔·佩蕾丝（Carlota Perez）写道"这时新技术突然挤入了成熟的经济，像一台推土机那样前进，打乱了已经建立的结构，并连接起新的工业网络"[②]：冲进社会，推倒墙壁，扔掷碎石瓦砾（建立新的基础设施，扩散新的和先进的行事方法——译者注），直到道路畅通。[32]但这个概念本身就是一个逻辑谬误。要想成为一台运转中的推土机，首先必须由一些人来驱动机器——也就是说，在此关系中被采用——否则它将永远是发明者头脑中一个静止不动的想法。正如我们已经多次论证的那样，只有相关主体采取主动行

[①] 约瑟夫·熊彼特(Joseph Alois Schumpeter,1883.2.8—1950.1.8)：美籍奥地利政治经济学家,被誉为"创新理论"的鼻祖,著有《经济发展理论》《资本主义》《社会主义与民主》《经济分析史》等。

[②] 卡萝塔·佩蕾丝. 技术革命与金融资本:泡沫与黄金时代的动力学[M]. 田方萌,等译. 北京:中国人民大学出版社,2007:44.

动,一种新的装置才能成为一种物质力量。[33]因此,增长趋势不可能是生产力的内在属性。更准确地说,为了吸引决策者进行投资,这种关系要以一种别样的方式进行组织,他们要成立一个人人平等的河岸社区,正如柯亨的童话故事和精明的资本家阶层一样:若没有一个相关的刺激来使其付诸实践,想法就仅仅只是想法。技术决定论被证明是一种无能的理想主义。

在一个社会里,生产资料仅存在于某些人的财产中而不为其余人所有的社会里,这就是我们所知的阶级社会,只有在这些生产资料被独占的情况下,生产力才能成为现实。蒸汽动力从一开始就浸没在这种关系的血液中,无法在这种关系之外的地方被构想出来。生产资料被占有,或者说相对于其他人而言被垄断,是蒸汽发动机的一个基本属性,就像排放二氧化碳一样——不,后者是原动力服务于其所有者的一种附带现象。在财产关系出现之前,可能没有任何本体论或生态学出现,因此这同样适用于阶级社会随后出现的化石燃料燃烧技术:他们改变地球气候的惊人力量来自他们作为所有者带来的价值,而不是其非所有者。相信机器本身是造成我们困境的原因,认为机器是自动化的人工制品,无所不能——闯入、选择、生长、释放,找出其中的原因并不难。格奥尔格·卢卡奇(Georg Lukács)是对生产力决定论进行抨击的第一批马克思主义者之一,在1925年对尼古拉·布哈林(Nikolai Bukharin)《历史唯物主义理论》(*Historical Materialism*)的评述中,他试图"寻找社会潜在的决定因素,以及其不同于社会关系的发展原则",这必然"导致了拜物主义"。[34]事物被赋予了它们自己的力量和行为者,但实际上它们是人与人之间关系的体现。

马克思在这方面也曾判断错误:手工磨/蒸汽磨的格言并不是口误。它准确地概括了马克思和恩格斯在19世纪40年代提出的关于历史变迁的概念,特别是蒸汽动力的概念,其思路与柯亨的并无不同。[35]但当马克思在伦敦定居后,他开始改变观点,转向了另一个方向。在撰写《资本论》的曲折道路上,他翻阅了成堆的经济契约、工厂检查员报告、议会质询和个人的苦难记录，在这个过程中，他记下了自己的想法。在组成《1861—1863年经济学手稿》（*Manuscripts of* 1861-1863）的笔记中，通过对诸如尤尔和塔夫内尔等作家的观察，我们发现他又回到了走锭纺纱机、羊毛梳理机和其他旧相识的身边。作为一种打击罢工的手段，这种机器"似乎是一种资本的存在形式、一种资本的工具、一种资本的力量凌驾于劳动之上，压制劳动者对自治的诉求；在这里，机器作为一种资本形式，其意图也是与劳动者为敌"。它与某种原动力密切相关。"蒸汽机的引入成为人力的敌人"，马克思引用并强调了盖斯凯尔的观点。[36]

然而，马克思发现了一个更具变革性的事物，这涉及一种迄今为止他很少关注的能源——水。在他调查中的某一刻，他显然意识到需要通过研究水力来理解资本主义生产的起源。因此，《1861—1863年经济学手稿》中包含了1807年出版的德国版《技术史》（*Geschichte der Technologie*）的大量摘录，马克思在其中追溯了水车的发展路径，从亚洲和罗马，穿过欧洲的封建庄园，经过缩绒、锤打、钻孔、镶面的工厂，最后来到棉纺纱厂。然后他开始讲蒸汽机，他摘录了萨弗里（Savery）和纽科曼（Newcomen）的历史；对英国纺织工业中蒸汽和水的比例进行了冗长计算；对瓦特的专利进行分析。为充分理解旋转发动机的机械加工原理，马克思还为发动机绘制了一幅详尽的图。[37]

现在出现了一个新的历史时期。"直到大量的纺纱机出现、集合起来，并通过水来提供动力，它们才称得上是真正技术娴熟的机器"，马克思总结道——在这一刻，"首先完成的是劳动力的组织与组合，这都要依靠大型机器"。他推翻了先前的理论，抓住了这样一个事实：劳动力的工业组织随着水而成熟，或者换句话说，最独特的资本主义关系是由一种自古以来就为人所知的技术发展起来的。《资本论》中精练地呈现了这些。我们

第十二章 人类企业的神话：走向不同的理论

在第一卷中读道，罗马帝国"以水磨的形式把一切机器的原始形式留传下来"①。³⁸给我们带来工业资本主义社会的不是蒸汽，而是水磨——但作为一种生产力，它已经存在了若干个世纪。

这样看来，河流是资本的第一个主人，然而，客人（人类）却最终对这种液体失去了耐心。"水流不能随意增加，一年中的某些季节会断流，最重要的是，这基本上都是地方性的问题。"另外，蒸汽拥有一个非常明显的优势：

> 直到瓦特发明第二种蒸汽机，即所谓双向蒸汽机后，才找到了一种原动机，它消耗煤和水而自行产生动力，它的能力完全受人控制，它可以移动，同时它本身又是推动的一种手段；这种原动机是在城市使用的，不像水车那样是在农村使用的，它可以使生产集中在城市，不像水车那样使生产分散在农村，它在工艺上可得到普遍的应用，在地址选择上不太受地点条件的限制。②³⁹

当蒸汽"把工厂从乡村的瀑布迁移到城镇中心时，'有节制的'贪婪者发现他喜爱的原料唾手可得，不用从济贫院强行带走奴隶"。通过这些逆转，马克思明确地纠正了他和恩格斯在19世纪40年代提出的观点："蒸汽机本身并没有造成任何工业革命。恰恰相反，正是机器的发明"——这里指的是纺棉机器，"使得以蒸汽机为形式的革命成为必要"。⁴⁰这些在独具特色的一段中被结合在了一起，就像纺线被拧成了一股绳：

> 但是，机器不仅是一个极强大的竞争者，随时可以使雇佣工人"过剩"。它还被资本公开地有意识地宣布为一种和雇佣工人敌对的力

---

① 马克思. 资本论:第一卷[M]. 中共中央马克思恩格斯列宁斯大林著作编译局,译. 北京:人民出版社,2004:403.

② 马克思. 资本论:第一卷[M]. 中共中央马克思恩格斯列宁斯大林著作编译局,译. 北京:人民出版社,2004:551.

量并加以利用。机器成了镇压工人反抗资本专制的周期性暴动和罢工等等的最强有力的武器。用加斯克尔（Gaskell）的话来说，蒸汽机一开始就是"人力"的对头，它使资本家能够粉碎工人日益高涨的、可能使刚刚开始的工厂制度陷入危机的那些要求。①[41]

此刻，一切都已就绪：发动机作为劳工的对手，使资本家能够击败一场可能将襁褓中的工厂体系推向危机的叛乱。在与这一制度的长期对抗中，劳动力输给了资本，马克思认为这是一场不出所料的灾难："用蒸汽代替人，在这里也像在一切类似的变革过程中一样，具有决定性的意义。"②[42]如果马克思在年轻时认为蒸汽机是资产阶级统治的源泉，那么他在这里就表明，在工业资本家决定采用这个机器之后，它就巩固了资产阶级的统治。彼时，资产阶级所使用的能源与机械融合在一起。因此，我们可以将马克思对蒸汽的看法分为两个阶段：第一个阶段是早期的决定论（determinism），第二个阶段是晚期的建构论（constructivism），《1861—1863年经济学手稿》是这两个阶段之间的桥梁。在建构论中，马克思突破了斯密、马尔萨斯、李嘉图等人在他前进道路上留下的理论障碍，发展出了一种关于蒸汽真正原创的论述，尽管是粗略的。虽然还有很多细节需要打磨，但其核心显而易见：在最适合这些生产关系的原动力产生前，这些生产关系就已经被选择和构建好了。

现在，人们可能会认为，这些经验主义的发现会使马克思放弃把生产力决定论作为历史的一般哲学，但他似乎不愿意这样做，因为能量—破裂关系的公式甚至在他后来的著作中再次出现。[43]除去马克思自己的研究，这一哲理成为他的众多遗产之一。在信使恩格斯提供的些许帮助下，第二和

---

① 马克思. 资本论:第一卷[M]. 中共中央马克思恩格斯列宁斯大林著作编译局,译. 北京:人民出版社, 2004:608.
② 马克思. 资本论:第一卷[M]. 中共中央马克思恩格斯列宁斯大林著作编译局,译. 北京:人民出版社, 2004:545.

第三共产国际后来将它编撰为一个唯物主义者信念,经常将手工磨/蒸汽磨的格言作为信仰进行声明,马克思主义者聚集的范围——从考茨基和普列汉诺夫,到列宁和托洛茨基,当然还有斯大林,都在这一独特的信仰下联合起来。[44]当路易斯·阿尔都塞(Louis Althusser)在《保卫马克思》(*For Marx*)一书中向还原论者的"诱惑"宣战时,他知道要把目标对准"翻旧了的关于蒸汽机的作品",即过于流行的"经济主义甚至技术主义"的缩影。但就在这个时候,也就是20世纪60年代,风向开始转变。正如大多数争论一样,马克思主义者迄今仍对生产关系的本末倒置达成共识,他们现在重新整理了历史:毛泽东思想和自治主义,布雷弗曼和马尔库塞、汤普森和阿尔都塞的理论,都以建构主义者的观点为轴。[45]但在这方面,没有哪个学派比布伦纳和伍德创立的政治马克思主义思潮更具公信力和更清晰易懂。在他们的帮助下,我们可以开始重新构建另一种理论,尤其是对蒸汽动力的崛起和一般化石经济进行理论构建,从资本主义财产关系出发,从所有候选人都忽略了的根本制度开始。如果生产力决定论假设顺序是人类和非人类的自然→生产力→生产关系,仅建构论就可以假设:

生产关系→生产力→人类和非人类的自然。

如果我们要走向一个资本主义破坏气候稳定的理论,这就是应该遵循的路线。然而,我们首先必须先排除一个反对意见。

与天花等同考量

资本主义孕育了化石经济。蒸汽机的兴起——在它降生的关键时刻,发生在一个有着明显资本主义生产模式的国家:两个世纪后,背景依然相同,蒸汽婴儿与资本主义母亲的"脐带"也一如既往地牢固。然而,化石经济并不一定是资本主义经济。事实上,根据定义,它似乎与苏联及其卫星国的实际情况相符,这些国家有自己的增长机制,这些机制与煤炭、石油和天然气相连接。这些国家也很肮脏、煤烟熏人,而且碳排放量也很高,或许高于他

化石资本：蒸汽动力的崛起与全球变暖的根源

们冷战时期的对手，他们肯定在大气中留下了自己的印记。那么，为什么要把资本主义看作化石经济之母呢？当共产主义国家的表现至少同样糟糕时，有什么理由共同反对生态马克思主义，去探究资本的破坏性呢？[46]

在医学领域，一个类似的问题可能是为什么要将研究工作集中于癌症而不是天花？这两者都是致命的！这是因为只有癌症还存在于世。[47]历史已经给苏联体制画上了后括号，留下了朝鲜和古巴，在某种程度上，它们是这一阵营仅剩的幸存者。所以我们又回到了一开始，化石经济与资本主义生产方式是共存的——只是现在是放在全球范围内来看。也应有关于斯大林主义模式的探索，根据其自身条件探索——其独有的增长机制，且仍然鲜为人知，但我们有更好的理由遵循历史的案例，将它囊括于苏联体制之下。[48]我们现在不是生活在20世纪30年代沃尔库塔①煤矿区的古拉格②，它已不复存在。但兰开夏郡在19世纪30年代建立的世界将我们所有人包含在内，认为我们都必须面对生态现实。今天，可持续发展科学领域备受尊敬的期刊《全球环境变迁》（*Global Environmental Change*）中的一篇社论指出，资本主义"塑造了政治制度和社会关系的基础，这些制度和社会关系解释了我们有效应对环境变化的集体能力"，"这种能力一直存在，但大多未被言表"。这一领域的大多数争论都认为这是必然的，比我们呼吸的空气更不容置疑。它已经成为"棘手问题"，这印证了弗雷德里克·詹姆森（Fredric Jameson）的醒句："想象世界末日比想象资本主义终结更容易。"[49]甚至把资本主义想象成历史探究的对象也不再那么容易了，因为它被视为一种生命状态，比我们赖以生存的生态基础更为永恒，生态基础脆弱易碎且摇摇欲坠，似乎随时都会消失。但是，如果想要了解我们是如何

---

① 沃尔库塔（Vorkuta）：位于俄罗斯科米共和国东北部，是欧洲最东端的城市。
② 古拉格（Gulag）：苏联劳动营和监狱系统，条件极为艰苦。自20世纪30年代起，斯大林曾陆续将200万名劳工驱赶到距离莫斯科两千公里处的沃尔库塔集中营，命令其开采当地的煤矿，其中180万人死于严寒，15万人被枪杀，这当中有二战的德国俘虏、俄国重罪犯、肃反运动中的政治犯，还包括大量苏占区的德国平民。1953年斯大林死后，沃尔库塔的劳工发动起义却遭到残酷镇压，直到第二年斯大林的继任者赫鲁晓夫放松了政策后，劳工们才得以被逐步释放。

止步于此的,那么在历史的想象中,永恒的和短暂的就必须颠倒过来:在一开始,天和地是固态的。然后资本主义带来了化石经济。或者说,如今生物圈是不稳定的,而资本主义是稳定的,但要理解我们为何会到这个地步,两者必须交换位置。只有这样,才能为化石经济的历史开辟出一个富有想象力的空间以及点燃瓦解这一经济的希望。

第十三章

化石资本：资产阶级财产关系的能源要素

啄木鸟是树木的开凿者，喙就是它们的工具。它们用尖利如榔头的喙凿进木头，留下鸟嘴大小的洞，发出鲜明的机械声，就像挖掘蚂蚁、白蚁、甲虫及其幼虫的竖井一样。因为喙是它们身体的一部分，所以没办法像工具一样被集中起来。并没有哪只啄木鸟雇主能把所有的喙都收集起来，统一堆放在中心地带，然后对着一群面部扁平的同类发号施令，令它们遵从号令，带着鸟喙啄透树皮，如果它们拒绝就只有死路一条。如果出于此种原因而不考虑其他因素，啄木鸟群体内便无法建立起财产关系。它们用于新陈代谢的喙既不能在雇主与非雇主之间进行分配，也不能被某一公社集中占有。

这便是"财产关系"的核心——某一种群内部通过生产方式形成的地位排布。或者，布伦纳给出了更详尽的解释：

> 我所说的财产关系指的是直接生产者和剥削者群体内部，或是这两个群体之间的关系。这些关系划分并明确了个体经济活动者（或族群）定期和系统地获得生产资料和经济产品的途径。

——这套规则，正如人类将财产关系等同于鸟喙和甲虫之间的联系一

第十三章 化石资本：资产阶级财产关系的能源要素

样。[1]当然，现在人类发明的工具在外观和种类上都远超自身的机能。马克思说，"自然"，"是人类原始的劳动资料库"①，人们借助大自然组装出先进的工具，来进行纺织、钻孔、研磨、压制、切割、投掷、输送等一系列生产性活动。仅人类这一种群就可以独霸地球，用他们遇到的任何有用的原材料制作工具并且让其成为身体的一部分。用马克思的话来说：人类将地球当成一个无机体并作为其肢体的延伸。[2]在与自然的关系中，人类比其他任何物种都要灵活、广布、杂食。同样出于这个原因，人类种群为了新陈代谢而实行的内部明确分工，也是其他物种无法比拟的。[3]数量丰富的体外工具既是智人的一个显著特征，也是这个群体分化的开端。准确来说，啄木鸟用于开凿树干的鸟喙可能会动用大自然的所有力量，它们凿开树干并供他人侵占，因此有些人类可能会像鸟喙一样作为工具，被"切割"下来以供其他人使用。原材料、机器或原动力都可以成为私人财产。对于个体来说，它们就像用来呼吸的肺部一样不可或缺。但是因为这些并非身体自带的部分，而是他人私有财产的一部分，纵使再实用也非唾手可得，所以必须通过雇主才能得到它们。如此一来，个体便自动参与了一段财产关系。

在陷入这段关系之前，人类就像上文提到的啄木鸟，因为二者的生产方式是一致的——社会性的一致，而非物理性的。无论是在田里、在家里还是在公社中，农民和工匠们都有他们自己的工具，个体生产者把大自然看作"他工具的作坊和意志的领域"，其关系"就像蜗牛和它的甲壳互相结合一样"② 浑然一体。[4]在这层关系破裂的那一刻，资本主义财产关系就建立起来了。这些农民和工匠被剥夺了他们曾经赖以生存的一切，他们除了出卖劳力外别无选择，因为他们毫无自卫和武装能力，只有可能为工作

---

① 马克思. 资本论:第一卷[M]. 中共中央马克思恩格斯列宁斯大林著作编译局,译. 北京:人民出版社,2004:209.
② 马克思. 资本论:第一卷[M]. 中共中央马克思恩格斯列宁斯大林著作编译局,译. 北京:人民出版社,2004:415.

工具的选择发出些许抗议。另外，他们面对的阶级垄断了这些生产资料并据为己有。生产者和生产资料的历史性割裂便由此发生。

但人们不能让这种割裂持续下去。如果除了自己的劳动能力之外什么都没拥有的人从未接触过生产资料，他们就无法工作和养活自己：正如"巧妇难为无米之炊。"[5]另外，如果劳动者的手指和手掌没有触碰到土地、架子、成堆的皮革，他们就不会生产出任何东西，对于他们的雇主而言也就毫无用处。虽然割裂是资本主义财产关系不可动摇的基础，但为了社会的再生产，它必须被暂时克服：生产者和生产手段必须"重新结合"。现在，一个活生生的人从事劳动的能力——他发挥肌肉和思想的能力、消耗能量、在数小时的集中和紧张中操作他的身体部位——与一旁的皮革、骡机或转轮是完全不同的东西；事实上，这些是不可比拟的实体。因此，二者的重新统一只能通过一个普遍的等价物来实现，这个等价物可以与任何东西交换，在其运行过程中，所有东西的定性特征都会被抹去：这就是我们所知道的货币。

工人也需要钱。他出售了在特定时间段内处置其唯一财产的权利，即他的劳动能力，以换取一定数量的普遍等价物——工资，他可以用工资来购买日常生活所需的商品。在这一周期结束和开始时，他都拥有商品：首先是他的劳动能力，然后是一袋土豆和一套新的餐具，以及一个可以再住两个星期的肮脏公寓。他所遵循的公式是商品—货币—商品，简称"C–M–C"。[6]两个 C 是通过其特点或使用价值来区分的：单纯的劳动能力对其所有者没有任何用处，食物、用具和住所才是消费的基本对象。现在考虑一个以金钱起家的行为主体，他在市场上开启一段冒险之旅，购买劳动力和生产资料，比如一百个准备织布的工人、一次要支付他们两个星期的工资，一栋厂房、一台蒸汽机、动力织机、经线和纬线——金钱像一个不可或缺的媒人一样将这些生产资料重新联结在一起。其结果是，他在市场上卖出了精美的厚棉布，因此得到了钱。在另一个相反的公式中，这个循环才算结束:即货币—商品—货币,简称"M－C－M",由钱开始,到钱结束,商品只是通往最终目的的通道。

但为什么要以钱换钱呢?一笔钱与另一笔钱在特性上没有区别,只有数量上的区别。这项活动的唯一意义在于投入流通的货币量和结束时产生的货币量之间的差异——将交换价值的增量收入囊中;或者简单地说,赚更多的钱。因此,这一完整的公式是"M－C－M′",M′表示所售商品的交换价值高于为了生产它们所获原料的价值,由此我们的行为主体已经获得了利润。鉴于市场上商品所含劳动能力和生产资料之间的鸿沟,利润便是这个过程的全部目的,绝无其他。劳动能力和生产资料在资本家手中重新结合在一起,资本家作为永久的"中间人"或伙伴之间的信息交换者介入生产活动,购买它们(他毕竟花了钱)的唯一目的是获得金钱收益。[7]在一个经历了历史性分离的社会中,资本是将不相通的生产性实体聚集在一起的必要媒介,这种聚集既不会永远中断也不会完全完成,这个过程永不停歇。

1816年,来自曼彻斯特的棉花制造商李对议会委员会说:"我认为,资本家在没有获利的情况下不会冒险做生意。"[8]如果他预计会出现亏损,便不会这么做。如果经营预测告诉他,他将收回他最初支出的95%,那么资本家将明智地把钱留在银行账户里;如果说他将有很大机会收回100%,但不会更多,他仍然会谨慎地放弃投资。这种努力是毫无意义的。人们也许可以想象,一个资本家反复在自己免受损失的事情上做文章,其就是一个疯狂保护自己的异类;同样,人们也可以想象一个资本家,不断将他的资产投入零回报但没有损失的企业中——也许这是一个博爱的绅士,欣赏自己所做的行为。他肯定不会是一个非常成功的资本家,而会面临被其他采用以下公式的人超越的风险:除了利润之外的任何动机都是自我牺牲。作为一个资本家,他的唯一理性目标是利润。从逻辑上和历史上看,对利润的追求作为资本主义财产关系的唯一"推动力",被镌刻其中。[9]

因此,资本家对商品的物质品质毫不关心,"他不是为自己的利益而制造靴子",也不是为自己的餐桌上摆放餐具,更不是为自己的孩子们提供住房,而是为他人出售物品。但他无法推销靴子、餐具或房屋的概念。为了吸引需求,他的商品必须是具有最小使用价值的物品,可以让人在崎岖的路面上行走、舀出食物或抵御寒冷和雨水。为了赚取利润,工业资本家必须绕开大自然,在大自然的框架内建立起某个版本的"人和自然之间的物质代谢(德语:Stoffwechsel),即人类生活得以实现的永恒的自然必然性"①。在这里,源于大自然的原材料并不是为了他们自己获得实质的舒适性,而是为了体现交换价值:"使用价值只是在使用和消费中得到实现。不论财富的社会形式如何,使用价值总是构成财富的物质的内容……是交换价值的物质承担者。"②[10]

"物质基础(material substratum)"的概念至关重要。商品需要在市场交易中实现价值,这对于资本家来说很重要,但它永远无法从以下内容分离出来:如果在生产中消耗的劳动力被去除,"总还剩有一种不借人力而天然存在的物质基础"③。[11]无论在资本家前提下产生的任何交换价值,都必须建立在生物物理资源的基础上。商品生产是通过大自然实现价值的生产,大自然正是一个基础,从属并包含在纯粹的数量逻辑之下。因此,工业资本循环的完整公式,即参与商品生产(Production, P)的资本中间有一个关键的 P:

$$M - C \cdots P \cdots C' - M'$$

更准确地说,资本家购买的商品分为劳动力(Labour Power, L)和生产资料(Means of Production, MP)两类,给出了以下扩展公式:

$$M - C\ (L + MP)\ \cdots P \cdots C' - M'{}^{[12]}$$

---

① 马克思. 资本论:第一卷[M]. 中共中央马克思恩格斯列宁斯大林著作编译局,译. 北京:人民出版社,2004:56.
② 马克思. 资本论:第一卷[M]. 中共中央马克思恩格斯列宁斯大林著作编译局,译. 北京:人民出版社,2004:49.
③ 马克思. 资本论:第一卷[M]. 中共中央马克思恩格斯列宁斯大林著作编译局,译. 北京:人民出版社,2004:56.

第十三章 化石资本：资产阶级财产关系的能源要素

在这些公式中，P 的含义是生产，或是一种严格控制的"物质代谢"。资源从自然界中提取出来，作为生产资料交给工人使用、提炼和加工。这些生产资料除了机器和其他工具外，还包括原材料，在马克思的术语中，原材料的一个子类是"辅助材料"或"配件"。这些物质不会像棉花在棉线中那样进入产品本身，而是形成生产过程的必要部分，在生产过程中消散直至不见；在成品商品中，它们只能作为一种虚拟的物质或表现来被追溯（如同投入其中的劳动力）。"辅助材料或许被劳动资料消费，例如煤被蒸汽机消费、机油被轮子消费、干草被挽马消费"①，它们完成自己的功能后便立即消失了。[13] 与所有其他生产资料一样，它们必须以适当的数量采购，然后加以消费，因为商品的生产也是一个消费过程，就像植物通过消耗水、阳光和空气而生长一样。马克思以燃烧为例。[14] 事实上，这是生产性消费的一个范例：在资本的物质蜕变中，一些生产资料（一些配件）被燃烧掉，还原为基础元素，变成灰烬和烟雾，并回归大自然。

从资本的角度来看，"生产过程只是为了赚钱而不可缺少的中间环节，只是为了赚钱而必须干的倒霉事"②，不可能不重复。这一周期是习惯性的无限循环。每次循环结束后资本都会获得利润，就像永不熄灭的烈火一样"重新点燃自身"，因此可以推断出一般的无限循环公式：

$M - C \cdots P \cdots C' - M' \rightarrow M' - C' \cdots P \cdots C'' - M'' \rightarrow M'' - C'' \cdots P \cdots C''' - M'''$ [15]

资本本质上是定量的：因此无法识别出它的终点。它将第一条赛道的利润重新转化为更多的劳动力和下一条赛道的生产资料，通过再投资、"扩大再生产"或简单的资本积累不断前进；它在更大的规模上恢复生产，并再次在更大的规模上恢复生产，因此物质代谢"变为螺旋形运动"③。[16]

---

① 马克思. 资本论:第一卷[M]. 中共中央马克思恩格斯列宁斯大林著作编译局,译. 北京:人民出版社,2004:212.
② 马克思. 资本论:第二卷[M]. 中共中央马克思恩格斯列宁斯大林著作编译局,译. 北京:人民出版社,2004:67.
③ 马克思. 资本论:第一卷[M]. 中共中央马克思恩格斯列宁斯大林著作编译局,译. 北京:人民出版社,2004:724.

对于每一个连续的赛道，资本将在其他条件相同的情况下侵占更大部分的自然。棉线制造商是马克思最喜欢的例子，他们通过不断增加的原棉、煤炭和机器投入积累资本，扩大和加速生产性消费。换言之，资本的积累是通过加速物质吞吐量来实现的：增加从自然界中提取的生物物理资源数量，在它们被耗尽和分解后，再排放回自然界。同理，火也需要燃料。

这种螺旋式上升是自我维持的："资本家积累得越多，他的能力就越大。"他为了盈利而提取的生物物理资源越多，他就越有能力在下一轮中提取更多。从第一个周期开始，交换价值的增加便允许资本在第二个周期获得更多的物质基础，或者用霍恩堡的话说——"金钱的积累最终会使一个人对其他人的资源索取增强"，在一个不断扩大的资源消耗的旋涡中，其行为主体会不断"获得更多可消耗的资源"。[17]这是关于增长的生态诅咒。资本必须将该循环置于对地球的索取中吗？如果产量没有不断增长，生产中的积累没有上限，从而不会从一个周期膨胀到下一个周期——马克思称之为"简单再生产"，生态经济学家称之为"稳态经济"，难道人们就无法想象如何盈利吗？

首先，人们应该注意到，持续的生产量可能对某些关键指标（尤其是二氧化碳排放量）造成足够的破坏：不断增长只会让情况变得更糟。但正如生态经济学家弗雷德里克·贝伦德·布劳霍夫（Frederik Berend Blauwhof）所证实的那样，后者仅是预期的结果。如果产量是固定的，那么第一个周期的利润就不能再投资于下一个周期额外的机器和工人：它必须被消耗、贬值或两者兼有。资本再次投入生产并保持以同样的利润率积累的唯一途径是减少工人工资、在产出不变的情况下解雇一些工人、躲避税收或从国家获得补贴和其他服务——这些措施的潜力将很快耗尽。"当增长变得不可能时，资本要想进一步积累利润，只能通过从工资收入向财产收入的持续转移来实现"，或者"换言之，如果不能通过播种馅饼获得利润，那么就要通过将剩余的馅饼切成小块来实现"。[18]这一战略注定要碰壁。剥

第十三章 化石资本：资产阶级财产关系的能源要素

削的收入不能无限上升；在某种程度上，利润率将不可避免地滑向零。而且，正是由于利润的诱惑推动了投资，资本家们将干脆停止运营，拒绝启动生产，或将资本转移到其他对产出没有限制的地方。此外，还有一种假设的可能性，即由于生产原料的密集度下降、价值与自然脱钩，GDP 可能增长，而生产量保持不变或下降。我们稍后将讨论此构想。

那么，利润从何而来？隐藏在生产阶段——C⋯P⋯C′，一定有某种增加交换价值的来源，某种具有奇特能力能创造比其消耗成本更多价值的东西：它是什么？当然，马克思认为这个谜题的答案是劳动力。如果一个电动织布机织工需要 4 小时才能生产出交换价值等于工资的布料，那么他很可能还要再工作 4 小时、6 小时、8 小时，即使他的再生产——土豆、餐具、租金已经得到保障。如果我买了一辆自行车，它的价格与我能骑的距离无关；在其实际能力范围内，我可以在与价格完全无关的时间内踩动踏板。[19] 类似的好处已被赋予了资本家，关键的区别在于，劳动力生产的商品没有自行车那样的特殊使用价值（从 A 点到 B 点的运输功能），而是产生新的交换价值的一般使用价值：一旦他完成了支付工资所要求的 4 小时工作，他可以继续转向制造布料，或任何其他正在生产的商品，以在市场上出售。在一个工作日剩下的时间里，他产生剩余价值，当与整个投资资本相关时，剩余价值变成了利润，因此资本积累实际上是剩余价值的产生：马克思主义的基本观点仍然是最合理的解释。毕竟，劳动是将人类产品与原始产品区分开来的活动；如果利润有任何其他来源，"钱如果神奇地生长在树上"，资本家们就可以四处游走来摘取它，就像摘金果子一样。[20]

因此，资本主义财产关系由此产生：①利润；②不断逐利的冲动；③提高物质生产量的必要性——所有这些都源于最根本的内在分裂。资本是在人类劳动力和自然界其他部分之间的裂缝和空洞中形成的膨胀气体。根据其定义，它是一个循环的、螺旋状的价值增长或自我扩张过程；但也是资本家和工人之间的关系，因为资本"只有像吸血鬼一样，通过吸食活的劳动力作为它的灵魂";但如果说劳动是它的灵魂,人类以外的自然就是它完全的肉体。在自我扩张的道路上,资本必须沉淀"不断增长"的"大量商品",像一座通过社会这个山脊盘旋上升的物质转化的山脉。[21]

这一增长理论的关键在于历史的特殊性。当马克思犹豫不决时,他希望我们重新审视增长:无论在发达资本主义社会出生和长大的人对增长有多熟悉,都必须看到它的真实面目——历史的怪癖、如今的反常。马克思在《剩余价值学说史》(*Theories of Surplus Value*)中确认,仅资本主义关系就"刺激生产力和财富的自由的发展"①,但"这种关系又受着限制"②。[22]自我维持增长的系统性趋势是这些财产关系的一种新兴属性,其存在是由某些时间性事件引起的。与李嘉图—马尔萨斯、人类学、技术决定论以及各种新古典主义关于增长是人类与生俱来的追求的理论不同,这一理论可以解释世界上各个地区的基本经验观察,用经济学家迈克尔·乔夫的话说——"就像曲棍球棒,其水平柄代表零增长或缓慢增长,而向上倾斜的杆头代表资本主义特有的空前无情的增长"。[23]

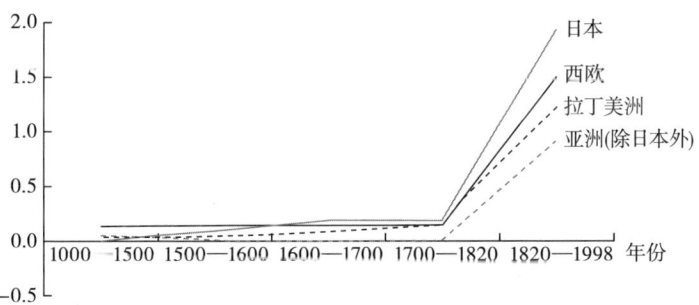

图13.1 曲棍球棒式人均GDP增长,1000—1998年(年均复合增长率)[24]

图13.1所示数据的编撰者、历史增长统计学的权威学者安格斯·麦迪逊(Angus Maddison)称,1000—1820年,全球人均收入的增长在"缓慢

---

① 马克思. 剩余价值学说史《资本论(第四卷)》[M]. 郭大力,译. 北京:北京理工大学出版社,2011:42.
② 马克思. 剩余价值学说史《资本论(第四卷)》[M]. 郭大力,译. 北京:北京理工大学出版社,2011:42.

爬行"。²⁵1820 年前后，麦迪逊从手稿中得出，这一年出现了一次飞跃；但正如我们所看到的，几十年前，英国工业至少有一个领域已经实现了自我维持性的增长。然而，英国也有典型的总曲棍球棒的形状：1820—1913 年，人均收入增长速度是 1700—1820 年的三倍。与其把水平部分解释为长期的沉寂、缺乏某种东西或尚未出现的阶段，用布伦纳的话来说，不如把它看作一个"不同的再生产规则"的标志。

在乌喙仍与啄木鸟相融合的社会中，资本没有任何可以用来重新组合的东西、功能或存在的方式。直接生产者和他们的剥削者都无须通过市场来获取这些东西；无论是农民的土豆抑或领主的剑，使用价值统治着社会根基。因此，人们没有吞噬大自然这贪得无厌的胃口。"使用价值本身并不具有交换价值的无界性"，马克思在《政治经济学批判大纲》(*Grundrisse*) 中指出，从自然界获取的东西"只能在一定程度上作为所需对象被消费"，最终私人消费领域中逐渐消失。但资本不再承认自然界的边界，当它"感到那是它可以舒舒服服地在其中生活的境界，那它自身就要从交换价值堕落为使用价值，从普遍的财富形态堕落为特定的物质财富存在形态"①；货币作为资本的功能"像一个永久的移动装置一样，总在重新恢复它的循环过程"；它只关心抽象价值的扩张，在生物物理资源上消耗大自然，从不真正关注自然所拥有的东西，并总是"高瞻远瞩"。²⁶正如行星的边界不会出现在雷达上。资本从根本上忽视了大自然，在数量上过度消耗了大自然；生产制造并不关心物质基础，但如果不吞噬地球上所有的物质基础，价值就无法被定价；资本就像是"盲人骑瞎马，夜半临深池"。²⁷

我们在这里看到了资本主义财产关系下人类社会的一个主要矛盾。一方面，人类物种的成员在地球的偏远角落寻找有用的物质，在隐蔽的贮藏中挖掘，将越来越多的成分整合到他们的工具中，使他们与自然界其他

---

① 马克思. 政治经济学批判大纲:第二分册[M]. 刘潇然,译. 北京:人民出版社,1978:114.

部分的代谢相互作用变得普遍化。另一方面，主要的新陈代谢形成了该物种的一个独特亚类：人类物质代谢扩张和分裂。此外，它通过分裂而膨胀，在人口内部障碍的基础上超越了每一个外部障碍，或者用马克思的话说：全体资本力量与个体资本力量之间的矛盾越发明显，破坏性越来越大，而正是内部分裂推动了这种扩张。[28]人类之间分歧的性质决定了他们（其中一些人）粉碎自然界其余部分的方式。根据这一理论，源于去除了决定论的马克思主义经典思想，我们现在可以提出：

化石资本的一般公式

在资本历史发展的一定阶段，化石燃料成为剩余价值生产的必要物质基础。但化石燃料不仅仅是靴子所需的皮革、棉纺织品所需的原棉或机器所需的铁矿石：它们在商品生产范围内被用作使其产生物理运动状态的材料。其他产生机械能的资源被推到了边缘，而资本在化石燃料的推动下实现了跳跃式扩张。化石燃料现在已经成为剩余价值生产的总杠杆。用 F 表示化石燃料，作为生产资料的一部分，我们可以写出化石资本的一般公式：

$$M - C\ [L + MP\ (F)]\ \cdots P \cdots C' - M'$$

资本扩张越多，开采和燃烧的量越大；作为"代谢物质"的组成部分，化石燃料现在的生产性消费量也变得越来越大，这是马克思和恩格斯所意料到的不可避免的化学副产品。在《资本论》第二卷中，马克思解释说，资本家花在买卖商品、在市场上徘徊和与其他商人会面确保交易这些活动上的时间并没有创造价值，但"对于包含着流通或被包含在流通中的资本主义生产过程来说"①，仍然是"一个必要的因素"②：

---

① 马克思. 资本论:第二卷[M]. 中共中央马克思恩格斯列宁斯大林著作编译局,译. 北京:人民出版社,2004:147.
② 马克思. 资本论:第二卷[M]. 中共中央马克思恩格斯列宁斯大林著作编译局,译. 北京:人民出版社,2004:147.

第十三章 化石资本：资产阶级财产关系的能源要素

没有买卖，就没有收获。必须努力实现价值，即使它本身没有创造任何价值。然后，马克思作了一个充满意义的类比。在买卖上花费的时间

> 同比如说燃烧一种生热用的材料时花费的劳动一样。这种燃烧劳动，虽然是燃烧过程的一个必要的因素，但并不生热。例如，要把煤炭当作燃料来用，我就必须使它同氧气化合，为此，必须使它由固体状态转化为气体状态（因为在燃烧的结果碳酸气中，煤炭处于气体状态），也就是使煤炭的存在形式或状态发生物理变化。在进行新的化合之前，结合为固体的碳分子必须分离，碳分子本身必须分解为单个的原子。①[29]

恩格斯在编辑《资本论》第二卷遗稿时，用他名字首字母来标记对马克思手稿的修订。化学科学自巴贝奇时代以来就已取得进步，但没有任何东西表明他或马克思对某些气体的有害影响有任何担忧。不过，我们可以从字面上理解马克思的类比，把它倒过来说，不断增加的二氧化碳量是剩余价值生产的一个必要方面，与市场交易相比，这一点同样重要；固体化石燃料的燃烧和随之而来的二氧化碳的释放本身并没有为资本家产生任何价值，但它们是创造价值的物质要求。因此，化石资本的扩展公式为：

$$M - C\ [L + MP\ (F)]\ \cdots P^{CO_2}\cdots C' - M'$$

由于化石能源现在为资本积累的永久流动提供了燃料，会不断重新点燃自身，成为驱动资本永不熄灭的火，这种循环将无限期地继续下去：

$$M - C\ [L + MP\ (F)]\ \cdots P^{CO_2}\cdots C' - M' \rightarrow M'\ [L' + MP'\ (F')]\ \cdots P^{CO_2}\cdots C'' - M''$$

换言之，化石资本是通过化石燃料转化为二氧化碳而自我膨胀的价值，是一种资本、劳动和超出人类之外的某部分自然之间的三角关系。在这种关系中，资本对劳动的剥削是由消耗特定"配件"推动的。但化石资

---

① 马克思.资本论:第二卷[M].中共中央马克思恩格斯列宁斯大林著作编译局,译.北京:人民出版社,2004:147.

本也是一个"过程"——一个无休止的价值增值过程,在每个阶段都要求有更多化石燃料以供燃烧。我们可以将其视为马克思关于资本一般公式的平行物,是马克思资本公式笼罩下的阴影部分,只有在意料之外的生物圈出现了变故时才会显露出来。

当然,即使在资本主义社会中,化石资本的一般公式在这些简单、扩展和推断的版本中,也没有涵盖化石燃料燃烧的整个领域。首先,存在一种比化石资本早几个世纪甚至几千年的消费形式:购买使用价值,其使用本身会排放二氧化碳。用煤取暖的小屋也属于这一类。举两个例子,开车上班和用电脑上网(因为这些都是用化石能源运行的)。这些地方燃烧化石燃料的直接原因是满足私人消费领域的某些需求,使人们可以享受煤炭、汽车和电脑的效用。基于此的公式应该是:

$$C - M - C\ (F)^{CO_2}$$

我们可以称之为化石使用价值的消费公式,或者简言之,化石消费。显然,此公式可以被重复,化石燃料资本[C(F)]在一定数量范围内是合理的;因为其不会滑向反复自我放大的状态。化石消费早于化石资本的循环,但正如我们所看到的那样,它不能自发产生化石经济,因为个人消费既不是资本主义增长的点火器,也不是资本主义增长的驱动力:因为它没有自我维持的能力。然而,这可能是我们目前困境的关键,我们稍后会讨论。

其次,化石资本公式中的F确实应该源于某处。资本家将其视为可购买的商品,且不像劳动力那样是一个活生生的人的能力,而是一件死物,因此它一定是由其他将其视为产出的资本家带入市场的,就是开采煤炭、石油或天然气的业务。此时,化石燃料不是在生产其他东西时消耗的配件,而是根据以下公式作为使用价值生产出来的、具有交换价值且利润可获的:

$$M - C\ (L + MP)\ \cdots P \cdots C'\ (F) - M'$$

第十三章 化石资本：资产阶级财产关系的能源要素

——这确实可以推断为任何其他价值稳定的循环。就像化石消费一样，这一循环早于化石资本循环的产生：在瓦特之前的几个世纪，就有作为资本主义公司经营的煤矿。它的存在是另外两个公式出现的必要前提。对于一个私人消费者，更重要的是，如果一个工业资本家想获得化石燃料，则必须已有一个资本家专门向市场提供燃料，作为其直接盈利的目标。我们将其称为化石资本原始积累的循环。它可能是历史和当下事态发展的核心，因此，我们将在下文再次讨论它。

在化石经济的历史上，三个公式中总结的过程已经完全相互交织。它可以被描绘成图 13.2 中的模型。虽然它高度简化，但将焦点放在了化石经济的核心动力上，所有固体能源都围绕着化石资本的循环，通过化石经济消融于烟尘中。其他两个过程都有其关键功能，但只有在化石资本中，这两个过程与化石燃料的燃烧相结合时才是可自我维持的。

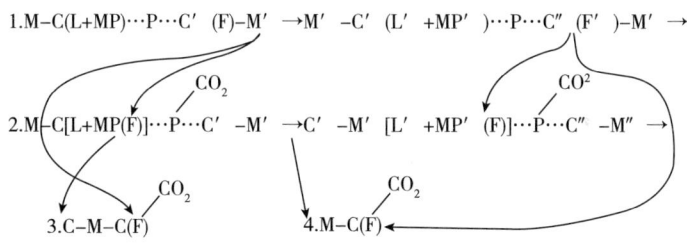

图 13.2 化石经济的程式化模型

1：化石资本的原始积累；2：化石资本；3：工人的化石消费；4：资本家消耗部分利润的化石消费

随着煤炭作为劳动过程这一运动的燃料，被置于资本积累的驱动力之下，化石燃料燃烧的螺旋式增长首次被纳入商品生产的螺旋式增长之中。但是，为什么资本会接近化石燃料？为什么一般的资本会变成化石资本？又是何种资本、劳动和自然界剩余部分之间的紧张关系，或者说何种作为物质代谢基体的资本主义财产关系中的财产——激发了这先兆性的一步？

化石资本：蒸汽动力的崛起与全球变暖的根源

市场竞争中化石资本的无政府状态

罗伯特·汤姆悲痛欲绝，但历史上充满了共同管理水资源的成功案例，包括为磨坊管理水资源的案例。一个典型的例子是安达卢斯①，或称西班牙伊斯兰国家。在一个典型的安达卢斯山谷中，水磨坊（大多带有水平轮）位于水渠系统的末端。他们从上方的灌溉地获得水流和径流，通过将磨坊放置在谷底，而不是顶部或中间，磨坊主和农民之间的冲突——机械能需求和灌溉需求之间的冲突，得以避免，双方可以轮流补充水资源。该系统基于安达卢斯部落对水的集体所有权，他们对自身进行监管，也对其磨坊的公用事业进行监管。[30]

尼罗河两岸也有很多极具启发性的案例。"没有比埃及更依赖于水资源管理的土地了"，阿兰·米哈伊尔（Alan Mikhail）在《奥斯曼埃及的自然与帝国：环境史》（*Nature and Empire in Ottoman Egypt: An Environmental History*）中指出。人们可以从这个国家的名字知道它被定义为"一条河流穿过的沙漠"；从诞生之日起，埃及文明就一直被尼罗河所哺育，并另外通过明智利用尼罗河赠予的炎热干燥气候而繁荣起来。[31]法尤姆是尼罗河以西的一个沙漠洼地，有时也是一个繁茂的农业园，在中世纪凭借高效和平等的水资源分配蓬勃发展。在西历13世纪，法尤姆部落管理着他们的水坝和水渠，几乎没有中央官僚机构的干预，就像安达卢斯一样。水闸在严格的时间安排下打开和关闭，以保证所有土地都能按比例获得水资源；下游农民有权使用更大的供水渠道，以弥补蒸发和渗漏造成的水分损失。同样，自我监管下的共有水资源似乎可以将人们的争议降至最低。[32]

埃及在1517年被奥斯曼土耳其军队征服后，成为最具战略意义的经济

---

① 安达卢斯(Al‑Andalus)：中世纪欧洲人对伊比利亚半岛上穆斯林占领区域的称谓——译者注。

地区，尼罗河的丰富资源为帝国大部分地区提供了粮食。高门①立即试图集中管理其所拥有的灌溉线，但很快意识到，维护既定的做法最符合其目的。因此，高门将继续维护水坝和水渠的责任委托给了村领导、老人和农民自己。水资源管理的习惯规则以"时间的主人"或"自古以来"与共有物非常相似的基本原则运作："虽然水不属于任何人，但在许多方面，它属于特定水源或水管的所有用户。"[33]

农民们被米哈伊尔称为"水资源集体"。他们坚持"液体运动的物理特性、黏性和流速"，以及：

> 认为全体人民的福祉总是胜过少数人利益和愿望的观念。这种合作和集体责任的理想产生于这样一个事实，即在整个农村，数十个村庄的供水都依赖于一套灌溉设施，这套设施包括一条水渠、一座水坝、尼罗河的一段、一辆水车、一个水闸和其他灌溉结构。在这数百个围绕共享用水和灌溉功能而组建的生态系统中，少数人的行为会直接影响整个社区的福利。[34]

因此，必须有一些解决冲突的协议，这些协议通常是非正式的。当上游和下游社区之间的典型纠纷——前者被指控挪用了超过其应得的配额，无法通过直接调解解决时，奥斯曼法院倾向于站在原告一边，并下令进行更公平的分配；失职的当地人会被命令修复水坝和水渠。当局汇集的收入投资于所需的基础设施。国家只在必要时进行干预，采取类似"在一系列复杂的长水管中打开和关闭阀门"的行动来平衡供水：这实际上是一种规划形式——由当地设计，由中央监督，以合理利用流动的共有财产"水"。[35]米哈伊尔认为，它的效果非常好。

在也门和秘鲁，也广泛出现了类似的现象：上游和下游用户之间的密

---

① 高门(Sublime Porte)：指代奥斯曼帝国政府——译者注。

切协调、社区集会、冲突解决机制以及至今仍在运作的公平惯例。³⁶更著名的是诺贝尔奖获得者埃莉诺·奥斯特罗姆（Ellinor Ostrom）及其同事在尼泊尔农民中的实地调查，农民们非常善于制定互惠用水规则：至少每年举行一次大会，成立委员会并在地块之间分配水资源，每天保持非正式沟通，并制裁违规者。纠纷——有人在未经授权的时间内多拿了不属于自己的份额，而没有贡献自己的投入，尤其是水渠首尾用户之间的争吵——传统上是通过调解来解决的，在这里往往会由社区领导者来监督。³⁷

成功管理诸如灌溉用水等"共有资源"的要求是什么？奥斯特罗姆认为，"只要所有参与者都清楚互相之间的依赖关系，并且希望在未来很长一段时间内维持这种联系，发展中世界的农民就会表现出制定规则的巨大能力"，从而有效地、相对和谐地利用他们的共有财产。³⁸信任是一个决定性的成分。参与者应该面对面交流，表达和感知彼此的情感，分享价值观，参与到密集的社会网络中，学习在当地社交互动，并随着时间的推移进行集体行动。³⁹安达卢斯和中世纪法尤姆的农民会通过这些增进信任的方式更清楚地认识自己。

所有这些例子（我还可以举出几百个）都与"所有对改进磨坊溪流关系感兴趣的人的合作"的持久成功联系在一起，而这种合作在英国的山丘上却严重匮乏。"所有狭隘和接近自私的观点必须完全被排除在外"，汤姆徒劳地劝告他的制造商同伴——但从安达卢斯到安第斯山脉，都有完善的机制来抵抗这类反常现象。在地理、生态和文化上，这些社会有一个共同点：他们的财产关系不是资本主义的。生产者和生产资料就像鸟儿和鸟喙；土地和劳动力不是可自由转让的商品；资源是由公有协会拥有或控制的；没有逐利狂热会垄断生产。在这种关系下，流动公共资源的性质并不代表一个问题，或者至少不是一个无法管理的问题。

但在资本主义关系中，竞争是铁律。既然劳动力和生产资料是脱节的商品，资本家就必须在市场上购买它们，返回私人场所进行制造，然后再

第十三章 化石资本：资产阶级财产关系的能源要素

回到市场，与其他不约而同的人一起卸下产品进行交易。对市场的依赖，不是自愿选择，而是因其是获取工人、材料、工具，即生产的所有先决条件的强制性场所——迫使资本家参与竞争。为了成功地销售商品，他们必须将价格定在平均水平附近，最好低于平均水平；为了避免被其他人压价，他们必须采用最好的技术；除非他们进行再投资和扩张，否则可能会被其他扩张更为积极的竞争对手挤出市场；只有通过最大限度地提高利润，他们才能保持领先。用布伦纳的话说，竞争是一种"自然选择机制"，通过这种机制，那些不向身边人发动有效经济战争的人将被淘汰。马克思说，它驱使资本家"不断地前进，前进！"，竞争是"资本的内在本质"，因为通过它的运作，"与资本的本质相对应的东西被假定为个人资本的外部必要性"：鞭策人们强制执行这种生产方式的全部推动力、冲动性和破坏力。[40]

在资本主义之前的财产关系中，直接生产者和剥削者——如果确实存在这种生产关系的话，可以立即获得他们的生活资料或奢侈品、梯田和水轮、公地和法院。"因此"，布伦纳观察到，"他们的生存和繁衍并不依赖于他们产品在市场上的销售；所以，他们在生产力方面不必进行竞争"。[41] 由于他们最需要的东西通过习俗或暴力留给他们，所以他们不会被迫削减成本、创新、采用和积累。封建领主之间的竞争不是在生产能力方面，而是在战场上。只要劳动力和生产资料被排除在投资之外，剥削者就不会主要通过经济竞争相互联系，因此也不会系统地发展生产力，而竞争使得"每个生产者都有义务持续关注和发现改进生产的方法，通过这些方法可以降低其生产产品的成本"，用巴贝奇的话说。[42] 通过一场无休止的最高马力的工业战士竞赛，实现自我维持的增长。

对于撰写《政治经济学批判大纲》的马克思来说，人类的原始状态是在土地这一"直接共同财产"上，通过家庭、族系、村庄或其他集体协会进行劳作，从而实现"为公共利益而合作劳动"的原则。之后，土地、工具和其他生产资料被转让给私人所有。合作在"互不相干的个体之间的碰撞"下破裂；土地不再"由他们作为共同财富来管理"；权利最基本的组成单位，生产资料的所有者现在在"完全孤立于彼此的私人利益"准则下行事。⁴³这也就是从尼罗河到艾尔韦尔河的路。

奥斯特罗姆所调查的农民的相互依赖和信任对于资本家来说是陌生的；刻意的协调违反了市场原则。罗莎·卢森堡写道，"无论资产阶级在哪里，自由竞争都是经济关系的唯一法则，这意味着所有计划或组织从经济中消失"：资产阶级经济是"无政府主义而非专制主义"。⁴⁴当参与者事后在市场上见面时，他们没有事前分享其生产计划的理由；竞争阻碍了相互调整的工作和信息的共享，打乱了集体计划。⁴⁵资本家可以在大会上讨论各种问题，包括定价和破坏工会，但不能选举有权监管其资源使用的经销商。无政府状态在这里必须占上风。

在19世纪早期的英国工业中，资本主义财产关系接近于理想的无政府形式。磨坊主没有，也不能分享安达卢斯或尼泊尔山谷的公共契约；他们对机械能的利用是私人事务，受到了人们特别的嫉妒。在工厂的核心，水轮或发动机决定了生产的规模，支配了机器运行的速度，通过传动轴对细微的需求做出回应；鉴于原动机的这种状态，不难想水库计划会失败。无论水在整体上多么有价值，原动力彼此间都应相互"完全隔离"。在结构性危机中，水流的时空分布被证明是许多资本继续扩张的不良基础。只有当面向市场的制造由可选项变为强制项时，生产过剩才有可能出现——并使其中的矛盾完全暴露出来。

英国1835年出版的《法律词典》(*Law-Dictionary*) 是这一时期司法实践的权威汇编，该词典详细阐述了水资源运行不合时宜的社会属性：

水中没有任何财产；每位所有人都有平等使用河流中水的权利。因此，任何所有人不得在未经其他所有人同意的情况下使用该河水资

第十三章 化石资本：资产阶级财产关系的能源要素

源，进而损害其他所有人的利益。[46]

99年后，该领域最受尊敬的美国杂志《哈佛法律评论》（*Harvard Law Review*）发表了一篇题为《自然共产主义》的文章。水权和争议问题专家塞缪尔·维尔（Samuel C. Wiel）详细介绍了从公共财产时代开始便未被打破的传统，他声称自然界有四种东西必须实行共产主义：空气、流水、海洋和海岸，来自流动资源的能量也属于相同的范畴。一个人可以把水存放在水箱里，但之后它就"脱离自然状态"了；只要它还在那里，它的财产就会被冲走。"不断的流动、成分的交换、永久的更新和消失，使得流水和空气一样不可能被支配或控制，因此，使其摆脱了任何所有权的束缚"；使用水的行为者"必须共同使用水，因为所有人共享一个水源"；水的使用只能在这么多借贷者之间实行"配给"。[47]

现在，维尔决不是一个共产主义者。"在大多数事情上，共产主义令人沮丧"，他断言：这是一座"没人能做他喜欢做的事的监狱，除了看守，每个人都必须做他被告知的事"。美国的自由和对工业和智慧的奖励的理想照亮了人类发展的进程。但在某些方面，维尔认为，共产主义根本无法避免：要记住水源"是雨水、渗水、蒸发和蒸腾的混合结果，只要我们无法指挥和划分风、雨和太阳热量，各方在其中的利益就必须保持不能分割"。我们所讨论的商品独立于资本而存在。或者用《法律词典》的话来说："水渠既不是由某个规定，也不是由某人同意开始的，而是由法律上的自然（自然法则）开始的自然而然地流动起来。"[48]

但是，如果自然界的某些部分规定了共产主义，那么资本主义财产关系的出路将是把自己——最关键的部分：能量——建立在地球的其他领域内。在19世纪的中上叶，英国资本被更深入地投入水资源的使用里，并被它的共产主义潮流所吸引。能量需求已经达到了一个阶段，需要建立大规模水库，这在技术上可行，在经济上有利可图，却没有如此多的共产主义阻碍。另一种可供替代的方案是从规定开始的能源。我们听到雨果·里德（Hugo Reid）惊叹道：蒸汽动力"是由人类的意志召唤而存在的"。他继续说道："蒸汽动力的作用并不神秘；它完全在人的掌控之下，它的力量可以在某一时刻的警告下增加或减少；而且，人们对其力量可能发生所有类型的变化情况都有着完整的认识"——这与水的逻辑正好相反。[49]因此，化石经济的诞生与英国制造业区河流的利用不足不谋而合，这一情景扭转了"公地悲剧"：在这里，由于私人利润最大化者们的非理性，公地的获益低于其实际能力所产生的益处，他们没有团结在成竹在胸的水库计划周围，而是在孤立煤炭的情况下逃之夭夭。

因此，自我维持增长的比赛转向了化石马力锦标赛。正是市场竞争规则要求这样做，因为只有储备能源才具有其竞争对手易有的时空特征：非嵌入性、孤立性和分裂性。请注意，并不是水的流动性构成了这些共性——石油后来在历史上会表现出与煤炭相同的优点，而正是其时空特征构成了这种共性；相反，储备能源的优势源于其对景观和天气的外部性。堆放在两个院子里的两吨煤，彼此之间没有任何关系；两立方米的水源源不断地流淌着，就像空气的涌动或阳光的照射一样。资本市场追求的无政府状态终会转向化石能源的使用。

通过化石能源产生抽象空间

历史性分离意味着农民被赶出了他们的土地，这可以通过圈地、惩罚性的房租上涨、土地修整、农业机械的引进、农业企业的激烈竞争、军事没收、禁止继承小块土地或其他一些使土地无法继续留存的打击来实现。但无论形式如何，这条规则都是普遍的：工业资本取决于农村人口的大规模外流。从对土地依恋中解脱出来的"自由"工人聚集在工厂的生产线上。马克思在《剩余价值学说史》（*Theories of Surplus Value*）中描述了这一过程：

第十三章　化石资本：资产阶级财产关系的能源要素

从物质方面考察，蓄积在这里不外指示，分工会在某一些点上使生活资料和劳动手段的累积成为必要的，但在劳动者依次实行各个职业（trade）——在这个前提下，它的种数是不能顶多的——和种种操作（生产一种或多种生产物所必要的种种操作）时，这种生活资料和劳动手段却是极其分散的。所以，当作前提的事项，不是绝对的增加，只是累积：（必须有更多的生活资料和劳动手段）堆集在一点，使它们和集合的劳动者人数相对而言，相对的，成为更多的……这就是劳动者的聚集，原料，工具，和生活资料的累积。①[50]

有喙的鸟可以四处飞翔，只要生产者和生产资料在其生产场所内团结一致——想想纺纱机和轮子、织布工和织布机，生产就会在空间中扩散。基于二者的分离，资本在其属性的范围内重新调整二者：资本主义商品生产具有集中化的空间逻辑。[51]

当然，最基本的容器是工厂，但它立即指向一个超越自身各种投入的"聚集体"，并非在一个屋檐下，而是在城镇内的磨坊、仓库、银行、证券交易所、机器车间、批发贸易商处；最重要的是，容纳工人的房子都挤在一起。[52]城镇是生产资料的宏观容器和磁铁，接收着"自由"工人的涌入。无产阶级在城镇的聚集是农村人口流失的另一种体现，一支后备劳工大军在此栖身。这是创造剩余价值的一个必要条件：只有潜在替代品若隐若现，才能让工人意识到拥有工作是多么幸运的事。布伦纳指出，对工人解雇的威胁"也许是迄今为止发现的在阶级分裂的社会中，实施劳动纪律最有效的手段"；封建领主不能利用它来对付农奴，但资本家必须能把它作为一个可靠的选择摆在操作工面前。厂房应该设在城镇附近。正如关键的地理学家迈克尔·斯托珀尔（Michael Storper）和理查德·沃克（Richard

---

① 马克思.剩余价值学说史《资本论（第四卷）》：第三册[M].郭大力，译.北京：北京理工大学出版社，2011：236.

Walker）在《资本主义的必要性：地域、技术和工业增长》（*The Capitalist Imperative: Territory, Technology, and Industrial Growth*）一书中所言：大规模、密集、集中的供应允许"灵活的劳动力流动政策"，而小、稀薄、空间分散的劳动力市场迫使公司将其员工视为宝贵的矿产。此外，当众多工人住在同一个街区时，服从工厂纪律可能会成为一种责任感、一种正常的生活方式和预期中的未来：城镇是雇佣劳动力风气生根的地方，但对于第一批新招募的劳工来说却是如此令人厌恶。[53]

资本主义财产关系构成了空间内的集中：在19世纪早期的英国，坚持使用水力的资本家最终不得不从水源中心处向外扩张。如果所有这些丰富、廉价的水资源都位于地面上的某个洞里，或位于一个城镇周围可以涌出水来的绿洲里，或在其他垂直结构内存放，情况会大有不同——但那时，水也就不是水了。作为水，它流淌在英国地形的表面，完全可供人们使用，但与盛行关系中的空间逻辑不相协调。这种矛盾从工厂制建立的第一天起就存在，但它并没有随时间的推移而线性或渐进式发展；在一个商业发展的美好时代，当利润率很高时，还有余地来忍受次优场地的缺点。[54]而危机的出现抹去了这一余地，利润消失，市场紧缩，工厂必须选在最有利的地方——以便争取最大的市场，购买最新的机器，从劳动力中榨取最大的剩余价值，这样经济才不会低迷。当然，这正是1825年后发生的事情：结构性危机使流动能源空间特征和资本空间逻辑之间的潜在矛盾变得尖锐，而向煤炭的过渡带来了解决方案。

较少产生历史性分离的国家并没有受到同样不可抗拒的动力推动而采取这一步骤，法国就是一个很好的例子。在1834年出版的《英国国内和金融状况》（*The Domestic and Financial Condition of Britain*）一书中，乔治·布朗宁（George Browning）进行了以下比较：

> 法国劳工不喜欢织布工久坐不动的生活，也不喜欢矿工一成不变

第十三章 化石资本：资产阶级财产关系的能源要素

的生活，但他们所在的明媚田野和茂密树林是如此诱人、如此和谐。因此，他们的人口相对分散，道路状况很差，水渠数量很少，巨大的煤和铁矿埋藏在原始地层中，英国制造商认为他们的竞争能力不值一提。[55]

当然，布朗宁低估了资本主义关系对法国的影响，同时他还是指出了英国的独特困境：世界上没有任何一个国家，在将农田和小树林中的人口赶走这方面走得如此之远。正是因为这个原因，它才孕育了化石资本，而不是因为任何独特的煤炭地层。

当然，所有这一切并非意味着，留在既定的增长中心而永不开辟周围地区始终符合资本家的利益。工人密集的城镇可能会成为陷阱。正如我们将看到的那样，迁至相对原始的土地，是资本长期寻找易于获得且训练有素的劳动力的一项重要战略。但正如肯尼迪所言，这些举措只是"将权力置于人民中间，也是最被需要的地方"这一基本自由的另一种体现：对于资本而言，重要的是空间流动性，以将"资源置于人民中间"。

两种空间形态在此发生碰撞。在《空间的生产》（The Production of Space）中，昂利·列斐伏尔（Henri Lefebvre）区分了"绝对"空间和"抽象"空间，前者"由一些自然的碎片所构成，位于那些因其固有的特性（如洞穴、山顶、水泉、河流）而被拣选出来的地方"①。他以建筑为例——许多寺庙和圣殿建在具有固有属性的场地上，如山峰上或水井旁，工业磨坊也同样具有代表性。"因此，历史的力量永远地摧毁了自然性，并在自然的废墟上建立起积累的空间。"②[56] 此时出现了抽象空间，资本将物质成分从它们原本所属的自然场景抽出，并将其堆放在资本选择的地方。资本不是虔诚地到山顶上和河流旁建公司，就像在圣地上所建的寺庙那

---

① 昂利·列斐伏尔. 空间的生产[M]. 刘怀玉,等译. 北京:商务印书馆,2021:73.
② 昂利·列斐伏尔. 空间的生产[M]. 刘怀玉,等译. 北京:商务印书馆,2021:74.

样，而是带走资本所需的东西，并将其倾倒在最能产生更多交换价值的地方。资本产生了抽象的空间，作为一个带有结点和中枢的矩阵，不是通过其显露的生物物理属性，而是通过资本本身的循环来发展。

抽象空间的形态"与建立工厂的理由有一些共同之处"。绝对的、自然的空间"是相互并置的，因而是分散的：它设置了地方/场所，这些地方/场所个儿挨个儿地占有自然空间。自然空间对它们逐一呈现"①。相比之下，抽象的、社会的空间"在某个点上，或者围绕这个点，表现出实际上的或潜在的聚集性。它体现出某种积聚（在特定条件下得以实现）的可能性"②。现在，第一次出现了一个财产关系优先于"自然本身"的空间。[57]用列斐伏尔的杰出弟子和普及者尼尔·史密斯的话来说，资本不遗余力地将自己从"自然空间"中解放出来，并打造了一个"符合其自身形象"的空间。[58]但抽象空间仍然明显是陆地空间。与交换价值一样，它在"第一"自然内必须具有其物质基础；它的原材料只能来自地球本身，作为碎片与地球脱离并插入资本生产的任何循环空间。"因此"，对于列斐伏尔来说，"第一自然可以在'第二自然'中持存下来——见证城市的现实，尽管采取了一种完全是获得的因而是虚假的方式"③：如果没有生物物理资源从其腹地不断撤出，城市将变得一文不值。[59]

只有储备能源才能为抽象空间里的生产奠定基础。虽然它被束缚在不可再生产的岩层中，但它被埋藏在远离人类居住空间的地方——山顶、海床、沙漠平原之下，作为早已逝去的景观的遗迹：如果这不是唯一可能的能量来源，那一定是突破空间抽象概念的最佳能源。由于集中在没有其他用途或意义的地下场所，部分煤炭可以作为松散的碎片被带到地球人的世界中，从一个人到另一个人手中，在循环空间中自由流通，释放全部积累

---

① 昂利·列斐伏尔. 空间的生产[M]. 刘怀玉,等译. 北京:商务印书馆,2021:148.
② 昂利·列斐伏尔. 空间的生产[M]. 刘怀玉,等译. 北京:商务印书馆,2021:148.
③ 昂利·列斐伏尔. 空间的生产[M]. 刘怀玉,等译. 北京:商务印书馆,2021:337-338.

第十三章 化石资本：资产阶级财产关系的能源要素

的力量。资本放弃了泉水和河流，挖掘出一种资源，其最具体的性质便是允许它在自然界中循环的抽象概念，而不是在景观中预设的地方循环。[60]

资本在一个一直不断重构的抽象空间中的流动性，是由无法移动的岩层里的集中能量来实现的，这是一个逻辑上的悖论。矿山、油井、气田——与地下密不可分的大型技术密集区，保障了人们在选址和搬迁、提炼和制造、订购和发货、进口和出口方面更大的自由。[61]矿井并不能被送往其他地方；它应该被视为绝对空间中的一个场所，尽管它的建立是为了从其固定位置为抽象空间服务。此外，为了让化石能源充满经济循环内部，在经济本身的次生权利中，必须建立起占据整块地形的巨大物理基础设施，比如莱夫希尔德在矿区看到的一些黝黑的场景：铁路、运河、蒸汽机、贮煤场——这些必须到位。哈维说："要想审判和消灭空间，则需要有一个特定的空间组织。"[62]

同样地，需要一种特定的自然消灭它。化石燃料是抽象空间的物质基础，也是沉浸在交换价值中的第二自然，是资本主义统治下的生物圈普遍化的基石。空间的生产意味着（列斐伏尔在这一点上非常清楚）对自然的破坏：在一个先觉的表述中，他写道，"甚至还可以用于整个城市，它消耗着（在该词的双重意义上）令人叹为观止的巨大能量，其中既有自然的也有人工的能量，它实际上是一个持续不断的燃烧过程，是耀眼的篝火"①。写于1974年的《空间的生产》一书包含了近乎大规模的绝望时刻：

> 我们正变得无法摆脱如下一个观念，即自然正在被"反自然"（L'anti-nature）——被抽象物、符号与图像、话语，还有劳动及其产品，所绞杀。自然和上帝一起正在死亡。"人类"（L'homme/humanity）将它们二者都杀死了——也许除此之外还在自杀。②[63]

---

① 昂利·列斐伏尔. 空间的生产[M]. 刘怀玉,等译. 北京:商务印书馆,2021:137.
② 昂利·列斐伏尔. 空间的生产[M]. 刘怀玉,等译. 北京:商务印书馆,2021:106.

但是，如果人类是列斐伏尔暗示的一个子集，即引号内"反自然"的实体，那么自然的毁灭可能不是"自杀"造成的。

利用化石能源生产抽象时间

当资本家购买控制劳动力的权利时，他们会受到时间的限制：否则就会演变为奴隶制了。假设工人是一辆活生生的自行车，制造商们试图将其调到最大动力（当然是借助于他自身以外的其他机械动力），由于雇佣劳动力的形式是临时性的——在每天结束时，工人都会回到家中养精蓄锐和休闲娱乐，然后第二天循环往复，且总有每日限制，动力调整的冲动将变得更加复杂。由于人体组织基本代谢的需要，劳动不能无限期地持续，它只能在雇佣合同规定的期限内被提取，资本家必须在商品持有人离开其生产场所、恢复其生活之前使用该商品：他必须确保工人在给定的时间范围内尽可能多地劳动，无论是 6 小时还是 14 小时。劳动必须在某一时间段内进行，而不是在天气合适，或者太阳升起，或者当工人碰巧有心情进行艰苦劳动的时候进行，因为这类情况可能与交易所商定的期限无关。购买没有实际劳动力的时间就是浪费金钱；已购时间之外的实际劳动则超出了资本家的控制。资本家从一个生命体中提取时间，好比把一个容器装到最满一样。

现在，一种新的时间形式取代了原先的。在《时间、劳动与社会统治：马克思的批判理论再阐释》（*Time, Labor, and Social Domination: A Reinterpretation of Marx's Critical Theory*）中，莫伊舍·普殊同（Moishe Postone）把两者区分为"具体时间"和"抽象时间"。蒸米饭的时间就是具体的：它可以用一个实际活动去衡量。念一次主祷文、过春节或宗教节日这些活动也同样适用于这种时间衡量模式。在具体的模式中，时间是独立的变量，是某个时机、过程和感官节奏的功能，它并不是一个中立的结构，而是由一种定性的表象组成。它们存在于事物之内，而非流于表面。

这种时间形式在资本出现之前构建了社会关系。[64]

对于"具体时间"的定义,普殊同重点引用了爱德华·汤普森(E. P Thompson)的经典论文《时间、工作纪律和工业资本主义》(Time, Work-Discipline, and Industrail Capitalism),其中,用一系列人种学和历史例子阐释了前资本主义时代的时间概念:"在马达加斯加,时间可以靠'蒸米饭(大概半个小时)'或者'油炸一只蝗虫(一瞬间)'来度量"。英国人曾用"小便时间"作为短时期的时间衡量尺度("一种有些过于随意的衡量方式",汤普森挖苦道);但首先来说,这种时间融入了自然循环的体系。1800年,桑德兰的一份请愿书描述了"一座永不休眠的港口城市,许多人被迫在晚上工作,以关注潮汐和他们在海上的事务",渔民和海员们在大自然设定的时间间隔内工作,他们的各类生产活动都无法摆脱潮汐的时间规律。工匠们在天黑时就要歇业,农场必须要在早上给奶牛挤奶,谷物要在雨季前收割,柴火要在雨季到来前收集起来:"工时和任务都随自然天气的时间而变化"。[65]

在资本到来之前,劳动工作需要在"以任务为导向"的模式下进行,这是汤普森从人类学中借鉴而来的观点。当把所有注意力都放在完成任务上——不管是捕多少鱼还是缝制一件夹克,劳动过程的时机和速度都是由其体系内的自我需求决定的,而不是外部强加给它的。一个小农户不会因为雇主催收而劳作,而要等小麦成熟的时机;一个栅栏只会在需要的时候被维修,工具也只会在坏了后才被修理。生产也是以使用价值为导向的,这个原则在最为猖獗的封建剥削中也适用:一定份额的粮食只有在适合磨粉的时候才会被从农民手中征收上来。引用人类学家蒂姆·英戈尔德(Tim Ingold)的观点来说,大部分的劳动——包括强制性剩余劳动,都必须"适应自然环境的节奏——根据风向、潮汐涨落、家畜的饲养需求、日夜更替、季节变换等因素来决定"。[66]

但这并不是说具体时间下的劳动是愉快和有收益的:它也和任何其他

劳动形式一样紧张、高密度，需要接受管制和惩罚。当一个农民看到远处地平线乌云密布的时候，他或许需要不停歇地工作一整天；在汤普森的一篇研究报告里，为了应对极端的河流运动，"人们被要求全天保持工作状态"。具体时间并不是由闲暇时间构成的，而是由季节、天气变化和劳动速度引起工作节奏的波动构成的，这决定了各种任务成熟的时机。这种暂时性似乎在农业中根深蒂固，但是汤普森认为，也存在于特定关系中：

> 这种工作模式是一种交替进行的密集型劳动和闲散懒惰，在这种模式下，人们可以控制自己的工作生活（这种工作模式广泛存在于个体生产者中——画家、作家、小农，或许还有学生，在今天，这甚至引发了关于这个模式是不是"自然的"人类工作节奏的思考）。

——在需要做事的时候就去做，而不是根据他人给出的时间标准决定。[67]

"抽象时间"概念，从另一个方面来说比较空泛。它是一种空洞的数学概念，一种非实体的事件库，它们都独立存在，且忠于其自身产生的影响。动机、行为、过程都存在于抽象时间里，在一个恒定、半等的统一实体管控下：今天或明天，甚至一年中的任何一天，时间长度都是相同的。时间从"运动的结果转变为一种对运动的常规测量"，事情可以在既定时间，准确来说是时钟规定的时间点发生，不论天气如何。[68]与其具体时间的前身一样，抽象时间当然来自自然，是由太空中行星运动决定的，迄今为止，也就是洪水、雨雪、季风、沙尘暴这些看起来与地球上的循环相脱节的自然景象，或者至少是外部的，以严格计算出分、秒、小时之类的时间。这是一种同质的时间表，是一个独立的变量，可以用来衡量囊括其中的活动；如果说具体时间可以用"小便时间"来衡量，那么在抽象时间下，小便可能需要35秒左右。

工作日的时间跨度代表着资本的一项投资，绝不能被工人四处闲逛或者等待大自然的时间信号而浪费掉:时间已经成为金钱的象征。资本家们身处竞争之中,他们要保证自己的商品生产速度至少与其对手一样快——如果低于竞争市场的平均速度,那就需要招募更多劳动力或提高产品价格,因此,他们将把所有关注点都放在生产力上,这也许是抽象时间的最大特点:以一个固定的时间单位来衡量产出。雇主总是会严密监控工人,他会问:"这个工序要多长时间——需要投入多少劳动力?"并寻找提高生产速度的方法。[69]就像卢卡奇在《历史与阶级意识》(*History and Class Consciousness*)中写到的那样,工作日时间被成功分解为很多小段,每一段都有其价格标签,所以"时间失去了它的质的、可变的、流动的性质;它凝固成一个精确划定界限的、在量上可测定的、由在量上可测定一些的'物'充满的连续性统一体"①:它是具体化的、僵硬的,由原来的流动能源转变为被精密切分的片段。[70]

能量的流动属于具体时间的范畴。水动力就是那个时代的遗产:抽象时间生长于资本主义财产关系。两者从一开始就是矛盾的,但资本主义在走到《工厂法案》这一历史分岔口前并不着急解决这个矛盾。马克思在第一共产国际就职演讲时宣布,1847年的《十小时工作日法案》设立了"一条非常成功的规定",不亚于"第一次把中产阶级的政治经济归属到工人阶级的政治经济之下"。[71]在达到这点时,资本主要通过生产绝对剩余价值来积累:通过延长工人们工作日以外的必要劳动时间来生产能与其工资相匹配的商品量。1833年出台的法案已经加强了绝对剩余价值的地位,后来的《十小时工作日法案》则通过缩短法定必要劳动时间的方式显著削弱了其地位。那么资本对这一挑战会如何回应呢?

马克思的回答家喻户晓:"自从剩余价值的生产永远不能通过延长工作日来增加以来,资本就竭尽全力一心一意加快发展机器体系,来生产相

---

① 卢卡奇. 历史与阶级意识[M]. 杜长智,任立,燕宏远,译. 北京:商务印书馆,1992:151.

对剩余价值。"①[72]相对剩余价值是在缩减必要的劳动时间基础上产生的——如果工人以前需要 8 小时来完成任务，现在可能缩短为 6 小时。这样一来，剩余价值就会向当日内逆向延展，而不是像绝对变量那样向前延伸。这主要通过新机器的生产（提高劳动生产率），以及更严格的纪律（提高劳动强度）来实现。《工厂法案》的出现，标志着占据主导地位的资本积累方式从绝对剩余价值向相对剩余价值转变：剩余的时间更少，生产的东西更多，由此催生了另一种抽象的时间概念。用马克思的话来说，劳动的加速和强化产生了一种"劳动时间的压缩"，又或更暗示性来说："劳动的压缩缩小了时间的空隙。"[73]随着时间空隙的缩小，留给具体时间波动的空间就更少了，而抽象时间因为对劳动力的更多需求进一步占据主导地位。

绝对剩余价值体系削弱了流动能源与抽象时间之间的矛盾。只要工作日的时长不受限制，且工人的工作时间可根据流动能源多少进行调节，水力就仍可作为资本切实可行的基础；具体时间仍然可以与基本积累的抽象要求相一致，但须以劳工们承担额外的工作时间为代价。但是，《工厂法案》指引了一个新的方向，即在更短的时间内进行更多的劳动，没有突兀的时间空隙内的中断，使矛盾完全无法持续下去。相对剩余价值的时间性（时间空隙压缩，机器更加沉重、庞大）要求机器能量不被中断，强调了可以任意提升速度的原动机的益处。

所以事实证明，抽象时间与它的具体受害者一样，被写进了地球上的自然信号中。我们得到的不是昼夜更替、季节、风和潮汐的节奏，而是煤炭：逝去的、冻硬的遗骸通过地下埋藏演变，从可感知的自然循环中喷涌而出。在化石燃料里，数亿年前的光合作用痕迹被压缩，所以活生生的劳动力时间也可以被浓缩，这种不受时间限制的特性为抽象时间的"专政"提供了物质支撑。资本的永久循环，从一个循环到另一个循环的流动，以

---

① 马克思. 资本论：第一卷[M]. 中共中央马克思恩格斯列宁斯大林著作编译局，译. 北京，人民出版社，2004：471.

凝滞的、不循环的、无流动性的地层中蓄藏的能量为基础，这是一个逻辑悖论。从这个维度来说，与在空间上一样，抽象时间有其存在于地壳中的坚实基础：资本只有通过对煤炭的不断挖掘和钻探，才能跃升到所有其他定性的决定因素之上。

资本的抽象与具体时空性

资本主义，被批判地理学家诺埃尔·卡斯特利（Noel Castree）略带讽刺地描述为有其"独特的时空性"。它不可能在历史时空中长久存在，除非时空能在坐标轴上自动调整，来主动迎合资本主义的发展，而不改变其特征；否则，资本主义会生产出自己的抽象时间和抽象空间。在资本积累过程的组成部分中，这两个维度构成一个整体，其单一的时空性不是存在于资本的外部环境，而是存在于资本的内部，就像其本身的"DNA，或者，如果你更愿称它为可操作硬件"。[74]

把卡斯特利和布伦纳的论述结合在一起，我们会发现这种抽象的时空性源于资本主义财产关系的基本原理：必须在特定的地点和时间内克服历史性分离。自然与人类最原始的关系分裂在时间和空间中传播，人类从作为一种自然中可以定性的财产，从劳动力的关系中被分割出来，根据目的的不同，被严格划分到不同的时间和空间当中。在资本到来之前，生产依赖于家庭和天气，而在资本时代，人类不再依附于两者，因为生产目的不再是使用价值而是交换价值。抽象时间中的两个维度互相作用，彼此加强。举个例子，相对剩余价值制度促进工厂安装最新式的机器，这对于城市中心来说最易实践；更重要的是，就像乔纳森·克拉里（Jonathan Crary）在对资本主义时间性的卓越研究——《24/7：晚期资本主义与睡眠的终结》（*24/7: Late Capitalism and the Ends of Sleep*）中主张的那样，现代工厂就是向自然和日夜更替规律宣战的发射台，而且"现代工厂作为一个独立自主的空间出现了，其中劳动组织从家庭、社区、环境或任何传统的互相依存和联结中脱离出来了"①。⁷⁵这一独立空间的生态重要性不言而喻。

但这并不是说资本使绝对空间和具体时间从地球上消失得一干二净:一切恰好相反。绝对空间在所有煤矿和油田上都存在,而具体时间却是工人和资本之间产生许多矛盾的焦点——想想工人们会要求在夏季休假,工会要捍卫有休息时间可以吃午餐和去洗手间,一帮木匠争辩说这是在大雨中修墙所需的实际时间。关于定性的纷争并没有消失,而是被抽象的统一性所支配,这是交换价值(从字面上看)处于生产优先地位的结果。"货币形式",普殊同写道,"抽象于各种产品的感官现实"②:与使用价值截然相反。如果商品生产仍然以使用价值为导向的话,绝对空间和具体时间则可能是我们生活结构的一部分——这没有什么可大惊小怪的,正如费尔贝恩在1864年的《专题论文》中暗示的那样:"只在偏远地区,必须满足居民的任何微小需求,方才可以使用水磨来继续运作盈利。"⁷⁶但是,单纯满足居民的需求已不再是生产的目的。

如果说把抽象时间视为一种对自然世界的告别或者与地球的分离,严格来说,是大错特错的。资本越试图从空间和时间绝对、具体的特质中抽身,其对外部能源存量的开发就必须越深入。资本的抽象时空性和之前的具体时间一样,都与自然密不可分——它只是自然一个非常特殊的部分,其时空轮廓与自身相协调。⁷⁷接着,资本主义增长并没有与化石燃料紧密结合,因为这是一种线性的、中立的、逐步增长的财富、产出或者生产力:它不是这样的事物,也没有这样的事物存在。这种增长本质是一系列关系的总和,就像一个事物的进程一样,它的无限扩张是通过在抽象的空间和时间中对人类和自然界其余部分进行调整而推进的,因为那是可以产生最多剩余价值的地方。这种朝更昂贵的资源转移的神秘倾向被驱散了。一旦

---

① 乔纳森·克拉里. 24/7:晚期资本主义与睡眠的终结[M]. 许多,沈清,译. 北京:中信出版社,2015:42.
② 莫伊舍·普殊同. 时间、劳动与社会统治:马克思的批判理论再阐释[M]. 康凌,译. 北京:北京大学出版社,2019:247.

第十三章　化石资本：资产阶级财产关系的能源要素

我们能摆脱把增长视作永不停歇如滚雪球般存在这样的观点，我们就会发现，水力尽管储备丰富、价格低廉、全面优越，资本主义增长还是有足够的理由放弃使用它。

真正吸纳自然的本质是劳动力的实际吸纳

当资本在地球上首次出现时，关于资本的创造便已存在。一批新的拓荒者们想要开创新历史，但最后他们却进入了一片未曾预料的全新领域：原先占用者的生产设备、原材料、技术工艺知识、劳动组织都完好无损。资本家最初的行为是将自己插入人类与自然界其他部分之间的代谢中，就像一只蜘蛛占据另一只蜘蛛的网一样。从技术层面来说，直接生产者们还是一如既往地生产，在纺织机上劳作——他们只有为资本家们卖命，假借落后工作坊坊主或所有者的名义，把产品上交给资本家再从那里拿到报酬。在马克思早期为酝酿大作而写的一些手稿中，有一篇《直接生产过程的结果》（Results of the Immediate Process of Production），其中指出早期的劳动力接管定义为"劳动对资本的形式上的从属"。[78]当时尚未引入新技术以提高生产力；利润取决于绝对剩余价值；资本不断流动和扩张，但没有具体化。

这只是简短的前奏。"形式吸纳"（formal subsumption）——资本主义财产关系如同一具空壳，必然会受到激烈矛盾的折磨，最主要的原因是劳动力是一种特殊的商品。实际上，他们虽然也在市场上流通交易，但人们很难察觉到劳动力实际上是一种商品，更不是完全意义上的为销售而生产的商品（没有制造劳动力的设施）。劳动能力是人类的一种天赋，是他们活力的一种体现，其本身就是一种"主观性"（subjectivity）或者"主体权力"（subjective power）——意大利语是"potenza"（权力），就像安东尼奥·奈格里（Antonio Negri）在其自主论经典著作《大纲：超越马克思的马克思》（Marx beyond Marx: Lessons on the Grundrisse）中主张的那样。[79]劳动能力作为一种财富来源,如果没有它,资本将无法生产任何东西,它拥有不可减少、难以捉摸、令人沮丧的自主权。买方没有任何保证一定能得到他所需要的商品。因为劳动者的生活无法完全交给资本家,他还保留了一些对自我生命的使用权:减慢生产速度,早晨工作时不停磨蹭;无视管制规则,继续罢工。榨取劳工的过程少不了一批监工的参与,但只要吸纳只是形式上的,他们就是在打一场败仗,因为他们唯一能反抗的武器是他们自己脆弱的个人权力(斥责、鞭打、罚款、起诉……)。

随着与自主劳动(autonomous labour)的争斗越发激烈,吸纳很快从形式变为实际。资本家打开了他的机器。传统遗留下来的工具被新的生产力所取代,迫使技术工人按照新的生产力的速度、其发出的金属声音的命令执行操作,观察和修补各种操作,移动成品;自此以后,工人生产活动的"各个方面都由机器的运动来决定和调节",作为"资本家通过这个机器所拥有的力量"。总体来说,马克思强调,资本主义声称他们的专制权力是靠"永恒不断的劳动"取得的。[80]工人们不用自己动一根指头就可以开始生产产品:他们只需要在早上和午饭后操作一下机器即可,其他时候他的存在均未被察觉。一个侏儒、一个看守者,是负责微调一下装置的助理,工人进入工厂的目的只是在强大的机械体制中填补一些微小的缺口。对他劳动的占有不再仅仅是一种形式上的要求,它已经成为一种技术上的迫切要求,对劳动的提取过程从旁观者委托给生产资料,如果要完成他的工作,技术工人必须服从这一过程。

从手摇纺织机向动力织布机的转变,可以看作"形式吸纳"向"实际吸纳"转变的一个典范。自动纺棉机加速了生产进程——在纺织行业中,从阿克莱特时代开始这个过程就一直进行。在两个案例中,生产决定论的内容被历史颠倒。"生产关系就蕴藏在生产力中",1964 年,拉涅罗·潘齐耶利(Raniero Panzieri)在一本经典的自主论杂志《红色手册》(*Quaderni Rossi*)里写道。[81]这才是实际吸纳的逻辑。现在蜘蛛开始学会自己织网了,

第十三章　化石资本：资产阶级财产关系的能源要素

最好是能够捕捉到剩余劳动力，利润现在依赖于相对剩余价值。带着专横的物质欲望，资本家们不停地彻底改革他们的生产方法。但它是一个不断发展的过程，从不停止，因为劳动的自主权不能被消灭：实际吸纳是权力的价值体现，而不是最终的解决方案。

或许是时候停止继续施加外部的压力了。因为在机器生产体系内部，就有一套"兵营式的纪律"①，并通过对自然之力的召唤而实现，其中主要是机械能。[82]被征服的部分自然力量在人类的操控下继续工作，机器代表着无机劳动力，但是，"有一件非常神秘的事情"——它们在与原动机相连后取得了生命力。现在，它们凌驾于劳工之上，"像一个强大的有机体"。当机器的自动控制中心被打开时，它变成了"一个庞大的机械怪物，它的躯体充满了整座整座的厂房，它的魔力先是由它的庞大肢体庄重而有节奏的运动掩盖着，然后在它的无数真正工作器官的疯狂的旋转中迸发出来"。②[83]一个强大的有机整体，一个机械化的或者"栩栩如生的"怪兽、恶魔，也可以将其比作寄生虫、吸血鬼：马克思随即指出了一套成熟的蒸汽神鬼学说。[84]事实上，他选择的这些词语只能被解释为对无产阶级习语的同化，揭开了维多利亚时代对机器盲目崇拜的面纱，追踪了资本运动导致机器成为社会力量的源泉，看起来如此，实际也是如此。

但什么原动机可以承受这样的吸纳呢？马克思并没有继续研究这个问题，但他巧合地在他所有的作品中都提出了对水动力与蒸汽动力相对利益的显著思考；在《资本论》第三卷开头，他对地租问题进行长篇大论地探讨时也提出了。"我们假定"，马克思开始说道，"一个国家的工厂绝大多数是用蒸汽机推动的，少数是用自然瀑布推动的"③。水力便宜太多了，马

---

① 马克思. 资本论:第一卷[M]. 中共中央马克思恩格斯列宁斯大林著作编译局,译. 北京:人民出版社, 2004:488.
② 马克思. 资本论:第一卷[M]. 中共中央马克思恩格斯列宁斯大林著作编译局,译. 北京:人民出版社, 2004:438.
③ 马克思. 资本论:第三卷[M]. 中共中央马克思恩格斯列宁斯大林著作编译局,译. 北京:人民出版社, 2004:721.

克思继续假设，19世纪60年代他在伦敦写道；它的假设极其贴合现实，因此提供了"非常有利的条件"。生产同样数量的商品需要较少的固定资本和劳动力，使利润比其他所有商品高出10%。这激起了大部分依靠机器生产的普通资本家们和小部分杰出的水磨坊所有者之间的矛盾，马克思发现了水力更加便宜的原因：胜利归功于超额利润。

> 首先应该归功于一种自然力，瀑布的推动力。瀑布是自然存在的，它和把水变成蒸汽的煤不同。煤本身是劳动的产品，所以具有价值，必须用一个等价物来支付，需要一定的费用。瀑布却是一种自然的生产要素，它的产生不需要任何劳动。①

但紧接着，马克思出于谨慎或者其他原因，指出不管资本主义的成本效益有多好，都有其潜在的不稳定性。

> 但要像每个资本都能把水变成蒸汽那样，创造出这种使劳动有较大生产力的自然条件，就完全不取决于资本了。这种自然条件在自然界只存在于某些地方。在它不存在的地方，它是不能由一定的投资创造出来的。它不是同能够由劳动创造的产品如机器、煤炭等结合在一起，而是同一部分土地的一定的自然条件结合在一起。②[85]

资本偶尔会对乡下的瀑布青眼有加，就像蜘蛛在织自己的网，资本却不愿编织瀑布"这张网"，其对这种自然之力的吸纳必然是非常实际的。

从一方面来说，水力就像劳动力那样：它是一种只是在微弱意义上被雇用使用的商品，而不是完全意义上为了市场生产而存在。这就是为什么水力没有交换价值，即使它比蒸汽动力便宜很多，最后还是注定被淘汰。

---

① 马克思. 资本论:第一卷[M]. 中共中央马克思恩格斯列宁斯大林著作编译局,译. 北京:人民出版社,2004:724.

② 马克思. 资本论:第一卷[M]. 中共中央马克思恩格斯列宁斯大林著作编译局,译. 北京:人民出版社,2004:726.

而煤炭，从另一方面来说，有尚未被发掘的巨大潜力，只要和资本的资源——生产资料和劳动力结合在一起，它如同水动力那样的自然力量就会被唤醒。这也解释了为什么煤炭具有交换价值及蒸汽动力虽更昂贵却被市场最终选择的原因（这也同样解释了原始化石资本积累的存在以及水动力缺乏任何等价物的原因）。在这里我们看到了一个矛盾性的反转：这种可循环的、随处可见且已使用良久的能源对资本似乎是不可再生的、排他性的、无法运转的。而只有煤炭才能变戏法般地成为资本本身的内生动力，才能将生产从自然之力中解放出来；事实上，也是通过一种热力学的自发行为，从所有人当中解放出来。

劳动力流淌在每个人的血液里，而水力则不然，但在资本家眼中，在某一方面两者具有一致性：水力可以保留一定效用。承租人支付的费用无法得到任何保障。作为一种自生的、不稳定且依赖于地域的自然动力，水力的自主性和人力非常相似；当我们回溯至19世纪中上期，会发现水力和劳动力都经历了相似的被打乱的阶段。水力也通过很多途径——和劳动力一样，颠覆资本家的权威。大自然作为一种财富来源，如果没有它，资本就不可能生产出任何东西，大自然拥有一种不可消减的自主权；但它的某些部分可以比其他部分更彻底地内在化，即真正被吸纳。看来化石能源也需要主动编织一张网了。

由于不受地形和天气的影响，煤炭在资本内部被戴上了极其诱人的光环，但后来被证实这只是一种幻想。这种转折的出现引发了又一个悖论：由于不靠人力生产，水能具有准自主性，且对实际吸纳具有排斥性，而蒸汽动能就具有完全相反的特性，因为煤炭只有依靠人力才能运作——所以从最开始到后面的一系列转变中，资本必然在一个特定领域更加依赖人类劳动力，即能源生产。用机器代替人力，取决于人力在提供燃料方面的更大作用。一旦资本将其灵魂卖给了煤炭，我们便会从中看到一个奇妙的公式，人力的实际吸纳是通过实际吸纳大自然实现的，关于控制的问题又以新的面目出现——我们将在下面回到这个问题。当然,它们都没有改变事后行为的原始动态:在危机时刻,这个公式仍然要屈从于最严峻的现实。

如果不与大自然的形式相结合,劳动力就无法实现实际吸纳。如果说工人阶级的自主权被一个机械军团所打击的话,那么原动机——战地指挥官,必须是可靠的。[86]直立水车是最早的资本开拓者留下来的设备,由纯手工打造,通过翻新以用作积累的工具,将它连接到纺棉的第一批机器上,其在纺织领域的实际吸纳在水动力的基础上展开——在危机中这种不对称被削弱。在资本主义发展的早期,它"依赖于已有的生产方式为拄着拐杖前行"——马克思在《政治经济学批判大纲》中写道。但当其慢慢发展到成熟的阶段,"它们不再依赖于拐杖,而是遵循自己的规律发展"。[87]水力就像是拐杖,而一直依赖它的资本家们,像阿什沃斯兄弟、格雷格家族,慢慢变成了资本界的巨头,他们要求以更新的合法能量来实现形式吸纳和绝对剩余价值——对工会、不加限制的工作日不留情面,并将质检员拒之门外。

从另一个角度看,危机中的一系列事件促进了这种转变。激进的工人运动从资本手中夺来的几项胜利——《联合法案》的废除、棉纺织工人的高额收入、工会的快速崛起、1833年和1847年颁布的《工厂法案》,都反击了向煤炭的过渡。资本家对蒸汽机的使用是超前于吸纳进程的,因为他们有一种动力,就是要遵循自己的运动规律。在机器生产中,生产关系在于力量内部——更准确地来说也正因为此,才需要暴力来平息反抗:如果不是蒸汽生产机械凌驾于劳动力之上的话,英国的工人们也许不会如此尖锐地反抗,也几乎无须召唤"骑兵部队"了。资本家们需要额外的经济力量去保护蒸汽生产,恰恰说明了这种力量的机械化本质。就像布伦纳一直强调的那样——财产关系是通过繁复的政治斗争形成的,最后必须保持"武力制裁";同样,化石资本也是如此。[88]

劳动力的实际吸纳和大自然是一致的,但也并不完全相同,在一些关键方面，劳动力资源是独一无二的。水力完全可以被煤炭所取代（一种真正的商品），但总是有人力存在的必要（作为一种假冒的商品）——当然也具有自治权，但这在生产过程中并不稳定。因此，资本永远会遇到新鲜的动机，依靠机械化生产方式将工人们压榨到极致，新一轮的自动化依靠不断对煤炭的提取实现。这两种吸纳过程的不同——一种比另一种更加完善——保证了推动生产之火有足够多的燃料可供燃烧。

稳定的权力，不稳定的气候

"人类对自然的控制"，刘易斯（C. S Lewis）观察到，"实际建立在一些人对其余人的压迫之上，并把自然当作可以利用的工具"。他在书里给出了社会权力结构和自然恶化的基本事实。人类学家理查德·纽博尔德·亚当（Richard Newbold Adams）在今天被人遗忘的一本书的引言里引用了刘易斯的观点，提出了一种可能实现两者集合的理论："社会权力是建立在行为人对于自然控制之上的。"更准确地说，权力可以被定义。亚当建议，一个行为者利用"一些能源形式"构成"另一行为者部分有价值的环境"。通过拥有此种力量，A 可以让 B 服从于他的意志。[89] 权力，用另一种解释来说，就是一种三角关系。人类 A 优于人类 B，因为人类 A 利用了大自然 C 的力量。

现在我们可以想象一种权力模式：在这一模式中，严格意义上的物理学、热力学能量控制只能勉强算得上相干——想想老师对学生的精神施威，或男人对伴侣的精神操控；但在生产领域，能量是一切事物运行的基础。因此，对能量的掌控将会支撑起统治权力。事实上，无论是制造、交通、建筑、商业还是钻井，所有经济活动归根结底都是能源转换的问题：唯有通过能源，才能实现对物体的转换、转移和处理。在大规模商业生产中，普遍存在的力量必须被集中起来。资本对劳动的力量取决于对它的控制——尤其是对其机械形式的控制。它使得机器运转；没有它，一切生产都将停滞。正因如此，人类劳动者不同于啄木鸟、倭黑猩猩和其他动物，不管他们建造的工具有多么复杂，用哈里·布雷弗曼（Harry Braverman）的话来说，只有在人类中，"劳动的动力和劳动本身的统一是不能破坏的"①。[90]河狸B用自身的动力砍树，它没有操作由河狸A持有并传递的现有外部能量所驱使的机器。由于人类特有的能量分配能力，在某些历史条件下，我们也许会产生以下想法：活的劳动力可能会被机器的死劳动力取代，机器只会对雇主做出无声的回答。

因此，自然界中存在着增强对劳动力控制的路径，来自B的阻力可能会作用到A上，并促使其进一步挖掘C，从而维护并扩大控制权：这也是在转向蒸汽时代过程中出现的部分现象。资本家们通过掌控煤炭获得了权力，从而进一步提高了对于工人的控制权；资本在作为"爆炸式增长"和"强大的所有者"两方面都变得更加强大。[91]凭借着强大的购买力，资本家们可以在购买蒸汽机和煤炭的同时购买相应的人力，从而在原有的化石经济结构下行使强权。此结构正好符合亚当的理论：这种过渡体现出"对环境控制的增强"，与"人类系统中权力的增强"无异。[92]此外，在随后出现的化石资本循环中，每一单位的F都进一步增强了资本的力量，进而充当剩余价值生产的杠杆。此处的F是置于火中的燃料，它逐渐使一部分人踩着他人往上爬，从而成为强大的国王；而化石消费领域的情况则与之相反：你若是为长途飞行花费了500欧元，这一行为必然会带来碳排放，但它本身并不会增加你未来对其他人时间和资源的要求（你是在消费，并非投资）。燃烧只有在产生利益时才能产生资本积累，行为者才能在这一过程结束后获得更多新的、扩展的权利，从而进行采购并掌控人类生活。

在化石资本中，顶层权力的巩固将与煤炭的挥霍同时进行。与权力在社会中横向分散的流行概念相反，这一模式是双重意义上权力的纵向集

---

① 哈里·布雷弗曼. 劳动与垄断资本——二十世纪中劳动的退化[M]. 方生,朱基俊,吴忆萱,陈卫和,张其骈,译. 北京:商务印书馆,1978:47.

中,紧随其后的是废弃物在大气中的扩散,碳足迹标志着这一过程的进行程度(构想一下烟囱)。那么,我们是否可以根据现有知识将这一任务交给资本?根据史蒂文·卢克斯的说法,"有权有势的人就是那些我们断定或者能够认为要对各种重要的结果负责的人"①,即使结果是非预期的;而实际上,非预期的结果恰恰是"权势的明显例证"。[93] 目前过量的二氧化碳中有一大块可能被视为资本积累/能量消耗的生物地球化学实例,但尚未被定量证明。至于生产领域产生的排放,判定其他任何一方负有更多直接责任都相当困难。然而,更令人感兴趣的问题是,化石资本理论对我们目前的困境会有什么启示?在将其代入到当下之前,我们先对其历史进行两次回顾。

与美国过渡时期的简要对比

我们的化石资本理论是以英国向蒸汽过渡为模型的;然而,单个的案例不足以成为一般性理论的基础。无论它有多显著,其构成的理论基础都不够广泛、不够稳定。在进一步讨论前,我们至少应再看一个案例。毫无疑问,美国是化石经济的第二大支柱,它比任何其他国家都应对其历史碳排放量负责。那么,这一理论是否适用于美国的首次煤炭交易?此处我们无法进行深究,仅对一些基本事实进行快速回顾。

蒸汽机在美国出现得很早,但其征服经济的速度却极为缓慢。内战结束前,大部分机械能源仍由水车提供;直到1870年的统计中,蒸汽的工业总马力占比才以52%勉强战胜水车的48%——美国的这一全国性转变比英国晚了约40年。"19世纪,水力对制造业的重要性与今日的石油能源的重要性相当"。水力有许多容易识别的特性:安全、常见、大量存在于某一地区且价格低廉。[94] 1888年,《美国统计学会出版物》发布的一项对比表

---

① 史蒂文·卢克斯. 权力:一种激进的观点[M]. 彭斌,译. 南京:江苏人民出版社,2012:58.

明,"如果只考虑能源问题,而不考虑其他因素的话,水能比其他能源便宜,而且便宜得多"。等到过渡终于发生,水力在这一方面仍优于蒸汽。但这些水供应得到的利用并不充分,即便在新英格兰最发达的地区也是如此。[95]

流动的水能使棉花工业登上了美国商业的巅峰。1850 年,仅有 11.5% 的工厂由蒸汽供能;直至 19 世纪 80 年代,蒸汽发动机的马力才超出原先水力供能的 50%,超越了首先出现在罗维尔小镇的商业模式。[96]当时,波士顿一家公司的企业家们在梅里马克河的急流上筑起堤坝,开凿水渠,购买土地,并仿照格里诺克修建大型水库。有迹象表明,这一行动的灵感可能来自汤姆——把水租给了利用规律的、廉价的水流获取利益的棉花资本家。到了 19 世纪 30 年代,这种集体水库在新英格兰已是司空见惯。罗维尔模式的原型可追溯到殖民时代早期,那时,瀑布被认为是理想的定居点,拓荒者们在原始磨坊周围聚集;在 19 世纪早期和中期,获取土地仍然相当容易,在供水系统的设计出现后,新兴工厂被吸引到了边远地区。[97]在艾尔韦尔河旁,托马斯·阿什沃斯试图将 754 家运作良好的磨坊联合起来——其中许多磨坊可以追溯到《末日审判书》①的时代,那时这些磨坊主陷入了你死我活的竞争之中。而在梅里马克河和其他东部河流流域,土地空旷,产业鲜少。因此,企业可以首先通过对当地的垄断开发水库,以满足外来投资者的需要。

然而,这片殖民建筑群不久便成了纠纷频发之地。在罗维尔,企业的负责人被称为"水务监督长"。他们不得不兼顾租户的利益,严厉打击经营者们透支用水或干扰四邻供水的行为,并回应各种投诉及有关非工作时间运营的要求。总之,用亨特的话说,就是监督"纺织企业内咄咄逼人、争强好胜、一贯苛刻的风气"。[98]工业越是发展,竞争越是激烈,世纪末生

---

① 《末日审判书》(Doomsday Book):其正式名称应是《土地赋税调查书》或《温彻斯特书》,又称"最终税册",是由英王威廉一世制作的书籍,从 12 世纪开始使用。

产过剩的趋势越是强烈，制造商们就越难在一条船上坐稳共享水道的板凳。而眼下内部竞争愈演愈烈，制造商们要想持续扩张，就必须更紧密地合作。1894年年末，波士顿工程师约瑟夫·弗里泽尔在其公司的《议事录》上发表了一篇文章，对当时的风潮抱怨道："我们常听到有人说，水力时代已经过去，它正逐渐被人弃用，它将被蒸汽能源取代，等等。"但实际上，只要商人们足够聪慧，在修建足够大的水库的同时，遵守严格的放水计划，美国的河流仍在等待他们从其廉价的水力中获利。这一解决方案只有一个缺陷。

> 蓄水池系统的修建和其他类似大型项目都建立在众多磨坊主的共同利益上，因此，不同利益方必须行动一致，相互协调合作。在小事上钩心斗角、争吵不休，往往会成为项目进行的致命阻碍。[99]

在资本市场竞争的无政府状态下，资本家们渴望使用化石燃料。

与英国一样，理想的瀑布往往出现在被禁止或不适合工业活动的地方。随着时间的推移，逐渐发展出了远离能源产地的趋势——人们逐渐把目光瞄向了其他地区。在19世纪40年代爆发并持续了半个世纪的关于两种主要动力的辩论中，空间因素经常被拿来反对水力。《科学美国人》（Scientific American）在1849年指出，"商人想把蒸汽机放哪儿，就把蒸汽机放哪儿。在那里，他能确保手边就有工人，不用为了寻找人手而浪费时间"。一位水力拥护者承认，"人口稠密地区"的优势通常被认为"与蒸汽的额外费用相当"；而其反对者则在职工居住区建设的费用问题上喋喋不休，并指出：当"帮手"（另一种形容工人的委婉语）欣然走进邻近的工厂，并遍布海港之后，规避这些费用是相当容易的。[100]但只有内战后，这些争论才真正变得紧迫起来。

在早期美国殖民地自给自足型的经济中，免费、易得的水资源是机械

化石资本：蒸汽动力的崛起与全球变暖的根源

能的理想来源。人口散布在农业飞地①之中，他们唯一的联系是需要翻山越岭的长途贸易，这与河流的分布情况十分吻合。与英国形成鲜明对比的是，19世纪40年代，美国的大多数制造业仍分布在农村边远的经济圈。1840年，只有10.8%的人口能被归为城市人口（至少有2500名居民住在城镇），而这一数字在1860年降至10.7%。然后，城市化进程突然席卷全国，这一数字在1880年跃升至28.1%。[101]在亨特的分析中，这是一个分水岭："制造业在城市的加速集中，是水力的地位在南北战争后的一代中发生急剧逆转的主要原因"；更重要的是，"蒸汽动力由于其机动性而被采用"。[102]同时期的观察家们也得出了相同的结论。1887年，美国土木工程师协会（The American Society of Civil Engineers）主席对蒸汽动力的惊人增长进行了回顾：1870—1880年，蒸汽的总马力容量增长了80%，而水力只上涨了8%，对此他进行了简单的解释：

> 通往商业和劳动中心要比以往方便，这一点在很大程度上促进了蒸汽动力的增长。尽管大量的水力资源仍未被开发，且蒸汽动力的成本远超出水力，但蒸汽动力可供使用的位置和位置之间的关系仍使得人们更青睐蒸汽动力。[103]

位置与位置之间的关系是抽象空间的一个简单公式。

与内战后劳动人口集中化同步进行的，是另一项同等重要的发展，那就是真正的一体化国家市场的形成。在火车和汽船的来往间，自给自足式殖民的最后一点残余也在激烈的竞争中消失殆尽。制造商可以通过快速、准时的货运满足远方消费者的需要：失去了对水能季节性变化的耐心。1883年《美国土木工程师协会议事录》上一篇有关蒸汽动力成本的文章，解释了几个世纪以来农民是如何仅通过切换到其他工作来应对缺水问题

---

① 飞地：一种特殊的人文地理现象，指隶属于某一行政区管辖但不与本区毗连的土地。

第十三章 化石资本：资产阶级财产关系的能源要素

的——他们在干燥的几周内收割作物，在融雪前拖运木材，在没有任何经济损失的情况下成功暂停磨坊运营。然而，"对于现代制造业者的利益而言，这样的事情绝不可能发生"，大量的合同需履行，"数十万美元的资本被用于投资——只要磨坊主还想与他人竞争，就不能停运磨坊"。因此，他们渴望使用蒸汽。[104] 1879年，一场可怕的旱灾席卷了大西洋东北部及中部各州。[105]

内战之前，美国施行的一向都是非化石经济，从未经历过像伊丽莎白时期那样漫长的原始化石经济的序幕。1850年，美国9/10的供暖都源自木材，直至19世纪下半叶，随着水力向蒸汽动力的转变，才突然转向煤炭使用。比英国更甚的是，是发动机把一船船的煤炭拖到火堆里。[106] 由此可见，化石经济在美国诞生的具体条件和时机是独一无二的，其最根本性的区别在于发生的先后顺序：这一过程发生得较晚，且基本上重复了"蒸汽之乡"已经发生的事情。两者的基本情况惊人地相似。美国和英国一样，资本主义财产关系以其独有的时空性切断了与流动能源（如水力）的联系，使自我维持的增长与储备能源（如煤炭）挂钩。

伊丽莎白时代的跃进与化石资本的原始积累

在《资本论》第一卷的最后一部分，马克思转向论述这一切是如何开始的：最初的M（指Money，钱）从何而来？要想把卫星放入轨道，需要事先在地球上对其进行组装；要想将资本投入不断积累的螺旋中，必须有一定的初始货币积累——马克思称之为"原始积累"（德语：Ursprüngliche Akkumulation），蕴含"起源、根源"的意思。[107] 当然，标准的英文翻译是"primitive accumulation"（原始积累）。这一翻译并不贴切，给人一种与先进的资本运作不符的初级而不成熟的印象。为了警惕这一误导性的联系，我们将保留这一普遍接受的说法。对于马克思而言，这表示着社会破裂的双重过程：一方面，出现了成熟的资本可用于投资；另一方面，出现了

"自由"的工人：他们与生产和生活资料相脱节，因此可以从事雇佣劳动——这是体现历史性分离的另一个词。

类似于这一分析，我们可以得出，只有当另一循环建立时（为市场生产的商品 F 已经被建立起来），化石资本循环才得以出现。为了将这一类比进行到底，我们还需要对第二种情况进行讨论。资本通过原始积累的过程被投入化石燃料的生产中；与此同时，这一过程消解了直接生产者与地球之间的联系，将自然作为私有财产分隔开来，攫走了农民、猎人、渔民和其他迄今仍独立于市场之外的人，促进了资本主义财产关系的形成与发展。我们可以在历史上的什么地方找到它？很显然，最能体现这一现象的历史证明是伊丽莎白时代的跃进。然而，半个多世纪以来，人们几乎仅通过李嘉图和马尔萨斯的理论来解读煤炭在生产领域突然腾飞的动态。所有讨论都以约翰·奈夫（John Nef）的两卷本《英国煤炭工业的兴起》（*Rise of the British Coal Industry*）为出发点。其中有一句话常常被摘录出来：

> 所有证据都表明，在伊丽莎白继位（1558 年）到内战爆发期间，英格兰、威尔士和苏格兰都面临严重的木材短缺。这一情况并非只出现在部分特殊地区，而在岛上的大部分地区都十分普遍。毫不夸张地说，这是一场全国性的危机。[108]

此即 16 世纪英国"木材荒"一说的出处。面对这样的情形，英国不得不转而采用煤炭作为其供暖的主要燃料。

而现在，数十年的研究已经证明，奈夫在这一点上未免有些夸大其词。20 世纪 50 年代，历史学家指出了这一时期的森林数目稳定甚至增长的证据，其中一位学者总结道："'木材荒'从未出现过。有充分证据表明，1550 年后两百年内初步加工的备用木材和成捆木材供应量大幅增加，而其价格增幅却出人意料地小。"[109] 到了 2003 年，罗伯特·艾伦（Robert Allen）汇集了目前关于早期现代英国和欧洲大陆燃料价格的最全数据。数据显示,在16—17世纪,英国大部分地区的燃料价格明显下跌,连木炭价格都在伊丽莎白跃进时代前期有所下降,这与全国性"木材荒"一说中的情况完全相反。最近,爱德华·斯坦缪勒(W. Edward Steinmueller)重现了英国森林的生产潜力、产量、租金和卖价情况:直到1700年,每单位热能木材的平均成本一直在煤炭成本的左右徘徊;后来,煤炭变得更加昂贵。[110]

然而,与从水到蒸汽的转变不同的是,在这一情况下,无风不起浪。所有关于"木材荒"的说法都有其现实基础——尤其在伦敦。这座城市在跃进时代的确遭遇了燃料危机。16世纪中期,木材价格飙升,煤炭价格在接下来的一百年内下降了一半。在不断膨胀的首都伦敦——其人口在1520—1700年增长了十倍,其附近的所有森林都被砍伐一空。艾伦写道,奈夫发现的危机是"城市范围的瓶颈",而非"系统性制约"。与全国性的木材短缺不同,"这一需求在伦敦集中爆发"。大量资金和人口涌入伦敦,伦敦成为新兴世界经济的中心节点,同时也成为抽象空间的先锋。[111]但这并不能改变木材变得稀缺而珍贵的事实。在大都市其相对价格上的转变,与19世纪30—40年代水和蒸汽的竞争并不相同——即使在棉都或在棉都周围也是如此。此外,有迹象表明,在其他16世纪晚期发展迅速的英国城镇,当地的燃料市场亦有类似的不平衡现象出现,也许至少造成了区域性短缺。[112]因此,奈夫可能确有夸张,但绝非胡言乱语。

如果说,木材短缺叙事是奈夫描述中的一个不怎么站得住脚的分支,那么第二个分支得到的关注则少得多。要想使大规模煤炭产业迎来曙光,必须先改写土地所有权及其内容的相关规定。一个幸运的勘探者不得不放弃其对该片土地的所有其他要求,驱赶可能使用该地的平民,从而确保该地完全归他所有,否则他便不会为其投资,也不对其进行开采。[113]这些都不是跃进时期前英格兰盛行的财产关系。但在1566年,伊丽莎白女王继位8年后,皇家法院将除金银外的所有矿产资源统统排除在王室特权之外,包括其所有权和掌控权。他们大笔一挥,煤炭矿藏就被变成了私有财产。

然而,在颁布此法令之前,与其说是皇室阻碍了矿藏开采,不如说是教会。教会持有的财产包括即将开放的东北部大矿山的大部分土地,却对扩展这一产业毫无兴趣。修道院矿坑的煤炭被挖掘、销售和焚烧,但他们仅仅是按照中世纪的惯例,在煤炭浅层用简陋的设备进行小规模的开采。奈夫发现:"他们要想开采更深的煤层的话——仅这些煤层就可以供应大量煤炭,则需要成千上万英镑的投资。"但"教会人士不愿将自己的大量资金投资于采矿,也不鼓励承租人这样做"。相反,当杜伦主教①将矿井租给承租人时,他规定了高租金、短期限和对产量的限制,确保企业规模较小。[114]他们与商人保持一定的距离。主教和僧侣们不再依靠市场进行再生产,因此他们也没有必要提高生产率或对盈余进行再投资。他们靠着宝剑和十字架就可以生存,对于地层下掩埋的财富,他们可以超然其外。

而都铎王朝将土地及其中的矿产从教会的束缚中解放了出来。自亨利八世开始实施宗教改革②起,王室解散了修道院,逐渐没收了他们的财产。这其中包括王国的大部分矿藏——但他们这么做并不是为了让自己获益。1566年法令颁布后,煤层被投入了持续扩大的土地交易市场。它要么被当作名义上的皇家财产出租,要么则完全被当作地主财产,而地主随后可以对其进行开采或出租。他们削减租金,将条款期限延长了一个世纪,取消了所有的产出限制;现在,投资者可以购买或出售采矿权,他们通过挖掘尽可能多的煤矿直接获益。只有通过最大限度地提高产量,他们才能获得足够的利润,从而收回投资、保有土地,最好是购买更多土地。不同于主教和僧侣,地主和佃户在不安全的环境中相互竞争,并被迫为市场生产。此外,他们摆脱了教会的枷锁,可以不断地将资本注入矿井深处,同时不

---

① 杜伦主教:杜伦一般是指达勒姆郡,英国英格兰东北部的单一管理区。杜伦主教是负责约克省杜伦主教区的圣公会主教。该教区是英格兰最古老的教区之一,其主教是上议院的成员。
② 宗教改革:从1529年开始,1534年国会通过了著名的《至尊法案》,这是一场由中央政府推动、上而下的宗教改革运动。亨利八世成为英国第一位国教最高首脑。

第十三章 化石资本：资产阶级财产关系的能源要素

必担心教会突如其来的限制。[115]

在16世纪，杜伦主教失去了泰恩塞德①的所有矿层，它们都归到了已经学会靠市场生存的纽卡斯尔②商人手中。他们对待商业的态度与教会相反，尽管他们过去一直进行的是商品贸易，现在他们开始生产煤炭产品。这在16世纪70—80年代刺激了伊丽莎白时期的跃进，使其紧随1566年对教会土地征用和私有化的到来而出现。这样的模式反复出现在英国的煤炭区。奈夫注意到，"在全国范围内，16世纪晚期和17世纪早期的主要矿产企业，都是在教会失去其土地后才开始发展的"。他还强调了这些财产转移是如何导致了"该产业的显著扩张"。[116]资本的活力从地下的煤炭中得到了释放。

可是，生活在这些土地上的人们呢？他们的房子和田地可能会突然间塌入矿洞，牲口会跌进没有围栏的矿井，草会变得有毒，坑洞和机器会夺走所有农用土地。根据习惯法，佃农有权在公地上放牛、砍树，甚至出于家用需求而采煤，或者在邻近的荒地上散步——然而，为了开发商业煤矿，这些古老的做法必须被终止。16世纪中叶以前，圈地和驱逐活动几乎从未受到地下资源的影响，但伊丽莎白一世加冕后，这一趋势逐渐开始显现。领主们会直接占有他们认为埋有矿藏的土地。17世纪初最受瞩目的几次圈地活动，都是为了防止开采受到干扰。正如对羊群的驱逐那样，对煤炭的侵占引发了激烈的抵抗：1605年，德比伯爵庄园的自由持有农和习惯佃农闯入了被围起的公地，运走了煤炭，把它们扔进了灌木丛。他们"认为矿井对牲口来说是一种威胁，故而将其填平"。[117]在萨顿庄园——后来发展成为兰开夏郡最大的矿井之一，圈地被那些要求"共同放牧权"的自由持有农毁坏了16次。在后来成为什罗普郡煤田的地方，当地居民为了使煤

---

① 泰恩塞德(Tyneside)：英格兰东北部一个地区。
② 纽卡斯尔(Newcastle upon Tyne)：英格兰东北部的港口城市，英格兰八大核心城市之一，全称为"泰恩河畔纽卡斯尔"。16世纪以后为英国主要的煤港。

矿停运，发动了一场顽强的反抗。他们毁坏大门，扣押机器，用石头打砸劳工。在蔓延至全国战场的一角，"干草叉同镐头和铁锹进行着不起眼的战斗，防止所有佃户的联合被丑化为一场剧烈的暴动"。[118]

伊丽莎白跃进时代采取了与农村传统生活方式持续对战的形式。"土地所有者们常常生活在恐惧之中，生怕他们的土地下会发现煤炭"，他们尽其所能地阻碍开采：对矿层进行保密、妨碍矿藏搜寻。煤矿工人挖矿的速度有多快，他们用土填平矿坑的速度就有多快。[119]经营者们不得不派武装警卫夜以继日地守在矿井旁，为萌芽中的原始化石经济筑起一道武力之墙。在此阶段，倾向于累积资本的地主们已经得到了强大的国家机器的支持，并在数千次争端中对反抗者予以痛击。到17世纪末，富煤土地最终沦为专属私人财产，传统佃户和平民的所有权利几乎被全部夺走了。[120]从木材到煤炭的转变，非但没有减轻土地的压力，反而被受其影响的平民视作对最珍贵资源的剥削。

造成的结果是割裂的。一方面，矿藏的所有权——包括其上的地表，开始集中到少数人手中；另一方面，煤炭的兴起导致佃农受到驱逐，英国农民的所有权普遍下降。[121]在一些地区，煤炭圈地是导致直接生产者离开土地的首要原因；在长达几世纪的进程中，这一未受重视的因素使这个国家产生了独特的社会结构，并成为原始化石经济和化石经济产生的必要条件。1708年，名字首字母缩写为 J. C. 的作家出版了《熟练的矿工；或，现在在北部地区，尤其在桑德兰和纽卡斯尔使用的凿井、取煤和加工煤炭等的全部技术》(*The Compleat Collier: Or, the Whole Art of Sinking, Getting, and Working, Coal-Mines, &c. , as is Now Used in the Northern Parts, Especially about Sunderland and Newcastle*)，这是有史以来最早的采矿手册之一。该文旨在煽动持有煤矿的庄园主，用隐秘的诱惑勾引他们。J. C. 问道："如果不允许冒险者们获得收入（或利润），这些人怎么生活呢？"他继续写道："如果利润不能提高的话，我看不出任何人有什么理由会用钱来冒险。"

第十三章 化石资本：资产阶级财产关系的能源要素

值得庆幸的是，在16世纪晚期和17世纪早期，煤矿的利润往往都很可观，经常超过40%，有时甚至高达130%。事实上，这一资本累积如此成功，以至于煤炭行业在17世纪下半叶遭遇了生产过量的问题。当时的需求趋于平缓，而矿井却仍在被挖掘；市场供应过剩，价格也因此下跌。[123]这些问题是供应驱动过程的明显标志。正如我们所见，由水到蒸汽的转变和化石经济的兴起都是应其所需，伊丽莎白跃进时期和原始化石经济的开始也同样有需求的成分——毕竟他们有从中获利的可能，因为煤炭在伦敦和其他城市市场已经成为一种自给自足的商品——但从根本上来说，利润其实是通过供应方面真正的革命性转变实现的。奈夫观察到，"只有在大不列颠，土地持有者对所有矿产（除了金和银以外）的所有权利都是绝对的"。[124]这一原则在世界其他地方都没有先例或类似的情况。例如，在宋朝以后的中国，国家对煤矿持有绝对控制权，并禁止私人开采煤炭。[125]

尽管只是隔靴搔痒，对伊丽莎白跃进时期的再解读使我们丰富了原始累积理论。跃进时期构成了以下的过程：①通过向市场提供F，启动资本的原始积累；②从土地征用和矿藏向私有财产转化中起源；③传播并巩固了资本主义财产关系。它使煤炭占领了市场，促进其向蒸汽转变，并以此为后来的化石经济奠定基础。事实上，我们可以说，抽象空间和抽象时间在早期的矿井里就已萌芽：国内从煤炭里衍生的燃料使英国城镇的空前扩大成为可能——"容易获得"的劳工在此聚集，而矿产则将一种黑暗的、死亡的、无反应、永恒的，因此是统一的时间元素带到了经济之中。与多数或其他所有劳动场所都不同的是，矿井没有自己的时间节奏；雇用的工人被送入其中，在规定的数小时内挖煤，然后再按单独的时间表交付给远方的客户。

化石资本一旦诞生，就需要来自先前循环的不断滋养。寻求化石资本的一般公式 $\{M-C\,[L+MP\,(F)]\cdots P\cdots C'-M'\}$ 的前提是不断滚动的原始积累 $[M-C\,(L+MP)\cdots P\cdots C'\,(F)-M']$ ——或者，更简单地说：对于燃烧化石燃料的资本家，必须有其他专门从事燃料生产的资本家，前者燃烧的越多，后者交付的就越多，这两个周期始终交织在一起。从严格意义上讲，化石资本的原始积累是化石经济的永久基础。作为一项政治进程，它在过去两个世纪用无数事例重申了伊丽莎白跃进时期的条例：从阿拉伯半岛到厄瓜多尔雨林，只有通过征用土地及土地蕴藏的财富、消灭反抗的国家结构和习惯权利、驱逐当地居民至贫民窟，才能扩大化石燃料的开采——这是一段"用鲜血和烈火书写"的历史。[126] 以资本的力量为条件，而这一过程的每一步都将其再次巩固。首先是通过扩大资本主义对自然的专属控制。如果在伊丽莎白跃进时代有李嘉图—马尔萨斯理论的微弱痕迹，那么它在最近的迭代中完全消失了——众所周知，直到最近，石油的历史一直是生产过剩的历史——驱动钻机和钻入土壤的因素完全不同。壳牌公司没有去尼日尔三角洲，因为英国人再也不靠植物生存了。

资本不会因为有人饥饿而进食：资本总是"暴饮暴食"的。这种关系在过程中的生态性暴食无法通过替代和缓解模型捕捉到，恰恰是因为它没有在生态系统的自然范围内生根。它在使用价值之上的层次运作，处在交换价值稀薄而无形的空气中；正如它必须永远提供过剩的劳动力一样，它也必定会从地下土层大量抽取原材料，无论这些材料稀缺与否。可以说，资本是超生态的：它是一种会飞的生理杂食动物，有着独特的社会基因。它不是无止境的增长直到撞上原料短缺的壁垒，才企图转向其他丰富的能源；也并非对特定限制的反应带来的普世过程。相反，它是对生物物理资源的普遍占有展开的具体过程。它的胃口永远无法被满足；它一旦开始，就会永远持续下去，且一直乐此不疲。

第十四章

今日的化石资本

碳排放爆炸

2014年5月12日,《纽约时报》(New York Times)报道:"很大一部分南极西部冰盖已经开始崩塌,其融化趋势现在看来势不可当。"这意味着海平面也会随之至少上升3米。这项发现是由两个独立的团队在《地球物理研究通讯》(Geophysical Research Letters)和《科学》(Science)期刊上发表的。迄今为止,从南极西部内陆到阿蒙森海的冰川一直为冰架所阻挡,其功能像浴缸中的塞子一样。但是变暖的海洋正将越来越多的热量输向南极大陆,融化了冰架并拉动了塞子,导致力量的平衡被推翻。浴缸里的水渐渐排干,冰川从地面上松动,再没有山丘或山脊能阻止它们滑入海中。[1] "今天,我们提供了观测证据,表明一大部分南极西部冰原已经进入了不可逆转的消融状态",其中一位主要作者在美国宇航局(NASA)召开的新闻发布会上说,"它(冰川消融)已走上了一条不归之路"。也许冰川消融需要几个世纪才会全部完成,但是,《纽约时报》指出,即使是海平面上升1.2米也足以淹没目前将近400万美国人赖以生存的土地。而且,持续排放的温室气体将在南极东部和格陵兰岛的更大冰原区引发相同的隐患。"如果我们确实点燃了南极西部的导火线,将很难想象如何扑灭这些引信,"该领域的专家理查德·艾利(Richard B. Alley)评论道,"但这里还有更多的导火线,也还有更多火柴,我们现在可以做出一个决定,即我们要点燃它们吗?"[2]

就在同一天,《纽约时报》报道:"加拿大的石油公司正提议新建和扩建石油管道,将油砂田与中国乃至世界各地的新兴市场连接起来。"该计划没有因基石输油管线项目(Keystone XL)的延误而搁浅,该项目旨在将石油从加拿大阿尔伯塔省的焦油砂地区,穿过美国大陆,一直输送到休斯敦。这两家公司正计划修建一条管道,该管道将蜿蜒流向加拿大东西部沿海地区,从那里石油可以首先被运送到中国。即使没有基石输油管线项目,油砂的产量在未来十年也将增长1/4以上,很多公司会将其产量提高一倍或两倍。自20世纪50年代以来,就没有公开出现这么多管道项目。这些公司面临来自原住民、环保主义者、当地社区的各种抵制,他们担心自然景观被破坏。但是,壳牌加拿大分公司油砂业务副总裁提出了令人信服的理由:"于我们而言,管道是对未来的投资。"他告诉《纽约时报》:"我们需要更大的石油输送容量。从长远来看,我们需要进入全球市场。"如果实施最具争议的项目,政府将要冒着"暴力对抗"的风险。但《纽约时报》总结说,其中大多项目的前景看似"光明"。[3]

1751—2010年,化石燃料燃烧所产生的二氧化碳排放量中有一半发生在1986年之后。这段时间诞生了历史上最伟大的研究成果之一——气候变化科学。[4]千禧年之交见证了另一条道路的开启,人们对全球变暖灾难性影响的广泛认识基本上源于21世纪。自2000年以来,全球二氧化碳排放的增长率已是20世纪90年代的3倍。并不是因为任何气候政策,而是由于资本积累的崩溃。值得一提的是,2009年的排放量减少了1%多一点,直到2010年以接近6%的速度反弹,然后以年均增长3%稳定下来。超过了IPCC提出的最坏情况,即这种新颖的"一切照旧"模式将使全球温度在

2060年之前升高4摄氏度,远远超出了人们可以适应的合理水平。[5]事态已然失控,我们现在可以正当地谈论后2000年的碳排放爆炸了,而化石资本理论应该对此有话要说。

关于碳排放爆炸的两个基本事实随即引起了人们的注意。首先,它主要发生在中国。2000—2006年,全球二氧化碳排放量的55%发生于此。到2007年,这一数字已达到2/3。2004年,中国成为全球最大的化石燃料开采国;两年后,中国超过了美国成为最大的二氧化碳排放国。[6]其次,碳排放爆炸似乎与全球化有一定关系。从20世纪80年代初到2008年,世界贸易以每年8%的速度增长——显然快于产出——而真正的新潮之处在于蓬勃发展的外国直接投资(FDI):从20世纪80年代开始,外国直接投资流量的增长速度快于跨境贸易;1990—2009年,它增长了5倍,达到峰值,然后在金融危机期间暴跌,随后再反弹。巧合的是,这种趋势也在中国缓慢发生着。外国直接投资的主要目的地是中国,2008年的流入量几乎是俄罗斯和印度加起来的两倍。两年后,中国取代德国成为制成品的最大出口国。[7]除了这些广为人知的数字,还发生了什么?中国和全球化的何种"可燃组合"引起了碳排放爆炸?这种点燃全球所有导火线的力量几乎是压倒性的。

出口爆炸

资产阶级意识形态被称为生态现代主义,其基础是一种信念——认为它是对生态灾难的一种更为丰富的补救方法:只要人们足够现代化、高科技和成熟化,周遭的污染就不会太多了。更确切地说,各国都遵循环境库兹涅茨曲线(EKC)(见图14.1)的发展,贫穷和不发达地区几乎对环境没有影响。但随着人们的收入开始增长,对环境的影响也随之增加,进而达到一个拐点,此后增加的财富将减缓环境恶化,并趋于最初的低污染阶段。从对气候无甚影响的农业、产生污染的工业到清洁服务业的发展,最发达的经济体最终吸引了足够富裕的群体来关心周遭的环境、高效的技术和负责任的机构，而这些正是减轻地球负担所需的一切。其他经济体也应尝试走这条康庄大道。开启这条路的最佳途径是促进全球化，或者说，自20世纪90年代初，环境库兹涅茨曲线的概念在北美自由贸易协定的辩论中出现，经济学家威尔弗雷德·贝克曼（Wilfred Beckerman）总结了它的政治吸引力："有明显的证据表明，尽管经济增长通常会在这一过程的早期导致环境恶化，但最终，大多数国家实现优质环境的最佳（可能也是唯一的）途径就是致富。"[8]

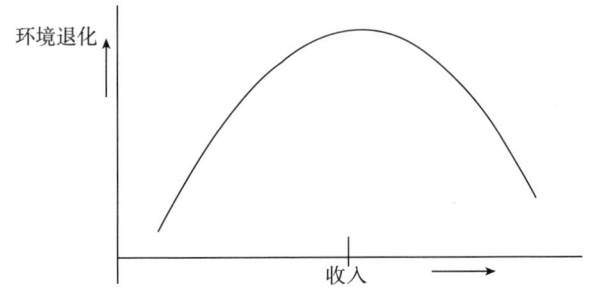

图 14.1　环境库兹涅茨曲线

数十年来的研究几乎没有证据表明在可见的现实中存在任何环境库兹涅茨曲线。至于二氧化碳，似乎有一个变量遵循该曲线，即污染强度或每生产单位释放的二氧化碳量。但是，对于气候至关重要的当然是总排放量，这一关键指标没有下降的趋势，只有伴随收入的长期增长[9]（但是强度可能是碳排放爆炸的中心变量，因此我们下面会再回到这个话题上来）。此外，环境库兹涅茨曲线可能会因完全忽视了世界经济全球化性质而受到指责。一位聪明的、技艺精湛的、乐此不疲的艺术指导者的碳足迹与他生产的产品无关，而与他的消费有关，其多数消费仍将在从事污染的制造业工作的国家/地区进口。绝对没有迹象表明处于收入轴右端的人们不再购买笔记本电脑、智能手机、鞋子、牛仔裤，也不再乘坐汽车和长途航班，而转向隐性禁欲主义。相反，他们生存的生态负担在无休止地增加，只是它正在被遥远的生产者背负,然后似乎负担就只属于生产者,[10]MacBook Air 群体的无负担感就是一种基于近视的幻觉。

就二氧化碳而言,与商品有关的大多数碳排放源于生产过程,而不是最终的消费。比如,一个穿着来自孟加拉国 T 恤衫的瑞典人不会排放二氧化碳,因为二氧化碳已经从缝制 T 恤衫的工厂及由建筑商和机器制造商提供电力的发电厂以及更远的供应链中排放了出来,形成一系列无形燃烧物的排放,进而反映在商品中。因此,进口消费者造成的实际二氧化碳排放量可能远超出其母国的限制。的确,近几十年的趋势是,在不同国家最终消费的商品,实际在生产中排放了更多的二氧化碳:1990 年,生产过程占全部排放量的20%;到 2008 年,这一比例已增长到26%。[11]气候谈判所依据的官方统计数据,仍将排放量分配给了二氧化碳实际被排放出的领土国家。但是,为什么孟加拉国要为了瑞典 T 恤穿着者的利益,而对排放的二氧化碳负责?随着"贸易中的碳排放量"(EET)的增长,在一些特定国家,越来越多的研究人员、激进分子和政治家齐声倡导重新分配责任,从基于生产的算法转向基于消费的算法,这将描绘出"人类行为如何以及为什么影响二氧化碳排放"更为真实的画面。[12]简而言之,不要让富裕的西方人当"甩手掌柜"。

中国同样处在"贸易中的碳排放量"现象及随之而来的指责中心地带。1990—2008 年,进口到附录 B 国家(基于《京都议定书》承担相关义务的发达国家)的碳排放量增长的75%完全来自中国。2001 年,中国加入世贸组织,消除了剩余的投资壁垒,废除了对外资所有权的限制,放宽了外商与本地企业合作的要求。总体来说,中国敞开了大门,然后碳排放才开始真正呈爆炸式增长。1990—2002 年,中国二氧化碳排放量增加的 1/3 可以直接归因于出口,但在接下来的三年中,这一比例上升到1/2。此外,据一项估计,2002—2008 年,中国碳排放总量中有多达48%是在出口范围内产生的,[13]这是从中国领土上排出浓烟的主要来源,其他驱动因素则相对微不足道。2002—2005 年，人口增长和"生活方式的改变"分别贡献了排放量增长的2%和1%，政府支出和家庭消费分别占7%，而出口约占50%。[14]在 21 世纪初，中国经济中没有任何一个领域能像出口这一行业那样充满活力，而它对基础设施和消费的间接刺激甚至都没有被计算在内。

中国大宗商品的出口目的地大多是在发达国家。中国是主要出口国，而美国是有形碳排放的主要进口国，其吸收量越来越大，1997—2007 年的净进口量增长了 250%；相应地，对于欧盟，这一数字是 154%。[15]一些西欧国家倾向于相信它们已经越过环境库兹涅茨曲线的峰值并进入下降路线，但这种自我形象是基于生产的欺骗，因为进口的量越来越高。在有关《京都议定书》的辩论所产生的术语中，这种排放位移被称为"碳泄漏"①。在气候谈判的初期，人们担心，如果只有某些国家（附录 B 中的国家）会为强制性减排所覆盖，污染类活动只会被迁走。寻求无限量二氧化碳排放的汽车制造商可以迁至附录 B 之外不受限制的国家，例如中国；希望减少碳排放的国家可以进口产品而不是生产产品。

但实际上，并没有发生过这种类型的碳泄漏，严厉的减排措施可能不会导致附录 B 国家的大规模迁移，因为尚未实施此类措施。因此，在"强""弱"碳泄漏之间产生了区别。强泄漏到目前为止的假设是，严格的气候政策会导致生产活动偏离，弱泄漏是由于其他一些不明原因造成的生产活动偏离现象。在这里，对贸易中的碳排放量的主流研究戛然而止了。一个研究小组指出，"我们在这儿报告的大量碳排放转移的可能原因，是与气候政策本身无关的先前的政策和社会经济因素"，但他们没有问接下来一个很自然的问题：这些"可能原因"究竟是什么?[16]如果汽车制造商不是为躲避减缓气候变化的责任，他们为什么要将工厂搬到中国来？尽管有

---

① 碳泄漏(Carbon Leakage)：是指发达国家的温室气体减排会引起发展中国家二氧化碳排放量的增长。如果一个发达国家采取二氧化碳减排措施，该国内一些产品生产(尤其是高耗能产品)可能转移到其他未采取二氧化碳减排措施的国家。

其优点，但贸易中的碳排放量研究仍未能确定其中的因果驱动力；确切地说，当要解释"人类行为如何以及为什么影响二氧化碳排放量"时，碳泄漏就限制了人们的视野。

该框架还有另一个相关的问题：否定环境库兹涅茨曲线，它倾向于忽略生产过程，而将所有重点放在消费上。因此，我们可能会看到，源自出口的碳排放量比例"重大，这表明了中国在国际贸易中的'世界工厂'地位，那些消费中国制造的商品的人也应承担责任"。[17]现在思考一下这一说法：中国是世界工厂，排放了大量的二氧化碳，那些消费者也应对此负责。没有人对这一论述感到迷惑吗？从基于消费的核算方法中得出的观点是，西方消费者享有绝对主权，他们大概是通过站在货架前挑选廉价的中国商品而非昂贵的国内商品，将二氧化碳打包发往世界各地，而生产资料的所有者是中立的、被动的、回避的。

当消费被视为一种普遍的西方活动时，这种论点就有可能严重误入歧途。研究了中美贸易中的具体碳排放量后，一组研究人员认为："与发展中国家相比，在发达国家生产商品的工人享有相对奢侈的生活方式，而在许多情况下，这种生活方式会给环境带来重大影响。"[18]他们——工人——构成了大多数美国消费者，应承担责任，而这一点在该领域的许多研究中确实被遗忘了，中国的二氧化碳排放量落在了西方普通人的肩膀上。在一个与原始环境库兹涅茨曲线一样不现实的前提下，富裕的消费者与其他消费者之间没有分别，当然不可否认，发达经济体的工人会从沃尔玛、乐购或宜家购买的廉价中国商品中受益。但把责任归咎于他们，作为碳排放量迁移到中国的科学依据，并不十分令人信服。美国或其他西方工人从未做出将制造外包的决定。实际上，如果有人曾经拒绝过这样的举动，那也是这些工人。无论是环境库兹涅茨曲线还是其标准的否定，都无法解释在中国实现的碳排放与全球化之间的关系。而对这种否定的否定可能会有成果。

化石资本：蒸汽动力的崛起与全球变暖的根源

化石资本全球化

以上概述的化石资本理论表明，储备能源是剩余价值生产的一般杠杆。在此基础上，我们可以为全球化生产时代提出一个简单的假设：全球流动资本将通过新一轮的大规模化石能源消费，将工厂转移到劳动力价格低廉且纪律严明的环境下（剩余价值率有望最大）。到目前为止，这项转移只是个遥远的记忆，仅仅是资本积累追求螺旋式发展的过程。

"全球移动资本"是什么意思？首先，它意味着工业资本可以自由进行跨境投资，并且能够将生产技术运用于新的地点。如果来源国 A 的资本可以在东道国 B 建造工厂（绿地投资①）或收购（合并和收购）公司，并且可以将机器、技术专长、经营方针和其他关键资产从 A 国转移到 B 国，则可视为资本在全球范围内流动。当然，前提是 B 国周围是其他一些类似的东道国。自 20 世纪 70 年代以来，随着世界经济的发展，这些条件已经逐步实现。它们暗示着资本可以超越生产率水平大致恒定的边界，或者换句话说，跨国公司（TNC）的生产率是公司专有的资产，它拥有的东西可以输入东道国，而与平均水平无关。[19]但是，正如我们将看到的，其中的区别至关重要——这仅适用于即时生产技术，而非基础设施。

这种机动性代表了对抽象空间的深入探索：在寻求最佳盈利能力的过程中，资本比以往任何时候都更自由地在全球流动。另外，劳动力仍然相对有限。由于劳动力与生活中的人们紧密联系在一起，他们拥有自己的社区、方言、记忆、家庭、习惯、朋友、酒吧和政党以及无数其他生活组成部分，因此，有偿劳动的商品无法像资本一样流动（即使没有关卡和壁垒阻碍迁移）。随着时间的流逝，也随着资本主义的发展，工人发展出与自

---

① 绿地投资（Greenfield Investment）：又称创建投资，是指跨国公司等投资主体在东道国境内依照东道国的法律设置的部分或全部资产所有权归外国投资者所有的企业。

己居住地有关的独特特征。在一个地区,他们建立起强大的工会,以使他们能够提高工资;而在另一些地区,他们几乎没有组织。一些人受过高等教育,而另一些人只受过基础教育;有些人倾向政治斗争,而另一些人甘于传教士的控制。工资、技能、可管理性和劳动力的其他属性在空间上各不相同,工人不可剥夺的自主权导致了地理区位上阶级关系的曲折、不平衡以及永远无法完全稳定。因此,用塞珀(Stopper)和沃克(Walker)的话来说,"流动性对于资本来说不是一种奢侈品,而是必需品"。因为工人阶级社区"不像资本那样具有可塑性,在地理上的流动性不强,所以必须在不断发展和重组的过程中寻找劳动力,与之抗争,有时也会被工业抛弃"。[20]抽象空间的产生不是资本主义的独白,而是在阶级关系中保持领先地位的一种方式,可以增强从市场流通外围避开、接近或抵御劳动力的自由。

一旦资本获得了以便携式生产力四处游走的自由,它就会根据潜在东道国的具体资产在其中进行选择。一种深具国家特色的赠予恰恰是劳动力,随着资本的流动,它将极其重视劳动力供给的民族特征;它将寻找廉价的劳动力,即容易获得劳动力的地方;它将寻找训练有素的工人,即有纪律、习惯于高劳动强度和长时间工作的劳动力。这些因素的有利结合将维持较高的剩余价值率,同时吸引跨国公司进行投资。相反,如果工人变得更贵、更叛逆,跨国公司将迁出这些地方。衡量高剩余价值率的最简单指标是低劳动力成本,通常将其粗略地转化为低收入。因此,随之而来的是,工业生产将倾向于从平均收入较高的国家转移到平均收入较低的国家,不是从前者完全撤离,而是处在相对的迁移过程中。[21]

然而,事情当然不是那么简单。劳动力特征是外国直接投资流向的独立决定因素,但远非唯一的因素。例如,跨国公司可能希望将自己置于市场当中,面对面地服务客户,以便使产品更好地适应客户需求;或以其他方式提高品牌价值,或超越竞争对手;这里吸引投资的是一国的消费者,而不是工人。但是，如果跨国公司从东道国出口产品，我们就有理由怀疑，诱使他们在该国设厂的是工人而不是消费者。劳动力也可能会采用以市场为导向的策略：一个同时提供有钱消费者和廉价劳动力的国家是就地生产的最优选择——外国子公司可能会在向本地和境外销售之间来回切换。但一般来说，以出口为导向的外国直接投资更加取决于劳动力的属性。[22]

在经济全球化的抽象空间中，几乎可以在任何地方为客户提供服务；生产场所可以与消费场所分离；资本可能会在出口平台之间作选择，而资本获得和利用劳动力的杠杆便是化石能源。更准确地说，有三个增强资本流动性的时刻依赖于储备能源。首先，要使劳动力变得便宜并受到纪律约束，就必须有一支后备劳动力大军，充分就业会削弱这两种特征。从英国的经典案例来看，我们可以推测，在一种经济模式中，找到一支庞大后备军的最佳时期是从农业到工业的艰难过渡时期，随着全体农民离开村庄并聚集在城镇中，会释放全新的劳动力供资本采购，但是经历这种转变的国家很可能也经历了向化石经济的过渡。在一定程度上，除欠发达的形式外，化石经济的扩张伴随着生产的转移，流入的资本加快了这一过程，将其"一切照旧"的业务扩展到了以前从未存在过的地方。二氧化碳将从外资工厂的烟囱中排放出来，也许直到最近，这些工厂还只是在农村，甚至在原始的环境中；但更重要的是，外资的到来将刺激东道国基础设施的壮大。

没有资本会流向一个必须从头开始建立所有基础设施的地方。毕竟，无财产工人的实际存在，永远不可能成为吸引投资的充分条件。事实上，只有在基础设施到位之前就已经具备了获取剩余价值的权利，资本才有可能到访。而首先，最重要的是该地能够提供必不可少的能源发电厂和电网，处于黑暗且不断停电中的廉价且有纪律的工人不会具有太大的价值，跨国公司必须依赖东道国国家机构所有的能源基础及其吸引资金流入的能力。[23]对于希望吸引外国直接投资的国家来说，议程上一个重要的项目是基础设施建设。在全球化经济中，这是发展的"圣杯"，因此我们可以期待一个积极的反馈循环：运行中的工厂、电网、矿山和电线是跨国公司投资的先决条件，这些基础条件的成熟将鼓励它们进一步扩张，进而吸引更多的外国直接投资，以此类推。我们可以将这一时刻称为扩张效应（the expansion effect）。

第二个时刻涉及排放强度。总体来说，这是给环境库兹涅茨曲线信徒的安慰奖，富裕国家的碳排放强度确实比贫穷国家低，在孟加拉国生产一件T恤衫所排放的二氧化碳，比在瑞典生产同样的T恤衫多得多。在20世纪70年代初至80年代初，发达国家确实出现了一条曲线：它们在富裕程度不断提高的同时，碳排放强度在不断下降，即单位生产的二氧化碳排放量下降，而不是排放总量下降。[24]归根结底，这种"进步"并不重要。但是，现在有一个资本家，他打算将其利润再投资并扩大生产规模。假设他可以在两个国家进行投资：他的母国A和潜在的东道国B。继续假设，B国的生产碳排放强度是A国的两倍。我们可以很轻易地得出，如果他押注在B国，他扩张后的业务所产生的二氧化碳总排放量将是其待在母国的两倍，业务规模的增长将加剧碳排放强度。如果这个简单的例子是暂时的，我们可以增加一个假设，即两个国家的碳排放强度同时均匀下降，且两者之间的差距不变；即便如此，相对于保持原状，从A国到B国的转移也会提高生产的碳排放强度。在这些案例中，正如杰文斯悖论所述，资本积累扩张的逻辑不会使碳排放强度下降，而是通过碳排放强度的相对上升而实现的。不用说，这对于大气中的二氧化碳浓度来说将会雪上加霜。

有一些直观的理由可以解释为什么高收入国家的碳排放强度低于低收入国家。前者可能拥有最先进、最高效的发电和运输技术；在财力雄厚的政府支持下，依靠高工资来获得税收，其基础设施每供应一单位电力或运输一件物品，将产生较低的二氧化碳。在发展中国家，基础设施确实不会那么精细。发电厂使用次等设备和最便宜的燃料，为了跟上发展步伐而急于扩大基础设施，这将促使政府不考虑成本以外的事。事实上，外来的外国直接投资可能会促使他们采取紧急措施，用手头上的任何设备和最便宜的燃料组合来提升发电能力。[25]尽管跨国公司采用其公司特定的生产技术，但他们别无选择，也没有其他兴趣，只能利用现有的基础设施——在这里，他们只能使用他们能找到的东西。因此，出现了反向的环境库兹涅茨曲线（见图14.2）。

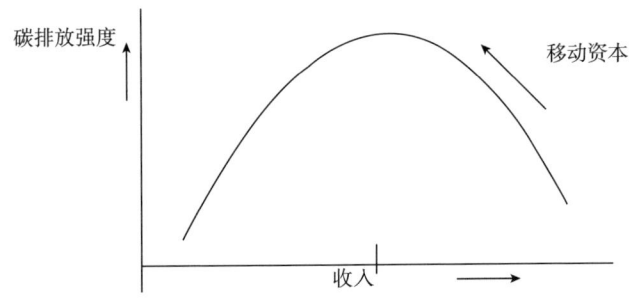

图14.2　反向环境库兹涅茨曲线

如果我们将全球流动资本的前提嵌入环境库兹涅茨曲线（极大地增强了其现实性），我们就会得出这样的预测：当收入水平达到一个转折点时，资本将流回碳排放强度峰值附近的国家。它不会转移到最贫穷的国家，因为那里的基础设施不足；它也不会留在最富裕、碳效率最高的国家，因为那里的剩余价值率很低。相反，它将徘徊在曲线的顶点，通过迁移增加碳排放强度。如果高收入和低碳强度形成了一个整体，就像它们看起来的那样，且低收入和高碳排放强度是它们的镜像反映，那么收入的增加——相当于工资的增加——将导致工业生产转移到更多的碳密集型国家，不是因为资本本身渴望这种高碳排放强度，而是因为当它在全球范围内寻求最大剩余价值时，被扔到了这场交易中。我们可以把这第二个时刻称为"强度效应"（the intensity effect）。

第三，能源基础设施同样不是实现廉价、顺从的工人承诺的充分条件。如果这些基础设施与主要交通干线脱节，商品将无法顺利地，甚至根本无法运抵世界市场，从而使它们的劳动力在所有经济用途上变得一文不值。必须有铁路、公路、集装箱、仓库、港口；同样，需要有机场，以便在附属公司、市场、工厂和总部之间运送原材料、零件、制成品、经理和首席执行官。由于现代运输系统几乎完全依赖石油，全球化的生产也将在这一领域转化为更大的二氧化碳排放。流通越是分散和综合，供应链就延伸得越远、分散得越广，在公路、海上和空中燃烧的石油就越多。与扩张效应一样，跨国公司将不愿建设必要的运输基础设施，并指望东道国来确保其建设。不用说，当公司从东道国出口商品时，这一必要性将十分引人注目。[26]因此，这第三个时刻可以被称为"一体化效应"（the integration effect）。

结合这三个时刻——扩张、强度、一体化，我们得出了一个更精确的假设：全球移动资本的发展路径是通过其永续驱动力加速化石能源的消费，以实现剩余价值最大化。反向环境库兹涅茨曲线可能是一个普遍的隐喻，由于获取廉价且有纪律的劳动力的条件往往与"一切照旧"的扩张、相对较高的碳排放强度和交通运输的增加联系在一起，资本将瞄准曲线下落前的顶峰，对其进行前后夹击。当然，这里虽然不能涵盖所有的碳排放量增长，但能使我们了解到碳排放爆炸的关键。

车间的烟囱

全球化不再主要由贸易驱动。2011 年，领先的外国直接投资研究机构哥伦比亚大学维尔国际可持续投资中心（the Vale Columbia Centre）宣称，"在跨境提供商品和服务方面，国际投资的重要性几乎是贸易的两倍。"[27]到金融危机爆发之时，"新兴市场"在吸收外国直接投资方面已明显超过发达国家；其中，中国的表现超过了其他所有国家。资本从哪里来？中国香港和各种避税天堂（特别是维尔京群岛和开曼群岛）的外国直接投资在中国内地流通前很难追溯其起源，但中国加入世贸组织后出现了一种趋势：20世纪90年代，亚洲邻国一直是外国直接投资的主要来源，但现在美国和欧盟的资金却开始大量涌入。中国成为世界各地工厂搬迁的首选之地；根据2001—2004年的一项研究，美国是移民产业的头号来源国，其次是欧盟、日本、中国台湾、菲律宾、加拿大、新加坡、墨西哥。[28] 2010年的前11个月，当避税天堂遭受金融危机的影响时，中国商务部报告了以下十大外国直接投资来源清单：中国香港、中国台湾、新加坡、日本、美国、韩国、英国、法国、荷兰和德国。在中国领土上落户的工业资本具有出口倾向，1998—2005年，中国国内制造企业中有19%是出口商，而在外国的子公司中，这一比例为63%。[29]

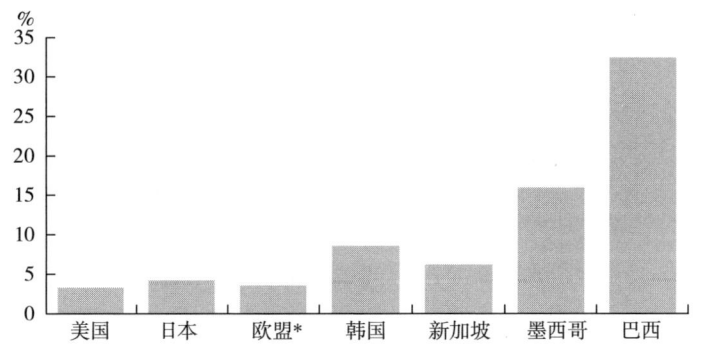

图14.3　中国制造业工资：2002年的平均水平占选定国家平均水平的百分比[30]
注：＊表示包括法国、意大利、英国、瑞典、荷兰、比利时。

外国融资、出口导向型生产激增背后的秘密没有秘而不宣。2004年10月，《经济学人》断言，中国的崛起由其"几乎无限量的廉价劳动力供应所保障。据估算，农村地区有近2亿未充分就业的农民可以进入工业领域。这些剩余劳动力可能需要至少20年才能被消化，这将有助于压制低技术劳工的工资水平"。[31] 图14.3显示了2002年中国制造业工资与其他一些国家对比的情况。

正如所预测的那样，21世纪头十年，中国的相对工资几乎没有上涨，劳动力成本仍然只是发达国家的零头。2008年，中国每小时的劳动报酬成本是日本的5%，是美国的4%，是欧元区的3%。[32]这些劳动力仿佛是一块强力磁铁，2006年的一项调查断言，"长期以来，低成本的技术工人一直被视为中国吸引外国公司来华生产商品最重要的优势"；此外，"中国工人不仅廉价，而且勤奋，有进取心，且技术过硬"。用另一项研究的话来说，21世纪早期的雇主变得"习惯于拥有看似无限的廉价劳动力，并坚持工人必须拥有某些素质"，例如"顺从和灵活的品性，愿意长时间工作"。[33]这些劳动力易于获得，且培养了勤劳的习惯。

正如《经济学人》所解释的那样，压在中国工人身上并将这些特征强加给他们的力量，归根结底是庞大的后备劳动力大军。为加速实现工业化，中国数以亿计的年轻农民从农村进入城市。但是，"流动人口"还有留在农村的一部分，他们依靠有需要的传统收入来源，降低了劳动力的再生产成本；与此同时，在城市内部，建立独立工会组织的企图被扼杀在萌芽状态。[34]如果没有这群人的存在，中国的出口奇迹就不会出现。20世纪80年代，外商投资企业（FIEs），即合资企业或外商独资企业，在中国出口的商品中只占很小的比例（0.1%）。到2001年，这一比例首次超过50%，并在后来十年内一直保持在这一水平之上（见图14.4）[35]。

用其他算法得出的这一数字甚至更高，2005年，外国子公司可能占中国出口总额的70%以上。[36]1990—2008年，中国工业产量增长了26倍，外资企业增加了332倍。这是中国资本积累的推动力，它依靠高额的和不断增长的利润，在技术实力和收入上超过了中国国内企业。根据以上类似的数字，《经济学人》认为，出口增长"更多的是与外国公司将其生产转移到中国有关，而非中国企业削弱其他生产商"。[37]可以直接延伸到振奋人心的结论，从而扭转基于消费方法所隐含的因果关系——EET背后的主要推动者不是西方的消费者，而是公司的所有者正在重新安排他们的活动。董事会先一步做出决定，并对其形成影响。当然，廉价和训练有素的劳动力并不是中国唯一的吸引力；庞大的国内市场也有其独特的魅力——但对于资本向中国流动和商品出口而言，劳动力的特征一定产生了更大的吸引力。鉴于外资企业在中国商品出口以及中国碳排放中的作用，我们可以由此推断，寻求最大剩余价值确实是引发碳排放爆炸的首要机制。

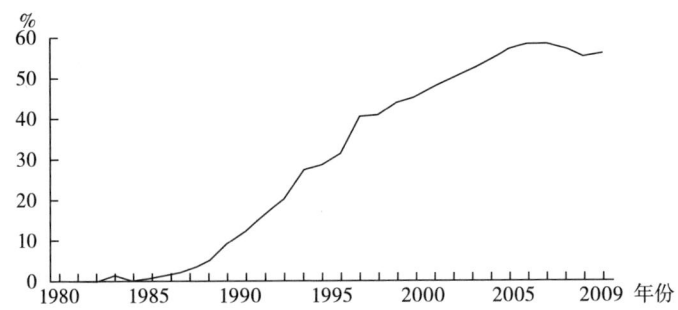

图 14.4　1980—2009 年外商投资企业在中国出口中所占份额（百分比）[38]

更具体地讲，这三种效应——扩张、强度、一体化——似乎已在如火如荼地进行着。中国加入世贸组织后，化石燃料使用量激增（见图 14.5）。1987—2007 年，中国能源消费的大幅增长中，超过一半的增长发生在最后五年，工业是迄今为止耗能最多的行业。在 20 世纪 90 年代的最后三年里，能源消费渐趋平缓；到了千禧年，工业能源消耗量再次激增，占能源总消耗量的 2/3 以上。从这个意义上讲，工业能源像是一座强大的发电厂。家庭对能源使用的相对贡献率在下降，1987—2008 年，尽管人口增长了20%，但居民能源使用的绝对数量却相对持平，那时的人们还未推动过化石经济发展。农业、建筑、商业和其他服务业降低了煤炭在其燃料结构中的作用，因此在 2002 年，工业吸收了中国 90% 以上的煤炭消费量，其中 3/4 用于发电和供热。从煤炭到电力，再到制造用于出口的商品，这是导致碳排放爆炸的中心环节。[39] 所有关于工业的讨论已经不再是资本主义发展的中心，在这个例子中，尽管很难夸大工业的重要性，但它的分量比以往任何时候都重（事实上，一项权威研究表明，在全球范围内，同样的趋势是，发电和工业主导并持续推高二氧化碳排放总量，使建筑物完全处于烟雾笼罩之下。[40]向火上浇汽油的是工厂，而不是农舍）。

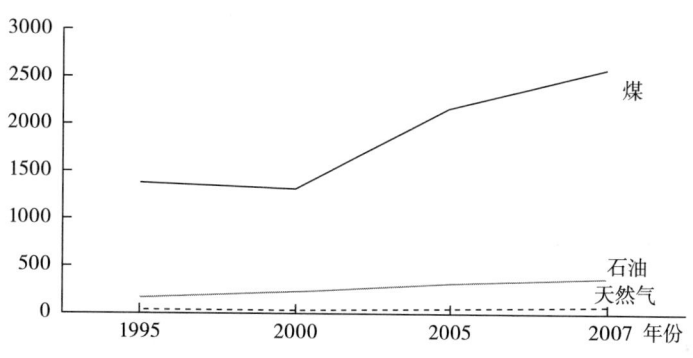

图14.5　1995—2007年中国化石能源消费
（煤：百万吨；石油：百万吨；天然气：十亿立方米）[41]

这一增长与政府吸引外资的计划即将取得的成果相吻合。20世纪90年代，中国政府寄希望于外国直接投资成为国家发展的良方。随着加入世贸组织时间的临近，中国才下定决心扩大能源基础设施，以满足外来人口的需求。2002年，当中国面临石油、电力甚至煤炭短缺的挑战，人们再次意识到了对能源的需求。为确保供应能够跟上不断扩大的工业，政府进一步放松了对煤炭市场的管制，允许数以千计的大规模和高效率煤矿蓬勃发展。最重要的是，开始从对内陆发电厂、铁路和公路的投资转向外国直接投资密集的沿海城市。在21世纪头十年，中国80%以上的燃煤来自内蒙古和山西这两个北方省份。煤炭通常需要运输两三千公里才能囤放在劳动力大军的军火库内，虽然没有跨越国界，却和从巴黎到莫斯科或从开罗到卡萨布兰卡的距离一样长。[42]在可移动的煤的基础上，烟囱在各处林立。要知道，深圳在2008年仅有1400万居民，烟囱、排气管和水泥建筑都是不存在的，近十几年，其却从一个小渔村发展成了创造外商直接投资出口奇迹的新兴城市；东莞这座孪生城市，也同样崛起为一个到处都是工厂、外来务工人员与二氧化碳烟尘相结合的大城市。这仿佛是翻版的兰开夏郡，但其规模之大简直闻所未闻。

但中国的自有矿产也不足以养活其日益膨胀的工业。2007年,中国成为煤炭净进口国,刺激澳大利亚、蒙古国、美国和其他许多国家的煤矿大规模扩张;2009年上半年,进口到广东工业温室(深圳和东莞均为该省城市)的大部分煤炭来自越南。[43]作为21世纪早期的一个常见特征,中国对能源的搜寻延伸到了世界的四个角落,例如安哥拉的油田,中国政府在这里不断磨炼提取抽象化石空间的技能,在安哥拉建造了一个完整的港口城市。拥有煤炭的同时,中国也因此越来越依赖石油。2002年,只有美国消耗了更多的石油;到2007年,中国一半以上的石油消费来自进口,预计到2020年这一比例将达到77%。[44]"将劳工置于能源所在地"的公式很少得到如此大规模的实施。

中国国家机关完成了任务——2010年,商务部投资促进事务局如是说。

> 近年来,我国基础设施建设得到很大改善。交通、通信、水、电、气等基础设施基本建成。能源、原材料、零部件供应能力和质量明显提高,为外商投资企业生产经营提供了良好的外部条件……交通、通信和能源等硬件基础设施建设对经济发展的瓶颈效应已尽数消除。[45]

如果国家没有如此尽职尽责地建设基础设施,外资企业就不会达到如今这样的数量。相反,如果没有外资企业的刺激,也不会有如此强烈的扩大基础设施建设的必要性。可以说,扩张效应席卷了中国。

至于强度效应,2000—2006年大气二氧化碳浓度的增长约有18%来自"全球经济碳强度①的增加"——平均每年增加或者说恶化0.3%。[46]这种趋

---

① 碳强度(Carbon Intensity):是指单位GDP的二氧化碳排放量。一般情况下,碳强度指标是随着技术进步和经济增长而下降的。

势的发源地当然是中国，中国本已很高的碳强度进一步上升，在全球制造业中所占的份额也不断膨胀。在三种矿物燃料中，煤是污染最大、产生二氧化碳最多的；以煤为燃料的发电厂每瓦的排放量大约是天然气发电厂的两倍。2003 年，中国所有化石燃料发电量中，煤占 97%。在选择稍微不那么糟糕的替代品之前，有充分的理由选择煤炭。中国煤炭资源丰富，石油和天然气匮乏。煤炭的开采成本是石油的 1/6，煤矿工人可以很快开采出更多的煤炭。煤炭的主导地位是高碳强度的一个主要决定因素，更糟糕的是，中国的燃煤发电厂效率水平非常低。2003 年，在占全球发电量 65% 的 14 个国家中，只有印度的情况更糟。[47] 21 世纪初，当制造业迁往中国时，它被投入了相对令人满意的能源供应，主要是以煤炭为基础，通过极低效率的技术转化为电力。正如我们所预期的，工资和碳排放强度成反比关系：比较图 14.3 和 14.6。

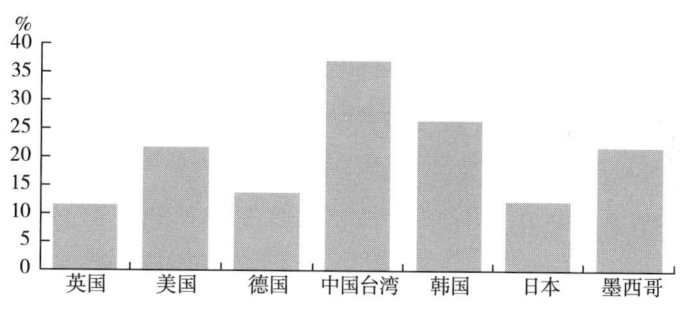

图 14.6　2001—2008 年部分地区
碳强度占中国碳强度的百分比（这一时期的全国平均值）[48]

相对而言，中国的工资水平低，碳强度高；其他一些国家的工资水平高，碳强度低。而资本从后者流向前者，它沿着曲线向更高的剩余价值率和更高的单位产量排放水平倒退。如果在 2008 年，所有被转移到中国的产业都留在美国、韩国、日本、中国台湾、德国，更不用说集中在瑞典这样一个碳效率极高的国家，情况就会变得截然不同。

20 世纪 90 年代，中国政府启动了交通基础设施的大规模扩张，为外商直接投资铺平道路。最显著的是东南沿海地区，作为资本流入的传统门户，如今随着集装箱码头、港口系统、高速公路、通勤商人的城际网络和其他全球循环节点的发展，重新焕发了活力。当所有沿海城市都释放着同样的基本诱饵——来自内陆廉价而有纪律的劳动力，它们试图在交通设施上超越彼此，明确的设想是吸引自由的投资者。来自中国的货物运输在空气中留下了越来越多的二氧化碳排放痕迹；每一次出口导向型生产都会延长运输距离，并加大每种产品的碳排放量。2000 年，原材料、零部件等投入品占全球商品跨境运输二氧化碳排放量的 85%，成品只占剩下的 15%，而来自全球化生产链的此类排放物大量地流向中国。[49]

曼彻斯特是 19 世纪 40 年代的"世界烟囱"，而中国在 21 世纪初被全球流动资本当作自己的作坊。或者说，为形成人口稠密的城镇中心，中国的工人很容易获得并训练出勤劳的习惯，资本部署了越来越多的化石能源，追求在蒸汽兴起时首先确立的独特做法。中国的碳排放爆炸并非全部，而是在其本质上，代表着由能源到工厂划时代的输送，但从来没有人能保证利润之火能持续地熊熊燃烧下去。

资本家考虑离开中国

2010 年 5 月 28 日，《纽约时报》在一篇报道中写道："多年来，中国工人被迫每天工作 12 小时，每周 6 天，以完成单调的低工资流水线工作，现在中国工人开始了反抗。" 11 天前，广东佛山市的一家本田变速箱工厂中，两名工人按下了一个红色的以防出现质量问题时关闭机器的按钮。很快，1800 名工人参与了进来，并蔓延到为这家日本汽车巨头供应零部件的其他工厂，迫使该公司停止在中国的所有生产；在中山市，罢工者在自由工会的基础上增加了更高工资和更好工作条件的要求，《纽约时报》报道："那里形成了一种复杂和民主的组织，实际上通过选举工会谈判代表来代表他们。"[50] 又过了几周，这股浪潮淹没了数量空前的外国子公司——一家隶属日本兄弟工业株式会社的缝纫机厂、上海的一家台湾橡胶厂、几家丰田工厂、一家嘉士伯啤酒厂、大连北部工业区的73家工厂,还有一家位于北京的现代公司——这家公司的工会官员曾经向其韩国老板保证,在他的监督下决不会发生罢工。《中国日报》援引分析人士的话:"工人,尤其是新生代农民工,对自己的议价能力越来越有信心,并预测这些行为最终可能终结中国廉价劳动力的局面。"[51]

事实上,罢工浪潮迫使工资全面大幅增长。在佛山的变速箱工厂,本田最终同意增加32%的工资;在大连地区,7万名罢工工人实现了34.5%的加薪;在现代北京工厂,管理层允准两个月内工资上调25%。为应对这场动荡,除了一个省份,中国所有省份都提高了法定最低工资标准,平均提高了24%(这是自2003年实行最低工资制度以来首次大幅提高)。

2010年的夏天让资产阶级观察家们不寒而栗。在思考"下一个中国"的轮廓时,《经济学人》宣称:"最近的动荡使中国劳动力与外国资本发生了冲突,公司可能必须习惯于布尔什维克工人。"《福布斯》(Forbes)解释道,支持新的"布尔什维克"意味着后备劳动力队伍的意外枯竭或撤出。2010年劳动力规模达到顶峰,比北京官方人口统计学家预测的要快6年,农民越来越不愿意搬到城里,不愿在沉闷的工厂工作或在肮脏的环境中生活。[53]企业将如何应对这种新形势?在《经济学人》的评估中,工资上涨会侵蚀"资本回报",但是

> 工人并不是唯一可以迁移的人,资本家也可以去工人多的地方。首先,劳动密集型工厂将迁往内地。最终,他们将完全离开中国大陆,就像他们之前离开日本和中国台湾一样。毕竟,这就是本田和富士康当初在那里开设工厂的原因。[54]

在罢工之后,关于投资者计划离开中国的报道比比皆是。被确定为新的避风港国家包括越南、印度尼西亚、印度、马来西亚、柬埔寨、孟加拉

国；中国工人现在的成本是越南工人的 5 倍，是印尼工人的 3 倍，是缅甸工人的 13 倍。其中提到的其他低工资目的地，其中一些明显处于令人绝望的状态，像巴基斯坦、埃塞俄比亚、撒哈拉以南非洲的其他地区，甚至朝鲜。[55]但这些预测可能还为时过早，投资撤离存在障碍，其中一个尤为明显。2011 年年末，英国《金融时报》（*Financial Times*）采访了中国香港一家女鞋公司老板弗兰克·梁，他讲述了为东莞工厂寻找新址的历程：孟加拉国吸引了他，工人的工资只有中国的 20%～30%。但在对孟加拉国考察一番后，梁感到震惊，他说："那里交通拥挤，每个工厂都在使用发电机（因为电力供应不稳定）。"《纽约时报》后来指出，亚洲大多数诱人的替代地都存在其他问题，如负荷过重、电网不可靠等。基于同样的原因，哥伦比亚大学维尔国际可持续投资中心总结道，撒哈拉以南的非洲可能不会得到太多重新选址的外国直接投资，[56]因为那里的基础设施实在匮乏。

至于越南，外商直接投资已经对"摇摇欲坠的基础设施（即使在首都，停电仍然很普遍）"施加了压力；此外，"长期的交通堵塞减缓了运输速度，提高了成本"。但越南承诺将接纳新的资本，首先是建立低效率的煤矿和燃煤发电厂。2009 年年末，越南政府公布了开发该国最大矿藏的计划，该矿藏规模是当时运营中最大矿井的 20 倍，旨在"到 2025 年确保国家能源安全"。[57]印度尼西亚也出现了类似情况，该国通过扩大燃煤电厂基本负荷能力的"紧急措施"，抑制严重电力短缺导致的"阻碍投资"问题。有人对日益增长且污染极大的煤炭的依赖表示担忧，但与石油和天然气相比，煤炭的巨大优势在于其供应丰富且价格低廉，更不用说地热和核能了。[58]

就印度而言，一位经济学家得出的教训是，如果劳动力效仿中国那样"学得快"、"纪律严"、工资低，那么外国直接投资就可能被吸引。虽然这种对中国工人的描述可能已经过时，但其背后的教训并没有。大规模资本流入的主要障碍是缺乏基础设施，如缺乏电力、公路、铁路、石油和天然气、航空、通信等，此外，还需要改善地铁和港口城市之间的交通状况。[59] 2014年2月，印度《今日商业》（Business Today）论述了中国廉价劳动力的终结所带来的机遇，并报道了资本规定的条件："制造商说，政府需要鼓励零部件供应商，政府还必须通过修建高速公路、发电厂和港口来修复该国摇摇欲坠的基础设施。"事实上，印度政府扬言要效仿中国模式。2010年，印度政府批准每两天建造一座新的燃煤发电厂。[60]从中国射出的离弦之箭，必须要在新的顶点上降落。

工厂离开中国后还有其他选择，或者可能会从高昂的成本地转移到农村省份，那里的工资水平仍处于另一个水平，沿海地区的烟囱在中国内地被重新树立或复制。但这一策略也带来了自身的问题，正如一家针织品制造商抱怨的那样："我们需要技艺娴熟的工人，但我们担心，我们发现农民……不能操作我的机器。"不管是否踏进内陆，企业都可以实施另一项久经考验的战略。路透社在一篇关于处在自动化前沿工厂的报道中说，在保定的长城汽车厂，一种橙色的巨型机械臂可以迅速焊接汽车车架，这似乎是应对中国劳动力成本快速上升的完美答案，因为它们不会要求加薪，不会受伤，更不会罢工。[61]

用机器替代人工的领头羊是中国最大的外资出口商富士康（Foxconn），该公司长期以来一直默默无闻，但在2010年之后，由于为美国品牌组装iPad、iPhone、笔记本电脑和其他电子产品而声名狼藉。在富士康位于深圳的巨型工厂里，40万名员工被安置在一个杂乱无章的大院里，一些工人选择用另一种方法来抵抗那动荡一年中无法忍受的状况：从宿舍的屋顶上跳下来，或割腕。在经历了十几次自杀事件后，该公司提出大幅加薪，并立即开始为自动化作准备。一种名为"Foxbot"的机器人被大量生产，以用于产品组装、移动和抛光；其2014年的目标是100万台，管理层加快了用机器人代替人力的速度。科技杂志《科技博客》（The Verge）援引深圳工厂工人张先生的话描述了这些变化："以前生产线上大约有20~30人，但在他们加上机器人后，只剩下5个人，仅需按一下按钮就可以操作机器。"在东莞一个专门从事针织品制造的镇上，公司安装了4万台电脑编织机替代了20万名工人的工作。据报道，整个制造业都出现了类似的自动化浪潮，当然不仅是在中国，[62]机器人正在世界经济中崛起，而它们对能源的需求意味着什么是显而易见的。

2010年的夏天似乎真成了世界工厂演变的一个拐点。自那以后，不仅外资企业经常遭遇罢工，劳动力短缺给扩张计划蒙上了阴影；而且广东的工资水平持续走高，每年都以两位数的速度飙升。2013年，关注时尚零售业的人士对深圳新的基本工资数据嗤之以鼻，"这对于工厂主来说是一个可怕的数字"——自2010年以来，一些省市的平均涨幅超过30%，这"是一个令人心碎的数字"。[63]实际的工厂搬迁正在进行当中。《南华早报》(South China Morning Post) 2014年2月报道称，外国买家纷纷逃离中国，前往孟加拉国、柬埔寨和印度尼西亚，不仅为了寻求廉价劳动力，更因为工人与雇主之间日益加剧的紧张关系；富士康将印度尼西亚视为新的发展平台。一项调查显示，40%的美国公司考虑迁出，而许多公司已经开始行动；流入中国的外国直接投资停滞不前，亚洲的可替代场所不断激增；2013年，印度尼西亚成为日本公司最受欢迎的投资地。[64]所有这些运动都以化石燃料为基础，它是剩余价值生产的总杠杆。

事实上，如果说2010年后中国及其亚洲竞争对手的不安表现出了什么的话，那就是杠杆继续存在的必要性。没有它——没有新的矿山、工厂、电网、港口、道路等——目前看来最容易获得的能源和勤劳的工人无法得到利用。在更多其他亚洲国家建立工厂，将转化为在整个亚洲大陆上建立更多烟囱、更加分散的一体化生产链以及更多自我强化的螺旋式积累，爆炸性碳排放应该也有其他来源，但没有一个像追求最大剩余价值的影响那么巨大。

工厂是否真的大量撤离还有待观察，这取决于从农村补充后备军的潜力（国际货币基金组织已经制定了一系列补充措施，包括加速农业机械化——可能吸引更多的富裕消费者）、货币汇率的变动和所有这些变量的平行发展，以及其他替代东道国。[66]也许最有可能的情况是，由于动态的非平衡而导致了更为广泛的外国直接投资的分布，在这种动态中，资本从一个地方跳到另一个地方，加剧了工业从旧中心向亚洲各地转移的综合影响。中国制造业的崩溃导致二氧化碳排放量的绝对"减少"似乎是不可能的。但是话又说回来，资本积累是一个累积过程，而不是零和重组。对劳工起义的反应可能只是让另一千个烟囱遍地开花。

大气二氧化碳浓度的上升规律

在1980年出版的《资本主义发展的长波》（Long Waves of Capitalist Development）第一版中，欧内斯特·曼德尔（Ernest Mandel）审视了又一类结构性危机的惨淡景象，其是与过于强大的劳动力有关的众多矛盾之一。战后的扩张使发达资本主义国家的许多预备劳动力大军筋疲力尽，并给了不可或缺的工人高度的集体自信，使得利润率下降。资本如何重新获得主动权？在探索回升的许多先决条件中，曼德尔提出以下建议："在资本主义条件下，为了使利润率达到能以改变整个经济气候的程度，资本家首先要果断地打破主要工业化国家工人阶级的组织力量和战斗精神。"①[67]20年后，正是这样一个划时代的胜利在中国得以实现，从而使之成为"世界工厂"和"世界烟囱"。

生产全球化自20世纪70年代开始展开，并在20世纪90年代加速发展，导致了资本和劳动力之间力量平衡的结构性转变。资本被赋予了一种新的能力，可以把商品生产转移到遥远的国家，并从那里出口，资本可以

---

① 欧内斯特·曼德尔. 资本主义发展的长波——马克思主义的解释[M]. 南开大学国际经济研究所,译. 北京:商务印书馆,1998:86.

| 化石资本:蒸汽动力的崛起与全球变暖的根源

扭曲工会的臂膀,他们的地方性成员现在在全球范围内都能被完全替代。在根特或都灵组装并在欧洲市场销售的汽车,完全可以在广东某地生产。1978年后向世界开放的中国,特别是2001年之后,似乎形成了一个黑洞,吸纳着生产,全球其他地方则回荡着工厂消失的声音,从瑞典到墨西哥,在仅剩的工厂里,工人们被逼到了绝境。用《经济学人》含蓄的言语来说,中国工人从乡村到工厂的流动压低了制造业的工资——不仅是在中国,而且在全世界都是如此;实际上,中国预备劳动力大军已经成为一支全球的后备力量,不仅有助于提高剩余价值率,而且加剧了本国范围内的不平等。[68]

中国工人自己也受到这种逻辑的伤害。尽管西方工人运动曾被允许在相对安全的环境中集结力量——但生产设备仍然停泊在国民经济中——这类工人运动最新的中国式效仿,可能会突然荡然无存。[69]没有人比贝弗利·希尔弗(Beverly Silver)在她的《劳工的力量:1870年以来的工人运动和全球化》(*Forces of Labour*:*Worker's Movements and Globalization since 1870*)中对这种运动的直接阶级维度的分析更好。借鉴哈维的观点,她指出了资本现代史上一个反复出现的"空间定位":"为了应对连续不断的新的劳工抗争浪潮,不断将生产转移到劳动力相对廉价并且容易控制的地点。虽然这种资本迁移的策略具有显著削弱资本撤离地区的工人运动的影响,但它同时也在产业连续扩张的每个新的生产地点不断创造和强化了新的工人运动。"① 资本为了逃避昂贵和无纪律的劳动力问题,最终在本应是避难所的地方重新创造出了它们。由此推论,希尔弗提出了"资本到哪里,劳工和资本的冲突也会跟到哪里"的定理。[70]

我们现在可以增加另一个观点:资本流向的地方,碳排放也会立即跟上。这是碳泄漏的阶级内容。但是,我们没有理由认为劳动力在新的扩张

---

① 贝弗利·希尔弗.劳工的力量:1870年以来的工人运动和全球化[M].张璐,译.北京:社会科学文献出版社,2016:36.

地点总是以与旧时一样的力量和活力重新出现。近几十年来的全球化反而导致了劳动力的结构性衰落,即劳动力冲突和碳排放的历史轨迹有所不同。资本围绕着疲弱的工人运动而流动,通过其无情的空间定位和永久性的退出节点剥夺了全球工人阶级的权利,而二氧化碳的排放通过相同的动态呈指数级增长。或者说,全球资本越强大,二氧化碳排放量的增长就越迅猛。确实,有人可能会争辩说,在 20 世纪漫长的劳工斗争中,决定性的资本主义胜利是由 2000 年后灾难性全球变暖加冕的。1870—2014 年,在此期间的最后 15 年中,所有累积的二氧化碳排放量中有 1/4 被排放出来。这个充斥着碳排放爆炸的世界中,有 85 人拥有与全球后半部分底层人民一样多的财富,到今天,社会的贫富差距越来越大了。[71]

除了重新选择生产地点,希尔弗还强调了另一个削弱激进劳工的策略:自动化。这是一种贯穿始终的生态现象,是资本主义历史长河中机械无情崛起的一个方面,表现出这种生产方式下生产力的不断提高。对于每一个人类劳动单位,更多的物质底层被动员、加工和消耗,马克思称之为"资本技术构成"(technical composition of capital)上升。就价值而言,固定资本(投资材料的资本部分)与可变资本(劳动力的另一个术语)成比例增长,因此资本有机构成(技术构成的价值反映)也会增加。有生命的劳动力被挤出,肩负着越来越重的机器和其他无生命物质无法产生剩余价值,因此利润率不可避免地下降。

当然,这是马克思"一般利润率趋于下降规律"背后的基本推理,因为有一些"反作用因素"在起作用。例如,如果固定资本的要素变得更便宜,它们的较大份额可能不会导致有机构成的增长。假设一个工人必须操作两台机器而不是一台,且这些机器都是半小时内生产的,而不是像以前那样在一小时内生产的,那么价值比例就保持不变。在这种情况下,机械生产部门更高的生产率将阻止固定资本的价值"以与其材料量相同的速度增长",因此,利润率可能根本不会下降。[72]当资本在许多前沿领域发展得足够快时,这种趋势会受到阻碍,甚至发生周期性逆转。

然而,在马克思看来,可以肯定的是——资本主义积累的铁律是不可能被扭曲或抑制的——即使物质的有机构成不会增加,物质的量会增长,技术成分也会增加。从生态角度来看,这一点很重要。[73]鉴于自19世纪初以来,资本主义机制一直以煤为基础,且生产率的提高意味着每一小时的劳动将使用大量的煤炭,因此似乎出现了一条资本化石成分上升的定律。尽量减少人类劳动相对于机器和其他物质的份额,李嘉图—马尔萨斯范式中不断缺失的替代品导致化石成分的上升,这在资本主义历史进程中,转化为大气中二氧化碳浓度上升的规律。那么,这里是否也存在抵销因素呢?

还有一种类似的可能性,不是在价值上,而是在物质方面。生产的碳强度可能会下降,这种可能到来如此之快,以抵消生产规模和生产力的增长。假设一个工人必须操作两台机器而不是一台,且每台机器消耗的化石燃料量是以前的一半,那么能源比例保持不变。但与价值生产史不同的是,这种反趋势仍然是生态现代派思维的设想、徒劳的希望和空想;实际上,杰文斯悖论不断地在全球范围内否定它们,螺旋式积累击败了节省燃料的企图。此外,全球化的生产,特别是资本向中国的转移,产生了一种相反的强度效应,并没有抵消而是加强了化石成分的潜在上升。整体上看,世界经济的碳强度在增加。[74]利润率下降的规律可能最多是一种趋势,但是二氧化碳浓度上升的规律是不变的。它通过重新选择生产地和机械自动化实现,代表了能源和开发的统一,从最初向蒸汽过渡到现在已经失控。

现在,大气中二氧化碳的增加远远不能归咎于化石资本,在化石经济循环外,有国家、军队、工人合作社、居民区、土地清理、平民运输系统和其他"燃烧器"的存在。这里只是主张,二氧化碳的增加构成了化石经济的主要推动力。如果这在某种程度上是正确的,那么任何针对气候变化的有意义的行动，总有一天会挑战化石资本，但首先需要清醒地认识能源现实。在关于贸易中的碳排放（EET）的一些文献中，人们虔诚地提到了我们共同承担的、无任何特殊区别的责任："归根结底，我们的日常消费和生产决策推动了全球碳排放。"[75]这些决策在某种意义上以及实际上是不是"我们的"还不完全清楚。这里的危险在于，即使超越了以生产为基础的会计核算，还是将西方消费者——或者更糟的是，将西方工人——作为气候政治失败抽象主体的攻击目标；而真正的罪魁祸首仍是一个棘手的问题。实际上，将全球化石资本作为一个无形但高度集中的权力中心，并限制其排放的想法，与现有国际气候政治的前提背道而驰。天然气被放任自流，并被允许在断裂带继续扩张。

对惯性的承诺

资本并非拥有意志和思想、阴谋集团和万能阴谋的存在，也不是拥有能够准备决策并预见其后果的中央机构，而可能是任何其他东西。这是一个自我扩张的盲目过程，资本家却是其人格化，其行动和反应是——而且必须是——因推崇价值而活力四射的。通常情况下，这些产物并非故意产生。一个棉花包出商可能会采用动力织机来防止工人挪用原材料，最终却使织布工聚集在自己的工厂内罢工；一家汽车公司可能会把制造厂从韩国强大的工会转移到中国南部几个互联的地点，最终却听到了罢工导致生产瘫痪的消息。像贝弗利·希尔弗所描绘的那样，这种一连串错位的、重组的矛盾不仅出现在纺织、汽车、半导体和其他行业，而且也出现在化石资本原始积累的路径中。

《碳民主》（*Carbon Democracy*）是现代历史上关于这一路径最为重要的著作，书中，蒂莫西·米切尔（Timothy Mitchell）提请人们注意一件必须被视为从流动能源到储备能源过渡中极具讽刺的事：这场过渡被赋予了一定的劳动力。现在能源的流通是以煤矿为前提的。资本刚从流动能源的

| 化石资本：蒸汽动力的崛起与全球变暖的根源

"煎锅"中逃出来，又直接跳进了化石经济的"火坑"中。在这种经济中，人类劳动"将地下的洞穴与依赖蒸汽或电力的每一家工厂、办公室、家庭或交通工具连接起来"。[76]早期的劳工运动，借用矿场中无产者的力量——连同他们在铁路、运河、码头上的同伴——可以切断所有能源流通，将大罢工作为致使工厂大规模瘫痪的武器。1842年8月哈利法克斯会议的直觉强化为一种有效的战略，以最大限度地提高阶级的影响力。[77]

资本该如何应对？它决定占据石油阵地。在欧洲和美国的主要煤田发生了一系列可怕的罢工之后，特别是在第一次和第二次世界大战之后，随着劳工运动的不断推进，资本家在安全范围内获得石油储备的决心更加坚定。米切尔认为，"转向石油的一个重要目标是永久削弱煤矿工人，他们中断能源流通的能力，赋予了有组织的劳工要求改善集体生活的权力，使得欧洲民主化"，一个更为稳妥的能源来源将是中东沙漠的石油。[78]石油从地下涌出，在管理层的长期监督下，它可以由相对较少的劳动力——无须大量的钻探设备进入矿层——泵至地表；由于石油具有流动性，运输它所需的劳动力较少。从20世纪中叶开始，化石经济转向作为其新的重心的中东，这又是一次乐观的空间调整。

然后，问题又以新的形式出现。巴勒斯坦游击队炸毁了输油管道，民粹主义政权将石油国有化，工人们聚集足够的力量在大罢工中破坏世界经济——最明显的是1978 1979年的伊朗油田①——如战争、恐怖袭击……这反过来又刺激了资本家在远离中东危险局面的油井里寻找"安全的能源"。然而，在任何情况下，从一种矿物燃料到另一种矿物燃料，或从一个地区到另一个地区的转变，都并没有导致这种麻烦来源的消费量的绝对下降。煤从未在资本的演算中消失。今天，它再一次比任何其他化石燃料

---

① 这里是指第二次石油危机，1978年年底伊朗爆发"伊斯兰革命"，8—12月，伊朗石油工人罢工，1978年年底伊朗石油完全停止了出口，导致全球石油供应量减少4%，每桶石油价格从13美元飙升至35美元，到巴列维王朝倒台时，已经突破了40美元。1980年9月爆发"两伊战争"，产油设施遭到破坏，导致供给严重不足。

造成更多的二氧化碳排放。[79]正如在化石资本的循环中，重新出现的劳动自主性为原始积累循环的多样化、增值和扩张提供了一种激励——资本所到之处，更多的燃料将被燃烧。

但最根本的动力仍然是来自其他经济体对化石燃料的需求。资本主义力量的钓钩陷入了马克思所说的"世界各地，包括一切生产和一切存在的源泉"；一旦掌握了这个源泉，就极难摆脱。[82]

作为严格的经济循环，投资矿山、井架、钻井平台、炼油厂、管道等类似的组织，需符合一些众所周知的法律。这些都是昂贵的、耐用的商品，石油平台不会在一顿午餐的时间内被消耗掉。1982年11月在挪威，一个由近100万吨混凝土构成的石油平台成为有史以来人类运作最重的物体。投入这些设施的资金只有在很长一段时间后才会有所收益；可能需要几年时间才能收回一个自动纺棉机或一台Foxbot机器人的开支，但对于一个油砂矿或一条横跨加拿大的输油管道来说，可能需要几十年的时间。正如大卫·哈维（David Harvey）在《资本的限度》（Limits to Capital）一书中所指出的，结果是具有惯性的。"在购买了固定资本之后，资本家就不得不在它的价值（无论怎样计算）被完全回收之前一直使用它"①，如果一个钻油平台在落成后的第二天就被废弃，损失将是可怖的。[83]对灵活性和流动性的探索，自资本转向化石能源以来一直引导着资本，最终将其固定在超重型的生产和运输工具中；煤炭所能带给资本的每一项自由条款，大多被长期埋于地下。

现在，仿佛有比莱夫希尔德时代人们想象中还要大、要厚的第二个地壳环绕着地球，有数万个、覆盖数百万公里的"油气田、运煤火车、管道、运煤船、石油和液化天然气油轮、煤炭处理厂、炼油厂、液化天然气接收站"，用斯米尔（Smil）的话说，"构成了世界上范围最广、成本最高

---

① 大卫·哈维. 资本的限度[M]. 张寅,译. 北京:中信出版社,2017:355.

的基础设施网络"。对于某些人来说,这是一件非常珍贵的东西。关键地理学家维姆·卡尔顿(Wim Carton)观察到,资本"在化石燃料景观的持久性中拥有既得利益",与其他人在终止使用煤炭中可能拥有的利益相反。[84]然而,这不仅是一个挽回支出的问题:一旦一个发电厂收回了投资,公司所有者明智的做法并非拆毁建筑物,而是尽可能长时间地保持运营。既然已经支付了费用,现在可以被视为无成本的固定资本,并被用作获取更大市场份额的基础;让这个综合体退役并建造另外一个,还得重新再来。美国自19世纪90年代以来建造的发电厂,仍有2/3正在使用中。除坚固的物理特性和较长的周转时间外,只要这些资产能够以合理的成本进行维护和维修,公司便会阻止此类资产的报废——尤其是当所涉及的产品是电力时,无论工厂有多旧,消费者都能获得完全相同的使用体验[85](火力发电厂似乎跨越了化石资本本身和原始积累之间的界限,但在这里,我们把这种基础设施视为后者的一部分,因为它以F①的形式输出,即使其转换形式也是如此)。

我们可能希望像科学告诉我们的那样尽快摧毁化石燃料景观。对于牵连其中的资本来说,这相当于小行星撞击摧毁了整个有价值的星球,仍在等待着它的第一次收获或第二次、第三次的成熟。同样类型的承诺也延伸到化石经济中——截至2005年年底,能源终端使用的固定资本可能是供应方的3倍。但是,至少可以潜在地对工业区进行改造,以使用可再生能源。[86]而煤矿不能,火力发电厂也不能用风力涡轮机供电,因为它一定会被摧毁,这种模式必须被提前终结。当讨论到转型过渡的需求时,一项研究得出结论:"如果全球变暖在2100年被限制在2摄氏度以内,则需要在2030—2050年之间提前淘汰大量已安装的煤炭设施。如此庞大的全球资本报废将是前所未有的。"[87]资本在历史上曾经被摧毁过,当然,是在战争、

---

① F:是指化石燃料,下同——译者注。

危机、非工业化浪潮中。但这一次,更为独特的是,它将被不合时宜地公开判处死刑。

因此,这就是转型的一个障碍。流通中的资本将 F 传递给消费者,它一天比一天高,对于每一次减排被推迟,固定资本总作为积聚更多力量的一方来阻碍减排。由于对新设施和扩建设施的投资一直持续到减排措施开始的那一刻,如果真的是这样,那么在那一天,必须清算的资本数量将比这项工作早十年、早二十年开始的时候还要多。惯性会产生惯性,化石经济中的每一代人会将噩梦加剧般的压力传给下一代。当然,我们需要做的是,以比建设更快的速度拆除煤炭基础设施。但与之相反的事情正在发生,在新千年的第一个十年里,建造的燃煤发电厂比以往任何一个十年都要多。这一增长速度相当惊人:2010—2012 年,煤炭新增产能是 20 世纪 90 年代整整 10 年的 2.5 倍,未来笼罩着一片"既定排放"的阴云。假设这些发电厂能运行 40 年,仅 2012 年世界上建成的燃煤发电厂在其使用寿命内将排放 190 亿吨二氧化碳,与 2012 年所有运营的化石燃料发电厂实际排放的 140 亿吨相比,目前既定的排放量正以每年 4% 的速度增长,或正以比实际排放更快的速度增长。这是"一切照旧"所发动的对未来的战争,在蒸汽兴起将近两个世纪之后,主要的导火索仍然是煤炭。[88]

难怪欧洲煤炭行业的游说团体欧洲煤炭协会(EURACOAL)在 2014 年发布了一份题为《为什么更少的气候治理野心会为欧盟带来更多好处》的宣言。但是,世界烟囱的碳排放爆炸才是笼罩在人们头上最久的阴云。2012 年年末,全球计划再建 1200 座此类电厂,其中数百座在欧洲,大多数在中国和印度。[89]那时,煤炭供应商生产过剩,利润率下降——但该行业代表预计,光明的一天很快将会到来。"中国每年都超过了对煤炭使用量的预测,"澳大利亚矿产协会(Minerals Council of Australia)首席执行官佩尔森(Brendan Pearson)信心满满地说。事实上,到 2010 年,仅中国就为承诺的未来碳排放量贡献了 37%。但是,"承诺"应该被理解为经济上注定的,而不是物理上预先决定的。[90]毕竟，关闭煤矿本身并没有什么不可能的。

我们必须努力把握任何转型都会遇到的力量。2013年，《财富》杂志评选的全球500强企业中，荷兰皇家壳牌公司居首，埃克森美孚位居第三。十大巨头中只有沃尔玛、丰田汽车、大众汽车三家的核心业务不在化石资本原始积累的轨道上。但是他们有不同的来源在这个循环中流通。银行的资金注入对于启动现代煤炭开采至关重要，2005—2010年，包括艾伯特·戈尔①、斯特恩报告②、联合国政府间气候变化专门委员会的诺贝尔和平奖和《联合国气候变化框架公约》第十五次缔约方会议（COP-15）发生在内的五年，可能也是对气候变化的认识在政治议程上占据最高地位的五年。银行对燃煤发电和采矿业的投资翻了一番。摩根大通、花旗集团、美国银行、摩根士丹利和巴克莱银行将大部分资金投入这一循环中，与金融资本密不可分。[91]

然而，不仅是已经建成的开采设施，既然是化石燃料储备，对其所有者来说都是闪闪发光的黄金。与所有关于即将到来的灾难的说法相反，地球上有足够的石油、天然气，尤其是煤炭，可以使地球的平均温度升高16~25摄氏度。当然，这种情况不会发生，因为每个投资者都会在这之前被烧焦。但化石资本原始积累的循环执意要朝这个方向发展，因为资本直接靠将煤炭投入火里而生存。公司之所以有价值，是靠它们可以控制的地下能源，可以向股东展示，并指望他们未来有所投资。如果在21世纪中叶之前，仅它们化石能源资产中的1/5被开采出来并燃烧，那么全球气温上升维持在2摄氏度内的目标就会化为乌有。[92]一个简单的要求是无限期暂停对新的煤矿、油井和气田的开发，这是目前形势下最起码的理性要求。

---

① 艾伯特·戈尔（Albert Arnold Gore Jr.）：1948年3月31日出生于华盛顿。美国政治家，曾于1993—2001年担任副总统。其后成为一名国际上著名的环境学家，由于在全球气候变化与环境问题上的贡献受到国际的肯定，因而与联合国政府间气候变化专门委员会分享了2007年度的诺贝尔和平奖。

② 斯特恩报告（Stern Review）：是由经济学家尼古拉斯·斯特恩为英国政府撰写的有关气候变化在经济学上影响的一个报告。该报告长达700页，于2006年10月30日公布。它探讨了全球气候变暖对世界经济的影响。该报告虽然不是第一次有关气候变化的经济报告，但是意义重大。

2013年3月,埃克森美孚总裁兼首席执行官雷克斯·蒂勒森(Rex Tillerson)明确表达了一种兴趣:"我的理念是赚钱。如果我能钻井并且赚钱,那就是我想做的事。"[93]

火光如此欢快地看着我们

即使这里的分析大体上是正确的,仍然会遗留一个问题,也许是最重要的问题:人们为什么不反抗?为什么化石资本的"列车"持续存在,既然没有受到挑战,干脆就安稳地坐在驾驶座上稳步前行?乘客们怎么可能不反抗或直接把驾驶员扔出去,或者干脆毁掉这列火车?鉴于事态的严重性,这可能是最大的谜团。要想得到一个令人满意的解释,需要几十篇文章论述受害者和肇事者之间的距离、气候科学的抽象特征、对令人不安的事实视而不见的便利性、对生活中光明事物的思考、所有社会组织集体否认的创造性方式。在这里,我们需要特别注意一个问题。[94]这个问题引领我们脱离了迄今所涉及的循环,来到了化石消费领域,那里没有资本积累,但有大量的人类聚集其中。

自葛兰西①时代以来,这个谜团看似无解,但它只是马克思主义意识形态理论家一直在努力解决的问题的一个尖锐版本:为什么底层阶级听命于他们的命运,甚至明确地对命运的安排表示赞同?或者说,主要的生产关系是如何再现的?在这个传统中,"意识形态"的概念经历了从一个从会议和纪念碑所宣扬的思想体系,到一个深深扎根于资产阶级社会物质性结构的滑落。因为它没有被阐明,而且被认为是理所当然的,所以它是无形的、听不见的、极其有效的。接近此问题答案的理论可能来自阿尔都

---

① 安东尼奥·葛兰西(Gramsci Antonio,1891.1.23—1937.4.27):意大利共产党创始人之一,20世纪著名马克思主义理论家。

塞①。对于他来说，意识形态与其说是一套学说，不如说是一种存在状态。在这种状态中，主体陷入了各种关系之中；不是思想和言论，而是行动和感觉。更确切地说，资产阶级的意识形态以"意识形态国家机器"（Ideological State Apparatuses）或简称"ISAs"来实现，这是一个具有自己独特实践的机构的集合。⁹⁵

持有一般意义上的政治意识形态的人可以参加示威或集会来表达自己的信念，但在意识形态国家机器中，产生意识形态联系的是实际行动。一个天主教徒去做弥撒并不是因为他是一个天主教徒；相反，去做弥撒，在祈祷时动嘴、下跪、忏悔自己的罪，这些行为构成他成为天主教徒的前提——物质的仪式召唤着思想主体的存在。机器招募其主体，或将个人改造为主体，这种操作被阿尔都塞称为：

> 建构（interpellation）或呼叫（hailing）以及按照日常最琐碎的警察（或其他人）呼叫："喂！喂！"……假设我想象的理论场景发生在街头，被呼叫到的个人会转过身来，通过这种仅仅一百八十度的身体转身，他就变成了主体。②

阿尔都塞在这里玩弄术语的双重意义，"主体"是指自由行动的个人，"主体"处于次要地位。在课堂上，老师在要求学生回答问题时，会对学生进行质询；在电视节目中，主持人通过欢迎观众或邀请他发短信评论等方式呼叫观众。阿尔都塞一再强调，意识形态"总是存在于一个机器中，或在其实践中，或在若干实践中。这种存在是物质的"。⁹⁶

现在，如果我们把这种超唯物主义的意识形态理论再向前推进一步，我们就可以把化石消费领域想象成一个意识形态国家机器。在《世界烟

---

① 路易·皮埃尔·阿尔都塞（Louis Pierre Althusser,1918.10.16—1990.10.23）：法国马克思主义哲学家。在阿尔都塞的所有理论中，影响最大、争议最多的部分就是其著名的意识形态理论。他认为意识形态是一种实践，是对人的意识的加工。

② 阿尔都塞. 列宁和哲学[M]. 杜章智, 译. 台北:远流出版事业股份有限公司, 1990:191-192.

囱》（Chimney of the World）一书中，莫斯利（Mosley）展示了维多利亚时代晚期的英国如何发展出一种对家用煤火的普遍崇拜，这也是化石消费的典型地点，煤炭本身就是其使用价值。他引用了巴金（L. M. Budgen）1867 年出版的《燃烧的煤，或，火中的面庞》（Live Coals; or, Faces from the Fire）书中的一段话：

> 亲爱的熟悉的火，照亮了我们的壁炉和围着它的脸庞！……从柴火里欢快地看着我们的火，是孤独者的伴侣，是悲伤的安慰，是沉闷者的开心果，是社会吸引力的磁石，是温存回忆的支点和珍宝。总而言之，它是每一个家庭系统的太阳（当夏天的太阳不在的时候）：别忘了，它庸俗，但有特别重要的用途，它的璀璨生命，恰如用来点烟的烤炉和用来烧水的锅炉。[97]

莫斯利认为，这种赞誉明显是拜物主义之言，实际上反映了维多利亚时代英国工人阶级家庭中的广泛经验：在篝火周围聚会时的交流与便利感。此时，它不是一个牧师、教师、商人或任何其他人，而是物质商品本身在进行磁性干扰。在巴金描述的普通宅基地场景中，大火对家人喊出一声"嘿，你"，他们转过脸来。仅仅是身体上的转向，他们就成了化石经济的参与者和受益者，成为消费这些煤炭行为的牺牲品。物质仪式培养了一种强烈的无意识忠诚，尽管有时意识形态国家机器的权威人士明确指出，"对于我们所有人来说，坐在（煤火）周围是我们家庭生活中最珍贵的特征之一"，英国皇家科学院（Royal College of Science）燃料技术系的一位教授在 1912 年的讲话中说，"废除它，我们可能会节省煤炭，但我们应该会失去英国"。[98] 英国人与火紧密联系起来，火的灭绝将使这个国家失去生命。

现在思考一下，等同于坐在煤火旁的现代化石消费领域都有哪些？在加油站给汽车加油，买一张去远方海滩的机票（或者参加学术会议、激进分子聚会），享受从地球另一侧运来的异国水果，买一台中国产的 iPad，或者仅仅支付水电账单。⁹⁹建构无处不在，由具有使用价值的对象在所有曲折变化中实施。但这似乎标志着超越阿尔都塞的一步。在他的意识形态国家机器中——教会、家庭、政党、媒体、工会、学校——一贯会有牧师向会众、老师向学生的呼唤。他们的声音清晰而响亮，以物质实践为基础，因其所处的地位不同，他们发出的声音也显得比其纯粹物理性的声音更为响亮。商品本身能说话吗？另一种可能是，把劝告人们参与化石消费看作一种质询——不是飞往巴哈马群岛，而是电视上关于它的广告和所有类似的"喋喋不休"，用马克思的话来说。精神分析学家萨莉·温特罗布（Sally Weintrobe）说，"在当前的消费主义社会中，我们被积极鼓励通过物质财富来表达我们的认同感，因此失去这些东西就意味着失去了认同感"，她认为这是大众对气候变化无动于衷的一个关键因素。¹⁰⁰

但是阿尔都塞理论的主旨是超唯物主义，或者更确切地说，是斯宾诺莎主义①者对精神和物质的二分法的分解，不允许身体和符号之间的分离。阿尔都塞写道："意识形态根本不是意识的一种形式，而是人类'世界'的一个客体，是人类世界本身。"② 这种意识形态在看火的行为中是普遍存在的。如果我们将马克思主义意识形态理论的另一个派别——卢卡奇③创立的物化学派的一些见解加入阿尔都塞的理论中，我们很可能将质询定位在购买之后的消费行为中。商品掩盖了人与人之间的关系；它炫耀着、活跃着、大摇大摆、滔滔不绝，仿佛掺杂人的声音。这种物化倾向于"覆盖现象的全部表面"，因为相对剩余价值的生产（即生产率持续增长的同义

---

① 斯宾诺莎主义：巴鲁赫·德·斯宾诺莎（Baruch de Spinoza,1632.11.24—1677.2.21），犹太人，近代西方哲学的三大理性主义者之一，与笛卡儿和莱布尼茨齐名。斯宾诺莎开创了用理性主义观点和历史的方法系统地批判圣经的历史，考察了宗教的起源、本质和历史作用，建立了近代西方无神论史上一个较早和较系统的体系。他克服了笛卡儿二元论的缺点，把唯理论与唯物主义和泛神论结合起来。以后的哲学家称具有这种特征的学说为斯宾诺莎主义。

② 阿尔都塞. 保卫马克思[M]. 顾良,译. 北京:商务印书馆,2016:201.

③ 卢卡奇·格奥尔格（György Lukács,1885.4.13—1971.6.4）：匈牙利著名的哲学家和文学批评家,是当代影响最大、争议最多的马克思主义评论家和哲学家之一。他所撰写的《历史与阶级意识》中的物化思想对资本主义的商品经济的发展具有重要的指示作用。他指出了物化现象的普遍性及危害性,认为消除物化现象的方法是总体性原则的恢复,其又进一步指出总体性原则的恢复需要靠无产阶级的阶级意识苏醒。

词)"需要产生新的消费;这就要求流通中的消费圈不断扩大"。[102]主体被吸引到螺旋式的消费中,因为生产领域不得不将其不断增长的大量商品倾销给购买者。

化石资本的历史趋势是为更多的人推出更多含有 F 的产品。在一个先进的、必须被废除的化石经济中,含有 C – M – C(F)公式的交易数不胜数,以至于渗透在卢卡奇所说的"生命的每一种表达"中。几乎任何一个主体都离不开对 F 的实质性吸收。碳存量无形无声,存在于最平凡的事物和最独特的玩笑中,存在于人们最具体的存在中,"在他们的工作、日常生活、行为、承诺、犹豫、怀疑和最不言而喻的意识中",阿尔都塞说。[103]无论是一个派对狂还是一个进步学者,你都需要乘飞机来保持你的主观性,做真正的自己。坐在飞机上的时候,窗户、座位、乘务员和窗外的云彩无声地向你打招呼:"嘿,哥们!"你是化石经济的一个主体,由于你经常重复这个行为,意识形态国家机器总是建立在重复行为的基础上,你无法想象没有飞行。F 已经构成了主体,它们无法游离在其本身之外看到自己,也很少反思,更不用说阐明意识形态的归属。它就在那里,在物质生活的脉络里。

那么,为什么化石经济主体要起身灭火呢?他可能会在这个过程中迷失自我。炉火从铁栏里欢快地看着他。我们有一个暂时的解释来回答为什么随着全球变暖的加速,对其命运的屈服便越会加剧。"正像资本主义制度不断地在更高的阶段上从经济方面生产和再生产自身一样,在资本主义发展过程中,物化结构越来越深入地、注定地、决定性地沉漫入人的意识里。"①[104]但这些循环圈是同心的,在化石经济的外围,与火的联系更加松散。事实上,从以上所有方面来看,由化石使用价值构成的因而阻碍减缓气候变化的主体是最富裕的消费者。一个贫穷的人,也许会支付其水电费,但从来不会飞到海滩,它在碳存量投资上的主观性会少得多,而且在

---

① 卢卡奇.历史与阶级意识——关于马克思主义辩证法的研究[M].杜章智,任立,燕宏远,译.北京:商务印书馆,1992:156.

转型过程中几乎没有损失。就化石经济中的阶级鸿沟而言，其正在扩大。化石消费理论作为"意识形态国家机器"的解释方与富裕程度相关；它可能与中产阶级、知识阶层和工人阶级的某些特权阶层有关，但对全球变暖中真正的底层阶级却没有影响。

很大一部分气候政治都在向消费者喊道：嘿，你们，买些不同的东西！有绿色标签、更低碳足迹或当地生产的产品，甚至最好是什么都别买。虽然这似乎与化石消费的意识形态相匹配，但我们可以清楚地看到为什么这种关注构成了双重战略错误。首先，它涉及小康；这种反建构的效力与购买力成正比。其次，它将注意力从生产上转移开，生产决定整个企业日常运转的活跃度，包括不断扩大的消费周期。诚然，任何进步的气候政治都必须直面火的吸引力，并提出替代性的建构，但作为一个总的导向，将消费者作为目标市场是西方环境主义的经典盲区。在《揭秘暗黑时代：气候变化斗争失败的原因及之于未来的意义》（*Reason in a Dark Time：Why the Struggle against Climate Change Failed and What It Means for Our Future*，）一书中，道德哲学家戴尔·杰米森（Dale Jamieson）在不知不觉中对物质化下人类命运进行了精准再现。正如卢卡奇的理论所言："人类行为是驱动力，但似乎是事物本身，而非人在掌控。我们的公司、政府、技术、机构和经济体系似乎都有自己的生命。"[105] 只有当人们从消费的呆滞状态中解脱出来，并开始在这个层面上行动，才有可能发生真正的变化。

第十五章

重返流动能源？过渡期的阻碍

自由自然之力的伤恸

我们现在最大的希望是尽快恢复使用流动能源。二氧化碳排放必须接近于零，在地球上，还有一些不产生任何排放的资源仍未被开发。太阳在一小时内照射地球产生的能量比人类一年消耗的能量要多得多。换言之，地球拦截的太阳光能比人类目前收集到的所有能量要高出近一万倍——当然，这纯粹是理论上的潜力，但即使这里剔除了不合适的地点——比如海洋、湿地和陡峭的山脉，太阳能流量仍然比煤炭年消耗量大一千倍。[1]风本身也可以为地球提供动力，它不像太阳拥有强大的直接辐射能量，但据估计，技术上可用的风能供应范围是当前总能源需求的1~24倍。悲观主义者警告说，大规模部署涡轮机将使风力本身减速，以至于再多一个风电场也不会增加更多的电力。但最近的研究消除了这种李嘉图式的担忧：从物理上讲，空气中的气流是不可能耗尽的。[2]其他可再生能源——地热、潮汐、波浪、水——都可以做出重大贡献，但与太阳能和风能的预期相比还有差距。如果在化石经济之前，流动能源是主流；那么在化石经济之后，太阳能和风能可能会成为主流。燃料短缺也将不会成为这一次的问题所在。

化石资本：蒸汽动力的崛起与全球变暖的根源

实现到流动能源的过渡有多快？美国研究人员马克·雅各布森（Mark Z. Jacobson）和马克·德鲁奇（Mark A. Delucchi）提出，到 2030 年，所有新能源都可能来自风能、太阳能、地热能、潮汐能和水力发电设施，这是迄今为止最全面的研究报告，类似于一份全球化的汤姆关于蓄水池的报告①；重新调整制造能力以满足能源需求，那么世界上将不必再建造一座燃煤发电厂，甚至核电厂、煤气厂、内燃机或加油站。再过 20 年，所有基于化石能源的旧设备都可以下线，这样到 2050 年，整个世界经济——制造业、运输业、取暖业——这一切都将依靠可再生电力运行，其中大约 90% 将由太阳能和风能提供。这项工作可以通过已经开发的技术来完成。在一项更为精细的调查中，雅各布森、德鲁奇和他们的同事展示了纽约州如何在 2030 年之前完全实现同样的转变。[3]其他人则勾画了更为乐观的场景：在 25 年内，全世界所有化石燃料消耗都可以被太阳能取代；美国和新西兰可以用不超过十年的时间，使其电力 100% 来自可再生能源；风能和太阳能最早有可能在 2024 年取代所有的化石能源——这无疑是最乐观的预期了。[4]

在现实世界中，流动能源似乎正在经历某种程度的繁荣，风能和太阳能的产量逐年呈指数级增长。尽管受到金融危机的影响，2009 年全球风电容量还是增长了 32%；对于光伏发电——俗称太阳能电池板，这一数字达到了 53%。[5]在截至 2014 年 4 月的 18 个月内，美国的太阳能使用量比前 30 年累积的还要多；2013 年，马萨诸塞州和佛蒙特州 100% 的新电力来源于太阳能，而中国在一年内安装的太阳能电池板数量超过了所有国家；肯尼亚制订了到 2016 年如何利用太阳能完成国家一半发电量的计划；海地建立了世界最大的太阳能医院②；加利福尼亚州建造了最大的太阳能发电厂③。

---

① 见第六章——译者注。
② 这家医院名为 "The Hôpital Universitaire de Mirebalais"，建在海地的中部高原，由健康伙伴基金会（Partners in Health）和海地米拉巴莱斯医院合作，于 2013 年投入运营，总共安装了超过 1800 片的太阳能板——译者注。
③ 这里是指世界最大的太阳能光热塔式发电站"伊万帕太阳能发电站"（Ivanpah Solar Power Facility），由三个独立的发电厂组成，占地面积 1400 公顷（3500 英亩），于 2014 年 2 月 13 日正式投运——译者注。

然而，对流动能源的使用相对于化石能源仍只是沧海一粟，显然没有起到任何抑制碳排放爆炸的作用。1990—2008 年，联合国政府间气候变化专门委员会（IPCC）的第一份到第四份报告指出，世界经济中投入使用的化石能源是可再生能源的 57 倍；2008 年，风能仅占一次能源供应的 1.1%，光伏仅占 0.06%；不包括水力发电，可再生能源仅产生了 3% 的电力。2013 年，从煤炭中得到的能源要比任何其他燃料提供的能源都多。[6]这怎么可能？为什么人类没有从化石经济走向基于流动能源的经济？是什么阻碍了它的发展？很明显，我们无法对这些问题做出详尽的回答，只能提供一些指示以供进一步研究。

我们首先怀疑的是价格：化石燃料仍然更加便宜。事实上，进入千禧年之后的十年间，可再生能源的平均成本仍高于现有的传统能源。[7]但是差距很快便缩小了。在美国许多地区，陆上风能已经与化石能源并驾齐驱，30 年来，涡轮机的价格每年下降 5%，光伏价格则以两倍于涡轮机的速度下跌。2014 年，太阳能电池板的价格在短短三年内下降了 60% 之后，只剩 1975 年的 1%。在 19 个地区和国家市场中，它们实现了"市电平价"，这意味着它们在没有补贴支持的情况下，能与传统能源的价格相当或略低。比如加利福尼亚州、西班牙、土耳其，甚至德国的居民电力，以及墨西哥和中国的工业电力。如果不是 2013 年国家对化石能源的补贴是可再生能源的 6 倍，并且没有减少的迹象，太阳能和风能的相对价格可能会大幅下降，尤其是在埃及和巴西等发展中国家。如果气候变化、空气污染、致命事故和其他"外部性"成本被包括在化石燃料的市场价格中，它们就不会有机会被使用——19 世纪的蒸汽发电也不会有机会——但这仍然是一个学术争议。[8]

流动能源价格的持续崩塌归根结底是其外在表现形式的作用：燃料已经存在，可以免费获取，这是"大自然的礼物"，或者用马克思的话来说，这是"自由自然的力量"（德语：Gratisnaturkraft）。[9]唯一具有交换价值的是捕获、转换和存储燃料能量的技术，与所有技术一样，它也受到规模经济的制约：大规模生产大幅降低了太阳能电池板和涡轮机的成本。累计的光伏装置数量每增加一倍，其市场价格就会下降大约20%。此外，其进一步提高性能和降低成本的潜力还很大，可以将太阳能电池板的硅片变薄或用一种更好的材料来替代，以将光能转换成电能。例如，被称为"钙钛矿"的矿物晶体结构，它现在很可能有三倍于之前材料的效率；太阳能电池板也可以进一步被改进；其他存储方法也正在开发中。专家预测，在2025年前的某个时候，太阳能和风能将普遍比化石燃料更为便宜，这也许是气候争论中唯一一个充满乐观主义和近乎乌托邦式热情的分支。有人说，"化石燃料峰值"即将到来，过了这个峰值，煤炭、石油和天然气将因为它们的成本比其清洁替代品高而被封存在地底。[10]

现在，我们很容易想象，价格的下跌对于太阳能和风能来说一定是一个不折不扣的福音。然而，结果并非那么简单。在21世纪初，太阳能行业的两个最大参与者是英国石油公司（BP）和壳牌公司（Shell），他们利用这一新发现的趋势达到了很好的公关效果，英国石油公司将自己的品牌含义重新调整为"超越石油"，壳牌公司则印刷了双页广告，宣传其对"新能源未来"的信心。这两家石油巨头一度是世界上第二大和第四大太阳能电池板制造商，他们显然决心将其巨大的资源投入该行业：这也正是扩张的需要。但在2006年，壳牌出售了其太阳能子公司；2008年又退出了"伦敦阵列"（London Array）——该项目计划成为全球最大近海风发电场；次年，该公司宣布完全退出，将不再对太阳能或风能进行投资。为什么？发言人琳达·库克说："它们仍然难以与我们投资组合中的其他投资（石油和天然气）相竞争。"[11]英国石油公司逐渐关闭了其太阳能电池板工厂，并在2011年抱怨说其在太阳能上"赚不到钱"，两年后，跟随壳牌的步伐，"我们已经放弃了太阳能，并非说太阳能不是一种可行的能源，但我们在这方面工作了35年，却真的没有赚到钱"，首席执行官鲍勃·达德利解释说，另外也在继续出售该公司在美国的整块风能业务。[12]

更具体地说，这两家公司都将退出太阳能产业，这归因于电池板价格的暴跌。由于他们无法提取燃料并在市场上出售，唯一可以自我扩大价值的只有制造技术。然而，利润率年复一年地被压缩，直到几乎没有任何利润——这种趋势在它们的核心业务中是不存在的。"英国石油公司无法使它（太阳能）盈利。他们无法跟上行业发展的步伐，也不喜欢所需的资本分配。当石油价格为每桶100美元时，董事会希望继续专注于他们所做的事情，以实现收益最大化，"英国石油公司替代能源部的一位前战略家回忆说。这是该决定产生的背后原因。对于在该行业内希望获取利益的人来说，一个高而稳定的价格比一个低而下降的价格要好。"在石油市场上，价格是循环上升或下降的；而太阳能的价格只在往一个方向发展，即下降"，一位已倒闭的壳牌太阳能公司的前高管感叹道。他重申了基于煤炭的永久固定资本的情况："石油公司投资的工厂应该可以效力30年，而对太阳能制造厂的投资可能在五年内就没有了竞争力，这会扼杀石油公司的热情。"[13]

然而，不仅是积习难改的石油公司貌似正在避免流动能源从廉价向超低价转变，2012年，西门子也表示，由于价格暴跌，其将放弃其太阳能利益的部分；博世（Bosch）也朝着同样的方向前进；德国第一家上市太阳能公司索龙（Solon）破产。[14]

从2011年的峰值到2013年的下跌，全球可再生能源投资下降了23%。在欧洲，这一数字达到了惊人的44%。太阳能价格暴跌；风能价格则被证实更具弹性；风险投资和私募股权避开了微薄的利润率，它们对该行业的参与度降至2005年的水平。如果不是政府支出（仍在增长，但也近乎微弱），下降幅度会更大。由于太阳能电池板和涡轮机的价格下降得更快，近年来实际装机容量不断增长，但这并没有给彭博新能源财经（Bloomberg New Energy Finance）这样的参与者带来多少安慰："投资的下降,对于该行业和那些希望看到投资者和金融家增加对能源系统内去碳化美元投入的人来说是令人失望的。"[16]换言之,资本并没有像许多人预期的那样参与转型,这主要是因为流动能源产生的能量,在其社会使用价值(减缓气候变化)上升到了无价这一高度的同时,失去了太多交换价值。

现在判断这些趋势是否仍会持续还为时过早,但我们在这里确实看到了"劳德代尔悖论"①的身影:生活必需品(如阳光或空气)的附加交换价值越低,资本将其作为市场商品生产的兴趣就越少。[17]或者,流动能源的价格越接近燃料的零成本,盈利前景就越小,私人投资就越不足。如果的确如此,那么在资本主义财产关系的基础上实现太阳能和风能的潜力,在某种程度上,将成就另一类走向自我毁灭和内卷化的企业。数据是否证实了这一预测,或者资本是否会回流到太阳能电池板和涡轮机上,尚有待观察——也许生产力竞赛的减速会保护工厂免受贬值的影响,并吸引更多支出(然而,这本身会削弱价格)。不过,有一件事似乎是肯定的,在流动能源的时空轮廓下,不会允许任何像化石资本原始积累那样有利可图的东西存在,因为燃料不是藏在单独的房间里,而是像水果一样悬挂着供人采摘,在其生产中几乎没有可攫取的剩余价值——能源所在地与消费者所在地之间没有隔阂,资本和劳动力之间的鸿沟可以在其中重现。对于一些人来说,"公共财产"仍然是令人不快的存在。

但是,如果价格降得足够低,能源消费者是否会开始行动?供应商是否会回应他们的需求?两者在动态平衡中,是否会逐渐为流动能源创造更大的空间?我们将再次回到这种可能性上来。在撰写本书时,光伏发电价格的暴跌似乎确实是转型喜忧参半的佳音。它是否会因所需材料的短缺而进一步推迟?雅各布森和德鲁奇认为,它们在全球100%的场景都不会面

---

① 劳德代尔悖论(Lauderdale Paradox):是指公共财富和私人财产之间的矛盾。公共财富在不具备稀缺性时不具备交换价值,而自然资源一旦具备稀缺性,一旦被私有化,就会增加私有者财富而牺牲公共财富,对环境的价值低估最终会付出环境和经济代价。

临来自土地的重大约束；所有的太阳能电池板、涡轮机和工厂将吞噬混凝土、钢、铜、铝——其中大部分可以从废弃的化石基础设施中回收利用——除了一些需要节约使用并最好更换的稀土矿物之外，每个设施所拥有的量都将是富足的。[18]太阳能、风能及其辅助设备也不会占用太多土地。但是生物燃料会，这也是雅各布森和德鲁奇以及其他可再生世界经济的严谨支持者将其排除在计划之外的原因之一。另一个原因是，当森林和草地被转换为农田，尤其是用于种植玉米而生产乙醇时的净正碳排放量。[19]从流动能源到煤炭或反之，李嘉图—马尔萨斯范式对其中的过渡几乎没有影响。

可再生能源还有另外两个常见的缺点：它并非无处不在，也并非一直存在。强劲的大风和强烈的日照在某些地方很充沛，但这些地方在其他方面可能较为逊色。在2010年一项关于"扩大替代能源规模"的重大调查中，《科学》杂志引用了一位生态经济学家的话，提请人们注意"世界上许多风力最大、阳光最充足的地区实际上都无人居住"。风可能消失；太阳每天至少有一半的时间是不存在的："它们传递的能量往往是间歇性的，很难储存。"[20]具体的空间和精确的时间仍然被视为流动能源应用的障碍。让我们来逐一梳理每个问题。

逆流而上

亚利桑那州的太阳能电池板比缅因州的太阳能电池板多发电60%；中东和北非太阳能的总技术潜力是西欧的12倍，是中欧和东欧的72倍。一些最强劲的风吹过南锥地区的顶端、塔斯马尼亚岛和北海海岸，而亚洲大部分地区的风能资源相对贫乏。流动能源始终嵌入景观中，其在空间中的分配是不均的；没有其他因素比这更能决定电价的变化。[21]我们来思考一个光伏阵列的原理，电池将入射光能直接转换为电能，而在太阳的局部射线柱之外，则什么都没有。它不能由从地球另一边传来的辐射供电；而完全受制于当地条件。煤炭可以被送往目前资本青睐的任何地方进行生产,阿尔伯塔、阿拉斯加、加沙或加纳的石油和天然气也是如此,但来自太阳、风、波浪和水的能量只能在有限的距离内传播,比如阿尔及利亚的阳光就无法传播到孟加拉国。

一些狂热者只看到这种地方主义的优点。赫尔曼·谢尔(Herman Scheer)可能是欧洲最有影响力的可再生能源思想家,也是德国转型项目——"能源转型"(德语:Energiewende)的设计师,他围绕可再生能源构建了整个现代文明复兴的愿景。在《太阳能经济》(*The Solar Economy*)中,他称赞了可再生能源的"供应链"很短或根本不存在。最终,能源可以——不,是必须——在同一个地方产生、加工和使用。货源和消费者将携手共进,它们的"地方纽带"牢不可破。这一新时代的标志或"女主角"正是太阳能电池板,被固定在屋顶上,将电能直接送入人们的浴室、厨房和车库。如果太阳能发电厂也是必要的,那么这些发电厂应该服务于"相邻城市——例如,开罗的电力需求可以由位于附近沙漠的发电厂提供"。[22]可再生能源的运输既无必要也非可能,这一切都是为了朝着更好的方向发展:谢尔设想在当地社区内实现能源、商品和服务的闭环,没有卡车或高压电缆横穿地球,能源消费者必须适应当地"日照强度、盛行风强度、水电潜力的存在与否"。根据能源供应的分布情况,"工业转移"也将随之进行。[23]工厂将遍布全球,不再会有某地成为中心。

为了响应"法伦斯泰尔"①与"小即美",谢尔的观点似乎与未经修饰的流动能源的形象相对应,但他对这里的利害关系缺乏认识。他写道,"太阳能供应链很短,这一事实确实引发了一个问题,即为什么几代科学家和技术人员都拒绝接受太阳能作为替代品",就好比太阳能所发挥的能

---

① 法国空想社会主义者夏尔·傅立叶(Charles Fourier,1772.4.7—1837.10.10)为自己的理想社会设计了一种叫作"法朗吉"的"和谐制度",他为"法朗吉"绘制了一套建筑蓝图,建筑物叫"法伦斯泰尔",中心区是食堂、商场、俱乐部、图书馆等。建筑中心的一侧是工厂区,另一侧是生活住宅区。

量是神秘莫测的一样。[24]他们对谢尔理想的否定是绝对的。全球化产生了有史以来能源生产和消费之间最大的分裂，这一链条通常是将化石燃料从一个国家的矿藏地运输到另一个国家进行燃烧，并在第三个国家制造可供销售的商品；每年都有更多的碳——固体碳和隐形碳——被跨境转移。在生产全球化的时代，资本比以往任何时候都更不能容忍束缚，它们飞越所有的栅栏来到最绿的草地上，无休止地在不同地方之间流动，无视各地的固有特质。通用电气（General Electric）首席执行官杰克·韦尔奇（Jack Welch）的愿景正好主张这一场景，他曾说过一句著名的话："理想情况下，你的每一座工厂都应该在驳船上。"[25]如果谢尔对向流动能源过渡后果的看法是正确的，那么它与全球资本的逻辑是对立的，因为生产手段将不得不受制于围绕能源核心形成的社区。曾经让蒸汽占主导地位的公式不得不被颠倒过来。资本需要把人民带到能源面前，而不是像过去两个世纪那样把能源置于人民中间，而且从来没有比在当前抽象空间的阶段更有活力的时候。

"当生产的本质是工厂无法完全实现自动化时"，我们看到巴贝奇解释道，"工厂所有者会更容易受到各种工人联合的伤害"。全球化生产是建立在这来之不易的教训之上的。谢尔诗意地指出，"全面使用可再生能源将使经济全球化和产业集中化进程的风帆停住"，但他没有意识到这将意味着：使资本失去它在反对劳工的斗争中有效使用的武器。资本不太可能轻易放手。其他阶层可能不会有什么损失，工人们即使失去了一个世界①，那么至少会有一个稍微安全一点的未来，把生产资料与太阳、风或水联系起来，这样他们就不会突然离开。但很少有做出这样阶级调整的人热衷于可再生的地方主义或区域主义，例如，谢尔就抱有"广泛分布的资本积

---

① 这里的世界泛指共产主义，在《共产党宣言》中有这么一句话："无产者在这个革命中失去的只是锁链。他们获得的将是整个世界。"（参见：马克思,恩格斯. 共产党宣言[M]. 中共中央马克思恩格斯列宁斯大林著作编译局,译. 北京:人民出版社,1997:62-63.）

累"的希望,这是一座空中楼阁,与资本主义财产关系的实际空间动态没有任何关系。[26]

同样令人惊讶的是他对第二个反对可再生能源的观点的回应:"对于哪些认为如果不刮风就不能晾干衣服的观点,正确的回答是,刮风的时候你可以晾干。"当然了,前提是如果使用价值是劳动的目的。但在发达资本主义经济体中,抽象时间的统治已经渗透到每一个存在的时刻,从冰箱到传送带,从数据服务器到充电站,到处都是24小时运转的设备,这助长了人们对电力中断的普遍敏感。克拉里在《24/7》中写道,"下载文件或连接网页时,等待的时间几乎变得难以忍受"①,"所有类似于幻想的东西与强调效率、功能和速度的体制要求之间,都存在着深刻的矛盾"②。[27]这不是告诉人们"给天气一些时间最好的"历史时刻,在工业领域,克拉里诊断为"24/7"的文化弊病的等价物是"精益生产"和"准时制"③的理论:一场针对劳动过程中剩余空隙的狂热战争,与任何有着间歇性的东西都极不相容。资本能否被迫依赖于内在不稳定的流动能源?可能的事实是,它对此类想法的抵制从未像现在这样坚定。

雅各布森和德鲁奇的批评者将矛头指向了他们"盔甲"上的暂时性裂缝并指出,在欧洲的冬季,天空既多云又平静,并强调与峰值需求不匹配"在我们的现代经济中是不可接受的"。[28] 2008年,由谷歌赞助的一项气候倡议提出了一项到2030年让美国摆脱煤炭的计划,用风能、太阳能、核能和其他能源的混合物取代黑色燃料。"绝对不可能",美国电力公司(American Electric Power)首席执行官对这个想法嗤之以鼻,"也许谷歌对此有一个计划,能让大风全天候地刮,那还不错"。美国的私营且以盈利为

---

① 克拉里.24/7:晚期资本主义与睡眠的终结[M].许多,沈清,译.北京:中信出版社,2015.
② 克拉里.24/7:晚期资本主义与睡眠的终结[M].许多,沈清,译.北京:中信出版社,2015.
③ 这里是指准时制生产方式(Just In Time,JIT),是日本丰田汽车公司在20世纪60年代实行的一种生产方式,是将必要的零件以必要的数量在必要的时间送到生产线,并且只将所需要的零件、以所需要的数量、只在正好需要的时间送到生产线,出发点是不断消除浪费、减少库存、进行持续的循环式的改进。

导向的公用事业公司因担心天气变化而放弃使用可再生能源,导致目前风电场收入的年际变化为 15%~20%,太阳能项目收入的年际变化为 5%(更不用说从一个月或一周到另一个月或一周的变化了)。我们看到,在 19 世纪 60 年代,威廉姆·斯坦利·杰文斯(William Stanley Jevons)观察到,"趋势是,我们可能会发现,煤炭是阳光的来源,(而不是)阳光是煤炭的竞争者"。今天,无论是在时间还是空间上,这种趋势都是一种渐进的具体化,一种"越来越远离'可再生能源使用'的定性和客观本质",用卢卡奇的话说。[29] 资本由于以储备能源为发展的精髓,它便逐渐远离流动能源的本质了。

过渡期中难以逾越的障碍

然而,当所有这些都被提及时,我们便打开了一个具有不同可能性的领域。可能有一些方法可以设计出更为抽象的流动能源的外形。例如,太阳能技术有光伏以外的形式,可以在地面上设立一大片自动反射镜,以跟踪太阳光线,并将其重新定位到单一中心焦点,比如一个塔上,由此产生的温度可能在 200~1000 摄氏度;燃烧的热量可以用来产生蒸汽——杰文斯对这一古老的想法发表了评论——并可以像所有传统发电厂一样驱动涡轮机。太阳能电池板可以直接将光能转化为电能,"聚光太阳能发电"(CSP)在热量上另辟蹊径,但它收集的电流密度更大,可以通过高压架空线路远距离传输(目前可达 2000 千米)到人口聚集地和工业中心。对于风能,一个类似的选择是将大型风电场建在海上,那里的风快速而稳定,不受山脉和建筑物的阻挡,并能将风传送到陆地上。[30] 光伏阵列和陆上涡轮机当然也可以连接到电网,但 CSP 和海上风电场有一种特殊的能力,即能在流动能源最丰富的地方捕获到它们,如沙漠、海峡、海湾,并从那里将流动能源输送到人们身边。但这些解决方案有一个主要问题:它们都需要事先规划和协调。

迄今为止，这一类型中最为广泛宣传的方案是"沙漠技术"（Desertec）：位于撒哈拉以北的一系列大型 CSP 工厂，通过水下电缆向欧洲出口电力。2009 年，一个由金融和工业企业组成的财团发起了"沙漠技术工业倡议"（Desertec Industrial Initiative, DII），为该项目筹集资金，目标是到 2050 年至少满足欧洲 15% 的电力需求。2012 年，DII 宣布，"可再生电力应在资源最丰富的地区生产，并出口到需求旺盛的地区，这一想法被称为'沙漠技术愿景'"，最新地图显示，覆盖欧洲人口最稠密地区的高压线网，能源来自中东和北非的 CSP、光伏和风力发电装置；该项目"可以由市场参与者和投资者来实现"，是一项可以令公众放心且信心满满的举措。[31]但两年后，这个项目变得一团糟。财团中的重量级企业——意昂集团、博世、西门子——对财务效益不满意，纷纷退出；非营利性的"沙漠技术"基金会已与该倡议分道扬镳；欧洲公用事业公司辩称，跨越地中海的电力输送计划"与当前的电网互联水平不兼容"，此外，它们的市场已经受到可再生能源过剩的影响。[32]一项研究得出结论，"沙漠技术"在技术上是完全可行的，但"尚无足够的政治框架条件来允许必要的大规模投资"。[33]目前还没有将资本原子凝聚在一起的计划。

然而，"沙漠技术愿景"却延伸到了其他领域；沙漠是阳光的金矿，等待着为世界上忙碌的地方和工厂（如中国）的利益而解锁，因此产生了"戈壁技术"（Gobitec）的想法。戈壁沙漠可能是地球上最适合的太阳能发电的栖息地。用太阳能电池板覆盖其 3% 的面积，足以产生比 2008 年全世界消耗量更多的电力；将大规模光伏发电与 CSP 相结合，强大的电流可以通过中国输送到东南部的海岸，也可以通过朝鲜半岛一直输送到东部的东京。与其欧洲模式一样，戈壁技术尚未走出设计阶段，也没有私人投资者愿意站出来，并且有另一个常见的问题困扰着该项目：

> 戈壁技术的支持者所设想的亚洲国家之间的合作，忽视了私人市

第十五章 重返流动能源？过渡期的阻碍

场参与者可能与他们的参与国政府间有不同的考虑。私人投资者之间的竞争可能与基于国家的外交政策不相容。

正如两位研究人员所说。接下来引用一位匿名消息提供者的话："让各国合作已经够困难的了。但能源安全是一项赚钱的活动；所以私营企业不愿合作，他们更想主宰。"但参与其中的国家也可能会表现得像利润最大化者一样，如果其中一个国家"赔钱，而其他国家没有，那他们就会产生怨恨"。[34]这就是问题所在。

变异性问题的解决方案往往指向同一个方向：要远离狭隘的地区，走向综合资源的"超级电网"，基于这样的原则，当一个地方风起云涌时，另一个地方可能正阳光灿烂。雅各布森和德鲁奇对他们的批评做出了回应，他们认为北非、俄罗斯和西亚的互连风电场可以保障欧洲荒芜的冬季数周；关键是要把可再生能源捆绑起来，而不是成为不可能自给自足的飞地。地热、潮汐和水电设施提供的能源比太阳能和风能更稳定，因此可以发挥关键的缓冲作用。[35]沙漠技术正在——或者曾经——被设计用来提供同样的缓冲平衡服务（因为阿拉伯总是阳光灿烂的）。另一个想法是将挪威改造成"欧洲的绿色电池"，由来自邻国盈余的流动能源来充电：当德国或英国的风力强劲时，可以将部分风力抽送到挪威山区的水库中；当风力减弱时，可以将水流释放出来以做补充。我们已经看到一位"艾尔郡的绅士"为19世纪20年代的英国工业提出了完全相同的解决方案。

转型之后，杰文斯设想了如何通过一些明智的规划使煤炭变得完全多余：

> 最完美的机器劳动系统建立在液压动力上。想象一下，有无数的风车、潮汐车和水车被用来向我们工厂附近的几个大型水库抽水。流动能源可以从那里被分配，并像现在用于家庭用途的水一样出售。不仅所有的大型机器，而且每台起重机、每台车床、每种工具都可以通

过供水管中的水来运转；在我们的房子里，许多家庭作业，例如通风、清洗、旋转喷口，也都可以通过水力来实现。[36]

我们知道是什么阻碍了这些想法的实现。现在，正如当时一样，所需的技术已经完全成熟，但各方之间鲜有相互让步和包容精神：挪威电力公司无法预计足够的利润以激励投资；目前尚不清楚谁将为基础设施买单；出于美观原因，一些户外运动爱好者反对架设高架输电线路。[37]与此同时，很多公司继续在没有协调的情况下开采挪威的石油和德国的煤炭。

没有理由先入为主地认为这些障碍是无法克服的，管理波动的其他选择唾手可得：超大发电容量、电池储能、天气预报，甚至是大胆的关于需求监管的想法。[38]但似乎存在一个普遍的难以逾越的障碍冻结了过渡期（或者，正如人们经常提到的退出）。一方面，向流动能源的转变将撕裂抽象的时空性；另一方面，试图从具体的流动能源中创造出尽可能抽象的空间和时间，则需要进行全面的规划。一种紧急情况是，如果资本主义财产关系的某些组成部分关闭了一侧的出口大门，我们就会意外撞向另一侧的其他地方。当然，罗伯特·汤姆也曾陷入同样的困境：他承诺，用长长的水渠、多个水库和最先进的水闸，"将水从最偏远、最难到达的地方输送出来"，并运转得"像时钟一样精确"，只是无法与资本达成一致。它既不愿意牺牲空间流动性和时间统一性，也不愿意牺牲竞争的无政府状态，而是开始了化石经济的建设；今天，火警响起，我们试图走出这栋大楼，却似乎面临用相同钥匙锁住的大门。无论我们设法从任何一个方向脱身，资本主义财产关系似乎必须朝着更加共有的方向发展——与流动能源的具体轮廓或共产主义倾向保持一致。[39]

与煤炭一样，水流、阳光和空气的共有物仍然处于"持续运动和不断变化的状态"，用一位法国法律学者的话来说，"带有一种模糊和短暂的特质"。[40]如果在今天未知的水平上进行规划和协调，在21世纪艾尔韦尔河专员的带领下，横扫各个行业、各个国家和几个大洲，获取它们的能量，在技术上似乎是可行的。但目前的趋势是，煤炭将继续在资本世界中流通，而非屈服。

走向能源计划经济

赫尔曼·谢尔想走依赖当地能源的路，但他不知道自己将要应对些什么。2012 年，在他去世后出版的《能源要务》（*The Energy Imperative*）中，他对沙漠技术、挪威"电池"和所有提议的"超级电网"感到愤怒，他认为它们背叛了可再生能源的本质，即可再生能源"本质上是分散的"。这样的计划不是要利用光和空气的本质，而是试图将其硬塞在化石结构的普洛克路斯忒斯之床①上；更糟糕的是，它们会赋予国家新的特权。谢尔哀叹道，大陆超级电网的想法"具有欧洲电力计划经济的特征"。[41] 让我们假设他是对的，如果后化石国家没有分裂成自给自足的本地或区域性领域，生产资料将被留在这些区域，以造福劳动力，却损害了交换价值，这样一来，这些生产资料将不得不被重新规划。这样的规划要深入什么程度？难道就不能停留在与电线相连的电缆表面，像国家为资本提供任何其他基础设施一样，而不干涉其真正的内部事务吗？

首先要记住一件事，任何过渡，尤其是基于抽象空间的过渡，都需要进行非同寻常的投资，但资本并没有因此而增长。从 20 世纪 80 年代加利福尼亚州的第一家工厂到本文撰写的那一刻，没有一家聚光太阳能工厂是在没有大量公共资金投入的情况下诞生的；除非国家全力支持，否则似乎没有办法让"沙漠技术"或"戈壁技术"运转；海上风电场——仍然只占全球风力发电容量的 2%——面临同样的挑战，将它们连接在一起的输电

---

① 普洛克路斯忒斯之床(Procrustean bed)：普洛克路斯忒斯(Procrustes)是古希腊神话中的一个强盗，他开设黑店，拦截过路行人；他特意设置了两张铁床，一长一短，强迫旅客躺在铁床上，身矮者睡长床，强拉其躯体使与床齐；身高者睡短床，他用利斧把旅客伸出来的腿脚截短；后意指"削足适履""强求一律"。

系统也面临同样的挑战。虽然从长远来看，它们可能会提供更为便宜的电力，但将流动能源集中起来的技术只能以较高的初始成本投入运行。[42] 这种投入遍地开花——国际能源署（IEA）表示，到 2050 年，世界每年应花费 1 万亿美元用于转向可再生能源——但不管怎样计算，很明显，这里所需的投资都是巨大的，到目前为止只有一小部分实现了。2012 年，世界可再生能源的总支出相当于国际能源署预测水平的 1/3。如果决定权仍掌握在私人机构手中，所有迹象都表明，人们所做的改变要么太少，要么太晚。联合国气候变化负责人克里斯蒂娜·菲格雷斯（Christina Figueres）恳求金融机构向"绿色基础设施"投入一些资金，这显得有些可悲，金融机构掌握着关键——并不是她，也不是任何民选或政府间机构——但它们就是选择不开门。[43]

并不是说资金短缺，世界上的金融巨头有数百万亿美元可供支配；也并不是说他们回避风险项目，他们愿意把自己的财富押在最危险的投机上。相反，正如瑞典研究人员罗宾和斯塔凡·雅各布森所言，金融化的动态演绎使私人投资者完全不适合为这一转型提供资金，对即时利润的追逐使他们离超级电网和海上风电场越来越远。当股票的平均持有时间仅为 22 秒时，他们为什么要承保一个几乎无法保证收入的利用流动能源的长期项目？[44] 雅各布森放弃了幻想，建议各州拿起两把"大锤"对金融部门进行全面重组，同时成立具有大规模贷款能力的公共投资银行，然后再从头开始建设绿色基础设施。

如果只有州本身才适合承担投资，那么也只有州和其他公共当局才能做出必要的决策。洛杉矶有着美国最具远见的能源政策之一，终止所有燃煤发电合同、大力投资风能、在沙漠中建立大型光伏发电站、与西部七个州的风能和太阳能连接，到 2020 年，洛杉矶 1/3 的电力将由可再生能源产生。在十年内取代一个世纪以来建造的电力基础设施的 70%。是什么让这样一个相对大胆的冒险成为可能？洛杉矶市前民主党市长安东尼奥·维拉莱戈萨（Antonio R. Villaraigosa）和两位合作科学家在《自然气候变化》（*Nature Climate Change*）杂志中的一篇文章中指出了决定性因素：该市保留了对其公用事业的完全所有权和控制权。采购、发电、输电和电网整合属于同一个部门的责任，由当选的官员管理，他们可以采取必要措施以维持他们的目标。[45]

但世界各地的电网和公用事业现在都在进行私有化。一旦它们最终为私人财产所包围，公共当局就不能简单地命令它们转向流动能源——除非侵入该私人财产。正如娜奥米·克莱恩①在她的《改变一切：气候危机、资本主义与我们的终极命运》（*This Changes Everything: Capitalism vs. The Climate*）一书中所强调的那样，一家私人能源公司只有在盈利的情况下才会转向可再生能源，它无法顾及其他。即使它自愿设定自己的目标以提高效率或增加可再生能源的份额，经验表明，这些收益将再次被不断增长的企业规模超越——杰文斯悖论。但各州及其直辖市可以有利润以外的其他目标，不会被迫像资本一样扩张。不仅在美国的城市，在整个世界，尤其是在关键的亚洲大陆，如果要产生这样的转变，政府便需要扛起责任。[46]

这将意味着参与破坏和创造。谢尔表达了一种普遍的轻信态度，他写道，"可再生能源的每一项投资都是避免二氧化碳排放的同义词"，如果你在山上安装一台风力涡轮机，它将自动取代相应数量的煤炭。但这不是资本主义经济的运作方式。环境社会学家理查德·约克分析了1960—2009年全球几乎所有国家的数据，发现1千瓦时的非化石电力取代了平均0.1千瓦时的化石电力。风力涡轮机并没有取代煤炭且避免二氧化碳的产生，而是为不断增长的能源蛋糕又增加了新的一块；仅仅依靠建造流动能源基础设施只能完成向清洁能源1/10的过渡，除非同时"直接抑制化石燃料的

---

① 娜奥米·克莱恩（Naomi Klein，1970.5.8—）：加拿大作家、社会活动家和电影制片人，以其对生态女权主义、有组织的劳工、左翼政治的支持以及对企业全球化、法西斯主义、生态法西斯主义和资本主义的批评的政治见解而闻名。

使用"。⁴⁷这是造成可再生能源产能过剩和技术过量反常局面的原因之一。从人类的角度来看，可再生能源技术当然太少了，但只要市场充斥着化石燃料，它们就仍然只是另一个巨大的商机。因此，相信需求和供给是向清洁能源转型的机制是愚蠢的。如果太阳能和风能的价格大大低于化石燃料，那么对后者的需求可能会下降——这只会导致化石能源价格相应下降，而对其的需求会增加，从而重返肆意挥霍化石能源的这一平衡局面。⁴⁸

无论是投资、决策，还是压制，都不是一般新自由主义①状态下的行为模式。正如克莱恩详细描绘的那样，新自由主义的整个逻辑与向清洁能源过渡的基本要求背道而驰：我们得到的不是用于投资的资源，而是越来越库存告急的公共资金。与干预相反，州政府系统地解除了对市场的管制；他们厌恶只顾扩大自身影响力的想法，而是将一个接一个的部门拱手让给私人代理。事实上，正如政府在新自由主义的催眠下放弃干预自驱型市场的想法一样，科学家们意识到全球变暖的严重性并呼吁人们进行根本性的变革，这正是关于气候暂时性的另一关键方面——是一个"糟糕历史时机下的史诗级案例"。⁴⁹这些见解为不太激进的思想家所分享。用雅各布森和德鲁奇朴素的话来说，向可再生能源的方向掉转，完全可以通过"社会和政治上超越传统经济激励措施的共同努力"来实现。即使是很难被指认为共产主义拥护者的安东尼·吉登斯②也承认，"如果要对全球变暖产生重大影响，就必须动用国家的力量"，必须"有回归计划之举，不管是用这样还是那样的方式"③。在苏联，五年计划往往达不到目标；我们需要的是不达目标不罢休的计划。我们别无选择：计划是"不可避免的"。⁵⁰它必

---

① 新自由主义（Neoliberalism）：是一种经济和政治学思潮，是英国现代政治思想的主要派别。它反对国家和政府对经济的不必要干预，强调自由市场的重要性。
② 安东尼·吉登斯,吉登斯男爵（Anthony Giddens, Baron Giddens, 1938.1.18— ）：英国社会学家,是当今世界最重要的思想家之一,以他的结构理论（Theory of Structuration）与对当代社会的整体论（Holistic View）而闻名,曾任伦敦政治经济学院院长（1997—2003年）,他撰写了至少34本书,以至少29种语言出版,以每年一本以上的速度发行。
③ 吉登斯.气候变化的政治[M].曹荣湘,译.北京：社会科学文献出版社,2009：104.

第十五章 重返流动能源？过渡期的阻碍

须比任何流行的范式更深入我们的经济，甚至在充分考虑气候变化的信号维度——时间之后更加深入。

释放到大气中的二氧化碳越多，遏制全球变暖剩余的范围就越小。尽管我们在全球变暖不超过2摄氏度的范围内，但考虑到这一目标并不是全球变暖危险值的起点，而是危险和极端危险之间的分界线，如果超过这一分界线，正反馈机制便有可能失控。为了至少有合理的机会维持有序的文明，我们应该将平均气温的上升保持在这条线以下；然而，21世纪初的碳排放爆炸已经将气候系统推近了这一危险边缘。2摄氏度的碳预算正在慢慢被消耗，如果全球碳排放量保持在2014年的水平，它将在30年内完全耗尽。但是，碳排放量当然正在快速增长；当前预测表明，在21世纪的第二个十年内，碳排放将继续增长3%以上。这场控制碳排放的战争只剩一个狭窄的战场了，但它仍然存在。根据最新的科学共识，全球碳排放量必须在2020年之前达到峰值，然后每年至少减少3%——与目前的碳排放增长速度相同。这样一来，爆炸性增长将转变为大幅削减，"一切照旧"会完全逆转。[51]如果在2020年之后出现峰值，也许是十年或二十年之后，会怎么样？届时，如果将全球变暖控制在2摄氏度以内仍是有些人的目标，那么减排措施就必须更为严苛。这就是颠覆性的、不可变的关于气候变化的演算方式。

它对马克思主义者和其他人一样施加了压力。现在任何围绕"一种解决方案——革命"或简称为"社会主义财产关系是应对气候变化的必要条件"的论点都站不住脚。过去两个世纪的经验表明，能源和碳排放的社会主义是一个极难实现的条件；2020年之前，任何试图在世界范围内建立这一体系并开始减排的提议都不仅可笑，而且是鲁莽的。[52]此时此刻，调查资本主义财产关系气候破坏性的目的只能是对过渡期内障碍的现实评估——障碍一天比一天壮大。如果气候变化的暂时性迫使革命者更加务实，那么其他人就必须开始考虑革命性的措施。如果在1992年《联合国气候变化框架公约》(UNFCCC)签署之后,化石经济开始解体,当时大气中的二氧化碳浓度为355 ppm,而不是目前的400 ppm,那么这些措施至少可以假设是通过轻轻推动市场来实现的——这里征收一点税,那里征收一点关税,电动汽车也打一些折扣,但推迟达到碳排放峰值的时间越长,开始对抗它时感受到的力度也就越大。[53]

赫尔曼·谢尔认为个人和家庭都可以做到这一点。他反对强制性减排、"设定配额和最后期限"及任何带有"技术官僚计划"味道的事情;如果只有太阳的能量被释放和利用,那么转变会从基层自发向上地完成。让利己主义主导,人们就会意识到"利于自身也会利于全局"。坚持被称为"秩序自由主义"①的奇怪的德国意识形态,是新自由主义和凯恩斯主义之间公认的第三条道路,它既不主张退出市场,也不干预市场,而是积极发挥其天生的善意力量——它主张将固定电价制度作为过渡期的灵丹妙药,当生产者将可再生能源电力接入电网时,他们的收入有所保障,他们便会这样做。关键是要设想太阳能技术"就像它们之前的蒸汽机一样,以这样一种方式,成为一种不可阻挡的经济力量"。[54]关于这项方案可以说很多,足以得出这样的结论:它大约属于20世纪80年代中期,当逝者的传统越来越沉重地压在生者和尚未出生的人的脖子上时。这项方案在千禧年之后对气候政治没有任何帮助。

如果全球碳排放量每年减少3%,富裕国家的排放量可能不得不减少5%或10%,甚至更多,以留给发展中国家一些空间。根据著名气候变化解决方案专家凯文·安德森(Kevin Anderson)的说法,如果2045年前碳排放量达到零,人类可能有50%的机会使全球变暖维持在2摄氏度以下,但随后,"飞行、驾驶、取暖、家用电器的使用,基本上我们所做的一切

---

① 秩序自由主义(ordoliberalism,德语:Ordoliberalismus):这一概念由希罗·莫勒(Hero Moeller)于1950年创造,以20世纪30年代德国的弗莱堡学派为基本理论渊源和核心,名字来源于学术期刊"ORDO",是西方经济学新自由主义学派在德国本土化的产物,其主张自由经济原则和国家有限干预原则,但不主张建立福利国家。

都需要零碳——请注意，零碳就是意味着碳排放为零"。这种规模的削减在历史上没有先例。苏联解体创造了这一纪录，20世纪90年代，碳排放量连续几年下降了5%。那么，这最后一道防线怎么可能成功呢？安德森说，很明显，市场无法做到。"传统市场经济学的前提是理解和做出微小（边际）变化。但对于气候变化，我们谈论的不是微小变化，而是要应对一个产生巨大变化的世界，这超出了标准市场理论的范畴"。有替代方案吗？安德森和他的同事艾丽斯·鲍斯（Alice Bows）提出了"有计划的经济衰退"。[55]他们并没有将其公之于众，但有计划的经济衰退，在客观上当然会构成一场反对资本的战争。气候变化减缓政治遵循一个悲剧般的历史时间表，从爱德华·伯恩斯坦到列昂·托洛茨基。"同志们，我们面临一个非常困难的时期，也许是所有时期中最困难的时期。对于人民和阶级的困难时期，要有相应的严厉措施"，正如托洛茨基在1920年——"恐怖之年"，在《恐怖与共产主义》（*Terrorism and Communism*）一书中写道的那样。或者，用瓦尔特·本雅明①的话说："（我们）要用坚定而看似残酷的信念来拯救历史。"[56]

比战时共产主义更流行的比喻是第二次世界大战。澳大利亚研究人员劳伦斯·德里纳和马克·迪森多夫在迄今为止关于气候政治的最具远见之一的论文中，提出了战时动员作为快速缓解气候变化的模型。在珍珠港事件后，美国政府提出了巨额国防预算，计划并强制一切从飞机到弹药的生产。政府的行政部门分配着国家资源，召集着劳动力，征用着财产，迫使制造商接受生产合同，并终止某些商品的生产——尤其是私人汽车。简而言之，为了打败敌人，政府在全面动员经济。当任务变成每年减排约10%时，最需要的就是在类似于权力集中的"向低碳未来过渡特别部门"的指

---

① 瓦尔特·本雅明（Walter Benjamin，1892.7.15—1940.9.26）：德国犹太哲学家、文化评论家和散文家。他是一位折中主义思想家，融合了德国唯心主义、浪漫主义、西方马克思主义和犹太神秘主义的元素，对美学理论、文学批评和历史唯物主义做出了持久贡献。

挥下进行工作。[57]考虑到其非一般的特权，该部门将筹集资金，重新分配劳动力，加快研发，没收基于化石能源的固定资本，通过充分发挥流动能源的力量，大规模组织生产从公交车到太阳能光热发电镜的所有产品。如此一来，虽然可能违背化石资本及其代表方的意愿，但每年可以减排一定的数量。德里纳和迪森多夫估计，这种制度可以使发达国家在25～30年内，甚至使全世界在40年内，实现零碳过渡。四个政治实体——美国、欧盟、中国和印度——目前占全球碳排放量的一半以上，在上述国家分别设立一个特别部门，我们就可以马上展开行动了。[58]

然而，第二次世界大战的类比有其局限性。商业巨头参战几乎没有什么损失。向流动能源过渡的关键性时刻必须由与化石资本利益对立的力量来推进：在没有群众运动的情况下，"即使发生危及生命的气候灾害，政府似乎也不太可能采取紧急缓解措施"。[59]对于某些势力来说，计划的能源经济绝对是可憎的。他们会用水灾或旱灾来反对这一想法，相反，他们更喜欢操纵一个完全不同的实体。

从计划中最后一次逃离

悬崖绝壁已在眼前，而化石经济专列在其固定轨道上运行得更快——那么，我们现在该怎么办呢？或许，我们可以把镜子安放于轨道上，把阳光反射回太空；或许，我们可以漂白云层，或将屋顶漆成白色，或用人造树在空气中吸碳并将其泵入地下，或向海洋中喷撒铁以刺激浮游生物的产生，浮游生物微小的身体会通过光合作用捕获二氧化碳，并在其死亡时将二氧化碳带入海底……自从碳排放爆炸的规模有目共睹以来，人们的兴趣也已转移到这些和其他一些地球工程方法上来，这些方法通常被定义为"对气候系统进行有意的、大规模的干预，旨在对抗全球变暖或抵消其某些负面影响"。[60]长期以来，这一直被认为是某些疯狂科学家的幻想，但在保罗·克鲁岑刚刚提出"人类世"的概念后，他于2006年在《气候变化》

(*Climatic Change*）期刊上发表了一篇文章，建议人类应该努力模仿火山喷发。之后，这成为一个热烈而严肃的研究课题。1991年6月，菲律宾的皮纳图博火山①向平流层喷出一股硫黄烟，阻挡了部分太阳辐射；次年，地球平均温度下降了半度。我们可以有意识地、有系统地传播硫酸盐气溶胶，就像在我们的星球上覆盖了遮阳伞一样。[61]

自克鲁岑的建议提出以来，各类研究和准备工作如火如荼地开展起来：研讨会、计算机模拟、智库报告、数百篇科学论文、气候科学一流期刊的主题期刊、实际现场试验、初创公司、专利等。大多数工作侧重于"皮纳图博火山选项"，用临床术语来说，更像是通过硫酸盐气溶胶注射进行"太阳辐射管理"。在地球工程调色板上的所有颜色中，这被认为是最有效的。[62]可能在数月内，几架飞机在距地球20千米开外的平流层盘旋，在空中喷洒硫酸盐，它能在建造一个风电场所需的时间内消除两个世纪以来化石燃料燃烧的影响。在《气候工程案例》中，物理学家、企业家大卫·基思（David Keith）强调这项操作的成本将是多么的低廉——以"一部好莱坞大片的价格"立即缓解减排成本的压力，或者说是目前可再生能源技术支出的1%左右。[63]由于二氧化碳继续在大气中积聚，而硫酸盐气溶胶在归于土地之前仅会在空中停留一年，因此每年的注入量必须不断增加。基思估计，如果从2020年开始，到2070年，我们每年将需要100万吨硫酸盐和一个由100架飞机组成的舰队。这种化学物质很丰富，而现有飞机也可以轻松地胜任这项工作。

通过注入硫酸盐气溶胶进行的太阳辐射管理可能会使臭氧层枯竭，扰乱降水模式，还有可能会导致亚洲季风停止，破坏光合生产力，使天空变得苍白，同时打破白天、夜晚以及冬夏之间的平衡，用基思的话说，"每

---

① 皮纳图博火山（Pinatubo）：位于菲律宾吕宋岛，海拔1486米。1991年的爆炸式大喷发是20世纪世界上最大的火山喷发之一，喷出了大量火山灰和火山碎屑流。火山喷发使山峰的高度降低了大约300米，并向平流层中喷射了两千万吨二氧化硫，进入平流层的二氧化硫减少了地球上10%的阳光，结果导致地球进入了两年的火山冬天。

化石资本：蒸汽动力的崛起与全球变暖的根源

年会导致数千人死于空气污染"，因为烟尘像下毛毛雨一样滴落，催生对更大剂量硫酸盐气溶胶的长期依赖，当然也会通过稀释光照降低太阳能电池板的效率。[64]但让我们仅关注一个细节：为了抵消不断上升的二氧化碳，硫酸盐气溶胶的剂量每年都必须加重——想象一下，万一出现了什么问题怎么办？想象一些任何会使计划终止的问题，比如，某些技术方面出现了故障，或者出现了意想不到且被证明难以处理的副作用，或者印度因为季风的停止而击落了喷洒硫酸盐的飞机或发射了一些反作用物质，或者公司无法再就条款达成一致，然后会发生什么？这些"终止问题"，将会导致极端脉冲式的突然变暖。随着空气中硫酸盐气溶胶被移除，所有累积的二氧化碳辐射将强行剧烈沸腾。最新研究显示，陆地表面的平均温度可能因此每十年上升3摄氏度。根据该方法运行的时间和同时排放的二氧化碳量，峰值可能会略低或显著升高；一些地区可能会在一段时期内每十年升温15摄氏度。现在，众所周知，生态系统的适应能力不仅取决于气候变暖的程度，还取决于它的速度。这样的升温速度在地质史上没有先例，照此下去，陆地上的人们都会被高温烘烤焙干。[65]

比尔·盖茨现在是世界地理工程研究的头号财政支持者，作为基思——他为基思的书撰写了序言——和其他先驱的赞助人，他拥有开发硫酸盐、增亮云层和捕获碳的技术的公司的股份。默里·爱德华兹（N. Murray Edwards），一位投身阿尔伯塔焦油砂的加拿大石油巨头，也是一位慷慨的资助者；美国企业公共政策研究所和其他保守派右翼智囊团（最近才否认气候变化）急切地推广智能解决方案；壳牌公司、英国石油公司、埃克森美孚公司和波音公司都在其中。[66]雷克斯·蒂勒森①期望通过钻井赚钱，他对全球变暖提出了一个切实可行的观点："这是一个工程问题，会

---

① 雷克斯·韦恩·蒂勒森（Rex Wayne Tillerson,1952.3.23—）：美国著名企业家。1975年加入埃克森美孚集团并一路攀升，2006—2016年成为埃克森美孚集团的董事长兼执行长，2017年2月1日至2018年3月31日，受美国总统特朗普指派出任第69任美国国务卿。

有一个工程解决方案。"[67]这里无须特殊的智慧来解读如何通过工程解决问题，但那些真正关心"一切照旧"的科学家们会把我们带到哪里呢？如果没有他们的参与，地理工程将不会到达目前摆在地球中心需紧急刹车的位置。

克鲁岑在文章的结尾坦率地承认："如果温室气体的排放量能够减少到不需要进行平流层硫释放实验的程度，那就最好。"目前，这看起来像是一个虔诚的愿望。[68]基思的整个论点都以"经济惯性为前提。我们一直存在这样一种错觉，即我们可以迅速完成经济脱碳所需的深层次结构变革"——有些人可能有干预资本主义的疯狂想法，但我们应该珍惜这一体系，顺便一提的是，这一体系"在过去半个世纪里，在管理环境问题方面取得了巨大进步"（证据：美国《清洁空气法》①）。[69]如果有人提议对能源实施计划经济，基思显然会暴跳如雷，他更愿意支持由"中央计划委员会"管理生物圈，他们负责调节恒温器、优化农业条件、为每个生物微调气候。[70]这里，我们掌握了地球工程的炽热引擎，即能够产生大量二氧化碳的各类技术和设备。文学作品中不时会出现与战时动员的类比，但没有引起围绕皮纳图博火山喷发的类似共鸣。计划经济是终极禁忌；规划气候值得人们仔细考虑，这一想法与基因工程、GPS系统、智能设备、文明肉、无人机战争和晚期资本主义超现代性的其他自然元素是同源的。化石资本将在转型中消亡；地理工程可能给它带来新的生命；一开始是对劳动力的真正吸纳，但最终必须是对生物圈的真正吸纳。有一种令人不安的感觉，那就是相较于一个过渡到低碳未来的特别部门，一个装满硫黄的机队更有可能出现。与资本主义相比，机队更容易对气候系统进行蓄意的大规模干预。

---

① 《清洁空气法》：是美国主要的联邦空气质量法，旨在减少和控制全国范围的空气污染。该法最初于1963年颁布，此后经多次修订，是美国第一部也是最有影响力的现代环境法。

第十六章
是时候彻底消除作为能源废气的二氧化碳了

纪元之名

在《上帝的物种》(*The God Species*)中,马克·林纳斯①围绕一个熟悉的反派展开叙述:人们,我们。"我们现在正越来越多地行使上帝的力量。我们是生命的缔造者,但也是生命的破坏者",同时,"我们的集体力量已经威胁到或压倒了自然界的大多数主要力量","我们制造的垃圾无处不在","我们正在以意想不到的方式改变大气的特性",等等,这些不胜枚举。[1]这一定是气候变化论述中最常见的比喻之一。人们、我们所有人、你们和我一起制造了这个烂摊子,并且每天都在使它变得更糟——在这样如此不分青红皂白地推卸责任下,我们看不到这种磨难的尽头。保罗·克鲁岑是"人类世"叙事和地质工程解决方案的精神之父,或者林纳斯接受环境库兹涅茨曲线、硫酸盐气溶胶注射——"对于我来说这是一个乐观的理由"——以及美国人认为中国是气候政治的破坏者,这也许不是一个巧

---

① 马克·林纳斯(Mark Lynas,1973—):英国科普作家、环保人士,曾因为创作出由国家地理出版的《上帝的物种:在人类纪拯救地球》(2011)而引起反响,他还曾经是转基因技术的坚决反对者,但在2013年之后这一态度有所转变。

合。² 如果人类作为一个整体来驱动火车头,便无人可以豁免下车,那么反抗"一切照旧"的行为也将变得不可想象。

再来看看纳奥米·克莱恩,她呼吁反对全球化的依据是"我们之所以陷于困境,是因为那些能够给我们提供避免灾难的最佳机会——并让绝大多数人受益的行动——对少数精英阶层构成了极大威胁"。³ 呼吁一经发布,主流话语的辩护者们便对她皱眉瞪眼。哲学家约翰·格雷①在为《观察家》撰写的评论中说:"克莱恩将气候危机描述为资本主义和地球之间的对抗。更准确来说,这场危机是人类不断扩大的需求与有限世界的资源之间的冲突。"在《伦敦书评》中,前环保主义者、长期宣扬"毁灭是不可避免的"观点的保罗·金斯诺斯②认为,"气候变化不是一小帮坏蛋强加给我们的东西……最终,我们都被牵连其中"。⁴ 在否认主义之后,这成为全球变暖辩论中的巨大分歧。

需要大量想象力来为"我们"这一观点建立精巧的案例。在两篇备受瞩目的文章中,著名的后殖民主义者迪佩什·查卡拉巴提③对历史唯物主义在理解气候变化方面的效用提出了质疑,并完全站在了"人类世"叙事一边。"想象一下",他写道:

> 一个由相同数量的人组成的更加繁荣和公正的世界的反事实现实,其基础是对来自廉价能源化石燃料的开发。这样一个世界无疑会更加平等和公正——至少在收入和财富分配方面——但气候危机会更加严重!

---

① 约翰·尼古拉斯·格雷(John Nicholas Gray,1948.4.17—):英国政治哲学家和作家,主要研究方向为分析哲学和思想史。2008 年,他作为伦敦政治经济学院欧洲思想学院教授退休。格雷定期为《卫报》《泰晤士报文学副刊》和《新政治家》撰稿,并担任主要书评人。他是一名无神论者。
② 保罗·金斯诺斯(Paul Kingsnorth,1972—):英国作家,曾是《生态学家》杂志的副主编,他的非小说写作倾向于解决宏观主题,如环境主义、全球化和文明层面的趋势给人类带来的挑战,小说倾向于神话和多层化主题。
③ 迪佩什·查卡拉巴提(Dipesh Chakrabarty,1948.12.15—):印度历史学家,出生于婆罗门中产阶级家庭,现在在芝加哥大学历史及南亚语言文明专业任教,当选为罗伦斯·A. 金普顿杰出贡献教授。

是的,想象一下地球上有90亿人居住,每个人都拥有五栋房子、三辆SUV和一架私人飞机。我们会不会都被烧死?事实上,这样一个世界在物理上是不可能的。查卡拉巴提从他的科幻场景中得出结论"气候危机本质上并非由经济不平等造成",而事实上,它只会提醒我们面对一个严峻的现实——气候变化的发生是因为少数幸运儿通过大规模碳排放占用了大气中大部分碳汇,而根据定义,这些排放无法延伸至整个人类。[5]如果每个人都像一个富有的美国人一样生活——大量消耗廉价的化石能源,我们明天的气温将增加6摄氏度,人类将无一幸存。从逻辑上和历史上看,在实际存在的世界中,从蒸汽的光芒到全球化的曙光,这场危机本质上是一些人拥有——不,是从其他人那里夺取——化石资本积累的结果,是对普遍物种存在的否定。

但查卡拉巴提坚称:"穷人和富人一样,参与了人类进化的共同历史。"坦率地说,"进入人类世的过程在全球范围内也是一个期待已久的社会正义的故事,至少在消费领域是如此。然而,人类之间的这种正义是有代价的"。[6]有了这个论点,查卡拉巴提成功地将他笔下的星球误认为是他生活的星球——这真是人类想象中令人印象深刻的壮举。他进一步强调,人类不仅是这场危机的根源,也是这场危机的受害者。"与资本主义危机不同的是,这里没有富人和特权阶层的救生艇(看看澳大利亚的干旱或最近加州富人区的火灾)";人类物种是"源于共同灾难感的一般概念"。[7]但离开查卡拉巴提的思想世界,同时见证新奥尔良黑人和白人社区的卡特里娜飓风、海地和曼哈顿的飓风"桑迪"、孟加拉国和荷兰的海平面上升,以及在气候变化的任何直接或间接影响中不同脆弱性的所有现实,在可预见的未来——事实上,只要地球上有阶级社会——富人和特权阶层就会有救生艇,也不会有任何共同的灾难感。阶级划分将比以往任何时候都更成为生死攸关的问题:飓风来临时,谁能开车逃离城市?谁可以拥有足够坚固以抵御即将到来的洪水的海堤或房屋?资产阶级显然并不十分担心。其

第十六章 是时候彻底消除作为能源废气的二氧化碳了

中,相当一部分人正准备从北极新获得的石油资源、海水淡化厂和漂浮城市、越来越宝贵的土地所有权、修建围墙、火灾保险、耐高温的转基因作物、地球工程中获得一些丰厚的利润。[8]与资本主义的所有危机一样,这场危机为那些富裕的人们提供了大量的机会。他们哪管身后洪水滔天?!

如果"人类世"在起点和终点都是一个站不住脚的抽象概念,那么对于新的地质时代,有没有更合适的术语?我们怀疑,曾经进入火车头的利益集团仍在其中,这一点似乎已经得到证实:通过抽象空间、抽象时间和无秩序的竞争,资本的积累速度越来越快,离流动能源越来越远,并要求以不断增长的数量提供匹配的燃料。不太可能在利益集团背后形成任何叫作"共识"的东西,因此,一个更科学准确的命名是"资本纪"(Capitalocene)。这不是人类的地质,而是资本积累的地质。套用阿尔都塞的话来说,资本主义时间、生物化学时间、气象时间、地质时间正在以一个全新的整体被表达出来,由资本时代最后决定,尽管它将在这个时代结束之前很久完结。源于资本的二氧化碳的"长尾"将持续数十万年;新的冰川期可能在50万年内不会形成。[9]一位在兰开夏郡改用蒸汽机的棉花师傅,或一家搬到中国的汽车制造商,几乎不会想过这将是他送给永恒的唯一礼物。"资本纪"将比他们都长寿,就像叠层石在不断生长一样。

因此,还有另一种测量二氧化碳的方法,即作为我们失败和他们胜利而产生的能量的废气,但这需要一种与气候变化论述中确立的截然不同的历史观。

处于紧急状态

正如无数轶事讲述的那样,动物的原始直觉在似乎还看不见的危险逼近时,都能找到逃避方式,而这个由盲从的大众组成的社会就连身边的危险也觉察不到,他们各不相同的个人志趣面对决定性的力量总体茫然不知所措……事实一次又一次表明,他们对已习惯但早已失效了的生活的依赖是如此刻板,以致即便在最可怕的险境中都无法运用人本来具备的智力和预见力。所以,他们整个给人留下了愚笨的形象:没有自信,即生命攸关本能的失落以及疲软,也就是智力衰退。这就是德国市民的整体状态。①

瓦尔特·本雅明没有写"资产阶级",而写的是"德国市民(中产阶级)",那一年是1928年。[10]

关于"我们"无差别的比喻对于历史记录来说是一种破坏。对于里格利来说,"无机物经济"一直是一件好事,直到气候变化的消息传出的那一刻:它突然演变成了一个诅咒。"工业革命带来的好处是巨大而普遍的",但现在我们必须要问,追求"全民繁荣"的代价是否太高——还是再次只是一个幻想世界。这是一种免责行为。它理想化了化石经济的历史。一种关于其更准确的哲学理解将背离本雅明《历史哲学论纲》中的第八篇:"被压迫者的传统告诉我们,我们生活在其中的所谓'紧急状态'并非什么例外,而是一种常规。"②[11]手工织布工、棉纺工、印花机、羊毛精梳工和所有其他被蒸汽恶魔及其"钢铁侠"踩在脚下的工人传统告诉我们,紧急状态在黎明时分到达,在英国本土——我们甚至没有看一眼在遥远海岸英国蒸汽动力登陆地的居民,对于这些人来说,损失又是另一个数量级的。

在《英国工人阶级状况》(*The Condition of the Working Class in England*)一书中,恩格斯走在工业革命的生态废墟中,尤其关注——更不用说痴迷于——大气。"工厂里的空气通常都是又潮湿,又暖和"③;工人们"被引诱到大城市来,在这里,他们呼吸着比他们的故乡——农村坏得多

---

① 瓦尔特·本雅明. 单行道[M]. 王涌,译. 南京:译林出版社,2012:22.
② 瓦尔特·本雅明. 历史哲学论纲[J]. 张旭东,译. 文艺理论研究,1997(4):94.
③ 恩格斯. 英国工人阶级状况[M]. 中共中央马克思、恩格斯、列宁、斯大林著作编译局,译. 北京:人民出版社,1956:201.

第十六章　是时候彻底消除作为能源废气的二氧化碳了

的空气"——在被"呼吸和燃烧所产生的碳酸气"毒害的街道上，资产阶级则逃离了被污染的空气。在煤矿中，二氧化碳和甲烷会引发"最可怕的灾难，而这些灾难直接来自资产阶级的自私"。有一次，恩格斯在曼彻斯特的一条街道上遇到了一位同龄人，面对无处不在的灾难，这个人简略地回答："然而，在这里却能赚大钱；早上好，先生。"[12] 如果我能钻井且赚钱……

从这个历史角度来看，气候变化与其说是一个令人惊讶的命运逆转，不如说是揭开了两个世纪化石资本的面纱——当然，这是希腊语 apo-kalyptin（中文：揭示）的字面意思。[13] 真相被掩盖，而现在这一刻揭示了长期以来所发生事情的意义。本雅明从历史的角度"看到了一个单一的灾难，它不断地把残骸堆积起来，并把它扔到脚下"；西奥多·阿多诺①（Theodor Adorno）对此表示赞同——"常规即是死亡"——但他强调，恐怖的永恒"表现在每一种新形式都超越了旧形式这一事实上。不变的不是恒定的苦难数量，而是它走向地狱的过程：这就是加剧对抗论的含义"。[14] 从一开始，在非常小的范围内——在炎热的工厂、烟雾弥漫的街道、装满炸药的矿井里——就出现了一种模式，一些人被我们称为"进步"的东西消灭，另一些人则驶向他们的财富，随后在越来越大的范围内放大和迭代，直到气候科学家在整个生物圈中发现它，在那里，自相似的风暴②如今正在螺旋式发展。迄今为止，气候变化的每一个影响都只是被掩盖的过去的一小部分。

为什么要从事一个失败的事业？怀疑论者可能会要求与气候变化作斗争，这并非没有道理。但从失败的立场出发进行斗争并不是什么新鲜事：全球变暖本身就是一系列失败事业的总和。平民、勒德分子、拉拔活塞的

---

① 西奥多·阿多诺（Theodor Adorno，1903.9.11—1969.8.6）：德国哲学家、社会学家、音乐理论家，法兰克福学派第一代的主要代表人物，社会批判理论的理论奠基者。
② 风暴：是指气候变暖——译者注。

人和无数其他被征服的挑战者建议我们重新思考"危险时刻",因为它是过去累积的最新表现,更是极端和前所未有的。或者,用本雅明极具远见的话来说:"只有历史学家才能在过去之中重新燃起希望的火花。过去已向我们反复证明,要是敌人获胜,即便死者也会失去安全。"①15本雅明的历史观——他的唯意志论救世主主义、有组织的悲观主义、革命忧郁症——从被压迫者的遗产中汲取灵感,以摆脱当前的终极灾难。如果不是全球版的"活塞阴谋暴动",今天我们还能做什么?去阻止烟雾!这似乎是一个极不可能发生的事件,但政治行动永远不能基于概率计算,即随波逐流或随风暴航行。在撰写本书时,一场全球气候运动正蓄势待发。16它应该是处于食物链顶端的运动,其任务是保护所有其他人活动的阵地存在,但问题是,正如许多人所指出的那样,它是否能够在剩下的很短时间内获得这种地位,并积聚比敌人更大的社会力量。

正如本雅明所理解的那样,每一次真正的革命运动都面临类似的困境,马克思说革命是世界历史的火车头,但或许情况并非如此。也许革命是这列火车上的乘客,即人类,试图启动紧急刹车。前景不容乐观,因此需要迅速行动起来,就像以前遇到的紧急情况一样,但现在比以往任何时候都更紧急,当全球二氧化碳平均浓度飙升到400ppm以上时,我们必须"接受毁灭的征候,将其作为稳定的范例,并仅将拯救视为非凡的,且超越理解的、近乎奇迹的东西"。17而唯一至少有能力创造奇迹的——是人类。

---

① 本雅明.历史哲学论纲[J].张旭东,译.文艺理论研究,1997(4):94.

致 谢

FOSSIL CAPITAL: THE RISE OF STEAM POWER AND THE ROOTS OF GLOBAL WARMING

　　这篇研究基于隆德大学人类生态学的博士论文,其中许多主张得到了更为详尽的证实。部分内容出现在各类文章中。一些核心论点在以下期刊论文中得到概述:2013年出版的《历史唯物主义》(Historical Materialism)21期,第15~68页,《化石资本的起源:英国棉花工业从水到蒸汽的发展》(The Origins of Fossil Capital: From Water to Steam in the British Cotton Industry);2013年出版的《环境史》(Environmental History)19期,第55~77页,《逃离流动的公地:罗伯特·汤姆,水库方案,以及19世纪初英国向蒸汽动力的转变》(Fleeing the Flowing Commons: Robert Thom, Water Reservoir Schemes, and the Shift to Steam Power in Early Nineteenth - Century Britain),为第六章的较短版本;对人类世叙事的批评在与阿尔弗·霍恩堡(Alf Hornborg)合著的一篇文章中得到总结,即《人类的地质学?对人类世叙事的批判》(The Geology of Mankind? A Critique of the Anthropocene Narrative),收录于2014年出版的《人类世评论》(The Anthropocene Review)1期,第62~69页;第十四章借鉴了2012年出版的《组织与环境》(Organization & Environment)25期,第146~177页,《作为世界烟囱的中国:化石资本假说》(China as Chimney of the World: The Fossil Capital Hypothesis)中的分析;而第一章中的一些论点,将以不同语境出现在《批判性历史研究》(Critical Historical Studies)即将发表的一篇文章中。

阿尔弗·霍恩堡是我的导师。他比任何人都让我更加彻底地看到了权力和自然是如何融合在一起的、如何理解环境的加速退化与不断升级的不公正现象之间的关系，以及进步的学者和积极分子如何无视这种联系。他指导了我的论文，我着实亏欠他很多。我的联合导师是斯特凡·安德伯格，我的同事们是隆德大学可持续发展社会和自然因素整合卓越中心（Lund University Centre of Excellence for Integration of Social and Natural Dimensions of Sustainability, LUCID）的博士生。感谢以上所有人。此外，我还要感谢人类生态学系和人文地理系（特别感谢卡尔-约翰·伦德奎斯特），以及所有人类生态学系的学生——特别是在文化、权力和可持续性的硕士课程中——他们为使隆德大学的这一领域成为激进政治生态学的独特环境做出了贡献。

里卡德·沃勒尼乌斯（Rikard Warlenius）敏锐的洞察力，深深地影响了我对气候变化的思考，并不断刷新我的思维。斯塔勒·霍尔格森（Ståle Holgersen）具有非凡的马克思主义学者魅力和对知识互换的热情。瓦斯娜·拉马萨（Vasna Ramasar）既聪明又慷慨。斯特凡尼亚·巴萨（Stefania Barca）、马克斯·科赫（Max Koch）、拉里·洛曼（Larry Lohmann）、蒂莫西·米切尔（Timothy Mitchell）和内奥米·克莱因（Naomi Klein）在本书撰写过程的各个阶段都给予了宝贵的评论和鼓励。在维索出版社（Verso），塞巴斯蒂安·巴德根（Sebastian Budgen）从一开始就相信这个项目。我亲爱的第四国际——托洛茨基主义派，从未停止对当时社会斗争进行新的分析和联系建立；特别感谢拉尔斯·亨利克森（Lars Henriksson）和第四国际瑞典分部的其他不知疲倦的积极分子们。没有这些同志和其他的同志，这项工作就不会得见曙光；但不用说，我会对书中的所有错误负责。然而，对于我来说，最重要的是我的家庭：如果没有肖拉·埃斯梅利安（Shora Esmailian），这项工作既不会开始也不会结束，她是我在生活各个方面都取之不尽、用之不竭的精力源泉。现在，我们又被小女儿拉蒂法的出生带到了极乐之境。

缩略语表 | Fossil Capital: The Rise of Steam Power and the Roots of Global Warming

BNEF——Bloomberg New Energy Finance 彭博新能源财经

BO——*Bradford Observer*《布拉德福德观察》

CC——*Climatic Change* 气候变化

CJE——*Cambridge Journal of Economics*《剑桥经济学杂志》

CM——*Caledonian Mercury*《苏格兰水星报》

CtB——*Circular to Bankers*《银行家通告》

EE——*Ecological Economics*《生态经济学》

EHR——*Ecological Economics*《经济史评论》

EP——The *Economic History Review* 能源政策

ER——*Energy Policy*《爱丁堡评论》

ERL——*Edinburgh Review*《环境研究快报》

FT——*Financial Times*《金融时报》

GH——*Glasgow Herald*《格拉斯哥先驱报》

GRL——*Geophysical Research Letters*《地球物理研究通讯》

HL——House of Lords Papers 上议院文件

HM——*Historical Materialism* 历史唯物主义

HO——Home Office（英国）内政部

IAR——*Industrial Archaeology Review*《工业考古学评论》

ILN——*Illustrated London News*《伦敦新闻画报》

IRSH——*International Review of Social History*《社会史国际评论》

JEH——*Journal of Economic History*《经济史杂志》

JEP——*Journal of Economic Perspectives*《经济展望杂志》

JHC——*The Journal of the House of Commons*《下议院杂志》

LT——*Leeds Times*《利兹时报》

MC——*Morning Chronicle*《纪事晨报》

MECW——*Marx Engels Collected Works*《马克思恩格斯全集》

MG——*Manchester Guardian*《曼彻斯特卫报》

MM——*Mechanics' Magazine*《机械杂志》

NCC——*Nature Climate Change*《自然气候变化》

NG——*Nature Geoscience*《自然地球科学》

NLR——*New Left Review*《新左派评论》

NS——*Northern Star*《北极星报》

NSAS——*The New Statistical Account of Scotland*《苏格兰新统计资料》

NYT——*New York Times*《纽约时报》

PC——*Preston Chronicle*《普雷斯顿纪事报》

PIVRSB——Papers on Irwell Valley Reservoir Schemes（Bolton）关于艾尔韦尔山谷水库方案的论文（博尔顿）

PIVRSP——Papers on Irwell Valley Reservoir Schemes（Preston）关于艾尔韦尔山谷水库方案的论文（普雷斯顿）

PNAS——*Proceedings of the National Academy of Science*《国家科学院学报》

PP——Parliamentary Papers（House of Commons）议会文件（下议院）

PTERC——Papers of Turton and Entwistle Reservoir Commissioners 特尔顿和恩特威斯尔水库专员的论文

PTRSA——*Philosophical Transactions of the Royal Society A：Mathematical, Physical and Engineering Sciences*《皇家学会学报 A 卷：数学、物理和工程科学》

RFIHYE——"Report of the Factory Inspectors for the Half-Year Ending…"《工厂检查员的半年报告……》

RHO/OPBCE——Records of the House of Commons, Opposed Private Bill Committee Evidence 下议院记录，反对私人法案委员会的证据

SPCK——Society for Promoting Christian Knowledge 基督教知识促进会

TBNHS——*Transactions of the Buteshire Natural History Society*《比尤特郡自然历史学会学报》

TE——*The Economist*《经济学人》

TT——*The Times*《泰晤士报》

UNCTAD——United Nations Conference on Trade and Development 联合国贸易和发展会议

WR——*Westminster Review*《威斯敏斯特评论》

注 释

第一章

1. N. Rosenberg, *Exploring the Black Box: Technology, Economics, and History*, Cambridge UK, 1994, 24.

2. 参见 S. Weart, *The Discovery of Global Warming*, Cambridge MA, 2003; S. Arrhenius, "On the Influence of Carbonic Acid in the Air upon the Temperature of the Ground", *Philosophical Magazine and Journal of Science* 41 (1896), 237–76.

3. C. Babbage, *On The Economy of Manufactures*, London, 1835 [1833], 54.

4. G. Peters, R. Andrew, T. Boden et al., "The Challenge to Keep Global Warming Below 2°C", *Nature Climate Change* [以下简称 NCC], 3 (2013), 4.

5. G. Holland and C. Bruyère, "Recent Intense Hurricane Response to Global Climate Change", *Climate Dynamics*, 42 (2014), 617–27; A. Robinson, C. Reinhard and A. Ganopalski, "Multistability and Critical Thresholds of the Greenland Ice Sheet", *NCC*, 2 (2012), 429–32; C. Duarte, T. Lenton, P. Wadhams et al., "Abrupt Climate Change in the Arctic", *NCC*, 2 (2012), 60–2; G. Breed, S. Stichter and E. Crone, "Climate–Driven Chan-

ges in Northeastern US Butterfly Communities", *NCC*, 3 (2013), 142 – 5; A. Sorg, T. Bolch, M. Stoffel et al., "Climate Change Impacts on Glaciers and Runoff in Tien Shan (Central Asia)", *NCC*, 2 (2012), 725 – 31; L. Zhou, Y. Tian, R. Myneni et al., "Widespread Decline of Congo Rainforest Greenness in the Past Decade", *Nature*, 509 (2014), 86 – 90; J. Elliott, D. Deryng, C. Müller et al., "Constraints and Potentials of Future Irrigation Water Availability on Agricultural Production under Climate Change", *Proceedings of the National Academy of Science* [hereafter *PNAS*], 2013, online first; G. Luderer, R. Pietzcker, C. Bertram et al., "Economic Mitigation Challenges: How Further Delay Closes the Door for Achieving Climate Targets", *Environmental Research Letters* [hereafter *ERL*], 8 (2013); T. Sanford, P. Frumhoff, A. Luers et al. "The Climate Policy Narrative for a Dangerously Warming World", *NCC*, 4 (2014), 164 – 7.

6. 关于该排放轨迹, 参见 J. Canadell, C. Le Quéré, M. Raupach et al., "Contributions to Accelerating Atmospheric CO_2 Growth from Economic Activity, Carbon Intensity, and Efficiency of Natural Sinks", *PNAS*, 104 (2007), 18866 – 70; M. Raupach, G. Marland, P. Ciais et al., "Global and Regional Drivers of Accelerating CO_2 Emissions", *PNAS*, 104 (2007), 10288 – 93; C. Le Quéré, M. Raupach, J. Canadell et al., "Trends in the Sources and Sinks of Carbon Dioxide", *Nature Geoscience* [hereafter *NG*], 2 (2009), 831 – 6; G. Peters, G. Marland, C. Le Quéré et al., "Rapid Growth in CO_2 Emissions after the 2008 – 2009 Global Financial Crisis", *NCC*, 2 (2012), 2 – 4; P. Friedlingstein, R. Andrew, J. Rogelj et al., "Persistent Growth of CO_2 Emissions and Implications for Reaching Climate Targets", *NG*, 7 (2014), 709 – 15. 2015 年 3 月, 据报道, 2014 年的全球二氧化碳排放量与前一年持平: 与持续上升的情况相比出现了意外的偏差, 这似乎是一个暂时的异常现象, 但

我们希望这不是。

7. P. Robbins, *Political Ecology*: *A Critical Introduction*, Malden, 2004, xv – xvii.

8. S. Mosley, *The Chimney of the World*: *A History of Smoke Pollution in Victorian and Edwardian Manchester*, Cambridge, 2001, 20.

9. N. Smith, *Uneven Development*: *Nature*, *Capital*, *and the Production of Space*, Athens GA, 2008 [1984], 220 – 1（引自 Ed Soja, Michel Foucault, John Berger）, 233 – 4.

10. G. Unruh, "Understanding Carbon Lock – in", *Energy Policy* [以下简称 *EP*], 28 (2000), 817 – 30.

11. K. Anderson and A. Bows, "A New Paradigm for Climate Change", *NCC*, 2 (2012), 639.

12. 参见例如 M. Allen, D. Frame, C. Huntingford et al., "Warming Caused by Cumulative Carbon Emissions towards the Trillionth Tonne", *Nature*, 458 (2009), 1163 – 5; H. Matthews, N. Gillett, P. Stott et al., "The Proportionality of Global Warming to Cumulative Emissions", *Nature*, 459 (2009), 829 – 33; M. Raupach, S. Davis, G. Peters et al., "Sharing a Quota on Cumulative Carbon Emissions", *NCC*, 4 (2014), 873 – 9.

13. 关于二氧化碳排放的遗留，尤其参见 David Archer 的研究，例如 D. Archer, *The Long Thaw*: *How Humans are Changing the Next* 100, 000 *Years of Earth's Climate*, Princeton, 2009. 更多见下文。

14. 引自 M. Schaeffer, W. Hare, S. Rahmstorf et al., "Long – Term Sea – Level Rise Implied by 1.5° C and 2° C Warming Levels", *NCC*, 2 (2012), 869. 更多参见 N. Gillett, V. Arora, K. Zickfeld et al., "Ongoing Climate Change Following a Complete Cessation of Carbon Dioxide Emissions", *NG*, 4 (2011), 83 – 7; H. Matthews and K. Zickfeld, "Climate Response to

Zeroed Emissions of Greenhouse Gases and Aerosols", *NCC*, 2 (2012), 338 – 41; G. Meehl, A. Hu, C. Tebaldi et al., "Relative Outcomes of Climate Change Mitigation Related to Global Temperature Versus Sea – Level Rise", *NCC*, 2 (2012), 576 – 80; R. Zeebe, "Time – Dependent Climate Sensitivity and the Legacy of Anthropogenic Greenhouse Gas Emissions", *PNAS*, 110 (2013), 13739 – 44; T. Frölicher, M. Winton and J. Sarmiento, "Continued Global Warming after CO_2 Emissions Stoppage", *NCC*, 4 (2014), 40 – 4.

15. 比较 D. Bensaïd, *Marx for Our Times: Adventures and Misadventures of a Critique*, London, 2002 [1995], 21 – 4; W. Sewell Jr., *Logics of History: Social Theory and Social Transformation*, Chicago, 2005, 9; L. Althusser and E. Balibar, *Reading Capital*, London, 2009 [1968], 110 – 18.

16. S. Gardiner, *A Perfect Moral Storm: The Ethical Tragedy of Climate Change*, Oxford, 2011, 8, 33 – 4；关于其整体论证，参见第五章至第六章。

17. R. Nixon, *Slow Violence and the Environmentalism of the Poor*, Cambridge MA, 2011, 2, 11.

18. P. Friedlingstein and S. Solomon, "Contributions of Past and Present Human Generations to Committed Warming Caused by Carbon Dioxide", *PNAS*, 102 (2005), 10832 – 6.

19. K. Marx, *Surveys from Exile: Political Writings*, Vol. 2, London, 2010, 146.

20. T. Cole, *Open City*, London, 2011, 28.

21. 参见 D. Coumou and S. Rahmstorf, "A Decade of Weather Extremes", *NCC*, 2 (2012), 491 – 6; J. Hansen, M. Sato and R. Ruedy, "Perception of Climate Change", *PNAS*, 2012 online, E2415 – 23; D. Coumou and A. Robinson, "Historic and Future Increase in the Global Area Affected by Monthly Heat Extremes", *ERL*, 8 (2013); D. Coumou, A. Robinson and S.

Rahmstorf, "Global Increase in Record – Breaking Monthly – Mean Temperature", *Climatic Change* [以下简称 *CC*], 118 (2013), 771–82.

22. 参见例如 H. Matthews and S. Solomon, "Irreversible Does Not Mean Unavoidable", *Science*, 340 (2013), 438–9.

23. 当然，有很多重要的地理学家意识到了这一点：例如 J. Wainwright and G. Mann, "Climate Leviathan", *Antipode*, 45 (2013), 1–22.

24. 参见例如 E. Hobsbawm, *Industry and Empire: The Birth of the Industrial Revolution*, London, 1999 [1968], 12–13; D. Landes, *The Unbound Prometheus: Technological Change and Industrial Development in Western Europe from 1750 to the Present*, Cambridge, 2003 [1969], 3, 41, 80–1.

25. 参见 T. Stocker, D. Qin, G.–K. Plattner et al. (eds.), *Climate Change 2013: The Physical Science Basis. Contribution of Working Group I to the Fifth Assessment Report of Intergovernmental Panel on Climate Change*, Cambridge, 2013, 50–2, 489–94; Friedlingstein et al., "Persistent", 711–2.

26. 关于进口所包含的排放量，参见下文；关于最近金融危机期间排放量的短暂下降，参见 Peters et al., "Rapid".

27. 这种结构观点借鉴了 Sewell Jr., *Logics*; D. Elder–Vass, *The Causal Power of Social Structures*, Cambridge, 2010; D. Elder–Vass, *The Reality of Social Construction*, Cambridge, 2012.

28. T. Boden, G. Marland and R. Andres, *Global, Regional, and National Fossil–Fuel CO_2 Emissions*, Oak Ridge: Carbon Dioxide Information Analysis Center, cdiac.ornl.gov, 2013.

29. R. Fouquet and P. Pearson, "Past and Prospective Energy Transitions: Insights from History", *EP*, 50 (2012), 1.

30. R. Allen, "Backward into the Future: The Shift to Coal and Implications for the Next Energy Transition", *EP*, 50 (2012), 17, 23.

31. A. Grubler, "Energy Transitions Research: Insights and Cautionary Tales", *EP*, 50 (2012), 14.

32. P. Bellaby, R. Flynn and M. Ricci, "Towards Sustainable Energy: Are there Lessons from the History of the Early Factory System?", *Innovation*, 23 (2010), 344.

33. 正如以下人士所论述的,例如 P. Pearson and T. Foxon, "A Low Carbon Industrial Revolution? Insights and Challenges from Past Technological and Economic Transformations", *EP*, 50 (2012), 117 – 27.

34. IPCC, "Summary for Policymakers", in B. Metz, O. Davidson, P. Bosch et al. (eds.), *Climate Change 2007: Mitigation. Contribution of Working Group III to the Fourth Assessment Report of the Intergovernmental Panel on Climate Change*, Cambridge, 2007, 20. 着重强调。

35. *New York Times*[以下简称 *NYT*] 引用,"U. N. report describes risks of inaction on climate change", 17 November 2007.

36. Gardiner, *Perfect*, 437. 着重强调。

37. D. Lardner, *A Rudimentary Treatise on the Steam Engine: For the Use of Beginners*, London, 1854 [1848], 39; J. Farey, *A Treatise on the Steam Engine, Historical, Practical, and Descriptive*, London, 1827, 13. 原文强调。

38. N. Cossons (ed.), *Rees's Manufacturing Industry* (1819 – 1820): *A selection from The Cyclopaedia; or Universal Dictionary of Arts, Sciences and Literature by Abraham Rees*, Vol. 5, Newton Abbot, 1972 [1819 – 1820], 357.

39. E. Russell, J. Allison, T. Finger et al., "The Nature of Power: Synthesizing the History of Technology and Environmental History", *Technology and Culture*, 52 (2011), 247.

40. V. Smil, *Energy in Nature and Society: General Energetics of Complex Systems*, Cambridge MA, 2008, 12.

41. S. Lukes, *Power: A Radical View*, Basingstoke, 2005 [1974], 62.

42. 比较 M. Huber, "Energizing Historical Materialism: Fossil Fuels, Space and the Capitalist Mode of Production", *Geoforum*, 40 (2008), 106; M. T. Huber, *Lifeblood: Oil, Freedom, and the Forces of Capital*, Minneapolis, 2013, 4.

43. S. Barca, "On Working – Class Environmentalism: A Historical and Transnational Overview", *Interface*, 4 (2012), 75.

44. 比较 H. Hackmann, S. Moser and A. St. Clair, "The Social Heart of Global Environmental Change", *NCC*, 4 (2014), 653 –5.

第二章

1. E. Wrigley, "The Supply of Raw Materials in the Industrial Revolution", *The Economic History Review* [以下简称 *EHR*], 15 (1962), 1 –16. 更多参见他的 "The Process of Modernization and the Industrial Revolution in England", *Journal of Interdisciplinary History*, 3 (1972), 225 –59; "The Limits to Growth: Malthus and the Classical Economists", *Population and Development Review*, 14 (1988), 30 –48; *Continuity, Chance and Change: The Character of the Industrial Revolution in England*, Cambridge, 1990; "The Divergence of England: The Growth of the English Economy in the Seventeenth and Eighteenth Centuries", *Transactions of the Royal Historical Society*, 6 (2000), 117 –41; *Poverty, Progress, and Population*, West Nyack, 2004; *Energy and the English Industrial Revolution*, Cambridge, 2010.

2. Wrigley, "Supply", 1.

3. D. Ricardo, *On the Principles of Political Economy and Taxation*, Third Edition, London, 1821, 57, 65, 128. 着重强调。

4. Wrigley, *Energy*, 99, 39.

5. R. Sieferle, *The Subterranean Forest: Energy Systems and the Industrial Revolution*, Cambridge, 2001 [1982], 102 – 3; P. Malanima, "Energy Crisis and Growth 1650 – 1850: The European Deviation in a Comparative Perspective", *Journal of Global History*, 1 (2006), 104.

6. T. Malthus, *An Essay on the Principle of Population; Or, a View of Its Past and resent Effects on Human Happiness*, Vol. 1, Fourth Edition, London, 1807, 2 – 4, 8 – 13.

7R. Wilkinson, *Poverty and Progress: An Ecological Model of Economic Development*, London, 1973, 4 – 5, 19 – 52. "每一个动物群体": 20 页.

8. 同上, 53 – 7, 99, 76, 101, 126, 134. 着重强调。

9K. Pomeranz, *The Great Divergence: China, Europe, and the Making of the Modern World Economy*, Princeton, 2000, 207. 原文强调。

10. Kander et al., *Power*, 116. 着重强调。On Wrigley's centrality and influence, 参见 S. Barca, "Energy, Property, and the Industrial Revolution Narrative", *Ecological Economics* [以下简称 *EE*], 70 (2011), 1309 – 15.

11. 引自 Wrigley, *Continuity*, 90; Wrigley, *Energy*, 100, 46.

12. Wrigley, *Energy*, 177.

13. Wrigley, "Supply", 12; Wrigley, "Process", 249.

14. Wilkinson, *Poverty*, 120; "The English Industrial Revolution", in D. Worster (ed.), *The Ends of the Earth: Perspectives on Modern Environmental History*, Cambridge, 1988, 87. 着重强调。

15. Pomeranz, *Divergence*, 61; Kander et al., *Power*, 155.

16. Earth System Research Laboratory, " Carbon Dioxide at NOAA's Mauna Loa Observatory reaches new milestone: Tops 400 ppm", esrl. noaa. gov, 10 May 2013.

17. A. Indermühle, T. Stocker, F. Joos et al., "Holocene Carbon – Cycle

Dynamics Based on CO_2 Trapped in Ice at Taylor Dome, Antarctica", *Nature*, 398 (1999), 121 – 6; J. Petit, J. Jouzel, D. Raynaud et al., "Climate and Atmospheric History of the Past 420, 000 Years from the Vostok Ice Core, Antarctica", *Nature*, 399 (1999), 429 – 35; P. Pearson and M. Palmer, "Atmospheric Carbon Dioxide Concentrations over the Past 60 Million Years", *Nature*, 406 (2000), 695 – 99; N. Jones, "Troubling milestone for CO_2", *NG*, 6 (2013), 589.

18. W. Steffen, P. Crutzen and J. McNeill, "The Anthropocene: Are Humans Now Overwhelming the Great Forces of Nature?", *Ambio*, 36 (2007), 614.

19. 同上, 616.

20. P. Crutzen, "Geology of Mankind", *Nature*, 415 (2002), 23.

21. Bergson 援引自 W. Steffen, J. Grinevald, P. Crutzen et al., "The Anthropocene: Conceptual and Historical Perspectives", *Philosophical Transactions of the Royal Society A* [以下简称 *PTRSA*], 369 (2011), 844 – 5. 着重强调。关于蒸汽是新纪元的诞生，比较例如 L. Robin and W. Steffen, "History for the Anthropocene", *History Compass*, 5 (2007), 1699; P. Alberts, "Responsibility Towards Life in the Early Anthropocene", *Angelaki*, 16 (2011), 6; M. Lynas, *The God Species: How the Planet Can Survive the Age of Humans*, London, 2011, 21; N. F. Sayre, "The Politics of the Anthropogenic", *Annual Review of Anthropology*, 41 (2012), 58; L. Robin, "Histories for Changing Times: Entering the Anthropocene?", *Australian Historical Studies*, 44 (2013), 331.

22. T. Morton, *Hyperobjects: Philosophy and Ecology after the End of the World*, Minneapolis, 2013, 7.

23. M. Berners – Lee and D. Clark, *The Burning Question: We Can't Burn*

Half the World's Oil, Coal and Gas. So How Do We Quit?, London, 2013, 8.

24. M. Raupach and J. Canadell, "Carbon and the Anthropocene", *Current Opinion in Environmental Sustainability*, 2 (2010), 209 – 11. 着重强调。一个非常类似的分析见 A. Glikson, "Fire and Human Evolution: The Deep – Time Blueprints of the Anthropocene", *Anthropocene*, 3 (2013), 89 – 92.

25. K. Pinkus, "Thinking Diverse Futures from a Carbon Present", *Symploke*, 21 (2013), 196 – 9.

26. N. Clark, "Rock, Life, Fire: Speculative Geophysics and the Anthropocene", *Oxford Literary Review*, 34 (2012), 259, 261, 269 – 70, 273 – 4. 原文强调。

27. Lynas, *God*, 29. "The mastery of fire by our ancestors provided human – kind with a powerful monopolistic tool unavailable to other species, that put us firmly on the long path towards the Anthropocene." Steffen et al., "The Anthropocene: Are Humans", 614. 着重强调。

28. 例如 Steffen et al., "The Anthropocene: Conceptual"; W. Steffen, Å. Persson, L. Deutsch et al., "The Anthropocene: From Global Change to Planetary Stewardship", *Ambio*, 40 (2011), 739 – 61. 关于马尔萨斯有关主题，参见例如 J. Zalasiewicz, M. Williams, A. Smith et al., "Are We Now Living in the Anthropocene?", *GSA Today*, 18 (2008), 4 – 8; J. Zalasiewicz, M. Williams, W. Steffen et al., "The New World of the Anthropocene", *Environmental Science and Technology*, 44 (2010), 2228 – 31; C. Tickell, "Societal Responses to the Anthropocene", *PTRSA*, 369 (2011), 926 – 32; J. Zalasiewicz, M. Williams, R. Fortey et al., "Stratigraphy of the Anthropocene", *PTRSA*, 369 (2011), 1036 – 55.

29. W. J. Autin and J. Holbrook, "Is the Anthropocene an Issue of Stratigraphy or Pop Culture?", *GSA Today*, 22 (2012), 60 – 1; *The Economist* [以下

简称 TE］，"Welcome to the Anthropocene" and "A Man – Made World"，26 May 2011；M. Davis，"Who Will Build the Ark?"，*New Left Review*［以下简称 *NLR*］，61（2010），29 – 46；J. Foster，B. Clark and R. York，*The Ecological Rift：Capitalism's War on the Earth*，New York，2010.

30. *Marx Engels Collected Works*［以下简称 *MECW*］，Vol. 6，London，1991，166，183，163.

31. G. Cohen and W. Kymlicka，"Human Nature and Social Change in the Marxist Conception of History"，*The Journal of Philosophy*，85（1988），173.

32. G. Cohen，*Karl Marx's Theory of History：A Defence*，Princeton，1978，23. 原文强调。

33. 同上，41，153，162. 着重强调。

34. 比较 the account offered in one of the most seminal essays in productive force determinism：R. Heilbroner，"Do Machines Make History?"，*Technology and Culture*，8（1967），335 – 45.

35. J. Lord，*Capital and Steam Power* 1750 – 1800，New York，1965［1923］，98 – 9.

36. 对于资产阶级技术决定论在蒸汽史上的最新应用，参见 W. Rosen，*The Most Powerful Idea in the World：A Story of Steam，Industry，and Innovation*，New York，2010.

第三章

1. 引自韦氏在线词典，websters – online – dictionary. org；Merriam – Webster，merriam – webster. com（both accessed 4 April 2012）；*Webster's Unabridged Dictionary of the English Language*，New York，1989，1143.

2. Farey，*Treatise*，1.

3. Babbage，*Economy*，17.

4. 关于潮汐能，参见 W. Minchinton，"Power from the Sea"，*History Today*，30（1980），42–6。

5. 这一点由此而来，Smil，*Energy in Nature*，120–31，155–61，174–80，203。

6. 因此，在这种情况下，原动机和能源之间的界限很难划定，更详细的考量（包括生物质在这种类型中的位置），参见 A. Malm，*Fossil Capital：The Rise of Steam – Power in the British Cotton Industry*，c. 1825–1848，*and the Roots of Global Warming*，PhD dissertation，Lund University，2014［以下简称 Malm 的论文］，94–5。

7. "流动能源"和"储备能源"之间的区别被里格利以及其他能源学者所采纳，参见例如 N. Georgescu – Roegen，*The Entropy Law and the Economic Process*，Cambridge MA，1971；Wrigley，*Continuity*，51；Wrigley，*Energy*，235；E. Altvater，"The Social and Natural Environment of Fossil Capitalism"，in L. Panitch and C. Leys（eds.），*Socialist Register* 2007，London，40；Barca，"Energy"，1314。关于更广泛的讨论，参见 Malm 的论文，89–97 页。

8. J. Holland，*The History and Description of Fossil Fuel, the Collieries, and Coal Trade of Great Britain*，London，1835，34。原文强调。

9. 参见例如 J. Dukes，"Burning Buried Sunshine：Human Consumption of Ancient Solar Energy"，*CC*，61（2003），31–44；V. Smil，*The Earth's Biosphere：Evolution, Dynamics, and Change*，Cambridge MA，2003，131–4；D. Beerling，*The Emerald Planet：How Plants Changed Earth's History*，Oxford，2007，42–52。

10. 关于"景观"的含义，参见 T. Ingold，"The Temporality of the Landscape"，*World Archaeology*，25（1993），152–74；K. Olwig，"Recovering the Substantive Nature of Landscape"，*Annals of the Association of American*

Geographers, 86 (1996), 630 – 53.

11. 参见例如 J. Kennedy, *Observations on the Rise and Progress of the Cotton Trade in Great Britain*, Manchester, 1818; R. Guest, *A Compendious History of the Cotton – Manufacture*, Manchester, 1823; R. Buchanan, *Practical Essays on Millwork and other Machinery*, London, 1823; E. Baines, *History of the Cotton Manufacture in Great Britain*, London, 1835; J. Montgomery, *The Theory and Practice of Cotton Spinning; Or, The Carding and Spinning Master's Assistant*, Glasgow, 1836; A. Ure, *The Cotton Manufacture of Great Britain*, Vol. 1, London, 1836; G. French, *The Life and Times of Samuel Crompton*, Manchester, 1859; A. Wadsworth and J. Mann, *The Cotton Trade and Industrial Lancashire*, 1600 – 1780, Manchester, 1931.

12. J. Sutcliffe, *A Treatise on Canals and Reservoirs*, Rochdale, 1816, 62 – 3; E. Butterworth, *Historical Sketches of Oldham*, Oldham, 1856, 116 – 17, 130, 134; R. Hills, *Power in the Industrial Revolution*, New York, 1970, 89 – 91; J. Tann, *The Development of the Factory*, London, 1970, 47 – 9; S. Chapman, *The Cotton Industry in the Industrial Revolution*, London, 1972, 17 – 18; J. Major, "Muscle Power", *History Today*, 30 (1980), 26 – 30; J. Major, "The Horse Engine in the 19th Century", *Transactions of the Newcomen Society*, 60 (1988), 31 – 48; G. Ingle, *Yorkshire Cotton: The Yorkshire Cotton Industry*, 1780 – 1835, Preston, 1977, 35.

13. J. Robison, *A System of Mechanical Philosophy*, Vol. 2, Edinburgh, 1822, 225 – 6; N. von Tunzelmann, *Some Economic Aspects of the Diffusion of Steam Power in the British Isles to 1856, with Special Reference to Textile Industries*, PhD dissertation, Oxford University, 1974, 113 – 14; D. Greenberg, "Reassessing the Power Patterns of the Industrial Revolution: An Anglo – American Comparison", *The American Historical Review*, 87 (1982), 1242; V. Smil,

Energy in World History, Boulder, 1994, 94.

14. 引自 W. Fairbairn, *Treatise on Mills and Millwork, Part I., On the Principles of Mechanism and on Prime Movers*, London, 1864, 288; 数据来自 N. von Tunzelmann, *Steam Power and British Industrialization to* 1860, Oxford, 1978, 123.

15. C. Partington, *A Popular and Descriptive Account of the Steam Engine*, London, 1836, ix – x.

16. 关于风车在当时英国经济中的作用, 更多参见 Fairbairn, *Treatise Part I*, 282 – 96; W. Minchinton, "Wind Power", *History Today*, 30 (1980), 31 – 6.

17. 对于水力技术的辉煌历史, 参见 A. Lucas, *Wind, Water, Work: Ancient and Medieval Milling Technology*, Leiden, 2006.

18. T. Tvedt, "Why England and not China and India? Water Systems and the History of the Industrial Revolution", *Journal of Global History*, 5 (2010), 29 – 50.

19. J. Tann, "Richard Arkwright and Technology", *History*, 58 (1973), 33.

20. 引自 Baines, *History*, 193; "Chronicles", *Annual Register*, 1792, 35 – 6. 材料来自 Tann, "Richard"; R. Fitton and A. Wadsworth, *The Strutts and the Arkwrights, 1758 – 1830: A Study of the Early Factory System*, Manchester, 1958; R. Fitton, *The Arkwrights: Spinners of Fortune*, Manchester, 1989; S. Chapman, *The Early Factory Masters: The Transition to the Factory System in the Midland Textile Industry*, Aldershot, 1992 [1967]; M. Berg, *The Age of Manufactures, 1700 – 1820: Industry, Innovation and Work in Britain*, London, 1994.

21. C. Aspin, *The Water – Spinners*, Helmshore, 2003, 106 (Robert

Heaton); Baines, *History*, 214.

22. John Byng 援引自 Fitton, *Arkwrights*, 147. 更多参见例如 S. Chapman, "The Peels in the Early English Cotton Industry", *Business History*, 11 (1969), 235 – 66; S. Chapman, "The Arkwright Mills: Colquhoun's Census of 1788 and Archaeological Evidence", *Industrial Archaeology Review*［以下简称 *IAR*］, 6 (1981), 5 – 27; Ingle, *Yorkshire*; Aspin, *Water*.

23. *Statistical Account of Scotland*, Vol. 5, 1793, 501 – 2. 关于苏格兰工业的早期发展，参见 W. Marwick, "The Cotton Industry and the Industrial Revolution in Scotland", *The Scottish Historical Review*, 21 (1924), 207 – 18; G. Mitchell, "The English and Scottish Cotton Industries: A Study in Interrelations", *The Scottish Historical Review*, 22 (1925), 101 – 14; 尤其是 A. Cooke, *The Rise and Fall of the Scottish Cotton Industry, 1778 – 1914: "The Secret Spring"*, Manchester, 2010.

24. A. Ure, *The Philosophy of Manufactures: Or, An Exposition of the Scientific, Moral and Commercial Economy of the Factory System*, London, 1835, 16.

25. N. Crafts, *British Economic Growth during the Industrial Revolution*, Oxford, 1985, 2, 21 – 4, 47.

26. 比较 M. Berg and P. Hudson, "Rehabilitating the Industrial Revolution", *EHR*, 45 (1992), 24 – 50; N. Crafts and C. Harley, "Output Growth and the British Industrial Revolution: A Restatement of the Crafts – Harley View", *EHR*, 45 (1992), 703 – 30; Berg, *Age*, 17, 34 – 40, 215.

27. 材料来自 R. V. Jackson, "Rates of Industrial Growth during the Industrial Revolution", *EHR*, 45 (1992), 18.

28. Cossons, *Rees's*, Vol. 3, 379, 356. 着重强调。关于棉花和其他行业生产力的提高，参见 H. Catling, *The Spinning Mule*, Newton Abbot, 1970;

Crafts, British, 7 – 8, 17, 84 – 7.

29. C. Harley, "Prices and Profits in Cotton Textiles during the Industrial Revolution", *Discussion Papers in Economic and Social History*, 81, University of Oxford, 2010, 3. 着重强调。关于利润率，更多参见例如 E. Hamilton, "Profit Inflation and the Industrial Revolution, 1751 – 1800", *Quarterly Journal of Economics*, 56（1942），256 – 73; Tann, *Development*, ch. 2; C. Lee, *A Cotton Enterprise, 1950 – 1840: A History of the M' Connel and Kennedy Fine Cotton Spinners*, Manchester, 1972, 139 – 40, 167; A. Howe, *The Cotton Masters* 1830 – 1860, Oxford, 1984, 24; Cooke, *Rise*, 51.

30. 比较例如 G. Unwin, *Samuel Oldknow and the Arkwrights: The Industrial Revolution at Stockport and Marple*, Manchester, 1924, 21; A. Musson and E. Robinson, *Science and Technology in the Industrial Revolution*, Manchester, 1969, 67 – 71.

31. 援引自 Holland, *History*, 306. "Pre – Roman British coal use: J. Hatcher", *The History of the British Coal Industry*, Vol. I: *Before* 1700, Oxford, 1993, 16 – 17; B. Freese, *Coal: A Human History*, Cambridge, 2003, 16.

32. M. Dearne and K. Branigan, "The Use of Coal in Roman Britain", *The Antiquaries Journal*, 75（1995），71 – 105; A. Smith, "Provenance of Coals from Roman Sites in England and Wales", *Britannia*, 28（1997），297 – 324.

33. J. Nef, *The Rise of the British Coal Industry*, Vol. 1, Abingdon, 1966 [1932], 14.

34. 正如援引自 Holland, *History*, 318.

35. Thomas Barnabe 援引自 Nef, *Rise*, Vol. 1, 202. 更多参见: Hatcher, *Coal*.

36. Hatcher, *Coal*, 7 – 8; Nef, *Rise*, Vol. 1, 14.

37. 引自 Hatcher, *Coal*, 554. 着重强调。

38. 参见例如 M. Flinn, *The History of the British Coal Industry*, Volume 2, 1700 – 1830: *The Industrial Revolution*, Oxford, 1984, 1, 448; Hatcher, *Coal*, 548; T. Mitchell, "Carbon Democracy", *Economy and Society*, 38 (2009), 402. 这也是 Wrigley, *Energy* 一个重要的主题.

39. Hatcher, *Coal*, 548.

40. R. Hartwell, "A Revolution in the Chinese Iron and Coal Industries during the Northern Sung, 960 – 1126 A. D.", *The Journal of Asian Studies*, 21 (1962), 153 – 62; R. Hartwell, "A Cycle of Economic Change in Imperial China: Coal and Iron in Northeast China, 750 – 1350", *Journal of the Economic and Social History of the Orient*, 10 (1967), 102 – 59.

41. 引自 Hartwell, "Revolution", 161. 着重强调。

42. T. Wright, "An Economic Cycle in Imperial China? Revisiting Robert Hartwell on Iron and Coal", *Journal of the Economic and Social History of the Orient*, 50 (2007), 415 – 7; 比较 C. Debeir, J. – P. Deléage and D. Hémery, *In the Servitude of Power: Energy and Civilisation Through the Ages*, London, 1991 [1986], 55 – 6.

43. Hatcher, *Coal*, 5.

44. Boulton 引自 R. Hills, *Power from Steam: A History of the Stationary Steam Engine*, Cambridge, 1989, 62; R. Bryer, "A Marxist Accounting History of the British Industrial Revolution: A Review of Evidence and Suggestions for Research", *Accounting, Organizations and Society*, 30 (2005), 46; Fitton, *Arkwrights*, 64; A. Nuvolari, *The Making of Steam Power Technology: A Study of Technical Change during the British Industrial Revolution*, Eindhoven, 2004, 25; Rosen, *Powerful*, 174. 着重强调。

45. Farey, *Treatise*, 438, 442 – 4, 508 – 15; Lord, *Capital*, 162 – 5; A. Skempton, "Samuel Wyatt and the Albion Mill", *Architectural History*, 14

(1971), 53 – 73.

46. J. Marshall, "Early Applications of Steam Power: The Cotton Mills of the Upper Leen", *Transactions of the Thoroton Society*, 60 (1957), 34 – 43; N. Greatrex, "The Robinson Enterprises at Papplewick, Nottinghamshire. Part One", *IAR*, 9 (1986), 37 – 56, and "Part Two", 119 – 39.

47. Watt 援引自 Tann, "Richard", 39. 关于燃料成本是最初怀疑的一个主要原因，比较例如 A. Musson and E. Robinson, "The Early Growth of Steam Power", *EHR*, 11 (1959), 418 – 39.

48. 来自 T. Fox 的信，援引自 J. Tann, "The Employment of Power in the West of England Wool Textile Industry, 1790 – 1840", in N. Harte and K. Ponting (eds.), *Textile History and Economic History: Essays in Honour of Miss Julia de Lacy Mann*, Manchester, 1973, 220; Boulton and Watt 援引自 Musson and Robinson, "Early", 424; A. Briggs, *The Power of Steam: An Illustrated History of the World's Steam Age*, London, 1982, 57.

49. 关于麦康奈尔和肯尼迪，参见 Lee, *Cotton*; on Oldham, Butterworth, *Historical*; 关于普雷斯顿, C. Dickinson, *Cotton Mills of Preston: The Power Behind the Thread*, Preston, 2002.

50. 数据来自 Lord, *Capital*, 174; Cooke, *Rise*, 6, 121, 123.

51. Musson and Robinson, *Science*, 67 – 9; S. Chapman, "The Cost of Power in the Industrial Revolution in Britain: The Case of the Textile Industry", *Midlands History*, 1 (1971), 16; von Tunzelmann, *Industrialization*, 136; J. Kanefsky, *The Diffusion of Power Technology in British Industry 1760 – 1870*, PhD dissertation, University of Exeter, 1979, 275.

52. *Encyclopaedia Perthensis, The New Encyclopaedia; Or, Universal Dictionary of Arts and Sciences*, Vol. 13, London, 1807, 154. 着重强调。

53. Hills, *Industrial*, 155; Hills, *Steam*, 48; J. Tann and M. Breckin,

"The International Diffusion of the Watt Engine, 1775 – 1825", *The Economic History Review*, 31 (1978), 541 – 64.

54. R. Allen, *The British Industrial Revolution in Global Perspective*, Cambridge, 2009, 172.

第四章

1. *Manchester Guardian* [以下简称 *MG*] 17 December 1825. 更多参见 *The Times* [以下简称 *TT*] 9 December 1825; J. McCulloch [unsigned], "Commercial Revulsions", *Edinburgh Review* [以下简称 *ER*], 44 (1826), 70 – 93; House of Commons Parliamentary Papers [以下简称 PP] (1833) VI, *Report from Select Committee on Manufactures, Commerce, and Shipping*; A. Gayer, W. Rostow and A. Schwartz, *The Growth and Fluctuation of the British Economy, 1790 – 1850: An Historical, Statistical, and Theoretical Study of Britain's Economic Development*, Vols. 1 – 2, Brighton, 1975, 186, 196 – 7, 646 – 51; L. Neal, "The Financial Crisis of 1825 and the Restructuring of the British Financial System", *The Federal Reserve Bank of St. Louis Review*, 80 (1998), 53 – 76.

2. B. Hilton, *A Mad, Bad, and Dangerous People? England 1783 – 1846*, Oxford, 2008, 303. "恐慌"出现在例如 *Circular to Bankers* [以下简称 *CtB*], 9 August 1833; D. Craik, *John Halifax, Gentleman*, New York, 1860 [1856], 361.

3. 参见例如 PP (1833) VI, 96, 556; R. Matthews, *A Study in Trade-Cycle History: Economic Fluctuations in Great Britain 1833 – 1842*, Cambridge, 1954, 202 – 3; Gayer et al., *Growth*, 154, 197 – 8, 533, 656 – 7. 关于危机的更详细的叙述和分析,参见 Malm 的论文,170 – 190 页。

4. *TT*, 28 February 1826; *CtB* 20 February 1829, 27 March 1829, 8 Janu-

ary 1830.

5. PP（1833）VI, 548, 552 – 3（George Smith）. 更多参见例如 PP（1834）XX, *Reports from Commissioners*: *Factories Inquiry*, *Part II*; *The Mirror*, "Notes of a Reader", 11 April 1829; Lee, *Cotton*, 140; Fitton, *Arkwrights*, 225 – 8.

6. 引自 PP（1833）VI, 314; *CtB* 20 March 1829.

7. PP（1833）VI, 35, 73. For the fall to 5 percent or lower, 参见例如 PP（1834）X, *Report from Select Committee on Hand – Loom Weavers' Petitions* 1834, 410; N. Senior, *Letters on the Factory Act, as It Affects the Cotton Manufacture*, London, 1837, 5, 31 – 32; *MG* 5 September 1829; R. Boyson, *The Ashworth Enterprise*: *The Rise and Fall of a Family Firm* 1818 – 1880, Oxford, 1970, 89; Howe, *Masters*, 26, 29.

8. PP（1832）IV, *Report from the Committee of Secrecy on the Bank of England Charter*, 334 – 5（John B. Smith）.

9. McConnel and Kennedy Papers, John Rylands Library, Manchester, MCK/2/2/20, letter to George Gill, 21 October 1831.

10. B. Hutchins and A. Harrison, *A History of Factory Legislation*, London, 1926 [1903], 66. 材料来自 *CtB* 12 July 1833, 9 August 1833, 1 April 1836; *TT* 3 May 1841; "Report of the Factory Inspectors for the Half – Year Ending [以下简称 RFIHYE] the 31st December 1841", 57 – 63; "RFIHYE June 30, 1842", 6; W. Cooke Taylor, *Notes of a Tour in the Manufacturing Districts of Lancashire*, London, 1842; R. Lloyd – Jones and M. Lewis, *British Industrial Capitalism since the Industrial Revolution*, London, 1998, 54; Matthews, *Study*; Gayer et al., *Growth*.

11. 关于法律, 参见例如 D. George, "Revisions in Economic History: IV. The Combination Laws", *EHR*, 6 (1936), 172 – 8; J. Ward and W. Fra-

ser, *Workers and Employers: Documents on Trade Unions and Industrial Relations in Britain since the Early Nineteenth Century*, Hamden, 1980, 10 - 11. 关于资产阶级对它的批判，参见例如 PP (1824) V, *First Report from Select Committee on Artizans and Machinery*; W. Grampp, "The Economists and the Combination Laws", *The Quarterly Journal of Economics*, 93 (1979), 501 - 22; 关于罢工和请愿，R. Kirby and A. Musson, *The Voice of the People: John Doherty, 1798 - 1854. Trade Unionist, Radical and Factory Reformer*, Manchester, 1975, 34 - 5. 关于危机的社会层面的更详细说明，参见 Malm 的论文，190 - 202 页。

12. *Annual Register* 1824, 80 - 1; G. Wood, *The History of Wages in the Cotton Trade During the Past Hundred Years*, Manchester, 1910, 22, 28; Kirby and Musson, *Voice*, 29 - 31, 36; Gayer et al., *Growth*, 208 - 9, 240.

13. *MG*, 8 October 1825. For attacks on the repeal, 更多参见例如 Hansard's Parliamentary Debates [以下简称 Hansard], 3 February - 18 April 1825; *Mechanics' Magazine* [以下简称 *MM*], "Combination Laws", 9 April 1825.

14. *TT*, 19 January 1825; E. Thompson, *The Making of the English Working Class*, New York, 1966, 520; J. Rule, *The Labouring Classes in Early Industrial England, 1750 - 1850*, London, 1986, 286 - 7; Kirby and Musson, *Voice*, 37 - 8; Ward and Fraser, *Workers*, 26 - 7; Grampp, "Economists", 522.

15. 关于一份优秀的调查，参见 E. Royle, *Revolutionary Britannia? Reflections on the Threat of Revolution, 1789 - 1848*, Manchester, 2000.

16. *The "Destructive" and Poor Man's Conservative*, 9 February 1833, 25 January 1834. 原文强调。

17. 引自 Hilton, *Mad*, 31, 399. For figures on the health crisis, 参见同

上，574；C. Feinstein, "Pessimism Perpetuated: Real Wages and the Standard of Living in Britain during and after the Industrial Revolution", *The Journal of Economic History* [以下简称 *JEH*], 58 (1998), 625 – 58; G. Boyer, "The Historical Background of *The Communist Manifesto*", *The Journal of Economic Perspectives* [以下简称 *JEP*], 12 (1998), 166 – 7.

18. W. Cooke Taylor, *The Hand Book of Silk, Cotton, and Woollen Manufactures*, London, 1843, 201.

19. 参见例如 "RFIHYE 30th June, 1843"; "RFIHYE 30th April 1847"; "RFIHYE 31st October 1847"; "RFIHYE 30th April 1848".

20. 他们是 John Wyatt and Lewis Paul, 参见 Baines, *History*, 121 – 6; Ure, *Cotton*, Vol. 1, 212 – 3; Wadsworth and Mann, *Cotton*, 413 – 40. "圆形机器": 1757 年一首关于实验的诗援引自 I. Kovacevic, "The Mechanical Muse: The Impact of Technical Inventions on Eighteenth – Century Neoclassical Poetry", *The Huntington Library Quarterly*, 28 (1965), 270. 瓦特的专利申请援引自 Baines, *History*, 122.

21. PP (1833) XX, *Factories Inquiry Commission, First Report*, D1.43; Montgomery, *Theory*, 177 – 9, 289 – 91; H. Catling, "The Development of the Spinning Mule", *Textile History*, 9 (1978), 35 – 57; W. Lazonick, "Industrial Relations and Technical Change: The Case of the Self – Acting Mule", *Cambridge Journal of Economics* [以下简称 *CJE*], 1979, 231 – 62; T. Bruland, "Industrial Conflict as a Source of Technical Innovation: Three Cases", *Economy and Society*, 11 (1982), 99 – 102; Catling, *Spinning*, 32 – 48, 147.

22. B. Silver, *Forces of Labor: Workers' Movements and Globalization since 1870*, Cambridge, 2003, 13.

23. 引自 E. Tufnell, *Character, Object, and Effects of Trades' Unions*, London, 1834, 12 – 13, 26. 关于薪酬的数据：Wood, *Wages*, 22, 28;

Baines, *History*, 436.

24. Ure, *Philosophy*, 363, 366.

25. A. Ure, *Ure's Dictionary of Arts, Manufactures and Mines*, Vol. 1, London, 1867, 234 – 5. 后面两句着重强调。

26. *MG*, 22 January 1825.

27. *A. D.* 1825 – *No* 5138, 27/3 1825: *Specification of Richard Roberts. Spinning Machines*, London, 1856.

28. K. Bruland, "Industrialisation and Technological Change", in R. Floud and P. Johnson, *The Cambridge Economic History of Modern Britain, Volume* 1: *Industrialisation*, 1700 – 1860, Cambridge, 2004, 136; *The London Journal of Arts and Sciences*, "Recent Patents: To Richard Roberts", 8 (1832), 233 – 4; A. Ure, *The Cotton Manufacture of Great Britain*, Vol. 2, London, 1836, 176. 着重强调。

29. 例如 PP (1833) VI, 37 – 40; 322 – 3, 335; PP (1833) XXI, *Factories Inquiry Commission, Second Report*, D2.37, 54; Ure, *Cotton*, Vol. 2, 198 – 9; Baines, *History*, 208 – 9; Montgomery, *Theory*, 207. 关于自动骡机迅速崛起的更详细的处理方法，参见 Malm 的论文，204 – 219 页。

30. *Preston Chronicle* [以下简称 *PC*], 3 December 1836; *MG*, 20 September 1837; H. Ashworth, "Strike at Preston", *Statistical Journal*, 1 (1837), 86 – 91; W. Felkin, *Remarks Upon the Importance of an Inquiry into the Amount and Appropriation of Wages by the Working Classes*, London, 1837, 16; H. Turner, 1962, *Trade Union Growth, Structure and Policy*, London, 74 – 5; J. Leigh, *Preston Cotton Martyrs: The Millworkers who Shocked a Nation*, Preston, 2008, 33 – 43.

31. Sheriff Archibald Alison 援引自 W. Fraser, "The Glasgow Cotton Spinners, 1837", in J. Butt and J. Ward (eds.), *Scottish Themes*, Edinburgh,

1976, 92.

32. A. Alison, "Trades Unions' and Strikes", *ER*, 67 (1838), 254 – 5; PP (1851) XVIII, *Minutes of Evidence before Select Committee on the Patent Law Amendment Bill and Patent Law Amendment (no. 2) Bill*, 193. 原文强调。

33. *TT*, 4 October 1841. On the collapsing wages, 更多参见 "RFIHYE 31st December 1841", 27; Wood, *Wages*, 22 – 4, 28 – 9, 96 – 7, 131; J. Foster, *Class Struggle and the Industrial Revolution: Early Industrial Capitalism in Three English Towns*, London, 1974, 82 – 3.

34. Baines, *History*, 212; "RFIHYE June 30, 1842", 31 (Cephas Howard). 原文强调。

35. Ure, *Cotton*, Vol. 1, 304; von Tunzelmann, *Industrialization*, 186; V. Gatrell, "Labour, Power, and the Size of Firms in Lancashire Cotton in the Second Quarter of the Nineteenth Century", *EHR*, 30 (1977), 113.

36. P. Gaskell, *Artisans and Machinery: The Moral and Physical Condition of the Manufacturing Population*, London, 1836, 24 – 5.

37. G. Timmins, *The Last Shift: The Decline of Handloom Weaving in Nineteenth – Century Lancashire*, Manchester, 1993, 9; Berg, *Age*, 222, 230; Landes, *Prometheus*, 119.

38. J. McCulloch [unsigned], "Babbage on *Machinery and Manufactures*", *ER*, 56 (1833), 315. 更多参见例如 J. Kennedy, *Observations*; W. Radcliffe, *Origin of the New System of Manufacture Commonly Called Power – Loom Weaving*, Clifton NJ, 1974 [1828]; D. Bythell, *The Handloom Weavers: A Study in the English Cotton Industry During the Industrial Revolution*, Cambridge, 1969.

39. Timmins, *Shift*, 19.

40. PP (1824) V, 543; PP (1833) VI, 336, 608; PP (1834) X, 12,

75, 199, 418, 564; PP（1835）XIII, *Report from Select Committee on Hand-Loom Weavers' Petitions*, 87, 141, 151, 212, 287; R. Guest, *A Compendious History of the Cotton-Manufacture*, Manchester, 1823, 31; Radcliffe, *Origin*, 65-6; Baines, *History*, 183, 214, 491-6; Gaskell, *Artisans*, 12-34.

41. 薪酬数据来自 Wood, *Wages*, 112; 关于讨价还价的能力弱和组织的障碍, 参见 PP（1834）X; PP（1835）XIII; Committee of Manufacturers and Weavers of the Borough of Bolton, *A Letter Addressed to the Members of Both Houses of Parliament on the Distresses of the Hand Loom Weavers*, Bolton, 1834.

42. Thomas 和 Richard Gorton 引用—且故事关联—在 Hills, *Industrial*, 211-3.

43. Kennedy, *Observations*, 19. 着重强调。

44. PP（1834）X; PP（1835）XIII; Committee, *Letter*; Thompson, *Making*, ch. 9; Bythell, *Handloom*. 引自 Baines, *History*, 493.

45. Committee, *Letter*, 10. 着重强调。

46. Baines, *History*, 494-5.

47. PP（1834）X, 400, 478（Laurence Don）; PP（1835）XIII, v. 更多参见例如 PP（1834）X, 54, 70, 343, 464, 477-8; PP（1835）XIII, 1, 205, 211-14. 试图通过法律起诉的方式来打击贪污行为被证明是没有结果的, 为了更仔细地考虑这个问题和动力织机崛起的其他方面, 参见 Malm 的论文, 220-240 页。

48. PP（1834）X, 407. 更多参见同上, 444; PP（1835）XIII, 100; Bythell, *Handloom*, 72.

49. Committee, *Letter*, 15; 皇家委员会援引自 *Westminster Review*［以下简称 *WR*］, "The Hand-Loom Inquiry Commission", July 1841, 68. 着重强调。关于根除贪污是动力织机的主要优势, 同时参见 A. Redford, *Labour Migration in England* 1800-1850, Manchester, 1976［1926］, 130; M. Berg,

The Machinery Question and the Making of Political Economy, 1815 – 1848, Cambridge, 1980, 241 – 2; Bythell, *Handloom*, 85 – 6; von Tunzelmann, *Industrialization*, 197 – 9.

50. PP（1833）XX, D2. 61（Patrick Welsh）.

51. PP（1835）XIII, xvi. 着重强调。

52. 引自 J. McCulloch［unsigned］, "Rise, Progress, Present State, and Prospects of the British Cotton Manufacture", *ER*, 46（1827）, 17; PP（1835）XIII, 146（Robert Gardner）, Third push: "RFIHYE 31st October, 1850", 16; Wood, *Wages*, 125; Bythell, *Handloom*, 89 – 90, 140, 267; Timmins, *Shift*, 20 – 3, 111, 174, 185.

53. W. Fairbairn, *Treatise on Mills and Millwork*, Part 2. , *On Machinery of Transmission and the Construction and Arrangement of Mills*, London, 1865, 185.

54. PP（1833）XX, C1. 110. Thomas Brown. 着重强调。

55. 关于自动纺棉机和动力织机社会和技术的密切联系，参见 Ure, *Philosophy*, 331; M. Blaug, "The Productivity of Capital in the Lancashire Cotton Industry During the Nineteenth Century", *EHR*, 13（1961）, 365; von Tunzelmann, *Industrialization*, 194 – 5.

56. PP（1833）VI, 313, 677, 686; "Report of the Factory Inspectors for the Quarter Ending 30th September, 1844; and from 1st October, 1844, to 30th April, 1845", 19; Cooke Taylor, *Hand Book*, 158; Fairbairn, *Treatise Pt* 2, 172; Howe, *Masters*, 1 – 3; J. S. Lyons, "Vertical Integration in the British Cotton Industry, 1825 – 1850: A Revision", *JEH*, 45（1985）, 420.

57. John Bright in Hansard, 15 April – 24 May 1844, 1065.

第五章

1. C. Hyde, *Technological Change and the British Iron Industry*, 1700 – 1870, Princeton, 1977, 195 – 6.

2. Chapman, *Cotton*, 18, 119. 着重强调。

3. von Tunzelmann, *Industrialization*, 295. 着重强调。

4. 关于测量工作中的人力能量输出, 参见 M. Giampietro, S. Bukkens and D. Pimentel, "Labor Productivity: A Biophysical Definition and Assessment", *Human Ecology*, 21 (1993), 229 – 60.

5. 动力织机的高生产率是另一种情况。Ten power looms requiring 1 hp: Fairbairn's testimony in Records of the House of Commons, Opposed Private Bill Committee Evidence [以下简称 RHO/OPBCE], HL/PO/PB/5/9/4, Committee on Bolton Waterworks Bill, 18 May 1843, 124; Ure, *Cotton*, Vol. 1, 304 – 6; Ure, *Cotton*, Vol. 2, 405.

6. Kanefsky, *Diffusion*, 336 – 8.

7. 同上, 349.

8. 这些数字是由工厂检查员收集的, 正如 *Journal of the Statistical Society of London* 报道的那样, "Increase of Steam – Power in Lancashire and its Immediate Vicinity", 1 (1838), 315. 更多参见 "RFIHYE 31 December 1841", 93; Kanefsky, *Diffusion*, 289 – 90.

9. 伍德在1835年的数字是18.8万名手织机织工。Wood, *Wages*, 127. 关于他的数字是较低估计, 参见 Timmins, *Shift*, 24 – 32. 关于这里采用的统计程序的更全面说明, 参见 Malm 的论文, 243 – 244 页。

10. 通过上述相同程序计算的数字, 数据来自 Wood, *Wages*, 128; Kanefsky, *Diffusion*, 245 – 7, 292 – 4。

11. R. Gordon, "Cost and Use of Water Power during Industrialization in New England and Great Britain: A Geological Interpretation", *EHR*, 36

(1983), 243.

12. 同上, 259, 256. On 1838 as culmination, 参见 Kanefsky, *Diffusion*, 255.

13. J. Shaw, *Water Power in Scotland: 1550 - 1870*, Edinburgh, 1984, 544.

14. B. Thomas, "Was There an Energy Crisis in Great Britain in the 17th Century?", *Explorations in Economic History*, 23 (1986), 126.

15. Landes, *Prometheus*, 42, 54.

16. Allen, "Backward", 23; Rosen, *Powerful*, 316. 着重强调。

17. Fairbairn, *Treatise Pt* 1, 91.

18. T. Reynolds, *Stronger Than a Hundred Men: A History of the Vertical Water Wheel*, Baltimore, 1983, 319; Hills, *Industrial*, 145, 184; von Tunzelmann, *Aspects*, 133; von Tunzelmann, *Industrialization*, 51 - 61; Kanefsky, *Diffusion*, 167 - 9; Hills, *Steam*, 77 - 8.

19. Sutcliffe, *Treatise*, 251.

20. W. Fairbairn, *The Life of Sir William Fairbairn, Bart: Partly Written by Himself, Edited and Completed by William Pole*, Newton Abbot, 1970 [1877], 122. 关于公司的历史, 参见 C. Brogan, *James Finlay & Company Limited: Manufacturers and East India Merchants*, 1750 - 1950, Glasgow, 1951.

21. *Chambers's Edinburgh Journal*, "The Deanston Cotton - works", 9 March 1839, 54; Fairbairn, *Life*, 314. "Silverly curl": statement of James Smith, manager at Deanston, in "RFIHYE 31st December 1839", 97.

22. PP (1833) VI, 73. 着重强调。

23. 关于这些成本, 参见 Finlay Archive, Glasgow University Archive Services, Glasgow, UGD91/1/4/1/3/2, "Balance Catrine Cotton Works, 31st December 1832"; UGD91/1/4/1/3/2, "Balance Deanston Cotton Works, 31st

December 1835"; UGD91/1/5/3/6/1, "Mr. Norton's remarks regarding Deanston Works & supply of water, 1846"; Fairbairn, *Treatise Pt* 1, 92.

24. 最开始的两句引自 Finlay Archive, UGD91/1/5/3/6/3, 来自 Mr. Graich 的信, 3 February 1838; 第三句来自匿名, 没有日期, 但很可能是经理 Thomas Norton 在 1846 年写的, UGD91/1/5/3/13/1, "Brief". 原文强调。关于爱丁堡和伯明翰此时的煤炭价格, 参见 von Tunzelmann, *Aspects*, 69.

25. Finlay Archive, UGD91/1/5/3/1/3, valuation of Catrine, Deanston and Ballindaloch, Glasgow, 2 March 1844, Houldsworth [probably Henry] and McAslan.

26. Quarry Bank Mill Archive, Quarry Bank Mill, Styal, "Memoranda of Quarry Bank Mill", 1. 关于格雷格家族的历史, 参见 M. Rose, *The Gregs of Quarry Bank Mill*: *The Rise and Decline of a Family Firm*, 1750 – 1914, Cambridge, 1986; J. Owens, *Quarry Bank Mill and Styal Estate*, National Trust, 2011, nationaltrust. org. uk.

27. 匿名访客援引自 Hills, *Industrial*, 109.

28. Ure, *Philosophy*, 347; Hansard, 15 April – 24 May 1844, 902.

29. Greg Archive, Greater Manchester County Records Office, Manchester, C5/8: 13/1 – 5, memorandum, 1828; C5: 3/2, James Henshall, "Water Wheel Power at Quarry Bank, August 4th 1856"; Rose, *Gregs*, 42.

30. Cooke Taylor, *Notes*, 30; Boyson, *Ashworth*, 14, 47, 62; RHO/OPBCE, Bolton, 17 May 1843, 109.

31. PP (1833) XX, D2. 132. 着重强调。关于斯托克波特的蒸汽驱动的 Cheetham 磨坊, 参见 D1. 43. "engine" 这个词经常被用来指代任何机器或原动机。

32. 同上, D1. 16. 原文强调。对于类似的关于水较廉价的声明, 参见例如 PP（1832）XV, *Report from Select Committee on Labour of Children in Factories*, 251, 346; PP（1833）XX, D2. 99.

33. *PC* 31 December 1842.

34. Flinn, *Coal*, 298 – 311; R. Church, *The History of the British Coal Industry*, *Volume* 3, 1830 – 1913: *Victorian Pre - eminence*, Oxford, 1986, 53 – 5; G. Clark and D. Jacks, "Coal and the Industrial Revolution, 1700 – 1869", *European Review of Economic History*, 11（2007）, 39 – 72; R. Allen, "Why the Industrial Revolution Was British, Commerce, Induced Invention, and the Scientific Revolution", *EHR*, 64（2011）, 366.

35. 例如 Chapman, "Cost"; Chapman, *Cotton*, 20; von Tunzelmann, *Industrialization*; Kanefsky, *Diffusion*.

36. Kanefsky, *Diffusion*, 172 – 5.

37. 同上, 176. 着重强调。*Bradford Observer*［以下简称 *BO*］, 18 December 1873.

38. Kander et al., *Power*, 75. 也可参见 65, 186.

39. 根据以下数字计算：Kanefsky, *Diffusion*, 239 – 40, 287 – 8.

40. H. Rodgers, "The Lancashire Cotton Industry in 1840", *Transactions and Papers of the Institute of British Geographers*, NO. 28（1960）, 138; A. Musson, "Industrial Motive Power in the United Kingdom, 1800 – 70", *EHR*, 29（1976）, 420; W. Turner, "The Localisation of Early Spinning Mills in the Historic Linen Region of Scotland", *Scottish Geographical Magazine*, 98（1982）, 80; Mitchell, "English", 105; Hills, *Industrial*, 113 – 4; von Tunzelmann, *Industrialization*, 224, 289; Kanefsky, *Diffusion*, 142, 238.

41. W. Jevons, *The Coal Question: An Inquiry Concerning the Progress of the Nation, and the Probable Exhaustion of our Coal - Mines*, London, 1866, 150; Farey, *Treatise*, 421. 比较例如 RHO/OPBCE, HC/CL/PB/2/3/23,

Committee on Saddleworth Reservoirs, 1837, 28 April, 29; *"The Civil Engineer and Architects" Journal*, "Comparative Power of Steam Engines", 28 January 1840, 8.

42. Kanefsky, *Diffusion*, 141.

43. Kander et al., *Power*, 154, 181.

44. Shaw, *Water*, 544.

45. 对经济史上的计量历史学霸权进行的猛烈抨击和大部分精彩的批判, 参见 F. Boldizzoni, *The Poverty of Clio: Resurrecting Economic History*, Princeton, 2011; 在工业革命的历史学领域进行的批判, 参见 Berg and Hudson, "Rehabilitating"; Berg, *Age*.

46. C. Dickens, *Hard Times*, London, 2003 [1854], 71.

47. von Tunzelmann, *Aspects*, 414; Kanefsky, *Diffusion*, 360–1. 着重强调。

第六章

1. *Statistical Account of Scotland* 1 (1791), 301–7; J. Reid, *History of the County of Bute, and Families Connected Therewith*, Glasgow, 1864; E. Sharp, "The Cotton Industry in Rothesay", *Transactions of the Buteshire Natural History Society* [以下简称 *TBNHS*], 2 (1908), 12–22; A. Earls, "Robert Thom and his Work on Water Power for the Rothesay Cotton Mills", *TBNHS*, 13 (1945), 129–43; I. Maclagan, "Robert Thom's Cuts on the Island of Bute", *TBNHS*, 24 (1996), 3–19; A. Cooke, *Stanley: From Arkwright Village to Commuter Suburb: 1784–2003*, Perth, 2003, 30–1; S. Nisbet, "Early Cotton Spinning in the West of Scotland (1778–1799): Rothesay Cotton Mill", *TBNHS*, 26 (2004), 39–47; J. McMillan, M. Lamb and A. Martin, *Bute Connections*, Rothesay, 2011. 经理 Robert McFarlane 援引自 Cooke, *Rise*, 117.

2. 引自 *MM*, "Account of a new system of water power, invented by Robert

Thom, Esq., Rothesay Cotton Mills", 27 June 1829, 312; *MM*, "Description of the various self – acting sluices, invented by Mr. Thom, for regulating the conveyance of water at Rothesay Mills &c.", 27 June 1829, 315.

3. Thom Archive, Bute Museum, Rothesay, 未注明日期和罗伯特·汤姆的未发表手稿, "On Collecting and Storing Water for a moving power & for supplying towns, including detailed descriptions of works exe – cuted and a variety of Reports on Water operations generally". 关于水道的详细图谱, 参见 Maclagan, "Cuts".

4. R. Thom, "Hydraulic Apparatus", *Transactions of the Royal Society of Arts*, 39 (1821), 83; Thom Archive, "Description of Self acting Apparatus at Stanley Green Reservoirs, Paisley, 1845".

5. *MM*, "Account", 314 – 5.

6. Thom, "Hydraulic"; Thom Archive, "The Shaws Water Scheme" in "On Collecting and Storing Water …"; D. Weir, *History of the Town of Greenock*, Greenock, 1829, 98 – 9; The Directors of the Shaws Water Joint Stock Company [以下简称 Directors], *A Brief Account of the Shaws Water Scheme, and Present State of the Works*, Greenock, 1836, 5; A. Skempton, M. M. Chrimes, R. C. Cox et al. (eds.), *A Biographical Dictionary of Civil Engineers in Great Britain and Ireland, Volume 1, 1500 – 1830*, London, 2002, 608.

7. Thom in Directors, *Account*, 54 – 5.

8. 汤姆的报告包含在 *Account*, 45, 47. 原文强调。

9. 同上, 47 – 49. 原文强调。

10. 同上, 48, 52; Thom Archive, "The Shaws Water Scheme" in "On Collecting and Storing Water".

11. *MG*, 6 November 1824; Directors, *Account*, 5; *The London Encyclopaedia, or Universal Dictionary of Science, Art, Literature, and Practical Mechanics*,

Vol. 10, London, 1829, 665.

12. *MG*, 26 November 1825.

13. 援引自 Weir, *Greenock*, 105.

14. Directors, *Account*, 6.

15. *London Encyclopaedia*, 666; *The New Statistical Account of Scotland*[以下简称 NSAS], "Greenock, Renfrewshire", 7 (1845), 434 – 5. 着重强调。

16. *NSAS*, "Greenock", 434 – 5; J. McCulloch, *A Dictionary, Geographical, Statistical, and Historical, of the Various Countries, Places, and Principal Natural Objects in the World*, Vol. 1, New York, 1843, 1024; *MG*, 3 February 1827; *MM*, "The Shaws' Waterworks, Greenock", 11 August 1832, 311 – 2; *London Encyclopaedia*, 666; Directors, *Account*, 7 – 8, 56, 61; Earls, "Robert", 138. 关于拉纳克郡的数字来自 Kanefsky, *Diffusion*, 288.

17. *NSAS*, "Greenock", 435.

18. *MM*, "Account", 315, 312; *London Encyclopaedia*, 665 – 6.

19. *MM*, "Shaws", 312.

20. D. Ayerst, *Guardian*: *Biography of a Newspaper*, London, 1971, 63.

21. *MG*, 3 February 1827. 原文强调。

22. Berg, *Age*, 169.

23. 参见例如 Cossons, *Rees's*, Vol. 5, 362; Fairbairn, *Treatise Pt* 1, 70 – 1.

24. Directors, *Account*, 61 – 9.

25. Baines, *History*, 86; Cooke Taylor, *Notes*, 118, 155.

26. *MG*, 30 July 1831.

27. Papers of Turton and Entwistle Reservoir Commissioners [以下简称 PTERC], Bolton Museum and Archive, Bolton, UWT/18, printed minutes of "Meeting of Owners and Occupiers of Mills and Waterfalls between Entwistle and Warrington, held the 23rd day of August, 1831, at Hayward's Hotel, in Manches-

ter"; UWT/24, "Turton and Entwistle Reservoir: A Bill ... 2 Will. IV. Sess. 1831 -2'"; *The Journal of the House of Commons* [以下简称 *JHC*], 87 (1831 - 32), 47, 52, 54, 82, 95, 145, 170, 196, 219, 244; *MG*, 19 November 1832.

28. Papers on Irwell Valley Reservoir Schemes (Bolton) [以下简称 PIVRSB], Bolton Museum and Archive, Bolton, UWR/1, printed minutes from "a general meeting of Owners and Occupiers of Mills and Waterfalls" on Irwell and its tributary streams, 1 November 1832; Papers on Irwell Valley Reservoir Schemes (Preston) [以下简称 PIVRSP], Lancashire Record Office, Preston, DDX118/162/1, printed minutes from "a meeting of the committee appointed to superintend the application to Parliament, respecting the proposed Reservoirs on the River Irwell", 29 November 1832; *MG*, 3 November 1832. 引言出自《卫报》对大会的报告。

29. PIVRSP, DDX951/13, plans and sections of proposed reservoirs, 未注明日期, c. 1833.

30. PIVRSP, plans and sections; "Peter Ewart & Thomas Ashworth's Observations"; 关于曼彻斯特的数字来自 von Tunzelmann, *Aspects*, 42; Ashworth in *MG*, 17 November 1832.

31. *MG*, 26 January 1833, 30 July 1831, 3 November 1832.

32. PIVRSB, UWR/6, Irwell Reservoirs Bill, 3 -36. 引自 20, 22, 26.

33. *JHC*, 88 (1833), 209.

34. 参见例如 *TT*, 17 October 1834.

35. PIVRSB, UWR/3, survey by Peter Ewart and Thomas Ashworth. 原文强调。

36. *MG*, 26 January 1833.

37. PIVRSP, DDX951/11, Peter Ewart's address to mill - owners, Manchester, 19 February 1833.

38. *MG*, 28 September 1836; RHO/OPBCE, Saddleworth, 1837, 1 May, 81.

39. *MG*, 28 September 1836; RHO/OPBC, Saddleworth, 1837, 1 May, 63, 81, 147（引自 147 页）; 3 May, 14; 4 May, 117.

40. RHO/OPBC, Saddleworth, 1837, 3 May, 8, 15, 124.

41. 同上，1 May, 引自 16 (Joseph Ogden), 43 (Phillip Chetham). 更多参见 28 April, 1 – 125.

42. *JHC*, 92 (1837), 124, 152, 167, 298, 305, 366; RHC/OPBCE, Saddleworth, 1837, 28 April, 1 and 4 May.（与 1951 年之前向下议院提交的所有请愿书一样，实际文本后来被销毁了）关于土地所有者在反对水库计划中的作用的见解，更广泛的讨论参见 Malm 的论文，262 – 310 页。

43. Albinson Collection, maps and plans, flipside: "Saddleworth Reservoirs: Case of The Trustees of the late Ellis Fletcher, Esquire", dated 1837.

44. RHC/OPBCE, Saddleworth, 1837, 1 May, 111; 4 May, 25 – 63; Albinson Collection, maps and plans, flipside.

45. 关于这些水库的描述，参见 Malm 的论文，287 – 291 页。

46. Thom Archive, "Report on the Glasgow Mills to the Lord Provost, Magistrates and Council of the City of Glasgow. Rothesay, 22nd July 1829". 更多参见 "Report on supplying the town of Dundee with water, 9 Sept 1832"; "Report on the Supply of Edinburgh and Leith with Pure water", 未注明日期; "Extract from Reports and estimated values of water falls or water power on the river Leven by George Moon and Robert Thom", 未注明日期。

47. *NSAS*, "Greenock", 434 – 3; Shaws, *Water*, 319, 495; Skempton et al., *Dictionary*, 698; Cooke, *Rise*, 119.

48. Directors, *Account*, 49; RHC/OPBCE, HL/PO/PB/5/9/4, Bolton, 18 May 1843, 52.

49. An Ayrshire Gentleman, "On a new mode of procuring water as a moving power, with a plan for the joint application of wind and water to procure a constant supply at all seasons of the year", *The Scots Mechanics' Magazine* (December 1825), 101 – 3.

50. *MG*, 18 July 1846.

51. C. Carmichael, "On water as a moving power for machinery", *Edinburgh Philosophical Journal*, 1 April – 10 October 1825, 846 – 7. 着重强调。

52. RHC/OPBCE, Bolton, 18 May 1843, 59. 着重强调。

53. L. Hunter, *A History of Industrial Power in the United States, 1780 – 1930. Volume One: Waterpower in the Century of the Steam Engine*, Charlottesville, 1979, 289, 531. 着重强调。

54. T. Tomlins, "Water, and Water – Courses", *The Law – Dictionary, Explaining the Rise, Progress, and Present State of the British Law, Fourth Edition, Vol. 2*, London, 1835. 更多参见 S. Wiel, "Running Water", *Harvard Law Review*, 22 (1909), 190 – 215; C. Rose, "Romans, Roads, and Romantic Creators: Traditions of Public Property in the Information Age", *Law and Contemporary Problems*, 66 (2003), 93 – 5.

55. W. Blackstone, *Commentaries on the Laws of England, Book the Second, Fourth Edition*, Oxford, 1770, 18.

56. Hunter, *Waterpower*, 158.

57. Directors, *Account*, 51.

58. Hunter, *Waterpower*, 116. 着重强调。

59. R. Gordon and P. Malone, *The Texture of Industry: An Archaeological View of the Industrialization of North America*, New York, 1994, 89; 更多参见 Gordon, "Hydrological Science and the Development of Waterpower for Manufacturing", *Technology and Culture*, 26 (1985), 204 – 35.

60. von Tunzelmann, *Industrialization*, 172.

第七章

1. A. Woolrich, "John Farey Jr (1791 – 1851): Engineer and polymath", *History of Technology*, 19 (1997), 112 – 42; A. Woolrich, "John Farey, Jr, Technical Author and Draughtsman: His Contribution to Rees's Cyclopedia", *IAR*, 20 (1998), 49 – 67; Skempton et al., *Dictionary*, 223 – 4.

2. Woolrich, "Engineer", 129 – 30.

3. J. Russell, *A Treatise on the Steam – Engine*, Edinburgh, 1841, xi; von Tunzelmann, *Industrialization*, 2. 比较 Chapman, "Cost", 6; Nuvolari, *Making*, 11.

4. J. Farey Sr, *General View of the Agriculture of Derbyshire*, Vol. 3, London, 1817, 514 – 15. 原文强调。

5. Farey, *Treatise*, v.

6. 同上, 7, 406. 着重强调。

7. McCulloch, "Babbage", 323. 着重强调。

8. *The Circulator of Useful Knowledge, Literature, Amusement, and General Information*, "Mr. M' Culloch's Lectures on Political Economy, at the London Tavern", 9 April 1825, 230; McCulloch, "Rise", 16.

9. Fairbairn, *Treatise Pt* 1, 67.

10. Buchanan, *Practical*, 512. 着重强调。

11. 参见例如 R. Atwood, "Localization of the Cotton Industry in Lancashire, England", *Economic Geography*, 4 (1928), 187 – 95; A. Taylor, "Concentration and Specialization in the Lancashire Cotton Industry, 1825 – 1850", *EHR*, 1 (1949), 114 – 22; W. Ashworth, "British Industrial Villages in the Nineteenth Century", *EHR*, 3 (1951), 378 – 87; O. Ashmore, *The In-*

dustrial Archaeology of Lancashire, Newton Abbot, 1969; T. Balderston, "The Economics of Abundance: Coal and Cotton in Lancashire and the World", EHR, 63 (2010), 569 - 90; Rodgers, "Lancashire"; Hills, Industrial; Shaw, Water; Redford, Labour; Cooke, Rise.

12. W. Turner, "The Significance of Water Power in Industrial Location: Some Perthshire Examples", Scottish Geographical Magazine, 74 (1958), 101, 106; Chapman, "Peels", 65 - 6; Chapman, "Cost", 19; von Tunzelmann, Industrialization, 135 - 6; Reynolds, Stronger, 267 - 8.

13. 《德比郡水星报》的广告, December 1771, 引自 Fitton, Arkwrights, 30.

14. 参见 Edmund Ashworth's 在 House of Lords Papers [以下简称 HL] 的证词 (1842) XXVII, Reports from Commissioners: Sanitary Inquiry, 337; 更多参见 Pollard, "The Factory Village in the Industrial Revolution", The English Historical Review, 79 (1964), 516 - 21; F. Collier, The Family Economy of the Working Classes in the Cotton Industry, 1784 - 1833, Manchester, 1965, 30 - 1.

15. S. Chapman, "Workers' Housing in the Cotton Factory Colonies, 1770 - 1850, Textile History, 7 (1976), 112 - 39; Fitton and Wadsworth, Strutts, 64 - 5, 97 - 8; Ashworth, "Villages", 380; Chapman, Early, 64; Aspin, Water, 228, 436 - 7。也有使用蒸汽动力的职工居住区——最著名的可能是海德附近的托马斯·阿什顿的职工居住区——但一般来说,它们主要是以水为动力。我们在下文中,将把"职工居住区"视为"水力职工居住区"的同义词。S. Chapman, "The Textile Factory Before Arkwright: A Typology of Factory Development", The Business History Review, 48 (1974), 471 - 2.

16. J. Cohen, "Managers and Machinery: An Analysis of the Rise of Factory Production", Australian Economic Papers, 20 (1981), 28; D. Galbi, "Child Labor and the Division of Labor in the Early English Cotton Mills", Jour-

nal of Population Economics, 10 (1997), 358; R. Langlois, "The Coevolution of Technology and Organisation in the Transition to the Factory System", in P. Robertson (ed.), Authority and Control in Modern Industry: Theoretical and Empirical Perspectives, London, 1999, 49, 53, 59 – 60; K. Honeyman, Child Workers in England, 1780 – 1820: Parish Apprentices and the Making of the Early Industrial Labour Force, Farnham, 2007, 143 – 5.

17. 引自 Redford, Labour, 20. 更多参见 20 – 1, 24; S. Pollard, The Genesis of Modern Management: A Study of the Industrial Revolution in Great Britain, Baltimore, 1968, 189 – 217; R. Williams, "Inscribing the Workers: An Experiment in Factory Discipline or the Inculcation of Manners? A Case in Context", Accounting History, 2 (1997), 37 – 8; S. Jones, "The Rise of the Factory System in Britain: Efficiency or Exploitation?", in Robertson, Authority, 22, 28.

18. "RFIHYE 31st December 1838", 98.

19. Finlay Archives, UGD91/1/5/3/14/1, "Note on origin of Deanston Cotton Works", "authorship either Sir John Burns or Drs Clough", 未注明日期, 大概在19世纪50年代早期; Chambers's, "Deanston", 54.

20. Finlay Archives, "Note on origin", 比较 Brogan, Finlay, 68 – 70.

21. "RFIHYE 31st December 1838", 98. 更多参见 PP (1833) XXI, A3. 37; Finlay Archive, UGD91/1/5/3/6/2, letter from R. Sterling to J. Smith, 1 April 1837.

22. PP (1833) XX, A1. 94.

23. Rose, Gregs, 28, 110 – 4; Collier, Family, ch. 5; Owens, Quarry, 43.

24. 参见例如 W. Chaloner, "The Stockdale Family, the Wilkinson Brothers and the Cotton Mills at Cark – in – Cartmel, c. 1782 – 1800", Transactions

of the Cumberland and Westmorland Antiquarian and Archaeological Society,24（1964），362；Ashworth,"Villages",380；Fitton and Wadsworth,*Strutts*,98；Redford,*Labour*,101；Rose,*Gregs*,26；Chapman,*Early*,184.

25.《德比郡水星报》援引自 Fitton and Wadsworth,*Strutts*,105–6；Samuel Greg Jr in Rose,*Gregs*,120.

26. PP（1816）III,132.

27. M. Rose,"Social Policy and Business：Parish Apprenticeship and the Early Factory System,1750–1834",*Business History*,31（1989），5–32；A. Levene,"Parish Apprenticeship and the Old Poor Law in London",*EHR*,63（2010），915–41；Honeyman,*Child*.

28. The Society for Bettering the Condition and Increasing the Comforts of the Poor,"Report of a Select Committee of the Society upon Some Observations on the Late Act Respecting Cotton Mills,and on the Account of Mr. Hey's Visit to a Cotton Mill at Burley",in *The Twenty–Fourth Report*,London,1805,2–3,8–9,11；Honeyman,*Child*；Levene,"Parish".

29. 引自 Honeyman,*Child*,128,101,110；关于水力驱动的棉纺厂的主导地位，参见131页、261页；关于地理上的孤立和对学徒劳工的依赖，参见95页；Rose,"Social",1989,18–19.

30. Quarry Bank Mill Archives,"Memoranda",1–2. 与罗伊利的合同，援引自同上，14. 关于阔里班克纺纱厂的学徒们，更多参见例如 Greg Archive,C5/8,correspondence between James Sewell and Samuel Greg,24 and 27 February 1817；C5/5/5/1–52,agreements with workers.

31. PP（1816）III,20–5,132–4；Finlay Archive,UGD91/1/5/3/7/1,labour indenture；Honeyman,*Child*,97,109；Unwin,*Oldknow*,95,172–3；Redford,*Labour*,27.

32. J. Denman,"Reports of the Visitors of the Cotton and Other Mills and

Factories in the County of Derby: Report of Dr. Denman as to the Hundred of High Peake", in *The Thirtieth Report of the Society for Bettering the Condition and Increasing the Comforts of the Poor*, London, 1807, 174; S. Romilly, *The Life of Sir Samuel Romilly, Written by Himself*, Vol. 2, London, 1840, 372 – 4; The Society for Bettering, "Select Committee", 3 – 7; PP (1816) III, 316; M. Thomas, *The Early Factory Legislation: A Study in Legislative and Administrative Evolution*, Westport, 1970 [1948], 9 – 13; C. Nardinelli, *Child Labor and the Industrial Revolution*, Bloomington, 1990, 125 – 6; Hutchins and Harrison, *Factory*, 16 – 18; Honeyman, *Child*, 47 – 52, 178 – 87, 234 – 5. 关于这些法案的进一步思考，参见 Malm 的论文，320 – 325 页。

33. Quarry Bank Mill Archive, "Memoranda", 1.

34. PP (1836) XXIX, *Second Annual Report of the Poor Law Commissioners*, 456.

35. PP (1833) XX, E7; *WR*, "The Factories", October 1836, 95 – 6; W. Winstanley, *Answers to Certain Objections Made to Sir Robert Peel's Bill, for Ameliorating the Condition of Children Employed in Cotton Factories*, Manchester, 1819, 15.

36. Honeyman, *Child*, 122 – 4, 206, 253; Rose, *Gregs*, 109 – 10; Owens, *Quarry*, 30 – 3, 37, 41.

37. R. Glasse, "Advice to Masters and Apprentices", in *The Thirtieth Report*, 145 – 6; The Society for Bettering, "Select Committee", 5, 12 – 13; Honeyman, *Child*, 124 – 6.

38. PP (1836) XXIX, 457.

39. PP (1843) XIV, *Second Report into the Employment of Children in Trades and Manufactures*, B. 63 – 6.

40. Rose, *Gregs*, 57.

41. PP（1836）XXIX, 456. 着重强调。

42. *MM*, "Account", 312 – 13. 原文强调。

43. Ure, *Philosophy*, 407; R. H. Greg, *The Factory Question*, London, 1837, 127.

44. 参见例如 Sutcliffe, *Treatise*, 59; Farey, *Agriculture*, 499, 528; Tufnell, *Character*, 15, 102; PP（1833）XX, D2. 35.

45. J. Lindsay, "An Early Industrial Community: The Evans Cotton Mill at Darley Abbey Derbyshire, 1783 – 1810", *Business History Review*, 34（1960）, 296; M. Rose, P. Taylor and M. J. Winstanley, "The Economic Origins of Paternalism: Some Objections", *Social History*, 14（1989）, 97; Boyson, *Ashworth*, 105, 109; Chapman, "Housing", 119; Turner, "Localisation", 81; Rose, *Gregs*, 116 – 17; Chapman, *Early*, 156 – 7.

46. 引自"RFIHYE 31st December 1838", 60; 更多参见 Cooke, *Stanley*, 99 – 102; Cooke, *Rise*, 113, 120.

47. Cooke Taylor, *Notes*, 30.

48. PP（1833）XX, A2. 83（Hugh Milner）. 比较例如 PP（1816）III, 164; HL（1842）XXVII, 336 – 40; R. Dennis, *English Industrial Cities of the Nineteenth Century: A Social Geography*, Cambridge, 1984, 176; Boyson, *Ashworth*, 113, 117 – 25, 132; Cooke, *Stanley*, 50 – 1.

49. "A Practical Spinner", "On the comparative costs of power obtained by steam or water", *The Glasgow Mechanics' Magazine*, 7 January 1826, 330.

50. 比较 B. Lewis, *The Middlemost and the Milltowns: Bourgeois Culture and Politics in Early Industrial England*, Stanford, 2001, 293 – 4.

51. 援引自 Boyson, *Ashworth*, 96. 更多参见 PP（1833）XXI, A3. 55; PP（1834）XX, A1. 171, D1. 149, 280; "RFIHYE 31st December 1838", 96, 101; HL（1842）XXVII, 338 – 40; W. Dodd, *The Factory System Illustrated*,

Abingdon, 1968 [1842], 92; Cooke Taylor, *Notes*, 32.

52. Gaskell, *Artisans*, 132, 294.

53. L. Faucher, *Manchester in 1844: Its Present Condition and Future Prospects*, London, 1969 [1844], 92.

54. PP (1824) V, 552 (James Dunlop); *MG*, 22 August 1829.

55. Boyson, *Ashworth*, 141-4.

56. *MG*, 17 April 1830.

57. 同上; Boyson, *Ashworth*, 132, 146-7.

58. PP (1834) XX, D1. 281. Profit 数据来自 Boyson, *Ashworth*, 16-18, 147-8.

59. Boyson, *Ashworth*, 148-9, 152-5.

60. Chadwick Papers, University College London Special Collections, London, correspondence, box 203, 亨利·阿什沃斯给埃德温·查德威克的信件, 26 and 24 December 1836.

61. 引自 Quarry Bank Mill Archive, "Memoranda", 46; Cooke Taylor, *Notes*, 24. 关于阿什沃斯职工居住区的罢工和宪章运动, 比较 Boyson, *Ashworth*, 135, 149-50; Lewis, *Middlemost*, 292.

62. "Decisions of the High Court of Justiciary. No. 1, 24th January 1835. Peter Macleod against Archibald Buchanan and Hamilton Rose", in J. Tawse, J. Craigie, A. Urquhart et al., *Decisions*, Edinburgh, 1835, 15-26.

63. Cooke, *Stanley*, 126-7; *NSAS*, "Neilston, Renfrewshire", NO. 14, 1837, 338.

64. PP (1835) XXV, *First Annual Report of the Poor Law Commissioners*, 345-7. 在水务大亨为确保其劳动力供应而进行的长期斗争中, 一个关键的最后行动是《新济贫法》中包含的劳动力迁移计划。关于这一计划的分析及其失败, 参见 Malm 的论文, 338-350 页。

65. Hansard, 15 April – 24 May 1844, 1514 (C. Buller).

66. J. Williamson, "Migrant Selectivity, Urbanization, and Industrial Revolutions", *Population and Development Review*, 14 (1988), 289; Rule, *Labouring*, 16; Cooke, *Rise*, 5.

67. 数据来自 E. Wrigley, "Urban Growth and Agricultural Change: England and the Continent in the Early Modern Period", *Journal of Interdisciplinary History*, 15 (1985), 707 – 12, 725; J. Williamson, *Coping With City Growth During the Industrial Revolution*, Cambridge, 1990, 2 – 3, 22 – 3, 223; A. Maddison, *The World Economy*, Vol. 1: *A Millennial Perspective*, and Vol. 2: *Historical Perspectives*, Paris, 2006, 248; Redford, *Labour*, 62 – 6; Rule, *Labouring*, 16 – 17; Williamson, "Migrant", 287 – 9; Hilton, *Mad*, 7.

68. R. Dennis, *Cities*, Cambridge, 1984, 33 – 4, 41 – 3; Williamson, "Migrant", 290 – 3; Williamson, *Coping*, ch. 2, 29, 106.

69. Dennis, *Cities*, 33.

70. 数据来自 D. Farnie, *The English Cotton Industry and the World Market*, 1815 – 1896, Oxford, 1979, 24; Wood, *Wages*, 125. 不是工厂的操作工，这里不包括手织机织工。

71. S. Pollard, "Sheffield and Sweet Auburn: Amenities and Living Standards in the British Industrial Revolution: A Comment", *JEH*, 41 (1981), 903.

72. C. Hulbert, *Memoirs of Seventy Years of an Eventful Life*, Providence Grove, 1852, 194 – 5. 着重强调。

73. N. Kirk, *The Growth of Working – Class Reformism*, London, 1985, 49; Dennis, *Cities*, 19; Ingle, *Yorkshire*, 247; Cooke, *Rise*, 148.

74. Kennedy, *Observations*, 15 – 16; Buchanan, *Practical*, 253.

75. Chapman, "Peels", 86; Shaw, *Water*, 334.

76. 引自 Pollard, *Genesis*, 195. 更多参见例如 Galbi, "Child", 365 – 6,

373; Thompson, *Making*, 249; Redford, *Labour*, 111; Gatrell, 'Labour', 115; Balderston, 'Abundance', 574, 578.

77. Ashworth in Lewis, *Middlemost*, 291; Fernley in PP（1834）XX, D1. 206. 着重强调。

78. PP（1833）XX, E. 8；比较 Lee, *Cotton*, 114 - 15, 117; Collier, *Family*, 15 - 16.

79. PP（1835）XXV, 350；PP（1835）XIII, 140；PP（1833）XXI, D2. 38.

80. 参见例如"RFIHYE 31 December 1841", 83; Rose et al. , "Origins", 90.

81. Wood, *Wages*, 125.

82. 同上.

83. W. Scott, *Familial Letters of Sir Walter Scott in Two Volumes*, Vol. 2, Boston, 1893, 78. 着重强调。

84. Leigh, *Preston*, 40 - 3; Fraser, "Glasgow", 83 - 4.

85. Oldham masters 援引自 Rose et al. , "Origins", 93; Dukinfield proprietors（Messrs. Wimpenny and Swindells）in PP（1834）XX, D1. 54.

86. Babbage, *Economy*, 306, 230. 着重强调。

87. Greg Archive, C5/8：10 - 13, 17 -23, 来自罗伯特·海德·格雷格给塞缪尔·格雷格的信, 14 May and 29 August 1829. 原文强调。

88. Quarry Bank Mill Archive, "Memoranda", 8. 着重强调。更多参见 Rose, *Gregs*, 43 -4.

89. PP（1834）XX, D1. 184; Rose, *Gregs*, 39, 43, 52 -5; Collier, *Family*, 39; Owens, *Quarry*, 74. 兰卡斯特的工厂于1822年被收购，还有一个于1827年被收购。他们的商业记录，以及卡顿和博林顿的两个水力磨坊都没有保存下来。

90. Boyson, *Ashworth*.

91. Finlay Archive, valuation of Catrine, Deanston and Ballindaloch. 着重强调。

92. *Glasgow Herald*［以下简称 *GH*］, 18 March 1844; Brogan, *Finlay*, 33 - 4, 41, 124.

93. Thom Archive, "On the Waterfall between Dalernie Mill and the Devils Bridge. Acog 29 March 1834". 原文强调。

94. 援引自 Russell, *Treatise*, 131; Fitton, *Arkwrights*, 69. 原文中有第一个强调，第二个是增加的。

95. Jevons, *Coal*, 150 - 51. 着重强调。

96. Farey, *Treatise*, 443. 比较例如 W. Cooke Taylor, "On the Changes in the Locality and Processes of Textile Manufacture Consequent on the Application of Steam to their Production", *Transactions of the Dublin Statistical Society*, 1 (1847 - 1848), 4 - 5.

97. Faucher, *Manchester*, 93. 更多参见 D. Buxton, "On the Rise of the Manufacturing Towns of Lancashire and Cheshire", *Transactions of the Historic Society of Lancashire and Cheshire*, 8 (1855 - 56), 199 - 210; R. Smith, "Manchester as a Centre for the Manufacture and Merchanting of Cotton Goods, 1820 - 30", *University of Birmingham Historical Journal*, 4 (1953), 47 - 65; Taylor, "Concentration"; Balderston, "Abundance".

98. Cooke Taylor, "Changes", 5. 着重强调。更多参见 N. Crafts and N. Wolf, "The Location of the British Cotton Textiles Industry in 1838: A QuantitativeAnalysis", working paper, University of Warwick/Humboldt University, 2012.

99. 参见例如 Sutcliffe, *Treatise*, 32; Kennedy, *Observations*, 10; Balderston, "Abundance", 574 - 5, 578.

100. Cooke Taylor, "Changes", 5. 原文强调。

101. J. McCulloch [unsigned], "Philosophy of Manufactures", *ER*, 61 (1835), 457.

102. 参见 Unwin, *Oldknow*, particularly chs. 2, 8; 比较 Buxton, "Rise", 208; Williams, "Inscribing", 44–6.

103. Jevons Papers, John Rylands Library, Manchester, JA6/9/168, "Fuel from the sun", 来自 *Express* 未注明日期的片段, 还有记录.

104. von Tunzelmann, *Aspects*, 66–8; von Tunzelmann, *Industrialization*, 63–7, 158; Crafts and Wolf, "Location", 3, 8.

105. McCulloch, "Philosophy", 458; von Tunzelmann, *Aspects*, 72.

106. Ure, *Cotton*, *Vol.* 1, 205.

107. Balderston, "Abundance", 574.

108. R. Holden, "Water Supplies for Steam-Powered Textile Mills", *IAR*, 21 (1999), 41–51; P. Maw, T. Wyke and A. Kidd, "Canals, Rivers, and the Industrial City: Manchester's Industrial Waterfront, 1790–1850", *EHR*, 65 (2012), 1495–523.

109. Buxton, "Rise", 206.

110. "RFIHYE 30th April 1860", 36.

111. Farey, *Treatise*, 7. 比较 296, 502; Fairbairn, *Treatise Pt* 1, 67.

112. Chapman, "Cost", 19–20, 26–7; Chapman, *Cotton*, 18–9, 33–4; Hills, *Steam*, 118.

第八章

1. HL (1819), *Minutes of Evidence Taken before the Lords Committee Appointed to Enquire into the State and Condition of Children Employed in the Cotton Manufactories of the United Kingdom*, 299 (Job Bottom); Hunter,

Waterpower, 122.

2. PP（1834）XX. Greg on D1. 301.

3. Shaw, *Water*, 481, 539 - 40.

4. 关于 12 小时的标准，参见例如 PP（1833）XX, 7, 59；von Tunzelmann, *Industrialization*, 1978, 71；关于罗斯西，参见 Sharp, "Rothesay", 20.

5. P. Basso, *Modern Times, Ancient Hours: Working Lives in the Twenty - First Century*, London, 2003［1998］, 97 - 100；H. - J. Voth, "Living Standards and the Urban Environment", in Floud and Johnson, *Cambridge Economic History*, 278.

6. PP（1834）XX.

7. Senior, *Letters*, 14.

8. 参见例如 PP（1834）XX, D1. 6, 94, 303；the discussions in the Political Economy Club in May 1837, related in H. Higgs (ed.), *Political Economy Club: Minutes of Proceedings*, 1899 - 1920, *Roll of Members and Questions Discussed*, 1821 - 1920, Vol. VI, London, 1921, 274；Rose et al., "Origins", 96；Horner in "RFIHYE 31st December 1841", 27.

9. A. Alison, *History of Europe, from the Fall of Napoleon in MDCCCXV to the Accession of Louis Napoleon in MDCCCLII*, Vol. IV, Edinburgh, 1855, 81.

10. *CtB* 7 August 1829；H. Southall, "Records of Meteorology on the Variations of Climate for this District of England", *Transactions of the Woolhope Naturalists' Field Club*, 1870, 76；*GH* 3 July 1826；*Leeds Mercury* 8 July 1826；Finlay Archive, UGD91/1/5/3/6/1, "Observations upon the quantity of water which could be obtained for the supply of Glasgow by the Loch Lubnaig and Loch Katrine schemes respectively in a year of excessive drought"；UGD91/1/5/3/13/1, James Finlay's notebooks with observations on rainfall, progress of construc - tion at Deanston, machinery, etc.；*MG* 援引自 *Morning Chronicle*

[以下简称 MC] 4 July 1826; J. F. Bateman, "Observations on the Relation which the Fall on Rain Bears to the Water Flowing from the Ground", *Memoirs of the Literary and Philosophical Society of Manchester*, 7 (1846), 173 – 5.

11. Ingle, *Yorkshire*, 34, 247.

12. *GH*, 28 August 1826. 着重强调。

13. RHC/OPBCE, Bolton, 23 May 1843, 193, 198 – 9; "Report for the quarter ending 30th September, 1844; and from 1st October, 1844, to 30th April, 1845", 5 (T. J. Howell).

14. Hulbert, *Memoirs*, 213. 更多参见 J. Langdon, "Water – mills and Windmills in the West Midlands, 1086 – 1500", *EHR*, 44 (1991), 430; Lucas, *Wind*, 139.

15. PP (1834) XX, A1. 14; *Manchester Times* 10 February 1849.

16. PP (1834), XX. 比较 von Tunzelmann, *Industrialization*, 171; Kanefsky, *Diffusion*, 176.

17. PP (1833) XX, C2. 65 (Edward Birkett). 着重强调。

18. Boyson, *Ashworth*, 94 – 6; PP (1834) XX, A1. 170.

19. PP (1833) XX, A2. 43 (Robert Mustard); PP (1833) XX, A1. 37; PP (1833) . XX, D1. 100 (Humphrey Dyson).

20. PP (1833) XX, 10.

21. 同上, D2. 31. 着重强调。

22. 关于运动的广泛叙述, 参见 R. Gray, *The Factory Question and Industrial England*, 1830 – 1860, Cambridge, 1996; J. Ward, *The Factory Movement* 1830 – 1855, London, 1962.

23. 引自 Ward, *Factory*, 166, 183, 189. 奥斯特勒爆发的"法律"指的是1833年的《工厂法案》,工厂主们在这一点上试图废除该法。参见下文。

24. PP（1832）XV；PP（1833）XX, D1. 17 – 29；S. Finer, *The Life and Times of Sir Edwin Chadwick*, London, 1952, 50；M. Thomas, *The Early Factory Legislation: A Study in Legislative and Administrative Evolution*, Westport, 1970［1948］, 38；J. Ward, "The Factory Movement", in J. Ward（ed.）, *Popular Movements c.* 1830 – 1850, London, 1970, 66 – 7；Hutchins and Harrison, *Factory*, 33 – 4, 47 – 53；Ward, *Factory*, 41 – 64；Gray, *Factory*, 55。

25. PP（1834）XX, C1. 19（J. Whitaker）. 着重强调。

26. PP（1833）XX, D2. 31（Robert Hyde Greg）；PP（1834）, A1. 14. 着重强调。

27. PP（1833）XX, D2. 17. 比较例如 PP（1832）XV, 250.

28. 例如 PP（1833）XX, D2. 132.

29. PP（1834）XIX, D2. 224.

30. H. Ashworth, *Letter to the Right Hon. Lord Ashley on the Cotton Factory Question, and the Ten Hours' Factory Bill*, Manchester, 1833；Greg, *Factory*；K. Finlay, *Letter to the Right Hon. Lord Ashley, on the Cotton Factory System, and the Ten Hours' Factory Bill*, Glasgow, 1833；Boyson, *Ashworth*；Rose, *Gregs*, 例如 78；Gray, *Factory*, 99 – 101, 124；Cooke, *Rise*, 194.

31. J. Doherty, *Misrepresentations Exposed in a Letter, Addressed to Lord Ashley, M. P.*, Manchester, 1838, 19 – 20. 关于格雷格和学徒们，参见 23 – 25 页。

32. 同上, 25；Kirby and Musson, *Voice*, 355, 364, 377, 399；Gray, *Factory*, 126.

33. PP（1834）XX. 引自 J. Hall and Son, Stockport, D1. 46。关于该法案的支持者（曼彻斯特的托马斯·弗林托夫），参见 208 页。

34. PP（1834）XX, D1. 196 – 7, 3. 着重强调。关于这个资本主义的共识，更多参见 Ward, *Factory*, 115；B. Martin, "Leonard Horner: A Portrait of

an Inspector of Factories", *International Review of Social History* [以下简称 *IRSH*], 14 (1969), 412 – 43; Thomas, *Factory*, 72 – 3, 78; Lee, *Cotton*, 130; Howe, *Masters*, 180 – 2.

35. PP (1833) XX, 32.

36. 参见 PP (1816) III, 116 – 117, 236, 251; Hansard, 23 February 1818, 583; HL (1819) XVI, 420.

37. Tufnell, *Character*, 28; S. Weaver, "The Political Ideology of Short Time: England, 1820 – 1850", in Gary Cross (ed.), *Worktime and Industrialization: An International History*, Philadelphia, 1988, 77.

38. 援引自 Ward, *Factory*, 105. 比较 98; Finer, *Chadwick*, 51; Thomas, *Factory*, 61 – 4, 71.

39. PP (1833) XX, 53.

40. Hutchins and Harrison, *Factory*, 41; Finer, *Chadwick*, 56 – 63; Ward, *Factory*, 102 – 13; Thomas, *Factory*, 63 – 4; Gray, *Factory*, 71 – 2.

41. L. Horner, *The Factories Regulation Act Explained, with some Remarks on its Origin, Nature, and Tendency*, Glasgow, 1834, 7 – 8, 11; 霍纳给西尼尔的信, 33 May 1837, in Senior, *Letters*, 30. 该法案的全称为"An Act to Regulate the Labour of Children and Young Persons in the Mills and Factories of the United Kingdom", 参见 C. Wing, *Evils of the Factory System: Demonstrated by Parliamentary Evidence*, London, 1967 [1837], 431 – 41. 丝绸后来被免除在外。

42. 参见法案中 XVII – XIX, XLIV – XLV 几段; PP (1833) XX, 68; Horner, *Factories*, 14; P. Bartrip and P. Fenn, "The Evolution of Regulatory Style in the Nineteenth Century British Factory Inspectorate", *Journal of Law and Society*, 10 (1983), 204.

43. H. Marvel, "Factory Regulation: A Reinterpretation of Early English

Experience", *Journal of Law and Economics*, 20 (1977), 380.

44. 正如法案包含在 Wing, *Evils*, 432 内。比较 Horner, *Factories*, 9.

45. Chadwick Papers, correspondence, box 203, 阿什沃斯给查德威克的信, 17 June 1836; Hutchins and Harrison, *Factory*, 58 – 9; Ward, *Factory*, 132; Martin, "Horner", 429 – 30; Thomas, *Factory*, 85 – 7, 94, 116; Weaver, "Ideology", 78; Howe, *Masters*, 180 – 2.

46. A. Peacock, "The Successful Prosecution of the Factory Acts, 1833 – 55", *EHR*, 37 (1984), 199, 206 – 7; P. Bartrip, "Success or Failure? The Prosecution of the Early Factory Acts", *EHR*, 38 (1985), 425; C. Nardinelli, "The Successful Prosecution of the Factory Acts: A Suggested Explanation", *EHR*, 38 (1985), 429; Bartrip and Fenn, "Evolution", 205 – 6, 217.

47. "Report of the Factory Inspectors, 1 August 1834", 25. 比较例如 PP (1840) X, *Reports from the Select Committee on the Act for the Regulation of Mills and Factories*, 1.9. 该法案不仅限制了加班，而且迫使职工居住区用其他人取代他们最年轻的工人——13 岁以下的工人。要么是几组 9 ~ 13 岁的儿童，他们将以 8 小时为一组工作，要么是超过这个年龄的工人。无论哪种情况，它都加剧了劳动力招募的问题，正如阿什沃斯所担心的那样。

48. PP (1840) X, 1.5; "RFIHYE 31st December 1842", 41 (R. J. Saunders); PP (1837) L, *Trade and Navigation*; *Factories*; *Post Office*; &c, 16 – 21. 原文强调。

49. 参见 PP (1840) X, 1.1 – 2, 15, 26, 34; "RFIHYE 31st December, 1840", 17; "RFIHYE 31st December 1841", 3; "RFIHYE 31st December, 1842", 3; "RFIHYE 30th June, 1843", 19. Nardinelli concludes: "It is clear that within a few years after the implementation of the Factory Act the law was generally obeyed." Nardinelli, *Child*, 107.

50. PP (1840) X, 1.15, 6.16.

注 释

51. Marvel,"Regulation",396. 请注意,这些判决还涉及除过度加班以外的其他违法行为,尽管这可能占了大部分。关于该法案规则的全面处理——特别是关于儿童入学的规则——经常被水力磨坊破坏,参见 Malm 的论文,416 – 429 页。

52. Gray, *Factory*, 165 – 7.

53. PP (1837) L, 26.

54. PP (1840) X, 3.1 – 2, 21; Boyson, *Ashworth*, 168 – 9.

55. PP (1840) X, 3.23; Doherty (1838), *Misrepresentations*, 27.

56. 参见 *MG*, 27 May 1840; PP (1840) X, 3.46 – 50, 59 – 61; Senior, *Letters*, 9; Boyson, *Ashworth*, 170 – 6.

57. PP (1840) X, 3.18, 27, 59.

58. Greg, *Factory*, 16, 129 – 30.

59. Marvel, "Regulation", 395; Nardinelli, "Succesful", 429.

60. Hansard, 17 February 1847, 165(Mr. Roebuck). 着重强调。关于苏格兰非常特殊的情况,参见 Malm 的论文,430 – 432 页,440 – 446 页。

61. "RFIHYE 30th June, 1842", 8. 比较 "RFIHYE 30th June, 1843", 24; von Tunzelmann, *Industrialization*, 172.

62. PP (1833) XX, E7. 着重强调。

63. PP (1833) VI, 686; "RF/HYE 31st December 1838", 61.

64. PP (1833) VI, 297 (William Haynes). 着重强调。

65. J. Choi, "The English Ten – Hours Act: Official Knowledge and the Collective Interest of the Ruling Class", *Politics and Society*, 13 (1984), 463; Hutchins and Harrison, *Factory*, 59 – 64; Ward, *Factory*, 158, 167, 190 – 1, 201 – 2, 232 – 4; Ward, "Factory", 71; Thomas, *Factory*, 146; Weaver, "Ideology", 78, 86, 96.

66. Hansard, 15 April – 24 May 1844, 973 – 4 (William Ferrand).

67. Chadwick papers, correspondence, box 203, 阿什沃斯给查德威克的信, 29 April 1847.

68. "RFIHYE 30th April, 1850", 4 – 5; "RFIHYE 31st October, 1851", 6; *TT*, 30 April 1850, 14 May 1850, 29 May 1850; Hutchins and Harrison, *Factory*, 105 – 7; Thomas, *Factory*, 295 – 6, 308 – 9, 316 – 27.

69. "Report for the quarter ending 30th September, 1844; and from 1st October, 1844, to 30th April, 1845", 20 – 2. 着重强调。

70. "RFIHYE 31st October 1848", 29, 47 – 8. 着重强调。关于加速的更多证据，参见例如 "RFIHYE 31st October 1848", 36, 45, 50; "RFIHYE 30th April, 1850", 5; *TT*, 13 February 1850; J. J. : "A factory woman's letter", *The Working Man's Friend and Family Instructor*, 13 April 1850, 54. 关于根据1847年和1850年法案起诉水力磨坊主非法加班的问题，参见 Malm 的论文, 442 – 443 页。

71. "RFIHYE 31st October, 1850", 16; "RFIHYE 31st October 1856", 20.

72. Russell, *Treatise*, 141. 着重强调。

73. T. Tredgold, *The Steam Engine*, London, 1827, 43, 292; R. Armstrong, "Comparative effects of the Cornish and Lancashire system of working steam engines", *The Civil Engineer and Architect's Journal* (January 1848); W. Fairbairn, "On the Expansive Action of Steam and a New Construction of Expansion Valves for Condensing Steam Engines", *Proceedings of the Institution of Mechanical Engineers*, 1 – 2 (1849), 21 – 31; R. Burn, *The Steam - Engine, Its History and Mechanism*, London, 1854, 42 – 3; A. Nuvolari and B. Verspagen, "Technical Choice, Innovation, and British Steam Engineering, 1800 – 50", *EHR*, 62 (2009), 685 – 710; von Tunzelmann, *Industrialization*, 20 – 4, 79 – 91, 219, 253; Hills, *Steam*, 97 – 113, 126 – 32. 关于康沃尔郡蒸汽机发展

的详情,更多参见 Nuvolari, *Making*, chs. 5 – 7.

74. "RFIHYE 31st October 1852", 26 – 7. 原文强调。更多参见 Fairbairn, *Treatise Pt* 1, 242 – 3; C. Castaldi and A. Nuvolari, "Technological Revolutions and Economic Growth: The 'Age of Steam' Reconsidered", working paper, Eindhoven Centre for Innovation Studies, 2003, 21; Ashmore, *Industrial*, 55; von Tunzelmann, *Industrialization*, 70, 223 – 5, 290 – 291, 298; Gray, *Factory*, 215.

75. G. H. Wood, "Factory Legislation, Considered with Reference to the Wages, &c., of the Operatives Protected Thereby", *Journal of the Royal Statistical Society*, 65 (1902), 295; von Tunzelmann, *Industrialization*, 214.

76. von Tunzelmann, *Industrialization*, 150; Kanefsky, *Diffusion*, 159, 172 – 5, 187.

77. Jevons, *Coal*, 124, 130; N. Buxton, *The Economic Development of the British Coal Industry: From Industrial Revolution to the Present Day*, Newton Abbot, 1978, 61. 着重强调。

78. von Tunzelmann, *Industrialization*, 225; Allen, *British*, 173, 177.

79. PP (1833) XXI, D2. 49 (Charles Hindley).

80. R. Jones, *Literary Remains, Consisting of Lectures and Tracts on Political Economy*, London, 1859, 70; Farey, *Treatise*, 7, 66.

81. PP (1833) XX, C1. 170 (J. Drinkwater).

第九章

1. M. Freeden, *Ideology: A Very Short Introduction*, Oxford, 2003, 51 – 2, 60 – 2. 关于房间的比喻是弗里登自己创造的。

2. *The Tradesman*, "Calico Printing Bill", 1 December 1808; Anonymous, *Considerations Addressed to the Journeymen Calico Printers by One of Their Mas-*

ters, Manchester, 1815, 3 – 5; Baines, *History*, 264 – 5; Turner, *Trade*, 57 – 8; Bruland, "Conflict", 105 – 11.

3. *The Tradesman*, "The History of the Combination of the Journeymen Calico Printers", 1 January 1809, 32 – 3; Ure, *Philosophy*, (1835), 例如 285, 369. 更多参见匿名, *Considerations*, 4 – 6, 18; PP (1835) XIII, 119; Baines, *History*, 265 – 85; J. Leach, *Stubborn Facts from the Factories*, London, 1844, 46 – 8, 82 – 4.

4. J. James, *History of the Worsted Manufacture in England, from the Earliest Times*, London, 1857, 250 – 1; Thompson, *Making*, 282.

5. James, *Worsted*, 597.

6. 同上, 引自 488, 559; 数据来自 608. 更多参见例如 J. James, *The History of Bradford and its Parish*, Part II, London, 1866, 242 – 3; Tufnell, *Character*, 59 – 62, 112.

7. Fairbairn, *Treatise Pt 1*, 213. 更多参见例如 S. Smiles, *Industrial Biographies: Iron – workers and Tool – makers*, Boston, 1864, 261 – 2; K. Burgess, "Technological Change and the 1852 Lock – out in the British Engineering Industry", *IRSH*, 14 (1969), 216 – 20; Musson and Robinson, *Science*, ch. 13.

8. Nasmyth in R. Buchanan and T. Tredgold, *Practical Essays on Mill Work and other Machinery*, London, 1841, 395; J. Nasmyth, *James Nasmyth, Engineer: An Autobiography. Edited by Samuel Smiles*, London, 1883, 199 – 200.

9. Nasmyth, *Autobiography*, 308, 416. 着重强调。关于最重要的机床的说明, 参见 Society for Promoting Christian Knowledge [以下简称 SPCK], *The Industry of Nations, Part II. A Survey of the Existing State of Arts, Machines, and Manufactures*, London, 1855, 223 – 50. 关于罢工是发明和采用机床的直接触发因素, 参见 231 – 4; B. Love, *The Hand – Book of Manchester*, Manchester, 1842, 97; Fairbairn, *Life*, xxvii, 46, 163 – 4, 322 – 7; Nasmyth, *Au-*

tobiography, 309 – 11; Musson and Robinson, *Science*, 506.

10. Fairbairn, *Life*, 112 – 17, 312. 更多参见 A. E. Musson, "James Nasmyth and the Early Growth of Mechanical Engineering", *EHR*, 10（1957）, 123; N. von Tunzelmann, "Technology in the Early Nineteenth Century", in R. Floud and D. McCloskey, *The Economic History of Britain since* 1700（*Second Edition. Volume* 1：1700 – 1860）, Cambridge, 1994, 288 – 90; C. Freeman and F. Louçã, *As Time Goes By*：*From the Industrial Revolutions to the Information Revolution*, Oxford, 2002, 188; Musson and Robinson, *Science*, 475 – 6.

11. Tufnell, *Character*, 29 – 42, 109 – 11（master Samuel Holme）. 着重强调。

12. M. Kang, *Sublime Dreams of Living Machines*：*The Automation in the European Imagination*, Cambridge MA, 2011.

13. 参见 W. Pietz 在 *RES* 中的文章：*Anthropology and Aesthetics*："The Problem of the Fetish, I", NO. 9, 1985, 5 – 17; "The Problem of the Fetish, II：The Origin of the Fetish", NO. 13, 1987, 23 – 45; "The Problem of the Fetish, IIIa：Bosman's Guinea and the Enlightenment Theory of Fetishism", NO. 16, 1988, 105 – 24; R. Ellen, "Fetishism", *Man*, 33, 1988, 213 – 35.

14. 引自 A. Hornborg, *The Power of the Machine*：*Global Inequalities of Economy, Technology, and Environment*, Walnut Creek, 2001, 131; 更多参见 A. Hornborg, *Global Ecology and Unequal Exchange*：*Fetishism in a Zero – Sum World*, Abingdon, 2011, 9, 28.

15. Ure, *Philosophy*, 2, 150. 着重强调。

16. W. Fairbairn, "Speech at the British Association for the Advancement of Science Meeting in Manchester", *Proceedings of the Thirty – First Meeting of the British Association for the Advancement of Society*, Manchester, 1861, 11; Nasmyth in Buchanan and Tredgold, *Essays*, 401. 着重强调。

17. B. Disraeli, *Coningsby*; *Or, the New Generation*, Vol. 2, London, 1844, 7. 着重强调。

18. Radcliffe, *Origin*, 6; Hornborg, *Zero - Sum*, 10. 着重强调。

19. SPCK, *Industry*, 120. 比较 S. Schaffer, "Babbage's Intelligence: Calculating Engines and the Factory System", *Critical Inquiry*, 21 (1994), 222; I. Morus, "Manufacturing Nature: Science, Technology and Victorian Consumer Culture", *The British Journal for the History of Science*, 29 (1996), 407 - 8; A. Zimmerman, "The Ideology of the Machine and the Spirit of the Factory: Remarx on Babbage and Ure", *Cultural Critique*, NO. 37 (1997), 18 - 19.

20. Ure, *Philosophy*, 23.

21. 正如以下人士所论述的, D. Greenberg, "Energy, Power, and Perceptions of Social Change in the Early Nineteenth Century", *American Historical Review*, 95 (1990), 693 - 714.

22. C. Turner et al. , *Proceedings of the Public Meeting Held at Freemason's Hall on the 18th June*, 1824, *for Erecting a Monument to the Late James Watt*, London, 1824, 51, 70 (第一次引用: James Mackintosh).

23. T. Eagleton, *Ideology: An Introduction*, London, 2007 [1991], 45.

24. Turner et al. , *Proceedings*, 68 - 9; Cobden Papers, British Library, London, MSS 43653 - 54, 阿什沃斯给科布顿的信, 22 September 1849.

25. *MG*, 10 July 1824; *Caledonian Mercury* [以下简称 *CM*], 22 July 1824; *Birmingham Gazette*, 12 July 1824; Berg, *Machinery*, 198; B. Marsden and C. Smith, *Engineering Empires: A Cultural History of Technology in Nineteenth - Century Britain*, New York, 2005, 82 - 3, 244.

26. *CM*, 22 July 1824. 着重强调。

27. Briggs, *Power*, 12. 关于威斯敏斯特教堂的纪念碑, 参见 B. Mars-

den, *Watt's Perfect Engine: Steam and the Age of Invention*, New York, 2002, 84; Marsden and Smith, *Engineering*, 196.

28. Russell, *Treatise*, 239; Fairbairn, "Expansive", 21.

29. *CM*, 22 July 1824; SPCK, *Industry*, 62; H. Reid, *The Steam - Engine*, London, 1840, 165.

30. SPCK, *Industry*, 60 – 1.

31. *MG*, 11 January 1834. 着重强调。

32. M. Alderson, *An Essay on the Nature and Application of Steam*, London, 1834, 1; T. Baker, *The Steam - Engine; Or, the Power of Flame*, London, 23.

33. *TT*, 26 December 1829。于 1830 年 1 月在 *MG* 2 重印。

34. Disraeli, *Coningsby*, 7. 着重强调。

35. Craik, *Halifax*, 316, 323 – 4. 着重强调。然而，小说的决定性冲突不是哈利法克斯和他的工人之间的冲突，而是哈利法克斯和卢克斯摩尔勋爵之间的冲突，后者破坏了他的水供应。对于这一冲突的分析，参见 Malm 的论文, 458 – 461 页。

36. J. Leifchild, *Our Coal and Coal - Pits; The People in them, and the Scenes Around them*, London, 1855, 230. 着重强调。

37. Ebenezer Elliot, "Steam, a Poem", *The New Monthly Magazine*, 1 (1833), 330; Baker, *Steam*, 19.

38. G. Browning, *The Domestic and Financial Condition of Great Britain*, London, 1834, 519; Alderson, *Essay*, ix; SPCK, *Industrial*, 285.

39. Farey, *Treatise*, 4 – 5; E. Gaskell, *North and South*, Oxford, 2008 [1855], 81; Scott 援引自 *MM*, "The Author of Waverley", 20 October 1832, 42; M. Garvey, *The Silent Revolution: Or, The Future Effects of Steam and Electricity upon the Condition of Mankind*, London, 1852, 3 – 4. 着重强调。

40. Briggs, *Power*, ch. 3; Marsden and Smith, *Engineering*, 83; Marsden, *Watt*, 7.

41. Kang, *Sublime*.

42. Thom in Directors, *Account*, 56. 着重强调。

43. Gaskell, *Artisans*, 34–5.

44. 同上，278–279 页，282 页。若要更仔细地解读盖斯凯尔作品中的紧张关系（该作品以批评蒸汽动力为出发点），参见 Malm 的论文，511–513 页。

45. Baines, *History*, 227.

46. Robison, *System*, 390. 着重强调。

47. Senior Papers, National Library of Wales, Aberystwyth, lectures, course 2, lecture 8, 1848, 22–3, 33–4. 着重强调。

48. Baker, *Steam*, 24.

49. Babbage, *Economy*, 49; Ure, *Philosophy*, 18; Fairbairn, "Speech", 9; *MG*, 10 July 1824; R. Stuart, *A Descriptive History of the Steam Engine*, London, 1824, 192.

50. F. Arago, *Historical Eloge of James Watt*, London, 1839, 294; Browning, *Domestic*, 45. 着重强调。

51. Babbage, *Economy*, 388; Gaskell, *Artisans*, 325; *TT*, 12 May 1859 原文强调。

52. Farey, *Treatise*, 5–6, 13. 着重强调。

53. Reid, *Steam*, 230.

54. 同上，4. 着重强调。

55. S. Smiles, *Lives of Boulton and Watt*, London, 1865, 3–4.

56. *TT*, 12 May 1859. 原文强调。

57. Ure, *Philosophy*, 339; Nasmyth, *Autobiography*, 119. 着重强调。

58. C. Faraone, "Binding and Burying the Forces of Evil: The Defensive Use of 'Voodoo Dolls' in Ancient Greece", *Classical Antiquity*, 10 (1991), 193. 更多参见 G. Ferère, "Haitian Voodoo: Its True Face", *Caribbean Quarterly*, 24 (1978), 37 – 47.

59. Alderson, *Essay*, 43; Garvey, *Silent*, 10; Baker, *Steam*, 45.

60. Leifchild, *Coal*, 12.

61. Farey, *Treatise*, 225. 着重强调。

62. Leifchild, *Coal*, 67 – 8, 84.

63. 同上, 12.

64. M. Dunn, *An Historical, Geological, and Descriptive View of the Coal Trade of the North of England*, Newcastle – upon – Tyne, 1844, vii; Jevons, *Coal*, 1 – 2; *CtB* 31 May 1833. 着重强调。另外两个例子参见 E. Binney, "Observations on the Lancashire and Cheshire coal field, with a section", *Transactions of the Manchester Geological Society*, 1 (1841), 67; T. Twiss, *Two Lectures on Machinery*, Shannon, 1971 [1844], 53.

65. Jevons, *Coal*, 165, 1. 着重强调。

66. Leifchild, *Coal*, 17.

67. 同上, 15; E. Hull, *The Coal – Fields of Great Britain: Their History, Structure, and Resources*, London, 1861, 17; Reid, *Steam*, 4. 原文强调。

68. Leifchild, *Coal*, 141, 163 – 5.

69. Hornborg, *Zero – Sum*, 39; R. Boer, "That Hideous Pagan Idol: Marx, Fetishism and Graven Images", *Critique*, 38 (2010), 114. 着重强调。

70. Hornborg, *Zero – Sum*, 39.

第十章

1. Farey, *Treatise*, 443. 更多参见 Lord, *Capital*, 163 – 6; Skempton,

"Wyatt", 54 – 5, 65; Marsden, *Watt*, 155. 关于对机械的破坏和批评的更详细和广泛的讨论（包括自动骡机和动力织机，特别是蒸汽机），参见 Malm 的论文，527 – 606 页。

2. *A Collection of the Public General Statutes, Passed in the Seventh and Eighth Year of the Reign of his Majesty King George the Fourth*, London, 1827, cap. XXX.

3. *MG*, 12 March 1831.

4. *Coventry Herald and Observer*, 30 March 1832; *MG*, 16 August 1834; Leigh, *Preston*, 29 – 31.

5. Frederick Marryat, "Diary of a blasé", *The Metropolitan Magazine* (May – August 1835), 255 – 56. 原文强调。

6. 同上，着重强调。

7. D. Jerrold, "The Factory Child", in *Heads of the People: Or, Portraits of the English*, London, 1840, 188 – 9. 原文强调。这篇报道发表于 *The New Moral World*; Berg, *Machinery*, 270.

8. Baines, *History*, 452, 457; *The London and Westminster Review*, "Domestic arrangement of the working classes" (July 1836), 253. 着重强调。更多参见 Berg, *Machinery*, 276 – 9, 282 – 3.

9. F. Mather, "The General Strike of 1842: A Study in Leadership, Organisation and the Threat of Revolution during the Plug Plot Disturbances", in R. Quinault and J. Stevenson, *Popular Protest and Public Order*, London, 1974, 115 – 6; D. Eastwood, "The Age of Uncertainty: Britain in the Early – Nineteenth Century", *Transactions of the Royal Historical Society*, 8 (1998), 114; M. Chase, *Early Trade Unionism: Fraternity, Skill and the Politics of Labour*, Aldershot, 2000, 202; M. Chase, *Chartism: A New History*, Manchester, 2007, 212; Royle, *Revolutionary*, 113. 关于这一片段更为全面的叙述和分

析，参见 Malm 的论文，546－588 页。

10. M. Jenkins, *The General Strike of* 1842, London, 1980, 23.

11. 关于《宪章》的起源和宪章运动，参见 D. Thompson, *The Chartists*, London, 1984, chs. 1, 3; Chase, *Chartism*, ch. 1.

12. Thompson, *Making*, 826. 更多参见 B. Brown, "Lancashire Chartism and the Mass Strike of 1842: The Political Economy of Working Class Contention", CRSO Working Paper, University of Michigan, 1979, 17－18; R. Sykes, "Early Chartism and Trade Unionism in South－East Lancashire", in J. Epstein and D. Thompson, *The Chartist Experience: Studies in Working－Class Radicalism and Culture*, 1830－60, London, 1982, 152－93; Thompson, *Chartists*, 112, 179－99, 208－28; Chase, *Early*, 192; Chase, *Chartism*, 211.

13. 引自 *MG*, 23 July 1842. 更多参见 Home Office［以下简称 HO］45/269, 来自上校 T. J. Wemyss 的信, 21 and 22 July 1842; *Northern Star*［以下简称 *NS*］, 30 July 1842; *PC*, 30 July 1842; A. Rose, "The Plug Riots of 1842 in Lancashire and Cheshire", *Transactions of the Lancashire and Cheshire Antiquarian Society*, 68（1957）, 85; R. Fyson, "The Crisis of 1842: Chartism, the Colliers" Strike and the Outbreak in the Potteries', in Epstein and Thompson, *Chartist*, 196－200; Jenkins, *General*, 60－1.

14. *Leeds Times*［以下简称 *LT*］, 6 August 1842. 着重强调。更多参见 HO 45/266; HO 45/265; *NS*, 13 August 1842; *MG*, 10 August 1842; Fyson, "Crisis", 200; Thompson, *Chartists*, 277.

15 引自 William Muirhouse 在 F. O'Connor et al. 最后的演讲, *The Trial of Feargus O'Connor, Esq.（Barrister－at－Law）and Fifty－Eight Others at Lancaster on Charge of Sedition, Conspiracy, Tumult and Riot*, Manchester, 1843, 28. 更多参见 Jenkins, *General*, 21, 67－9; Sykes, "Early", 152－3; Thompson, *Chartists*, 283－7.

16. *The Observer*, 14 August 1842; HO 45/249, 来自 Holme 等的信, Oldham 8 August 1842; HO 45/268, 来自少将 W. Warre 的信, 9 August 1842; HO 45/269, 来自上校 T. Wemyss 的信, 9 August 1842; *MG*, 10 August 1842.

17. *MG*, 10 August 1842.

18. *NS*, 13 August 1842; *MG*, 13 and 17 August 1842; *The Manchester Courier and Lancashire General Advertiser*, 20 August 1842.

19. *The Observer*, 14 August 1842. 更多参见 *MG*, 13 August 1842.

20. HO 45/268, 来自 Major-General W. Warre 的信, 10 August 1842; HO 45/249C, 来自市长 W. Neild 的信, 13 August 1842.

21. *BO*, 18 August 1842. 着重强调。

22. 同上; HO 45/242, 来自磨坊主 W. & J. Bradshaw 的信, 6 September 1842; T. Reid and N. Reid, "The 1842 'Plug Plot' in Stockport", *IRSH*, 24 (1979), 64–5.

23. *PC*, 20 August 1842; *NS*, 20 August 1842. 更多参见 HO 45/268, 来自市长 Horrocks 等的信, 13 August 1842; *MG*, 17 August 1842; *The Preston Pilot and County Advertiser*, 13 August 1842; Leigh, *Preston*, 45–50.

24. *PC*, 20 August 1842; *MG*, 7 September 1842; Leigh, *Preston*, 50.

25. HO 45/249, 来自 R. Willock 的信, 14 August 1842, 同时来自 P. Towneley et al., 15 August 1842.

26. 引自 *MG*, 17 August 1842; *NS*, 27 August 1842; HO 45/249, 来自市长 T. Cullen 的信, 16 August 1842. 更多参见 HO 45/249, 来自 Whitaker 和 Earnshaw 的信, 16 August 1843; 来自 H. Gaskell, 17 August 1842; 来自 J. Winder, 13 August 1842; *PC*, 20 August 1842; *NS*, 20 August 1842.

27. HO 45/249, 宣告"博尔顿及其周边地区纺织业者会议"决议的标语牌; HO 45/242, 来自市长 T. Stringer 的信, 12 August 1842; *MG*, 17 Au-

gust 1842.

28. HO 45/249C, The Executive of the National Chartist Association, "To the People！！！".

29. *BO*, 18 August 1842. Further *MC*, 18 August 1842; *LT*, 20 August 1842; *NS*, 20 August 1842.

30. *LT*, 20 August 1842. 原文强调。更多参见 *BO*, 18 and 25 August 1842; *LT*, 20 August 1842; *NS*, 27 August and 10 September 1842.

31. *NS*, 20 August and 3 September 1842.

32. 引自 *PC*, 27 August 1842; *MC*, 18 August 1842. 更多参见 *Birmingham Gazette*, 15 August and 12 September 1842; *MC*, 19 August 1842.

33. 引自 *MG*, 20 August 1842; HO 45/261, resolution by the Birmingham Chamber of Commerce, 1 September 1842. 更多参见 HO 45/266; *CM*, 8, 13 and 25 August 1842; *BO*, 25 August 1842; *MG*, 7 September 1842. 然而, 有报道称, 在格拉斯哥, 工厂受到攻击, 工人们也集体出动, 参见 HO 45/266.

34. *MG*, 17 August 1842; *Illustrated London News* ［以下简称 *ILN*］, 20 August 1842. 更多参见 *BO*, 18 August 1842; *MG*, 24 August 1842; Mather, "General", 116, 118, 130; Jenkins, *General*, 171, 181, 187, 250 – 2; Royle, *Revolutionary*, 122.

35. *MC*, 15 August 1842; *ILN*, 20 August 1842; *MG*, 13 and 17 August 1842.

36. *LT*, 20 August 1842. 更多参见 *LT*, 27 August 1842; *BO*, 18 August 1842; *NS*, 20 August 1842; *MG*, 14 September 1842; Butterworth, *Historical*, 220 – 1; Reid and Reid, "Plug Plot", 74; Brown, "Lancashire", 46 – 47; Jenkins, *General*, 198 – 202.

37. *NS*, 27 August, 3 September and 10 September 1842; *MG*, 7 Septem-

ber 1842; *BO*, 8 September 1842; Jenkins, *General*, ch. 10; E. Yeo, "Some Practices and Problems of Chartist Democracy", in Epstein and Thompson, *Chartist*, 366; Royle, *Revolutionary*, 121 – 2; Chase, *Chartism*, 226.

38. E. Hobsbawm, *Labouring Men: Studies in the History of Labour*, London, 1968 [1964], 8. 着重强调。

39. 参见 Mitchell, *Carbon Democracy: Political Power in the Age of Oil*, London, 2011.

40. Chase, *Early*, 194, 197.

41. *NS*, 22 October 1842.

42. J. Epstein, "Feargus O'Connor and the Northern Star", *IRSH*, 21 (1976), 51 – 97; Chase, *Chartism*, 16 – 17, 44.

43. *NS*, 30 January 1841.

44. *NS*, 16 March 1839, 21 December 1844. 原文强调。

45. *NS*, 30 March 1844. 原文强调。比较 3 May 1851.

46. *NS*, 9 October 1841, 9 April 1842, 4 June 1842.

47. 参见例如 *The Operative*, 4 November 1838; *The Chartist*, 9 February and 23 March 1839; *The Chartist Circular*, 6 and 20 March 1841, 17 October 1840; *The Odd Fellow*, 30 October and 9 January 1841.

48. *The Odd Fellow*, 26 June 1841.

49. M. Sanders, *The Poetry of Chartism: Aesthetics, Politics, History*, Cambridge, 2011, 70 – 3.

50. *NS*, 11 February 1843.

51. *NS*, 26 June 1846. 比较 5 September 1846.

52. *NS*, 2 October 1847. 着重强调。更多参见例如 *NS*, 27 July 1844; *The Odd Fellow*, 11 December 1841.

53. Sanders, *Poetry*, 24 – 5; Epstein, "Feargus", 86. 原文强调。

54. （匿名）援引自 Chase, *Chartism*, 200.

55. *NS*, 16 April, 12 March, 9 July, 23 April 1842. 对于表达类似观点的其他领导人，参见 Leach, *Stubborn*, 5, 20; *MG*, 20 March 1844; *PC*, 23 October 1841, 22 March 1845. 尽管与水力大亨的对抗特别激烈，但工厂运动对蒸汽也表达了类似的观点。

56. 援引自 Thompson, *Chartists*, 298. 最后着重强调，其他的在原文中强调。

57. James, *Bradford*, 104. 着重强调。

58. 另一个非常重要的插曲是宪章主义的土地计划：分析其对（除其他外）化石经济的环境掠夺的抵抗的阐述，参见 Malm 的论文，594 - 600 页。

59. HL (1819), 280 - 1 (John Watkins). 关于水磨和蒸汽磨的环境氛围的一般区别，比较 Fitton, *Arkwrights*, 165 - 7; Honeyman, *Child*, 144.

60. PP (1833) XX, A1.70 - 91, A2.51 - 7.

61. PP (1833) XXI, D2.64. Further PP (1833) XX, A1.70 - 91, A2.51 - 7. 同时参见例如 PP (1816) III; PP (1832); PP (1834) XX; PP (1840) XX.

62. 引自 PP (1833) XX, A2.61 (Charles Cleghorn). 更多参见例如 C. Thackrah, *The Effects of Arts, Trades, and Professions, and of Civic States and Habits of Living, on Health and Longevity*, London, 1832, 136, 144, 154 - 5; J. Kay Shuttleworth, *The Moral and Physical Condition of the Working Classes Employed in the Cotton Manufacture in Manchester*, London, 1970 [1832], 24; R. Ritchie, *Observations on the Sanatory Arrangements of Factories*, London, 1844, 3.

63. Gaskell, *Artisans*, 161, 227, 229; Partington, *Account*, 244.

64. U. Satish, M. Mendell, K. Shekhar et al., "Is CO_2 an Indoor Pollutant? Direct Effects of Low - to - Moderate CO_2 Concentrations on Human Decision - Making Performance", *Environmental Health Perspectives*, 120 (2012),

1671 – 7；Ritchie, *Observations*, 24. 原文强调。

65. Ritchie, *Observations*, 4, 19；Gaskell, *Artisans*, 231. 原文强调。

66. Mosley, *Chimney*.

67. Faucher, *Manchester*, 26；Dickens, *Hard*, 65. 关于动植物的死亡，参见 Mosley, *Chimney*, 36 – 45.

68. Mosley, *Chimney*, 144.

69. William Fairbairn, "On the construction of boilers", *The Engineer and Machinist*（June 1851）, 118.

70. P. Bartrip, "The State and the Steam – Boiler in Nineteenth – Century Britain", *IRSH*, 25（1980）, 80.

71. "Boiler explosions, and government interference", *The Engineer and Machinist*（June 1851）, 97. 原文强调。更多尤其参见 Bartrip, "State".

72. J. P. Robson 援引自 M. Vicinus, *The Industrial Muse：A Study of Nineteenth Century British Working – Class Literature*, London, 1974, 82. 更多参见 Holland, *History*, 247 – 85；Jevons, *Coal*, 60；Flinn, *Coal*, 128 – 37, 412 – 23；Church, *Coal*, 582 – 99.

73. 比较 Chase, *Chartism*, 21.

第十一章

1. W. Humphrey and J. Stanislaw, "Economic Growth and Energy Consumption in the UK, 1700 – 1975", *EP*, 7（1979）, 31 – 6；B. Mitchell, *Economic Development of the British Coal Industry* 1800 – 1914, Cambridge, 1984, 1, 12；B. Mitchell, *British Historical Statistics*, Cambridge, 1988, 258；Buxton, *Economic*, 57；Flinn, *Coal*, 213；Church, *Coal*, 24.

2. S. Pollard, "A New Estimate of British Coal Production, 1750 – 1850", *EHR*, 33（1980）, 229；A. Taylor, "The Coal Industry", in R. Church

(ed.), *The Coal and Iron Industries*, Oxford, 1994, 135; Humphrey and Stanislaw, "Economic", 38; Mitchell, *Economic*, 3 – 4, 96; Church, *Coal*, 5.

3. 1700 – 1830: Flinn, *Coal*, 26; 1830 – 1900: Church, *Coal*, 3.

4. Mitchell, *Economic*, 12. 比较 Mitchell, *British*, 258; Church, *Coal*, 19. 关于18世纪末家庭供暖份额的发展,参见 Flinn, *Coal*, 213, 251. 根据 Flinn 的数字,这一比例在1800—1830年有所上升。同上, 252.

5. Turner, "Significance", 113 – 14; Rodgers, "Lancashire", 141 – 2; Musson, "Motive", 437 – 9; Redford, *Labour*, 129; Kanefsky, *Diffusion*, 232, 295, 352 – 3; Turner, "Localisation", 81; Ingle, *Yorkshire*, 42, 243 – 7; Cooke, *Rise*, 4, 75 – 6.

6. Fairbairn, *Treatise Pt 1*, 67.

7. von Tunzelmann, *Industrialization*, 110 – 2; Flinn, *Coal*, 26, 247; Church, *Coal*, 27 – 8.

8. Buxton, *Economic*, 56 – 8, 65 – 6; Humphrey and Stanislaw, "Economic", 38; Church, *Coal*, 24, 27, 761; Taylor, "Coal", 135.

9. Ashmore, *Industrial*, 25; Foster, *Class*, 118; Pollard, "Estimate", 219 – 20, 229 – 30; Mitchell, *Economic*, 7, 23 – 31; Church, *Coal*, 28 – 9; Berg, *Age*, 44, 97; Kander et al., *Power*, 125.

10. Clark and Jacks, "Coal", 69.

11. Boden et al., *Global*.

12. Church, *Coal*; Clark and Jacks, "Coal".

13. Boden et al., *Global*.

第十二章

1. Wrigley, *Continuity*, 75.

2. Flinn, *Coal*, 212.

3. Mitchell, *British*, 9, 247; Hobsbawm, *Industry*, 20 – 3.

4. Wrigley, "Divergence", 138 – 9; Wrigley, *Energy*, 193, 191. 原文强调。

5. Wilkinson, *Poverty*, 90, 102.

6. 例如 E. Wood, *Democracy Against Capitalism: Reviving Historical Materialism*, Cambridge, 1995; E. Wood, *The Origin of Capitalism: A Longer View*, London, 2002; R. Brenner, "The Origins of Capitalist Development: A Critique of Neo – Smithian Marxism", *NLR*, NO. 104 (1977), 25 – 92; R. Brenner, "The Agrarian Roots of European Capitalism", in T. Aston and C. Philpin (eds.), *The Brenner Debate: Agrarian Class Structure and Economic Development in Pre – Industrial Europe*, Cambridge, 1985; R. Brenner, "The Social Basis of Economic Development", in J. Roemer (ed.), *Analytical Marxism*, Cambridge, 1986; R. Brenner, "Property and Progress: Where Adam Smith Went Wrong", in C. Wickham (ed.), *Marxist History – Writing for the Twenty – first Century*, Oxford, 2007.

7. Wrigley, *Energy*, 209, 212 – 16, 225 – 6; Pomeranz, *Divergence*, 5, 8 – 10.

8. 比较 Kander et al., *Power*, 229 – 31.

9. Wilkinson, *Poverty*, 173, 176.

10. Wrigley, *Poverty*, 31.

11. Wrigley, *Energy*, 191.

12. 引自 D. H. Fischer, *Historians' Fallacies: Toward a Logic of Historical Thought*, London, 1971, 169.

13. Wrigley, *Energy*, 39; E. Burke III, "The Big Story: Human History, Energy Regimes, and the Environment", in E. Burke III and K. Pomeranz (eds.), *The Environment and World History*, Berkeley, 2009, 44.

14. Wood, *Origin*, 34. 着重强调。

15. Pomeranz, *Divergence*, 64 – 5.

16. P. Huang, "Development or Involution in Eighteenth – Century Britain and China", *The Journal of Asian Studies*, 61 (2002), 533; P. Parthasarathi, *Why Europe Grew Rich and Asia Did Not: Global Economic Divergence*, 1600 – 1850, Cambridge, 2011, 158 – 9, 162 – 4.

17. Steffen et al., "The Anthropocene: Conceptual", 846.

18. M. Bloch, *The Historian's Craft*, Manchester, 1992 [1954], 158.

19. J. Gaddis, *The Landscape of History: How Historians Map the Past*, Oxford, 2002, 96. 原文强调。

20. J. Keene, "Unconscious Obstacles to Caring for the Planet: Facing Up to Human Nature", in S. Weintrobe (ed.), *Engaging with Climate Change: Psychoanalytic and Interdisciplinary Perspectives*, London, 2013, 145 – 6.

21. 比较人类世物种思想批判, 见 J. Baskin, "Paradigm Dressed as Epoch: The Ideology of the Anthropocene", *Environmental Values*, 24 (2015), 9 – 29; C. Bonneuil, "The Geological Turn: Narratives of the Anthropocene", in C. Hamilton, F. Gemenne and C. Bonneuil (eds.), *The Anthropocene and the Global Environmental Crisis: Rethinking Modernity in a New Epoch*, forthcoming, 2015.

22. M. den Elzen, J. Olivier, N. Höhne and G. Janssens – Maenhout, "Countries" Contribution to Climate Change: Effect of Accounting for All Greenhouse Gases, Recent Trends, Basic Needs and Technological Progress', *CC*, 121 (2013), 397 – 412; P. Ciais, T. Gasser, J. Paris et al., "Attributing the Increase in Atmospheric CO_2 to Emitters and Absorbers", *NCC*, 3 (2013), 926 – 30.

23. H. Matthews, T. Graham, S. Keverian et al., "National Contributions to Observed Global Warming", *ERL*, 9 (2014), 5; I. Angus and S. Butler, *Too Many People? Population, Immigration, and the Environmental Crisis*, Chi-

cago, 2011, 43; J. Roberts and B. Parks, *A Climate of Injustice: Global Inequality, North – South Politics, and Climate Policy*, Cambridge MA, 2007, 146, 更多见第一、五章。请注意，这些是基于生产的统计数据。按收入组别划分的基于消费的统计数据（研究中至今没有）将提供一个更准确的甚至更加扭曲的情况。

24. 例如 Crutzen, "Geology"; P. J. Crutzen, "The 'Anthropocene'", in E. Ehlers and T. Krafft (eds.), *Earth System Science in the Anthropocene: Emerging Issues and Problems*, Berlin, 14; Steffen et al., "The Anthropocene: Are Humans", 618; Zalasiewicz et al., "Are We", 4; Zalasiewicz et al., "New World", 2228 – 9.

25. 关于二氧化碳的排放数据来自 Boden et al., *Global*; 关于 1820 年世界人口数据来自 Maddison, *World*, 241; 关于 2010 年世界人口的数据来自 United Nations, *World Population Prospects: The 2102 Revision*, Department of Economic and Social Affairs, 2013.

26. D. Satterthwaite, "The Implications of Population Growth and Urbanization for Climate Change", *Environment and Urbanization*, 21 (2009), 551 – 5.

27. N. Diffenbaugh and C. Field, "Changes in Ecologically Critical Terrestrial Climate Conditions", *Science*, 341 (2013), 489.

28. Satterthwaite, "Implications", 550; Smil, *Energy in Nature*, 259.

29. D. Wilkinson, *Fundamental Processes in Ecology: An Earth Systems Approach*, Oxford, 2006, 112 – 3.

30. K. Marx, *Capital*, Vol. 1, London, 1990 [1867], 933, 981, 1005; K. Marx, *Grundrisse*, London, 1993 [1857 – 58/1973], 87. 原文强调。

31. Clark, "Rock", 260; Pinkus, "Thinking", 196. 着重强调。

32. C. Perez, *Technological Revolutions and Financial Capital: The Dynamics of Bubbles and Golden Ages*, Cheltenham, 2002, 36. 着重强调。

33. 比较 A. Feenberg, *Critical Theory of Technology*, New York, 1991, 31; A. Feenberg, *Between Reason and Experience：Essays in Technology and Modernity*, Cambridge MA, 2010, 15 – 16; G. Young, "The Fundamental Contradiction of Capitalist Production", *Philosophy and Public Affairs*, 5（1976）, 209 – 10; B. Pfaffenberger, "Fetishised Objects and Humanised Nature：Towards an Anthropology of Technology", *Man*, 23（1988）, 240; but particularly the brilliant L. Althusser, *On the Reproduction of Capitalism：Ideology and Ideological State Apparatus*, London, 2014［1995］, 21 – 44, 209 – 17.

34. G. Lukács, "Technology and Social Relations", *NLR*, NO. 39（1966）, 29.

35. 参见例如 F. Engels, *The Condition of the Working Class in England*, Oxford, 2009［1845］, 15, 17 – 20, 24 – 5, 33; *MECW, Vol.* 6, 99, 341, 485 – 6; K. Marx, *The Revolutions of* 1848：*Political Writings, Vol.* 1, London, 2010［1847 – 50］, 69; K. Marx and F. Engels, *The German Ideology*, New York, 1998［1845］, 49, 83. 对马克思和恩格斯关于蒸汽的著作进行系统的探究，参见 Malm 的论文，634 – 649 页。

36. *MECW, Vol.* 33, 340 – 1.

37. 同上，395 – 409, 425 – 39, 443 – 7.

38. 同上，391 – 2; Marx, *Capital* 1, 468. 着重强调。

39. Marx, *Capital* 1, 499.

40. 同上，924, 496 – 7.

41. 同上，562 – 3. 着重强调。

42. 同上，603 – 4. 着重强调。

43. 关于这些紧张关系，以及对生产力决定论的精彩的一般性批判，参见例如 R. Miller, *Analyzing Marx：Morality, Power and History*, Princeton, 1984; S. Rigby, *Marxism and History：A Critical Introduction*, Manchester,

1987; D. MacKenzie, "Marx and the Machine", *Technology and Culture*, 25 (1984), 473 – 502; J. Sherwood, "Engels, Marx, Malthus, and the Machine", *The American Historical Review*, 90 (1985), 837 – 65; C. Wickham, "Productive Forces and the Economic Logic of the Feudal Mode of Production", *Historical Materialism* [以下简称 *HM*], 16 (2008), 3 – 22.

44. 关于一份出色的调查，参见 M. Reinfelder, "Introduction: Breaking the Spell of Technicism", in P. Slater (ed.), *Outlines of a Critique of Technology*, London, 1980; 关于一些令人震惊的例子，L. Trotsky, *The Revolution Betrayed*, New York, 2004 [1937], 35, 44; L. Trotsky, *The Permanent Revolution & Results and Prospects*, London, 2007 [1906/1930], 24; 关于生产力决定论的更全面的讨论，它在马克思主义中的地位以及与激进生态学的完全不相容性，参见 Malm 的论文，627 – 633 页、638 – 653 页。

45. 关于这些变幻莫测的风，参见例如 W. Shaw, "'The Handmill Gives You the Feudal Lord': Marx's Technological Determinism", *History and Theory*, 18 (1979), 155; A. Levine and E. Wright, "Rationality and Class Struggle", *NLR*, NO. 123 (1980), 48 – 9; V. Chibber, "What Is Living and What Is Dead in the Marxist Theory of History", *HM*, 19 (2011), 61. 引自 L. Althusser, *For Marx*, London, 2005 [1965], 71.

46. 从福柯尔迪主义的角度来看，这一论点被引用在 A. Trexler, "Integrating Agency with Climate Change", *Symploke*, 21 (2013), 225. 最近一项关于实际存在的社会主义世界环境退化的研究，参见 P. Josephson, *Would Trotsky Wear a Bluetooth? Technological Utopianism under Socialism, 1917 – 1989*, Baltimore, 2010.

47. 当然，这个比喻并不完美。天花并不是从癌症中生长出来的，也没有试图模仿癌症。唯一的相似之处是，天花/斯大林主义已经被根除，而癌症/资本主义却在继续发酵。

48. 关于马克思主义者为了解苏联社会及其特殊的生产方式和增长动力所做的许多尝试的精湛调查参见 M. van der Linden, *Western Marxism and the Soviet Union*, Chicago, 2009 [2007]。这表明，所有这些尝试都在这样或那样的关键方面失败了，使任务没有完成。

49. P. Newell, "The Elephant in the Room: Capitalism and Global Environmental Change", *Global Environmental Change*, 21 (2011), 4. 詹姆森的附言似乎是在以下文件中首次出现的：F. Jameson, "Future City", *NLR*, NO. 21 (2003), 76. 比较 "It seems to be easier for us today to imagine the thoroughgoing deterioration of the earth and of nature than the breakdown of late capitalism; perhaps that is due to some weakness in our imaginations." F. Jameson, *The Cultural Turn: Selected Writings on the Postmodern*, 1983–1998, London, 1998, 50.

第十三章

1. Brenner, "Social", 26. 原文强调。

2. Marx, *Capital* 1, 285; Marx, *Grundrisse*, 488.

3. 比较 J. Foster and P. Burkett, "The Dialectic of Organic/Inorganic Relations: Marx and the Hegelian Philosophy of Nature", *Organization & Environment*, 13 (2000), 412–16.

4. Marx, *Grundrisse*, 497; Marx, *Capital* 1, 480.

5. Marx, *Capital* 1, 272.

6. 例如同上, 200, 249–50.

7. 引自 Marx, *Grundrisse*, 505.

8. PP (1816) III, 362.

9. Mandel's translation of Marx. E. Mandel, "Introduction", in Marx, *Capital* 1, 60.

10. Marx, *Capital* 1, 290, 293.

11. 同上, 133. 关于此关键一点, 更多参见 A. Schmidt, *The Concept of Nature in Marx*, London, 2009 [1962].

12. K. Marx, *Capital*, Vol. 2, London, 1992 [1885], 109, 132.

13. Marx, *Capital* 1, 288.

14. Marx, *Grundrisse*, 90.

15. Marx, *Capital* 2, 137; Marx, *Grundrisse*, 516.

16. Marx, *Capital* 1, 725 – 32. 引自 727. 更多参见例如 P. Burkett, *Marx and Nature: A Red and Green Perspective*, London, 1999, 108; P. Burkett, *Marxism and Ecological Economics: Toward a Red and Green Political Economy*, Leiden, 2006, 169; J. Kovel, *The Enemy of Nature: The End of Capitalism or the End of the World?*, London, 2007 [2002], 42; Foster et al., *Ecological*, 39.

17. Marx, *Capital* 1, 729; Hornborg, *Power*, 31, 45.

18. F. Blauwhof, "Overcoming Accumulation: Is a Capitalist Steady – State Economy Possible?", *EE* 84 (2012), 259.

19. 这个比喻是关于 B. Fine, "Exploitation and Surplus Value", in B. Fine and A. Saad – Filho (eds.), *The Elgar Companion to Marxist Economics*, Cheltenham, 2012, 119 – 20.

20. B. Fine and A. Saad – Filho, *Marx's* Capital, London, 2004, 37.

21. Marx, *Grundrisse*, 646; Marx, *Capital* 2, 213.

22. K. Marx, *Theories of Surplus Value*, New York, 2000 [1862 – 3], pt. 3, 56. 着重强调。

23. M. Joffe, "The Root Causes of Economic Growth under Capitalism", *CJE*, 35 (2011), 878.

24. Maddison, *World*, 48.

25. 同上，19. 国内生产总值的绝对增长——作为总吞吐量的代表，这才是自然界最重要的——显示了同样的模式；参见例如 30，262 页。

26. Marx, *Grundrisse*, 405, 334, 202.

27. 更多参见 Burkett, *Marx*; Burkett, *Marxism*; Kovel, *Enemy*; Foster et al., *Ecological*.

28. 比较 K. Marx, *Capital*, Vol. 3, London, 1991 [1894], 373.

29. Marx, *Capital* 2, 208.

30. T. Glick and H. Kirchner, "Hydraulic Systems and Technologies of Islamic Spain: History and Archaeology", in P. Squatriti (ed.), *Working with Water in Medieval Europe: Technology and Resource – Use*, Leiden, 2000.

31. A. Mikhail, *Nature and Empire in Ottoman Egypt: An Environmental History*, Cambridge, 2011, 38, 23.

32. Y. Rapoport and I. Shahar, "Irrigation in the Medieval Islamic Fayyum: Local Control in a Large – Scale Hydraulic System", *Journal of the Economic and Social History of the Orient*, 55 (2012), 1 – 31.

33. Mikhail, *Nature*, 11.

34. 同上，39，47. 着重强调。

35. 同上，51.

36. D. Varisco, "*Sayl* and *Ghayl*: The Ecology of Water Allocation in Yemen", *Human Ecology*, 11 (1983), 365 – 83; P. Trawick, "The Moral Economy of Water: Equity and Antiquity in the Andean Commons", *American Anthropologist*, 103 (2001), 361 – 79; P. Trawick, "Successfully Governing the Commons: Principles of Social Organization in an Andean Irrigation System", *Human Ecology*, 29 (2001), 1 – 25.

37. 参见例如 E. Ostrom and P. Benjamin, "Design Principles and the Performance of Farmer – Managed Irrigation Systems in Nepal", in S. Manor and

J. Chambouleyron（eds.），*Performance Management in Farmer-Managed Irrigation Systems*, Colombo, 1993; E. Ostrom, "Beyond Markets and States: Polycentric Governance of Complex Economic Systems", *American Economic Review*, 100（2010），641-72.

38. E. Ostrom and R. Gardner, "Coping with Asymmetries in the Commons: Self-Governing Irrigation Systems Can Work", *JEP*, 7（1993），109-10.

39. 参见例如 E. Ostrom, "Reformulating the Commons", *Swiss Political Science Review*, 6（2000），29-52；T. Dietz, Thomas, E. Ostrom and P. Stern, "The Struggle to Govern the Commons", *Science*, 302（2003），1907-12；E. Ostrom and C. Hess, "Private and Common Property Rights", in B. Bouckaert（ed.），*Encyclopedia of Law and Economics*, Cheltenham, 2010.

40. Brenner, "Social", 34; Marx, *Grundrisse*, 413, 414, 651. 原文强调。

41. Brenner, "Origins", 37. 着重强调。

42. Babbage, *Economy*, 203.

43. Marx, *Grundrisse*, 497, 476, 157-8.

44. R. Luxemburg, *The Complete Works of Rosa Luxemburg. Volume 1: Economic Writings 1*, London, 2013, 134. 原文强调。值得注意的是，Luxemburg 认为，这种无政府状态——她的政治经济学的核心范畴——排除了德国合理的水管理计划，在技术上是可能的，而且是防洪所需要的。同上，131.

45. J. O'Neill, "Markets, Socialism, and Information: A Reformulation of a Marxian Objection to the Market", *Social Philosophy and Policy*, 6（1989），209.

46. Tomlins, "Water". 着重强调。

47. S. Wiel, "Natural Communism: Air, Water, Oil, Sea, and Seashore", *Harvard Law Review*, 47（1934），430-1. 着重强调。比较 S. Barca 经典的

研究, *Enclosing Water*: *Nature and Political Economy in a Mediterranean Valley*, 1796 – 1916, Cambridge, 2010.

48. Wiel, "Natural", 435, 457; Tomlins, "Water". 着重强调。

49. Reid, *Steam*, 230.

50. Marx, *Theories*, *pt*. 3, 271. 原文强调。

51. 参见例如 M. Storper and R. Walker, *The Capitalist Imperative*: *Territory*, *Technology*, *and Industrial Growth*, Oxford, 1989, 9, 77 – 8, 108; D. Harvey, *The Limits to Capital*, London, 1999 [1982], 388; Smith, *Uneven Development*, 164 – 6.

52. 参见例如 Marx and Engels, *German*, 82; Engels, *Condition*, 33 – 4; H. Lefebvre, *The Production of Space*, Oxford, 1991 [1974], 347; Storper and Walker, *Capitalist*, 77 – 81, 139 – 40.

53. 引自 Brenner, "Social", 31; Storper and Walker, *Capitalist*, 145.

54. Storper and Walker, *Capitalist*, 74 – 5, 177 – 8, 184.

55. Browning, *Domestic*, 226. 着重强调。

56. Lefebvre, *Production*, 49.

57. 同上, 307, 101, 120.

58. Smith, *Uneven*, 115, 7.

59. Lefebvre, *Production*, 229.

60. 改编自 W. Boyd, W. Prudham and R. Schurman, "Industrial Dynamics and the Problem of Nature", *Society and Natural Resources*, 14 (2001), 563, 565.

61. 对于 "techno – mass" 的概念, 参见 Hornborg, *Power*, 11, 17, 85, 94.

62. D. Harvey, *Justice*, *Nature and the Geography of Difference*, Malden, 1996, 246.

63. Lefebvre, *Production*, 93, 71.

64. M. Postone, *Time, Labor, and Social Domination: A Reinterpretation of Marx's Critical Theory*, Cambridge, 1993, 201-2.

65. E. Thompson, "Time, Work – Discipline, and Industrial Capitalism", *Past and Present*, 38 (1967), 58, 60, 78.

66. T. Ingold, "Work, Time and Industry", *Time and Society*, 4 (1995), 9. 原文强调。

67. Thompson, "Time", 73. 着重强调。

68. Postone, *Time*, 215. 原文强调。更多参见 J. Le Goff, *Time, Work, and Culture in the Middle Ages*, Chicago, 1982 [1980], 44-95.

69. Thompson, "Time", 61, 90-1; Postone, *Time*, 210-2; Harvey, *Justice*, 241.

70. G. Lukács, *History and Class Consciousness: Studies in Marxist Dialectics*, Cambridge MA, 1971 [1923], 90.

71. K. Marx, *The First International and After: Political Writings*, Vol. 3, London, 2012, 79.

72. Marx, *Capital* 1, 533-4. 着重强调。

73. *MECW*, Vol. 33, 335. 原文强调。

74. N. Castree, "The Spatio – Temporality of Capitalism", *Time and Society*, 18 (2009), 27-9. 原文强调。

75. J. Crary, 24/7: *Late Capitalism and the Ends of Sleep*, London, 2013, 63.

76. Postone, *Time*, 213; Fairbairn, *Treatise Pt* 1, 93. 着重强调。

77. 正如所论证的那样，Altvater 采用了略微不同的术语，"Social", 41.

78. Marx, *Capital* 1, 例如 1019.

79. A. Negri, *Marx beyond Marx: Lessons on the Grundrisse*, New York,

1991［1979］, 69 – 70.

80. Marx, *Grundrisse*, 693 – 5; Marx, *Capital* 1, 526. 着重强调。

81. R. Panzieri, "Surplus Value and Planning: Notes on the Reading of 'Capital'", in Conference of Socialist Economists, *The Labour Process and Class Strategies*, London, 1976, 12.

82. Marx, *Capital* 1, 549, 1054.

83. Marx, *Capital* 1, 1056, 693, 503. 着重强调。

84. 参见例如: 同上, 342; Marx, *Grundrisse*, 470, 646, 660.

85. Marx, *Capital* 3, 779 – 82. 着重强调。

86. 因此, 自动化不仅依赖于更大数量的能源消耗, 这一方面强调, 例如 R. Christie, "Why Does Capital Need Energy?", in T. Turner and P. Nore (eds.), *Oil and Class Struggle*, London, 1980, 16, 19; H. Cleaver, *Reading Capital Politically*, Edinburgh, 2000［1979］, 102 – 3; K. Abramsky, "Energy, Work, and Social Reproduction in the World – Economy", in K. Abramsky (ed.), *Sparking a Worldwide Energy Revolution: Social Struggles in the Transition to a Post – Petrol World*, Oakland, 2010, 100. 它还要求能源的某些定性属性, 即在资本内部充分内化的一般潜力中, 各种抽象的隐藏部分结合在一起。这里提供了一个类似的论点: P. Burkett and J. Foster, "Metabolism, Energy, and Entropy in Marx's Critique of Political Economy: Beyond the Podolinsky Myth", *Theory and Society*, 35 (2006), 133; T. Keefer, "Of Hand Mills and Heat Engines: Peak Oil, Class Struggle, and the Thermodynamics of Production", research paper, York University, 2005, 22 – 3; T. Keefer, "Machinery and Motive Power: Energy as a Substitute for and Enhancer of Human Labour", in Abramsky, *Sparking*, 81 – 90; M. Steinberg, "Marx, Formal Subsumption and the Law", *Theory and Society*, 39 (2010), 177; Burkett, *Marx*, 67; Huber, "Energizing", 110.

87. Marx, *Grundrisse*, 651.

88. Brenner, "Origins", 59.

89. R. Adams, *Energy and Structure*: *A Theory of Social Power*, Austin, 1975, 12 – 13. 原文强调。更多参见第七章。

90. H. Braverman, *Labor and Monopoly Capitalism*: *The Degradation of Work in the Twentieth Century*, New York, 1998 [1979], 34 – 5.

91. 借用自 Russell 等的例子,"Nature", 250.

92. 参见 G. Palermo, "The Ontology of Economic Power in Capitalism: Mainstream Economics and Marx", *CJE*, 31 (2007), 539 – 61; 引自 Adams, *Energy*, 299.

93. Lukes, *Power*, 66, 76. 着重强调。

94. P. Malone, *Waterpower in Lowell*: *Engineering and Industry in Nineteenth – Century America*, Baltimore, 2009, 221. 更多参见例如 Hunter, *Waterpower*; L. Hunter, *A History of Industrial Power in the United States*, 1780 – 1930. *Volume Two*: *Steam Power*, Charlottesville, 1985; J. Atack, F. Bateman and T. Weiss, "The Regional Diffusion and Adoption of the Steam Engine in American Manufacturing", *JEH*, 40 (1980), 281 – 308; M. Frank, *Carrying the Mill*: *Steam, Waterpower and New England Textile Mills in the Nineteenth Century*, PhD dissertation, Harvard University, 2008.

95. G. Swain, "Statistics of Water Power Employed in Manufacturing in the United States", *Publications of the American Statistical Association*, 1 (1888), 34. 更多参见例如 J. Jeremy, *Technology and Power in the Early American Cotton Industry*: *James Montgomery, the Second Edition of His "Cotton Manufacture" (1840), and the "Justitia" Controversy about Relative Power Costs*, Philadelphia, 1990 [1840]; Gordon, "Cost".

96. Hunter, *Waterpower*, 492; Frank, *Carrying*, 3, 14, 25, 89.

97. 参见 L. Baldwin, *Report on Introducing Pure Water into the City of Boston*, Boston, 1835; J. Montgomery, *A Practical Detail of the Cotton Manufacture of the United States of America* [1840], in Jeremy, *Technology*; J. Francis, "The American Society of Civil Engineers. Address of President Francis", *Scientific American*, 11 (1881), 113 – 27; P. Temin, "Steam and Waterpower in the Early Nineteenth Century", *JEH*, 26 (1966), 187 – 205; T. Steinberg, *Nature Incorporated: Industrialization and the Waters of New England*, Cambridge, 1991; N. Rosenberg and M. Trajtenberg, "A General – Purpose Technology at Work: The Corliss Steam Engine in the Late – Nineteenth – Century United States", *JEH*, 64 (2004) 61 – 99; Hunter, *Waterpower*; Gordon and Malone, *Texture*; Frank, *Carrying*; Malone, *Waterpower*.

98. Hunter, *Waterpower*, 273.

99. J. Frizell, "Storage and Pondage of Water", *Transactions of the American Society of Civil Engineers*, 31 (1894), 47, 53 – 4. 着重强调。

100. *Scientific American*, "Steam and Water Power" (12 May 1849), 269; Jeremy, *Technology*, 196, 270 – 1.

101. Hunter, *Waterpower*; Hunter, *Steam*.

102. Hunter, *Waterpower*, 485; Hunter, *Steam*, 81. 原文强调。同样的推论见 Atack et al., "Regional"; Rosenberg and Trajtenberg, "General".

103. W. Worthen, "Address at the Annual Convention at the Hotel Kaaterskill, New York, July 2, 1887", *Transactions of the American Society of Civil Engineers*, 17 (1887), 4. 着重强调。

104. C. Emery, "The Cost of Steam Power", *Transactions of the American Society of Civil Engineers*, 12 (1883), 429 – 30. 着重强调。

105. Hunter, *Waterpower*, 506 – 7.

106. Hunter, *Steam*, 393, 413, 429; Gordon and Malone, *Texture*, 57,

117; Frank, *Carrying*, 23.

107. K. Marx, *Das Kapital I*, Berlin, 1951 [1867], 751.

108. Nef, *Rise*, Vol. 1, 161.

109. Flinn, *Coal*, 116. 同时参见 G. Hammersley, "The Crown Woods and Their Exploitation in the Sixteenth and Seventeenth Centuries", *Historical Research*, 30 (1957), 131 – 61; V. Smil, *Energy Transitions: History, Requirements, Prospects*, Santa Barbara, 2010, 29.

110. R. Allen, "Was There a Timber Crisis in Early Modern Europe?", in S. Cavaciocchi (ed.), *Economia e Energia*, Florence, 2003; W. E. Steinmueller, "The Pre – Industrial Energy Crisis and Resource Scarcity as a Source of Transition", *Research Policy*, 网络发布, 2013, 3 – 6.

111. Allen, "Was There", 473. 更多参见 Hatcher, *Coal*, 34 – 40, 53; Allen, *British*, 87 – 9; Allen, "Why", 10; M. Žmolek, *Rethinking the Industrial Revolution: Five Centuries of Transition from Agrarian to Industrial Capitalism in England*, Leiden, 2013, 71 – 2, 91.

112. Hatcher, *Coal*, 32.

113. 例如 Nef, *Rise*, Vol. 1, 133 – 4; 比较 B. Osborne, "Commonlands, Mineral Rights and Industry: Changing Evaluations in an Industrializing Society", *Journal of Historical Geography*, 4 (1978), 235, 247.

114. Nef, *Rise*, Vol. 1, 136 – 7. 着重强调。更多参见 135, 140 – 2, 282; 比较 Hatcher, *Coal*, 241 – 2; Žmolek, *Rethinking*, 76.

115. Nef, *Rise*, Vol. 1, 142 – 8, 320; Nef, *Rise*, Vol. 2, 36; Hatcher, *Coal*, 246.

116. Nef, *Rise*, Vol. 1, 144, 156. 更多参见 148 – 55; Nef, *Rise*, Vol. 2, 210, 328.

117. Nef, *Rise*, Vol. 1, 316. 更多参见 156, 265, 310 – 16, 343; Nef,

Rise, Vol. 2, 329 – 30. 在 18 世纪和 19 世纪的威尔士，类似的冲突也被描绘在 Osborne, "Commonlands".

118. Nef, *Rise*, Vol. 1, 312. 更多参见 308 – 9, 316 – 17; Nef, *Rise*, Vol. 2, 14 – 15. Žmolek, *Rethinking*, 87 – 8.

119. Nef, *Rise*, Vol. 1, 312 – 3. 着重强调。

120. 同上，277, 286, 303, 310, 313 – 17.

121. 同上，46, 150, 152, 318, 343; Nef, *Rise*, Vol. 2, 72, 210, 330; Osborne, "Commonlands", 232; Žmolek, *Rethinking*, 91, 102.

122. J. C., *The Compleat Collier*, London, 1708, 19. 着重强调。

123. Nef, *Rise*, Vol. 1, 146, 150, 152; Nef, *Rise*, Vol. 2, 74 – 8; Buxton, *Economic*, 18; Hatcher, *Coal*, 327 – 8, 343 – 4, 351 – 3, 554.

124. Nef, *Rise*, Vol. 1, 266. 更多参见 124 – 9, 156, 266 – 74, 284 – 9, 318; Nef, *Rise*, Vol. 2, 327 – 30.

125. Parthasarathi, *Why Europe*, 170 – 3.

126. Marx, *Capital* 1, 875.

第十四章

1. E. Rignot, J. Mouginot, M. Morlighem et al., "Widespread, Rapid Grounding Line Retreat of Pine Island, Thwaites, Smith, and Kohler glaciers, West Antarctica, from 1992 to 2011", *Geophysical Research Letters* [以下简称 *GRL*], 41 (2014), 3502 – 9; I. Joughin, B. Smith and B. Medley, "Marine Ice Sheet Collapse Potentially Under Way for the Thwaites Glacier Basin, West Antarctica", *Science*, 344 (2014), 735 – 8.

2. *NYT*, "Scientists warn of rising oceans from polar melt", 12 May 2014.

3. *NYT*, "Rocky road for Canadian oil", 12 May 2014. 比较 N. Swart and A. Weaver, "The Alberta Oil Sands and Climate", *NCC*, 2 (2012), 134 – 6.

4. R. Heede, "Tracing Anthropogenic Carbon Dioxide and Methane Emissions to Fossil Fuel and Cement Producers, 1854 – 2010", *CC*, 122 (2014), 234.

5. 参见第一章注释6和例如K. Anderson and A. Bows, "Reframing the Climate Change Challenge in Light of Post – 2000 Emission Trends", *PTRSA*, 366 (2008), 3863 – 82; P. Sheehan, "The New Global Growth Path: Implications for Climate Change Analysis and Policy", *CC*, 91 (2008), 211 – 31; K. Anderson and A. Bows, " Beyond 'Dangerous' Climate Change: Emission Scenarios for a New World", *PTRSA*, 369 (2011), 20 – 44.

6. J. Gregg, R. Andres and G. Marland, "China: Emissions Pattern of the World Leader in CO_2 Emissions from Fossil Fuel Consumption and Cement Production", *GRL*, 35 (2008); M. Levine and N. Aden, "Global Carbon Emissions in the Coming Decades: The Case of China", *Annual Review of Environment and Resources*, 33 (2008), 21.

7. K. Sauvant et al., "Preface", in K. Sauvant, L. Sachs, K. Davies et al. (eds.), *FDI Perspectives: Issues in International Investment*, Vale Columbia Center on International Investment, 2011, xix; *TE*, "Fear of the Dragon", 9 January 2010.

8. W. Beckerman, "Economic Growth and the Environment: Whose Growth? Whose Environment?", *World Development*, 20 (1992), 482. 着重强调。关于EKC的文献很多，对于一些关键参考和更全面的讨论，参见A. Malm, "China as Chimney of the World: The Fossil Capital Hypothesis", *Organization & Environment*, 25 (2012), 146 – 77.

9. L. Raymond, "Economic Growth or Environmental Policy? Reconsidering the Environmental Kuznets Curve", *Journal of Public Policy*, 24 (2004), 327 – 48; D. Romero – Ávila, "Questioning the Empirical Basis of the Environ-

mental Kuznets Curve for CO_2: New Evidence from a Panel Stationary Test Robust to Multiple Breaks and Cross – Dependence", *EE*, 64 (2008), 559 – 74; A. Kearsly and M. Riddel, "A Further Inquiry into the Pollution Haven Hypothesis and the Environmental Kuznets Curve", *EE*, 69 (2010), 905 – 19; J. Lipford and B. Yandle, "Environmental Kuznets Curves, Carbon Emissions, and Public Choice", *Environment and Development Economics*, 15 (2010), 417 – 38. 关于强度的测量，更多参见下文。

10. 关于这一环境库兹涅茨曲线的批评，参见 Malm 在"China"中的参考文献。

11. 参见例如 G. Peters and E. Hertwich, "Post – Kyoto Greenhouse Gas Inventories: Production Versus Consumption", *CC*, 86 (2008), 51 – 66; E. Hertwich and G. Peters, "Carbon Footprint of Nations: A Global, Trade – Linked Analysis", *Environmental Science & Technology*, 43 (2009), 6414 – 20; K. Caldeira and S. Davis, "Accounting for Carbon Dioxide Emissions: A Matter of Time", *PNAS*, 108 (2011), 8533 – 4; S. Davis, G. Peters and K. Caldeira, "The Supply Chain of CO_2 Emissions", *PNAS*, 108 (2011), 18554 – 9; G. Peters, J. Minx, C. Weber et al., "Growth in Emission Transfers via International Trade from 1990 to 2008", *PNAS*, 108 (2011), 8903 – 8.

12. G. Peters, G. Marland, E. Hertwich et al., "Trade, Transport, and Sinks Extend the Carbon Dioxide Responsibility of Countries", *CC*, 97 (2009), 380. 原文强调。

13. J. Pan, J. Phillips and Y. Chen, "China's Balance of Emissions Embodied in Trade: Approaches to Measurement and Allocating International Responsibility", *Oxford Review of Economic Policy*, 24 (2008), 354 – 76; C. Weber, G. Peters, D. Guan et al., "The Contribution of Chinese Exports to Climate Change", *EP*, 36 (2008), 3572 – 77; M. Xu, R. Li, J. Crittenden

et al., "CO_2 Emissions Embodied in China's Exports from 2002 to 2008: A Structural Decomposition Analysis", *EP*, 39 (2011), 7383; Le Quéré et al., "Trends"; Peters et al., "Growth".

14. D. Guan, G. Peters, C. Weber et al., "Journey to World Top Emitter: An Analysis of the Driving Forces of China's Recent CO_2 Emissions Surge", *GRL*, 36 (2009).

15. R. Andrew, S. Davis and G. Peters, "Climate Policy and Dependence on Traded Carbon", *ERL*, 8 (2013), 4.

16. Peters et al., "Growth", 8907.

17. Y. Yunfeng and Y. Laike, "China's Foreign Trade and Climate Change: A Case Study of CO_2 Emissions", *EP*, 38 (2010), 356. 着重强调。

18. Xu, "Emissions", 567. 着重强调。

19. G. Ádám, "Multinational Corporations and Worldwide Sourcing", in H. Radice (ed.), *International Firms and Modern Imperialism*, Harmondsworth, 1975; M. Larudee and T. Koechlin, "Wages, Productivity, and Foreign Direct Investment Flows", *Journal of Economic Issues*, 33 (1999), 419 – 26; M. Larudee and T. Koechlin, "Low – wage Labor and the Geography of Production: A Qualified Defense of the 'Pauper Labor Argument'", *Review of Radical Political Economics*, 40 (2008), 228 – 36.

20. M. Storper and R. Walker, "The Theory of Labour and the Theory of Location", *International Journal of Urban and Regional Research*, 7 (1983), 34.

21. 即包括实际的搬迁（X 工厂从 A 国搬到 B 国）和更快速的扩张（Y 公司在 B 国比在 A 国更快速地扩大生产）。

22. United Nations Conference on Trade and Development [以下简称 UNCTAD], *World Investment Report* 1994: *Transnational Corporations, Employ-*

ment and the Workplace, New York/Geneva, 1994, 253; UNCTAD *World Investment Report* 2002: *Transnational Corporations and Export Competitiveness*, New York/Geneva, 2002, 152 – 3.

23. J. Kentor and P. Grimes, "Foreign Investment Dependence and the Environment: A Global Perspective", in A. Jorgenson and E. Kick (eds.), *Globalization and the Environment*, Leiden, 2006, 67; S. Urata et al., "Introduction", in S. Urata, C. Yue and F. Kimura (eds.), *Multinationals and Economic Growth in East Asia: Foreign Direct Investment, Corporate Strategies and National Economic Development*, Abingdon, 2006, 10; S. Urata, "FDI Flows, their Determinants, and Economic Impacts in East Asia", in Urata et al., *Multinationals*, 46 – 7; A. Khadaroo and B. Seetanah, "Transport Infrastructure and Foreign Direct Investment", *Journal of International Development*, 22 (2010), 103 – 23.

24. 参见例如 G. Phylipsen, K. Blok and E. Worrell, "International Comparisons of Energy Efficiency: Methodologies for the Manufacturing Industry", *Energy Policy*, 25 (1997), 715 – 25; J. Roberts and P. Grimes, "Carbon Intensity and Economic Development 1962 – 91: A Brief Exploration of the Environmental Kuznets Curve", *World Development*, 25 (1997), 192 – 4; A. Richmond and R. Kaufmann, "Is There a Turning Point in the Relationship between Income and Energy Use and/or Carbon Emissions?", *EE*, 56 (2006), 176 – 89; J. Roberts, P. Grimes and J. Manale, "Social Roots of Global Environmental Change: A World – Systems Analysis of Carbon Dioxide Emissions", in Jorgenson and Kick, *Globalization*, 91 – 9; Roberts and Parks, *Climate*, 158 – 63, 174, 182 – 3.

25. Kentor and Grimes, "Foreign", 67 – 8; Roberts et al., "Social", 85 – 7.

26. P. Grimes and J. Kentor, "Exporting the Greenhouse: Foreign Capital

Penetration and CO_2 Emissions 1980 – 1996", *Journal of World – Systems Research*, 9（2003），265，270；S. Bunker and P. Ciccantell, *Globalization and the Race for Resources*, Baltimore, 2005；F. Curtis, "Peak Globalization: Climate Change, Oil Depletion and Global Trade", *EE*, 69（2009），428.

27. Sauvant et al., "Preface", xix.

28. K. Bronfenbrenner and S. Luce, "The Changing Nature of Corporate Global Restructuring: The Impact of Production Shifts on Jobs in the US, China, and Around the Globe", research paper, The US – China Economic and Security Review Commission, 2004. 更多参见例如 K. Davies, *Inward FDI in China and Its Policy Context*, Vale Columbia Center on Sustainable International Investment, 2010.

29. Ministry of Commerce, Investment Promotion Agency, "News Release of National Assimilation of FDI From January to November 2010", fdi. gov. cn, accessed 14 December 2010；J. Lu, Y. Lu and Z. Tao, "Exporting Behavior of Foreign Affiliates: Theory and Evidence", *Journal of International Economics*, 81（2010），198.

30. 联合国工业发展组织（UNIDO）数据来自 J. Ceglowski and C. Golub, "Just How Low are China's Labour Costs?", *The World Economy*, 30（2007），610.

31. *TE*, "The halo effect", 2 October 2004.

32. 同上, 597 – 617；E. Lett and J. Banister, "China's Manufacturing Employment and Compensation Costs: 2002 – 06", *Monthly Labor Review*（April 2009），30 – 8. D. Yang, V. Chen and R. Monarch, "Rising Wages: Has China Lost its Global Labor Advantage?", *Pacific Economic Review*, 15（2010），482 – 504；数据来自 J. Banister and G. Cook, "China's Employment and Compensation Costs in Manufacturing through 2008", *Monthly Labor Review*

(March 2011), 39, 49.

33. Y. Yongding, "The Experience of FDI Recipients: The Case of China", in Urata et al., *Multinationals*, 436 – 7; Banister and Cook, "China's", 46, 51.

34. M. Hart – Landsberg and P. Burkett, "Chinaandthe Dynamicsof Transnational Accumulation: Causes and Consequences of Global Restructuring", *HM*, 14 (2006), 3 – 43; C. Lee, *Against the Law: Labor Protests in China's Rustbelt and Sunbelt*, Berkeley, 2007; P. Bowles and J. Harriss (eds.), *Globalization and Labour in China and India: Impacts and Responses*, Basingstoke, 2010; *China Labour Bulletin*, "Swimming Against the Tide: A Short History of Labor Conflict in China and the Government's Attempts to Control it", research note, 2010.

35. R. Tang, A. Metawalli and O. Smith, 'Foreign Investment: Impact on China's Economy', *Journal of Corporate Accounting & Finance* 21 (2010), 35; 比较 J. Whalley and X. Xin, 'China's FDI and Non – FDI Economies and the Sustainability of Future High Chinese Growth', *China Economic Review* 21 (2010), 125.

36. Lu et al., "Exporting", 199.

37. 材料来自 Investment Promotion Agency, China's Ministry of Commerce, in Tang et al., 'Foreign', 35.

38. TE, 'Halo', 2 October 2004. 数据来自 A. Glyn, Capitalism Unleashed: Finance, Globalization, and Welfare, Oxford, 2006, 87 – 8; H. McKay and L. Song, 'China as Global Manufacturing Powerhouse: Strategic Considerations and Structural Adjustment', China & World Economy 18 (2010), 15; Tang et al., 'Foreign', 37. TS1ç0z.

39. C. Cattaneo, M. Manera and E. Scarpa, "Industrial Coal Demand in

China: A Provincial Analysis", *Resource and Energy Economics*, 33 (2011), 12 – 35; M. Kuby, C. He, B. Trapido – Lurie et al., "The Changing Structure of Energy Supply, Demand, and CO_2 Emissions in China", *Annals of the Association of American Geographers*, 101 (2011), 795 – 805; S. Zhou, G. Page Kyle, S. Yu et al., "Energy Use and CO_2 Emissions of China's Industrial Sector from a Global Perspective", *EP*, 58 (2013), 284 – 94; S. Zhang, P. Andrews – Speed and M. Ji, "The Erratic Path of the Low – Carbon Transition in China: Evolution of Solar PV Policy", *EP*, 67 (2014), 903 – 12.

40. 材料来自 China Energy Statistical Yearbook in Y. Wang, A. Gu and A. Zhang, "Recent Developments of Energy Supply and Demand in China, and Energy Sector Prospects through 2030", *EP*, 39 (2010), 6751.

41. R. Andres, T. Boden, F. – M. Bréon et al. "A Synthesis of Carbon Dioxide Emissions from Fossil – Fuel Combustion", *Biogeosciences*, 9 (2012), 1852.

42. A. Jahiel, "China, the WTO, and Implications for the Environment", *Environmental Politics*, 15 (2006), 310 – 29; D. van Vuuren and K. Riahi, "Do Recent Emission Trends Imply Higher Emissions Forever?", *CC*, 91 (2008), 237 – 48; S. Dan, "Energy Restructuring in China: Retrospects and Prospects", *China & World Economy*, 16 (2008), 82 – 93; Wang et al. "Recent", 6745 – 59;

43. D. Mou and Z. Li, "A Spatial Analysis of China's Coal Flow", *EP*, 48 (2012), 358 – 68; K. Feng, S. J. Davis, L. Sun et al., "Outsourcing CO_2 within China", *PNAS*, 110 (2013), 11654 – 9; Cattaneo et al., "Industrial". *Financial Times* [以下简称 *FT*], "Scramble for coal reaches Indonesia", 8 September, 2010; *TE*, "The indispensable economy?", 30 October 2010; Berners – Lee and Clark, *Burning*, 58.

44. F. Kahrl and D. Roland – Holst, "Energy and Exports in China", *Chi-*

na Economic Review, 19 (2008), 649 – 58; G. Leung, "China's Oil Use, 1990 – 2008", EP, 38 (2010), 932 – 44; X. Zhao, C. Ma and D. Hong, "Why Did China's Energy Intensity Increase during 1998 – 2006: Decomposition and Policy Analysis", EP, 38 (2010), 1379 – 88; Dan, "Energy"; Kuby et al., "Changing".

45. Ministry of Commerce, Investment Promotion Agency, "Investment environment", fdi. gov. cn, accessed 16 December 2010.

46. Canadell et al., "Contributions", 18866 – 7.

47. W. Graus, M. Voogt and E. Worrell, "International Comparison of Energy Efficiency of Fossil Power Generation", *EP*, 35 (2007), 3936 – 51; Levine and Aden, "Global", 27; Kahrl and Roland – Holst, "Energy", 656 – 7; Leung, "Oil", 933 – 5; Kuby et al., "Changing", 797 – 8.

48. US Energy Information Administration, "Independent Statistics and Analysis", eia. doe. gov, accessed 27 December 2010.

49. W. Tseng and H. Zebregs, "Foreign Direct Investment in China: Some Lessons for Other Countries", IMF Policy Discussion Paper, 2002; L. Cheng and Y. Kwan, "What Are the Determinants of the Location of Foreign Direct Investment? The Chinese Experience", *Journal of International Economics*, 51 (2010), 379 – 400; S. Zhao and L. Zhang, "Foreign Direct Investment and the Formation of Global City – Regions in China", *Regional Studies*, 41 (2007), 979 – 94; J. Fuglestvedt, T. Berntsen, G. Myhre et al., "Climate Forcing from the Transport Sectors", *PNAS*, 105 (2008), 454 – 8; O. Andersen, S. Gössling, M. Simonsen et al., "CO_2 Emissions from the Transport of China's Exported Goods", *EP*, 38 (2010), 5790 – 8; M. Cadarso, L. López, N. Gómez et al., "CO_2 Emissions of International Freight Transport and Offshoring: Measurement and Allocation", *EE*, 69 (2010), 1682 – 94; S. Davis, K. Caldeira

and H. Matthews, "Future CO_2 Emissions and Climate Change from Existing Energy Infrastructure", *Science*, 329 (2010), 1330 – 3.

50. *NYT*, "Strike in China highlights gap in workers' pay", 28 May 2010; "A labor movement stirs in China", 10 June 2010.

51. *China Daily*, "Strikes signal end to cheap labor", 3 June 2010.

52. 关于过去几十年来中国劳工反抗的精彩论述, 参见 Lee, *Against*; for evaluation of the strike wave, F. Butollo and T. ten Brink, "Challenging the Atomization of Discontent: Patterns of Migrant - Worker Protest in China during the Series of Strikes in 2010", *Critical Asian Studies*, 44 (2012), 419 – 40; C. Chan, "Contesting Class Organization: Migrant Workers' Strikes in China's Pearl River Delta, 1978 – 2010", *International Labor and Working – Class History*, 83 (2013), 112 – 36.

53. *TE*, "The next China", 31 July 2010; *Forbes*, "Move over, Michigan, China is the world's next rust belt", 12 September 2012.

54. *TE*, "Socialist workers", 12 June 2010.

55. *TE*, "Plus one country", 4 September 2010; *FT*, "Rising Chinese wages pose relocation risk", 15 February 2011; *Bloomberg*, "China wage gains undermine global bond investors as inflation accelerates", 23 February 2011; "Why China's heading for a hard landing, part 2", 28 June 2011; *Focus on Fashion Retail*, "Rising wages blunt Chinese factories' competitive edge", June 2013; T. Ozawa and C. Bellak, "Will China Relocate its Labor – Intensive Factories to Africa, Flying – Geese Style?", in Sauvant et al., *FDI*, 42 – 4.

56. *FT*, "China factories eye cheaper labour overseas", 8 November 2011; *NYT*, "Even as wages rise, Chinese exports grow", 9 January 2014; Ozawa and Bellak, "Will China", 43 – 4.

57. *TE*, "Plus"; *NYT*, "Movement"; *Asiaone*, "Vietnam plans biggest coal

mining project", 22 May 2009. 更多参见 T. Tran, "Sudden Surge in FDI and Infrastructure Bottlenecks: The Case of Vietnam", *ASEAN Economic Bulletin*, 26 (2009), 58 – 76; T. Do and D. Sharma, "Vietnam's Energy Sector: A Review of Current Energy Policies and Strategies", *EP*, 39 (2011), 5770 – 7.

58. D. Narjoko and F. Jotzo, "Survey of Recent Developments", *Bulletin of Indonesian Economics*, 43 (2007), 143 – 69; M. Hasan, T. Mahlia and H. Nur, "A Review on Energy Scenario and Sustainable Energy in Indonesia", *Renewable and Sustainable Energy Reviews*, 16 (2012), 2316 – 28; *FT*, "Scramble", *The Jakarta Post*, "Slowing China creates business opportunities for RI", 12 May 2014. 引自 Narjoko and Jotzo, "Survey", 162.

59. R. K. Srivastava, "Chinese Success with FDI: Lessons for India", *China: An International Journal*, 6 (2008), 325, 327.

60. *Business Today*, "India benefits as China begins to lose its manufacturing edge", 12 February 2014; A. Petherick, "Dirty Money", *NCC*, 2 (2012), 72 – 73. 着重强调。

61. W. Lin 援引自 *Wall Street Journal*, "Many factories in China's south sound last whistle", 22 February 2008; *Reuters*, "Robots lift China's factories to new heights", 3 June 2012.

62. *The Verge*, "Foxconn begins replacing workers with robots ahead of US expansion", 11 December 2012. 更多参见 *Korea Herald*, "Nissan, Foxconn fight rising costs with automation", 22 June 2010; *FT*, "Foxconn looks to a robotic future", 1 August 2011; *China Daily*, "Foxconn halts recruitment as they look to automated robots", 20 February 2013; *FT*, "China: Delta blues", 22 January 2014.

63. *Focus on Fashion Retail*, "Rising". 更多参见例如 M. Das and P. N' Diaye, "The end of cheap labor", *IMF Finance and Development*,

June 2013.

64. *South China Morning Post*, "Cheap labour not the only driver of factories, flight from China", 24 February 2014; *Electronics Weekly*, "Is China losing its appeal as the low-cost manufacturer of choice?", 21 January 2014; *Daily News*, "Forty percent of US firms consider moving factories out of China", 15 October 2012; *The Jakarta Post*, "Slowing".

65. P. Sheehan, E. Cheng, A. English et al., "China's Response to the Air Pollution Shock", *NCC*, 4 (2014), 306-9.

66. 关于 IMF 的名单，参见 Das and N'Diaye, "End".

67. E. Mandel, *Long Waves of Capitalist Development: A Marxist Interpretation*, London, 1995 [1980], 88. 着重强调。

68. *TE*, "Reserve army of underemployed", 6 September 2008.

69. *China Labour Bulletin*, "Wage increases quiet worker protest – for the time being", 3 November 2010. 更多参见例如 C. Luo and J. Zhang, "Declining Labor Share: Is China's Case Different?", *China & World Economy*, 18 (2010), 1-18; Lee, *Against*, 163-4.

70. Silver, *Forces*, 41; B. Silver and L. Zhang, "China as an Emerging Epicenter of World Labor Unrest", in H. Hung (ed.), *China and the Transformation of Global Capitalism*, Battimore, 2009, 174. 原文强调。

71. Friedlingstein et al., "Persistent", 712; Oxfam, *Working for the Few: Political Capture and Economic Inequality*, Oxfam briefing paper, 178, 2014.

72. Marx, *Capital* 3, 343. 着重强调。

73. 比较例如 Burkett and Foster, "Metabolism", 139.

74. Friedlingstein et al., "Persistent", 713.

75. Hertwich and Peters, "Footprint", 6419.

76. Mitchell, *Carbon*, 21.

77. 参见同上，例如 19 – 27，236。

78. 同上，29。更多参见第一章；B. Podobnik, *Global Energy Shifts: Fostering Sustainability in a Turbulent Age*, Philadelphia, 2006, ch. 4.

79. 关于全球煤炭消费模式的分析，参见 B. Clark, A. Jorgenson and D. Auerbach, "Up in Smoke: The Human Ecology and Political Economy of Coal Consumption", *Organization & Environment*, 25 (2012), 452 – 69.

80. G. Dai, S. Ulgiati, Y. Zhang et al., "The False Promise of Coal Exploitation: How Mining Affects Herdsmen Well – Being in the Grassland Ecosystems of Inner Mongolia", *EP*, 67 (2014), 146 – 53.

81. E. Togochog 援引自 *France 24*, "Amateur images are the only testimony of the revolt in Inner Mongolia", 1 June 2011. 更多参见 *Los Angeles Times*, "China tries to avert Inner Mongolia protests", 30 May 2011; *Scientific American*, "Where coal is king in China", 4 November 2011.

82. Marx, *Grundrisse*, 106.

83. Harvey, *Limits*, 220. 着重强调。The Norwegian platform: Smil, *Energy in Nature*, 222 – 3.

84. Smil, *Energy Transitions*, 125 – 6; W. Carton, "Dancing to the Rhythms of the Fossil Fuel Landscape: The European Emissions Trading Scheme, Landscape Inertia, and the Limits to Market – Based Climate Change Governance", draft paper, Department of Human Geography, Lund University, 2013, 8.

85. R. Lempert, S. Popper, S. Resetar et al., *Capital Cycles and the Timing of Climate Change Policy*, Pew Center on Global Climate Change, 2002.

86. Grubler, "Transitions", 10.

87. C. Bertram, N. Johnson, G. Luderer et al., "Carbon Lock – In through Capital Stock Inertia Associated with Weak Near – Term Climate Poli-

cies", *Technological Forecasting & Social Change*, online first, 2013, 10. 着重强调。

88. 所有数据来自 S. Davis and R. Socolow, "Commitment Accounting of CO_2 Emissions", *ERL*, 9（2014）.

89. S. van Renssen, "Coal Resists Pressure", *NCC*, 5（2015）, 96 – 7; Smil, *Energy Transitions*, 126; Berners – Lee and Duncan, *Burning*, 105.

90. 引自 van Renssen, "Coal", 97; 数据来自 Davis et al., "Future", 1333.

91. *Fortune*, "The 500 largest corporations in the world, 2013", money. cnn. com, accessed 25 May 2014; H. Schücking, L. Kroll, Y. Louvel and R. Richter, *Bankrolling Climate Change: A Look into the Portfolios of the World's Largest Banks*, Urgewald, 2011.

92. J. Hansen, M. Sato, G. Russell and P. Kharecha, "Climate Sensitivity, Sea Level and Atmospheric Carbon Dioxide", *PTRSA*, 371（2013）, online; C. McGlade and P. Ekins, "Un – burnable Oil: An Examination of Oil Resource Utilisation in a Decarbonised Energy System", *EP*, 64（2014）, 102 – 12; N. Klein, *This Changes Everything: Capitalism vs the Climate*, London, 2014, 146 – 9; Berners – Lee and Duncan, *Burning*, 32 – 4, 85 – 94.

93. *Business Week*, "Charlie Rose Talks to ExxonMobil's Rex Tillerson", 7 March 2013.

94. 关于一个标准的因素清单，参见 D. Jamieson, *Reason in a Dark Time: Why the Struggle against Climate Change Failed – and What It Means for Our Future*, Oxford, 2014, ch. 3; 关于原始的分析，参见 K. M. Norgaard, *Living in Denial: Climate Change, Emotions, and Everyday Life*, Cambridge MA, 2011.

95. Althusser, *Reproduction*.

96. 引自同上, 259, 264. 前两处原文强调, 第三处是增加的强调。

97. Mosley, *Chimney*, 77. 原文强调。

98. William Bone 引述同上, 78 页。着重强调。

99. 关于迄今为止最精辟的经验研究, 参见 Huber, *Lifeblood.*

100. Marx, *Grundrisse*, 287; S. Weintrobe, "The Difficult Problem of Anxiety in Thinking about Climate Change", in S. Weintrobe (ed.), *Engaging*, 43. 着重强调。

101. Althusser, *For*, 200. 原文强调。

102. 引自 Lukács, *History*, 208; Marx, *Grundrisse*, 408. 着重强调。

103. Lukács, *History*, 208; Althusser, *Reproduction*, 176.

104. Lukács, *History*, 93.

105. Jamieson, *Reason*, 1.

第十五章

1. O. Edenhofer, R. Madruga and Y. Sokona, *Renewable Energy Sources and Climate Change Mitigation: Special Report of the Intergovernmental Panel on Climate Change*, Cambridge, 2012, 183, 337, 340; Smil, *Energy Transitions*, 109.

2. C. Archer and M. Jacobson, "Evaluation of Global Wind Power", *Journal of Geophysical Research*, 110 (2005), 1 – 6; K. Marvel, B. Kravitz and K. Caldeira, "Geophysical Limits to Global Wind Power", *NCC*, 3 (2013), 118 – 21; Edenhofer et al., *Renewable*, 544 – 5. 请注意, 这些数字是指低空风力发电。

3. M. Jacobson and M. Delucchi, "Providing All Energy with Wind, Water, and Solar Power, Part I: Technologies, Energy Resources, Quantities and Areas of Infrastructure, and Materials", *EP*, 39 (2011), 1154 – 69; M. De-

lucchi and M. Jacobson, "Providing All Energy with Wind, Water, and Solar Power, Part II: Reliability, System and Transmission Costs, and Policies", *EP*, 39 (2011), 1170 – 90; M. Jacobson, R. Howarth, M. Delucchi et al., "Examining the Feasibility of Converting New York State's All – Purpose Energy Infrastructure to One Using Wind, Water, and Sunlight", *EP*, 57 (2013), 585 – 601.

4. P. Schwartzman and D. Schwartzman, *A Solar Transition Is Possible*, London, 2011; B. Sovacool and C. Watts, "Going Completely Renewable: Is it Possible (Let Alone Desirable)?", *The Electricity Journal*, 22 (2009), 95 – 111; L. Leggett and D. Ball, "The Implication for Climate Change and Peak Fossil Fuel of the Continuation of the Current Trend in Wind and Solar Energy Production", *EP*, 41 (2012), 610 – 7.

5. Edenhofer et al., *Renewable*, 35. 光伏的数字只包括连接到电网的数,因此是一个低估的数字。

6. *The Telegraph*, "Global solar dominance in sight as science trumps fossil fuels", 9 April 2014; Bloomberg New Energy Finance [以下简称 BNEF], "China's 12 GW solar market outstripped all expectations in 2013", 23 January 2014; *TG*, "Kenya to generate over half of its electricity through solar power by 2016", 17 January 2014; *TG*, "Haiti switches on to solar power as sustainable electricity solution", 17 December 2013; Smil, *Energy Transitions*, 126 – 7; Edenhofer et al., *Renewable*, 172 – 5; van Renssen, "Coal", 96.

7. Edenhofer et al., *Renewable*, 187 – 9; T. Schmidt, R. Born and M. Schneider, "Assessing the Costs of Photovoltaic and Wind Power in Six Developing Countries", *NCC*, 2 (2012), 548 – 53.

8. K. Barnham, K. Knorr and M. Mazzer, "Benefits of Photovoltaic Power in Supplying National Electricity Demand", *EP*, 54 (2013), 385 – 90; G.

Timilsina, G. van Kooten and P. Narbel, "Global Wind Power Development: Economics and Policies", *EP*, 61 (2013), 642 – 52; A. Petherick, "Here Comes the Sun", *NCC*, 4 (2014), 324 – 5; J. Trancik, "Back the Renewables Boom", *Nature*, 507 (2014), 300 – 2; Sovacool and Watts, "Going", 98; Delucchi and Jacobson, "Providing, Pt II", 1174 – 5; Schmidt et al., "Assessing". 关于补贴的数字来自 B. Buchner, M. Herve – Mignucci, C. Trabacchi et al., *The Global Landscape of Climate Finance* 2013, Climate Policy Initiative, 2013, 33.

9. K. Marx, *Theories of Surplus – value*, New York, 2000, 794.

10. N. Lewis, "Toward Cost – Effective Solar Energy Use", *Science*, 315 (2007), 798 – 801; D. Seifried and W. Witzel, *Renewable Energy: The Facts*, London, 2010, 60; S. Reichelstein and M. Yorston, "The Prospects for Cost Competitive Solar PV Power", *EP*, 55 (2013), 117 – 27; *The Observer*, "The perovskite light bulb moment for solar power", 2 March 2014; *TG*, "Perovskites: the future of solar power?", 7 March 2014; *TG*, "Cheap batteries will revolutionise the renewable energy market", 9 March 2014.

11. *Reuters*, "Shell goes cold on wind, solar, hydrogen energy", 17 March 2009. 更多参见 D. Miller, "Why the Oil Companies Lost Solar", *EP*, 60 (2013), 52 – 60.

12. *NPR*, "BP bows out of solar, but industry outlook still sunny", 7 March 2013. 着重强调。更多参见 *TG*, "BP axes 620 jobs from solar business", 1 April 2009; "BP axes solar power business", 21 December 2011.

13. Quotations (anonymous) from Miller, "Why", 58.

14. D. Powell, "Sahara Solar Plan Loses Its Shine", *Nature*, 491 (2012), 16 – 17; *Reuters*, "E.ON quits renewable energy consortium Desertec", 11 April 2014.

15. *Nature*, "Power cuts", 490 (2012), 5–6; Kennedy, *Rooftop Revolution: How Solar Power Can Save Our Economy – and Our Planet – from Dirty Energy*, San Francisco, 2012, 15–16; *TG*, "Is sustainability losing momentum in the solar industry?", 13 August 2013; "EU to impose anti–dumping tariffs on Chinese solar panels", 4 June 2013; Zhang et al., "Erratic".

16. BNEF, *Global Trends in Renewable Energy Investment* 2014: *Key Findings*, 2014, 12. All figures (which include biofuels) from this report. 比较 Buchner et al., *Global*; *TG*, "Is solar power facing a dim future?", 10 October 2013.

17. 关于劳德代尔悖论，参见 Foster et al., *Ecological*, ch. 1.

18. Jacobson and Delucchi, "Providing Pt I". The recycling potential: D. Müller, G. Liu, A. Løvik et al., "Carbon Emissions of Infrastructure Development", *Environmental Science & Technology*, 47 (2013), 11745.

19. Jacobson and Delucchi, "Providing Pt I"; Jacobson et al., "Examining". 比较 M. Dombi, I. Kuti and P. Balogh, "Sustainability Assessment of Renewable Power and Heat Generation Technologies", *EP*, 67 (2014), 264–71; 还有 T. Searchinger, R. Heimlich, R. Houghton et al., "Use of U.S. Croplands for Biofuels Increases Greenhouse Gases through Emissions from Land–Use Change", *Science*, 319 (2008), 1238–40.

20. R. Kerr, "Do We Have Energy for the Next Transition?", *Science*, 329 (2010), 780, 引自 C. Cleveland.

21. Edenhofer et al., *Renewable*, 342; Archer and Jacobson, "Evaluation"; Reichelstein and Yorston, "Prospects"; Timilsina et al., "Global".

22. H. Scheer, *The Solar Economy: Renewable Energy for a Sustainable Global Future*, London, 2004, 78.

23. 引自 H. Scheer, *The Energy Imperative: 100 Per Cent Renewable Now*,

London, 2012, 23; Scheer, *Solar*, 66.

24. Scheer, *Solar*, 80.

25. 正如援引自例如 *NYT*, "Executive life: Who says unions must dislike their chief?", 15 December 2002.

26. Scheer, *Solar*, 86; Scheer, *Energy*, 35.

27. Scheer, *Solar*, 183; Crary, 24/7, 88.

28. 参见 T. Trainer 在 *EP* 中的一些文章: "A Critique of Jacobson and Delucchi's Proposals for a World Renewable Energy Supply", 44 (2012), 476 – 81; "Can Europe Run on Renewable Energy? A Negative Case", 63 (2013), 845 – 50; "Some inconvenient theses", 64 (2014), 168 – 74. 引自 N. Gilbraith, P. Jaramillo, F. Tong et al., "Comments on Jacobson et al.'s Proposal for a Wind, Water, and Solar Energy Future for New York State", *EP*, 60 (2013), 68.

29. M. Morris 援引自 *NYT*, "Is America ready to quit coal?", 14 February 2009; D. Hess, "Industrial Fields and Countervailing Power: The Transformation of Distributed Solar Energy in the United States", *Global Environmental Change*, 23 (2013), 847 – 55; BNEF, *Profiling the Risks in Solar and Wind: A Case for New Risk Management Approaches in the Renewable Energy Sector*, 2013, 11; Lukács, *History*, 99.

30. 参见例如 M. Roeb and H. Müller – Steinhagen, "Concentrating on Solar Electricity and Fuels", *Science*, 329 (2010), 773 – 4; P. Viebahn, Y. Lechon and F. Trieb, "The Potential Role of Concentrated Solar Power (CSP) in Africa and Europe: A Dynamic Assessment of Technology Development, Cost Development and Life Cycle Inventories until 2050", *EP*, 39 (2011), 4420 – 30; J. Kaldellis and M. Kapsali, "Shifting towards Offshore Wind Energy: Recent Activity and Future Development", *EP*, 53 (2013), 136 – 48.

31. F. Zickfeld, A. Wieland, J. Blohmke et al. , 2050 *Desert Power*: *Perspectives on a Sustainable Power System for EUMENA*, Munich, 2012; 引自 6, 11.

32. *Reuters*, "E. ON quits renewable energy consortium Desertec", 11 April 2014; *TG*, "Desert solar power partners Desertec Foundation and Dii split up", 5 July 2013; 引自 *EurActiv*, "Desertec abandons Sahara solar power export dream", 31 May 2013.

33. F. Trieb, C. Schillings, T. Pregger er al. , "Solar Electricity Imports from the Middle East and North Africa to Europe", *EP*, 42 (2012), 353.

34. C. Cooper and B. Sovacool, "Miracle or Mirage? The Promise or Peril of Desert Energy Part 2", *Renewable Energy*, 50 (2013), 824. 着重强调。

35. M. Delucchi and M. Jacobson, "Response to 'A Critique of Jacobson and Delucchi's Proposals for a World Renewable Energy Supply'", *EP*, 44 (2012), 482 – 4.

36. Jevons, *Coal*, 152.

37. A. Gullberg, "The Political Feasibility of Norway as the 'Green Battery' of Europe", *EP*, 57 (2013), 615 – 23; *Spiegel Online*, "Norway wants to become Europe's battery", 24 May 2012.

38. 参见,例如 M. Rasmussen, G. Andresen and M. Greiner, "Storage and Balancing Synergies in a Fully or Highly Renewable Pan – European Power System", *EP*, 51 (2012), 642 – 65; Delucchi and Jacobson, "Providing Pt II".

39. 比较 Klein, *Th s*, 394 – 5.

40. W. Blackstone, *Commentaries on the Laws of England*, Book the Second, *Fourth Edition*, Oxford, 1770, 395; 法国匿名法律学者援引自 Wiel, "Running", 191.

41. Scheer, *Energy*, 88, 97. 着重强调。

42. S. Jacobsson and K. Karltorp, "Mechanisms Blocking the Dynamics of the European Offshore Wind Energy Innovation System: Challenges for Policy Intervention", *EP*, 63 (2013), 1182–95; Trieb et al., "Solar", 310–11; Buchner et al., *Global*, 28; Jacobsson and Karltorp (2013); Timilsina et al., "Global", 650.

43. S. van Renssen, "Investors Take Charge of Climate Policy", *NCC*, 4 (2014), 241–2; *TG*, "UN climate chief calls for tripling of clean energy investment", 14 January 2014.

44. R. Jacobsson and S. Jacobsson, "The Emerging Funding Gap for the European Energy Sector: Will the Financial Sector Deliver?", *Environmental Innovation and Societal Transitions*, 5 (2012), 49–59.

45. A. Villaraigosa, V. Sivaram and R. Nichols, "Powering Los Angeles with Renewable Energy", *NCC*, 3 (2013), 771–5.

46. Klein, *Th s*, 96–100; R. Sullivan and A. Gouldson, "Ten Years of Corporate Action on Climate Change: What Do We Have to Show for It?", *EP*, 60 (2013), 733–40; H. Dulal, K. Shah, C. Saptoka et al., "Renewable Energy Diffusion in Asia: Can It Happen without Government Support?", *Energy Policy*, 59 (2013), 301–11.

47. Scheer, *Energy*, 149; R. York, "Do Alternative Energy Sources Displace Fossil Fuels?", *NCC*, 2 (2012), 443. 着重强调。

48. 比较 *TG*, "Abundant fossil fuels leave clean energy out in the cold", 7 November 2013.

49. Klein, *This*, 201.

50. Jacobson and Delucchi, "Providing Pt I", 9; A. Giddens, *The Politics of Climate Change. Second Edition*, Cambridge, 2011, 93–9.

51. M. Meinshausen, N. Meinshausen, W. Hare et al., "Greenhouse–

Gas Emission Targets for Limiting Global Warming to 2°C", *Nature*, 458 (2009), 1158-63; J. Rogelj, D. McCollum, B. O'Neill et al., "2020 Emissions Required to Limit Warming to Below 2°C", *NCC*, 3 (2013), 405-12; T. Stocker "The Closing Door of Climate Targets", *Science*, 339 (2013), 280-2; Luderer et al., "Economic"; Peters et al., "Challenge"; Friedlingstein et al., "Persistent". 所要求的全球年减排率相当于5%, 根据 Raupach et al., "Sharing".

52. 更多参见 C. Parenti, "A Radical Approach to the Climate Crisis", *Dissent*, (Summer 2013), 51-7.

53. 比较 Klein, *Th s*, 例如22, 153-154页。

54. Scheer, *Energy*, 110, 102, 106; Scheer, *Solar*, 172.

55. K. Anderson, "Climate Change Going Beyond Dangerous: Brutal Numbers and Tenuous Hope", *Development Dialogue*, NO. 61 (2012), 25; Anderson and Bows, "Reframing", 3880.

56. L. Trotsky, *Terrorism and Communism*, London, 2007 [1920]; W. Benjamin, *The Arcades Project*, Cambridge MA, 2002, 473. 比较 Wainwright and Mann, "Leviathan".

57. L. Delina and M. Diesendorf, "Is Wartime Mobilisation a Suitable Policy Model for Rapid National Climate Mitigation?", *EP*, 58 (2013), 376.

58. 关于这四个国家的数字见 Peters et al., "Challenge".

59. Delina and Diesendorf, "Wartime", 377.

60. 这个特定版本的定义来自 C. Hamilton, *Earthmasters: The Dawn of the Age of Climate Engineering*, New Haven, 2013, 1.

61. P. Crutzen, "Albedo Enhancement by Stratospheric Sulfur Injections: A Contribution to Resolve a Policy Dilemma", *CC*, 77 (2006), 211-20. 关于他打破禁忌和打开闸门的文章, 参见 E. Kintisch, *Hack the Planet: Science's*

Best Hope – or Worst Nightmare – for Averting Climate Catastrophe, Hoboken, 2010, 55 – 8; Hamilton, *Earthmasters*, 15 – 18, 147, 166; D. Keith, *A Case for Climate Engineering*, Cambridge MA, 2013, 92.

62. 关于两次出色的地球工程测量, 参见 Kintisch, *Hack*; Hamilton, *Earthmasters*. A splendid critique is H. Buck, "Geoengineering: Re – making Climate for Profit or Humanitarian Intervention?", *Development and Change*, 43 (2012), 253 – 70; 同样出现在 Klein (2014), 第八章中。

63. Keith, *Case*, ix, 100.

64. 同上, 71. 更多参见例如 Kintisch, *Hack*, 60 – 72; S. Barrett, T. Lenton, A. Millner et al., "Climate Engineering Reconsidered", *NCC*, 4 (2014), 527 – 9.

65. K. McCusker, K. Armour, C. Bitz et al., "Rapid and Extensive Warming Following Cessation of Solar Radiation Management", *ERL*, 9 (2014). 更多参见例如 V. Brovkin, V. Petoukhov, M. Claussen et al., "Geoengineering Climate by Stratospheric Sulphur Injections: Earth System Vulnerability to Technological Failure", *CC*, 92 (2009), 243 – 59; A. Ross and H. Matthews, "Climate Engineering and the Risk of Rapid Climate Change", *ERL*, 4 (2009); W. Burns, "Climate Geoengineering: Solar Radiation Management and Its Implications for Intergenerational Equity", *Stanford Journal of Law, Science & Policy*, 4 (2011), 39 – 55.

66. Kintisch, *Hack*, 194 – 206; Hamilton, *Earthmasters*, 74 – 76; *TG*, "Bill Gates backs climate scientists lobbying for large – scale geoengineering", 6 February 2012.

67. *TG*, "Climate change fears overblown, says ExxonMobile boss", 28 June 2012.

68. Crutzen, "Albedo", 217.

69. Keith, *Case*, 29, 143 – 4.

70. 同上, 115.

第十六章

1. Lynas, *God*, 5 – 6, 55.

2. 同上, 197. 更多参见第十一章。这并不是说坚持"人类世"就一定会导致对地球工程的支持——可能只有少数人类世的学者赞成这种解决方案——但这种叙述的政治逻辑显然会导致远离社会对抗。

3. Klein, *This*, 18.

4. J. Gray, "This Changes Everything: Capitalism vs the Climate review", *The Observer*, 22 September 2014; P. Kingsnorth, "The Four Degrees", *London Review of Books*, 36, NO. 20 (2014), 18. 着重强调。

5. D. Chakrabarty, "Climate and Capital: On Conjoined Histories", *Critical Inquiry*, 41 (2014), 11. 原文强调。

6. 同上, 14 – 16.

7. D. Chakrabarty, "The Climate of History: Four Theses", *Critical Inquiry*, 35 (2009), 221 – 2. 对于一些以埃及为例，试图将气候变化的不同脆弱性概念化的尝试，参见 A. Malm, "Sea Wall Politics: Uneven and Combined Protection of the Nile Delta Coastline in the Face of Sea Level Rise", *Critical Sociology*, 39 (2013), 803 – 32; A. Malm and S. Esmailian, "Ways Inand Outof Vulnerabilityto Climate Change: Abandoning the Mubarak Project in the Northern Nile Delta, Egypt", *Antipode*, 45 (2012), 474 – 92; A. Malm and S. Esmailian, "Doubly Dispossessed by Accumulation: Egyptian Fishing Communities between Enclosed Lakes and a Rising Sea", *Review of African Political Economy*, 39 (2012), 408 – 26; A. Malm, "Tahrir Submerged? Five Theses on Climate Change and Revolution", *Capitalism Nature Socialism*, 25

(2014), 28–44.

8. 参见 M. Funk 的特别调查, *Windfall: The Booming Business of Global Warming*, New York, 2014.

9. 例如 D. Archer, "Fate of Fossil CO_2 in Geological Time", *Journal of Geophysical Research*, 110 (2005); D. Archer and A. Ganopalski, "A Movable Trigger: Fossil Fuel CO_2 and the Onset of the Next Glaciation", *Geochemistry, Geophysics, Geosystems*, 6 (2005); A. Montenegro, V. Brovkin, M. Eby et al., "Long Term Fate of Anthropogenic Carbon", *GRL*, 34 (2007); D. Archer, M. Eby, V. Brovkin et al. "Atmospheric Lifetime of Fossil Fuel Carbon Dioxide", *Annual Review of Earth and Planetary Sciences*, 37 (2009), 117–34; Stocker et al., *Physical*, 472–3; Archer, *Long.* 比较 Althusser and Balibar, *Reading*, 110–6.

10. W. Benjamin, *One-Way Street and Other Writings*, London, 2009, 58.

11. Wrigley, *Energy*, 247–8; Benjamin in M. Löwy, *Fire Alarm: Reading Walter Benjamin's "On the Concept of History"*, London, 2005, 57. 着重强调。(Löwy 的著作中包含了《历史哲学论纲》中的所有文稿。)

12. Engels, *Condition*, 165, 107–8, 72, 253–5, 282.

13. 关于气候变化背景下"apocalypse"的这种词源和传统, 参见 S. Skrimshire (ed.), *Future Ethics: Climate Change and the Apocalyptic Imagination*, London, 2010.

14. Benjamin in Löwy, *Fire*, 62; T. Adorno, *Minima Moralia: Reflections from Damaged Life*, London, 2005 [1951], 60, 248–9. 着重强调。"Horror consists in its always remaining the same – the persistence of 'pre-history' – but is realized as constantly different, unforeseen, exceeding all expectation, the faithful shadow of developing productive forces." Adorno, *Minima*, 249.

15. Benjamin in Löwy, *Fire*, 42. 原文强调。

16. 参见 Klein, *This*, part 3.

17. Benjamin in Löwy, *Fire*, 66 – 7; Benjamin, *One – Way*, 57.

译后记 | Fossil Capital: The Rise of Steam Power and the Roots of Global Warming

最初与经济学这一学科结缘，要追溯到与西北大学经济管理学院的康蓉教授及客座教授 Anders Ekeland 的结识，2016 年有幸成为 Anders Ekeland 所开设课程的翻译，不仅聆听了多场学术讲座，也在翻译的过程中了解了许多气候变化与社会经济方面的知识。由此想来，翻译此书不仅是对自己本身英语专业的一次实践，更多的初衷是了解更多相关知识。事实也证明，本书中所含营养颇丰，恨不能每一章都译出一本书来，以此将作者想要传递的信息，甚至是辞藻背后隐藏的信息都一一展现在读者面前。当然，玩笑一二，翻译本身是要遵循原著的。本书不是小说，不是随笔，不是散文，而是议论文，但读来并不枯燥乏味，随着作者的笔锋徜徉，可谓蹙金结绣。

2022 年 4 月，联合国政府间气候变化专门委员会（IPCC）第六次评估报告第三工作组报告《气候变化 2022：减缓气候变化》（*Climate Change 2022：Mitigation of Climate Change*）正式发布。距离 1990 年 IPCC 第一次发布评估报告已过去三十多年，气候变化对全球影响的加剧似乎也已成为不争的事实。再看看 2022 年刚刚过去的夏天，极端高温事件频发，高温红色预警、野火横生、冰川融化，地球仿佛被点燃了，全球生态系统和生物多样性面临巨大挑战。2015 年 12 月发布的《巴黎协定》（*The Paris Agreement*）称，其主要目标是将 21 世纪全球平均气温上升幅度控制在 2 摄氏度以内，并将全球气温上升控制在前工业化时期水平之上1.5摄氏度以内。但就近十年人们可感知的气候变化而言，"控制在2摄氏度以内"的目标看似会碰壁。如果你也和我一样阅读了众多关于气候变化的新闻，那么肯定会不禁问道：为什么人类就到了如此境地？为什么不提早开始应对气候变化？我们现今的应对措施有效吗？毕竟首次正式提出气候变暖的说法，是在1979年2月的日内瓦第一次世界气候大会（FWCC）上，此时距离18世纪末的工业革命已经过去了两百余年。种种问题众目具瞻，是时候探究它们背后的故事了。

作者在第一章便给出了这一系列问题的答案，他用两个偏正短语解释了气候问题现状的成因，即"seriously backloaded"（严重滞后）和"substantially deferred"（实质延迟）。气候问题不像杀人放火一类恶行立竿见影，使人流血受伤，它是罗伯·尼克松笔下的"慢暴力"（Slow Violence），是蓄积多年的恶果在某日一并爆发，杀得人类措手不及。但纵观历史长河，早期的人类生活无不是依赖有机物的经济形态，但自工业革命之后，"有机"转向了"无机"，化石燃料崛起，开启了资本经济的迅速扩张。在接下来的章节里，作者不遗余力地探索了可再生能源到不可再生能源转变的背后成因，探讨了工人罢工运动、流动能源的优势和劣势、蒸汽的空间性和时间性、资产阶级财产关系的衍生、今日化石资本的发展案例、重返流动能源的阻碍等。作者将化石资本比作一架列车，即使前方是悬崖峭壁，这趟专列也丝毫没有要停下的意思，人们做着"一切照旧"的事，列车也运行得越来越快。人类最早掌握了使用火的技术而获得生存的本领，而现在，从化石燃料中冉冉升腾的火焰，却可能将整个人类拉进火海。作者强调，不是你，不是我，而是我们所有人，共同创造了化石经济，也是我们所有人，都同在化石经济这架"专列"上，更是只有人类自己，才能踩下紧急刹车，只因前景不容乐观，"控制在2摄氏度以内"的目标所剩余量无几，才更需要我们所有人，立即行动起来。

译后记

本书从前工业化时期一直讲到了当代社会，时间跨度长，所用论据涉猎范围广。读之不仅为了探寻化石经济的成因，这更是一本探索未来减缓全球变暖方法的启示录，它不像技术论述般一板一眼，却更能抵达每位读者的心灵深处，给人以沉思、以想象、以立即行动起来的动力源泉。第一次读完本书，总有一种意犹未尽之感，我建议，不妨还可阅读一二书中所涉及的著作，部分著作有中文译作（参见各章脚注），可以从更宏观的角度了解化石资本背后的故事。

我国被誉为"世界工厂"，也是碳排放大国。2020年9月22日，中国在第75届联合国大会上正式提出2030年实现碳达峰、2060年实现碳中和的目标。2022年1月24日，习近平总书记在十九届中央政治局第三十六次集体学习时指出，要实行党政同责，压实各方责任，将"双碳"工作相关指标纳入各地区经济社会发展综合评价体系，增加考核权重，加强指标约束。前有《巴黎协定》目标，现有"双碳"目标，这是着眼于未来绿色低碳发展的又一宏伟蓝图，理应顺应时代发展潮流，在绿色、环保、低碳的生活方式上狠下功夫。留给人类改善环境、调节气候的时间和空间都不多了，这并非危言耸听，而是地球升温一旦突破临界值，所带来的影响将是不可逆的灾难。我们对全球变暖责无旁贷，全球变暖对于我们也一视同仁。现在，行动起来，为绿色低碳贡献自己的一份力量。

完成本书的翻译，离不开家人的支持。同时，也要感谢康蓉教授对翻译方法的指导建议，感谢 Anders Ekeland 教授在某些翻译难点上给出的灵感建议，感谢本书编辑在出版过程中做出的积极努力，也感谢为翻译提供帮助和支持的朋友们，在此不一一列举了。由于本人水平有限，翻译中难免有些许不完善的地方，在此先说抱歉，也敬请批评指正。希望本书——哪怕只有些许语句也可，指引我们向绿色低碳的生活前进。

译者

2022年8月于西安高陵